Zu diesem Buch

Siegfried Obermeier, geboren 1936 in München, war Redakteur der Kunstzeitschrift „artis", arbeitete am neuen „Großen Meyer" mit, schrieb Erzählungen, Essays, Glossen, veröffentlichte mehrere Bücher und gab „Das geheime Tagebuch König Ludwigs II. von Bayern" heraus.

In der Reihe der rororo-Taschenbücher erschienen bereits seine historischen Romane „Mein Kaiser – Mein Herr" (Nr. 5978) über die Zeit Karls des Großen, „Kreuz und Adler. Das zweite Leben des Judas Ischariot" (Nr. 12809), „Walther von der Vogelweide. Der Spielmann des Reiches" (Nr. 13090), „Richard Löwenherz. König – Ritter – Abenteurer" (Nr. 13115), „Caligula. Der grausame Gott" (Nr. 13140) und «Im Schatten des Feuerbergs» (Nr. 13577).

Siegfried Obermeier lebt in Oberschleißheim.

Siegfried Obermeier

TORQUEMADA

Der Großinquisitor –
Symbol für Angst und Schrecken

Roman

Rowohlt

13.–15. Tausend März 1996

Veröffentlicht im Rowohlt Taschenbuch Verlag GmbH,
Reinbek bei Hamburg, August 1994
Copyright © 1992 by edition meyster/nymphenburger
in der F. A. Herbig Verlagsbuchhandlung GmbH, München
Umschlaggestaltung Büro Hamburg
(Holzstich „Torquemada erpreßt das Geständnis
einer Verdächtigten durch Folterung
ihres Vaters"
nach René Moraine, um 1840/Archiv für Kunst
und Geschichte, Berlin)
Druck und Bindung Clausen & Bosse, Leck
Printed in Germany
1690-ISBN 3 499 13382 2

Prolog

Der Traum des Columbus

> „Dies wird unsäglich viel Mühe kosten."
> Aus dem Bordbuch des Columbus.

Er stand neben dem Steuermann, als die 'Roxana' durch die Meerenge von Messina kreuzte.
„Scylla und Charybdis scheinen heute friedlich", murmelte er, und blickte nach Süden, wo sich die hellen Häuserkuben der uralten Stadt am Ufer drängten.
„Habt Ihr etwas gesagt, Messer Colombo?"
„Das war nicht für Euch bestimmt, *timoniero*, ich habe nur laut gedacht."
Das breite, braune, stoppelbärtige Gesicht des Steuermanns blieb unbewegt, nur in den schmalen dunklen Augen blitzte es spöttisch. Ohne den Blick zu wenden, sagte er: „Ich glaubte, irgendwelche Namen zu hören, Messer Colombo."
„Ich dachte an die Odyssee des Homer."
„Aha!"
Breitbeinig stand der Seemann vor seinem Steuerruder und gab nicht zu erkennen, ob er von Homer und seiner Dichtung etwas wußte. Columbus setzte sich auf eine feuchte Taurolle im Schatten des Großsegels und schaute nach Süden auf die weite Fläche des Ionischen Meeres, das die Nachmittagssonne mit gleißenden Goldflecken übersprühte.
Die 'Roxana' fuhr im Auftrag der Großreederei Spinola zur Insel Chios, dem einzigen größeren Handelsplatz, der nach dem Fall von Konstantinopel den Christen geblieben war.
„Messer Colombo! Messer Colombo!"
Der Kapitän berührte ihn am Arm.
„Seid Ihr eingeschlafen?"
Wie immer, wenn es um persönliche Dinge ging, verschloß sich das Gesicht des jungen Genuesen.

„Kann sein. Was gibt's?"
„Kommt hinüber nach Steuerbord, da werde ich Euch etwas zeigen."
Columbus zögerte, er haßte es, gegen seinen Willen herumdirigiert zu werden. Der Kapitän grinste.
„Nun kommt schon, Signorino, Ihr seid doch ein neugieriger Mensch."
Ja, das war er schon, der zwanzigjährige Genuese, der im Auftrag seines Vaters, des Tuchwebers Domenico Colombo, Waren nach Chios begleitete. Seine Neugierde galt nicht den Menschen, sie war in die Ferne gerichtet, auf Unbekanntes, Neues, Unentdecktes, und so gehörte es zu seinen Lieblingsbeschäftigungen, Land- und Seekarten zu studieren und seinen Geist in ferne Länder schweifen zu lassen. Bis jetzt hatte er die Gestade des Mittelmeeres noch nie verlassen, war auf kleinen Seglern vor der ligurischen Küste herumgekreuzt, Handel treibend, kleines Geld verdienend, um die Familie zu unterstützen. Ja, er hatte die Tuchweberei erlernt, auf Wunsch des Herrn Vaters, aber daß er nicht als Handwerker sein Leben beschließen wollte, wußte schon der zwölfjährige Klosterschüler, als er mit offenem Mund auf die Weltkarte des Ptolemäus starrte, die der Pater an die Wand geheftet hatte. Noch jetzt, zehn Jahre danach, hatte er Wort für Wort der Ausführungen des Geographielehrers behalten, der mit dem Zeigestock auf der Karte herumfuhr.
„Diese senkrecht verlaufenden Linien, *discipuli*, nennt man die Meridiane, und ihre Abstände zueinander sind in Grade eingeteilt. Die waagrecht angesetzten Breitengrade verlaufen parallel zum Äquator, und mit ihm endet die uns bekannte Welt."
Der Zeigestock fuhr zurück.
„Wandern wir jetzt einmal von Nord nach Süd. Ganz oben sehen wir Thule, die nördlichste Insel unserer Welt, dann die kalten skandinavischen Länder, im äußersten Westen liegt Britannien, weiter südlich die Iberische Halbinsel, daneben Gallien und die germanischen Länder, hier unser italischer Stiefel, darunter Sizilien, im Osten Hellas, Kleinasien, dann das Land der Skythen, noch weiter östlich das gewaltige Indien mit den Flüssen Indus und Ganges, daneben Kathai, von dem Ptolemäus noch nichts wußte und das der Venezianer Marco Polo angeblich vor zweihundert Jahren bereist hat. Aber das ist lange her, und jeder weiß, daß die Venezianer gerne flunkern."
Ein dankbares Lachen belohnte den Spott über den alten, gehaßten, gefürchteten, beneideten Gegner, die See- und Handelsrepublik Venedig, seit Jahrhunderten von Genua mit Argwohn betrachteter Konkurrent.

Der Kapitän faßte ihn am Arm und wies nach Südwesten.
„Seht Ihr ihn qualmen, den alten Ätna? Von Zeit zu Zeit wird er munterer und spuckt feurigen Schleim aus. Aber das ist lange her, und niemand weiß, ob er morgen wieder ausbricht oder erst in fünfzig Jahren."
„Werden wir noch näher herankommen?"
„Leider nicht, Signorino, weil wir jetzt den Kurs nach Osten nehmen. Oder möchtet Ihr bei den Mamelucken landen anstatt auf Chios? Die sind ganz scharf auf christliche Sklaven, das werdet Ihr ja wissen."
Columbus wandte sich mit einem kurzen Dank ab. Er hatte keine Lust auf ein weiteres Gespräch, und die Mamelucken scherten ihn wenig. Auch Chios erregte kaum seine Neugierde, denn er hatte diese kleinen Geschäfte längst satt, und das Mittelmeer erschien ihm wie ein Käfig, auch wenn dieser Teil jetzt das Ionische hieß. Er wollte heraus aus dieser Enge, doch er wußte nicht wie. Neuland betreten oder zumindest an die Grenzen jener Landkarte gelangen, die der Pater Geographielehrer vor seinen Schülern entfaltete.
Columbus ließ sich wieder auf die feuchte Taurolle fallen. Ja, sie hatten über Marco Polo gelacht, die ganze Klasse, er natürlich auch, aber so ganz wohl war ihm nicht dabei. Und wenn nun doch alles stimmte? Wenn Polo tatsächlich jene fernen Länder bereist hatte, Gefahr und Tod nicht achtend, dann gebührte ihm aller Respekt, dann mußte man ihn doch eher als Vorbild sehen? Aber der Pater war noch nicht am Ende, er war bei guter Laune und setzte noch eines drauf: „Übrigens hat dieser Polo es Genua zu verdanken, daß er seine Erlebnisse – ob wahr oder nicht – überhaupt zu Papier bringen konnte. Weiß einer etwas darüber?"
Die Klasse gebärdete sich ganz aufgeregt, denn solange der Pater nicht zu seinem Stoff zurückkehrte, konnte er nicht abfragen, blieb die Rute hinter dem Katheder. Keiner schien etwas zu wissen, und wer die Geschichte dennoch kannte, verschwieg es lieber, um den Lehrer nicht abzulenken.
„Erzählt es uns, verehrter Magister, bitte erzählt weiter!"
Der Pater schmunzelte und nahm den Faden wieder auf.
„Also gut, schließlich ist das auch so etwas wie ein Lehrstoff. Ein Viertel Saeculum, also rund fünfundzwanzig Jahre, soll Marco Polo auf Reisen verbracht haben, anfangs zusammen mit seinem Vater und einem Onkel. Zuletzt soll er sogar beim Kaiser von Kathai ein hohes Amt versehen haben. Nach seiner Rückkehr entbrannte ein Krieg zwischen Genua und Venedig, das heißt, ein alter Zwist wurde fortgesetzt, der begonnen

hatte, als Byzanz unserer Republik eine weitaus größere Handelsfreiheit einräumte, als Venedig sie je besessen hatte. Die Gründe könnt ihr von eurem Geschichtslehrer erfahren. Nun gut, Venedig zog wieder einmal den kürzeren, und Polo, der ein Kriegsschiff kommandierte, geriet in Gefangenschaft. Ja, discipuli, er saß hier in unserer Stadt in einem Kerker, vier Jahre lang, zusammen mit einem fahrenden Sänger. Da es den Herren langweilig wurde, erzählte Marco Polo von seinen Reisen, und der schreibgewandte Poet zeichnete alles auf. Was er an eigenem hinzufügte, steht auf einem anderen Blatt. Nun, unser Abenteurer kam frei, und sein Buch wurde gedruckt. Und wie hieß es? Na? Es hieß: 'Il Milione'. Wie ist das zu verstehen, discipuli?"

Pietro, der Sohn eines reichen Bäckers, gab mit seiner schnellen gewandten Zunge die Antwort.

„Das soll heißen: Millionen von Lügen!"

Der Pater schmunzelte gnädig: „Wie immer eine gute Antwort, Pietro. Ja, Cristoforo?"

„Ich glaube, Marco Polo hat damit sagen wollen, daß er dem Leser Millionen Abenteuer erzählen will. Und wenn manche davon übertrieben oder erfunden sind, so ist gewiß jener Dichter und Sänger daran schuld."

Er hatte dies mit trotzigem Ernst hervorgebracht, der den Pater erheiterte.

„Es ist das Vorrecht der Jugend, für Abenteurer eine Lanze zu brechen. Marco Polo ist tot, und wir werden die ganze Wahrheit niemals erfahren."

„Aber das Land Kathai existiert doch?"

Der Pater nickte.

„Ihr könnt seine Erzeugnisse sogar hier in Genua finden – vor allem Seide und Porzellan."

„Dann kann Polo auch dort gewesen sein."

„Sei nicht so störrisch, Cristoforo. Aber jetzt raus mit euch in die Pause!"

Cristoforo wartete, bis die anderen draußen waren. Der Pater war gerade dabei, die Weltkarte einzurollen, da meldete er sich noch einmal.

„Pater Magister, ich hätte noch eine Frage."

Den Pater verlangte es seit gut einer Stunde nach einem Glas Wein. Doch er war ein zu gewissenhafter Pädagoge, um der Frage eines Schülers auszuweichen. So seufzte er nur leise.

„Also Cristoforo, was gibt es noch?"
Der stand auf, trat vor die Karte und deutete auf Afrika.
„Hier, unterhalb der Nilquellen ist das Land einfach abgeschnitten, ebenso der Indische Ozean. Aber die Erde ist doch rund, Pater, nicht wahr, daran zweifelt doch heute niemand mehr?"
Der Pater nickte.
„So ist es, mein Junge."
„Aber, wenn sie rund ist, muß es doch weitergehen mit Land und Meer, mit Afrika und dem Ozean. Was kommt danach?"
Der Pater setzte sich. In diesem Zwölfjährigen steckte doch mehr, als bei seinem sonst eher verschlossenen Wesen zu erwarten war.
„Also gut, Cristoforo, ich sage dir, was ich darüber weiß, aber ich mache es kurz."
Der Pater dachte an das Glas Wein.
„Vor einigen Monaten ist Dom Henrique in Sagres gestorben, ein portugiesischer Prinz, der zeitlebens nur ein Ziel hatte: Er wollte wissen, wie es auf der Landkarte weiterging, genauso wie du. So rüstete er Schiffe aus und sandte sie nach Afrika, damit sie dort die Westküste nach Süden erkunden sollten, immer weiter, immer weiter. Er war nie zufrieden, genau wie du. Und so entdeckten seine Seeleute eine Reihe von Inseln, und wenn sie zurück waren, schickte er sie von neuem auf die Reise. Seine Kapitäne wandten ein, daß der Ozean in der Nähe des Äquators zu kochen beginne, daß gewaltige Seeungeheuer ein Durchkommen unmöglich machten, doch nichts davon geschah. Prinz Heinrich hatte nämlich den Ehrgeiz, seine Schiffe auf dem Weg über Afrika nach Osten, nach Indien zu schicken, weil das für den Handel seines Landes von großem Vorteil gewesen wäre. Als der Prinz vor kurzem starb, sagt man, er habe keinen roten Heller hinterlassen. Seine Erkundungsfahrten wurden eingestellt, und so kann ich dir leider noch immer nicht die Frage beantworten, wie es auf der Karte weitergeht. Dem Prinzen Heinrich aber hat man den ehrenvollen Titel *El Navegador* verliehen – der Seefahrer."
Die Augen des Jungen leuchteten, sein Gesicht hatte sich vor Aufregung gerötet.
„War er – hat der Prinz an diesen Fahrten teilgenommen?"
Der Pater schüttelte den Kopf.
„Niemals, soviel ich weiß. Er hat zwar in Sagres eine Sternwarte und eine nautische Schule errichtet, hat alles Geld in seine Pläne gesteckt, aber als Seemann war er nur Theoretiker."

„Ich an seiner Stelle wäre mitgefahren, immer wieder, so lange, bis man weiß, wie es hier weitergeht."
Der Zwölfjährige fuhr mit seiner schmalen Bubenhand über die Fläche unterhalb der Karte, zaghaft, fast zärtlich, als wolle er es streicheln, dieses unbekannte Land, das es noch zu entdecken galt.
Energisch rollte der Pater die Karte zusammen.
„Ich glaub's dir ja, mein Junge. Dann wirst du als Cristoforo il Scopritore in die Geschichte eingehen."
Er lachte gutmütig, der Pater Georgraphielehrer, und dachte, das ist ein Vorrecht der Jugend, mit dem Kopf durch die Wand zu wollen, Phantasieschlösser zu bauen, sich in heroische Rollen hineinzuträumen, als Feldherr, als berühmter Gelehrter, als großer Entdecker.
„Warum nicht?" sagte Cristoforo Colombo, der Tuchmachersohn leise und fest. „Warum nicht!"
Mit Respekt und Bewunderung beobachtete Columbus den Steuermann, der ohne jedes Hilfsgerät, nur aufgrund seiner Erfahrung und seines Gespürs für Winde und Meeresströmungen seinen Kurs beibehielt und exakt im Hafen von Chios landete.
Per Dio, hier ging es ja fast so lebhaft zu wie im Hafen von Genua, nur alles war von kleinerer Dimension: Die Häuser, das Hafenbecken, die Lagerhallen, die Läden. Ein Gewirr von Sprachen schallte und hallte über Plätze, Straßen und Gassen, doch das Italienische herrschte vor. Und drüben, im Osten, nur wenige Seemeilen entfernt, erhoben sich die dunklen Berge der Halbinsel Karaburnu, schon ein Teil des Osmanischen Reichs, drohend, eine stetige Erinnerung an das Damoklesschwert, das über Chios schwebte, seit die Türken vor zwanzig Jahren das alte Byzanz erobert hatten und das tausendjährige christliche Reich Konstantins fest in ihren heidnischen Klauen hielten. Nun, sie waren tolerant, die Muslime, ließen den Christen ihren Glauben, ihre Kirchen und Klöster, aber sie wurden scharf besteuert, die Ungläubigen. Wer sich zum Propheten bekannte, erhielt eine Reihe von Vergünstigungen, aber nur wenige machten davon Gebrauch.
Columbus meldete sich beim Kontor der Familie Giustiniani, einer Genueser Sippe, die das Monopol auf den Mastixhandel besaß und faktisch die Herren der Insel waren. Er lieferte seine Waren ab, die Tuchballen wurden betrachtet, befühlt, gewogen und registriert, aber die gebotenen Preise waren so mäßig, daß Columbus protestierte. Ein etwa gleichaltriger junger Mann zog ihn hastig in einen Nebenraum.

„Kommt mit, Messer Cristoforo, ich muß Euch etwas dazu erklären, das nicht jeder hören soll."
Er stellte sich als Paolo Giustiniani vor, einer der Söhne des Firmeninhabers.
„Ein offenes Wort, mein Lieber, von Genuese zu Genuese. Wenn wir Euch überhaupt noch die Ware abnehmen, dann nur aus landsmannschaftlicher Solidarität. Seit die Steuerschraube der Türken uns mehr und mehr die Luft abwürgt, ist es schwierig, manchmal unmöglich, die Geschäfte nach alter Art weiter zu betreiben. Auch die Türken liefern Tuch und nicht einmal schlechtes, und sie zwingen uns, damit zu handeln. Wäre nicht unser Mastixmonopol, hätten wir die Geschäfte längst aufgeben müssen. Aber selbst da zwingt uns der Sultan, ihm ein gewisses Kontingent zu überlassen – zu seinen Preisen! Nur noch etwa ein Drittel dürfen wir nach Westen verkaufen, und davon, nur davon, leben wir."
Columbus hatte mit mäßigem Interesse zugehört. *Dio mio*, wie wenig berührten ihn diese Probleme. Dann dachte er an seine Familie und fragte: „Wozu ratet Ihr mir also, Messer Paolo? Soll ich das bißchen Geld einstreichen und von hier verschwinden, oder gibt es irgendeine andere Verdienstmöglichkeit?"
Der andere dachte nach.
„Erzählt niemandem, daß Euch ein Giustiniani diesen Rat gibt. Seht Euch hier um, versucht bei den Bauern kleine Mengen von Mastix aufzukaufen – darum kümmert sich kein Mensch – und verscherbelt das Zeug an Aufkäufer aus dem Westen. Das ist ein grauer Markt, der von uns geduldet wird, weil wir Christen zusammenhalten müssen."
Columbus folgte dem Rat, aber die Gewinnspanne war klein, und es fehlte ihm auch die rechte Lust zu solchem Handel. Dieses Harz des Mastixbaumes war eine begehrte Ware und wurde für Firnisse, Klebstoffe oder medizinische Zwecke benötigt, aber Columbus betrieb seine Geschäfte nur halbherzig und wußte jetzt, daß er auch zum Kaufmannsberuf nicht taugte. Viel lieber schlenderte er durch die Gassen, lauschte dem Sprachengewirr aus Türkisch, Arabisch, Griechisch und Italienisch und spitzte die Ohren, wenn von der 'Seidenstraße' oder der 'Gewürzstraße' die Rede war. Diese sagenhaften Handelswege begannen irgendwo da drüben am osmanischen Ufer und führten durch Berge, Wälder, Steppen und Wüsten nach Indien und sogar nach Kathai, dem Land des Marco Polo, den sie Messer Milione nannten und der doch kein Lügner war.

In einer schmalen Gasse gleich hinter dem Hafen lag eine Bottega versteckt, deren niedriger Eingang leicht zu übersehen war. In den finstern langgestreckten Gewölben gab es alles, was ein Seefahrer oder ein Fischer benötigte: vom riesigen Bleianker bis zum feingeknüpften Netz, vom Steuerruder aus Olivenholz bis zum eisernen Muschelkratzer, wenn ein Schiff aufgebockt und gesäubert wurde. Und es gab Karten. Seekarten, Landkarten, alte und neue, zerrissene und geklebte, exakte und phantastische.
Don Matteo, der Ladeninhaber, duldete den schweigsamen und wissensdurstigen jungen Mann, der selten etwas kaufte, dafür aber stundenlang stöberte. Auch Don Matteo jammerte über die schlechten Geschäfte.
„Jetzt haben uns die Türken den ganzen Indienhandel weggenommen, und bald werden Genua und Venedig auf Provinzniveau herabsinken. Selbst wenn eines Tages Afrika umschifft und Indien ohne türkische Behinderung erreicht werden, so dauert eine solche Reise viel zu lange, als daß sie Gewinn bringen könnte." Er beugte sich vor und flüsterte: „Die christlichen Länder müßten sich zusammentun und gemeinsam die Türken ausräuchern. Sobald Kleinasien wieder christlich ist, öffnen sich die Tore nach Osten. Aber so..."
Er zuckte die Achseln und wandte sich ab.
Columbus dachte nach. Niemand wußte, wie groß Afrika war; die Karte des Ptolemäus brach am Äquator ab, die Erkundungsfahrten des Prinzen Heinrich hatte sein Tod beendet. Es war ja auch ein Unding: Zuerst Tausende von Meilen nach Süden segeln, um Afrika herum, dann Tausende von Meilen nach Norden, um endlich Indien zu erreichen. Die Westküste von Indien. Aber war die Erde nicht rund? Sie war doch rund! Die Erde, sagte der Pater Magister, die Erde, discipuli, ist eine Kugel. Gäbe es Afrika nicht, könnte man leicht entlang der Küste Kleinasiens nach Indien gelangen. An die Westküste von Indien natürlich. Aber die Erde ist doch rund! Wenn ich also Indien an seiner Ostküste erreichen will, dann schert mich kein Afrika, dann segle ich einfach über den Atlantik nach Westen. Columbus schlug sich an die Stirn. So einfach ist das! So einfach! Auf diese Idee müssen doch schon andere gekommen sein! Das ist so logisch, daß ein Sechsjähriger es begreift!
Am nächsten Tag sprach er davon zu Don Matteo. Der nickte gleichmütig.
„Das stimmt, Söhnchen, es ist logisch. Aber niemand hat's probiert. Es käme auf einen Versuch an. So ganz neu ist die Idee auch nicht. Schon

vor hundert Jahren hat Peter von Ailly die These aufgestellt, wer nach Westen fährt, müsse den Ostrand von Asien erreichen. Er stellte sich diese Gegend als Paradies vor..."
„Könnt Ihr mir dieses Buch leihen?"
„Das hat mir vor Jahren ein Kapitän geliehen. Vielleicht treibst du es in Genua auf, es heißt 'Imago Mundi'."
Don Matteo schmunzelte und schwieg eine Weile. Als Columbus nichts sagte, fuhr er fort: „Im übrigen hast du recht – die Erde ist rund und niemand kann dabei verlorengehen. Dein Schiff kann genausogut zwischen Genua und Korsika zugrunde gehen wie zwischen Portugal und der indischen Ostküste. Das kommt aufs gleiche hinaus, nicht wahr?"
Also hatten auch andere an diese Möglichkeit gedacht, aber keiner war imstande gewesen, die Probe aufs Exempel zu machen. Vielleicht hatte dieser Peter von Ailly sogar recht und dort lag tatsächlich so etwas wie ein Paradies mit reichen Städten, schönen braunen Menschen, fruchtbaren Feldern, lichten Wäldern mit exotischen Tieren und bunten Vögeln. Vielleicht gab es dort sogar Gold, Gold in Hülle und Fülle, und wer als erster dort erschien, den würden die fremden Menschen freundlich empfangen, ihn teilhaben lassen an ihrem Reichtum.
Das sind ja richtige Bubenträume, schalt er sich, unwürdig eines erwachsenen Mannes von einundzwanzig Jahren, der schon etliche Bücher gelesen und viele Karten studiert hat, der Bescheid weiß mit Handel und Wandel, dem keiner etwas vormachen kann. Doch der Gedanke war hartnäckig wie ein schlimmer Zahn, meldete sich immer wieder, und wenn Columbus ihn untertags verdrängte und beiseite schob, dann kam er des Nachts quasi durchs Hintertürchen und stahl sich in seine Träume in vielerlei Gestalt. Später erinnerte er sich nur an den einen.
Wieder einmal schlenderte er am Hafen herum und betrat die Bottega des Don Matteo. Der machte eine geheimnisvolle Miene, legte den Zeigefinger an seine Lippen und führte ihn durch endlose finstere Gänge in ein hellerleuchtetes Gemach. Dort war eine riesige Landkarte auf dem Boden ausgebreitet, eine, die nicht am Äquator aufhörte, sondern beide Erdhälften mit den Polen in Nord und Süd zeigte.
„*Eccola!*" Stolz wies Don Matteo auf die Karte. „Hier hast du sie, komplett von oben bis unten – nichts fehlt mehr."
Doch die Karte war so groß, glitzerte und spiegelte im grellen Licht, und Columbus wagte nicht, sie zu betreten. Er versuchte, Afrika in seiner vollen Gestalt zu erkennen, doch es gelang ihm nicht.

Don Matteo rief: "Was zögerst du? Steig' nur drauf, und sieh dir alles an."
Behutsam betrat Columbus die Karte, und da war Afrika vergessen; ihn verlangte nur noch danach, von Portugal, dem äußersten Westen Europas, eine Linie durch das Meer zu ziehen bis zu den weiten Gestaden Asiens, und nichts lag dazwischen, nichts – nichts – nichts, nur die weite glitzernde Fläche des Atlantik, der jetzt aussah wie lebendiges Wasser, und dann war da ein Schiff, er sah es nicht, fühlte nur das Schwanken unter seinen Füßen, und jemand rief: "Land!", und eine prächtige Küste stieg vor seinen Augen auf: schlanke Palmen, die ihre gefiederten Kronen sanft im Wind schaukelten; hinter blühenden Sträuchern und üppigen Bäumen mit bunten schwellenden Früchten verbargen sich schimmernde Paläste mit goldenen Dächern und Menschen traten ans Ufer, mit brauner Haut und schwarzen Haaren, und sie breiteten ihre Arme aus, lächelten, lächelten...
Columbus behielt diesen Traum für sich, verbarg ihn wie einen Schatz, ließ keinen daran teilhaben, vergaß auch nicmals, daß es ein Traum war. Aber zugleich wußte er, daß sich dahinter nachweisbare Fakten verbargen – denn: Die Erde ist eine Kugel, etwa drei Viertel davon sind mit Wasser bedeckt. Europa und Asien sind nach Osten hin durch eine Landbrücke getrennt, im Süden sperrt Afrika wie ein riesiger Block die Durchfahrt. Der Weg nach Westen jedoch steht offen, noch niemals ist ein Seefahrer in dieser Richtung auf Land gestoßen. Also ist der Weg nach Westen zur asiatischen Ostküste frei. Man muß ihn nur gehen. Man muß es nur wagen. Es ist kein Traum. Die Erde ist rund. Der Weg ist frei. Ich muß es wagen. Ich werde es wagen.

Der Traum Isabellas

Prinzessin Isabella von Kastilien war drei Jahre alt, als ihr Vater starb und seinem Sohn Heinrich den Thron überließ. Dieser Heinrich war ihr Halbbruder aus der ersten Ehe des Königs, und Isabellas früheste Erinnerung an ihn war so seltsam, daß sie nicht wußte, ob sie weinen oder lachen sollte. Da saß ihr eine lange dürre Gestalt gegenüber mit roten Haaren und blauen Augen, die er immer halb geschlossen hielt, aber manchmal plötzlich weit aufriß und mit den Lidern zuckte wie ein geköpfter Hahn. Er stotterte nicht beim Reden, machte aber manchmal Pausen, wo sie nicht hingehörten.
„Nun, Isabella, wie... geht es dir?"
Er küßte die Fünfjährige auf beide Wangen. Das waren sehr feuchte Küsse, und sie wischte sofort heftig darüber.
„Aber Kind...", sagte die Mama tadelnd, doch der König lachte nur, riß die Augen auf, seine Lider flatterten, und er lachte laut und mißtönend.
„Sie ist... wenigstens ehrlich, hat noch nicht gelernt, sich zu... verstellen."
Die seltsamen Pausen bewirkten, daß alle dem König auf den Mund starrten, neugierig, welches Wort Seine Majestät wählen würde. Dann wurde Isabella älter, und sie lernte, sich zu verstellen. Es blieb ihr nichts anderes übrig, als es zu lernen. Sie beobachtete ihre Umgebung genau, und was sie sah, gefiel ihr gar nicht. Heinrich von Kastilien war ein friedlicher Monarch, ein zögerlicher Mensch, der vor harten Entscheidungen zurückscheute, wie ein Gaul vor einem Hindernis. So reckte der kastilische Adel mächtig sein Haupt, stellte Forderungen, erhob Ansprüche, denen der König immer wieder mit Zugeständnissen begegnete. Er wollte keinen Streit. Er wollte friedlich dahinleben, liebte die Jagd und lange einsame Waldspaziergänge. Vor Frauen scheute er zurück, und als

er auf Drängen des Adels Blanche von Navarra heiratete, mied er konsequent ihr Bett. Nach zwölfjähriger Ehe war Blanche so jungfräulich wie bei ihrer Geburt – eine Hebamme bestätigte es. Die Ehe wurde annulliert, und Heinrich atmete auf. Doch man ließ ihm keine Ruhe, bis er Johanna von Portugal heiratete. Er ließ sich dazu zwingen, aber niemand konnte ihn bewegen, die Ehe zu vollziehen. Es dauerte sieben Jahre, bis Johanna ein Töchterchen gebar, und da war Isabella zwölf und durfte sich Tante nennen. Aber es entging ihr nicht, welche Gerüchte am Hof kursierten. Johanna, so munkelte man, sei ihres leeren Ehebettes überdrüssig geworden und habe sich Beltran de la Cueva als Liebhaber erwählt. Er und kein anderer sei der Vater der kleinen Prinzessin. Sie wurde nach ihrer Mutter Johanna getauft, aber alle Welt nannte sie die *Beltraneja*. Man schimpfte König Heinrich einen Hahnrei, aber das kümmerte ihn wenig. Er war ganz froh, daß Beltran de la Cueva ihm nicht nur die ehelichen Pflichten abnahm, sondern auch mit Geschick die Regierungsgeschäfte erledigte. So konnte Heinrich ungestört auf die Jagd gehen und einsame Spaziergänge unternehmen. Doch wieder erhob der stolze Adel sein Haupt und verlangte, die *Beltraneja* zu enterben. Heinrich tat es, da er seine Ruhe wollte, doch er beharrte weiterhin darauf, daß die kleine Johanna seine Tochter sei. Zum Thronerben wurde Isabellas jüngerer Bruder Alfons ernannt, der aber erst elf Jahre alt war und wenig später an der Pest starb. Niemand brauchte die inzwischen siebzehnjährige Isabella daran zu erinnern, daß nun sie die Thronerbin sei. Das wußte sie längst, doch sie war ein kluges und beherrschtes Mädchen, hielt den Mund und wartete ab.

König Heinrich aber zauderte. Was sollte er tun? Der Bischof von Cuenca versuchte, ihn aufzurütteln: „Ihr werdet als der meistverspottete König in die Geschichte eingehen und es bedauern, Sire, doch dann ist es zu spät."

Das nahm Heinrich in Kauf, wenn man ihn nur in Ruhe ließ. Und so tat er, wozu man ihn drängte: Von neuem schloß er die *Beltraneja* als Thronerbin aus und bestätigte Isabella als seine Nachfolgerin. Isabella bedankte sich artig, doch sie lebte weiter wie bisher, ohne ihren neuen Rang herauszukehren. Erst als man sie mit dem König von Portugal verheiraten wollte, einem Witwer von sechsunddreißig Jahren, ließ sie erkennen, daß sie andere Pläne hege. Sie rief ihre Vertrauten zusammen und verkündete: „Meine Herren, schaut auf die Landkarte und entscheidet selbst was für Kastilien nützlicher ist: eine Verbindung mit Portugal

oder eine mit Aragonien. Und vergeßt nicht, daß Sardinien und Sizilien weitere Perlen in der aragonesischen Krone sind. So werde ich den Prinzen Ferdinand von Aragonien ehelichen, der", und da lächelte Isabella, „auch seinem Alter nach besser zu mir paßt."
Die Herren erwiderten ihr Lächeln, manche wagten es sogar leise, aber vernehmlich zu lachen. Nun, Prinz Ferdinand war sogar ein Jahr jünger als Isabella, und die meisten billigten die Verbindung. Wer dagegen war, ließ nichts verlauten, denn selbst der einfältigste Adelige erkannte in der hellblonden, hellhäutigen und etwas dicklichen Prinzessin die künftige Königin von Kastilien. Man mußte ihr nur in die harten grauen Augen schauen, die bläulich blitzten wie Toledostahl, wenn sie ihren Willen verkündete.
König Heinrich war gegen die Verbindung mit Aragon, doch niemand hatte ihn gefragt. Schließlich gelang es seinen Ratgebern, ihn gegen Isabella aufzuhetzen, und sie rechtfertigte sich in einem langen respektvollen Brief. Sie vergab sich nichts und vermied jede Kritik an ihrem älteren Bruder. Doch bat sie ihren Bräutigam, auf schnellstem Weg nach Kastilien zu kommen, möglichst heimlich, denn sie wollte die Welt vor vollendete Tatsachen stellen.
Prinz Ferdinand ließ am Hof zu Zaragoza verlauten, er wolle eine Inspektionsreise nach Katalonien unternehmen, um schwebende Rechtsfälle zu klären – nichts Ungewöhnliches, seit er als Mitregent seines Vaters königliche Macht ausübte.
So zog er Anfang Oktober in angemessener Begleitung nach Osten. Etwa fünf Meilen ritten sie den Ebro entlang, dann blickte einer seiner Begleiter zum Himmel.
„Es ist Zeit, Majestät!"
Der achtzehnjährige Prinz lächelte, nickte und sprang mit einem Satz vom Pferd. Er und sechs seiner Begleiter legten einfache Reisekleider an und plötzlich sah Ferdinand gar nicht mehr königlich aus. Mit seiner schlanken, mittelgroßen Gestalt, den kurzen dunklen Haaren und dem frechen durchschnittlichen Gesicht eines aufgeweckten jungen Mannes sah er aus wie der Gehilfe eines reisenden Händlers, und genau dieser Eindruck war beabsichtigt.
Die kleine Reisegruppe wandte sich jetzt nach Westen, denn Isabella erwartete ihren Bräutigam in Valladolid.
„Ihr seht verdammt echt aus, Majestät!"
Ferdinand runzelte die Brauen.

„So soll es auch sein und deshalb Schluß mit der Majestät. Ich heiße Paco und bin der Diener ehrbarer Kaufleute."
Ihm machte diese Rolle ungeheueren Spaß, und als sie am Abend in einer Herberge ihr Nachtlager bereiteten, ging Ferdinand hinaus in den Stall und striegelte die Pferde. Im Laufe dieser Reise kam es sogar vor, daß man sie für Landfahrer hielt und mit Steinen verjagte. Ein paar Meilen vor Zaragoza, in der kleinen Stadt Duena, traf der Prinz sich mit seinem Gefolge und verwandelte sich sehr schnell wieder in eine Majestät.
„Die Rolle hat mir Spaß gemacht, ich hätte sie gerne noch eine Weile gespielt."
Unterdessen bereitete Alonso Carillo, der Erzbischof von Toledo, die Hochzeit in aller Stille, doch in großer Eile vor. Der alte Kirchenfürst sah in Isabella die Zukunft und setzte alles daran, ihre Pläne voranzutreiben. Ihre Pläne waren seine Pläne. Das Erzbistum von Toledo war das ertragreichste in ganz Spanien und brachte jährlich zwischen sechzig- und achtzigtausend Dukaten. Diese nette Pfründe wollte Carillo nicht verlieren. Und nun hatte er um Audienz bei Ihrer Königlichen Hoheit gebeten.
Isabella deutete einen Knicks an und küßte den Bischofsring. Sie war ungeduldig.
„Nun, Exzellenz, wie weit sind Eure Vorbereitungen gediehen?"
Über das schlaue wache Gesicht des alten Kirchenfürsten flog ein leises Lächeln.
„Drückt Euch die Jungfernschaft so sehr, Hoheit?"
„Ihr seid frech, Carillo. Vergeßt nicht, daß in Kastilien der König die Kandidaten für ein Bistum auswählt. Der Papst darf sie nur noch bestätigen."
Carillo zeigte sich keineswegs eingeschüchtert.
„Verzeiht, Hoheit, ein Scherz unter Vertrauten, es soll nicht wieder vorkommen."
Isabella wandte sich ab, denn sie konnte ein Lächeln nicht unterdrücken. Der gute Carillo hatte zwar ein loses Maul und nahm es mit dem Zölibat nicht sehr genau – er hatte ein halbes Dutzend Kinder zu versorgen –, doch sie schätzte den alten Fuchs.
„Ist der Dispens Seiner Heiligkeit endlich eingetroffen?"
„Leider nicht, Hoheit, Rom ist weit. Aber ich habe ein Schriftstück vorbereitet und werde es verlesen." Carillo wischte ihren Einwand weg. „Ein Provisorium. Das Original wird in Bälde eintreffen."

„Ob Gott es uns verzeiht?"
„Meine Tochter, nirgends in der Heiligen Schrift ist die Rede davon, daß eine Jungfrau ihren Vetter nicht heiraten darf, noch dazu einen zweiten Grades. Aber es ist nun einmal Tradition, daß der Papst dazu seinen Segen gibt. Übrigens ein nicht unbedeutender Nebenerwerb des Heiligen Stuhls – nun, sei's drum, wir behelfen uns vorerst auf diese Weise."
„Ihr habt Euch Verdienste um die Krone erworben. Exzellenz."
Carillo hob die Hände.
„Ich möchte Euch bald als Königin sehen, Hoheit."
„Und ich möchte – ich möchte..."
„Hab's nicht vergessen, meine Tochter. Heute um Mitternacht, im Haus des Grafen Vivero."
So war es besprochen, so war es ausgemacht. Drei Tage vor der Hochzeit sollten Braut und Bräutigam sich kennenlernen. Die meisten Mädchen hätten sich für diese Stunde besonders herausgeputzt, doch Isabella bemerkte zu ihrer Zofe: „Ich möchte aussehen wie immer. Ferdinand soll mich sehen, wie ich im Alltag bin, denn eine Ehe ist Alltag. So erspart er sich eine Enttäuschung."
Der Plan eines Treffens um Mitternacht stammte von Carillo, er wollte dieser ersten Zusammenkunft eine Aura des Geheimnisvollen und Romantischen verleihen. Doch es hätte dieser Geste nicht bedurft. Isabella und Ferdinand traten aufeinander zu, jeder sah im Auge des anderen die Kerzenlichter tanzen, sie senkte nicht den Blick, und er ließ den seinen über ihre Gestalt wandern.
Ganz ungeniert, dachte Isabella, wie ein Roßkäufer, doch sie verübelte es ihm nicht.
Ferdinand küßte seine Braut auf beide Wangen.
„Ihr gefallt mir, Doña Isabella, wir geben ein schönes Paar."
„Auch meine Mitgift ist nicht schlecht, Don Ferdinand, die Krone von Kastilien."
„Ich hätte Euch auch mit weniger genommen", sagte der Bräutigam galant.
Die Trauung fand fast heimlich mit nur wenigen Zeugen in einer Kapelle statt. Erzbischof Carillo verlas den falschen päpstlichen Dispens, und es klang sehr überzeugend. Nicht ohne Rührung sprach er die Worte des Introitus: „Deus Israel conjungat vos: et ipse sit vobiscum" (Der Gott Israels verbinde euch; er selber sei mit euch).
Dann kam die Hochzeitsnacht, und Isabella dachte daran, daß dieser

achtzehnjährige Bursche schon zwei Kinder mit Mätressen gezeugt hatte, aber – so hatte man ihr berichtet – er war ansonsten ein höflicher und umgänglicher Mann, mäßig im Essen und Trinken und nahm seine Aufgabe als Mitregent sehr ernst.
Erfahren und lustvoll vollzog Ferdinand das Beilager gegen seine Gewohnheit sanft und fast feierlich, denn er lag einer königlichen Prinzessin bei und fühlte, wie Gottes Segen dem fleischlichen Akt eine höhere Weihe verlieh.
Isabella, die Jungfrau, nahm ihren Mann hin, wie die alte und vertraute Amme es ihr geraten hatte: „Sperre dich nicht gegen seine Wünsche, mein Täubchen, sei locker und fröhlich, auch wenn's weh tut und vorerst keine Lust bereitet. Lust und Liebe stellen sich mit der Zeit von selbst ein. Don Ferdinand soll ja nicht unerfahren sein."
Nein, das war er nicht, und schon nach wenigen Wochen sehnte Isabella sich nach seinen Umarmungen. Sie fanden zueinander, aber leicht hatten sie es in Kastilien nicht.
König Heinrich hatte sich wieder einmal gegen seine Schwester aufhetzen lassen, ein Teil des Adels nahm Partei für seine Tochter Johanna, die *Beltraneja*, weil sie wußten, daß sie mit ihr ein leichteres Spiel haben würden. Und alle versuchten, dem jungen Paar dreinzureden. Erzbischof Carillo, der sich nun als enger Vertrauter der beiden fühlte, lag Ferdinand dauernd mit ungebetenen Ratschlägen in den Ohren, und als der junge Prinz endlich die Geduld verlor und ihn zurechtwies, zog Carillo sich gekränkt zurück und fragte sich, ob er nicht doch aufs falsche Pferd gesetzt hatte.
Isabella aber verlor weder ihre Geduld noch ihre Zuversicht. So wie jede Messe mit dem Kyrie beginnt und mit dem Amen endet, so sicher wußte sie, daß sie bald mit Ferdinand auf dem Thron der Vereinigten Königreiche Aragonien und Kastilien sitzen würde.
„Hättest du doch nach Portugal geheiratet, wäre alles viel einfacher", jammerte die Mutter.
Isabella lächelte nur nachsichtig. Wir werden uns auch Portugals noch annehmen, dachte sie, aber zuerst muß Granada fallen, denn sie und Ferdinand würden keine Ungläubigen in ihrem Reich dulden.
Ferdinand, das spürte sie bald, war nicht sehr fromm. Nach außen erfüllte er seine Pflichten, doch mit dem Herzen war er nicht dabei.
Das genügt nicht, dachte Isabella, denn wir brauchen Gott und seine Heiligen auf unserer Seite. Sie sagte es ihm.

„Ich werde mich bessern", versprach er leichthin, „aber zunächst müssen wir die wichtigsten Adelsfamilien auf unsere Seite ziehen. Zum Beispiel die Mendozas. Sie haben großen Einfluß in Kastilien und glauben noch immer an die Zukunft der *Beltraneja*. Nur weil Carillo mit ihnen verfeindet ist, müssen wir es nicht sein."
„Pedro de Mendoza will Kardinal werden", gab Isabella zu bedenken.
„Und nicht nur das, er schielt nach dem Erzbischofstuhl von Toledo."
Isabella nickte.
„Und Carillo weiß das."
„Carillo ist alt, er wird einen Nachfolger brauchen."
„Mendoza ist jung."
„Und ehrgeizig."
Isabella legte eine Hand auf den Arm ihres Gemahls.
„Sind wir das nicht auch?"
„Wir tragen eine große Verantwortung. Übrigens wird im Februar der Legat des neuen Papstes eintreffen, Kardinal Rodrigo Borgia, seine Familie stammt aus Valencia, hieß früher Borja."
„Also einer deiner Untertanen."
Ferdinand schob seine dicke Unterlippe vor.
„Wie man's nimmt. Ich werde es ihn nicht merken lassen."
Anfang Februar reisten Ferdinand und Isabella nach Alcalá de Henares, wo sie im erzbischöflichen Palast den päpstlichen Legaten empfingen. Rodrigo Borgia gewann sofort ihre Herzen. Ein Mann nach ihrem Geschmack: fröhlich, gewinnend, offen, optimistisch, kompromißbereit und von vollendeten Manieren. Dazu war er ein stattlicher, gutaussehender Mann – groß, kräftig, mit einer kühn vorspringenden Nase und klugen lebhaften Augen, deren fester freundlicher Blick jeden gefangennahm.
„Könnt Ihr uns etwas über Seine Heiligkeit berichten, soweit es Eure Loyalität nicht verletzt?"
Der Legat wandte sich zu Isabella, und sein Blick war nicht der eines geistlichen Vaters zu seiner Tochter, sondern der eines Mannes zur künftigen Geliebten – aber nur für einen Moment, dann neigte er leicht sein Haupt und sagte mit lächelnder Verbindlichkeit: „Seine Heiligkeit ist kein Spanier."
Ferdinand räusperte sich.
„Ein wenig dürftig, nicht wahr? Aber, wenn es nichts weiter zu sagen gibt..."

Rodrigo Borgia hob mit einer anmutigen Geste beide Hände.
„Nun, Seine Heiligkeit hat geruht, fünf seiner Neffen zu Kardinälen zu ernennen."
„Interessant. Dann werdet Ihr ihn sicher dazu überreden können, auch Unseren geliebten Untertan, Don Pedro Gonzales de Mendoza, den Erzbischof von Siguenza, zum Kardinal zu ernennen."
Der Legat verneigte sich.
„Ich werde mein Möglichstes tun."
Mendoza wurde Kardinal, seine ganze einflußreiche Familie schwenkte zu Isabella über, und nicht wenige taten es ihr nach. König Heinrich und seine umstrittene Tochter, die *Beltraneja*, begannen zu vereinsamen.
„Wir werden ihm einen Besuch abstatten", schlug Isabella vor, und ihr Vorschlag klang sehr bestimmt.
„Wenn du es für richtig hältst..."
„Ich bin seine Schwester und nicht seine Feindin."
Der fünfzigjährige Monarch residierte damals im Alcazar von Segovia und freute sich kindlich über den Besuch seiner Schwester. Er hatte die ganzen Umtriebe satt. Jeder seiner Ratgeber blies ihm etwas anderes ins Ohr, und er wollte doch nur seine Ruhe haben. Er ließ seiner Schwester ein Festmahl bereiten, zeigte sich mit ihr in der Stadt und brachte seine Untertanen in Verlegenheit, weil sie nicht wußten, ob sie nun jubeln oder schweigen sollten, wo doch jedermann wußte, wie tödlich verfeindet die beiden waren. Als sie dann Arm in Arm zur Weihnachtsmesse die Kirche betraten, jubelte das Volk schon aus Erleichterung, denn ein Zwist der Mächtigen wird immer auf den Schultern der Untertanen ausgetragen. Auch als Ferdinand am 1. Januar dazukam, hielt die gute Stimmung an. Heinrich schien wieder geneigt, Isabella als Erbin anzuerkennen, für die *Beltraneja* würde sich schon ein Prinz von Geblüt finden.
„Wenn er sich nur einmal entschließen könnte! Nicht ja und nicht nein, das ist zum Verrücktwerden!"
Ferdinand hatte sich in Zorn geredet. Isabella legte ihren Arm um seine Hüfte.
„Beruhige dich. Wir dürfen ihn nicht drängen. Es wird sich alles regeln."

Und so war es auch. Ein Jahr später, am 11. Dezember 1474, starb König Heinrich von Kastilien in Madrid. Zwei Tage später ließ Isabella sich in Segovia zur Königin ausrufen. Es gab keine Schwierigkeiten, doch Ferdi-

nand war etwas befremdet, daß er nur die Rolle des Prinzgemahls spielen sollte. Denn die Herolde hatten verkündet: „Isabella, Königin von Kastilien und Ferdinand, ihr rechtmäßiger Gemahl."
Er stellte seine Frau zur Rede. Ruhig und freundlich erklärte ihm Isabella: „Das mag in Aragonien wichtig sein, wo es keine weibliche Erbfolge gibt, aber hier ist das anders: Ich bin die Erbin, nur ich kann Königin sein."
Doch Ferdinand war gekränkt, und Isabella fand einen Ausweg. Ihr Gemahl dürfe den Königstitel tragen, aber sie, und nur sie, war die 'Besitzerin' von Kastilien. Alle offiziellen Dokumente sollten von nun an gemeinsam unterzeichnet werden. Ferdinand war zufrieden, er kannte seine Frau und wußte, daß er nicht mehr verlangen durfte. Im Bett der Königin von Kastilien durfte er unumschränkt herrschen, da unterwarf sie sich in allem, nicht jedoch in ihrem Land – da herrschte sie und nur sie.
Mendoza, der frischgebackene Kardinal wurde bald zum engsten Ratgeber der Könige, der alte Carillo, sein Feind und Konkurrent, zog sich schmollend zurück. Zu seinem Sekretär bemerkte er bitter: „Als ich sie bei der Hand nahm, war sie ein kleines Mädchen, mit Spinnen beschäftigt, nun sehe ich sie an ihrem eigenen Spinnrad."
Isabella hatte inzwischen eine Tochter geboren, und Ferdinand erinnerte sie nicht ohne Spott: „Eine Erbin Kastiliens – recht schön, aber wenn es mit Aragonien zu einem Königreich werden soll, dann brauchen wir einen Sohn."
Isabella, keineswegs beleidigt, erwiderte: „Du kriegst deinen Sohn, warte nur ab. Wer ernten will, muß recht fleißig seinen Acker bestellen."
Ferdinand verstand den Wink und besuchte häufiger das eheliche Bett. Nach einer besonders leidenschaftlichen Umarmung setzte Isabella sich auf und begann wie in Trance zu reden.
„Ich sehe Spaniens Zukunft vor meinen Augen, als hätte Gott mir die Gabe der Prophetie verliehen. Aber Gott fordert seinen Preis: Er wünscht sich ein christliches Spanien, frei von Mauren, Juden, Ketzern und falschen Bekehrten. Er wird uns einen Erben schenken, wenn wir ein Spanien schaffen – rein im christlichen Glauben wie ein Kristall, den das göttliche Licht zum Strahlen bringt. Daß hierzulande die Häresie zunimmt, wird mir von allen Seiten berichtet. Gott wird uns strafen, wenn wir nichts unternehmen. Der Papst muß für unsere Länder Inquisitoren

ernennen. Und wir, die weltliche Macht, tun das unsere dazu, wenn wir die letzten Mauren verjagen. Granada muß christlich werden! Unser Sohn wird über ein christliches Spanien herrschen, er wird König von Kastilien, Aragonien, Granada, Sardinien und Sizilien sein."
Ferdinand unterbrach sie und fragte mit leisem Spott: "Was ist mit Navarra oder mit Portugal?"
"Navarra zählt nicht, es wird uns eines Tages von selbst in den Schoß fallen. Und Portugal? König Alfonso ist Witwer und kinderlos. Wer weiß?"
"Also gut, Isabellita, gehen deine Prophezeiungen noch weiter?"
"Spotte nicht! Wenn wir alles haben, was Gott uns zuteilen will, so bleibt noch das Meer. Schau' nicht so ungläubig! Prinz Heinrich der Seefahrer hat uns gezeigt, daß Afrika ein Land voll von Geheimnissen ist. Wir in Spanien werden seine Unternehmungen fortsetzen, unsere Schiffe werden Gold und Gewürze ins Land bringen, wir werden reich sein und mächtig und in unseren Kindern und Kindeskindern unsterblich."
Ferdinand gähnte.
"Manches davon werden wir verwirklichen, so nach und nach..."
Er gähnte ein zweitesmal und drehte sich um. Isabella aber lag noch lange wach, und vor ihren Augen zogen die Bilder einer goldenen Zukunft vorüber, an die sie glaubte, weil sie Gott an ihrer Seite wußte. Aber der HERR würde es nicht umsonst tun, auch das wußte sie.

Der Traum des Rodrigo Borgia

Der Palast des Kardinals stand im römischen Ponte-Viertel in der Nähe der Piazza Pizzo di Merlo. Der kleine gepflegte Garten grenzte an den des Nachbarhauses, das Vanozza de Cattaneis bewohnte, die Mätresse von Rodrigo Borgia. Der zweiundfünfzigjährige stattliche Mann besaß auch noch andere Geliebte und hatte mit ihnen Nachkommen gezeugt, aber Vanozza stand seinem Herzen am nächsten, ihre Kinder betrachtete er quasi als seine legitimen und den jetzt siebenjährigen Cesare als seinen Erstgeborenen. Er hätte zufrieden sein können, der Kardinal Borgia, wäre nicht sein brennender Ehrgeiz gewesen, auf den päpstlichen Stuhl zu gelangen, doch den hatte Seine Heiligkeit Sixtus IV. inne, ein kranker schwacher Mensch, der nur Sinn für seine Familie besaß und den schamlosesten Nepotismus betrieb, den Rom je gesehen hatte. Zwei Brüder und vier Schwestern stattete er reichlich mit Pfründen und Titeln aus, fünf seiner Neffen wurden zu Kardinälen ernannt.
Ich hätte es nicht anders gemacht, dachte Rodrigo Borgia, wenn auch vielleicht ein wenig unauffälliger und geschickter. Es hätte ihn auch nicht weiter gestört, wären diese fünf neuen Kardinäle harmlose Esel gewesen, die nicht weiter störten. Bei dreien traf das auch zu, und mit einem, dem lebenslustigen Prasser Pietro Riario, war er sogar befreundet gewesen. Die Rolle eines Lieblingsneffen des Papstes nutzte Pietro weder zu Intrigen noch zur Stärkung seiner Macht – nein, er gestaltete sein Dasein zu einem immerwährenden Fest. Das römische Volk vergötterte ihn, und wenn er in seinem Purpurmantel durch die Straßen ritt, jubelten die Leute ihm zu. Doch seine Lebenskraft hielt diesem Leben nur drei Jahre stand, und er sank als Achtundzwanzigjähriger ins Grab.
Der Kardinal seufzte, wenn er daran dachte. Unter den vier verbliebenen Neffen gab es nun diesen Giuliano della Rovere, ein Mann hart wie

Stahl, klug, beherrscht, rücksichtslos, ohne Mätressen, ohne Laster, nur mit einer gewissen Neigung zu Kunst und Künstlern. Daß auch er nach der Tiara strebte, lag auf der Hand, und eine Reihe jener Kardinäle, die mehr zur Askese und Frömmigkeit neigten, würde ihn bei der nächsten Wahl bevorzugen.

Nun hatte Seine Heiligkeit ein Konsistorium einberufen; angeblich ging es um ein spanisches Problem. Da spitzte Borgia gleich die Ohren, denn schließlich war er unter anderem Bischof von Valencia und hatte auch sonst noch einige Interessen in Aragonien, der Heimat seiner Vorfahren.

„Exzellenz, wir sind da."

Die Worte des Sänftenträgers rissen ihn aus seinen Betrachtungen. Er raffte seinen Purpurmantel und stieg langsam die Treppe hinauf. Die Herren Kollegen hatten sich schon fast alle eingefunden, ihre gedämpften Gespräche füllten den Raum mit einem auf- und abschwellenden Summen.

Wie ein Bienenschwarm, der auf die Königin wartet, dachte Borgia und hielt Ausschau nach seinem Erzfeind. Ah, da drüben stand er ja, der bärtige Giuliano della Rovere, aufrecht, schlank, und richtete sein grimmiges Gesicht auf die kleine Tür neben der päpstlichen Sedia.

Wenig später humpelte er herein, Seine Heiligkeit Sixtus IV., und ließ sich, von Dienern gestützt, in den Sessel sinken. Da hockte er nun, klein, gekrümmt, mit seiner schmalen, scharf vorspringenden Nase, den dünnen verkniffenen Lippen und den wieselflinken mißtrauischen Augen.

Wie ein verdrossener Geldwechsler sieht er aus, dachte Kardinal Borgia und versuchte, ein Gähnen zu unterdrücken. Wenn ich einmal da oben sitze, werde ich ein schöneres Bild abgeben, und ich hoffe, es wird bald sein – ich hoffe zu Gott, er wird seinen krummen altersmüden Diener bald zu sich rufen.

Inzwischen hatte der Papst zu reden begonnen, leise, mit hoher schnarrender Greisenstimme, die aber gut zu verstehen war. Es ging um die spanische Inquisition.

Borgia hielt nichts davon. Häretiker sollte man einfach nicht beachten, und wenn sie zu aufsässig wurden, mit Geldstrafen so lange schröpfen, bis ihnen die Luft ausging. An Hexen und Zauberer glaubte Borgia nicht, er zweifelte überhaupt an den sogenannten überirdischen Dingen. Freilich, irgendwo da oben gab es einen Gott, aber der war fern und schien sich wenig um die Angelegenheiten dieser Erde zu kümmern. Wäre

sonst dieser Mensch da oben Papst geworden, Stellvertreter Christi auf Erden? Halt – was war das?
„... wünschen die Könige von Kastilien und Aragon, daß Wir den Dominikanerprior Tomas de Torquemada zum Generalinquisitor aller spanischen Länder ernennen. Liebe Brüder in Christo, Ihr wißt, wie sehr Wir es bedauert haben, auf welche Weise die Inquisition in Spanien ihre Macht miß- äh anwendet. Wir haben Ihre Majestäten auch deswegen schon ermahnt, aber..."
Rodrigo Borgia schüttelte unmerklich den Kopf. Bei allen Heiligen, da redet er um den Brei herum, und jeder weiß, daß er doch wieder nachgibt, weil der Peterspfennig so reichlich und stetig in seine Kassen fließt. Ich werde es anders machen! Schafe soll man scheren, solange ihr Fell nachwächst, aber nicht schlachten. Freilich, Sixtus war Wachs in den Händen seiner Neffen, und wenn die es wünschten, dann würde er auch den siebenjährigen Cesare zum Großinquisitor machen. Apostolischer Protonotar, Kanoniker von Valencia, Erzdiakon von Jativa und Rektor von Gandia war der kleine Kerl schon, der mit den Straßenjungen des Viertels im Dreck spielte und sich keinen Deut um seine geistlichen Würden scherte. Zärtlich dachte Borgia an seinen Erstgeborenen, den er für die geistliche Laufbahn bestimmt hatte.
Der Papst war mit seiner Rede am Ende angelangt. Eine leise, erregte Diskussion begann, aber Spanien war fern und das Gold aus den Kassen Kastiliens und Aragoniens eine Realität.
„Vielleicht gibt es dort tatsächlich mehr Ketzer und Häretiker als in Italien. Die Kirche muß sich wehren – zur höheren Ehre Gottes!"
Das war der Savelli, dieser Speichellecker. Rodrigo Borgia ärgerte sich so, daß er rief: „In Rom brennen auch keine Scheiterhaufen, und es schadet der Kirche nicht. Man soll nicht übertreiben!"
Da ertönte ganz von hinten ein greisenhaftes Meckern. Es kam von Maffeo Gherardo, dem sechsundachtzigjährigen Patriarchen von Venedig. Der rief nun mit dünner brüchiger Stimme: „Weil es bei uns keine Ketzer gibt! In Venedig nicht, auch nicht in Mailand, Pisa oder Rom."
„Dafür gibt es um so mehr Prasser und Wüstlinge, die ihr Einkommen versaufen, verfressen und verhuren!"
Das kam natürlich von Giuliano della Rovere und galt all jenen, die nicht so anspruchslos lebten, wie dieser ehemalige Franziskanermönch.
Und im besonderen gilt es mir, dachte Rodrigo Borgia, aber er war dem anderen nicht böse. Sein fröhliches und optimistisches Wesen setzte sich

über dergleichen hinweg. Du wirst den kürzeren ziehen, Mönchlein, dachte er, wenn diese Heiligkeit da oben in den Himmel fährt. Sie fürchten dich, Giuliano della Rovere, weil du nie lächelst und weil du keine Schwächen hast. Mich finden sie harmlos, umgänglich und ohne besonderen Ehrgeiz. Und das ist gut so.
„Wir werden also Tomas de Torquemada zum Generalinquisitor von Kastilien und Aragon ernennen. Möge Gott ihm bei seiner schweren Aufgabe beistehen."
„Amen", murmelten die Kardinäle, warteten kaum noch den Segen des Papstes ab und gingen zurück an ihre Geschäfte, zu ihren Mätressen und Kindern, an ihre reichgedeckten Tische.
Rodrigo Borgia bestieg seine mit dem Stierwappen geschmückte Sänfte. Er hätte die beiden für vernünftiger gehalten, Ferdinand und Isabella. Der König von Aragon war nicht gerade ein Schwachkopf, aber ihr, der Kastilierin, war er weit unterlegen. Borgia war ein Spanier, und es bereitete ihm Unbehagen, wenn eine Frau die Hosen anhatte. Und doch war es so. Was nun die Inquisition in Spanien betraf: Es gab sie ja längst; schon 1462 hatte Pius II. vier Inquisitoren nach Kastilien geschickt, aber das waren zum Teil Landfremde oder Kreaturen des Papstes. Isabella aber wollte diese Leute selbst auswählen, und so sandte Papst Sixtus IV. vor vier Jahren die Bulle 'Exigit sincerae devotionis' nach Spanien mit der Erlaubnis, für die Könige in Aragon und Kastilien Inquisitoren zu ernennen. Und schon brannten überall die Scheiterhaufen, eine Massenflucht der *Conversos* (getaufte Juden) setzte ein, und man bestürmte den Papst, ein Machtwort zu sprechen.
Kardinal Borgia lachte leise in sich hinein. Dieser Papst ein Machtwort! Immerhin, er nahm die Bulle von 1478 zurück, doch Ferdinand und Isabella ignorierten es einfach. Das wäre mir nicht passiert, dachte Rodrigo Borgia, weil ich Spanier bin und weiß, wie man Spanier behandeln muß.
Und wieder gab Sixtus nach, wie er immer nachgegeben hatte, so auch jetzt, als er diesen Torquemada zum Groß- oder Generalinquisitor ernannte.
Nomen est omen, dachte der Kardinal, als er den Namen des neuen Großinquisitors langsam vor sich hinsprach. Das leitet sich von *torre cremata* her, und das heißt 'verbrannter Turm'. Ein Scheiterhaufen ist ja auch so etwas wie ein Turm aus Holz, ein brennender Turm... Kindereien, schallt er sich. Als ob es nichts Wichtigeres gäbe!

In meinen Augen, dachte Borgia, heißt das, die Kirche schwächen. Alles muß von Rom ausgehen, Sonderrechte, wie diesen Spaniern, dürfen niemals eingeräumt werden. Das Schwanken der Sänfte hatte den Kardinal schläfrig gemacht, und er nickte ein. Und da war er Papst, nannte sich Alexander, weil er wie ein Feldherr zurückerobern wollte, was schwache Päpste vor ihm vertan hatten – die Adriastädte und vor allem Sizilien, das schließlich ein päpstliches Lehen war, auch wenn es diesen Ferdinand nicht kümmerte. Juan, sein Zweitgeborener, fungierte als weltlicher Arm, als das Schwert der Kirche und César – er gebrauchte stets die spanische Version des Namens – stand ihm als Kardinal zur Seite. Lucrezia, die einzige Tochter der Vanozza, wird mit dem mächtigsten Fürsten Italiens verheiratet, vielleicht mit einem Sforza oder einem Medici. Macht – Macht – Macht – das ist es! Natürlich zur höheren Ehre Gottes und seiner Heiligen, denn der Papst ist ja schließlich Stellvertreter Christi auf Erden.
Er erwachte, gähnte, und schaute hinaus auf das Treiben in den Straßen, wo gefeilscht und geschrien, gelacht und gestohlen, getratscht und gerauft wurde. Borgia fühlte sich nach wie vor als Spanier, aber er mochte die lebenstüchtige, nüchterne, unsentimentale Art der Römer.
Hier werden keine Scheiterhaufen brennen, liebe Kinder, das verspreche ich euch. Und wenn es die Spanier zu arg treiben, dann werde ich die Tore Roms öffnen und sie willkommen heißen, die reichen Conversos mit ihrem Geld, und ich werde sie scheren, diese Schäflein. Ich, Rodrigo Borgia, ich, der Papst. Er lehnte sich zurück, dachte an den müden krummen Greis und betete zu Gott um ein seliges Ende für Papst Sixtus – um ein seliges und auch schnelles Ende.

Der Traum des Isak Marco

Toledo hatte sich herausgeputzt, als gelte es, einen König zu empfangen. Doch es wurde kein König erwartet. Vielleicht galten die Fahnen und das Glockengeläut, die festlich gekleideten Menschen und der feierliche Gesang dem ersten Sonntag nach Pfingsten, dem Tag der Allerheiligsten Dreifaltigkeit? Heute war dieser Tag, aber er wurde sonst nicht so festlich begangen, und wer einen Blick auf die prächtigen, mit Goldfransen geschmückten Banner warf, der wußte gleich, wem dieser festliche Aufwand galt. Es war die Fahne der Inquisition mit dem grünen Kreuz zwischen Schwert und Ölzweig und dem Spruch aus dem 23. Psalm: Exurge Domine Et Judica Causam Tuam.
Und da nahte schon die feierliche Prozession, geführt vom amtierenden Inquisitor. Ihm folgte ein Knabenchor, der schön und vielstimmig sang: Miserere mei, Domine...
Dahinter schritt der Provinzial der Dominikaner, begleitet von drei Mönchen, deren mittlerer ein schwarzverhangenes grünes Kreuz trug. Ihnen folgten die gelehrten Herren der Universität, die Rectores und Professores, dann die Stadtältesten, die Vorsteher der Zünfte und des Adels. Dann kamen die Abordnungen der wichtigsten Mönchsorden: Dominikaner, Franziskaner, Augustiner und Karmeliter. Sie waren von Dienern des Heiligen Offiziums begleitet, die brennende Kerzen trugen. Hinter ihnen schritten zwei kräftige Laienmönche, die das gewaltige hochaufragende Banner der Inquisition schleppten. Den Abschluß des Zuges bildeten Waisenkinder und Klosterschüler mit ihren Lehrern, zuletzt Armenhäusler, Bettler und Krüppel.
Vor der Kathedrale machte die Prozession halt und bildete einen Halbkreis. In diesen wurden die zweiundzwanzig Verurteilten geführt, gekleidet in den *sambenito*, das Büßergewand; auf ihren Köpfen saß die *ca-*

roza, eine hohe spitze Papiermütze, grell bemalt mit Flammen, Teufeln und Höllendämonen. Dahinter rumpelte ein Ochsenkarren mit übereinandergestapelten Särgen und Holzkisten, von Stricken zusammengehalten. Sie enthielten Gebeine von Ketzern, deren Verbrechen erst nach ihrem Tod ans Licht gekommen waren. An den Särgen lehnten sechs Bildnisse von Verurteilten, die sich dem strafenden Arm der Heiligen Inquisition durch Flucht entzogen hatten. Sie sollten *in effigie*, also nur im Bildnis verbrannt werden.

Draußen vor der Stadt, bei der Porta Vieja, war auf einer Rampe der große Holzstoß errichtet worden, der *brasero*, und dort herrschte schon ein fröhliches festliches Treiben. Fliegende Händler versorgten die wartende Menge mit Wein, Bratwürsten, Brot und Obst, ein Sesamkringelverkäufer schrie sich die Seele aus dem Leib und lief wie ein Gehetzter von Gruppe zu Gruppe. Die Stadtmiliz mußte schon die ersten Betrunkenen fortschaffen, denn sie hätten das zu erwartende festliche Ereignis stören können. Hinter einer Absperrung unterhalb der hölzernen Tribüne saßen die geladenen Gäste. So hieß es offiziell; in Wirklichkeit waren es Zwangsgeladene, nämlich Verwandte und Freunde der Verurteilten, denen dieses Autodafé zum warnenden Beispiel dienen sollte.

Hier warteten auch, dicht aneinandergedrängt, die Mitglieder der Judenfamilie Marco, herbeigeführt aus der Juderia im Westen der Stadt. Isak mit seinen Söhnen David, Jakob und Joseph standen wie ein Schutzwall, hinter dem sich Ruth und ihre Tochter Susanna verbargen. Abraham Marco, Isaks Bruder, sollte heute zur Hinrichtung geführt werden; ein anonymer Denunziant hatte ihn angezeigt, und nach mehrfacher Folterung war er als rückfälliger Converso entlarvt worden, der jeden Freitagabend heimlich den Sabbat feierte, ein Scheinchrist also, ein Marane, und dieses Wort bedeutete – ein Schwein. Spitzel der Inquisition hatten herausgefunden, daß aus dem Schornstein seines Hauses am Samstag kein Rauch aufstieg, ein sicherer Hinweis auf sein heimliches Judentum, denn nach dem Gesetz Mose durfte am heiligen Sabbat keine Arbeit getan, also auch nicht gekocht werden.

Da ertönte schon von der Puerta Vieja her der Trauergesang des Miserere, begleitet von dumpfen Trommelschlägen und grellen Fanfarentönen, die an das Jüngste Gericht erinnern sollten. Nun hatte sich der Zug verändert. An seiner Spitze schritten im Dienst der Inquisition stehende Dominikaner, flankiert von berittenen Soldaten der 'Santa Hermandad', dann zwölf Priester in weißen Chorhemden. Hinter ihnen rumpelte und knarrte der Ochsenwagen mit den Ketzergebeinen und den Bildern der Entflohenen.

Dann kamen die Sünder, die Ketzer und Häretiker, die falschen Christen, die Gotteslästerer, der Auswurf der Menschheit, von dem der Evangelist Johannes geschrieben hatte: 'Verdorrte Reben sind vom Weinstock Jesu zu entfernen und zu verbrennen.' Das nahm man wörtlich, der *brasero* wartete, die Fackeln der Büttel waren schon entzündet. Von den zweiundzwanzig Verurteilten hatten sieben – zwei Frauen und fünf Männer – in letzter Sekunde bereut. Sie gingen voraus und ihnen folgten die Verstockten, zum Teil geknebelt, alle mit gefesselten Händen. Nur wenige von ihnen konnten noch aufrecht gehen; die meisten humpelten, und vier mußten auf niedrigen Karren zum Richtplatz gefahren werden, denn die Feuerfolter hatte ihre Füße in brandige Fleischklumpen verwandelt. Unter ihnen befand sich Abraham Marco, der einfach nicht gestehen hatte wollen und so immer und immer wieder peinlich befragt worden war.

Entsetzt starrte Isak Marco seinen Bruder an. War das der immer so fröhliche Abraham, der sich stets schützend vor den Jüngeren gestellt hatte, der sanft und fröhlich war und sich mit jedermann gut verstand. Er hatte eine getaufte Jüdin geheiratet, hatte ihr zuliebe den Glauben gewechselt und sich in einen Juan verwandelt. In der Familie aber blieb er der alte Abraham. Die grausame Folter hatte seine Sinne verwirrt, er grinste, brabbelte vor sich hin, sang dazwischen Fetzen eines Psalms auf hebräisch, und Isak erkannte schaudernd, daß es der Kaddisch war, das Totengebet, das der Verwirrte sprach. Ein Glück, mein armer Bruder, daß deine Frau im Kindbett gestorben ist und den heutigen Tag nicht erleben muß.

Das Inquisitionstribunal bildete den Schluß des Zuges, ihm voran schwankte die Standarte des Glaubensgerichts mit dem grünen Kreuz zwischen Schwert und Ölzweig. Der Generalinquisitor von Toledo begab sich unter den Thronhimmel auf der Tribüne, ließ sich dort mit den Pontifikalgewändern bekleiden und ging zu dem seitlich der Tribüne errichteten Altar. Er zelebrierte eine kurze Messe, und ein Dominikaner predigte über das Thema: 'Erhebe dich, o Herr, und zerstreue deine Feinde.'

Dann wurden die Urteile verlesen und jeder der siebzehn Verstockten auf den *brasero* geführt oder gehoben und dort am Pfahl festgebunden. Die sieben Reuigen wurden zu je hundert Peitschenhieben und lebenslanger Einsperrung verurteilt. An den Rand des Scheiterhaufens wurden die Särge mit den Ketzergebeinen gestellt, an sie die Bilder der *in effigie* zu Verbrennenden gelehnt.

Der Generalinquisitor von Toledo hatte auf seinem Thronsessel Platz genommen. Er war ein feister gemütlicher Prälat, der ohne Begeisterung tat, was er tun mußte, und sich schon auf das Mittagessen freute. Zur Feier des Tages sollte es gebratene Gans mit glasierten Kastanien geben. Ihm lief das Wasser im Mund zusammen. Doch schnell besann er sich auf seine Pflicht und hob die rechte Hand. Die Knechte der 'Santa Hermandad' schleuderten ihre Fackeln auf den *brasero* und im selben Augenblick rief einer der Verurteilten: „Ich bereue! Gott, vergib mir, ich bereue!"

Alles blickte auf den Inquisitor. Der nickte. Einer der Büttel sprang gewandt wie ein Wiesel zwischen die schon brennenden Reisigbündel und erwürgte den reuigen Sünder mit einem Strick. An den anderen schlugen die Flammen hoch, die spitzen Papiermützen flogen brennend davon, die ersten Schreie ertönten, hell, spitz, gingen in schauriges Geheul über, bis der Rauch es würgend und hustend erstickte.

Isak Marco senkte den Kopf. Er wollte nicht mitansehen, was man hier im Namen Christi lebenden Menschen antat, doch einige Büttel hatte man eigens dazu angestellt, die Zwangszuschauer zu beobachten. Sofort riß einer von ihnen Isaks Haupt an den Haaren zurück.

„Schau' nur hin, Jude, und denk' immer dran, daß du bald selbst dort oben stehen kannst."

Susanna war ohnmächtig geworden, ihre Mutter und ihr jüngster Bruder stützten sie.

Der *brasero* brannte fast drei Stunden, der Funkenflug des böigen, ständig die Richtung wechselnden Frühjahrswindes hätte um ein Haar den Baldachin des Generalinquisitors in Brand gesteckt. Der blieb in gespielter Gleichmut sitzen, während die Büttel eifrig mit in Wasser getauchten Ruten den glimmenden Brand erstickten.

Die Juderia von Toledo bestand aus einem Gewirr hoher aneinandergedrängter Häuser mit so schmalen Gassen dazwischen, daß dicke Menschen damit ihre Mühe hatten. Am nächsten Sabbat bat der Rabbi die anwesenden Männer nach dem Gottesdienst zu einer Besprechung. Während die Frauen und Mädchen die Empore verließen, stieg der Rabbi von seiner Kanzel und scharte die Männer um sich. Von der Familie Marco

war nur Vater Isak mit seinem Sohn Jakob zugegen, denn David und Joseph hatten sich – mit zögernder Zustimmung der Familie – taufen lassen. Joseph, weil er in Salamanca Medizin studierte, was nur Christen gestattet war, und David, weil er in Valladolid ein Juristencollegium absolvierte, was dort ebenfalls nur mit dem Taufzettel möglich war. So wurde aus David ein Carmelo, doch nur auf dem Papier, denn er gebrauchte weiterhin seinen alten Vornamen.
„Ihr werdet euch denken können, um was es geht."
Der noch junge Rabbi strich verlegen seinen pechschwarzen Bart. Niemand sprach.
„Also", er räusperte sich, „also, es betrifft Eure Familie, Isak Marco. Ihr seid nicht der Hüter Eures Bruders, verehrter Freund, aber, um bei Moses zu bleiben, nicht Ihr habt ihn erschlagen, sondern andere. Nicht Euch trifft Gottes Zorn, aber die Inquisition behält alles im Auge, was den Namen Marco trägt. Ihr und Jakob seid kaum in Gefahr, denn noch läßt man uns Juden Juden sein, aber David und Joseph sind Conversos und man wird sie nicht in Ruhe lassen. Und auch Euch nicht, fürchte ich."
Isak hob die Hände.
„Was soll ich tun, Hochwürdiger? Mich mit den Meinen in einem Mauseloch verkriechen? David und Joseph nach Deutschland, Italien oder sonstwohin schicken? David steht kurz vor seinem Examen, und Joseph hat noch vier Semester zu studieren. Ich habe meine Geschäfte hier, die – so Gott will – Jakob später übernehmen wird." Isak blickte hilflos in die Runde. „So ratet mir doch – was soll ich tun?"
Die Köpfe mit dem runden Gebetskäppchen senkten sich. Nur die besten Freunde wichen seinem Blick nicht aus, und so war es auch der Gewürzhändler Salomon Lopez, der das Wort ergriff.
„Mein Rat, lieber Isak wäre: Ihr geht fort von Toledo, vielleicht in den Süden, nach Sevilla oder Cordoba, da soll es toleranter zugehen. Deinen Wein kannst du auch dort verkaufen. Mir – mir täte es leid, dich zu verlieren, aber es geht nicht nur um mich, die ganze Juderia ist betroffen. Ihr wißt ja wie die Christen von Zeit zu Zeit ihre Schulden begleichen: Man bringt die Juden um und ist seine Sorgen los. Ich muß euch ja nicht an das Jahr 1405 erinnern, wo sie zur Strafe aus der alten Synagoge eine Marienkirche gemacht haben. Wir durften inzwischen einen neuen Tempel bauen und leben in Frieden mit unseren christlichen Nachbarn. Dabei, Freund Isak, soll es auch bleiben."
Zornentflammt hob Isak sein Haupt.

„Und deshalb sollen wir gehen – wir, die wir lange vor den Westgoten und Arabern mit den Römern ins Land kamen? Wir, die ältesten Spanier der Stadt, sollen Toledo verlassen?"
Seine Stimme war immer lauter geworden.
„Beruhigt Euch, Isak Marco", bat ihn der junge Rabbi, und gleich fiel ihm ein anderer ins Wort, der nicht zu Isaks Freunden gehörte.
„Besser einer geht, als alle werden umgebracht!"
„So einfach ist das", sagte Isak bitter und blickte Jakob an, der bisher geschwiegen hatte, vor allem, weil es sich nicht schickte, daß ein junger Mann sich in das Gespräch der Älteren mischte.
„Wie ist deine Meinung dazu?"
Jakob übte nicht nur den Beruf seines Vaters aus, er war ihm auch äußerlich am ähnlichsten mit seiner stämmigen, bäuerlich derben Gestalt, der auffallend hohen Stirn und den schmalen klugen Augen.
„Ich bin kein Prophet", meinte Jakob, „aber es könnte sein, daß die Inquisition unseren Namen doch vergißt und wir weiterhin in Frieden hier leben können, andererseits ist es denkbar, daß schon übermorgen ein christlicher Fanatiker die ganze Juderia in Brand steckt und wir alle miteinander umkommen. Es liegt alles in Gottes Hand."
„Amen!" setzte der Rabbi fromm hinzu.
„Was du sagst, ist nicht sehr hilfreich, mein Bübchen", meinte Salomon spöttisch, „außerdem sollte Isak bedenken, daß vor allem seine Söhne David und Joseph gefährdet sind. Sie sind getauft und man wird sie genau beobachten. Im übrigen..."
„Wie soll das geschehen? Der eine studiert in Salamanca, der andere in Valladolid. Sie leben mit anderen Studenten zusammen, beichten, gehen zur Messe, essen Schweinefleisch – benehmen sich also ganz wie diese verdammten Christen, ob es nun vom Herzen kommt oder nicht. Wer hierzulande als Arzt oder Jurist etwas werden will, darf nicht Jude oder Muslim sein. So ist es nun einmal, und wenn ich auch nicht gutheiße, was die beiden getan haben, so kann ich es doch verstehen."
„Lassen wir es dabei bewenden", schlug der Rabbi vor. „Niemand von uns kann Isak seine schwere Entscheidung abnehmen."
Isak Marco fand auch in den Tagen darauf keinen Ausweg. Sobald er zwei Gründe für den Auszug gefunden hatte, sprachen drei andere für das Hierbleiben – und umgekehrt. Er besprach sich mit Ruth, seinem Weib, aber sie konnte ihm auch nicht weiterhelfen, weil es für diesen Fall keine Lösung gab.

Dieses Hin- und Hergrübeln hatte an Isaks Kräften gezehrt, er war hager und hohlwangig geworden und hatte sich bei den Geschäften schon mehrmals übers Ohr hauen lassen. Behutsam nahm Jakob das Heft in die Hand, und sein Vater war ihm dankbar dafür, auch wenn er nichts sagte. Er lebte in einer ständigen schmerzlichen Spannung, die sich nur manchmal in seinen Träumen löste. Einmal sah er sich in der Rolle des Moses auf dem Berg Nebo stehen, doch er blickte von hier nicht in das Gelobte Land, sondern auf die ganze Welt, und sah überall die Scheiterhaufen flammen, sah wie sie die Ghettos erstürmten, sah, wie Juden verbrannt, erschlagen, ersäuft und gehängt wurden, sah sein Volk von einem Land ins andere fliehen, sah, wie es nirgends Ruhe fand, und schickte ein Stoßgebet zu Gott, dem Herrn.

„Ist es nicht genug, Gott Abrahams? Sieh doch wie es leidet, mein Volk! Habe Erbarmen und mache ein Ende mit Not und Tod und Verfolgung!"

Und dann hörte er ein Rauschen und darin wie Donnergrollen Gottes Stimme: „Du hast recht, Isak, es ist genug!"

Eine ungeheure Erleichterung durchströmte ihn, grenzenlose Dankbarkeit, und wieder blickte er auf die Welt, doch das Bild war verschwunden, Isak erwachte, und mit der Erleichterung schwand auch die Dankbarkeit. Zwar hatte Gott ihm recht gegeben und gesagt: Es ist genug! Aber es war nur ein Traum, und draußen ging es weiter mit Foltern, Verbrennen und Morden, und ein Jude konnte sich schon glücklich preisen, wenn er nur fünfmal soviel Steuern zahlte wie ein Christ und nach Sonnenuntergang das Ghetto nicht mehr verlassen durfte.

So blieb Isak mit seiner Familie in Toledo, während David in Valladolid sich auf sein Juraexamen vorbereitete und Joseph in Salamanca tiefer in die Geheimnisse der Medizin eindrang.

1

Columbus wollte nur einige Monate auf Chios bleiben, um dann mit dem erhofften Gewinn im Spätsommer wieder nach Genua zurückzukehren. Doch der – im Grunde illegale – Kleinhandel mit Mastix brachte nur kleine Münze. Zum Glück war das Leben nicht allzu teuer auf der Insel. Er wohnte im Hospiz der Genueser, gleich oberhalb des Hafens, wo er auch sein Abendessen einnahm – preiswert und sehr bescheiden, aber es war ein Krug recht guten Weines darin eingeschlossen.

Eines Tages sagte Don Matteo, der ihn jetzt duzte, wie zu einem Sohn: „Wenn du zurück nach Genua willst, ehe die Herbststürme einsetzen, solltest du innerhalb der nächsten zwei oder drei Wochen in See stechen. Sonst mußt du hier überwintern, weil du vor Ende März kaum einen Kapitän findest, der sich aufs offene Meer hinauswagt."

Columbus zuckte die Schultern. Er war seltsam unentschlossen, ließ sich treiben, scheute vor der Zukunft zurück wie ein Pferd vor einem Hindernis. Da mußte noch vieles wachsen und reifen, sich klären und ordnen, ehe er es wagen konnte, das Wie zu erörtern, das als festverriegeltes Tor den Zugang zu seinen Plänen versperrte: Wie komme ich zu Geld, zu Schiffen, zu einer Mannschaft? Vieles mußte bedacht und überlegt sein, und noch fühlte er nicht die Kraft, sich dieser gewaltigen Aufgabe zu stellen.

Er lächelte entschuldigend.

„Ihr habt natürlich recht, Don Matteo, ich werde mich umtun müssen."

Inzwischen hatte eine Frau das enge Gewölbe betreten, dunkel gekleidet und bis auf die Augen verschleiert wie eine Türkin. Doch der Schleier fiel, und ein rundes, reizvolles Gesicht kam zum Vorschein, mit wachen

klugen Augen und einem Mund, der gern lachte. Don Matteo küßte sie auf beide Wangen.
„Mußt du denn immer herumlaufen wie eine Muslimin? Jedesmal glaube ich, eine Fremde betritt die Bottega."
Ihre Augen blitzten.
„Gerade wegen der Türken mache ich es ja. Die starren uns Christinnen an wie Huren und ziehen dich in Gedanken nackt aus, besonders die Jüngeren, die zum erstenmal hier sind. Diese Menschen wachsen in einer Welt von verschleierten Frauen auf und werden hier mit Sitten konfrontiert, auf die man sie nicht vorbereitet hat."
Columbus hielt es für angebracht, sich zurückzuziehen. Er verneigte sich und schickte sich an, den Laden zu verlassen.
„Bleib' doch noch, *figliuolo*! Lucia, das ist Cristoforo Colombo, ein Kaufmann aus Genua."
Die Frau lächelte und deutete einen Knicks an. Don Matteo legte ihr zärtlich einen Arm um die Schulter.
„Das ist Lucia, meine älteste Tochter, seit über einem Jahr Witwe, denn der Kapitän Pietro de Angelis ist von einer Handelsfahrt nicht zurückgekehrt."
„Das tut mir aber leid, Donna Lucia. Aber es sind Verschollene nach zwei oder drei Jahren wieder aufgetaucht, denkt doch nur an den sagenhaften Odysseus, der war zehn Jahre unterwegs!"
Sie lächelte wehmütig.
„Mein Mann ist nicht verschollen, Signore, sondern bei einem Sturm mit seinem Schiff untergegangen. Es gab zwei Überlebende, die es bestätigen konnten."
Don Matteo bemerkte recht gerührt: „Nun, immerhin hat mein Schwiegersohn für Nachwuchs gesorgt. Es gibt vier Enkel, darunter zwei Buben, die, wie ich hoffe, in seine Fußstapfen treten werden."
Lucias Gesicht wurde ernst.
„Gerade das hoffe ich nicht. Man kann Reeder sein und Seehandel betreiben, ohne ein Schiff zu besteigen. Dafür gibt es hier genug Beispiele."
„Schlappschwänze! Dein Pietro war ein richtiger Mann und wollte nicht in seinem Kontor verschimmeln! Was meinst du dazu, Söhnchen?"
„Es gibt solche und solche", sagte Columbus diplomatisch. „Ich allerdings neige eher zur Lebensweise des Don Pietro, könnte auch nicht mein Leben zwischen vier Wänden verbringen."

Das brachte ihm einen derben Schlag auf die Schulter ein.
„Siehst du Lucia, unser Cristoforo redet trotz seiner Jugend wie ein richtiger Mann."
Lucia lächelte.
„Ihr müßt wissen, Signore, daß mein Vater fünf Töchter, aber keinen Sohn besitzt. Das hat er nur schwer verwunden, und wenn ihm ein junger Mann sympathisch ist, ernennt er ihn gleich zu einem 'Söhnchen'."
„Na, na, so ist's auch wieder nicht. Dafür habe ich vier Schwiegersöhne und sieben Enkel, die Mädchen nicht gezählt. Da kann ich eigene Söhne recht gut entbehren."
„Ja, Papa, jetzt schon. Aber als Anna, unsere Jüngste, zur Welt kam, hast du eine Viertelstunde lang geflucht, ehe du an Mamas Wochenbett gingst."
Don Matteo grinste.
„*Tempi passati!* Meine Lucia hat Haare auf den Zähnen, aber das wirst du ja inzwischen gemerkt haben."
Ihn amüsierte dieser freundschaftliche Streit zwischen Vater und Tochter, aber er hütete sich, Partei zu ergreifen.
„Darf ich noch etwas in Euren Karten stöbern, Don Matteo?"
„Interessiert Ihr Euch für so etwas? Pietro hat einen Packen davon hinterlassen, er war ganz verrückt darauf. Ihr könnt sie Euch ansehen, wenn Ihr wollt."
Sein sonst eher ernstes und in sich gekehrtes Gesicht begann zu leuchten, als habe jemand hinter seinen Augen eine Kerze angesteckt.
„Mit Vergnügen, Donna Lucia, wenn ich darf. Wann würde es Euch passen?"
„Ich bin fast immer zu Hause. Morgen ist Sonntag, ich lade Euch nach dem Kirchgang zum Essen, und danach könnt Ihr Euch mit dem Kartenzeug einschließen."
„Da! Hast du es gehört, Söhnchen? Kartenzeug! Das ist typisch für Lucia und die meisten Frauen. Was unser Herz bewegt, was uns hinreißt und gefangennimmt – ausgenommen, es hat mit ihnen selbst zu tun –, das nennen sie 'Zeug', machen es klein und verächtlich. Überlege es dir hundertmal, Söhnchen, ehe du in den Hafen der Ehe segelst."
Lucia, keineswegs zornig oder gar beleidigt, sagte liebevoll: „Hört nicht auf ihn! Er und Mutter sind jetzt zweiundvierzig Jahre lang verheiratet, und es gab nie Streit."
„Ja, weil ich immer zur rechten Zeit nachgegeben habe."

„Ist ja gut, Papa." Sie küßte ihn flüchtig auf die Wange. „Muß jetzt weiter zum Markt. Auf morgen, Signor Colombo!"
„Eine erstaunliche Frau!" bemerkte Columbus.
Don Matteo nickte.
„Sie hat viel von ihrer Mutter."
Doch er sagte es liebevoll und ganz ohne Spott.

Das Haus der de Angelis lag nördlich der Stadt an den Hängen des Provation-Berges, nahe der Straße, die zum Nea-Moni-Kloster hinaufführte. Es sah aus wie ein nobles Landgut mit Herrenhaus, Wirtschaftsgebäuden, einigen kleinen Häusern für das Hofgesinde und einer winzigen runden Kapelle.
„Pietro hat einen genuesischen Baumeister damit beauftragt. Daher auch der schöne Wandschmuck, den Ihr von Eurer Heimat her kennen werdet."
Columbus nickte.
„Solche Ornamente findet man auch in Genua und in den ligurischen Landstädten. Ein schöner Besitz, Donna Lucia."
Sie seufzte.
„Mir wäre lieber, Pietro lebte noch und wir wohnten in einer ärmlichen Hütte."
„Ich glaube es Euch, aber wir müssen Gottes Wille hinnehmen."
„Das ist manchmal schwer."
„Ich weiß, bin aber doch der Meinung, daß man sich nicht ducken und warten soll, bis der Blitz niedersaust. Wir müssen schon das unsere dazutun, aber einem Sturm auf hoher See haben wir nichts entgegenzusetzen."
Sie standen im Hof, wo Lucia ihrem Gast den Brunnen gezeigt hatte, der ungewöhnlich tief angelegt war und auch in trockenen Sommern nicht versiegte. Dann gingen sie ins Haus.
In der geräumigen Küche drehte sich über dem gewaltigen Herdfeuer eine ganze Ziege am Spieß. Ein langer Tisch aus dunklem Olivenholz füllte den Raum zu gut einem Drittel.
„Hier essen wir an den Sonntagen alle gemeinsam, der runde niedrige Tisch mit den kleinen Hockern ist für die Kinder."
Lucia setzte sich an die Stirnseite der Tafel, ihr zur Rechten nahm der Gast Platz, dann folgten die Knechte und Mägde in der Reihenfolge ihres Alters und Ranges. Am anderen Ende des Tisches saß der Großknecht,

oder – wie Donna Lucia bemerkte – eigentlich der Majordomus des Gutes, ihre rechte Hand, quasi der Mann im Haus. Das war ein älterer Herr, schlank mit weißen Haaren und dunklen gebieterischen Augen, denen nichts entging. Er sprach ein kurzes Tischgebet, zu dem sich alle erhoben – das Dankgebet nach der Mahlzeit kam von Donna Lucia. Später führte sie Columbus in das Arbeitszimmer ihres verstorbenen Mannes.
„Ich habe hier nichts verändert. Wenn Pietro in dieser Stunde wiederkäme, er würde mit geschlossenen Augen alles so vorfinden, wie es war."
„Da wage ich ja gar nicht..."
Schnell legte sie ihm ihre Hand auf den Arm.
„O nein, Signor Colombo, so ist das nicht gemeint! Fühlt Euch hier wie zu Hause! Was Ihr verändert, bringe ich wieder in Ordnung. Dieses Zimmer ist kein Heiligtum, sondern steht interessierten Gästen – wie Ihr einer seid – jederzeit offen."
Eine erstaunliche Frau, dachte Columbus. Wie alt mag sie wohl sein? Er hatte die vier Kinder kennengelernt, etwa im Alter zwischen fünf und zehn Jahren. Er rechnete nach. Um die dreißig? Etwas an ihr wirkte alterslos – nicht jungmädchenhaft, nein; wenn ihr die vier Kinder auch nicht anzusehen waren, so glaubte man sie ihr doch. Andererseits...
„Eccole!"
Behutsam legte sie einen Packen gerollter Karten auf den Tisch. „Da, neben dem Fenster könnt Ihr sie an der Staffelei aufspannen. Ich lasse Euch jetzt allein, bleibt so lange Ihr wollt – zur *cena* werde ich Euch rufen."
Mit Andacht versenkte Columbus sich in die Karten, von denen einige schon so brüchig waren, daß er sie nicht aufzuspannen wagte. Einen Teil davon kannte er schon, wenn auch in diesen Abschriften manches anders aussah. Da gab es Inseln und Landzungen, von denen er nichts wußte, andere wieder fehlten. Er schüttelte den Kopf und dachte: Man müßte exakter arbeiten, die Kartographen haben manchmal zuviel Phantasie und setzen eine Insel ins Meer, nur weil da so viel freie Fläche ist. Von den 'Mappae mundi' kannte er die Florentiner Seekarte, aber nicht die des Marino Sanuto, die allerdings schon in drei Teile zerfallen war. Sie alle aber bestätigten, was er schon in der Klosterschule oder jetzt bei Don Matteo festgestellt hatte: die Westküste der Iberischen Halbinsel lag etwa hundertdreißig Grad von der asiatischen Ostküste entfernt, mußte also mit dem Schiff in wenigen Wochen zu erreichen sein. Einige konnten sich täuschen, aber doch nicht alle!

Don Pietro hatte natürlich auch die Weltkarte des Ptolemäus besessen, aber es war eine wohl mehr als hundertjährige Abschrift, und auf ihr fehlten sämtliche Entdeckungen des Prinzen Heinrich: Madeira, Porto Santo, die Kapverdischen Inseln, die Azoren – ganz abgesehen vom falschen Verlauf der westafrikanischen Küste.
Am späten Nachmittag klopfte es.
„Störe ich Euch?"
„Nein, nein, Donna Lucia, im Grunde habe ich alles gesehen, und es war auch einiges Neue dabei. Ein Teil der Karten ist leider in erbärmlichem Zustand, bei zweien wagte ich es nicht einmal, sie aufzurollen. Da müßte geklebt, ergänzt und berichtigt werden. Bei der 'Mappa mundi' des Ptolemäus zum Beispiel..."
Lachend hob Lucia ihre Hände.
„Um Gottes willen, verschont mich mit Einzelheiten! Ich verstehe soviel davon wie ein Ochse vom Tanzen. Ist es das Zeug überhaupt wert, daß man es aufhebt?"
Columbus sah, daß sie im Spaß gesprochen hatte und ging auf ihren Ton ein.
„Nun, Ihr könntet das Zeug zerhäckseln und in die Rinderstreu mischen oder das Feuer damit anfachen und etliche Kienspäne sparen."
Sie drohte mit dem Finger.
„Verspotten kann ich mich selbst, also im Ernst?"
„Euer Gatte hat Euch da einen Schatz hinterlassen, dessen Wert allerdings rapide sinkt, je mehr das Klima oder Insekten ihm zusetzen. Ihr solltet die Karten von einem Fachmann reparieren lassen und gegen Insektenfraß und Schimmel mit Zedernöl behandeln."
Sie nickte entschlossen.
„Das werde ich tun, Signor Colombo, besten Dank auch für den Rat. Aber ich fürchte, daß es hier auf der Insel keinen Fachmann dafür gibt, es sei denn..."
Sie schaute ihn mit ihren fröhlichen braunen Augen fragend an. Er verstand nicht.
„Es sei denn?"
„Ach, Colombo, Ihr seid aber schwer von Begriff! Da Ihr so viel von Karten versteht, werdet Ihr sie doch auch wiederherstellen können, nicht wahr? Was Ihr dazu braucht, gibt es auf Chios zu kaufen, auch das Zedernöl wird zu haben sein."
„Ihr meint, ich solle...? Da setzt Ihr aber viel Vertrauen in mich!

Schließlich bin ich erst einundzwanzig und habe... also gut, warum soll ich mein Licht unter den Scheffel stellen. Ich habe schon Karten repariert und sogar welche gezeichnet. Genua ist eine Seerepublik und in den Klosterschulen fördert man solche Fähigkeiten. Zwar wollte ich innerhalb der nächsten beiden Wochen in die Heimat zurückkehren, aber das kann ich genausogut im Frühjahr tun."
„Ich werde Euch natürlich angemessen bezahlen, Signor Colombo."
„Ach, für mich ist das nur ein Zeitvertreib und ein recht lehrreicher dazu. Es genügt mir, wenn Ihr das Werkzeug und die Materialien übernehmt, allerdings wäre da noch etwas."
Er wußte nicht recht, wie er es sagen sollte. Ihre warmen braunen Augen schauten ihn ermunternd an.
„Mein Zimmer im Hospiz ist zu klein, hat keinen Herd, wenig Licht. Also kurz und gut, ich müßte die Arbeit in Eurem Haus tun, bei guter Beleuchtung, mit einer Feuerstelle zum Leimkochen, mit einem sehr großen Tisch, vielleicht brauche ich manchmal Hilfe."
„Aber Signore, das ist doch keine Frage! Wenn Euch das Arbeitszimmer meines Gatten nicht zusagt, so werden wir ein geeigneteres finden. Ihr seid selbstverständlich mein Gast, bis Ihr die Arbeit beendet habt."
Ja, ihr gefiel dieser Cristoforo Colombo mit seiner festen stämmigen Gestalt, dem etwas struppigen rötlichen Haar und den graublauen Augen, die manchmal den Eindruck erweckten, er nehme sein Gegenüber – ob Mann oder Frau – nicht wahr, blicke durch den anderen hindurch auf etwas nur für ihn Erkennbares. Er wird die Karten reparieren, dachte sie, wird in meinem Haus wohnen, essen und schlafen, und ich werde es dahin bringen, daß er auf mich, und nicht durch mich hindurch schaut. Weiter dachte Donna Lucia im Augenblick noch nicht – alles andere würde sich finden. Dieses Phänomen würde Columbus sein Leben lang begleiten, ohne daß er es gewahr wurde: Nicht er wählte die Frauen, sie wählten ihn.
Gleich am nächsten Tag berichtete er Don Matteo von seinem Vorhaben.
„Eine gute Idee! Lucia ist eine tüchtige Frau und vollendete Gastgeberin. Ihr werdet Euch wohl fühlen in ihrem Haus."
Das war nun wirklich eine angenehme Weise, die windigen und regnerischen Wintermonate hinzubringen. Angenehmer jedenfalls, als sich mit kleinen Mastixbauern und abgebrühten Kapitänen herumzustreiten.
Donna Lucia hatte sich dümmer gestellt, als sie war. Sie konnte schrei-

ben und lesen, hatte mehr als eine Ahnung von Geographie und Geschichte, und das Rechnen ging ihr flink von der Hand. Sie unterrichtete ihre Kinder selbst, nahm auch manchmal einige vom Gesinde mit dazu.
„Sollten sie es später auch kaum brauchen können, schaden kann es auf jeden Fall nichts."
„Ich bewundere Euch, Donna Lucia", sagte Columbus, während er ein Stück Pergament zurechtschnitt.
Sie sah ihm dabei zu, hob von Zeit zu Zeit den Blick auf sein noch jugendlich weiches Profil. Von vorne sieht er älter und reifer aus, so dachte sie, aber jetzt wirkt er wie ein großer Junge, der seine schwierige Arbeit mit Hingabe erledigt.
„Störe ich Euch?"
„Aber nein, Donna Lucia, im Gegenteil, Ihr könnt mir sogar helfen." Er wandte sich um und setzte hinzu: „Wenn es Euch recht ist und Ihr nichts Dringenderes zu tun habt."
Sie lächelte auf ihre leise und gewinnende Art. Zum erstenmal sah Columbus in ihr nicht nur die Witwe, Gutsherrin und Gastgeberin, sondern eine Frau. Ganz spontan fragte er sie: „Denkt Ihr daran, wieder zu heiraten, Donna Lucia?"
Aus ihrem Lächeln wurde ein Lachen, ein kurzes, helles, fröhliches.
„Ihr seid nicht der erste, der mich das fragt, aber wer will schon eine Matrone mit vier unmündigen Kindern zur Frau?"
„Matrone? Manchmal seht Ihr aus wie ein junges Mädchen."
Er errötete leicht und wandte sich verlegen ab.
Jetzt schämt er sich auch noch, dachte sie gerührt, der liebe große Junge. Mit Frauen wird er noch nicht viel Erfahrungen gemacht haben.
„Kein Grund, verlegen zu werden, Signor Cristoforo. Jede Frau freut sich über ein Kompliment, auch wenn es, wie in diesem Fall, etwas übertrieben ist. Ihr sagtet doch, ich solle Euch helfen!"
Da wurde er ganz eifrig, froh um die Ablenkung.
„Also, Donna Lucia, haltet bitte mit beiden Händen die Ecken dieser Karte fest, wenn ich sie jetzt aufrolle – so, ja gut."
Er hatte das angesengte und morsche Stück säuberlich abgetrennt, bestrich die Ränder mit frischem Leim und setzte das neue Teil ein.
„So, das werde ich jetzt mit dieser Steinplatte beschweren und wenn es trocken ist, die verlorene Küstenlinie nachzeichnen."
Bei der Arbeit begegneten sich ihre Hände, und Lucia hielt die seinen für einen Augenblick fest.

„Was für feine zarte Hände Ihr habt – wie ein Mädchen."
Der Vergleich ärgerte ihn etwas und ließ ihn zugleich kühner werden. Er griff nach ihrer anderen Hand und zog die nur leicht Widerstrebende näher an sich heran.
„Ich kann aber zupacken – wie ein Mann!"
Sie sah ihn in gespielter Bewunderung an.
„Habe ich das je bezweifelt?"
Von nun an vergaß er niemals, daß die Witwe, Gutsherrin und Mutter auch eine Frau war, und allmählich erschien sie ihm auch begehrenswert, obwohl sie vielleicht zehn Jahre älter war.
Als sie einmal spaßhaft bemerkte: Ich könnte Eure Mutter sein, da konterte er gleich: Ob zehnjährige Mädchen schon Kinder gebären können?
„Wieder ein Kompliment, Cristoforo, diesmal mein Alter betreffend. Aber ich muß auch Euch eines machen: Ihr habt Euch kaum verschätzt."
Columbus hatte zuviel Respekt vor seiner Gastgeberin, um ihr anders als mit Worten näherzutreten. Lucia hatte schon recht: Seine Erfahrungen mit Frauen waren recht bescheiden. Er war mit zwei Brüdern großgeworden, hatte sich in der Schule und auf den Handelsschiffen nur unter seinesgleichen bewegt, und die paar Erlebnisse mit billigen Hafenhuren zählten nicht. Das war ein Geschäft, Ware gegen Geld, und diese Mädchen hatten es immer sehr eilig, wenn ein neues Schiff anlegte.
An einem recht kühlen Januarabend tranken sie nach dem Abendessen noch ein Glas Wein. Sie waren allein. Der alte Majordomus hatte sich mit einem schiefen Blick vor einer halben Stunde zurückgezogen, als schiene es ihm nicht recht, daß er seine Herrin mit dem jungen Mann zurückließ. Der Wind heulte ums Haus und trieb laut raschelnde Blätter über den Hof.
„Das klingt, als wühle ein Riese in einem Haufen Papier."
Columbus schlug sich gegen die Stirn und sprang auf.
„Ihr habt mir das Stichwort gegeben: Papier! Vor dem Essen habe ich zwei verklebte Karten eingeweicht, um sie besser voneinander lösen zu können. Die müssen jetzt schnell ins Trockene!"
„Ich bin heute noch gar nicht müde, darf ich Euch begleiten?"
„Aber Lucia, in Eurem eigenen Haus dürft Ihr tun, was Ihr wollt."
Sie blieb stehen.
„So? Dann gebt mir jetzt einen Gutenachtkuß."

"Aber gerne – später! Ich fürchte um die Karten!"
Sie verbiß sich das Lachen und ging hinter ihm her hinauf ins Arbeitszimmer. Pietros Zimmer. Cristoforos Zimmer? Sie sah ihm zu, wie er mit seinen schlanken geschickten Händen die Bogen behutsam voneinander löste.
"Solides lombardisches Papier, ich seh's am Wasserzeichen. Das ist nicht so leicht umzubringen."
Er hing die beiden Karten zum Trocknen auf und wusch sich danach sorgfältig die Hände. Dann zog er Lucia an sich und küßte sie auf beide Wangen.
"Gute Nacht, Donna Lucia, ich wünsche Euch einen guten Schlaf und frohe Träume."
"Eure Mutter könnte ich nicht sein, das haben wir kürzlich festgestellt. Nun behandelt Ihr mich wie eine Schwester."
Er verstand sofort und küßte sie auf den Mund, sie hielt seinen Kopf fest, und er küßte sie wieder und gar nicht mehr brüderlich. Dann waren sie plötzlich in dem kleinen Nebenraum, wo sein Bett stand, und er vergaß, daß sie Mutter war und Witwe und seine Gastgeberin, dachte nur noch an das eine und wollte es tun, wie er es in den Hafenstädten getan hatte, aber Lucia wies ihn sanft zurück.
"Wir sind keine Tiere, mein Lieber, hopp-hopp und vorbei, außerdem haben wir die ganze Nacht Zeit."
Und so lernte der junge Cristoforo, wie ein weiblicher Körper erobert und behandelt werden will, lernte Zärtlichkeit und Geduld und erkannte, daß der Liebesakt nichts Schnelles und Hastiges sein muß, daß man ihn über Stunden ausdehnen kann und daß er noch andere Freuden bereithielt, als einen flüchtigen Höhepunkt.
Lucias Gatte war kein Kostverächter gewesen und hatte in verschiedenen Häfen Frauen, die er von Zeit zu Zeit besuchte, und so war aus ihm ein sehr kenntnisreicher Liebhaber geworden. Diese Kenntnisse gab er an Lucia weiter, die einzige Frau, die er wirklich liebte, und Columbus konnte nun vergleichen und sah, daß zwischen einer schnellen Rammelei in einem Hafenbordell und der Liebesnacht mit einer erfahrenen Frau Welten liegen.
Als der Hahn zum erstenmal krähte, schlüpfte Lucia aus dem Zimmer.
"Du wirst mich doch nicht verraten?" flüsterte er anzüglich.
"Unser Hahn kräht nicht nur dreimal, der liebt es gleich im Dutzend."
Columbus richtete sich auf.

„Wenn ich könnte, so würde ich es auch mit dir im Dutzend..."
„Halte jetzt den Mund und duze mich heute nicht aus Versehen!"
Doch das fiel ihm gar nicht so schwer, denn die Donna Lucia im Kreis ihrer Familie, als Herrin eines großen Landgutes, war eine andere als die Lucia im Bett, die einen jungen Mann lehrte, was eine reife erfahrene Frau von ihrem Liebhaber erwartete.
Columbus war seit jeher von beherrschter und zurückhaltender Art gewesen, aber dem scharfsichtigen Majordomus mußte doch etwas aufgefallen sein, vielleicht ein Blick, eine Geste, ein unbedachtes Wort von ihr oder ihm – jedenfalls fragte er bei Tisch sehr höflich und durch die Blume, wie lange der Gast noch zu bleiben gedenke.
„Geht Eure Arbeit voran, Signore Colombo? Werdet Ihr danach in Eure Heimat zurückkehren oder Euch noch ein wenig auf Chios umsehen?"
Er ließ die Frage offen.
„Das hängt von verschiedenen Aspekten ab, die ich jetzt noch nicht überschauen kann."
Mit der Arbeit war er tatsächlich so gut wie fertig. Er brauchte nur noch mit farbiger Tusche einiges nachzutragen, wie etwa die von den Schiffen des Prinzen Heinrich entdeckten Inseln im Atlantik, oder die durch Flickstellen entstandenen Lücken zu ergänzen. Dazu ließ er sich Zeit – viel Zeit, und Lucia ermunterte ihn dazu.
„Warum solltest du von hier weg? Dein Zimmer im Hospiz läuft dir nicht davon."
„Und das Bett dort ist so leer..."
„Das weiß ich, drum laß uns die Zeit nützen."
Sie nützten die Zeit, und Lucia lernte in ihm einen unermüdlichen Liebhaber kennen, der vielleicht ihr letzter sein würde.
Eines Tages führte Columbus ihr seine Arbeit vor, spannte die wichtigsten Karten auf die Staffelei, erklärte Zusammenhänge, kam ins Schwärmen. Er deutete auf die Südwestspitze von Portugal.
„Das ist Sagres am Capo San Vicente, von Prinz Heinrich gegründet. Hier bildete er seine Kapitäne aus, die dann vom benachbarten Lagos aus in See stachen. Und von hier...", er klopfte mit dem Zeigestab mehrmals so heftig darauf, daß es wie ein Trommelwirbel klang, „wäre es auch der kürzeste Weg nach Ostindien – verstehst du, Liebste, quasi andersherum. Da würde man sich die langen mühseligen Landwege durch Kleinasien und Persien sparen. Seide, Zimt, Nelken, Porzellan und noch andere kostbare Handelsgüter bräuchten drei bis vier Wochen nach Eu-

ropa und nicht ein bis zwei Jahre. Du mußt dir überlegen, was das bedeutet! Der türkische Osthandel käme zum Erliegen, im christlichen Europa würde sich ungeheurer Reichtum ansammeln, vor allem in den Ländern mit wichtigen Seehäfen: Italien, Spanien, Portugal, und dieser Reichtum könnte eines Tages dazu dienen, die Türken aus Griechenland zu vertreiben. Istanbul würde sich in Konstantinopel zurückverwandeln, und das Heilige Grab käme wieder in christliche Hände. Und ihr auf Chios müßtet nicht Tag um Tag davor zittern, daß eine muslimische Flotte aus Osten kommt und eure Insel dem Osmanischen Reich einverleibt. Die Erkundungsfahrt nach Westen könnte binnen weniger Jahre das Antlitz der Erde verändern."

Sie sah ihn mit großen Augen an, bemerkte das Leuchten auf seinem Gesicht, während seine Augen durch sie hindurch in die Ferne schauten, auf jene Gestade, die es noch zu entdecken galt, obwohl sie doch – die Karten erwiesen es – so verlockend nah lagen.

„Aber ... aber warum unternimmt denn keiner was, wenn es so einfach ist?"

„Das habe ich deinen Vater auch gefragt. Vielleicht gerade, weil es so einfach ist. Heinrich der Seefahrer hätte seine Kapitäne genausogut nach Westen schicken können, anstatt nach Süden. Hätte er es getan, so wäre Portugal inzwischen eines der reichsten Länder, aber den Prinzen interessierte Afrika, seine Beschaffenheit, sein Umfang, seine Völker. Welche Schauermärchen wurden über Afrika verbreitet? Kein Mensch könne in Äquatornähe leben, denn dort sei glühender Boden und das von Ungeheuern bewohnte Meer sei kochend heiß. Als dann Kapitän Diaz dort auf dem Vorgebirge herrliche grüne Wälder, ein erträgliches Klima und neugierige schwarze Menschen vorfand, war alle Welt überrascht. Er nannte es dann auch Capo Verde, aber den Äquator", er fuhr mit dem Zeigestock den Null-Breitengrad entlang, „hat bis heute niemand überquert. Irgendwer wird es irgendwann tun, ich fühle mich nicht dazu aufgerufen. Ich möchte beweisen, und ich werde es beweisen, daß Asien, ob nun Indien oder Kathai, in wenigen Wochen auf dem westlichen Seeweg zu erreichen ist. Glaubst du mir das?"

„Ich glaube, daß es so ist, und weiß, daß du es schaffst. Du führst aus, was du dir vorgenommen hast."

„Ja, das tue ich, Lucia, ich werde es tun, ich will es tun! Ob in zwei Jahren oder drei oder erst in zwölf – durch mich wird es geschehen, und das ist so sicher wie der Dotter im Ei. Wenn du ein Ei aufschlägst, dann kommt das

Gelbe zum Vorschein, jeder weiß es. Und ich weiß, daß ich auf Ostasien treffe, wenn ich nach Westen fahre."
Lucia lächelte.
„Das Ei des Colombo..."
Columbus starrte schweigend zum Fenster hinaus, und Lucia hätte darauf schwören können, daß er nichts von dem sah, was draußen vorging. Sie berührte ihn sanft am Arm.
„Du bist mein erster und einziger Geliebter, Cristoforo, und wirst es wohl auch bleiben."
„Und Pietro?"
„Das war mein Ehemann."
„Den hast du nicht geliebt?"
„Die Ehe war von unseren Eltern arrangiert, wie es eben so üblich ist. Pietro war ein guter Mann, ich habe ihn mit den Jahren lieben gelernt. Aber mit einem Geliebten ist es etwas anderes..." Sie wollte spontan sagen: Den wählt man sich selbst aus, aber sie fürchtete, Cristoforos männlichen Stolz zu verletzen, und so fuhr sie fort: „...dem gibt man sich hin, weil man ihn mag und keinen anderen. Es gäbe auf Chios noch andere Männer, die gerne bereit wären, das Bett der Witwe Lucia zu wärmen."
„Das glaube ich gern", sagte Columbus ernst und die Lust überkam ihn, sie sofort über den Arbeitstisch zu legen, ihr die Röcke hochzuschieben, und... Er schluckte und räusperte sich. Diese Gedanken sind deiner unwürdig, schließlich ist Lucia keine Dreikreuzerhure. So lenkte er vom Thema ab.
„Etwa Mitte April werde ich nach Hause reisen, und ich sage es dir ganz offen, am liebsten nähme ich dich mit."
„Wir beide wissen, daß es nicht geht, aber es freut mich, daß du es gesagt hast."
Zum Abschied schenkte Lucia ihm ein handgeschriebenes Exemplar der Odyssee in italienischer Sprache.
„Das kann – das kann ich nicht annehmen..."
„Pietro hat es aus Venedig mitgebracht. Es ist ein Männerbuch und paßt zu dir, zu deinen Gedanken, deinen Absichten. Es soll dich an mich erinnern, immer wenn du es in die Hand nimmst. Ich habe dir etwas hineingeschrieben – nein, schau' erst nach, wenn du auf dem Schiff bist. Versprich es mir."
Er versprach es.

Als sein Schiff dann Anfang März die Anker einholte, standen Don Matteo und Lucia am Hafen, und sie winkte noch lange, und er winkte zurück. Dann kam der Hafen außer Sicht und Columbus zog sich in eine Ecke zurück und schlug das Buch auf. In ihrer runden klaren Schrift hatte sie auf eine leere Buchseite geschrieben:

Als wir nunmehr die Fluten des Ozeans durchsegelt,
fuhren wir über die Woge des weithinhallenden Meeres
zu des westlichen Indiens Gestaden,
wo der dämmernden Frühe Wohnung und Tänze sind
und Helios sich leuchtend erhebt.
Jetzt landeten wir am sandigen Ufer der Insel,
stiegen alsdann aus dem Schiff ans krumme Ufer des Meeres...
Denke an mich, Geliebter, wenn du das Land deiner Sehnsucht erreichst und das fremde Ufer betrittst, so wie ich deiner gedenke – L.

Während der ganzen Heimreise las Columbus in dem Buch und er lächelte gerührt, als er am Beginn des zwölften Gesanges die Verse las und sah, daß Lucia die aäische Insel kühn in Westindiens Gestade verwandelt hatte.
Ich muß eine Frau finden, dachte er, die an meine Pläne glaubt, wie Lucia, die aber auch die Mittel hat, damit ich sie verwirklichen kann. Er steckte das Buch in seinen Seesack, legte den Kopf darauf und streckte sich aus. Ich vergesse dich nicht, Lucia, niemals – auch nicht, wenn ich einmal heiraten sollte. Eine Frau wie dich vergißt man nicht.

2

FERDINAND VON ARAGONIEN, nun auch nominell König von Kastilien, änderte sein Leben nach der Hochzeit nur wenig. Er unterhielt weiterhin Mätressen, mit dem einzigen Unterschied, daß man vorher ihre Namen gekannt hatte, jetzt aber hielt er sie geheim und immer in einem schicklichen Abstand von Isabella. Sie schnitt dieses Thema nicht ein einziges Mal an, da Ferdinand weder sein Ehebett vernachlässigte, noch sie gleichgültig oder gar respektlos behandelte.
„Du bist die Königin von Kastilien – geachtet von den *Cortes* (Ständeversammlung), geliebt vom Volk, aber was noch wichtiger ist: Du bist die Königin meines Herzens und wirst es bleiben, solange ich lebe."
Solche Worte ließen sie vieles verzeihen, über manches hinwegsehen.
Der Hof und die Untertanen spürten es schnell: Wer versuchte, sich bei Ferdinand einzuschmeicheln, konnte nur etwas erreichen, wenn Isabella dem zustimmte, und das galt auch umgekehrt. Freilich, sie beide hatten ihre Günstlinge, aber keiner durfte beim anderen Anstoß erregen.
So war Kardinal Mendoza Isabellas engster Vertrauter, aber er verstand sich auch ausgezeichnet mit Ferdinand, der den Kirchenfürsten insgeheim bewunderte, denn Mendoza verbarg sein üppiges Leben mit Mätressen und prächtiger Hofhaltung keineswegs. Man verzieh es ihm, weil er immer guten Rat wußte, auch in schwierigsten Lagen einen Ausweg fand, und nicht zuletzt, weil er als hochgebildeter, weltläufiger und verbindlicher Hofmann seine Könige würdig und klug vertrat.
Hernando de Talavera bildete den Gegenpol. Sie waren gleichaltrig und hatten ihr fünfzigstes Lebensjahr schon um einiges überschritten, doch wirkte der hagere faltige Talavera mit seinem gebeugten Gang um gut zehn Jahre älter. Er lebte streng asketisch, aß und trank wie ein Bettler, kleidete sich wie ein einfacher Mönch und sagte den Königen furchtlos

seine Meinung. Als Isabellas Beichtvater hatte er gleich zu Anfang das Zeremoniell geändert. Er kniete nicht, wie es die alte spanische Hofsitte verlangte, vor ihr nieder, sondern blieb aufrecht stehen wie eine Kirchenstandarte und blickte sie streng an – wie ein Vater die ungeratene Tochter. Dann setzte er sich langsam auf einen Stuhl.

„Ich bleibe sitzen, und Ihr kniet nieder, denn Ihr seid hier vor dem Gericht Gottes, dessen Stellvertreter ich bin!"

Isabella war so verblüfft, daß sie wie ein braves Mädchen niederkniete und in einer Anwandlung von Demut und Frömmigkeit erwiderte: „Ihr seid der Beichtvater, den ich brauche."

Damit erspare ich mir, dachte sie später, das Amt eines Hofnarren, denn einen Menschen muß es hier geben, der die Wahrheit sagt, auch wenn es schmerzt. Und gottgefällig ist es obendrein.

Ja, darauf legte sie großen Wert, die Königin von Kastilien, nämlich Gott zu gefallen und ihm wie auf einem goldenen Teller ein von allem Unrat gereinigtes christliches Spanien darzubieten. Und Gott, das hatte sie gesehen, ging auf den Handel ein. Der Thron war ihr sicher, alle wichtigen Gegner hatte sie auf ihre Seite gebracht, ohne sich dadurch eine Todfeindschaft einzuhandeln. Mochte Ferdinand mit ihr den Königstitel tragen, sie allein durfte sich 'Besitzerin von Kastilien' nennen, und diese Macht würde sie mit keinem teilen, weder mit Mendoza noch mit Talavera, nur mit Ferdinand – und da auch nur bedingt. Damit dies jedem klar wurde, vom Granden bis hinab zum kleinsten Hidalgo, jedem Hofbeamten, jedem Geistlichen, in summa: Allen Untertanen, ließ sie bei der Eröffnung der Cortes von Toledo nach ihrer Thronbesteigung verkünden: „Danken wir Gott: Wir haben jetzt einen König und eine Königin, die weder gemeinsam noch einzeln Günstlinge haben, was in Königreichen oft zu Ungehorsam und zu Problemen führt. Der König hat nur einen Favoriten: die Königin, und auch sie hat nur einen Favoriten: den König."

Die Cortes verstanden: Die Könige herrschten wie ein König, eisern und kompromißlos. Und die *Beltraneja*, die Schattenkönigin, Heinrichs umstrittene Tochter? Sie wurde nach dem Tod ihres Vaters mit dem verwitweten König von Portugal verheiratet und nach dessen Tod mit seinem Nachfolger Johann.

„Eigentlich hat sie uns nie besonders geschadet", sagte Isabella zu ihrem Gemahl, „aber jetzt kann sie uns eher nützen, denn durch sie wird uns eines Tages Portugal in den Schoß fallen."

Ferdinand zuckte die Schultern: "So weit mag ich noch gar nicht denken. Ein Problem liegt uns näher: Nicht alle Adeligen sind angetan von der Doppelmonarchie. Die Aragonesen fühlen sich im Schatten von Kastilien, und hier gibt es Stimmen, die vor einer Einmischung Aragons warnen. Wir müssen uns ein Ziel suchen, das alle angeht, das nicht entzweit, sondern vereint."

Isabella lächelte, und es war eine Spur von Nachsicht in diesem Lächeln. Ihm entging es nicht. Sie nimmt mich nicht ernst, dachte er, aber sie würde es niemals zugeben. Soll ich sie wegen eines Lächelns schelten?

"Sie fühlen sich im Schatten? Aber gerade den schätzt man doch hierzulande! Jetzt im Ernst: Das Ziel, von dem du sprichst, liegt quasi vor unserer Haustür: Granada."

Ferdinand nickte. "Ja, Granada ist wie ein goldener Apfel, den wir eines Tages pflücken werden."

Sie zog ihre schön geschwungenen Brauen hoch, bedrohlich runzelte sich die sonst mädchenhaft glatte Stirn.

"Das klingt zwar recht poetisch, mein Lieber, aber ziemlich uninteressiert. Ein goldener Apfel, ja, aber ein giftiger, solange die Irrlehre dieses sogenannten Propheten dort herrscht. Ich – wir haben einen Vertrag mit Gott! Täglich lodern irgendwo in unserem Reich die Scheiterhaufen, um die verdorrten Reben vom Weinstock Jesu zu entfernen und zu verbrennen."

"Wir können nicht alle Muslime im Emirat von Granada verbrennen. Wie stellst du dir das vor?"

"Nein, nicht verbrennen, schließlich sind es keine Ketzer, sondern nur Heiden. Aber wir dürfen sie nicht dulden in unserem christlichen Spanien – über Granada muß wieder das Kreuzesbanner wehen! Gott will es! Gott will es!"

Ferdinand seufzte, er kannte es wohl, das alte Lied. Isabellas weit geöffnete blaue Augen leuchteten. Sie sieht aus wie eine verzückte Heilige, dachte er und konnte sich in diesem Augenblick nicht vorstellen, daß er mit ihr jemals fleischlichen Umgang gehabt hatte. Mit einer Heiligen! Und schon ging es weiter.

"Das muß sein wie ein Kreuzzug!"

Er nickte geduldig. "Auch Kreuzzüge sind Kriegszüge und kosten Geld."

"Wir müssen endlich unseren Adel davon überzeugen, daß dieser Kreuzzug gegen Granada Vorrang hat vor allem anderen. Diese Herren

liegen ständig im Streit miteinander, vergeuden Geld, Gut und Blut, weil sie stolz und hochfahrend sind, anstatt ihren Zorn auf ein Gott wohlgefälliges Ziel zu richten: auf Granada!"
Ferdinand kannte diese Predigten bis zum Überdruß, aber er hatte dem immer entgegengesetzt, daß ein Krieg mit dem reichen und wohlgerüsteten Granada nicht zu bezahlen sei. So hatte man alle paar Jahre den Nichtangriffspakt mit dem Emir erneuert, womit allerdings ein ständiges Geplänkel an den Grenzen nicht zu verhindern war. Einmal plünderten die Spanier ein maurisches Dorf, dann überfielen die Muslime eines in Andalusien. In den letzten Monaten waren die Übergriffe dreister und dreister geworden – auf beiden Seiten.

Zum Jahresbeginn bat der Marqués von Cadiz um eine Audienz bei den Königen. Ferdinand und Isabella hatten das Weihnachtsfest in Cordoba gefeiert. So muß es auch in Granada werden, dachte Isabella, als sie in der Kathedrale vor dem Altar kniete, in einem christlichen Gotteshaus, das einstmals die prächtigste Moschee des Islam gewesen war. Man hatte einfach einen Altarraum mitten in den Zauberwald aus farbigen Marmorsäulen gesetzt, und wo früher die Mullas und Imans predigten, wölkte nun der Weihrauch, und lateinische Choräle erklangen zur Ehre der Allerheiligsten Dreifaltigkeit.
Sie empfingen den Marqués in dem nur wenige Schritte von der Kathedrale entfernten Alcazar. Es war keine feierliche Audienz, sondern wie ein Neujahrsbesuch unter Freunden. Doch der Marqués gab sich sehr ernst, und was er vorbrachte, klang zunächst fast alltäglich.
Ferdinand zuckte die Schultern.
„Also gut, Marqués, die Mauren haben wieder einmal ein Dorf erobert. Was weiter? Wir werden es uns irgendwann zurückholen!"
„Kein Dorf, Majestät, eher eine kleine Stadt. Zahara hat an der Westgrenze zu Granada eine erhebliche strategische Bedeutung. Sie sind diesmal zu weit gegangen."
„Und was wollt Ihr tun?"
„Zurückschlagen, Majestät!"
Ferdinand gähnte und blickte Isabella fragend an. Deren Gesicht verriet keine Regung, doch ihr gefiel die zupackende Kühnheit des Marqués.
„Unseren Segen habt ihr, Marqués. Können wir Euch sonst noch behilflich sein?"
„Ich will gegen Alhama ziehen, ein Städtchen, nur wenige Meilen von

Granada entfernt und kaum geschützt. Es lädt geradezu ein zur Eroberung, aber dazu brauche ich mehr Truppen als ich selbst aufbringen kann."
„Nun, ich weiß nicht, ob Ihr gleich so massiv zurückschlagen sollt – immerhin haben wir..."
Isabella hob die rechte Hand.
„Wieviel Truppen braucht Ihr, Marqués?"
„So um die fünftausend Mann, etwa die Hälfte zu Fuß. Ein Drittel davon könnte ich aufbringen."
Isabella wandte sich zu Ferdinand.
„Wir sollten dem Marqués die Hilfe gewähren, denn sein Plan ist in Unserem Sinne, und da wird Gott seine Hilfe nicht versagen."
„Wenn Ihr es meint, Doña Isabella, so folge ich gerne Eurer Ansicht. Ihr sollt die Truppen haben, Marqués. Wollt Ihr noch das Frühjahr abwarten?"
„Nein, Majestät. Alhama ist der Sommersitz für viele maurische Adelige. Jetzt im Winter ist die Stadt fast leer und demgemäß nur schwach verteidigt. Es muß so schnell wie möglich geschehen."
Der Überraschungsschlag gelang, die Stadt Alhama wurde binnen weniger Stunden von den christlichen Truppen besetzt. Dies war der Beginn des zehnjährigen Krieges um das Emirat von Granada – ein Krieg, der auf beiden Seiten eher sporadisch geführt wurde, mit langen ereignislosen Pausen dazwischen, bedingt einerseits durch den ständigen Geldmangel der spanischen Könige, andererseits durch die inneren Wirren des maurischen Fürstentums.
König Ferdinand plante den nächsten Schlag, die Eroberung der Stadt Loja, ein paar Meilen von dem schon besetzten Alhama entfernt. Der Plan mißlang, denn die hoch in den Bergen gelegene Stadt war derart gut geschützt, und die maurischen Truppen mit ihrer wendigen Reiterei machten den Spaniern so zu schaffen, daß sie aufgaben.
Das ärgerte besonders den Marqués von Cadiz. Der kühne und rauflustige Ritter schlug den Königen vor, das fruchtbare und strategisch wichtige Tal von Axarquia nördlich von Malaga zu erobern. Das schien so leicht zu gelingen, daß der Marqués voll Übermut bemerkte: „Eigentlich hätte ich die Burschen für klüger gehalten, die lassen uns da hereinspazieren, als wollten wir nichts weiter, als ein paar Blumen pflücken."
Ja, so schien es, aber als die Spanier dann eine tiefe Schlucht zu durchqueren hatten, brach die Hölle los. Von allen Seiten regnete es Pfeile,

Steinbrocken polterten die Hänge herab, zermalmten Roß und Reiter. In panischer Flucht versuchten die Überlebenden einen Ausweg zu finden, manche wagten sogar, die steilen Felswände emporzuklettern, doch die Pferde rutschten ab, und wo die Schlucht sich öffnete, warteten die Mauren mit gezückten Schwertern und hieben alles nieder. Der Marqués von Cadiz mußte mit ansehen, wie der Feind drei seiner Brüder in Stücke hackte; er selbst entkam mit knapper Not. Diesen Schlag konnte er niemals vergessen, und er wartete mit Inbrunst auf die Stunde der Vergeltung.

König Ferdinand nutzte geschickt den Thronstreit zwischen Emir Mulei Hassan, seinem Sohn Boabdil und dessen Onkel El Zagal aus. Im Frühjahr 1483 zog der junge Boabdil gegen die kastilische Stadt Lucena, um sich Kriegsruhm zu erwerben und damit über seinen Konkurrenten zu triumphieren. Er scheiterte kläglich und wurde nach kurzem Kampf gefangengenommen und nach Cordoba gebracht. Ferdinand und Isabella hatten das Spiel genau abgesprochen, das sie mit dem jungen Maurenprinzen treiben wollten. Seine Hände waren mit dünnen silbernen Ketten gefesselt, als die Wächter ihn vor den Doppelthron brachten. Ferdinand krauste die Stirn.
„Was sehe ich da!" schrie er zornig. „Behandelt man so den Sohn eines Königs?"
Kardinal Mendoza, der zur Rechten Ferdinands unterhalb des Thrones saß, schüttelte seinen feingeschnittenen Grandenkopf, als verstehe er das alles nicht.
Unbewegten Gesichts ließ sich der maurische Prinz die Fesseln abnehmen. Er war etwa in Ferdinands Alter, sah aber mit seinem glatten, ovalen, fast mädchenhaften Gesicht viel jünger aus. Daran änderte auch der kurze, Kinn und Oberlippe bedeckende Bart nichts, der wie aufgeklebt wirkte. Seine dunklen mandelförmigen Augen musterten gleichmütig das Königspaar. Inzwischen hatte man einen Stuhl zu Füßen des Thrones gestellt."
„Nehmt Platz, Prinz Abu Abdallah."
Er gebrauchte den korrekten Namen des Prinzen, den Boabdil war nur eine volkstümliche Verkürzung. Der Prinz schüttelte seinen Kopf.
„Es ziemt sich nicht für einen Gefangenen, vor seinen Bezwingern zu sitzen."
Ferdinand und Isabella schauten sich erstaunt an.

„Aber Ihr seid nicht unser Gefangener, das war ein Irrtum. Gut, Ihr habt eine kleine Schlacht verloren, seid dabei festgenommen worden, aber nun wollen wir wie vernünftige Menschen und als gleichberechtigte Partner versuchen, unseren Zwist beizulegen."

Isabella fügte hinzu: „Wir möchten Euch zum Freund gewinnen, Prinz Abu Abdallah. König Ferdinand und ich haben die Throne unserer Väter übernommen, haben unsere Länder befriedet und geeinigt, und unser Ziel ist es, auch mit den Nachbarn – also mit Euch – in Frieden zu leben. Euer Vater und Euer Onkel befehden einander, und Ihr steht dazwischen. Wir aber wünschen, daß Ihr allein der Herr des Emirats seid, denn nur Ihr, als rechtmäßiger Thronerbe, seid imstande zu tun, was mein Gemahl und ich taten – das Land zu einen und zu befrieden. Wir setzen auf Euch, Prinz Abu Abdallah, Ihr habt unsere Unterstützung – unter einer Bedingung."

Boabdil wußte nicht, wie ihm geschah. Ihn hatten die Worte der Könige so angerührt und ergriffen, daß der gespielte Gleichmut von ihm abfiel wie eine Maske. Sie behandelten ihn als ihresgleichen, wollten ihn nicht demütigen, erpressen oder gar töten – nein, sie sahen in ihm die Zukunft Granadas, ihres Nachbarn. Doch nun sank ihm der Mut, denn die Bedingungen der Sieger waren in der Regel unannehmbar oder unerfüllbar. Er senkte den Kopf, die Diamantagraffe auf seinem weißen Turban sprühte auf wie ein kleines Feuerwerk.

„Es ist nichts Schlimmes", sagte Ferdinand beruhigend, „es dient nur zu unser aller Sicherheit. Ihr zahlt uns einen kleinen symbolischen Tribut, wie es allgemein für Fürsten üblich ist, deren Land inmitten eines größeren liegt. Damit nehmt Ihr auch uns in die Pflicht, denn wir werden stets auf Eurer und niemals auf der Seite Eures Vaters oder Onkels stehen."

Das klang einleuchtend, nicht wahr? Prinz Boabdil nickte, ja das sei zu machen, damit vergab er sich nichts, konnte aber alles gewinnen. Kardinal Mendoza lächelte väterlich und ermunternd, als wolle er sagen: Nur so weiter, mein Sohn, du bist auf dem richtigen Weg. Er war natürlich in das Spiel eingeweiht, und die Idee, Boabdil durch den Tributvertrag quasi zum Vasallen der spanischen Könige zu machen, kam von ihm, wenngleich Ferdinand sofort gesagt hatte: „Daran habe ich auch schon gedacht." Nun, soll er sich den Ruhm an seinen Hut stecken, unser kleiner König! Doña Isabella wußte, was sie an ihm, Mendoza, hatte, und sie würde nicht vergessen, von wem der Vorschlag kam. Sie vergaß niemals etwas. Wie sehr sie ihn schätzte, hatte er im Vorjahr gesehen, als der

alte Carillo endlich starb. Gleich am nächsten Tag sagte die Königin zu ihm: „Wer Carillos Nachfolger als Erzbischof von Toledo wird, könnt ihr Euch ja denken."
Sie sah ihn auf ihre hoheitsvolle Weise verschmitzt an und Mendoza antwortete: „Natürlich, Euer geschätzter Beichtvater, mein verdienstvoller Bruder in Christo, Hernando de Talavera. Es gibt keinen Würdigeren!"
Damit brachte er Isabella zum Lachen, ein freies, helles, herzliches Lachen, das sie aber schnell abbrach, um wieder die gewohnte hoheitsvolle Miene aufzusetzen.
„Gut pariert, Mendoza, aber Ihr stellt Euch dümmer, als Ihr seid. Mein Wille ist es, daß Ihr Carillo nachfolgt. Zwar seid Ihr ein alter Sünder, macht Eure Fasttage mit erlesenen Flußfischen, Krebsen und köstlichen Muschelgerichten zu Schlemmerfesten und habt nun schon drei Söhne mit verschiedenen Frauen gezeugt. Trotzdem, Mendoza, Ihr seid der Richtige für dieses Amt, denn Talavera würden seine Untergebenen nur auf der Nase herumtanzen."
„Ich füge mich Eurer Einsicht, Majestät, und hoffe, der Heilige Geist habe Eure Entscheidung geleitet."
Isabella drohte mit dem Finger.
„Ich bin nicht das Konklave, und Ihr seid kein Papst, werdet es auch nie sein, solange ich lebe. Euer Platz ist hier an meiner Seite!"
Ja, Kardinal Mendoza konnte zufrieden sein. Gott hatte es gut mit ihm gemeint, und seine kleinen Sünden würde ER ihm verzeihen.

Die Könige hatten für Prinz Boabdil ein Festmahl bereitet, das nichts enthielt, was einen Muslim beleidigen konnte: Weder Schweinefleisch, noch mit Tierblut bereitete Gerichte, und an Getränken wurden Milch, Honigwasser, Fruchtsäfte und Quellwasser gereicht. Ganze Ziegen und Lämmer wurden an Bratspießen hereingetragen, auf Silberplatten türmten sich Wachteln, Tauben und Hühner, umgeben von einem schneeweißen Rand aus Reis, gesprenkelt mit Rosinen und Mandeln.
Allah meint es gut mit mir, dachte Boabdil, läßt mich eine Schlacht verlieren und tags darauf sitze ich als hochgeehrter Gast an der Tafel meiner Feinde – meiner ehemaligen Feinde? Doch ihm, der immer gerne getafelt hatte, fehlte heute der Appetit. Plötzlich schien ihm, als verberge sich Gift unter der verlockenden Oberfläche der Speisen und Getränke und er sehnte sich nach einem Krug Wein, den er – ungeachtet seiner Religion –

jeden Abend im Kreise seiner engsten Freunde geleert hatte. Sie halten mich für frömmer als ich bin, die christlichen Könige, aber sie halten mich auch für dümmer, denn ihren Vasallen werde ich nur spielen so lange ich muß. Wenn ich sicher auf dem Thron von Granada sitze, dann müssen sie sich ihren Tribut mit Waffengewalt holen. Widerwillig trank er einen Schluck des abgestanden schmeckenden Fruchtsaftes. Nicht einmal das können sie: einen Fruchtsaft mit Hilfe von Eis und Schnee frisch und wohlschmeckend halten. Er dachte an die Berge über Granada, die mit ihren weißen Zacken wie eine von Allah erbaute Riesenmauer die Stadt nach Süden und Osten abschirmten. Im Westen war der Zugang durch das Flußtal offen, da zeigte Granada seine verletzlichste Seite. Er seufzte und knabberte lustlos an einer Wachtel.
„Schmeckt es Euch nicht?" fragte Isabella, die ihm gegenübersaß.
„Doch – doch", stammelte er, „es ist die Freude, die Aufregung..."
Die Freude wird dir bald vergehen, dachte Isabella und biß herzhaft in eine Taubenbrust. Sie hatte großen Appetit, und nur die häufigen, von ihr streng eingehaltenen Fastenzeiten verhinderten, daß ihr schon fülliger Körper seine Formen verlor.

Nicht überall fand man für das so seltsam großherzige Handeln der Könige Verständnis. Don Enrique Guzman, der Herzog von Medina-Sidonia etwa, sprach seine Bedenken gegenüber der Königin offen aus. Er durfte das, denn er war nicht nur einer der reichsten Adeligen Kastiliens, sondern stammte aus der direkten Linie des Königs Alfons von Kastilien. Vor zweihundert Jahren hatte sein Vorfahr bei einem Erbstreit auf alle Thronansprüche verzichtet und war dafür reich entschädigt worden. Wenn das auch nie zwischen ihm und der Königin zur Sprache kam, so spielte es doch eine Rolle, daß sie gemeinsame Ahnen besaßen.
Isabella schätzte den Herzog nicht besonders, weil er sie durch Andeutungen immer wieder spüren ließ, daß sie ihren heutigen Rang dem Thronverzicht seiner Vorfahren zu verdanken hatte. Unsichtbar trug er immer sein Wappenschild vor sich her, andererseits war er höflich und gebildet, auch wenn es sein mußte, zu Kompromissen bereit, und – so wenig er es tat – so brauchte auch Isabella in den Gesprächen mit ihm kein Blatt vor den Mund zu nehmen. Ja – es war schon so: mit ihm konnte sie sich unterhalten wie mit einem Vetter. Als kastilischer Grande erster Ordnung hätte der Herzog in Anwesenheit der Königin seinen Hut aufbehalten können, doch er tat es nicht, weil es ihm lächer-

lich erschienen wäre, auf solchen Vorrechten zu bestehen. Dafür durfte er sie im vertrauten Gespräch mit ihrem Namen anreden, daß heißt, er nahm sich dieses Recht einfach heraus.
„Ich habe mich vergeblich bemüht, den Grund Eures Handelns herauszufinden, Doña Isabella. Boabdil wäre doch ein wertvolles Faustpfand, eine kostbare Geisel gewesen, und Ihr schickt ihn mit guten Wünschen zu seinem Vater zurück!"
Isabella schüttelte den Kopf.
„Keineswegs mit guten Wünschen, aber doch mit einer gewissen Absicht. Boabdil ist mit seinem Vater verfeindet und der wiederum mit seinem Bruder. Wir haben Boabdil freigelassen, um Zwietracht zu säen, und bald wird diese dreiköpfige Hydra sich selbst auffressen."

Der Wunsch Isabellas nahm nicht sofort Gestalt an, doch die folgenden Jahre bewiesen, daß sie und Ferdinand richtig entschieden hatten.
Kardinal Mendoza hatte angeregt, den Krieg gegen Granada im Sinne eines Kreuzzuges zu führen. Zwar gelte es nicht, das Heilige Grab zu befreien, aber es lebten doch Tausende von Christen unter dem Zepter des Emir und diese gefährdeten Seelen gelte es zu retten. Man wußte recht gut, daß im Laufe der Maurenherrschaft ein Teil von ihnen zum Islam übergetreten war, weil es Steuererleichterung und einige Vorrechte brachte.
„Ein guter Gedanke, Kardinal, aber nur von Bedeutung, wenn er in klingende Münze umzusetzen ist."
Mendoza nickte.
„Ich werde mich an den Heiligen Vater wenden, er muß uns einen Teil des Peterspfennigs erlassen."
„Schreibt lieber gleich an Rodrigo Borgia, den Vizekanzler des Papstes. Der hat für spanische Probleme immer ein offenes Ohr. Wie Ihr wißt, stammt seine Familie aus Aragon und mein Gemahl hat ihm inzwischen schon so manchen Gefallen getan."
Das alles wußte Kardinal Mendoza längst, und er wußte noch mehr. Da er wegen seines Amtes als Erzbischof von Toledo und engstem Berater der Königin nur selten in Rom sein konnte, ließ er sich vom kastilischen Gesandten regelmäßig Berichte schicken. Über Rodrigo Borgia hieß es da:

Rodrigo Borgia gilt nach Guillaume d'Estouteville als der reichste Kar-

dinal des Kollegiums. Seine päpstlichen Ämter, seine zahllosen Abteien in Italien und Spanien sowie seine drei Bistümer Valencia, Porto und Cartagena tragen unermeßliche Einkünfte; sein päpstliches Amt als Cancelliere bringt ihm dazu jährlich achttausend Gulden ein. In seinem prächtigen Palast am Corso findet sich goldenes und silbernes Tafelgeschirr, Perlen, Edelsteine, Brokatstoffe und eine umfangreiche Bibliothek, die eines Königs würdig wäre. Die Pracht seiner Lebensführung mit zahlreichen edlen Pferden, einigen Kutschen und vielen kostbaren Gewändern ist beispiellos. Die drei Kinder von seiner Mätresse Vanozza de Cattaneis läßt er wie Prinzen und Prinzessinnen aufziehen; im übrigen unterhält er Beziehungen zu drei oder vier anderen Cortigiane oneste (ehrenhafte Kurtisanen), deren hohe Preise stadtbekannt sind.
Ob Kardinal Rodrigo Borgia bei der nächsten Papstwahl auf den Stuhl Petri gelangen will, ist nicht sicher, er jedenfalls verhält sich so, als fehle ihm jeder Ehrgeiz. Er hat großen Einfluß bei Seiner Heiligkeit, vielleicht den größten nach Kardinal Giuliano della Rovere, der allgemein als sein Widersacher gilt. Papst Sixtus IV., jetzt fast siebzig Jahre alt, ist seit längerem bei anhaltend schlechter Gesundheit und man rechnet ganz allgemein während der nächsten Monate mit seinem Ableben.

Den müssen wir im Auge behalten, dachte Mendoza, er ist Aragonese und hat König Ferdinand seine drei Bistümer zu verdanken. Für Borgias Lebensführung hatte Mendoza volles Verständnis, Asketen vom Schlage eines Talavera, oder noch schlimmer, eines Torquemada konnte er nicht ausstehen. Den Zölibat hatte die Kirche zu ihrem eigenen Vorteil eingeführt, damit der Besitz der Priester nicht an Frauen und Kinder weitervererbt werden konnte. Im Neuen Testament stand nichts davon, und jeder wußte, daß die meisten der frühen Päpste und Bischöfe verheiratet waren. Papst Gregor VII., ein rechter Eiferer, führte die erzwungene Ehelosigkeit vor vierhundert Jahren ein, und nun war sie eben Tradition, und man mußte sich mit ihr abfinden.
Mendoza lächelte, als er daran dachte, um wieviel bequemer es doch war, einige Geliebte zu unterhalten, von denen keine die Rechte und Ansprüche einer Ehefrau geltend machen konnte. Ja, es lebte sich recht gut so, und Mendoza fühlte sich keineswegs als großer Sünder, wie Talavera es ihm ständig einzureden versuchte. Gott der Herr mußte sich etwas dabei gedacht haben, als er den Mann mit einem Phallus ausstattete und ihm die Sehnsucht nach einem Weibe ins Herz pflanzte. Hätte Gott noch ein

drittes Geschlecht erschaffen wollen, ein neutrales, ohne sexuelles Bedürfnis, quasi eines für den Priesterberuf, dann wäre es ohne Zweifel geschehen. Aber er tat es nicht. Und Mendoza dachte voll Sympathie an seinen Bruder in Christo, den Kardinal Rodrigo Borgia.
Der ließ sich sofort bei Seiner Heiligkeit melden, als er das Schreiben seines Amtsbruders erhielt. Die Sympathie war gegenseitig, er kannte und mochte Pedro de Mendoza und bedauerte es oft, daß sein Landsmann so selten in Rom weilte. Der offiziellen Anfrage wegen des sogenannten Kreuzzugs gegen Granada war ein kurzes persönliches Schreiben beigefügt. Ohne viel diplomatisches Herumgerede kam Mendoza auf die bevorstehende Papstwahl zu sprechen.

Wie ich höre, verehrter Collega, ist Seine Heiligkeit dem Tod näher als dem Leben, und man denkt in Rom an die zu erwartenden Konsequenzen. Die spanischen Majestäten und ich sind höchlichst erstaunt, daß man Euren Namen dabei nicht nennt. Ich darf Euch an Euren verehrten Oheim, den in Gott ruhenden Papst Calixtus III. erinnern, der Euch zum Kardinal erhob und ein Borgia war wie Ihr. Da gälte es doch, eine Tradition fortzusetzen, und ich kann Euch im Namen der spanischen Majestäten versichern, daß Euch, so weit es in deren Mächten steht, jegliche Unterstützung zuteil wird.

Kardinal Borgia ließ den Brief sinken, ein spöttisches Lächeln huschte über sein männliches Gesicht. Mein Gott, was wissen die schon, wie es in Rom zugeht! Was wissen die von einem Giuliano della Rovere, der an Schlauheit, Tücke und brutaler Rücksichtslosigkeit alle anderen Kardinäle in den Schatten stellt. Er will Papst werden, und jedes Kind in Rom weiß das, weil er es jedem, ob Freund oder Feind, ins Gesicht hinein sagt. Als Neffe Seiner Heiligkeit glaubt er, sich das erlauben zu können. Er kauft sich die Stimmen schon jetzt – Stück um Stück. Borgia zerknitterte in Gedanken Mendozas Brief, rollte ihn zur Kugel, preßte ihn so stark in seiner Faust, daß sein Gesicht rot anlief. So müßte man den Hals dieses Nepoten zudrücken, mit aller Kraft...
Er schüttelte die silberne Handglocke.
„Eminenz?"
Der Sekretär verbeugte sich.
„Ich erwarte Nachricht von Seiner Heiligkeit, aber nur Gott weiß, wann sie eintrifft – in einer Stunde, in einem Tag... Ich gehe jetzt zu Fiammetta, schicke die Nachricht dorthin!"

„Sehr wohl Eminenz."
Er ging in seine Privatgemächer und ließ sich umkleiden. Der in Purpur gehüllte Kardinal verwandelte sich in einen römischen Edelmann, kostbar, aber unauffällig gekleidet mit schwarzer Hose, dunkelviolettem Wams und einem schwarzen Samtbarett. Seinen Bischofsring mit dem riesigen Amethyst ersetzte er durch den Wappenring der Borgia. Von zwei Reitknechten begleitet ritt der Kardinal den Lungotevere entlang und bog beim Marcellus-Theater links ab.
Fiammetta de Michelis bewohnte ein sehr kleines unauffälliges Haus mit einem schönen, halbverwilderten Garten, in den sich ein gedeckter Laubengang erstreckte. Er war so gebaut, daß kein Nachbar ihn einsehen konnte, obwohl so mancher den Anblick auf Fiammetta und ihre hochgeborenen Liebhaber mit etlichen Dukaten bezahlt hätte.
Fiammettas *portinaio* (Pförtner) übte ein sehr wichtiges, manchmal auch schwieriges Amt aus. Schon auf einige Distanz mußte er herausfinden, ob der Gast genehm war und, wenn nicht, wie man ihn wieder loswerden konnte. Da standen etwa ein Dutzend Ausreden zur Verfügung: Die Padrona fühle sich nicht wohl, sei ausgegangen, wolle nicht geweckt werden, besuche eine Andacht, ein Freund oder eine Freundin seien zu Gast.
Die hohe kräftige Gestalt mit dem schwarzen Samtbarett erkannte der *portinaio* schon von weitem. Da galten freilich keine Ausreden, ein Mann wie der *illustrissimo* und *reverendissimo* Don Rodrigo Borgia mußte empfangen werden – auch wenn er sich heute erst für nachmittags angesagt hatte. Er lief ins Haus, stürzte ins Vorzimmer, wo die Zofe mit dem Hündchen spielte und rief „Borgia!"
Die Zofe fegte das Hündchen vom Schoß, klopfte und öffnete die Tür einen Spalt.
„Padrona! Borgia ante portas!"
Fiammetta seufzte und rüttelte ihren schlafenden Liebhaber.
„Bastiano! Wach' auf, du mußt verschwinden!"
Wie so mancher römische Fürst oder Kardinal sich Fiammetta leistete, so hielt sie sich den sechzehnjährigen Bastiano – einen Tagedieb und Nichtsnutz, der mit seinen gekrausten Haaren, der etwas breiten Nase und der niedrigen Stirn aussah wie ein antiker Faun, dem nur die Hörner fehlten. Doch er war ein Liebeskünstler ohnegleichen, geil wie ein Priap und ausdauernd wie ein junger Stier. Die meisten von Fiammettas Kunden waren Männer in reiferen Jahren, die im Bett mehr von sich und ih-

ren Problemen redeten, als sich mit Fiammettas Körper zu befassen. Bastiano brummte nur und drehte sich um. Zwei Stunden hatte er hart gearbeitet – so nannte er es bei sich – und nun wollte er schlafen. Fiammetta rief ihre Zofe, und die brachte einen Krug Wasser. Gemeinsam schleppten sie den triefenden Faun zu einer Hintertür. Sein Samen perlte noch glitzernd über Fiammettas Oberschenkel, kichernd deutete die Zofe darauf.
„Ich muß mich schnell waschen, sorge dafür, daß Borgia etwas aufgehalten wird!"
Doch dafür sorgte schon der Pförtner.
„Die Padrona hat Euch nicht so früh erwartet, Eminenz, sie hat geschlafen und muß sich erst ein wenig schön machen, Ihr versteht?"
Der Kardinal legte seinen schwarzen Umhang ab.
„Ich bin ja nicht zum erstenmal hier."
Fiammettas lange blonde Haare flossen wie eine goldene Flut über die bestickten Brokatkissen. Sie trug ein leichtes dunkelblaues Seidengewand, das wie eine Tunika Arme und Beine freigab. Niemand wußte, wie alt sie war, oder kannte ihren tatsächlichen Vornamen.
Einmal hatte sie spaßhaft gesagt, sie werde langsam alt und wolle sich bald zurückziehen. Da hatte er gleich protestiert: „Du und alt! Du bist meine Juno, meine Göttin, unsterblich, alterslos!"
Sie entzog ihm lachend ihre Hände.
„Aber ja, Fiammetta ist unsterblich. Es wird immer eine Fiammetta geben, in jeder Stadt brennen solche Flämmchen (= *fiammetto*), um die noblen Herren anzulocken wie Schmetterlinge..."
„Damit sie sich die Flügel verbrennen?"
„Wer's tut, ist selbst schuld!"
Er schaute sie an und dachte, Frauen wie sie gibt es doch im Dutzend: blond, etwas üppig, alterslos schön, gebildet – und doch...
„Woran denkt Ihr, Rodrigo? An Staatsgeschäfte? Ich bitte Euch, laßt mit dem Purpur auch die trüben Gedanken zu Hause, die haben in Fiammettas Haus keinen Platz."
Sie streckte ihre Arme nach ihm aus.
„Wir vertun unsere Zeit, carino!"
Wenn Rodrigo Borgia auch nicht an Bastianos Ausdauer heranreichte, so machte er doch dem Stier in seinem Wappen alle Ehre. Auch er war imstande, ihr echte Liebesfreuden zu schenken, und in seiner feurigen Umarmung stöhnte sie: „Rodrigo, caro, Rodrigo..."

Kaum hatte er sich von ihr gelöst, bedrängten ihn wieder die alten Sorgen. Was tat Giuliano della Rovere in diesem Augenblick? Der war nicht hinter den Frauen her, für ihn gab es keine Fiammetta, keine Kinder, die versorgt werden mußten, er hatte nur eines im Sinn: die nächste Papstwahl zu gewinnen und – er hatte es selbst einmal gesagt – den Vatikan mit eisernem Besen auszukehren. Dabei hatte er ihn, Borgia, sehr nachdrücklich angesehen, als wolle er sagen: Und du bist der erste, den ich davonjage.
Papst Sixtus empfing ihn in seinem Schlafgemach, aufrecht sitzend, von vielen Kissen gestützt.
"Uns geht es gar nicht gut, mein Lieber, die dauernden Schmerzen, die Schlaflosigkeit... Aber Wir müssen die Prüfungen des Herrn ertragen wie jeder gute Christ. Macht es kurz, Borgia!"
Der Papst lauschte mit gerunzelter Stirn, spitz stach die Nase aus dem eingefallenen Greisengesicht.
"Was, den Peterspfennig wollen sie Uns verkürzen, wegen ihres Krieges?"
"Gegen Granada, Eure Heiligkeit, darum geruhen die spanischen Könige, ihn einen Kreuzzug zu nennen."
"Die wollen nur Unser Geld, Borgia, merkt Ihr das nicht? Wir überlassen das Euch, findet eine Lösung, die nichts oder nur wenig kostet."
Borgia küßte den Fischerring des Papstes. Ihn ekelte vor dieser knochigen, mit Altersflecken bedeckten Hand. Das bedeutete nur, daß er sich mit Kardinal della Rovere auseinanderzusetzen hatte, denn der überprüfte jedes Schriftstück, das der Papst unterschrieb. Er seufzte. Bringen wir es hinter uns!

Aufrecht wie ein Soldat zu Pferd saß Kardinal della Rovere an seinem Schreibtisch. Der frühere Franziskanermönch hatte auch jetzt seinen bis zur Brust reichenden Bart nicht abgelegt. Das ließ den Vierzigjährigen mit dem strengen hageren Gesicht älter erscheinen, als er war.
Sie begegneten einander mit eisiger Höflichkeit – keiner wollte sich etwas vergeben. Unbewegten Gesichts hörte Kardinal della Rovere dem anderen zu.
"Wie stellt Ihr Euch das vor? Seine Heiligkeit hat viel, sehr viel Geld an Maler, Architekten, an die vatikanische Bibliothek verwandt. Die Kassen sind leer, Borgia, wißt Ihr das nicht? Die spanischen Majestäten wünschen eine Kreuzzugsbulle? Die sollen sie haben!"

Er stand auf und stellte sich vor den anderen hin. Sie waren etwa gleich groß, klug, gebildet, beharrlich – jeder auf seine Weise.
„Kommt, Borgia, setzen wir uns zusammen und denken uns etwas aus, was die spanischen Majestäten befriedigt und auch etwas Geld in unsere Kassen bringt."
Ich darf ihn niemals unterschätzen, dachte Kardinal Borgia, niemals aus den Augen verlieren. Sollte die nächste Wahl auf ihn fallen, werde ich mich nach Spanien in Sicherheit bringen müssen. Dann bin ich auf Ferdinand und Isabellas Wohlwollen angewiesen, und so werde ich ihnen jetzt nach Kräften behilflich sein. Sie wurden sich schnell einig, und schon zwei Tage später unterzeichnete der Papst eine 'Kreuzzugsbulle', mit der Erlaubnis, Ablaßbriefe zu zwei, drei, vier und sechs Silberreales zu verkaufen, zugunsten des Feldzugs gegen Granada, und auch der Vatikan verdiente recht gut daran. Den spanischen Königen brachten sie innerhalb von fünf Jahren die Summe von fünfhundert Millionen Maravedis, das waren über hundertsiebenundvierzig Millionen Silberreales oder 1,3 Millionen Golddukaten.
„Nicht schlecht!" lobte König Ferdinand das Ergebnis. Kardinal Mendoza nickte.
„Kardinal Rodrigo Borgia hat die Bulle beim Heiligen Vater durchgesetzt, so sagt man."
Isabella blickte auf.
„Wir werden uns dessen zu erinnern wissen."

3

Eine Stunde nach Sonnenuntergang brachten sie ihn herein. Das Gesicht war blau verfärbt, die Augen nur halb geschlossen und die Zunge hing ihm aus dem Mund. Die Träger hatten ihre Hüte tief ins Gesicht gezogen, und kaum hatten sie den Toten auf den Tisch geworfen, streckten sie ihre schmutzigen Hände vor. Der Magister Alvaro de Rojas ließ in jede einen Silberreal fallen, und sofort sausten die beiden davon. Die Studiosi lachten verhalten, doch der Magister wies sie zurecht.
„Diese Männer riskieren ihren Kopf! Bei Leichenraub wird die Inquisition sofort hellhörig, weil von denen keiner glaubt, daß die Körper für wissenschaftliche Zwecke benötigt werden. Da kommt gleich Zauberei ins Spiel, und schon landet man auf dem Scheiterhaufen. Sind wir also froh, daß es noch ein paar Wagemutige gibt."
„Für Geld tun diese Halunken alles", meinte Joseph Marco verächtlich.
„Die Leute sind arm, ich kann das schon verstehen", warf ein anderer ein.
Der Magister klopfte auf den Tisch.
„Schluß jetzt, meine Herren Studiosi! Wir sind nicht zum Diskutieren angetreten, sondern zum Sezieren."
Er stellte sich zu Häupten des Erhängten und wies auf den Kopf.
„Fangen wir damit an. Ich werde euch jetzt eine Trepanation vorführen, wie sie anzuwenden ist, wenn ein Schlag oder ein Sturz den Schädelknochen eindrückt. Aber der Bursche soll uns nicht länger die Zunge herausstrecken."
Der Magister nahm eine Zange, zog die Zunge so weit wie möglich heraus und schnitt sie mit dem Skalpell ab. Bei dieser Gelegenheit erklärte er die Funktion der Zungenbänder, wies auf die im Mund verbliebene Zungenwurzel, legte mit ein paar Schnitten den Zungenknorpel frei.

„Ein Organ, mit dem sich in Spanien mehr der Scharfrichter befaßt, als der Arzt. Der Chirurg wird sie manchmal operativ entfernen müssen, vor allem bei wuchernden Geschwüren, aber das ist jetzt nicht unser Thema."
Der Magister griff nach einem Hammer und schlug damit kräftig auf die Stirn des Toten. Einige der Studenten zuckten bei dem dumpfen Laut zusammen, doch keiner wandte den Blick vom Lehrer. Dieser Lehrer gehörte zu den ganz wenigen, die mit ausgewählten Studenten Sektionen an Leichen vornahmen, was von kirchlicher Seite streng verboten war. Man berief sich dabei auf Papst Bonifaz VII., der das Sezieren eines toten menschlichen Körpers mit dem Kirchenbann belegt hatte. An den Universitäten behalf man sich mit Tierkörpern, „aber", so der Magister de Rojas, „wenn es drauf ankommt, werdet ihr sehen, daß es etwas anderes ist, an einem lebenden Menschen herumzudoktern als an toten Schafen oder Schweinen, vor allem, wenn es um chirurgische Eingriffe geht."
Die Studenten scharten sich um ihren Lehrer, als er das Messer zum Kreuzschnitt ansetzte, die Hautlappen zurückzog, um dann auf dem blanken Knochen mit der Trephine ein kreisrundes Loch auszufräsen. Joseph durfte ihm bei der Entfernung der Knochensplitter assistieren, und der Magister lobte ihn.
„Du hast die ruhige sichere Hand des geborenen Chirurgen. An deiner Stelle würde ich mich darauf spezialisieren."
Einen anderen schalt er, weil ihm das Löffelchen ausrutschte und er damit die freiliegende Gehirnhaut berührte. Dann trat er zurück und fragte: „Warum tut man das – einen Schädel trepanieren?"
„Um bei einer Schlagverletzung den Druck des zerstörten Schädelknochens auf das Gehirn zu verhindern."
„Gut, und was kann dieser Druck bewirken?"
„Lähmungen, Krämpfe, unter Umständen auch den Tod."
„Richtig, Josephus, kennst du weitere Gründe für eine Trepanation?"
„Es kann etwas in den Kopf eingedrungen sein, eine Flintenkugel oder eine abgebrochene Messerspitze."
„Ja, diese Aufgaben stellen sich in Kriegszeiten den Feldärzten. Ich hoffe für euch, daß es dazu nicht kommen wird. Jetzt werde ich das Brustbein und die Rippen freilegen."
Ihn ekelte nicht davor, mit glänzenden Augen verfolgte Joseph die weitere Sektion, für ihn war es eine schöne, eine notwendige Arbeit, zum Wohle des Menschen. Dem Toten tat es nicht mehr weh, und das christ-

liche Prinzip eines vollständigen Körpers blieb gewahrt. Wer im Krieg von einer Kanonenkugel zerfetzt oder als Verbrecher geviertelt wurde, den würde Gott, wenn er vor ihm Gnade fand, ebenso im Fleisch auferstehen lassen, wie einen friedlich im Bett Verstorbenen.

Joseph Marco hatte sich öfter die Frage gestellt, ob aus ihm, dem Juden, nun wirklich ein überzeugter Christ geworden sei, und er fand immer nur die eine Antwort: Er war ein lauer, vom Religiösen wenig berührter Jude gewesen, und nun war er ein lauer Christ geworden – der Wissenschaft zuliebe. Ein Leben nach dem Tod interessierte und berührte ihn genausowenig, wie die Existenz von *Ultima Thule*, der angeblich letzten und fernsten Insel im Norden. Das lag außerhalb seines Gesichtskreises. Sein Feind war nicht der Teufel, sondern Krankheit und Tod – ihnen wollte er zu Leibe rücken. Warum wand ein dreijähriges Kind, das Stunden zuvor noch gelacht und getobt hatte, sich plötzlich im Fieberkrampf mit glühender Stirn und aufgetriebenem Bauch? Warum mußte ein Bauer sterben, der sich bei der Feldarbeit einen kleinen Dorn in den Daumenballen gezogen hatte? Die kaum sichtbare Wunde begann zu schmerzen, die Hand verfärbte sich, der Arm schwoll an, das vergiftete Blut durchströmte den ganzen Körper, und dieser Mensch starb an einer winzigen kaum sichtbaren Wunde.

Doch es war ein mühseliger, langsamer und zeitraubender Weg zum fertigen Medicus. Wer mit dem Studium begann, mußte die Medizin und ihre drei Säulen – Diaetetica, Pharmaceutica und Chirurgica – zunächst vergessen, denn ehe sich das Tor zu ihr öffnete, mußten die *septem artes liberales* studiert werden, die sieben freien Künste als Schlüssel zu den höheren Weihen der Medizin, nämlich: Grammatik, Rhetorik, Dialektik, Musik, Arithmetik, Geometrie und Astronomie. So lehrte es Martianus Capella, ein antiker Gelehrter, dessen Buch auch jetzt, nach über tausend Jahren, immer wieder neue Auflagen erlebte. Doch Joseph erfuhr bald, daß die Praxis anders aussah, daß es eine *achte Kunst* gab, nämlich Theologie, und daß es auf sie besonders ankam. Das war schon aus dem Einführungsvortrag des Magisters zu erkennen: „Es ist einfach notwendig, daß ein vollkommener Arzt Literatur und Grammatik, Themen und Schlüsse der Dialektik, Geist und Feinheiten der Rhetorik, die Formenwelt der Geometrie, die Zeitbegriffe der Arithmetik erlernt und begreift, ebenso wie in der Musik die Harmonie des Körpers mit seinen pulsierenden Venen erkennt und das Verabreichen der Medizin sowie der Aderlässe nach astrologischen Regeln verstanden werden müssen."

Nach diesen wenigen Minuten über die *sieben freien Künste* ging der Magister zur Theologie über, und für dieses Thema benötigte er eineinhalb Stunden. Der Mensch sei bestimmt zum Dienst an Gott und könne nur so ein sinnvolles Leben gestalten. Besonders der Arzt werde damit nicht nur die Werke des Schöpfers enthüllen, sondern auch zum Lobe Gottes sein eigenes Licht vor den Menschen leuchten lassen. Er müsse die Krankheit positiv betrachten, als Zuchtrute des Herrn, die den Menschen am Sündigen hindere und ihn dazu anhalte, sich auf sein eigentliches Lebenswerk zu besinnen.

Ach, wie schön und friedvoll das alles klang! Und wie anders war doch die Realität, wenn die Studiosi aller Fakultäten mehrmals im Jahr, angetan mit ihren besten Kleidern, angeführt von den Rectores und Magistri, der Inquisitionsfahne folgen mußten, zusammen mit Mönchen, Priestern, Inquisitoren, Bürgern und Adeligen, um ein Dutzend Häretiker, Ketzer und Zauberer zum Scheiterhaufen zu begleiten.

Die ganze Universität war von Spitzeln der Inquisition durchsetzt, es gab diese *familiares* unter den Lehrern, den Studenten, den Schuldienern. Jedes Wort mußte auf die Goldwaage gelegt, jeder Beichtzettel aufgehoben werden, jeder Kirchgang durch Zeugen zu belegen sein. Natürlich waren es vor allem die Conversos, auf denen die Blicke ruhten, die man mit Argwohn und Mißtrauen beobachtete.

Sobald ich hier fertig bin, will ich raus, dachte Joseph, weg von diesem Land, das die Inquisition in ihren Krallen hat, über dem der Todesschatten des furchtbaren Torquemada liegt, der wie eine Riesenspinne in seinem Kloster Santa Cruz bei Avila lauert und dessen Kreaturen ganz Spanien nach Ketzern durchforschen.

Auch hier in Salamanca gab es die berüchtigten Briefkästen, einer hing sogar am Portal der Universität. Durch Predigten von den Kanzeln, durch Anschläge an Kirchen und Rathäusern wurde jeder zur Denunziation aufgerufen. Er konnte dies anonym und gefahrlos tun, und wenn es zu einer Verurteilung kam, fielen ihm noch zehn Prozent des Vermögens zu. Die anderen neunzig Prozent teilten sich Kirche und Krone. Ja, die Inquisition war ein lukratives Geschäft, vor allem für Ferdinand und Isabella, die sich auch nicht von den Mahnungen des Papstes beeinflussen ließen, dieses Instrument milder zu handhaben.

Joseph Marco hatte ihn einmal bei einem Autodafé gesehen, den schrecklichen Tomas de Torquemada. Auf den ersten Blick wirkte der Großinquisitor keineswegs abstoßend. Er war viele Jahre lang Prior eines Dominikanerklosters gewesen und trug auch jetzt noch einen einfachen Mönchshabit. Der weit über Sechzigjährige wirkte alterslos. Schlank und aufrecht schritt er dahin, das schmale scharfgeschnittene Gesicht wie im Gebet gesenkt. Doch als dann die Scheiterhaufen auflodertren, hob er das Haupt, und Joseph, der sehr scharfe Augen hatte, sah das Gesicht des Ketzerjägers. Da war es, als griffe eine kalte Hand nach seinem Herzen. Die dunklen tiefliegenden Augen leuchteten in lustvoller Extase, der schmale Mund öffnete sich zu – einem Gebet? Einem Stöhnen? Einem Triumphschrei? Es war das Antlitz eines zutiefst Entzückten, eines der Welt lustvoll Entrückten. Dieser Mensch, ging es Joseph durch den Kopf, verspürte eine Art Orgasmus. Er lebt, wie jeder weiß, streng asketisch, doch auf solche Weise, wenn er wieder einmal die dürren Reben zu Gottes höherer Ehre ins Feuer geworfen hat, ergreift die Lust seinen hageren Körper. Es bekäme Spanien besser, setzte Joseph seine Überlegungen fort, wenn die hohen geistlichen Herren leben würden wie Kardinal Mendoza, in bequemen Palästen mit Frauen und Kindern, dann würde es keinen von ihnen nach brennenden Ketzern gelüsten. Doch diesen Gedanken behielt Joseph Marco für sich, denn er wußte, daß ein unbedachtes Wort einen Converso in die gnadenlosen Mühlen der Inquisition bringen konnte.

Er schrieb auch nichts davon nach Hause, seine Briefe an Ruth und Isak Marco schilderten die heiteren Seiten des Studentenlebens, berichteten von Festen und Ereignissen in Salamanca, waren gespickt mit frommen Sprüchen wie: 'Möge Gott Euren Weg erleuchten, möge Christus Euren Sinn wandeln, möge die Madonna Eure Herzen rühren.' Die Eltern wußten natürlich wie das gemeint war, aber in Isak Marco war eine Veränderung vorgegangen.

Seit er seinen Bruder auf dem Scheiterhaufen hatte elend sterben sehen, wandte er sich, der bisher eher tolerante, seiner Religion mit einer solchen Inbrunst zu, daß Jakob, sein zweitgeborener Sohn und Nachfolger im Geschäft, fast daran verzweifelte. Er als einziger hatte sich von den Söhnen nicht taufen lassen, ihm genügte sein Glaube, er wollte keinen anderen, fühlte sich ihm verbunden wie jeder gläubige Jude. Doch es störte, ja verstörte ihn, als sein Vater sich binnen kurzer Zeit in einen engstirnigen Fanatiker verwandelte. Isak spickte seine Rede mit Zitaten aus dem Talmud, den er ständig in der Hand trug. Sein besonderes Augenmerk hatte er auf die strenge Einhaltung des Sabbats gerichtet. Er konnte nicht nur sämtliche neunundreißig Hauptarten von verbotenen

Arbeiten aufzählen, er kannte auch Dutzende von Unterarten und wachte argwöhnisch darüber, daß in seinem Haus nicht dagegen verstoßen wurde. Geschah es doch einmal, runzelte er seine Stirn und zitierte mit erhobenem Zeigefinger: „Wer sät, wer pflügt, wer erntet, wer garbt, wer drischt, wer worfelt, wer verliest, wer mahlt, wer siebt, wer knetet und wer bäckt; wer Wolle schert, wer sie bleicht, wer sie schwingt, wer sie färbt, wer spinnt, wer anzettelt, wer zwei Maschen macht, wer zwei Fäden webt, wer zwei Fäden trennt, wer verknotet, wer losknüpft, wer zwei Nähte näht und wer auftrennt, um zwei Nähte zu nähen; wer eine Gazelle fängt, wer sie schlachtet, wer ihr Fell abzieht, einsalzt und zurichtet, wer es abschabt, wer es zuschneidet, wer zwei Buchstaben draufschreibt und wer abschabt, um zwei Buchstaben draufzuschreiben; wer baut und wer einreißt, wer auslöscht und wer anzündet; wer mit dem Hammer schlägt; wer von einem Gebiet in ein anderes hinausträgt. Dies sind die Hauptarbeiten, vierzig weniger eine."

Dem pflegte Isak oft noch hinzuzufügen: „Da habt ihr auch den Grund für die Verfolgung der Juden in aller Welt. Jehova ist ein strenger Gott und läßt nicht mit sich rechten. So wie's geschrieben steht, will ER's haben! Und weil die Juden in aller Welt dagegen sündigen, bestraft er sie – immer wieder und immer wieder!"

Jakob seufzte. Sollte er mit seinem Vater herumstreiten? Erstens einmal verbot das der Respekt, und dann hatte er ja doch immer recht, weil er sofort die entsprechende Stelle suchen und mit dem Finger draufweisen würde: Da, mein Sohn, sieh her, hier steht's!

Wenn es um die Frage ging, ob ein Ei, das am Sabbat gelegt wurde, auch am Sabbat gegessen werden dürfe oder erst am nächsten Werktag, dann allerdings spielte Jakob nicht mehr mit. Dann ging er einfach hinaus, um seinen Zorn abzukühlen, atmete ein paarmal tief durch, und als er zur Ablenkung ein wenig Holz hacken wollte, fiel ihm sofort ein, das dürfe er nicht. Sein ganzer Körper kribbelte vor Ungeduld, er kannte sich selbst nicht mehr. Er verließ das Haus, ging schnell die schmale Gasse entlang, bis die dichtgedrängten Häuserreihen einen Blick auf die Stadtmauer freigaben. Dort gab es ein schmales Tor, das tagsüber geöffnet war und zum Ufer des Tajo hinausführte. Ein paar Fischer standen oder hockten an dem träge vorüberziehenden Fluß. Niemand beachtete ihn, und so schritt er langsam flußaufwärts in Richtung auf die Puente de San Martin, deren zinnenbewährte Türme ihm die Richtung wiesen. Plötzlich blieb er stehen, als sei er an einen unsichtbaren Strick gebunden und habe nun dessen Ende erreicht. Die Sabbatgebote hatten ihn eingeholt, denn an diesem Tag durfte der gläubige Jude sich nur zweitausend Ellen von seiner Stadt – ab dem kleinen Tor an der Stadtmauer – entfernen. Dieser Punkt wurde von orthodoxen Eiferern genau ausgemessen und sie hatten in beiden Richtungen ein Zeichen angebracht. Dieses Zeichen hatte er in Gedanken bereits um gut zehn Ellen überschritten, und nun wäre ein Sühneopfer notwendig gewesen. Das werde ich nicht tun, dachte er trotzig, ich bin ein erwachsener Mann und kann es selbst verantworten.

Jakob näherte sich seinem vierundzwanzigsten Lebensjahr und hätte längst heiraten müssen, aber jede Familie in der Juderia von Toledo scheute vor einer Verbindung mit der Marco-Sippe zurück. Nach dem vierten vergeblichen Versuch, für seinen Sohn eine Ehe zu arrangieren, sagte Jakob zu seinem Vater: „Wir hätten gleich tun sollen, wozu man uns geraten hat, nämlich wegzuziehen von Toledo und irgendwo anders neu anzufangen. Dein Bruder Abraham hat unseren Namen mit einem Brandmahl versehen, das sich nicht mehr tilgen läßt."

Da versetzte Isak seinem zweitgeborenen Sohn eine schallende Ohrfeige.

„Dein Onkel Abraham ist als jüdischer Märtyrer gestorben, merke dir das, ehe du seinen Namen schändest."

Jakob hatte sich still abgewandt und rieb sich die geschwollene Wange. Nicht schmähen hatte er den Onkel wollen, sondern die Realität darstellen, wie sie nun einmal war, da der Generalinquisitor Tomas de Torquemada das Heilige Offizium im fünften Jahr leitete. Jakob Marco verübelte seinem Vater die Ohrfeige nicht. Er wußte genau, wie sehr Isak unter den Zuständen litt und wie Stolz und Vernunft in ihm stritten. Sein Stolz gebot ihm auszuharren, die Vernunft aber sagte ihm: Verlaß die Stadt mit deiner Familie lieber heute als morgen.

Schließlich kam Isak zu einer Entscheidung, aber sie wurde ihm von außen diktiert. In einer Kleinstadt auf halbem Wege zwischen Toledo und Madrid hatte angeblich ein sogenannter Hostienfrevel stattgefunden. Zwei Juden waren bei den Behörden anonym beschuldigt worden, sie hätten aus der Kirche eine geweihte Hostie entwendet, sie zu Hause bespuckt, mit den Füßen getreten und schließlich in den Abtritt geworfen. Natürlich leugneten die Juden, doch die Inquisition nahm sich des Falles an, und nach tagelanger schwerer Folterung der Beschuldigten kam Erschreckendes zutage. Der Hostienfrevel war nicht nur einmal erfolgt,

sondern geschah regelmäßig und einem der Gefolterten wurde zudem das Geständnis entrissen, er habe vor Jahren einer Hebamme ein neugeborenes Christenkind abgekauft, das die Bestochene als Totgeburt meldete. Das Kind sei geschlachtet, geschächtet und am Sabbatabend beim Festmahl verzehrt worden.
„Davon ist nicht ein Wort wahr! Kein Jude würde so etwas tun, aber wer gesteht unter der Folter nicht, was die Herren vom Heiligen Offizium hören wollen?"
Jakob gab seinem Vater recht.
„Das nützt uns leider nicht viel. Die meisten Christen glauben den Unsinn, und etliche davon werden schnell die Gelegenheit nutzen, in christlicher Empörung ein paar von uns totzuschlagen, vor allem solche, bei denen sie verschuldet sind. Ich fühle den Boden unter mir brennen, Vater, und bitte dich inständig, meinen Vorschlag noch einmal zu überdenken."
Mutter und Schwester unterstützten Jakob dabei, aber Isak brummelte nur etwas Unverständliches.
Am nächsten Tag war die Tempelsteuer zu entrichten, und da war es in Toledo Tradition, daß die Familienoberhäupter sich abends beim Rabbi versammelten und mit ihm das Nachtmahl einnahmen. Gut die Hälfte der Juden betrieb ihre Geschäfte außerhalb des Ghettos, entweder am Markt oder in den Handwerkervierteln. Isaks Weingewölbe befanden sich schon seit Generationen in der Gegend der Kirche Santo Tomé, und von hier waren es nur wenige Schritte, bis zu den Toren der Juderia. Doch Isak Marco sollte niemals dort ankommen. Er und drei seiner Glaubensgenossen wurden auf dem Weg von ihren Läden zum Haus des Rabbis erschlagen. Sie alle trugen Beutel mit der Tempelsteuer bei sich und waren beraubt worden. Niemand hatte etwas gesehen oder gehört, niemand äußerte einen Verdacht. Der Hauptmann der Stadtmiliz war damit recht zufrieden.
„Wegen ein paar dreckiger Juden wäre es nur schade um die Zeit gewesen. Schließlich haben wir Wichtigeres zu tun."
Ruth Marco versteinerte in ihrem Schmerz und sprach tagelang kein Wort. Erst als Jakob, nun das Oberhaupt der Familie, die Umsiedlung nach Cordoba in die Wege leitete, sagte sie: „Gut, daß mein Isak es nicht mehr erleben mußte. Er hat sich immer gewünscht, in Toledo zu bleiben, nun ist er hier und braucht nicht wegzugehen – in alle Ewigkeit nicht."

Die Nachricht von des Vaters Tod sandte Jakob seinem Bruder nach Valladolid. David hatte dort sein juristisches Examen glänzend bestanden und war bei einem *abogado* als Hilfskraft eingetreten. Dort machte er für einen Hungerlohn die Drecksarbeit, mußte wie ein Lehrbub in der Stadt herumlaufen und bekam alles Unangenehme aufgehalst, wie etwa die Eintreibung schwieriger Schulden. Hatte er dabei Erfolg, so steckte sein Brotherr die üppige Provision ein und sagte gönnerhaft: „Nur weiter so, Señor Marco, in unserem Beruf gibt es nichts Besseres als Erfahrung zu sammeln."
Zu viele ehrgeizige junge Männer liefen mit dem Juristenexamen herum, und man mußte schon sehr gute Beziehungen haben, um gleich zu Anfang einen gutbezahlten Posten zu finden.
Davids Aussehen wich von dem seiner Geschwister wesentlich ab. Bei ihm hatte sich das rötliche Haar des Vaters zu einem kräftigen Rostrot verstärkt, zudem war er einen Kopf größer als die anderen und hatte die steingrauen Augen einer der Großmütter geerbt. Rein äußerlich sah ihm niemand seine jüdische Herkunft an, eher hielt man ihn für einen Katalanen oder Galicier aus dem Norden Spaniens. Ihm war das nur recht, denn er zählte sich zu jenen, die sein Volk die *mesumad* nannte, die überzeugten Christen, die alles abgestreift hatten, was an die Religion ihrer Väter erinnerte. Die Frage, wie tief seine Überzeugung ging, stellte er sich nicht. Vor seiner Taufe hatte ihn ein Dominikanerpater in die Christenlehre eingeführt und durch seine längst vorhandene Bereitschaft, den neuen Glauben anzunehmen, war ihm alles logisch und einleuchtend erschienen. Hatte Jesus Christus durch seine Wunden und seinen schon im Alten Testament angekündigten Opfertod nicht schlüssig bewiesen, daß er und kein anderer der Messias war? Wenn die Juden noch immer auf den Messias warteten, so befanden sie sich in einem Irrtum. Doch irren ist menschlich. David war kein Eiferer und sah sich nicht aufgerufen, Proselyten zu machen. Besuchte er seine Eltern und den Bruder, so war Religion kein Thema, wenigstens nicht für ihn. Wenn der Vater zu eifern begann, hörte er einfach weg.

Nun befand sich David Marco auf einer Geschäftsreise nach Valencia, das waren über hundert kastilische Meilen, also eine Reise von mindestens zehn Tagen. Mit jeder *vara*, die er sich von Valladolid entfernte, wurde ihm leichter ums Herz. Er wollte weg von dort, weg vom *abogado*, hin zu den Machtzentren, nach Sevilla oder Cordoba, wo meist

die Könige regierten, wo sich etwas bewegte. Aber wie? Ohne Beziehungen, ohne Freunde und Verwandte in einflußreichen Stellungen?
Vorerst genügte es ihm schon, daß er aus Valladolid fortkam für gut drei bis vier Wochen. Nichts Aufregendes führte ihn nach Valencia, es ging um einen Erbstreit, der nach Jahren zugunsten eines Mandanten seines *abogado* entschieden worden war. Die Erbmasse – zwei Häuser, Grundstücke, ein Obstgarten – lag in Valencia, sollte dort verkauft oder versteigert werden, und David hatte dafür zu sorgen, daß der Erlös auf sicheren Wegen nach Valladolid gelangte. Sein *patrono* hatte bald entdeckt, wie gut es dieser David Marco verstand, geschickt zu verhandeln, wie klug er Vorteile nützte und Schwachstellen umging, und so hatte er ihm diese Aufgabe anvertraut, sogar unter Zusage einer, wenn auch bescheidenen Prämie.
Längst hatte David seinen Dienstherrn durchschaut, ließ es sich aber nicht anmerken. Doch auf dieser Reise beschloß er, gleich nach seiner Rückkehr einen höheren Lohn zu fordern, er würde dann sehen, wieviel seinem *patrono* an ihm lag.
In der Sierra de Guadarrama herrschte auch jetzt, Anfang Mai, noch eine kühle Witterung, und David holte seinen wollenen Umhang aus der *alforja* und wickelte sich fröstelnd hinein. Doch unten im Tal legte er ihn gerne wieder ab, und je mehr er sich der Küste näherte, desto wärmer wurde es. An den Ufern des Rio Cabriel ernteten die Bauern schon die letzten Kirschen und pflückten die ersten Aprikosen.
Am Abend des elften Reisetages stand er vor den Mauern der Stadt, die den größten und wichtigsten Hafen der vereinigten Königreiche besaß. Zwar lag Valencia etwa eine Meile landeinwärts am Ufer des Guadalaviar, doch Lastschiffe brachten Waren aller Art in die Stadt, und was es hier nicht gab, war nirgends in Spanien zu finden.
Valencia! Hier herrschte ein anderes Leben als im gemächlichen Valladolid, das zwar früher für fast ein Jahrhundert Sitz der kastilischen Regierung gewesen war, aber eben doch Provinz geblieben war.
Am großen Markt gab es ein solches Gedränge, daß David vom Maultier stieg und sich in eine stille Ecke drückte. Verschiedene Sprachen und Dialekte schallten und hallten durcheinander, Lastträger liefen gebückt durch die hin- und herwogende Menge; es wurde geschoben und gestoßen, geschimpft und geflucht, und als David jemand nach der empfohlenen Herberge fragte, erntete er nur einen bösen Blick, der sagen wollte: Laß mich in Frieden, ich hab's eilig.

Doch beim zweiten Versuch hatte er Glück und ein älterer Herr begleitete ihn bis vor die *posada* in der Nähe der Kathedrale. Gemessen an den Gast- und Raststätten unterwegs herrschte hier eine erstaunliche Sauberkeit, das Bett war frisch bezogen, und einen geräumigen Schrank gab es auch. Zwar schaute das kleine Fenster in einen mit Unrat übersäten Hinterhof, aus dem seltsame Gerüche aufstiegen, aber schließlich wollte er sich hier nicht ansiedeln.
Beim Nachtmahl in der kleinen finsteren Schankstube wurde es etwas eng, weil nicht nur die Hausgäste hier speisten, sondern auch so mancher Bürger des Viertels hereinschaute und zu etlichen *tapas* einen Krug Wein leerte. Es war wie am Marktplatz: Alles rief und redete durcheinander, viele kannten sich und wer fremd war, wurde bald in die Gespräche miteinbezogen.
Ein älterer Mann mit einem Stoppelbart und schwieligen Händen saß David gegenüber und wartete, bis er zu Ende gegessen hatte. Dann fragte er höflich, woher der junge Mann komme und was ihn herführe.
„Ah – Señor, Ihr seid Jurist? Respekt, Respekt! Da kann man es weit bringen, auch als Converso, seht Euch nur unseren Luis de Santangel an! Auch er war Jurist, und heute ist er der Freund und Berater von König Ferdinand, Schatzmeister von Aragon und Kastilien und Generalpächter von Valencia. Was immer an Steuern, Zöllen und Abgaben hier anfällt: Er hat seinen Anteil daran."
„Nun, Señor", wandte David ein, „Steuerpächter sind ja nicht gerade beliebt im Land..."
„Er schon, weil er sein Amt noch niemals mißbraucht hat und andere auch leben läßt."
Er beugte sich vor, und David sah die weißen Bartstoppeln und roch den sauren Weinatem.
„Ein Wunder, daß er noch lebt; vor drei Jahren hat man seinen Onkel in Zaragoza verbrannt, weil er zu den Mördern des Inquisitors Pedro Arbues gehörte."
Der Alte hatte kaum hörbar geflüstert. Nun trank er einen langen Schluck und wischte sich ausgiebig den Mund.
„Ja, wenn unser König über jemand seine Hand hält, dann hat sogar die Inquisition das Nachsehen."
Schnell blickte er nach beiden Seiten, ob irgendwer seine Worte aufgenommen hatte, doch die Tischnachbarn waren in ihre Mahlzeit vertieft, schlürften und schmatzten, daß es eine Freude war.

Dieses kurze Gespräch mit dem Stoppelbärtigen hatte auf David die Wirkung eines Rauschmittels. So weit kannst du es als Jurist bringen, dachte er, und es befriedigte ihn, daß ihn dreierlei mit Santangel verband: Der Beruf, die jüdische Herkunft und das Familienschicksal. Das ließ ihn hoffen, ohne daß er weitere Pläne daraus entwickelt hätte.
Zunächst war er mit der Abwicklung der Erbsache befaßt, mußte Ämter und Behörden aufsuchen. Schließlich übertrug er den Verkauf der Liegenschaften einem Notar und setzte ein bestimmtes, vorher mit seinem Dienstherrn abgesprochenes Limit. Dann war er frei, sah sich in der Stadt und ihrer Umgebung um. Auch wenn er inzwischen Luis de Santangel vergessen hätte, so wurde er immer wieder an ihn erinnert, die ganze Stadt schien von nichts anderem zu sprechen.
Dann kam jener 28. Mai, den David Marco niemals in seinem Leben vergessen würde. Auch nach Jahrzehnten konnte er sich an jede Einzelheit dieses Tages erinnern. An jenem Morgen nahm er sich vor, verschiedene Ämter aufzusuchen, um nach dem Stand der Dinge zu fragen. Der immer freundliche Wirt begrüßte ihn, während David am Tisch saß und sein Frühstück verzehrte: Ein Stück Topfenkäse mit Kräutern, ein noch warmes *panecillo*, das zwischen den Zähnen krachte und einen großen Becher Ziegenmilch.
„Morgen wird Don Luis wieder abreisen und den König in Zaragoza treffen. Heute, gleich nach der Frühmesse, wird er noch ein Findelhaus eröffnen, das er unserer Stadt gestiftet hat. Wollt Ihr Euch die Feier ansehen? Es wird ein ziemliches Gedränge geben, weil er dabei auch die Bittschriften entgegennimmt."
David nickte nur und bedankte sich. Er war nicht ganz bei der Sache, weil eine andere Stimme sich in die des Wirtes gemischt hatte, eine Stimme, die aus seinem Innern kam und kategorisch forderte: David, nütze diese Gelegenheit! Vielleicht kann Santangel einen Mann wie dich brauchen! Versuche es! Versuche es!
Bis zu diesem Tag war David Marco ein nüchterner Mensch gewesen, der von Träumen oder inneren Stimmen nichts hielt und für den nur greifbare Fakten zählten und von diesen bewirkte, durch Vernunft und Logik geleitete Entscheidungen. Heute aber war er leichten Sinnes, wie einer, der nie in der Lotterie gespielt hatte und plötzlich für sein ganzes verfügbares Geld Lose erwirbt.
David ging auf sein Zimmer, holte Federkiel, Tinte und Papier. Er mußte nicht lange überlegen, die Worte flossen ihm nur so aus der Feder.

Hochverehrter Don Luis de Santangel! In den letzten Tagen hörte ich Euren Namen und erkannte, wie sehr meine Herkunft und das Familienschicksal dem Euren gleicht. Ich stamme aus Toledo, bin Jurist und habe in Valencia eine Erbsache abzuwickeln. Danach bin ich frei und möchte Euch mit meinen Kenntnissen und Fähigkeiten dienen. Vielleicht ist es ein Wink Gottes, der mich gerade in diesen Tagen in Eure Nähe geführt hat.

David unterschrieb mit seinem vollen Namen und fügte die Anschrift seiner Herberge, wie die seines Dienstherrn in Valladolid bei. Er versiegelte das Schreiben, steckte es ein und machte sich sofort auf den Weg.
Um das neuerbaute Findelhaus herrschte ein Gedränge wie auf dem Jahrmarkt. Der *alcalde* hielt eine mit Komplimenten gespickte Dankesrede, ein Priester weihte das Haus, ein Chor von Waisenkindern sang mit dünnen Stimmchen ein eigens verfaßtes Loblied, dann trat Luis de Santangel vor und sagte, nicht ihm habe man zu danken, sondern einzig und allein Gott, dem Herrn, der unser aller Schicksal leite.
David stand eingekeilt und ziemlich entfernt von der mit Blumen geschmückten Rednertribüne. Er sah kaum etwas, hatte nur die Stimmen vernommen, und begann nun mit aller Kraft, nach vorne zu drängen. Gleich ertönten Flüche, man stieß und puffte ihn, aber als er sagte, er wolle ein Bittschreiben abgeben, ließ man ihn murrend passieren. Als David sich endlich nach vorne durchgekämpft hatte, mit zerrissener Kleidung und zerrauften Haaren, war Don Luis schon verschwunden. Doch da standen zwei Diener, die mit gelangweilten Mienen und spitzen Fingern die Eingaben entgegennahmen und in große Körbe steckten. Kaum hatte David sein Schreiben aus der Hand gegeben, da schämte er sich schon. Das war seiner nicht würdig.
„Ich will es zurück!" rief er, doch die Nachdrängenden schoben ihn weiter. Er beruhigte sich schnell und dachte, Don Luis bekäme sein Schreiben ohnehin nicht zu Gesicht, und es würde vermutlich als Schmierzettel bei einem der Sekretäre landen.
So wäre es wohl auch gekommen, hätte sich nicht Santangels Abreise um vier Tage verzögert. Der *contado mayor* nützte die Mußezeit, um seine Korrespondenz aufzuarbeiten. Bei den Eingaben und Bittbriefen hielt er es so, daß ihm alle vorgelegt werden mußten, doch einige trugen kurze Hinweise auf ranghohe Absender oder einen besonders wichtigen Inhalt. Die anderen überflog Don Luis nur flüchtig und versah sie mit

Randnotizen. Bei Davids Brief stutzte er, nicht nur wegen seines seltsamen Inhalts, sondern wegen der Unterschrift: David Carmelo Marco, *jurisconsulto*.
Das war also der Brief eines Kollegen und getauften Juden, der sich recht unverschämt mit dem Hinweis auf ein gemeinsames Familienschicksal anbiederte. Wäre Don Luis in Eile gewesen, so hätte er kurz an den Rand geschrieben: Desestimado! (abgelehnt), aber die erzwungene Ruhezeit ließ ihm Raum für Neugierde. So befahl er: „Holt mir den Burschen gleich her, vielleicht ist er nur ein Wichtigtuer – na, wir werden es ja sehen."
Als David am Abend seine Herberge betrat, stürzte der Wirt auf ihn zu.
„Gracias a Dios, daß Ihr endlich da seid! Der Bote von Don Luis kam schon gegen Mittag."
David nahm das Schreiben und ging auf sein Zimmer. Wenn das ein Traum war, würde er bald erwachen und es wieder bereuen, daß er sich zu dem Bittgesuch hatte hinreißen lassen. Er nahm den Krug Wasser vom Tisch und goß sich einen Teil davon über den Kopf. Es war kein Traum, seine Haare triefften, sein Wams sog sich voll.
Das Schreiben enthielt nur einen Satz: *Don Luis de Santangel, Consultor Real y Contador Mayor, erbittet Euren Besuch, morgen zur vierten Tagesstunde.*
Ein Sekretär hatte unterschrieben. Don Luis bittet mich – Don Luis bittet mich! David neigte nicht zu Gefühlsüberschwang, aber nun war sein Gemüt doch in Aufruhr. So einfach war das also: Man schreibt heute an Don Luis und wird morgen empfangen. Ein Zufall, eine Laune, ein Versehen, eine Verwechslung?
Um einschlafen zu können, trank David einen großen Krug Wein, und als er im Morgengrauen erwachte, brummte ihm der Schädel, und seine Zunge fühlte sich an wie ein schimmliges Stück Leder und schmeckte auch so.
Vor dem Frühstück stieg er in ein Faß mit kühlem Wasser und tauchte mehrmals unter. Das kostete ihn zwar fünf Maravedis extra, aber danach fühlte er sich wohler.
Der etwas mürrische Sekretär nahm sein Schreiben entgegen und verschwand damit. Als er zurückkam, war er viel freundlicher.
„Ihr müßt Euch noch eine halbe Stunde gedulden."
Er drehte die Sanduhr um und wies darauf. „Wenn die Zeit um ist, so geht einfach durch diese Tür."
David starrte auf den lautlos rieselnden goldfarbenen Sand. Zuletzt bil-

dete sich oben ein kleiner Trichter, während unten der sich türmende Hügel immer wieder zusammenfiel. Dann war es soweit. Er zählte bis zehn und stand auf. Der Sekretär nickte bestätigend und deutete auf die Tür. David ging hinein.
Aha, dachte er, jetzt bin ich erst beim richtigen Sekretär. Der Mann saß hinter einem einfachen Schreibtisch und erhob sich sofort.
„Señor Marco?"
„Ja, Don Luis erklärte sich bereit, mich zu empfangen. Soll ich hier warten?"
Der andere lächelte verbindlich. Die schmalen dunklen Augen musterten ihn gründlich. Dann sagte er freundlich: „Warum wollt Ihr warten? Ich bin Luis de Santangel und muß Euch gestehen, daß mich Euer Schreiben neugierig gemacht hat. Nehmt Platz und erzählt mir, was Euch dazu veranlaßt hat."
Don Luis, ein schlanker mittelgroßer Mann um die Dreißig, wirkte auf den ersten Blick unscheinbar. Er hätte alles sein können: Ratsekretär, Notar oder kleiner Handelsherr – kein Hidalgo, aber doch ein Mann von Bildung mit einem guten einträglichen Beruf.
Sie nahmen an einem Tisch am Fenster Platz, Santangel schenkte aus einer Karaffe zwei Gläser voll. David erzählte von seiner Familie, von der Hinrichtung des Onkels, vom Studium und seiner jetzigen Tätigkeit. Der *contador* hörte zu, stellte kurze Zwischenfragen und stand auf, als David geendet hatte.
„Bleibt nur sitzen Señor Marco. Wenn ich Euch recht verstehe, seid Ihr mit Eurer jetzigen Tätigkeit nicht zufrieden, wollt Neues kennenlernen, wollt Euch verbessern?"
„Ja, Don Luis, weil ich glaube, daß ich noch anderes kann, als einem *abogado* zur Hand gehen."
Santangel lächelte geduldig.
„Schauen wir einmal, was Ihr könnt."
Dann kamen die Fragen, schnell, klar und präzise, wie bei einer Prüfung."
„Und wie steht's mit den *Ordenanzas Reales de Castilla*? Seid Ihr damit vertraut?"
„Ich besitze das Buch und kann damit umgehen."
„Was – Ihr habt es Euch zugelegt? Das Werk kostet um die siebenhundert Maravedis."
„Mein Vater hat es mir zum Abschlußexamen geschenkt."

Das Gespräch endete damit, daß David Marco das Angebot erhielt, ein halbes Jahr zur Probe bei Luis de Santangel zu arbeiten.
„Dann werden wir sehen, ob wir Gefallen aneinander finden, Señor Marco."

4

Domenico Colombo hatte alles versucht, die Notlage seiner Familie zu lindern. Nachdem sein erlernter Beruf, die Tuchweberei, wegen billiger Importe fast ganz zum Erliegen gekommen war, eröffnete er in seinem Haus eine kleine Schenke und betrieb nebenher noch Handel mit Textilwaren, Wein und Käse. Bartolomeo, sein zweitgeborener Sohn, war das elende Leben leid geworden, hatte als Schiffsjunge angeheuert, kreuzte irgendwo im Mittelmeer herum. Giacomo, der Jüngste, lebte noch im Haus, ging dem Vater zur Hand, wo er konnte, aber auch ihm war anzumerken, daß er nicht sein Leben lang Tuchweber oder ein kleiner Händler bleiben wollte. Schließlich half alles nichts, Genua wurde für die Familie zu teuer und so zog Domenico mit Frau und Sohn in das benachbarte Savona, wo er günstig eine Osteria pachten konnte.
So fand Cristoforo, als er aus Chios zurückkehrte, sein Elternhaus in Genua von fremden Leuten bewohnt. Er reiste sofort weiter nach Savona, wo sie ihn empfingen wie den verlorenen Sohn. Er küßte Mutter und Vater, klopfte seinem Bruder den Rücken und mußte gestehen, daß er mit leeren Händen gekommen war.
„Oder doch fast", sagte er und legte einen Beutel mit zwei Dutzend Silberstücken auf den Tisch. „Darum will ich euch nicht lange auf der Tasche liegen. Mir fällt schon etwas ein."
Er sah die besorgten Augen seiner Mutter auf sich gerichtet. „Aber Cristoforo, was willst du denn tun? Wieder zur See fahren?"
„Oder dich den Spinola für ein Bettelgeld verkaufen?" ergänzte der Vater zornig.
Er zuckte die Schultern.
„Warum nicht? Vielleicht sogar als Soldat im Dienst des Königs von Neapel? René d'Anjou sucht mutige Männer für seinen Krieg gegen

Aragon, das sich den Thron von Neapel einverleiben möchte. Ihr werdet davon gehört haben..."
Der Vater nickte.
„Ich weiß nur, daß unsere großen Handelshäuser auf der Seite der Franzosen stehen."
„Kein Wunder! Seit Jahren wird die ligurische Küste von spanischen Freibeutern heimgesucht, außerdem behindern sie unsere Handelsschiffe. Genua kämpft um sein Überleben – das geht uns alle an!"
„Tu was du willst! Du bist längst erwachsen und gehst ohnehin deine eigenen Wege."
„Wie Domenico..."
Der Vater senkte seinen Kopf und Cristoforo betrachtete gerührt das graue, licht gewordene Haar.
„Ich verstehe es ja. Was erwartet dich hier schon? Armut, Not, bestenfalls schlecht bezahlte Arbeit..."
„Laß nur, Vater, ich komme schon zurecht."
Er lieh sich ein Pferd, ritt nach Genua und ging sofort in das Handelskontor der Spinola, wo fast alle ihn kannten.
„Ah, der Signorino Cristoforo ist zurück! Nicht reich geworden auf Chios?"
Der Chef des Kontors lachte anzüglich.
„Spart Euren Spott, Signore, die Zeiten sind nicht danach, um reich zu werden. Ihr braucht doch Leute im Kampf gegen die Spanier?
„So ist es. Wir, die Fieschi und die Fregosi, unterstützen die Franzosen. Ich gebe Euch ein Empfehlungsschreiben mit, und Ihr wendet Euch an das Rekrutierungsbüro der Franzosen. Die suchen verzweifelt tüchtige Leute. Und tüchtig seid Ihr ja!"
Die Sforza – derzeit Herren der Stadt – hatten René d'Anjou erlaubt, im Palazzo Ducale eine Rekrutierungsstelle einzurichten. Da aber die Bürger von Handelsstädten selten kriegerisch veranlagt sind, empfing man jeden Bewerber mit offenen Armen. Als Columbus sein Empfehlungsschreiben vorlegte, wurde er gleich vom Hauptmann empfangen. Er glaubte zu träumen, als er hörte: „Ihr seid genau der Mann, den wir suchen. Vertraut mit der See, geschickt in allen Geschäften, erfahren und gebildet..." Er klopfte auf das Schreiben. „Hier steht es, und wenn eine solche Empfehlung von den Spinola kommt, dann habe ich keinen Grund, an ihr zu zweifeln. Ich sage Euch jetzt, was wir vorhaben, und Ihr könnt dann entscheiden, ob Ihr die Aufgabe übernehmen wollt. Hier –

schaut einmal auf die Karte." Er deutete auf das Meer zwischen Sardinien und der Küste von Tunis. „In diesem Gebiet treibt sich die aragonesische Galeasse 'Ferrandina' herum. Ihr bekommt einen Schnellsegler und sollt das Schiff aufspüren und unschädlich machen oder zumindest es daran hindern, daß es Kurs auf unsere Gewässer nimmt."
Columbus blickte den anderen ungläubig an.
„Aber wie soll ich – nein, das geht doch nicht! Das wäre ja wie ein Kampf Davids gegen Goliath!"
Der Capitano lachte.
„Ein guter Vergleich! Und wer hat den Kampf gewonnen?"
„Jetzt bin ich in die eigene Falle gestolpert – aber im Ernst: wie soll ein kleiner Schnellsegler mit höchstens dreißig Mann Besatzung eine Galeasse aufhalten, das größte aller Kriegsschiffe?"
„Ihre Größe ist zugleich ihre Schwäche. Die Galeassen sind ungeheuer schwerfällig beim Manövrieren, und Ihr könnt mit Eurem Schnellsegler zweimal um einen solchen Koloß herumfahren, ehe der imstande ist, seinen Kurs zu ändern. Wir geben Euch einige Arkebusen mit; ein guter Scharfschütze kann das Steuerruder zerschießen, dazu ein paar Brandpfeile auf die Segel und die stolze Galeasse muß – falls sie nicht sinkt – schleunigst ihren Hafen anlaufen."
Das hörte sich an wie ein Kinderspiel, und Columbus ahnte, daß er mit seinem Schnellsegler einem höheren Zweck geopfert werden sollte. Er wollte den Capitano geradeheraus danach fragen, doch dann biß er die Zähne zusammen und tat es nicht. Ich werde lernen, ein Schiff zu führen, mit der Mannschaft umzugehen, nautische Geräte zu bedienen...
„Gut, Capitano, Ihr habt mich überzeugt. Wann geht es los?"

Schon am übernächsten Tag stand Columbus an Deck, während der Spill knarrend den Anker hievte. Ihm schien es noch immer wie ein Traum. Gestern noch ein kleiner Mastixhändler, der um Kupfermünzen feilschte, heute als Kapitän auf einem leichten Kriegsschiff. Was immer auch die hohen Herren glauben – er würde dafür sorgen, daß dieses Schiff und seine Mannschaft heil zurückkehrten.
Ein guter Wind brachte sie schon am späten Nachmittag an die Westküste von Sardinien, wo sie bei der Insel San Pietro anlegten. Columbus hörte sich an Land um und erfuhr, daß die 'Ferrandina' nicht allein war, sondern drei Begleitschiffe sie eskortierten.
Dann trifft der Vergleich mit David gegen Goliath nicht mehr zu, dachte

er unbehaglich. Die leichten Begleitschiffe werden uns jagen, einkreisen und entern. Gut, daß nur ich davon weiß.
Am nächsten Morgen bemerkte er eine Unruhe unter den Leuten. Der Steuermann trat vor und sagte: „Capitano, es hat sich herumgesprochen, daß die 'Ferrandina' nicht allein ist. Es gibt für uns nicht die geringste Möglichkeit, etwas gegen vier Schiffe auszurichten und so bitten wir Euch, in heimische Gewässer umkehren zu dürfen. Der nächste sichere Hafen wäre Marseille."
Columbus überlegte blitzschnell. Was der Steuermann vorschlug, war vernünftig, doch Stolz und Eigensinn geboten ihm, es dennoch zu versuchen. Vielleicht war es nur ein Gerücht, das die Spanier ausgestreut hatten?
„Gut, Leute, wir kehren um!"
Columbus ging in seine Kajüte – die einzige auf dem Schiff – und manipulierte den Kompaß so, daß er die falsche Richtung anzeigte. Wegen einer Flaute konnten sie erst nach Sonnenuntergang den Anker lichten, was sein Täuschungsmanöver erleichterte. Sie kamen nur langsam voran, doch als die Sonne wie ein roter Ball aus dem Meer emporstieg, tauchte im Süden das Kap von Tunis auf.
Der Steuermann stürzte herein.
„Capitano! Ihr habt uns getäuscht, wir segeln in die verkehrte Richtung!"
Columbus zuckte die Schultern.
„Es muß am Kompaß liegen. Gut, wir kehren um!"
Da weit und breit keine fremden Schiffe zu sehen waren, hielt Columbus seine Aufgabe für erledigt, aber eines hatte er gelernt: Es braucht nicht viel, um eine Schiffsmannschaft an der Nase herumzuführen. Um meine Ziele durchzusetzen, würde ich es wieder tun, dachte er, und sein Gewissen war ganz ruhig dabei.
In Genua wurde Columbus wegen seiner Exkursion belobigt, aber niemand schien an Einzelheiten interessiert oder störte sich daran, daß er die 'Ferrandina' nicht aufgespürt hatte. Doch man zeigte sich dankbar und gab ihm als Lageraufseher im Handelshaus der Spinola eine bescheidene Verdienstmöglichkeit. Schon um den Eltern nicht zur Last zu fallen, nahm er an, vor allem auch deshalb, weil im kommenden Sommer eine große Handelsexpedition geplant war, an der er als verantwortlicher Warenbegleiter teilnehmen sollte.

Columbus nützte seine freie Zeit zu geographischen Studien, stellte Berechnungen aller Art an und war nun gewisser denn je, daß eine Seefahrt von drei, höchstens vier Wochen genügte, um bei einer Durchschnittsgeschwindigkeit von zehn Seemeilen pro Tag die Ostküste von Indien zu erreichen. Darum freute er sich auf die künftige Fahrt, die nach Flandern und England, also nach Nordwesten führen sollte. Ein kleiner Schritt vorwärts, dachte er, ein kleiner Schritt nur, aber in meine Richtung.
Als er im August des Jahres 1476 an Bord eines der fünf genuesischen Schiffe ging, konnte er nicht ahnen, wie groß, wie entscheidend dieser Schritt sein sollte, und daß dieser mit einem blutigen, lebensbedrohenden Abenteuer begann.
Zunächst aber segelte die Flotte bei gutem Wind in Richtung auf Gibraltar. Jedes der Schiffe war mit Bombarden und kleinen Kanonen bewaffnet und fuhr in Sichtweite der anderen, um Piraten abzuschrecken, die sich an der Felsküste um Gibraltar eingenistet hatten.
Columbus stand neben dem Steuermann, während sie durch die Säulen des Herakles auf den Atlantik hinaussegelten. Die fünf Schiffe fuhren dicht hintereinander, wie Tiere, die sich in der Gefahr zusammendrängten. Wer von den Seeleuten nicht beschäftigt war, stand steuerbord an der Reling und starrte hinüber auf das felsige Ufer. Der Wind hatte abgeflaut und die Schiffe fuhren nicht mehr als drei bis vier Knoten. Der Steuermann blickte zum Himmel.
„Bin schon ein gutes dutzendmal hier durchgefahren und habe selten eine solche Flaute erlebt. Hoffentlich nützt Casenove nicht diese Situation, er wäre mit seinen leichten Seglern viel schneller."
Dieser Name war Columbus inzwischen zum Begriff geworden, weil man auf dem Schiff immer wieder von dem berüchtigten französischen Piraten sprach.
Dann verschwand der Felsen von Gibraltar im Dunst des Augusthimmels, und ein fast hörbares Aufatmen ging durchs Schiff. Auch dem Kapitän war die Erleichterung anzusehen.
„Wir sind bald in der Höhe von Cadiz und dann dürfte die Gefahr vorbei sein. Kein Pirat läßt sich in einen Hafen locken, wo er Gefahr läuft, eingeschlossen zu werden."
Der Wind hatte aufgefrischt, sie passierten Cadiz, und die Schiffe steuerten jetzt nach Westen, um das weitvorspringende Capo San Vicente zu umfahren. Inzwischen war es dunkel geworden, der Wind legte sich wieder, so daß sie während der Nacht kaum vorankamen. Columbus schlief

in der Nähe seines Warenlagers, für das er verantwortlich war, und wurde bei Sonnenaufgang vom Ächzen der hölzernen Pumpe geweckt, mit der zwei Seeleute – wie jeden Morgen – das stinkende Bilgewasser heraufpumpten. Diese Arbeit war recht unbeliebt, und es gab häufig Streit deswegen. Breitbeinig ging er zum Achterdeck, um mit einem Eimer Meerwasser Gesicht und Oberkörper zu reinigen. Er hatte sich längst an das salzige Wasser gewöhnt – ja, er liebte sogar seinen mineralischen Duft und den strengen bitteren Geschmack.

Doch heute sollte es dazu nicht kommen, weil der Marsgast aus seinem Korb etwas herabbrüllte. Seine Stimme war hoch und schrill vor Erregung.

„Was ist los?"

Einer der Seeleute sagte: „Ihr habt's doch gehört, sechs Schiffe verfolgen uns."

Columbus ging zur Reling und schaute nach achtern. Ja, sie waren schon recht nahe, die leichten und schnellen Segler und sie holten von Minute zu Minute auf. Der Kapitän ließ Mannschaft und Passagiere antreten.

„Nun ist doch geschehen, was wir schon überstanden glaubten. Es ist zu spät, in einen Hafen abzudrehen, wir müssen uns dem Kampf stellen. Nur Mut, Leute, denen sind wir überlegen! Ladet Kanonen und Arkebusen, verteilt Gewehre an jeden, der schießen kann. Und bereitet die Brandtöpfe vor!"

Columbus hatte noch nie ein Gewehr in der Hand gehabt, doch auch er nahm eine der langläufigen Hakenbüchsen samt Lunte. Ein glühendes Kohlebecken wurde an Deck gestellt, um die Lunten und Brandtöpfe anzustecken. Die fünf Schiffe der genuesischen Handelsflotte rückten zusammen wie Hühner, doch die Segler der Piraten hatten schon aufgeholt und fuhren wie Raubvögel dazwischen.

„Laßt sie nicht entern! Nicht entern lassen!" brüllte der Kapitän immer wieder. Genau das aber wollten die Piraten. Sie schwangen die Enterhaken an langen dünnen Stricken durch die Luft und schleuderten sie auf die genuesischen Schiffe. Ein paar flinke Matrosen mit scharfen Messern waren schon auf dem Sprung, flitzten hin wie Wiesel und schnitten die Seile durch. Andere versuchten, mit langen Stangen die feindlichen Schiffe wegzustoßen. Gräßlich knirschte es, wenn zwei Schiffe sich kurz aneinanderrieben, doch zum Entern kam es vorerst nicht.

Columbus wartete mit brennender Lunte auf einen günstigen Schuß. Als einer der Piraten mit kühnem Sprung – in einer Hand den Säbel, zwi-

schen den Zähen einen kurzen Dolch – nur wenige Ellen von ihm entfernt auf Deck landete, zielte er auf den Mann und hielt die Lunte ans Zündloch. Es krachte gewaltig, Pulverdampf wölkte auf, und ein schmerzhafter Rückstoß warf den ungeübten Schützen zu Boden. Der Pirat stürzte mit einem Schrei hintenüber, wälzte sich stöhnend auf den Planken und preßte beide Hände auf seinen Bauch.
„Gut gemacht!" rief ein Seemann, sprang hinzu und stieß dem Gestürzten seinen langen Dolch ins Herz. Das tat er ganz sachlich, als gelte es, eine notwendige Arbeit zu erledigen.
Inzwischen hatte man das Enterschiff wieder abgedrängt, und kein zweiter Pirat wagte den Sprung. Doch dann verkeilten sich einige der Piratenschiffe mit den genuesischen so sehr, daß der Kampf sich doch auf die Decks verlagerte.
„Die Brandtöpfe! Werft die Brandtöpfe!"
Das aber fürchteten die Seeräuber, weil sie die Beute möglichst unversehrt in ihre Schlupfwinkel schleppen wollten, und ein Feuer sie selbst gefährdete.
Kräftige Matrosen schleuderten die schwelenden Brandtöpfe auf die Piratenschiffe, geübte Schützen schossen Brandpfeile in die zum Teil abgeschlagenen, zum Teil gerefften Segel. Es dauerte kaum ein Vaterunser, dann standen zwei der Piratenschiffe in Flammen, wenig später ein drittes und nach einem Hagel von Brandpfeilen auch ein weiter entferntes viertes. Fetzen der brennenden Segel wirbelten im Hitzesog wie Feuervögel durch die Luft, die meisten stürzten ins Meer, aber einige blieben in den Segeln der Genueser hängen, und schließlich standen sieben Schiffe in Flammen. Zwei Segler der Piraten hatten sich bereits davongemacht, zwei der Genueser konnten dem lohenden Inferno entkommen.
Columbus klammerte sich an einen Mast und blickte um sich. Die Hakenbüchse hatte er weggeworfen, in seiner rechten Hand hielt er einen Säbel, von seiner linken troff Blut. Mit ihr hatte er einen Dolchstoß abgewehrt, sich fallen und wegrollen lassen. Sein Gegner hatte durch den Stoß das Gleichgewicht verloren, stürzte auf die Knie, während Columbus schnell aufsprang und ihn mit dem Säbel am Hals traf. Dann prasselten die flammenden Segelfetzen herab, und er hatte nur noch die Wahl, zu verbrennen oder sich ins Meer zu stürzen. Wie hingestreute Kleidungsstücke lagen Tote und Verwundete an Deck, bei einigen brannten schon die Gewänder, andere krabbelten herum wie flügellose Käfer. Der Mast, an dem Columbus sich festhielt, begann zu brennen, auf den hän-

fernen Seilen krochen die Flammen herum wie feurige Würmer, einige rissen ab und fielen funkensprühend aufs Deck.
Columbus löste sich vom Mast, stieg über zwei Tote hinweg und beugte sich über die Reling. Er warf den Säbel ins Meer, schlüpfte aus dem zerrissenen und angesengten Wams und band seine Geldkatze fester. Weg mit den Schuhen, weg mit dem Hemd! Seine linke Hand hatte zu bluten aufgehört, es war nur ein kurzer tiefer Schnitt. Er atmete ein paarmal tief ein und aus, dann sprang er in die Tiefe. Von Kindheit an war er ein geschickter Schwimmer gewesen und hatte das Wasser niemals als Gefahr empfunden. Mit schnellen Stößen schwamm er aus dem Bereich der brennenden Schiffe, sah im Norden den vielleicht zwei Meilen entfernten Küstenstreifen und hielt darauf zu. Hinter sich hörte er Rufe und schwache Schreie, doch das kümmerte ihn nicht. Er konzentrierte sich auf sein eigenes Überleben, versuchte, mit seinen Kräften hauszuhalten. Einmal geriet ihm Wasser in die Lunge, er spuckte und hustete, fürchtete zu ersticken. Sein Herz schlug wie eine Trommel, seine Kraft erlahmte. Nein, Cristoforo, nein! Sterben darfst du erst, wenn du die große Fahrt angetreten hast – nach Westen, nach Westen... Sein Kopf dröhnte von dem krampfhaften Husten, doch nun konnte er wieder durchatmen, und er fühlte, wie die Kraft in Arme und Beine zurückkehrte.
Das Ufer war näher gekommen, obwohl er sich zuletzt kaum vorwärts bewegt hatte. Eine Strömung? Ja, eine günstige Strömung zum Ufer hin! Er mußte darauf achten, daß sie nicht am Kap vorbei und ins offene Meer hinaus führte. Seine linke Hand begann zu schmerzen, weil das Salzwasser immer tiefer in die Schnittwunde drang. Doch er vergaß es wieder, denn er mußte sich darauf konzentrieren, nicht zu weit von seinem Ziel abzudriften. Immer wieder bekam er Wasser in Mund und Nase, doch er achtete darauf, daß es ihm nicht in die Kehle geriet.
Die mittägliche Augustsonne stach fast senkrecht auf Kopf und Schultern, so daß er immer wieder gezwungen war, kurz unterzutauchen, um seine Haare zu benetzen. Doch der feuchte Schutzschild reichte nicht lange hin, die Sonnenglut brauchte keine fünf Vaterunser, um ihn auszutrocknen.
Das Ufer rückte näher und näher, Columbus erkannte jetzt deutlich die hochaufragenden dunklen Felsen des Capo San Vicente, glaubte sogar die Umrisse der von Prinz Heinrich angelegten Festung zu erkennen. Seine Arme begannen zu schmerzen, zu ermüden, zu erlahmen, auch die Wunde an der linken Hand meldete sich wieder, brannte und tobte. Er

legte sich auf den Rücken, um den Körper zu entspannen, doch der heftige Wellenschlag überspülte sein Gesicht, Wasser drang in die Nase. Er drehte sich wieder auf die Brust und fixierte das Ufer. Zum Glück führte die Strömung nicht nach Nordwesten am Kap vorbei, sondern zog ihn etwas nach Osten in Richtung auf Lagos. Wie weit mochte es noch sein? Denk nicht daran, befahl er sich, lenke dich ab, schau auf die Burg des Prinzen Heinrich, den das Volk respektvoll *el Navegador* nannte.
Columbus war häufig mit spanischen oder portugiesischen Seeleuten zusammen gewesen, und vor allem die Portugiesen wußten immer wieder Geschichten über den legendären Seefahrer zu berichten. Dort drüben auf dem Kap hatte Prinz Heinrich vor gut einem halben Jahrhundert den Ort Sagres errichtet, dazu eine Burg mit nautischer Schule und Wetterwarte. Hier wohnte er meist auch, brütete über seinen Karten und Büchern und empfing die Kapitäne, wenn sie von großer Südfahrt zurückkehrten.
Ein Stoß gegen die Schultern riß ihn aus dem Strom seiner Gedanken. Da schwamm etwas Längliches, er griff danach, es war ein gebrochenes Ruder. Er umklammerte das Stück Holz wie eine Geliebte, preßte es inbrünstig an sich, küßte dankbar das rauhe salzige Holz. Nun brauchte er sich keine Sorgen mehr zu machen, konnte gefahrlos ausruhen, so oft er wollte. Auch das Ufer war merklich näher gekommen. Dorthin trug ihn die Strömung, und er brauchte nur noch mit den Beinen zu paddeln und gelegentlich die Richtung korrigieren.
Westlich vom Kap leuchtete in der Nachmittagssonne ein heller Strand, und er trieb genau darauf zu. Nun spürte er, wie seine Stirn glühte und brannte, angesengt von den Sonnenstrahlen, gebeizt vom Meerwasser, und so tauchte er wieder unter, hielt die Luft an, genoß die wundersame Kühle des Atlantikwassers. Von jetzt an, schwor er sich, gibt es keine Ruhepause mehr, bis ich auf festem Boden stehe. In einem jähen Entschluß stieß er das Ruder von sich und schwamm mit kraftvollen Stößen, ohne noch einmal auszuruhen, bis er den feinen weichen Sand unter den Füßen spürte, doch es gelang ihm nicht, aufrecht an Land zu gehen. Sein Körper war wie zerschlagen, jedes seiner Gelenke schmerzte, die Schnittwunde tobte, Kopf und Schultern glühten vom Sonnenbrand. Er fiel im seichten Wasser auf die Knie, kroch auf allen vieren an Land wie ein erschöpftes Tier, ließ sich in den heißen Sand fallen und wärmte seinen ausgekühlten Körper. Doch sein Kopf vertrug die Sonne nicht mehr, er schleppte sich in den Schatten eines Felsens und schlief sofort ein.

Die Sonne tauchte ins Meer und zauberte einen glitzernden rotgoldenen Streifen auf das Wasser. Columbus öffnete die Augen und schloß sie gleich wieder, geblendet von der feurigen Pracht. Hatte er nicht eine Stimme vernommen? Warum lag er hier – wo war sein Schiff? Da hörte er wieder die Stimme, die ihn geweckt hatte. Ein kleiner stämmiger Mann beugte sich herab, sein faltiges mit schwarzen Bartstoppeln übersätes Gesicht blickte freundlich. Er sagte etwas, doch Columbus verstand die vom Meeresrauschen übertönte Stimme nicht.

„Ajude – me, faz favor...", stammelte er mühsam. Sein ganzer Körper lechzte nach Wasser, er war durstig vom Scheitel bis zur Sohle, fühlte sich ausgedörrt, ausgepreßt, ausgetrocknet.

„Preciso de agua..." Er deutete auf seine Lippen und wiederholte mehrmals: „Agua, agua..."

Der Mann lächelte, nickte und lief eilig weg. Es dauerte nur wenige Minuten bis er wiederkam, doch Columbus empfand diese Wartezeit so schmerzlich, als ginge es um Leben und Tod. Als er den Mann kommen sah, richtete er sich auf und lehnte sich an den Felsen. Noch nie, niemals – niemals in seinem Leben hatte er etwas so Köstliches, so Herrliches, so Wohlschmeckendes getrunken wie diese Mischung aus Wasser und saurem Landwein. Doch der andere zog ihm nach kurzer Zeit den Krug weg und schüttelte den Kopf.

„Isto é demasiado, Senhor!"

Er hat recht, dachte Columbus, zuviel ist ungesund.

„Muito obrigado, Senhor!"

Dann erklärte er in einer Mischung aus Spanisch und Portugiesisch seine Lage, zeigte die Wunde an der Hand, fragte nach Kleidung und Herberge.

„Könnt Ihr jetzt aufstehen, Senhor? Unser Dorf ist gleich da hinten, und ein Nachtlager findet sich auch. Morgen leihe ich Euch einen Esel, Ihr könnt nach Lagos reiten, da gibt es Läden, einen Arzt..."

Lagos, dachte Columbus, Lagos, von wo Prinz Heinrich seine Schiffe nach Süden schickte. Dort erfuhr er später, daß es außer ihm nur vier Überlebende gab, die ein zufällig in der Nähe kreuzendes Fischerboot aufgenommen und nach Portimão gebracht hatte. Die von der genuesischen Handelsflotte übriggebliebenen zwei Schiffe seien vermutlich nach Lissabon weitergefahren. Er wartete einige Tage, bis seine Hand sich gebessert und der Schneider die neuen Kleider fertig hatte.

In der Kirche Santa Maria sprach er ein Dankgebet und ließ für seine Er-

rettung eine Messe lesen. Der Priester betrachtete mißtrauisch die fremde Silbermünze.
„Etwas Heidnisches scheint es nicht zu sein, denn hier ist ein Kreuz drauf, aber gesehen habe ich dieses Geld noch nie."
„Das ist ein genuesischer Grosso – jeder Wechsler wird ihn Euch umtauschen."
„Gut, mein Freund."
Der Priester drehte sich zum Altar, beugte das Knie und trat etwas zurück.
„Wißt Ihr, wer hier aufgebahrt lag, an einem von Wind und Regen durchtosten Tag im November des Jahres 1460? Ich habe damals als junger Kaplan dem Stadtpfarrer assistiert. Ein viertel Jahrhundert ist seither verstrichen, aber ich sehe ihn noch da liegen, mit seinem ernsten bleichen Gesicht, das er auch im Leben trug. Der Tod hatte ihn kaum verändert, den Prinzen Heinrich von Portugal. Kennt man seinen Namen in Italien?"
Columbus nickte und schaute ergriffen auf die Stelle vor dem Altar.
„Viele kennen ihn!"
Sein nächster Weg sollte ihn nach Lissabon führen, wo es Niederlassungen der großen genuesischen Handelshäuser gab. Die halten mich vermutlich für tot, dachte er, und ich werde sie noch einige Tage in diesem Glauben lassen. Er brachte es nicht übers Herz, von hier wegzugehen, ohne Sagres und die Burg des Prinzen Heinrich gesehen zu haben. Dort wollte er sich einen Segen holen – ja, dachte er, ich finde kein anderes Wort dafür: Ich werde mich segnen lassen, wie ein Sohn, der seinen Vater darum bittet, wenn er aufbricht in die Welt, um sich dort zu bewähren. Segen von einem Toten? Warum nicht! Die Heiligen sind auch tot, und wir flehen um ihre Fürsprache. Für mich ist der 'Seefahrer' so etwas wie ein Heiliger, auch wenn es nicht in die Lehre der römischen Kirche paßt. Er ist mir nicht weniger ein Vorbild als andere Heilige auch, und was ich vorhabe, findet gewiß seine Billigung.

Sechs Meilen nur sei Sagres von Lagos entfernt, hatte man ihm gesagt, und so ritt er nur auf einem Maultier gemächlich nach Westen. Als er nach dreistündigem Ritt das Capo San Vicente noch immer nicht erreicht hatte, fiel ihm ein, daß in Portugal, wie auch in Spanien, eine Legua nichts mit der lombardischen Meile zu tun hatte. In einer Geographiestunde war das Thema behandelt worden; eine Legua entsprach etwa

dem Dreifachen der lombardischen Meile. Also nicht sechs, sondern achtzehn Meilen waren zurückzulegen. Dieser Irrtum erheiterte ihn, doch dann überdachte er die Konsequenzen, etwa wenn ein Wanderer die Auskunft erhält, es seien noch zwei Meilen bis zur nächsten Herberge, und er sagt sich, das schaffe ich noch vor Sonnenuntergang, aber dann sind es sechs Meilen, und die Nacht bricht herein, der Wanderer verirrt sich, verdurstet, verhungert... Auf hoher See kann so ein Irrtum tödlich sein, dachte er, aber da rechnen zum Glück alle christlichen Völker nach Seemeilen, die für einen Engländer, Spanier, Italiener oder Deutschen gleich lang sind.
Am späten Nachmittag traf Columbus in Sagres ein, einem Dorf mit einer Handvoll niedriger Häuser, überragt von der Seefahrerburg, die am Rand eines steilen Felsens gut hundert Ellen über den tosenden Wellen des Atlantiks thronte. Wie ein steinerner Wächter, der die Grenzen Europas hütet.
Columbus rührte dieser dauernd vom Wind durchtoste, einsame Ort seltsam an. Hier gab es weder Baum noch Strauch, nur kleine zerzauste Pflanzen klammerten sich an den felsigen Grund, und ein seltsam klares gläsernes Licht durchdrang diese bescheidene Siedlung, ließ sie transparent werden wie einen Kristall.
Er ritt hinauf zu dem weiten Felsplateau, auf dem Prinz Heinrich seine Festung errichtet hatte. Der riesige Türklopfer in Form eines Ankers ließ sich kaum noch bewegen. Als er niederfiel, gab es einen Donnerschlag wie von einer Bombarde. Nichts regte sich. Columbus wartete, schaute den Möwen zu, die sich vom Sturm über die Klippen tragen ließen, um dann plötzlich wie Steine auf das Wasser hinabzustürzen. Er war schon dabei, sein Maultier wieder loszubinden, als er von drinnen Schritte hörte. Die kleine Klappe über dem Türklopfer öffnete sich, und hinter dem rostigen Eisengitter erschien undeutlich ein Gesicht.
„Gott mit Euch, Herr Kastellan! Mein Name ist Cristoforo Colombo, ein Schiffbrüchiger aus Genua..."
„Aus Genua?" krächzte eine greisenhafte Stimme erregt.
„Ja, ich komme aus Genua..."
„Dann verschwindet gleich wieder, geehrter Herr! Ein Genueser kommt mir nicht ins Haus!"
Doch die Klappe blieb offen, als wolle der Alte eine Erwiderung hören. In Columbus dämmerte eine Ahnung.
„Ihr sprecht ja italienisch, Signore, stammt Ihr etwa aus..."

„Aus Venedig, ganz recht, mein Herr!"
Wieder blieb die Klappe offen. Columbus erinnerte sich an eine venezianische Silbermünze, die sich in seine Börse verirrt hatte. Er suchte sie heraus und streckte sie mit zwei Fingern durch das Gitter.
„Nehmt nur, Signore! Eine Erinnerung an Eure Heimat."
Die Münze verschwand und nach einer Weile öffnete sich knarrend die Tür. Der vielleicht siebzigjährige Kastellan trat ans Licht, blinzelte und blickte auf seinen Besucher.
Columbus lächelte.
„Ihr braucht mich nicht zu hassen, Signore, unsere Republiken haben seit vielen Jahren Frieden geschlossen."
„Das weiß ich auch, mein Jüngelchen, aber ein gewisses Mißtrauen ist nach wie vor angebracht. Als ich hörte, daß der Pirat Casenove drei genuesische Handelsschiffe zerstört hat, da – nein, Signore, es ist unchristlich, was ich dachte; Gott möge mir verzeihen. Kommt herein!"
Jetzt erst sah Columbus, daß der Kastellan einen Holzfuß hatte, aber er trat so geschickt damit auf, daß es kaum zu merken war. Der Alte drehte sich um.
„Ich darf doch annehmen, daß Euch nichts anderes als die Neugierde auf unseren großen und ruhmreichen *Navegador* hergeführt hat?"
„Ja, Signore. Ich verehre den Prinzen aus tiefstem Herzen, und da das Schicksal mich zufällig..."
„Gut, gut", unterbrach ihn der Kastellan, „da wir nun schon auf den Beinen sind, führe ich Euch zuerst nach draußen."
Viel gab es da nicht zu sehen. Eine Kapelle, der einfache Wohntrakt für die nautischen Schüler, die Schule selbst und im Hauptgebäude die besseren Wohnungen für die ständig wechselnden Gäste: Geographen, Kartographen, Schiffsbauer, Kapitäne und Gelehrte aller Art.
Auf dem Hof blieben sie stehen.
„Und hier, Signorino, seht Ihr die Windrose."
Die große, kreisrunde, vielfach unterteilte Steinplatte war zum Teil schon mit Gräsern bewachsen und sah aus wie ein riesiger aufgespannter Fächer.
„Zweimal im Monat versuche ich, das Unkraut zu entfernen, aber das Zeug hier ist so zäh wie ein alter verstockter Ketzer. Man müßte es halten wie das Heilige Offizium und dem Unkraut mit Feuer zu Leibe rücken."
Columbus fand den Vergleich wenig geschmackvoll, doch er wollte den

Alten nicht durch Widerspruch verärgern. So schwieg er, und sie gingen ins Haus zurück.

„Wir trinken jetzt einen Krug Wein, mein junger Freund, und ich erzähle Euch vom Infanten Henrique."

In der Eingangshalle deutete der Kastellan auf ein Bild über dem Kamin.

„Das brachten sie mit, als sie die Burg vor zehn Jahren besuchten – der König mit dem Kronprinzen, der gerade volljährig wurde. 'Nimm ihn dir zum Vorbild, deinen Oheim', hat der König gesagt, aber das junge Herrchen hat nur gegähnt. Er hatte wohl anderes im Sinn. Wartet, ich öffne ein Fenster, dann fällt mehr Licht auf das Bildnis."

Es zeigte den 'Seefahrer' als Brustbild, eine der feingliedrigen Hände lag auf einer Landkarte, die andere umfaßte ein Kreuz, das an einer dünnen goldenen Kette an seiner Brust hing. Der Prinz trug schwarze Kleidung, ein breitkrempiger Hut beschattete das kluge ernste Gesicht.

„Der Prinz sieht aus wie ein Mönch, etwas streng, hager..."

„Streng war er nur sich selbst gegenüber und seine Hagerkeit kam vom vielen Fasten. Jedesmal, wenn ein Schiff ausfuhr, fastete und betete er tagelang."

Sie gingen in ein kleines Nebenzimmer, der Kastellan holte einen Krug und zwei Becher und setzte sich.

„Kommen viele Besucher hierher?" fragte Columbus.

Der Alte winkte verächtlich ab.

„So gut wie keine – es ist eine Schande!"

Columbus beugte sich vor.

„Prinz Heinrich ist keineswegs vergessen, glaubt mir, aber Sagres liegt quasi am Ende der Welt und bedeutet für die meisten eine lange und teure Reise. Wie lange seid Ihr schon hier, Signore?"

Der Alte klopfte auf sein Holzbein.

„Seit gut zwanzig Jahren und seit ich das da habe – ein Andenken aus Afrika." Als er sah, wie gespannt ihn sein Gast ansah, redete er gleich weiter. „Nun, ich sehe, es interessiert Euch. Ich hatte als erfahrener Seemann schon etliche Dutzend Schiffsreisen hinter mir, als ich bei Kapitän Tristao anheuerte, der im Auftrag des Prinzen nach Afrika aufbrach. Zwei Jahre zuvor hatte er das Capo Blanco umschifft, und nun fuhren wir in die Bucht von Arguin ein und ankerten dort. Bei einem Landgang trat ich auf eine Giftschlange und würde wohl jetzt im Fegefeuer meine Sünden abbüßen. Aber unser Schiffsarzt war kein Zauderer, er holte

eine Säge heraus und schnitt mir das Bein unterhalb des Knies ab. Nach unserer Rückkehr ließ sich der Prinz wie immer Bericht erstatten, und als er von meinem Schicksal erfuhr, machte er mich zum Pförtner hier auf der Burg. Wie Ihr seht, bin ich es noch immer."
„Und Prinz Heinrich – starb er hier?"
„Nicht hier in der Festung. Er hatte sich draußen an der Ostmauer ein kleines Haus errichten lassen, mit einer großen Studierstube und häufig schlief er auch dort. Der Prinz liebte die Einsamkeit und hat sich oft tagelang zurückgezogen. Dort ist er nach kurzer Krankheit gestorben, und der Arzt hat uns seine letzten Worte überliefert. 'Möge Gott einen Nachfolger für mich finden, irgendwo auf der Welt, einen, der weitergeht auf dem Weg, den ich einschlug und nicht vollenden konnte.'"
Der Kastellan erhob sich und trat ans Fenster.
„Soviel ich weiß, hat Gott den Wunsch des Prinzen noch immer nicht erfüllt. Vielleicht ist der Mann schon geboren – wer weiß?"
Columbus hob seinen Becher.
„Trinken wir auf diesen Unbekannten, ob er nun schon geboren ist oder nicht. Aber es wird ihn geben, und er wird auf dem Weg weitergehen, den der Prinz eingeschlagen hat."
Der Kastellan stieß mit Columbus an.
„Mit Gottes und seiner Heiligen Hilfe!"

5

In den ersten Jahren ihrer Regentschaft hatte Königin Isabella die meisten Schwierigkeiten mit dem Adel und den Städten. Beide waren nicht gesonnen, sich so ohne weiteres der Krone zu unterwerfen. Der Adel, weil er in Isabella nur eine erste unter Gleichen sah, und die Städte, weil sie sich auf Grund alter Gesetze und Gewohnheitsrechte – begünstigt durch die Mißwirtschaft von Isabellas Vorgänger – Freiheiten anmaßten, die ihnen nicht zustanden. Isabella hatte nichts gegen diese *fueros* (Stadtrechte), soweit sie die Macht der Krone nicht schwächten. Besonders schlimm ging es in Trujillo zu, wo der Bürgermeister sich wie ein Tyrann aufführte und seine Stadt ausbeutete wie einen persönlichen Besitz. Mit einer Truppe von dreitausend Berittenen brachte ihm Isabella Respekt vor der Krone bei. Ferdinand hatte sie gewarnt: „Warte, bis ich aus Aragon zurück bin. Was machen ein paar Monate hin oder her schon aus."

Isabella schüttelte den Kopf. „Nein, mein Lieber, die Bevölkerung von Trujillo erwartet meine Hilfe, und ich wäre eine schlechte Königin, würde ich sie nicht schnell gewähren. Ich weiß, daß es gefährlich ist, daß ich ins Ungewisse reise, aber wer herrscht, darf vor Schwierigkeiten nicht zurückschrecken. Unser Leben liegt in Gottes Hand."

Ihr Einschreiten in Trujillo brachte auch andere Städte zur Vernunft, doch nun wartete ein weiteres Problem auf sie: der schon seit Jahren schwelende Zwist zwischen dem Marqués von Cadiz und dem Herzog von Medina-Sidonia. Ihre Fehde hatte halb Andalusien in ein Schlachtfeld verwandelt, hinterließ verbrannte Getreidefelder, verwüstete Dörfer, erschlagene Bauern.

Die unnütze Vergeudung von Gut und Blut erschien ihr sündhaft und gotteslästerlich. Nur einem einzigen Menschen in Kastilien stand zu,

was diese Adelsherren sich anmaßten, nämlich ihr, der erwählten und gesalbten Königin. Kastilien war ihr Eigentum, und wenn sie es für nötig hielt, dann vergoß sie das Blut ihrer Untertanen oder ließ eine unbotmäßige Stadt schleifen. Sie allein hatte es dann vor Gott zu verantworten, sie allein!
Den Herzog kannte sie genauer, den Marqués flüchtig. Nun wollte sie beide in Sevilla anhören, zuerst Don Enrique de Guzman, Herzog von Medina-Sidonia, ihren entfernten Verwandten.
Doch nicht allein der Zwist dieser hochadeligen Kampfhähne führte die Königin nach Sevilla. Sie hatte von dort Klagen über Klagen erhalten. Die Bürgerschaft beschwerte sich bitter über die Willkür des Adels und die Bestechlichkeit der Ämter. Erstere traten auf wie die Herren der Stadt, von Bewaffneten umgeben, raubten und notzüchtigten nach Lust und Laune, letztere waren käuflich, und die Richter gaben stets jenen mit der dickeren Börse recht.

Isabella, sonst jedem Prunk und Aufwand abhold, zog mit dem Pomp einer regierenden Königin in Sevilla ein. Auf einer von Medina-Sidonia gesandten Prunkbarke überquerte sie den Guadalquivir, und am Macarena-Tor trat ihr der Herzog mit dem Schlüssel zum Alcazar entgegen. Der erste und auch der reichste Grande Kastiliens beugte das Knie – er hätte es nicht müssen –, zog schwungvoll den Hut und setzte ihn – sein besonderes Vorrecht – sogleich wieder auf. Hinter ihm stand der *alcalde*, trug den schweren Stadtschlüssel auf einem samtenen Kissen. Isabella, angetan mit Königsmantel und Krone, schritt unter dem brokatenen, mit Gold und Silber bestickten Baldachin. Sie ging dem Granden ein paar Schritte entgegen, spürte die Julisonne wie eine feurige Lohe, lächelte, berührte den Schlüssel leicht mit zwei Fingern, schob eine Hand unter den Arm des Herzogs und hieß ihn sich erheben.
Der grazile schmächtige Mann mit der Hakennase und den dunkelbrennenden Piratenaugen spielte den biederen bescheidenen Untertanen, doch Isabella wußte genau, daß er ein kleiner König war mit seinen riesigen Ländereien um Sanlucar, seinen prächtigen Landsitzen am Guadalquivir, seinen noblen Palästen in Sevilla und anderen Städten.
Sie trat zurück in den Schatten des Baldachins und wartete, bis man ihr Pferd heranführte. Der Herzog ritt an ihrer linken Seite, eine halbe Pferdelänge hinter der Königin. Der Weg zum Alcazar war mit Triumphbögen überspannt, seidene Fahnen mit dem kastilischen Wappen – es zeigte

Löwe und Turm – hingen aus den Fenstern der Häuser und Paläste. Das Volk säumte in dichten Reihen die Straßen, schwenkte Fähnchen, klatschte und trampelte, schrie und brüllte durcheinander. Sie hörte Rufe wie: 'Lang lebe die Königin – Gott schütze Isabella – Gott segne Isabella'; es war wie bei einem Volksfest. Bei der Kirche San Marcos kam es zu einem solchen Gedränge, daß die Leibwache mit Stöcken das Volk auseinander trieb. Isabella zügelte ihr Pferd und hob die rechte Hand. Sofort verstummten die Rufe, die Menschen wichen zurück.

„Schaut mich an, Leute, hier steht eure Königin! Ich bin nach Sevilla gekommen, um Recht zu sprechen, und wer ein Anliegen hat, soll sich an meine Sekretäre wenden. Jeder Fall wird berücksichtigt, jeder findet Gehör – ob arm oder reich, ob Mann oder Frau. Da wir keine Zeit verlieren wollen, bitte ich euch, die Straße freizumachen. Ich bleibe länger in der Stadt und ihr werdet noch oft Gelegenheit haben, mich zu sehen."

Die Hitze des Nachmittags hatte ihren Höhepunkt erreicht, Isabella fühlte sich unter ihrem schweren Mantel wie in einem Schwitzbad. Endlich, endlich hielten sie vor der gewaltigen Pforte zum Alcazar, und sie blickte hinauf zu dem königlichen Löwen mit dem Kreuz und dem hocherhobenen Schwanz – ein schönes Werk aus farbigen Kacheln, das den Triumph der Christen über die Muslime verdeutlichen sollte. Der Herzog wich nicht von ihrer Seite.

„Dieses Symbol muß bald auch an der Mauer von Granada prangen, doch Leute wie Ihr und Euer Widersacher hindern Uns daran. Ja, Herr Herzog, hier an dieser Stelle sprechen Wir es aus: Nur ein einiges Spanien ist stark, und Wir werden jeden bestrafen, der Uns hindert, dieses Ziel zu erreichen."

Der Herzog senkte den Kopf. Die Königin hatte so leise gesprochen, daß nur er es verstand, aber sie gebrauchte den Pluralis Majestatis, und ihre blauen Augen funkelten dabei wie Toledostahl.

Das war deutlich, dachte der Herzog unbehaglich und fand es beschämend, sich so etwas von einer Frau anhören zu müssen. Aber diese Frau war nun einmal die Königin von Kastilien, und auch er, der Herzog, hatte in den Cortes seine Hand für sie erhoben.

„Ihr werdet mich immer an Eurer Seite finden, Majestät."

„Das hoffe ich", sagte sie ernst.

Der Herzog hätte gern noch heute über den Zwist mit seinem Gegner gesprochen, doch Isabella winkte ab.

„Morgen um diese Stunde findet Ihr mich bereit, Don Henrique."

Er atmete auf und bedankte sich; immerhin hatte sie wieder in der ersten Person gesprochen.

Nur von ihrer Freundin Beatriz begleitet ging Isabella langsam über den Schloßhof mit seinen schwarzweißen Steinplatten.

„Immer wenn ich hier bin, erstaunt mich die Kühnheit von Don Pedro. Sevilla war damals schon über ein Jahrhundert christlich, da läßt dieser König sich einen maurischen Palast errichten. Nun, er war ja überhaupt etwas eigenwillig, dieser Vorfahr!"

Beatriz de Bobadilla kicherte. „Es ehrt ihn, daß er seine Geliebte nicht aufgeben wollte nur wegen einer politischen Ehe."

Isabella blieb stehen.

„Aber man darf nicht die eigene Frau ins Gefängnis stecken und das Land in Aufruhr versetzen."

„Er hat dafür mit seinem Leben bezahlt."

Doch Beatriz war an solch alten Geschichten wenig interessiert, ihr brannte etwas anderes auf der Zunge.

„Was hast du dem armen Don Henrique nur gesagt? Er schaute ganz verdattert drein, als er wegging."

Unter vier Augen duzten sich die beiden Frauen, denn die gemeinsam verbrachte Kindheit hatte sie fast zu Schwestern werden lassen.

„Neugierig, wie immer, liebe Bea. Aber warum sollst du es nicht wissen – ich habe ihm gesagt, was nur seine Königin ihm sagen kann, nämlich, daß sein sinnloser Streit mit dem Marqués von Cadiz die Einigung Spaniens hemmt."

„Ach – nur darum ging es..."

Beatriz gähnte verhalten. Politik interessierte sie wenig, der Hofklatsch dafür um so mehr. Vor einigen Jahren hatte sie durch Isabellas Vermittlungen Andrés Cabrera, einen Kammerherrn von König Ferdinand geheiratet, der jetzt mit seinem Herrn in Aragon war und von ihr weniger vermißt wurde, als Ferdinand von Isabella.

Die beiden Frauen betraten den Palast Pedros des Grausamen; Diener und Dienerinnen eilten herbei, doch die Königin winkte ab.

„Später", sagte sie, „später!"

Sie betraten den 'Patio de las Doncellas' mit seiner Galerie aus schlanken Säulenpaaren und dem zierlichen Brunnen in der Mitte, gingen weiter durch den 'Salón de Embajadores', den eine kunstvoll geschnitzte Holzkuppel überwölbte. Isabella blickte auf das flirrende Spiel der bunten und vergoldeten Ornamente.

„Ich bewundere das Geschick dieser Künstler, aber wohnen möchte ich hier nicht. Es ist alles so verspielt, so unernst – das lenkt nur ab."
„Wovon?"
„Vom Wesentlichen, meine liebe Bea, aber ich weiß, dafür hast du kein Ohr. Komm', gehen wir hinauf."
Im oberen Stockwerk hatten sich Ferdinand und Isabella einige Zimmer ausbauen lassen, bescheidene Räume, ohne Aufwand und Pracht, dazu eine kleine Hauskapelle, wo einige Lieblingsbilder der Königin hingen. Da gab es das Christusbildnis von Pietro Perugino, eine Pietà von Rogier van der Weyden oder die Kreuzabnahme des Niederländers Hans Memling – Bilder, die Schmerz, Leid und Tod zeigten.
Die beiden Frauen sprachen ein Dankgebet für die glücklich überstandene Reise, dann zog die Königin sich zurück. Wie immer, wenn sie allein war, galten ihre ersten Gedanken dem König. Wo mochte er jetzt sein, wie ging es ihm, was tat er? Lag er in den Armen einer seiner Geliebten, saß er bei einem Festmahl oder verhandelte er gerade mit einem störrischen Vasallen? Doch fühlte sie weder Schmerz noch Eifersucht, mochte er auch jetzt in Zaragoza oder Tarragona, in Valencia oder Barcelona in den Armen einer seiner Mätressen liegen. Das war ein Bereich seines Lebens, an dem sie keinen Anteil hatte. An ihrer Seite, als König von Kastilien, hielt er sich klug zurück, gab nicht den geringsten Anlaß für Klatsch oder Gerüchte, gab ihr das Gefühl, die einzige Frau zu sein, die sein Herz besaß, auch wenn er seinen Körper mit anderen teilte. Ihre Freundin Beatriz hatte sie in diesem Gedanken bestärkt.
„Das ist eine andere Welt, Isabella, die Welt der Männer. Wenn wir nicht dabei sind, lassen sie sich gehen, sitzen abends in fröhlicher Runde, der Wein erhitzt ihre Leiber, das Blut schießt in ihre Lenden und dann träumen sie gleich von schwellenden Brüsten und sich öffnenden Schenkeln, und wenn sich die Möglichkeit bietet, greifen sie zu. Mein Cabrera macht da so wenig eine Ausnahme wie dein Ferdinand. Aber damit nehmen sie uns nichts weg, glaube ich, und wir sollten keine Gedanken daran verschwenden."
Frauen sind eben anders, dachte sie, denn mir käme es niemals in den Sinn, einen anderen Mann im Bett zu wünschen. Das soll nicht heißen, daß mir manche Männer nicht gefallen... Wenn ich etwa an Gonzalo Fernandez denke, diesen stolzen Capitán in unserer Armee, dann – ja, dann könnte ich mir schon vorstellen...
Sie führte den Gedanken nicht weiter, aber das Bild des schlanken hoch-

gewachsenen Ritters, der sie jedesmal mit den Augen verschlang, aber doch immer höflich blieb, stand deutlich vor ihren Augen.
Ich werde diese Gedanken beichten müssen, überlegte sie, aber nicht dem strengen Talavera oder gar dem finsteren Torquemada.
Ein halbes Dutzend Geistlicher durften sich 'Beichtvater der Königin' nennen, darunter auch der milde und feinsinnige Juan Perez, einstmals Page an ihrem Hof, später Dominikanermönch und Prior des Klosters La Rabida. Sie schob diese Überlegungen beiseite, es gab Wichtigeres.

Königin Isabella empfing den Herzog von Medina-Sidonia im 'Saal der Gesandten' ganz offiziell und zeremoniös, doch die eigentliche Unterredung fand im 'Mädchenhof' statt, wo bequeme Sessel und ein kleiner Imbiß warteten. Ein kühler Luftstrom wehte durch den lichten weiten Patio, das Plätschern des zierlichen Brunnens verstärkte noch den Eindruck des Friedens und der Beschaulichkeit. Der Herzog richtete seine dunklen Piratenaugen auf die Königin. Ein wilder Blick, dachte Isabella, dieser Mensch nimmt sich, was er will, ohne lange zu fragen.
„Ich habe Euch hierhergebeten, Don Enrique, weil ich ohne Zeugen mit Euch reden will, nicht zuletzt, um Euren Stolz zu schonen, denn ich will Dinge zur Sprache bringen, die Euch mißfallen werden. Kurzum: Eure sinnlosen und nahezu lächerlichen Streitereien mit dem Marqués von Cadiz müssen wir, der König und ich, nunmehr als Aufruhr und Majestätsbeleidigung ansehen. Ihr habt uns nicht eine einzige Eurer Festungen zur Verfügung gestellt, die wir so dringend benötigen, um unsere Truppen für den Krieg gegen Granada zusammenzuziehen. Ich glaube, Ihr habt vergessen, wer ich bin, Señor, Eure Königin und oberste Herrin! Ihr seid Grande von Spanien und mit mir verwandt, aber letztlich seid Ihr doch nur einer meiner Untertanen, wie irgendein Bürger dieser Stadt oder ein Bauer auf dem Land. Ein adeliger Untertan zwar, ein hochgeborener, aber eben doch nur ein Untertan. Vergeßt das niemals, Señor, es wäre nur Euer Schaden!"
Noch mehr als diese Schelte ärgerte den Herzog die Anrede Señor, als sei er irgendein Handwerker oder Weinhändler. Doch Don Enriques Schlauheit siegte über seinen Stolz. Die Königin stand auf dem Boden des Gesetzes, sie hat also recht, mußte er sich sagen. Sein Piratenblut gebot ihm, die Segel zu streichen, wenn eine stärkere Flotte aufzog.
„Majestät, Ihr mögt mit dem, was Ihr mir vorwerft, in vielem recht ha-

ben. Ihr klagt mich des Ungehorsams an, doch fällt es mir leicht, mich zu rechtfertigen. Wenn ich Euch meine Festungen nicht überlassen habe, so doch nur deshalb, um mich gegen den Marqués von Cadiz behaupten zu können. Er ist der Aufrührer und Majestätsbeleidiger! Seit Jahren konspiriert er gegen Euch und den König, bündelt mit den Portugiesen, unterhält hochverräterische Beziehungen zur *Beltraneja*. Wenn ich ihn bekämpfe, so doch nur im Interesse der Krone! Der Marqués muß vor Gericht, gehört endlich zur Rechenschaft gezogen!"
Isabella nickte ernst, zeigte sich aber von dieser treuherzigen Rede unbeeindruckt.
„Um Gericht zu halten, bin ich hier, und wehe dem Schuldigen, wer immer es sei! So ordne ich vorläufig an, daß Ihr alle Kampfhandlungen einstellt. Der Marqués wird von mir unverzüglich nach Sevilla geladen, dann habt ihr beide Gelegenheit euch zu rechtfertigen."
Der Herzog atmete auf. Zeit gewonnen ist viel gewonnen.
Ein königlicher Bote eilte nach Cadiz, doch der Marqués folgte der Aufforderung nicht.
Isabella beschloß, abzuwarten und inzwischen zu tun, was sie sich außerdem vorgenommen hatte, nämlich Sevilla mit dem eisernen Besen auszukehren. Ihre Sekretäre und Rechtsberater hatten wochenlang die Eingaben und Anklagen, die Beschwerden und Bittbriefe geprüft, außerdem gingen, seit Isabella in der Stadt war, täglich Dutzende von Anfragen ein. In aller Stille war die 'Santa Hermandad', eine Art Stadtpolizei reorganisiert und verstärkt worden, und diese Männer schwärmten nun aus, um alle eines Verbrechens Beschuldigten festzunehmen. Das kam so überraschend, daß kaum einer daran dachte, die Flucht zu ergreifen.
Dann kam jener Tag, der in die Geschichte Spaniens eingehen sollte. Die Königin von Kastilien leitete in eigener Person das Schnellgericht. Auf dem Patio de la Monteria, dem großen freien Platz zwischen dem Alcazar und der Stadt, wurden Tribünen errichtet und darüber der von einem Baldachin überdachte Königsthron. Es war ein Freitag, und das Gericht begann pünktlich um die zweite Tagesstunde. Dicht unterhalb des Thrones saßen drei Rechtsgelehrte, die Isabella befragen konnte, ohne die Stimme zu erheben, auf den Bänken darunter drängte sich, wie Hühner auf einer Stange, die Ratsversammlung der Stadt, die aber niemand befragte und von der keiner es wagte, die Stimme zu erheben. Die ehrwürdigen Stadtväter in ihren langen Talaren sollten sich anhören – und daraus ihre Lehren ziehen –, wie die Königin Recht sprach.

Als erster Fall wurde ein junger Patrizier aufgerufen, der, nachdem er den Vater beerbt hatte, in seinem Haus ein zügelloses Regiment führte. Vier seiner Mägde hatte er geschwängert, einen unbotmäßigen Diener wegen einer Kleinigkeit zum Krüppel geschlagen und den alten, sein Gnadenbrot genießenden Pförtner mittellos auf die Straße gejagt.

Keck und selbstbewußt trat er auf, der junge reiche Señor; seine Untaten lagen offen zutage: Die vier Mägde erschienen mit ihren Kindern, der verkrüppelte Diener humpelte herbei, den alten Pförtner führte ein Pfleger des Armenhauses vor. Als vom übrigen Gesinde aus Angst keiner gegen den Herrn zeugen wollte, erhob Isabella ihre Stimme: „Wer in einem Gerichtsverfahren das Zeugnis verweigert, macht sich genauso schuldig! Jeder, der dies tut, kann gefangengesetzt und peinlich befragt werden."

Das wirkte. Die Zeugen entwarfen ein vernichtendes Bild von ihrem jungen Herrn, der nichts ableugnete. Bei dem Diener sei ihm eben die Hand ausgerutscht, der alte Pförtner sei im Armenhaus besser aufgehoben und was die vier Dienstmägde beträfe, so hätten sie sich ihm buchstäblich aufgedrängt. Er verzog sein Gesicht zu einem geilen Grinsen.

„Jeder weiß, wie das ist: Man will sich beim Herrn einschmeicheln, tut alles, um in seine Nähe zu gelangen..."

Für drei der Mädchen mochte es gelten, doch die vierte hatte einen Zeugen, der bestätigte, daß der junge Herr sie in der Waschküche überfallen und die verzweifelt sich Wehrende mit Gewalt genommen hatte.

„Das genügt!" Isabella hob die Hand und wartete, bis völlige Stille herrschte. „Wegen Notzucht und schwerer Körperverletzung seid Ihr hiermit zum Tod durch Erhängen verurteilt. Euer Vermögen wird eingezogen, die vier geschwängerten Frauen erhalten eine Entschädigung von je fünfhundert Maravedis, der Pförtner wird mit tausend Maravedis abgefunden, der verletzte Diener erhält vierhundert Maravedis Schmerzensgeld."

Der junge Mann war bleich geworden, seine Augen flackerten vor Angst.

„Aber ich – aber das – das geht doch nicht – ich bin – ich habe..."
„Abführen!" rief einer der Richter.
„Wieviel?" fragte Isabella.
Einer der drei Richter blätterte hastig in den Akten, drehte sich um und sagte halblaut: „Mit Haus- und Landbesitz etwa sechstausend Dukaten, wahrscheinlich etwas mehr."

Sie nickte.

„Führt den nächsten Fall vor!"

Ein Mann in mittleren Jahren wurde vorgeführt, geckenhaft gekleidet, in kriecherischer Haltung, mit gehetztem unsteten Blick.

„Ihr seid beschuldigt, in Eurem illegalen Hurenhaus Frauen wie Sklavinnen zu halten, und sollt zwei von ihnen eigenhändig erwürgt oder erschlagen haben, weil Ihr Euch von ihnen betrogen oder hintergangen fühltet. Für einen der Fälle gibt es eine Zeugin. Entspricht die Anklage der Wahrheit?"

Der Bordellwirt leugnete alles, wortreich und kriecherisch, gab die Todesfälle zwar zu, stellte sie aber als Unglücksfälle dar. Die Zeugin aber berichtete, daß er eine der Getöteten brutal geschlagen und die Treppe hinabgestoßen hatte.

„Aufhängen – das Vermögen wird eingezogen."

Die Verhandlung hatte kaum zehn Minuten gedauert.

Beim nächsten Fall ging es um ein Mitglied des Stadtadels, einen Hidalgo, der von seinen Pächtern auf dem Land lebte und diese – laut Anklage – seit Jahren betrog und übervorteilte. Wer sein Spiel nicht mitspielte, wurde davongejagt. Zeugen fanden sich genug, der Hidalgo wurde zu hundert Peitschenhieben verurteilt, zwei Drittel seines Vermögens fielen an die Krone.

„Wieviel?"

„Mindestens fünfzigtausend Maravedis, Majestät."

Doch der Hidalgo war damit nicht einverstanden, und es fielen Worte von Verleumdung, gebeugtem Recht und bestochenen Zeugen.

Isabella wartete, bis er sich ausgetobt hatte, dann stand sie auf.

„Wir haben Euch aus Milde und mit der Hoffnung auf Besserung nur wegen Wuchers und Betrugs verurteilt. Ich revidiere hiermit dieses Urteil, denn man kann es auch so auslegen, daß Ihr arme und notleidende Menschen beraubt habt. Auf Raub steht die Todesstrafe. Aufhängen!"

Einer der Richter drehte sich um.

„Jetzt sind es zwanzigtausend Maravedis mehr, Majestät."

„Nein, Herr Richter, da irrt ihr Euch. Ein Drittel fällt an die betrogenen Pächter."

Auch dieser Spruch wurde verkündet, während man den jetzt sprachlosen Hidalgo zum Galgen führte. Das Volk jubelte, zwischen den Mauern des Patio brandeten Rufe wie: „Hoch lebe die Königin! Gott segne Isabella, die gerechte Richterin!"

Das Gericht erledigte in wenigen Stunden dreiundvierzig Streit- und Rechtsfälle, der zugunsten der Krone eingezogene Betrag summierte sich an diesem Tag auf etwa siebentausendfünfhundert Dukaten, das sind dreiundachtzigtausend Silberreales oder rund zwei Millionen achthunderttausend Maravedis.

Vier der Ratsherren, verschwägert und eng befreundet – man traute einander und sonst keinem –, besprachen den Auftritt der Königin bei einem verschwiegenen Umtrunk.

„Sie wollte ein Exempel statuieren, anderen zur Warnung, und ich glaube, daß es dabei bleibt."

„Das glaube ich nicht", meinte ein anderer.

„Die Sache ist lange vorbereitet und das Treffen mit den verfeindeten Adeligen war nur ein Vorwand."

Der Jüngste von den Vieren schüttelte den Kopf.

„Es geht ihr ums Geld! Habt ihr nicht bemerkt, daß heute mit wenigen Ausnahmen nur reiche Männer vor Gericht standen und daß sie, abgesehen von zwei strittigen Fällen, die man vertagte, alle verurteilt wurden? Und nach jedem Spruch hieß es: Das Vermögen wird zugunsten der Krone eingezogen. Ich will nicht leugnen, daß die Königin auf ihre Art Recht und Gerechtigkeit schaffen will, aber daß es dabei hauptsächlich ums Geld geht, liegt offen zutage."

Daß Isabella ein Exempel statuieren wollte, schien klar, doch sie ließ es nicht bei dem einen. Am nächsten Freitag gingen die Verfahren weiter. An diesem Tag wurden einfachere Fälle verhandelt, am darauffolgenden Freitag wieder die schwereren. Konnte ein Urteil nicht sogleich gesprochen werden, so hatten Rechtsgelehrte maximal drei Tage Zeit, sich eines zu bilden. Für Mord, Raub und Vergewaltigung wurde fast immer die Todesstrafe verhängt, alles andere mußte mit Leibesstrafen, Geldbußen oder Verbannung gesühnt werden. Kräftige Männer schickte man für eine bestimmte Zeit, manchmal auch lebenslänglich auf die Galeeren, weil König Ferdinand für seine Flotte dringend Ruderer benötigte.

Die Schnellgerichte wurden von der Bevölkerung unterschiedlich aufgenommen. Die kleinen Leute, die Tagelöhner, Lastenträger, Maultiertreiber, Wasserverkäufer, Handwerker und Dienstboten hatten in der Regel nichts zu befürchten und beklatschten jeden Schuldspruch, der einen der Reichen und Mächtigen traf oder aufräumte mit Raufbolden, Taschendieben, Messerstechern, Kupplern und gedungenen *bravos*, die für zehn Reales einen Mord lieferten. Da alle Strafen öffentlich vollzogen wurden, gab es obendrein eine Volksbelustigung, wenn die Delinquenten sich am Galgen zu Tode zappelten, vor den Mauern des Alcazar ausgepeitscht oder ihrer Glieder beraubt wurden. Die abgehackten Hände und Füße, die abgeschnittenen Zungen und Ohren nagelte man auf Holzplatten, den anderen zum warnenden Exempel.

Das Strafgericht hatte zuerst lähmend gewirkt, doch nun, nach vier Wochen, begann die Stadt zu erwachen. Übeltäter aller Art hielten es nicht mehr aus, Tag um Tag, Nacht um Nacht zwischen Bangen und Hoffen zu schweben und in jedem Hufschlag das Nahen der 'Santa Hermandad' fürchten zu müssen. Sie rafften zusammen, was nicht niet- und nagelfest war, und machten sich davon – Schuldige und Unschuldige, Reiche und Wohlhabende, zuerst ein paar Hundert, dann waren es tausend, zweitausend, viertausend. Ganze Häuserzeilen standen leer, nachts drang lichtscheues Gesindel dort ein und schleppte davon, was die Flüchtlinge zurückgelassen hatten.

Der Stadtrat befürchtete allen Ernstes, daß Sevilla sich in den nächsten Wochen und Monaten in eine Geisterstadt verwandeln würde. Keiner wagte es, sich direkt an die Königin zu wenden, sondern man bat den Bischof von Cadiz um Vermittlung.

Isabella empfing den geistlichen Herrn sofort und begegnete ihm mit großem Respekt. Sie küßte seinen Ring, geleitete ihn zu einem Sessel, nahm selbst Platz.

„Womit kann ich Euch dienen, Hochwürdiger Herr?"

„Ich bin gekommen, um etwas zu erbitten, doch nicht für mich – es geht um Sevilla. Die Stadt, Majestät, beginnt auszubluten. Die Freude über Eure Gerichtstage ist der bangen Erwartung gewichen, wann es damit ein Ende finden möge. Im Namen Jesu Christi bittet Euch das Volk von Sevilla um Erbarmen, denn was sich zuerst als notwendig und wohltätig erwiesen hat, beginnt sich jetzt gegenteilig auszuwirken. Da die Schuldigen nun alle oder doch fast alle bestraft sind, mehren sich Racheakte, wo einer den anderen aus Mißgunst, Neid oder alter Feindschaft einer Tat bezichtigt, die dieser nicht begangen hat. Darunter leiden Moral und Sitte und – meine liebe Tochter – laßt Euch von einem erfahrenen Mann, der doppelt so alt ist wie Ihr, belehren, daß jedes Übermaß von Übel und nicht im Sinn der christlichen Lehre ist."

„Ich bedanke mich für Euren Rat, ehrwürdiger Vater, und werde ihn gründlich überdenken."

Der Bischof blieb die nächsten Tage in Sevilla, um abzuwarten, ob seine

Vermittlung eine Wirkung zeigte. Am Freitag war noch ein Gerichtstag angesagt, doch kein Beschuldigter trat auf und auch der königliche Sitz unter dem Baldachin blieb leer. Einer der Richter erhob sich und verlas ein Dekret: „Wir, Isabella, Königin und Besitzerin von Kastilien, geben den Bürgern Unserer Stadt Sevilla kund, daß mit dem heutigen Tag die öffentlichen Gerichtsverhandlungen ihren Abschluß finden. Wer eines Vergehens oder Verbrechens schuldig ist und nicht vor diesem Gericht erscheinen mußte, aus welchen Gründen auch immer, soll außer Verfolgung gesetzt sein. So erlassen Wir allen die Strafe bis zum heutigen Tag. Wer sich fürderhin gegen die Gesetze vergeht, soll sich – wie früher auch – vor einem Stadtgericht verantworten müssen. Eine Ausnahme bilden die Verbrechen der Ketzerei, Häresie oder Gotteslästerung. Nur Gott kann sie verzeihen, hier auf Erden gibt es dafür keine Vergebung, weder in der Vergangenheit noch für künftige Zeiten. Yo, la reina."
Neben der Ratsherrentribüne stand ein hagerer, etwas gekrümmter Dominikanermönch. Kein ungewohnter Anblick, da sich zu jedem Gerichtstag Priester und Mönche einfanden, um den zum Tode Verurteilten beizustehen. Als der letzte Satz des Dekrets verlesen wurde, hob der Mönch seinen Kopf. Er lauschte, nickte zufrieden und ging still beiseite. Es war Tomas de Torquemada, der Großinquisitor von Kastilien und Aragon. Er wollte einige Wochen warten, bis Sevilla sich beruhigt hatte, um dann seine Inquisitoren auszusenden. Diese leichtfertige Stadt steckte voll von Ketzern und Gotteslästerern, dessen war er gewiß. Es wird viel Arbeit geben, o Herr, zur höheren Ehre und zum Ruhm Deines Namens.

Nun, da sie Sevilla mit dem eisernen Besen ausgekehrt hatte, mußte Isabella sich wieder mit den Streithähnen befassen. Der Herzog von Medina-Sidonia triumphierte.
„Jetzt könnt Ihr sehen, Majestät, daß der Marqués von Cadiz Eure Befehle mißachtet, Eure Anwesenheit ignoriert. Wer ist nun der bessere Untertan?"
Seine Piratenaugen blitzten, und er sah sich bereits als Sieger über seinen Widersacher.
Isabella, schon bereit, dem Herzog recht zu geben, traute ihren Ohren nicht, als eines Nachts – sie war dabei, das Schlafzimmer aufzusuchen – ein später Gast um eine dringende Audienz bat. Es war der Marqués von Cadiz. Sie ließ sich wieder ankleiden und befahl, den Besucher in den

Saal der Gesandten zu führen. Der alte Majordomus hatte ihr erzählt, daß dieser Raum früher wegen seiner hohen prachtvollen Kuppel der Saal der halben Orange hieß.
Kein intimes Gespräch wollte sie mit dem Marqués führen, sondern das einer Königin mit ihrem unbotmäßigen Untertanen. Von zwei Sekretären flankiert, gefolgt von einigen Hofdamen und mit der schmalen Goldkrone auf dem Haupt, erschien Isabella im Audienzsaal, den einige eilig entzündete Fackeln und Öllampen in ein mattgoldenes Flackerlicht hüllten.
Sofort sank der Marqués auf die Knie, küßte mehrmals ihre Hand und wagte, wie es schien, kaum aufzublicken.
„Nun, Herr Marqués – Ihr seid gekommen, doch fürchtet Ihr nicht, es könnte zu spät sein?"
Nun erst erhob er sein Haupt, und sie blickte in ein jugendliches, männlich schönes Antlitz mit hellen Augen, die respektvoll, aber ohne Furcht zu ihr aufblickten.
„Ich gebe mich in Eure Gewalt, meine Königin, aus Reue und Einsicht. Meine Feinde haben mich bei Euch verleumdet, und doch wage ich es, mich Eurem verständlichen Zorn auszuliefern. Ja, ich gebe es zu, ich habe meine Fühler nach Portugal ausgestreckt, habe Möglichkeiten erkundet, die Euren Interessen zuwiderlaufen. Aber warum tat ich es? Wißt Ihr, daß der Herzog von Medina-Sidonia heimlich den Emir von Granada unterstützte, um in den Besitz von Cardela zu gelangen, einer meiner wichtigsten Besitzungen? An Eurer Bestürzung sehe ich, daß Ihr es nicht wißt, Majestät. Es gäbe noch viel zu sagen, doch ich bin nicht hier, um schöne Worte zu machen oder um mich zu beklagen. Verfügt über mich, meine Städte und Besitzungen nach Belieben."
Isabella, beeindruckt von seiner Kühnheit und seinem Freimut, spürte eine spontane Sympathie für diesen Mann.
„Erhebt Euch, Marqués! Ich muß zugeben, daß man mir von Euch nicht viel Gutes berichtet hat. Wenn auch Euer bisheriges Verhalten Strafe verdient, so haben Euer Erscheinen und Eure Einsicht wieder einiges gutgemacht. Ihr werdet hier und jetzt einen Befehl ausfertigen, der mir Eure Festungen Jerez und Alcala öffnet, und ich verspreche Euch, als unparteiische Schiedsrichterin zwischen dem Herzog und Euch aufzutreten."
Eine Stunde später waren Eilkuriere mit den Befehlen unterwegs nach Süden.

Am nächsten Tag erschien der Herzog von Medina-Sidonia und fügte sich zähneknirschend den Tatsachen. Nun übergab auch er bestimmte Festungen, und damit gelangte der Westen von Andalusien in die militärische Gewalt von Ferdinand und Isabella.

Sie hatte ihre Pflicht als Königin getan, hatte gerichtet und geschlichtet und für Ferdinand den Boden bereitet, um Granada langsam einzukreisen, von Westen her, wo kein Gebirge es schützte, von wo es allein angreifbar und verletzlich war. Nun sehnte sie sich nach ihrem Gemahl, nach seiner Umarmung, nach Erholung und bescheidenen Lustbarkeiten.

König Ferdinand erschien Anfang September in Sevilla. Unterwegs hatte er bereits von Isabellas Tätigkeiten und Erfolgen gehört, und als er sie nun im Löwenhof des Alcazar umarmte, beschlich ihn – wie so oft – das Gefühl, ihr unterlegen zu sein, als Fürst und Staatsmann. Doch er fand warme Worte für sie und lobte sie vor aller Ohren.

„Was Ihr in kurzer Zeit erreicht habt, Doña Isabella, macht Euch und Unserem Land alle Ehre. Gottes Segen ruht sichtbar auf Euch und Unsere Untertanen können sich glücklich preisen."

Isabella lächelte kaum merklich. Es belustigte sie, daß er sagte: Unser Land, Unsere Untertanen. Er will sich nicht unterkriegen lassen, dachte sie gerührt, hält fest an seinem papiernen Recht als König von Kastilien! Aber auch das ist wichtig: Jedermann soll sehen und hören, daß die Könige von Spanien eine Einheit darstellen, daß sie handeln wie eine Person, auch wenn manchmal Tausende von Meilen sie trennen.

Im Ehebett durfte Ferdinand sich ganz als Herr und Gebieter fühlen, und Isabella spielte ihre Rolle gern und ohne zu heucheln. Jeden Tag hatte sie stundenlang in ihrer Hauskapelle auf Knien gelegen, mehr fragend als betend.

„Habe ich noch nicht genug getan, Allmächtiger? Hältst du mich endlich für würdig, einen Sohn zu gebären? Neun Jahre währt nun unser Ehebund, und Du hast ihn nur mit einem einzigen Kind gesegnet. Dein Wille geschehe, o Herr, Dein Wille geschehe! Was soll ich noch tun? Die Inquisitoren sind dabei, Sevilla von aller Ketzerei zu reinigen, und bald werden die verdorrten Reben vom Weinstock Jesu im Feuer lodern, wie das Evangelium es befiehlt. Ich stehe zu meinem Wort, Allmächtiger."

Sie wagte nicht hinzuzufügen: Stehe auch Du zu dem Deinen! Aber sie dachte es, und wußte zugleich, daß es sündig war und anmaßend. Nun, da Ferdinand sie umfing, kam es ihr wieder in den Sinn. Als er vor Lust stöhnend seinen Samen in ihren Schoß verströmte, dachte sie es wieder: Stehe zu Deinem Wort, o Gott! Schenke mir einen Sohn. Beharrlich wiederholte sie dieses Gebet, wenn Ferdinand mit ihr schlief, und zu ihrer Freude tat er es oft. Bald wurde sie schwanger und am 30. Juni 1478 erblickte im Alcazar von Sevilla ein Thronfolger das Licht der Welt. Sie tauften ihn Juan, nach dem Namen seiner beiden Großväter, und beim Dankgottesdienst im Dom blieb Isabella während der ganzen langen Messe – vom Kyrie bis zum Ite missa est – auf den Knien und konnte nur immer das eine Dankgebet stammeln: Es ist gut, o Herr, mein Gott, ich werde noch mehr für Dich und Deine heilige Kirche tun – noch mehr – noch mehr..."

Im Gefolge von König Ferdinand befand sich auch sein hochgeschätzter *contador mayor*, der Converso Luis de Santangel, und dessen tüchtiger Sekretär und rechte Hand David Marco. Als das halbe Jahr seiner Probezeit verflossen war, hatte sich Santangel so an ihn gewöhnt, daß er ihn nun erstaunt und irritiert anblickte, als David ihn fragte: „Darf ich nun bei Euch bleiben oder schickt Ihr mich nach Valladolid zurück zu meinem *abogado*?"
„Wovon sprecht Ihr überhaupt, mein lieber Marco? Gefällt es Euch nicht mehr bei mir – habt Ihr andere Pläne?"
„Die Probezeit, Don Luis", versuchte David ihn zu erinnern.
Da flog ein flüchtiges Lächeln über das kluge Gesicht des Schatzmeisters.
„Das habe ich ganz vergessen! Ein gutes Zeichen, nicht wahr? Wenn Ihr es also hören wollt: Ihr habt die Probezeit glänzend bestanden, und es würde mich freuen, Euch in meinen Diensten zu behalten."
Nun waren sie beide mit einem Dutzend Gehilfen damit beschäftigt, die von der Krone während der Schnellgerichte eingezogenen Güter zu erfassen und wo immer dies möglich war, in bares Geld zu verwandeln. König Ferdinand warb Truppen an, setzte Burgen und Festungen instand und hielt unterdessen den Emir mit halbherzigen Verträgen hin, denn ein ernsthafter Kampf sollte erst begonnen werden, wenn eine sichere Übermacht geschaffen war.

6

Es wird gesagt, Gegensätze ziehen sich an, doch das trifft meist nur für junge Menschen zu. Später sucht man sich seine Freunde eher nach gemeinsamen Interessen und Neigungen aus, und freut sich, wenn anderen gefällt, was man selbst schätzt.
Joseph Marco, von seinen Kommilitonen José genannt, stand im letzten Semester seines Medizinstudiums und hatte schon verschiedene Prüfungen erfolgreich bestanden. Vor einem Jahr hatte er sich mit Pedro de Silva angefreundet, einem Studenten, der etwas jünger war und die Universität nur – so schien es zumindest – besuchte, um die Zeit totzuschlagen. Er sprach stets in spöttischem Ton von seinen Studien, hatte die Fächer Philosophie, Rhetorik und Geographie belegt. Letzteres, wie er sagte, um wenigstens einen Schimmer von der realen Welt zu erhaschen. Hinter seinem spöttischen Gehabe verbarg sich ein gutherziger schüchterner Mensch, der darunter litt, daß das Leben keine Aufgabe für ihn bereit hielt, und er offenbar nicht willens oder nicht fähig war, sich eine solche zu suchen. Sein Vater gehörte zu den reichsten Männern von Salamanca, saß im Rat der Stadt und tat nichts, als zwei- oder dreimal im Jahr an den 'Concejos abiertos' (Hauptversammlungen) teilzunehmen. Wurden die Stadträte neu gewählt, so brauchte sich Señor de Silva keine Sorgen zu machen – er bekam immer wieder genügend Stimmen für eine neue Amtsperiode, weil zu viele Bürger von ihm abhängig waren. Er besaß Häuser und Läden in der Stadt, Güter und Weinberge auf dem Land, die ihm so viel an Miete und Pacht eintrugen, daß zehn Familien davon hätten fürstlich leben können. Ohne adlig zu sein, waren reiche und angesehene Familien wie die seine doch de facto dem niederen Adel gleichgestellt – ja, sie konnten mit Häme auf die ländlichen Hidalgos herabsehen, die nichts hatten als ihren adligen Namen, dazu ein Wappen und ein

paar magere Äcker, mit denen kaum eine Familie zu ernähren war. Pedros Vater verlangte nichts weiter von seinem Sohn, als daß er sich anständig aufführte und später das von ihm ausgesuchte Mädchen heiraten würde.
„Bis dahin, meint Papa, müsse ich mich eben mit den käuflichen Mädchen begnügen, wie er es in seiner Jugend auch getan hatte."
Joseph feixte und schaute den Freund zärtlich an. Pedros lange schlaksige Gestalt hing etwas verkrümmt auf dem Stuhl in der Schenke; auch das war ein Akt der Schüchternheit, denn er war ein Sitzriese und schämte sich, andere um Haupteslänge zu überragen.
„Aber viel liegt dir nicht daran?"
Pedro zuckte die Schultern.
„Es ist immer das gleiche, nur die Namen wechseln. Heute eine Blanca, morgen die Rosita, dann die Flora und die Carmela – und nächste Woche wieder von vorn."
„Weißt du, was ich an deiner Stelle täte?"
Pedro trank einen Schluck, gähnte und fragte: „Na?"
„Ich würde eine lange Reise unternehmen, kreuz und quer durch Europa. Frankreich, Deutschland, Italien, Griechenland... Da wäre es aus mit der Langeweile! Fremde Städtchen – fremde Mädchen! Blond, rot, braun..."
Pedro gähnte ein zweites Mal und winkte ab.
„Papa würde das niemals erlauben. Der zieht schon ein schiefes Gesicht, wenn ich für ein paar Tage nach Valladolid oder Coimbra reite. Als einziger Sohn und Erbe... Ach, José, du hast es viel besser. Bist frei, brauchst auf niemand Rücksicht zu nehmen, kannst deinen Beruf überall ausüben, lernst interessante Menschen kennen, während ich..."
Er machte eine resignierende Bewegung, trank den Becher leer und füllte nach. Sie saßen in der 'Goldenen Gans', einer der zahlreichen Schenken, die es in dem Viertel zwischen Universität und Kathedrale gab, und von denen sich jede einer besonderen Kundschaft rühmte. In der einen verkehrten die unteren Jurasemester, in der anderen die Mediziner der höheren Jahrgänge, einige hatten Nebenzimmer für die Herren Professoren, andere wieder offerierten verschwiegene *separadas* und besorgten gleich die Mädchen dazu.
Es ging auf Mittag zu, doch die Novembersonne besaß keine Kraft mehr und es blieb angenehm kühl.
„Ich werde jetzt nach Hause gehen und mich ein wenig hinlegen."
„Aber Pedro, du bist doch kein alter Mann, der seine Mittagsruhe

braucht. Gehen wir lieber ins Puff, in der Casa Niña soll es zwei neue Mädchen geben, eines aus Portugal und eines aus – woher doch gleich? Blond und groß soll sie sein, ich glaube, sie kommt aus Norwegen oder aus der Normandie..."
Pedro schlug sich aufs Knie und lachte.
„Das ist aber schon ein Unterschied! Normandie und Norwegen sind ein paar tausend Meilen voneinander entfernt. Aber was macht das schon? Ob groß und blond, ob klein und schwarz, ob dick oder dünn, sie haben immer das gleiche zwischen den Beinen und deshalb langweilt es mich."
Pedro errötete leicht; solche Worte hätte er niemand anderem gegenüber gebraucht, doch Joseph war sein bester Freund, da sprach er frei von der Leber weg, verschanzte sich nicht wie bei anderen hinter dem Schutzschild seines Spottes.
„Aber Pedro, du siehst das ganz falsch. Bei den Mädchen, ob sie nun Huren sind oder nicht, kommt es doch nicht allein auf das an! Du mußt in ihre Augen sehen, ihr Wesen erfassen, ihre Eigenarten herausfinden, und du wirst sehen, wie anders es ist, ob du in Blancas, Rositas oder Carmelas Armen liegst. Jede hat ihre Besonderheiten, ihre Köstlichkeiten, ihre kleinen Überraschungen. Ach Pedro, ich könnte täglich ins Puff gehen, wenn ich das Geld dazu hätte."
Der Freund schaute ihn neugierig an.
„Wie kann man nur so geil sein?"
„Ich bin's eben und wünsche mir manchmal, tausend Jahre zu leben, um alle Frauen dieser Erde ausprobieren zu können."
„Solche Gedanken sind sündhaft, José."
Daß Pedro es nicht ernst meinte, war ihm anzusehen. Er stand auf.
„Also ich gehe jetzt trotzdem heim. Ins Puff begleite ich dich beim nächstenmal."
„Mir ist die Lust dazu vergangen, dein bigottes Gerede hat meinen Samen eintrocknen lassen. Du solltest vielleicht die Priesterlaufbahn einschlagen!"
Pedro schüttelte den Kopf.
„Das wäre Papa nicht recht, ich bin dazu da, den Stamm fortzupflanzen. Bleibst du hier?"
„Nein, ich begleite dich."
Wäre Joseph statt dessen in die Casa Niña zu den Mädchen gegangen, hätte sein Leben einen anderen Verlauf genommen. Doch sie gingen an

der Kathedrale vorbei nach Osten, wo in der Nähe des Convento de las Dominicas Pedros Elternhaus stand. Vor dem Portal wechselten sie gerade einige Worte, als eine Dienerin herausstürzte und ihrem jungen Herrn geradewegs in die Arme lief.
„Was ist denn los, Carmencita?"
„Die Kleine – die Kleine, sie erstickt, ich muß schnell einen Arzt holen..."
Sie riß sich los und wollte weiterlaufen, doch Pedro hielt sie zurück.
„Der Arzt steht schon hier! Schnell, José, schauen wir nach, was los ist."
Im Laufschritt durchquerten sie den Patio, liefen eine steile Treppe hinauf, und da war es schon zu hören, das stöhnende pfeifende nach Luft Ringen eines gequälten Körpers. Pedros vierjährige Schwester lag auf ihrem Kinderbett, daneben kniete die Mutter mit angstgeweiteten Augen, hielt den Kopf ihrer Tochter, der ihr immer wieder zu entgleiten drohte, weil die Kleine sich in ihrem Bett herumwarf, wie von Dämonen geschüttelt.
Joseph Marco überblickte die Szene und dachte flüchtig: Das ist wie auf einer Bühne mit Haupt- und Nebendarstellern in einem mir unbekannten Stück, dessen Inhalt ich jetzt erraten muß. Die Diagnose!
„War die Kleine krank?" fragte er leise seinen Freund, während er herantrat und sich über das Kind beugte.
„Nein – nein – ich weiß nicht..."
Joseph drehte den Kopf des Kindes zum Licht, das aus dem Patio kam, und versuchte mit beiden Händen den Mund zu öffnen, um in den Rachen schauen zu können. Mit Sicherheit kannte er nur einen Fall, der bei Kindern die Kehle verschloß, nämlich die Halsbräune, doch die trat immer mit vorhergehenden Anzeichen auf, wie Fieber, Mattigkeit und Halsschmerzen. Außerdem mußten Gaumen und Rachen dabei mit einer grauweißen Schicht überzogen sein.
Diese Überlegungen stellte Joseph in wenigen Augenblicken an. Eines stand fest: Das kleine Mädchen war dabei qualvoll zu ersticken. Ihr schweißfeuchtes Gesicht war blaurot angelaufen, und es klang schauerlich, wenn sie mühsam und mit zusehends erlahmender Kraft Luft durch die geschwollene Kehle einsog. Was war zu tun? Eine Kanüle in den geschwollenen Rachen eingeführt, hätte Erleichterung gebracht, aber wo hernehmen? Sich achselzuckend abwenden und das Kind sterben lassen? Nein! Und nochmals nein! Nein! Nein! Das war mit seinem ärztlichen

Gewissen nicht zu vereinbaren, und als Arzt fühlte er sich, seit er das Baccalaureat bestanden hatte. Soll ich den Eltern sagen: Tut mir leid, meine Herrschaften, ich muß erst die Magisterprüfung ablegen, dann kann ich euch weiterhelfen. Noch während diese Gedanken durch seinen Kopf zogen, rief er: „Ein Rasiermesser, Leinwandbinden, einen Trichter, möglichst klein, etwas Essig oder Branntwein! Schnell! Schnell!"

Die Menschen im Zimmer stoben davon, und Joseph nutzte die Pause, um mit dem Zeigefinger in den Rachen des Kindes vorzustoßen. Das Mädchen würgte und holte zugleich Luft.

Lange hält sie es nicht mehr durch, dachte Joseph und sah besorgt, daß die Kraft des Kindes schnell erlahmte. Da klangen ihm die Worte des Magisters in den Ohren: 'In manchen chirurgischen Werken werdet ihr einen Hinweis auf den Luftröhrenschnitt finden, als dem letzten Rettungsmittel bei Erstickungsanfällen. Ich selbst habe ihn nie erprobt, und euch möchte ich warnen, Studiosi, man könnte euch danach vorwerfen, ihr habt dem Kranken die Kehle durchgeschnitten.' Trotzdem zeigte der Magister ihnen an einer Leiche, wo seiner Ansicht nach der Schnitt durchzuführen sei, nämlich knapp unterhalb des Kehlkopfes, wo die Luftröhre in einen festen Knorpel eingebettet lag.

Da legten sie schon die Instrumente auf ein Tuch neben das Bett. Joseph griff nach dem Rasiermesser, säuberte es kurz mit etwas Branntwein und tastete dann schnell den Hals des Mädchens ab. Die Luftröhre war von dem mühsamen Ringen nach Atem so angeschwollen, daß Joseph wenig Mühe hatte, sie zu finden.

„Der Kopf muß für wenige Augenblicke ganz ruhig sein – Pedro, hilf deiner Mutter!"

Er beugte sich über die Kehle des Kindes und machte den Einschnitt, der nicht zu tief, aber auch nicht zu oberflächlich sein durfte. Kaum zog er das Messer zurück, weitete sich die Brust des Mädchens und mit einem hörbaren Zischen strömte die Luft in den Körper des Mädchens, der sich sofort entspannte und beruhigte.

Joseph musterte die Trichter, die sonst in der Küche zum Abfüllen von Öl oder Wein verwendet wurden. Sie waren alle zu groß. Er schüttelte den Kopf.

„Lauft zum Goldschmied und laßt ein Silberröhrchen anfertigen, nicht länger als ein kleiner Finger, mit einem Durchmesser von höchstens drei puntos (ca. 5 mm)."

Die Mutter begann zu beten, während Señor de Silva Josephs Schulter mit der Hand tätschelte.
„Dank sei Gott, Dank sei Gott – mit seiner Hilfe habt Ihr unsere Tochter gerettet."
Joseph schüttelte unwillig den Kopf.
„Sie ist erst gerettet, wenn ich weiß, was die Schwellung verursacht hat. Was hat die Kleine zuletzt getan?"
Das Kindermädchen trat schüchtern heran.
„Rosita hat gegessen – Honigfrüchte – da!"
Sie deutete auf ein Töpfchen, das auf dem kleinen Tisch stand. Hatte sich das Mädchen verschluckt? Joseph tränkte ein Stück Leinen mit Branntwein und legte es auf die Wunde, um zu verhindern, daß das Blut verkrustete. Er ging zum Tisch, beugte sich nieder und sah neben dem Topf eine sterbende, mit Sirup verklebte Wespe. Mit einer Pinzette, die er stets bei sich trug, faßte er das Insekt und hob es hoch.
„Rosita hat mit den Honigfrüchten eine Wespe in den Mund bekommen, deren Stich ihren Rachen zuschwellen ließ. Auf der Außenhaut kann ein Wespenstich nicht viel bewirken, aber bei Schleimhäuten ist die Schwellung enorm. Gibt es Eis im Haus?"
„Nein, Señor, leider, das ist schon im August aufgebraucht worden und neues ist nicht vor Dezember..."
„Also gut, dann bringt etwas Salmiak!"
Das Mädchen atmete jetzt ganz ruhig durch die kleine Wunde, auf der das mit Weingeist verdünnte Blut manchmal kleine Blasen bildete. Ein paarmal hatte sie versucht, etwas zu sagen, doch schien die Schwellung auch ihre Stimmbänder lahmgelegt zu haben. Sie brachte nur krächzende Laute zustande. Jetzt hatte das kleine Mädchen die Augen geschlossen und war vor Erschöpfung eingeschlafen. Ohne die Wunde aus den Augen zu lassen, erklärte Joseph: „Ich werde die Silberkanüle hier einsetzen und mit Leinenstreifen befestigen. Sobald die Schwellung im Rachen abgeklungen ist, werde ich das Röhrchen entfernen und die Wunde mit einem Heilpflaster abdecken. In wenigen Tagen wird Rosita ihren Unfall vergessen haben."
„Aber wir werden es nicht vergessen, Señor Marco, und für immer in Eurer Dankesschuld stehen."
Joseph drehte sich um.
„Das ist Adriana, unsere älteste Tochter", stellte de Silva das junge Mädchen vor.

Joseph stand auf und verbeugte sich leicht.
„Euer Dank ehrt mich Señorita, aber was ich tat, war meine Pflicht als Arzt. Danken wir Gott, daß ich vor Eurem Haus stand, als das Unglück geschah."
„Hätte jeder Arzt diesen Schnitt gewagt?" fragte Rositas Mutter mit leiser Stimme.
Warum soll ich lügen, dachte Joseph und antwortete: „Diese Behandlung wird kaum angewandt, weil sie sehr riskant ist. Aber wenn ein Kind vor unseren Augen stirbt..."
Pedro schlug ihn derb auf die Schulter.
„Du bist ein Teufelskerl, José, und ich glaube nicht, daß unser Hausarzt, der alte Don Jerónimo, diesen Einschnitt gewagt hätte – ja, ich fürchte sogar, diese Behandlung wäre ihm unbekannt gewesen. Du mußt dir unseren Dank schon gefallen lassen, Bruder! Wenn der Fall in Salamanca bekannt wird, kannst du hier gleich eine Praxis eröffnen und brauchst dich kaum um Patienten zu sorgen."
„Pedro, das genügt!"
Señor de Silva stand auf und trat auf seinen Sohn zu. „Im Augenblick haben wir andere Sorgen..."
Pedro zuckte die Schultern, errötete leicht und blickte den Freund vielsagend an.
Es dauerte nur eine knappe Stunde, dann hielt Joseph das Silberröhrchen in der Hand. Als er es behutsam in die Wunde einführte, wachte Rosita auf und griff abwehrend nach ihrer Kehle.
„Haltet ihre Hände fest!"
Wie aber jetzt die Kanüle fixieren? Sobald er sie losließ, glitt sie aus der Wunde – nun, da lag sie schon.
„Eine dünne Feile!"
Man brachte die Nagelfeile der Hausherrin, und Joseph sägte mühelos eine ringförmige Vertiefung in das weiche Silber. Daran knüpfte er einen mit Honig getränkten Seidenfaden, den er um Rositas Hals festband. Trotzdem saß die Kanüle noch immer sehr locker. So machte er sich einen Leinenstreifen zurecht, schnitt ein fingerdickes Loch hinein und wickelte ihn um den Hals. Aus der Öffnung ragte die rettende Kanüle, deren Faden jetzt das Leinen unverrückbar festhielt, allerdings nur, solange das Mädchen sich nicht bewegte. Den Rachen hatte er mehrmals mit verdünntem Salmiak ausgepinselt und die Schwellung schien tatsächlich bereits abzuklingen.

„Ich bleibe im Haus, bis es vorbei ist, wenn Ihr es gestattet, Señor de Silva."
„Aber selbstverständlich, mein Lieber. Wie lange wird es dauern, bis Rosita wieder normal atmen kann?"
„Verzeiht, Señor, aber für mich ist dieser Fall völlig neu. Ich hoffe, daß die Schwellung in wenigen Stunden abklingt, es kann aber auch einen halben Tag dauern – ich weiß es nicht."
„Wir sollten unserem Gast eine Erfrischung anbieten."
„Du hast recht, Adriana, laß im Speisezimmer etwas anrichten."
Die Señora de Silva wollte bei ihrer Tochter bleiben und versprach, später nachzukommen. Der Hausherr, Pedro, Adriana und Joseph nahmen an dem langen Tisch Platz, der mit kalten Speisen überreichlich gedeckt war. Fleisch, Geflügel, Fisch, Käse, Obst, Nüsse, zwei Sorten Brot, weißer und roter Wein, Fruchtsäfte, Wasser – es fehlte nichts. Erleichtert über den glücklichen Ausgang und zufrieden mit sich selbst, langte Joseph herzhaft zu.
Señor de Silva, der etwas dürr und eingetrocknet wirkte, nahm nur etwas Obst und trank dazu stark verdünnten Wein. Als erster richtete er das Wort an Joseph und begann, ihn auszufragen wie einen Schüler über Familie, Herkommen, Pläne und Absichten.
„Aber Papa", warf Adriana ein, „Señor Marco muß sich ja vorkommen wie in einer Prüfungskommission."
„Misch' dich da nicht ein, Adriana. Wer Hand an unsere Kleine legt, über den möchte ich Bescheid wissen."
Es war ein unguter Ton in diesen Worten, der Joseph aufhorchen ließ.
„Wie soll ich das verstehen, Señor?"
Er blickte dabei den Herrn des Hauses genauer an, und was er sah, gefiel ihm nicht. De Silva hatte einen unsteten Blick, sein Gesichtsausdruck war mürrisch und voll Argwohn. Doch jetzt versuchte er, ein freundliches Gesicht zu machen.
„Versteht mich nicht falsch, Señor. Ihr habt – mit Hilfe Gottes und seiner Heiligen – das Leben meiner Tochter gerettet und dafür bin ich Euch dankbar. Aber Ihr seid noch kein Arzt, habt – wie ich von meinem Sohn höre – erst das Baccalaureat abgelegt. Als *consejero* (Stadtrat) stehe ich im Licht der Öffentlichkeit und muß mich hüten, gegen das kleinste Gesetz zu verstoßen. Eigentlich dürft Ihr ja die Heilkunde noch nicht ausüben..."
Das klang halb fragend, halb vorwurfsvoll. Joseph wußte nicht, was er

sagen sollte, und wenn er auch im Hause seines Freundes kein Ärgernis geben wollte, brachte ihn diese Frage doch auf.
„Hätte ich das Kind ersticken lassen sollen? Wäre Euch das lieber gewesen, Señor de Silva? Ihr hättet es mir sagen müssen."
De Silva verzog unwillig sein Gesicht.
„Das sind doch Sophistereien! Natürlich mußte der Kleinen geholfen werden, aber ich bin eben gewöhnt, alle Aspekte eines Falles zu betrachten. Entschuldigt mich!"
Er verließ den Raum, und sofort begannen Adriana und Pedro auf Joseph einzureden.
„Mach' dir nichts draus, Papa ist ein Federfuchser und Haarspalter, aber er meint es nicht so – ich kenne ihn genau."
„Er hätte es auch anders sagen können, und ich möchte Señor Marco im Namen unserer Familie um Verzeihung bitten."
Zum erstenmal schaute Joseph die Schwester seines Freundes genauer an. Mit ihrer zartgliedrigen Gestalt und dem feinen madonnenhaften Gesicht ähnelte sie mehr ihrer Mutter. Auf den ersten Blick war noch etwas Kindliches an der vielleicht Sechzehnjährigen, aber jetzt, als Joseph in die fröhlichen furchtlosen Augen des Mädchens blickte, schien sie ihm eher eine junge Frau, die genau wußte, was sie wollte. Sie senkte ihre honigfarbenen Augen nicht, und Joseph brachte es nicht fertig, seinen Blick abzuwenden. Er vergaß alle Rücksicht und Höflichkeit und starrte sie an, als wolle er ihr auf den Grund der Seele blicken. Doch nicht honigfarben, dachte er, eher der Ton eines ganz alten Weines.
„Eure Augen, Señorita, haben die Farbe eines hundertjährigen Moscatel-Weines."
Das rutschte ihm so heraus, fast ohne sein Zutun. Der Vergleich schien sie zu erheitern. Sie lachte leise und sagte: „Ich fasse es als Kompliment auf, Señor Marco. Ein hundertjähriger Wein ist schließlich nicht zu verachten."
„Da hätte dir auch was Besseres einfallen können," meinte Pedro.
Ehe Joseph darauf eingehen konnte, kam der Stadtrat herein. Sein mürrisches Gesicht hatte sich etwas aufgehellt.
„Rosita plappert munter drauf los – ganz plötzlich. Sie scheint keinerlei Beschwerden zu haben. Kommt alle mit!"
Sie fanden die Kleine halb aufgerichtet in ihrem Bettchen, von Kissen gestützt, den Kopf an die Mutter gelehnt.
„Wer bist du?" fragte sie den Fremden.

„Ich bin dein Arzt, Rosita, und habe mich bemüht, wiedergutzumachen, was die böse Wespe dir angetan hat. Tut es noch weh?"
„Ein ganz klein bißchen, es kitzelt im Hals so komisch. Und der Verband tut mir auch weh! Muß ich ihn lange tragen?"
„Darf ich zuerst in deinen Mund schauen?"
„Wenn du mir nicht weh tust!"
„Nein, überhaupt nicht. Jetzt sperr' dein Mäulchen auf, als ob du gähnen müßtest."
Sie tat es. Die Mandeln lagen wieder frei, nur eine leichte Schwellung war geblieben.
„Das sieht ja schon recht schön aus. Jetzt versuchen wir einmal, ob du den Verband noch brauchst." Er legte behutsam einen Finger auf die Öffnung der Kanüle und sagte: „Tief atmen, Rosita, ganz tief. Na, was sag' ich denn! Du bist gesund, mein Täubchen. Jetzt aber gleich runter mit dem dummen Verband."
Die Familie sah schweigend zu, wie er geschickt den Leinenstreifen und die Seidenschnur löste. Als er schnell die Kanüle herauszog, zuckte Rosita zusammen.
„Aua! Jetzt hast du mir doch weh getan!"
„Entschuldige, kleines Fräulein, da bin ich etwas ungeschickt gewesen."
Inzwischen hatte man ein Heilpflaster besorgt, das Joseph über die Halswunde klebte.
„In zwei oder drei Tagen müßte die Wunde sich schließen. Wenn sie sich entzündet, dann von Zeit zu Zeit mit lauwarmem Kamilleabsud betupfen und darauf achten, daß die Kleine sie nicht berührt."
„Kommst du wieder?"
Joseph streifte Adriana mit einem kurzen Blick.
„Wenn du mich brauchst, komme ich gerne wieder. Und wenn du künftig Honigfrüchte ißt, dann sieh' genau hin, ob nicht Bienen oder Wespen mitnaschen. Versprich es mir!"
„Ich verspreche es," sagte Rosita gehorsam.
Sie gingen hinaus, und de Silva zog ihn beiseite.
„Wir müssen die Honorarfrage klären; obgleich ich..."
Joseph unterbrach ihn.
„Wollen Sie mich beleidigen, Señor de Silva? Die Schwester meines Freundes behandle ich umsonst."
De Silva schien erleichtert. Sein mürrisches Gesicht glättete sich etwas.

„Vielleicht kann ich Euch einmal einen Gefallen erweisen."
„Vielleicht", sagte Joseph und verneigte sich steif. Er mochte diesen Menschen nicht.
Adriana und Pedro begleiteten ihn bis zur Außenpforte. Wäre der Freund nicht dabeigewesen, so hätte Joseph andere Worte gewählt, als er sich von Adriana verabschiedete.
„Ich hoffe, wir haben uns nicht zum letzten Mal gesehen, Señorita. Vielleicht tut Ihr mir den Gefallen und laßt Euch von einer Wespe stechen. Es muß ja nicht gleich der Hals sein..."
Die hellbraunen fröhlichen Augen blickten ihn an.
„Wo hättet Ihr es gern? Ich richte mich ganz nach Euch."
„Schluß jetzt, Adriana! Es genügt schon, wenn deine freche Zunge die ganze Familie tyrannisiert, aber laß José in Ruhe."
„Er hat schließlich angefangen!"
Pedro begleitete ihn noch ein Stück.
„Nicht einmal Papa hat sie zähmen können. Ihr künftiger Ehemann tut mir schon jetzt leid, der wird einen lebenslangen Kampf auszufechten haben."
„Das muß nicht sein. Wenn sie ihn liebt, kann es ihr ganzes Wesen ändern."
„Wenn – ja wenn! Aber du weißt ja, wie hierzulande Ehen gestiftet werden, wenigstens in unseren Kreisen."
„Ich könnte mir vorstellen – also ich denke mir..."
Joseph blieb stehen und blickte den Freund zerstreut an.
„Was denkst du dir?"
„Nichts, mein Freund, nicht der Rede wert."
Doch so war es ganz und gar nicht. Josephs Gedanken kamen von Adriana nicht los. Er steckte mitten in der Magisterprüfung, hätte arbeiten müssen wie ein Pferd, aber wenn er ein Buch aufschlug, blickten ihn Adrianas fröhliche Augen an, wenn er den Worten des Professors lauschte, drängte sich ihre spöttische Stimme dazwischen, und als bei der letzten Lektion an der Leiche einer jungen Ertrunkenen herumgesägt und -geschnitten wurde, mußte er zum ersten Mal den Blick abwenden, weil er nicht von der Vorstellung loskam, es könnte ihr Körper sein.
Seine Schwäche war die Kräuterkunde. So geschickt und kenntnisreich er sich als Anatom erwies, so unsicher war er, wenn es um Anwendungsgebiete und Zubereitungsarten von Heilkräutern ging. Freilich wußte er über die wichtigsten *herbae* Bescheid, kannte die Wirkung von Kalmus

gegen Appetitlosigkeit, von Birkenblättern gegen Blasenleiden, von Huflattich gegen Husten und von Brennesseln oder Löwenzahn gegen Gicht; doch wenn es etwa darum ging, das weite Spektrum von Magenleiden einzuengen und zu entscheiden, ob Fenchel oder Schafgarbe, Kümmel oder Kamille, Leinsamen oder Eibischwurzel anzuwenden seien, dann wurde er unsicher und kam ins Schwitzen. Nur wenn er den chirurgischen Bereich berührte, gewann er wieder sicheren Boden. Er wußte genau, mit welchen Tinkturen man offene Wunden behandelte oder daß bei einem Schlangenbiß Scordeon (Lauchpflanze) innerlich und äußerlich anzuwenden sei. Er versuchte, seine Wissenslücken zu schließen, vergrub sich in Kräuterbüchern aller Art, doch dann geschah es, daß sich beim Studium des Unterschieds zwischen 'centaurea maior' und 'centaurea minor' (zwei Arten von Tausendgüldenkraut) die schön kolorierte Darstellung dieser Pflanze in Adrianas Bild verwandelte, und er spürte einen süßen ziehenden Schmerz in der Brust, mußte krampfhaft schlucken, Tränen schossen in seine Augen, ohne daß er es verhindern konnte oder wollte, und seine Gedanken schweiften ab, ein Sonett fiel ihm ein, das er kürzlich in einer Schenke gehört hatte:

> *Estoy contino en lágrimas bañado,*
> *rompiendo siempre el aire con sospiros,*
> *y más me duele el no osar deciros*
> *que he llegade por vos al tal estado.*

> *Bin immerfort in Tränen*
> *Zerreiß die Luft mit Seufzern.*
> *Darf Dir größtes Leid nicht offenbaren:*
> *Bist meines Schmerzes Grund.*

Warum nur – warum? Mehr als ein Dutzend Worte hatte er mit dem Mädchen nicht gewechselt, das war doch kein Grund, sich zu verlieben. Du bist ein Mann der Wissenschaft, Joseph Marco, also benehme dich dementsprechend! So ein Frauenkörper ist schließlich nur eine Ansammlung von Haut, Fett, Wasser, Fleisch, Adern, Knochen, Sehnen und Muskeln, oft genug habe ich erlebt, daß sich so etwas – aufgeschnitten und zerteilt – kaum vom Tier unterscheidet. Aber das half alles nichts. Eine bestimmte Ansammlung von Haut, Fett Blut, Fleisch, Adern, Knochen, Sehnen und Muskeln war weiblich und trug den Namen Adriana, und was die Natur oder Gott aus diesem Rohmaterial ge-

formt und geschaffen hatte, war einzigartig, unverwechselbar, begehrenswert und anbetungswürdig. Er mußte sie wiedersehen, irgendwie und zwar bald, mußte ihre Stimme hören, in ihre Augen schauen; vielleicht konnte er dann wieder arbeiten.
Bei nächster Gelegenheit fragte er Pedro, wie es der Kleinen gehe und ob die Wunde sich geschlossen habe.
„Keine Sorge, José, mein Schwesterchen ist wohlauf, wenn auch die Wunde noch nicht ganz verheilt ist. Eine leichte Rötung..."
„Pedro, das läßt mir keine Ruhe, ich muß es mir ansehen. Als Arzt trage ich dafür die Verantwortung, und ich könnte es mir nie verzeihen..."
Pedro schmunzelte.
„Ist ja gut, alter Freund, nach meiner Vorlesung hole ich dich ab."
„Warum grinst du so komisch? Ich glaube, du ziehst die falschen Schlüsse."
„Aber José, ich ziehe gar keine Schlüsse, ich bewundere nur deinen ärztlichen Eifer, von dem ich hoffe, daß er auch später anhält, wenn du als geachteter und würdiger Magister deine Patienten empfängst."
„Verspotten kann ich mich selbst."
„Beruhige dich! In einer Stunde treffen wir uns am Portal."
Joseph ging hinüber in das Bibliotheksgebäude und als der Gehilfe ihn nach seinen Wünschen fragte, hatte er vergessen, was er wollte.

7

Lissabon wirkte auf Columbus seltsam vertraut, das Gemeinsame der großen Hafenstädte ließ es zu einer Schwester Genuas werden. Freilich, die Menschen hier gebrauchten eine andere Sprache, und solche bunten, fröhlich wirkenden Häuser, wie sie hier den Flußhafen säumten, gab es in seiner Heimatstadt nicht. Aber auch Lissabon war an einen Hügel gebaut. Zu Füßen der Kathedrale drängten sich die bescheidenen Häuser der Altstadt, wo die kleinen Händler und Handwerker, die Tagelöhner und Tagediebe hausten. Nach Westen zu lagen die besseren Viertel, den Tejo säumten Hafenanlagen, Trockendocks, aufgelockert von Wiesen und Gärten, die bis ans Ufer reichen.

Das Viertel der Genueser war leicht zu finden. Es lag inmitten enger quirliger Geschäfts- und Ladenstraßen in der Nähe des Hafens. Seine Häuser scharten sich um eine riesige Markthalle, und in diesem Bereich war kaum ein spanisches oder portugiesisches Wort zu hören.

Auch das Handelshaus der Spinola besaß hier eine Niederlassung, und dort meldete Columbus sich gleich nach seiner Ankunft. Man schickte ihn von Pontius zu Pilatus, und überall begrüßte man ihn mit den Worten: „Ihr habt Glück gehabt, Signore, außer Euch haben nur wenige überlebt."

„Nun ja, zwei Schiffe sind ja immerhin davongekommen..."

„Zum Glück! Sonst hätte uns der Verlust noch schmerzlicher getroffen. Was habt Ihr nun vor? Wollt Ihr zurück nach Genua? In vier Tagen fährt ein Schiff..."

„Nein, jetzt bleibe ich hier, vorausgesetzt Ihr habt Arbeit für mich."

„Ihr könnt doch lesen, schreiben und rechnen?"

Columbus war keineswegs beleidigt, der Mann kannte ihn schließlich nicht."

„Aber ja, Signore. Es ist nicht meine erste Fahrt im Dienst Eures Hauses, ich kenne die Küste zwischen Genua und Livorno wie meine Hosentasche, war auf Chios, habe bei Sardinien für die Franzosen spanische Schiffe verfolgt..."
„Ah, Ihr wart das? Aber sprecht hier nicht zu laut davon, diese alten Geschichten will keiner mehr hören. Also gut, es gibt Arbeit für Euch. Wir werden Ende Januar gemeinsam mit anderen Handelshäusern eine Fahrt über Flandern nach England unternehmen. Wenn Ihr dabeisein wollt, müßt Ihr Euch warme Kleidung zulegen."
Columbus lachte.
„Dann brauche ich einen Vorschuß! Alles, was ich besaß, liegt auf dem Grund des Meeres."
„Kein Problem."
Mit einem Zettel ging er in den Kassenraum; der Angestellte las ihn und stutzte.
„Colombo? Den Namen kenne ich doch – wartet..." Er drehte sich um, blätterte in Papieren. „Da haben wir's. Ein Bartolomeo Colombo hat uns vor zwei Wochen die Karten für die französische Küste geliefert. Seid Ihr mit ihm verwandt?"
Er konnte es kaum glauben. Bartolino! Das Brüderchen! Aber vielleicht war es nur eine zufällige Namensgleichheit.
„Dieser Mensch könnte mein Bruder sein!"
Der Angestellte lachte.
„Dann prüft es nur schnell nach, der Signore hat ganz in der Nähe seinen Laden."
Columbus mußte zweimal fragen, bis er den Eingang zu der Bottega gefunden hatte. Sie lag nicht zur ebenen Erde, sondern halb darunter, eine Art Gewölbe, wie es auch Don Matteo auf Chios besessen hatte. Über den Eingang war auf einem Holzbrett mit roter Farbe und wenigen Strichen der Umriß von Südeuropa gezeichnet. Darunter stand in schwarzen Buchstaben: 'Carte marine e geografiche e da scrivere – LIBRI' (See- und Landkarten, Papier, Bücher).
Er trat in das Halbdunkel, es roch nach Staub, Tinte und Papier, und schon von weitem hörte er die altvertraute Stimme, die gerade in einer Mischung aus Italienisch, Spanisch und Portugiesisch auf jemanden einredete.
„Aber Senhor, wenn Ihr fünf Bögen von dieser mittleren Qualität nehmt, dann seid Ihr bestens bedient und erhaltet einen Bogen gratis."

„Und wenn ich drei nehme?"
„Dann müßt Ihr sie voll bezahlen, weil ich den Rabatt nur ab fünf geben kann. Nehmt Ihr zehn, bezahlt Ihr sieben. Dann habt Ihr schon drei umsonst."
„Aha, und was kostet das?"
„Für den Bogen nehme ich einen halben Real, fünf kosten dann zwei Reis, zehn Bögen dreieinhalb Reis."
Columbus hielt es nicht mehr aus, denn diese Verhandlungen schienen kein Ende zu finden. Er trat heran und sagte: „Ich nehme hundert Bögen, Senhor Colon, denn Ihr scheint mir sehr preiswert."
Bartolomeo blickte auf.
„Aber – aber – du bist..."
Sie fielen sich in die Arme.
„Cristoforo – du lebst? Durch Zufall habe ich erfahren, daß du auf einem der fünf Schiffe – nein, du lebst! Und ich kämpfe seit Tagen mit dem Gedanken, ob ich noch warten soll oder schon jetzt unseren Eltern die Nachricht – nein, ist das ein Glück! Santa Madonna! Wo kommst du her?"
Der Kunde versuchte schüchtern, sich bemerkbar zu machen, doch Bartolomeo drückte ihm einen Bogen in die Hand.
„Den kriegt Ihr schon mal gratis! Überlegt es Euch und kommt in einer Stunde wieder."
„Also sag' schon – wo kommst du her?"
„Geradewegs aus Lagos. Ich habe überlebt, bin an Land geschwommen, habe mich ein paar Tage später bei den Spinolas gemeldet, und dort erfuhr ich – aber jetzt sage mir einmal, wie bist du zu diesem Laden gekommen. Die Eltern in Savona dachten, du kreuzt als Seemann auf dem Mittelmeer herum."
„So war es auch bis vor kurzem. Aber du weißt, daß ich mit dir eine Leidenschaft teile, nämlich die für Karten und Bücher. So habe ich meine Heuer gespart, mich in Schulden gestürzt und die *bottega* hier übernommen. Das war aber ein Zufall, es hätte genausogut in Cadiz oder Valencia sein können. Aber eines sage ich dir: Seit der Buchdruck erfunden ist, steckt Gold in diesem Geschäft. Die Leute hier reißen mir alles Gedruckte geradezu aus den Händen, ganz gleich, ob es lateinisch, französisch, italienisch oder spanisch ist. In der Landessprache gibt es bis jetzt noch sehr wenig, aber in einigen Jahren wird es anders aussehen. Ich weiß ja nicht, was du vorhast, aber wenn du mir hier beim Kartenzeichnen helfen willst – Arbeit ist genug da."

„Gerne, Brüderchen. Ich habe mich zwar für Anfang des nächsten Jahres schon wieder bei Spinola verdingt, aber bis dahin..."
Bartolomeo boxte seinen Bruder spielerisch in die Seite.
„Dich hält es wohl nicht an Land, was? Aber ein richtiger Seemann willst du auch nicht werden. Weißt du eigentlich, was du willst, mein großer Bruder?"
Columbus lächelte und blickte Bartolomeo liebevoll an.
„Ich bin zwar der Ältere, aber du warst seit jeher der Frechere. Ja, Brüderchen, ich weiß ganz genau, was ich will, und kann dir das in wenigen Worten erklären."
„Also heraus damit, es ist ja gerade kein Kunde da."
„Dann lege einmal eine gute Weltkarte auf den Tisch."
Bartolomeo zögerte, schaute seinen Bruder seltsam an, ging zur Tür und schloß sie ab.
„Eine Weltkarte habe ich auch, natürlich die des alten Ptolemäus. Aber vorher zeige ich dir eine Rarität. Es ist die Atlantikkarte des Florentiners Paolo Toscanelli. Das Original ruht in den Archiven des portugiesischen Königs – streng geheim! Aber es zirkulieren längst Abschriften; ich selbst habe bis jetzt schon neun angefertigt, doch die Nachfrage hält an. Also hier ist sie!"
Columbus beugte sich darüber, seine hellen Augen strahlten, die Freude war ihm anzusehen.
„Aber – aber dieser Toscanelli zeigt genau das, was ich will, nämlich über den Atlantik von Westen her Indien erreichen. Da! Diesen Weg werde ich nehmen: Von Lagos oder Cadiz über die Kanarischen Inseln, vorbei an der Brandanus-Insel, dann um die Südküste von Zipangu (Japan) herum und schon landest du an der Ostküste von Indien oder in nordwestlicher Richtung an der von Kathay (China). Was allerdings diese Brandanus-Insel betrifft, so habe ich meine Zweifel. Sie soll in Wirklichkeit ein riesiger Fisch sein, der sich nicht von der Stelle bewegt – so wenigstens hat es uns der Abt Brandanus berichtet, der sie angeblich entdeckte."
Bartolomeo nickte.
„Ich kenne die Geschichte, habe auch das Buch hier – es heißt 'Navigatio Brendani'. Man kann es glauben oder nicht, ich will mich da nicht festlegen. Aber was hat das alles mit dir zu tun?"
„Ganz einfach: Ich will die Probe aufs Exempel machen, will tun, was auch Toscanelli klar aufzeigt, nämlich den Westweg nach Indien suchen.

Inzwischen habe ich festgestellt, daß nicht nur Toscanelli dies für möglich hält, doch das sind allesamt Stubengelehrte, die mit ihren Papieren rascheln und dann im Lehnstuhl einschlafen. Ich aber will mich tatsächlich auf den Weg machen. Dazu brauche ich ein paar gute Schiffe und fünf oder sechs Dutzend Mann Besatzung. Wir segeln los und nach drei oder vier Wochen wissen wir mehr."
„Und wer bezahlt das?"
„Ja, Brüderchen, das ist der Punkt. Vielleicht kann ich den König dafür erwärmen."
„Ah, gleich den König – Respekt! Vielleicht kannst du auch den Papst dafür begeistern oder den Kaiser?"
„Du nimmst mich nicht ernst, Bartolino. Aber wer sonst könnte so viel Geld aufbringen? Gerade für Portugal wäre dieser Seeweg von großer Bedeutung; weil dieses Land dem Ziel am nächsten liegt und weil hier kaum noch Waren aus Fernost auftauchen. So könnte man den Osmanen den gesamten Indienhandel entreißen, und vor allem der einträgliche Gewürzhandel würde über Portugal laufen. In wenigen Jahren wäre König Johann der reichste Monarch von Europa."
„Klingt recht überzeugend, aber wie willst du an Seine Majestät herankommen?"
„Das wird sich finden."
Bartolomeo Colombo bewohnte über seinem Laden einige Zimmer und nahm den Bruder vorläufig dort auf. Die kleine Wohnung war vollgestopft mit Büchern, Karten und Papieren, der Boden zeigte ein buntes Muster von Tinten- und Farbspuren, überall lagen Federn und Pinsel herum.
Columbus rümpfte die Nase.
„Du bist ein Schlamper, Brüderchen! Wir werden zuerst einmal Ordnung in dieses Chaos bringen."
Bartolomeo verneigte sich übertrieben.
„Ganz wie Ihr wünscht, Senhor!"
Doch die beiden vertrugen sich und arbeiteten schon nach wenigen Tagen einträchtig zusammen.

Die Wochen vergingen wie im Flug, die genuesische Kolonie feierte Weihnachten in einer eigenen kleinen Kirche, die Heiligen Drei Könige zogen ins Land, und Anfang Februar segelte ein Schiffskonvoi den Tejo hinunter aufs offene Meer und ging beim Cabo da Roca auf strikten

Nordkurs. Die Ladung bestand überwiegend aus Wein, Dörrobst, Zitronen, Rosinen, Nüssen, Mais, Reis, dazu feine Tuch-und Metallwaren. Columbus erledigte diese altvertraute Tätigkeit quasi nebenher; in jeder freien Minute streifte er durchs Schiff, beobachtete Wolken, Wind und Meeresströmung und brachte so manchen Steuermann mit seinen Fragen zur Verzweiflung.

In den flandrischen Häfen Brügge und Antwerpen setzten sie einen Teil ihrer Waren ab, umsegelten dann die Südwestspitze von England und legten bei Bristol an. Dann ging es weiter durch das 'Meer der Finsternis' – so nannten alte Seeleute das Nordmeer zwischen Irland und Island –, und diese vorher nicht geplante Ausdehnung der Handelsfahrt war dem milden Wetter zu verdanken.

„Im Februar", berichtete der Kapitän, „ist diese Fahrt üblicherweise nicht durchzuführen, weil Eisschollen und Eisberge sie zu riskant machen. Wenn eine unserer Karavellen zwischen zwei große Eisberge gerät, wird sie zerquetscht wie ein Korn zwischen zwei Mühlsteinen. Außerdem sind Teile des Meeres zugefroren, aber heuer haben wir zuverlässige Berichte, daß dies nicht der Fall ist. In wenigen Tagen werden wir in Reykjavik anlegen."

„Aber rentiert sich dieser Umweg überhaupt?"

Der Kapitän nickte.

„Und ob! Die Isländer zahlen für Wein, Öl, Zitronen, Korn und Dörrobst die fünffachen Preise. Dort wächst so gut wie nichts, und das halbe Jahr müssen die Bewohner in Dunkelheit verbringen. Um dabei nicht melancholisch zu werden, leeren sie Krug um Krug, das hilft ihnen über diese Zeit hinweg. Dafür herrscht von Mai bis September ewiger Tag, wo die Sonne nur für ein paar Stunden verschwindet. Ein seltsames Land – wir Südeuropäer würden uns dort nicht wohl fühlen."

Als Columbus in Reykjavik an Land ging, wußte er, warum man ihm zu warmer Kleidung geraten hatte. Ein steifer Wind fauchte über die geduckten Holzhäuser, trieb dicke Schneeflocken wie eine Schar winziger weißer Vögel vor sich her, und wer sein Gesicht nicht bis auf die Augen verhüllte, geriet in Gefahr, sich die Nase abzufrieren. Wie der Kapitän es vorausgesagt hatte, herrschte um diese Jahreszeit ein tristes Dämmerlicht, das sich nur aufhellte, wenn die trübrote Polarsonne sich handbreit über dem Horizont erhob, um dann nach wenigen Stunden wieder unterzutauchen.

Die Geschäfte waren schnell erledigt, und Columbus streifte ruhelos durch die dämmrige Stadt, auf der Suche nach Seeleuten, die italienisch oder spanisch sprachen und ihm verschiedene Fragen beantworten konnten.

Schließlich wurde er an einen alten Seemann verwiesen, der viele Jahre im Mittelmeer als Steuermann und Kapitän gekreuzt war und ausgezeichnet italienisch sprach. Später hatte er es auf Island durch Handel zu gediegenem Reichtum gebracht, den er jetzt im Kreise seiner vielköpfigen Familie genoß.

„Meine beiden Söhne haben das Geschäft übernommen, ich sitze nur noch da, krame in alten Papieren und träume von der Vergangenheit."

Doch der etwa Siebzigjährige sah nicht aus, als wäre ihm das Leben eine Last. Er ließ einen Krug Wein bringen und richtete seine hellen Wikingeraugen neugierig auf den Gast. „Ihr stammt aus Genua? Dort habe ich gut fünfzigmal angelegt; ich kenne Eure Heimatstadt vermutlich besser als Ihr."

„Das kann gut sein, aber reden wir doch von Eurer Heimat; wißt Ihr, wie lange Island schon besiedelt ist?"

„Man sagt, die Iren hätten unsere Insel vor sechs- oder siebenhundert Jahren entdeckt. Sicher weiß man nur, daß der Norweger Arnarson Reykjavik gründete und weitere Einwanderer nach sich zog. Das Christentum hielt so um das Jahr 1000 seinen Einzug, aber – im Vertrauen gesagt – die Leute hier glauben heimlich noch immer an die alten germanischen Götter."

Columbus lachte höflich, als hätte der andere einen Scherz gemacht, doch dieses Thema interessierte ihn kaum.

„Eure Landsleute hier sind doch die geborenen Seefahrer, schon weil die Fischerei für euch lebenswichtig ist. Wurde da auf den Fahrten nach Norden oder Westen kein neues Land entdeckt?"

„Aber freilich! Jedes Kind weiß hier, daß Erik Rauda, als er landflüchtig durchs Meer irrte, auf Grönland stieß. Mit fünfundzwanzig Schiffen ist er losgesegelt, nur vierzehn erreichten das Ziel. Ein paar tausend Menschen folgten ihm später, es soll dort einige Städte und viele Dörfer gegeben haben. Aber diese Ansiedlungen sind untergegangen, zumindest haben das vor ein paar Jahren Walfänger berichtet. Freiwillig fährt heutzutage kein Mensch dorthin, die Insel ist rund vierhundert Seemeilen von hier entfernt und wegen widriger Strömungen und ungünstiger Winde nur sehr schwer zu erreichen. Die Rückreise – so heißt es – soll wesentlich einfacher sein."

„Das ist nun der Norden, doch hat auch jemand das Meer nach Westen hier erforscht?"
„Warum seid Ihr eigentlich so neugierig? In drei Tagen segelt Ihr wieder nach Portugal zurück und werdet unseren unwirtlichen Norden schnell vergessen."
„Ich betreibe in Lissabon zusammen mit meinem Bruder ein Geschäft für nautische Karten, und so könnt Ihr Euch denken..."
„Ach so – das ist es. Also quasi eine professionelle Neugier, aber da muß ich Euch leider enttäuschen, so große Kreise ziehen unsere wackeren Fischer auch wieder nicht. Freilich gibt es einen Bericht, vielleicht ist es auch nur eine Legende, daß der Wikingerführer Leif der Glückliche auf seinen Streifzügen durch das Nordmeer im Westen nach langer Fahrt auf Land gestoßen ist. Dem Bericht nach war es dort warm und sonnig, Wein und Getreide wuchsen wild. So nannte Leif es 'Vinland', als 'Land des Weines'. Er soll Häuser erbaut und den Winter dort verbracht haben. Auch andere sollen später die Fahrt nach 'Vinland' unternommen haben, aber aus neuerer Zeit ist nichts mehr davon bekannt. Männer vom Schlage eines Leif scheint es heute nicht mehr zu geben."
„Wer weiß", sagte Columbus nachdenklich, „vielleicht gibt es sie doch noch."
Er versank in Nachdenken. Wenn dort wilder Wein gedieh, dann muß es ein warmes Land gewesen sein. Aber reicht der asiatische Kontinent so weit in den Norden – oder ist Leif auf seiner Fahrt etwas nach Süden abgedriftet? Der Kapitän sprach davon, daß die Reise auch in den Jahren danach mehrmals unternommen wurde.
„Verzeiht, ich war in Gedanken – was habt Ihr mich eben gefragt?"
„Ob ich Eure Neugierde befriedigen konnte."
„Nicht ganz, Capitano. Gibt es genauere Berichte von jenen Seefahrern, wurde etwas davon in Büchern festgehalten?"
„Nicht daß ich wüßte. Was ich Euch erzählte, habe ich von anderen, das geht von Mund zu Mund, und so wird sich auch manche Unwahrheit eingeschlichen haben."
„Nannte man Leif glücklich, weil er 'Vinland' entdeckt hatte?"
Der Kapitän hob in komischer Verzweiflung die Hände.
„Laßt es nun gut sein, Signor Colombo. Kein Mensch weiß, wie dieser Seefahrer zu seinem Beinamen kam. Und jetzt seid Ihr dran! Auch ich bin neugierig und möchte hören, was in Europa vorgeht, was hat sich zum Beispiel in Genua getan, seit ich von dort weg bin?"

Columbus tat ihm den Gefallen, erzählte in kurzen Worten von dem Krieg gegen die Spanier, von seiner Fahrt als Kapitän eines Kriegsschiffes, von dem Piratenüberfall vor der portugiesischen Küste. Der Alte stellte viele Fragen, und manchmal klang etwas wie eine Sehnsucht durch oder ein Bedauern, daß er hier am Rande der Welt untätig auf seinem Altenteil saß.
Anfang März brachen die Schiffe wieder nach Süden auf, ein steifer Nordost trieb sie über das eisige Nordmeer mit zwölf bis vierzehn Knoten auf die Hebriden zu. Sie fuhren an der irischen Ostküste entlang und ankerten in Galway, weil an den Schiffen einiges auszubessern war. Bei ihrem schnellen Rückweg waren sie mehrmals mit Eisschollen zusammengestoßen, und es hatte einige kleinere Lecks gegeben.
In den Hafenkneipen sprach es sich herum, daß mit den italienischen Schiffen ein komischer Kauz gelandet sei, den nichts brennender interessiere, als Seemannsgarn, sei es auch noch so grob gesponnen. Doch es scheiterte an der Verständigung, weil in dieser kleinen Hafenstadt niemand eine südliche Sprache beherrschte.
Am letzten Tag geriet Columbus an einen ehemaligen Priesterschüler, der schließlich das Leben auf hoher See doch dem in einem Pfarrhaus vorgezogen hatte. Der wendige Bursche sprach Latein, das Columbus von der Klosterschule her noch halbwegs beherrschte.
Es wurde ein alter Seemann herbeigeholt, der ständig grinste und dessen zahnloses Genuschel der ehemalige Priesterschüler für Columbus übersetzte. Der Alte wollte zunächst einmal einen Krug Bier, ehe er zu sprechen begann. Den trank er in langen Zügen leer und verlangte einen zweiten. Columbus zahlte und zitterte vor Ungeduld. Endlich begann der Zahnlose mit seinem Bericht.
„Also, das war vielleicht vor zwanzig Jahren. Können auch dreißig gewesen sein. Oder fünfunddreißig? Ich war damals so um die zwanzig und jetzt bin ich über siebzig – heiliger Sankt Patrick! Das ist ja dann schon gut fünfzig Jahre her! Ein Menschenalter, mein Herr!"
Er sann dieser Tatsache so lange nach, daß ihn der Übersetzer mehrmals grob anstieß, um ihn in die Gegenwart zurückzulocken.
„Schon gut – ein alter Mann ist schließlich kein Schnellsegler. Also ich war damals schon fünf Jahre zur See gefahren, hatte für ein paar Monate abgeheuert, um meinen Eltern bei der Ernte zu helfen. Mein Vater war Bauer, er haßte die See und hat es mir niemals verziehen, daß ich ihm ausgebüxt bin. Aber da war ja noch mein jüngerer Bruder, und der..."

Wieder stieß ihm der Übersetzer seinen Ellenbogen in die Seite.
„Jetzt verplapperst du dich wieder, James O'Neal! Der Mister hier zahlt dir dein Bier nicht für alte Familiengeschichten! Also nimm' dich zusammen!"
„Ist ja gut! Also – das war damals um die Erntezeit, und am Sonntag gab's in der Stadt eine Tanzerei. Ich nichts wie hin, wie halt die jungen Leute so sind. Aber als dann die halbe Stadt zum Strand hinunterlief, sauste ich natürlich hinterher. In Richtung auf Claddagh, das ist der Nachbarort, waren zwei fast nackte Menschen gestrandet. Sie klammerten sich an die Reste eines kleinen Schiffes, waren halb verdurstet und redeten wirr. Vielleicht redeten sie nicht wirr, aber keiner von uns verstand sie. Die Frau – oh, là là, ich muß Euch sagen, Mister, das war vielleicht eine Nummer! Ein bißchen braunhäutig, mit langen schwarzen Haaren und sooo einem Busen!"
Der Alte wölbte seine gichtigen Hände anschaulich vor der Brust.
„Auch der Mann war ein hübscher Bursche, wenn ihm auch die Haut in Fetzen vom Rücken hing, von der Sonne und dem Salzwasser. Also gut, wir brachten die beiden an Land, tränkten und fütterten sie und ließen sie im Gemeindehaus schlafen. Gut zwanzig Stunden taten die beiden keinen Mucks, ich schwör's Euch, Mister. Als sie dann aufwachten, kleidete unser Bürgermeister sie ein wie Christenmenschen und brachte sie zum Pfarrer. Der redete lateinisch mit ihnen, aber sie verstanden kein Wort. So sandte man das Paar zum Statthalter nach Dublin und seitdem haben wir nichts mehr von ihnen gehört."
„Hatte niemand eine Vermutung, woher die beiden stammten?«
„Doch, unser Pfarrer meinte, mit ihrer bräunlichen Haut und den schmalen dunklen Augen könnten sie nur aus Kathai kommen, denn er habe in einem Buch eine Zeichnung von Menschen aus diesem fernen Land gesehen."
„Aus Kathai...?"
„Ja, Mister, das sagte er."
„Lebt dieser Pfarrer noch?"
Da brach der Alte in ein keckerndes Lachen aus.
„Bei Sankt Patrick! Da müßte er jetzt über hundert sein! Nein, ich glaube, es lebt keiner mehr aus diesen Tagen. Wer wird hier schon siebzig Jahre alt!"
Stolz blickte er in die Runde, grinste zahnlos und trank den zweiten Krug leer.

Für Columbus war es Wasser auf seine Mühle. Wohin er auch fuhr, wen er auch fragte, alles fügte sich zu dem überzeugenden Bild einer nicht allzu fernen Ostküste von Kathai oder Indien. Dieses Bild wurde deutlicher, gewann mehr und mehr an Konturen. Freilich konnte das exotische Paar auch aus Zipangu stammen oder von einer der vielen Indien und Kathai vorgelagerten Inseln, aber das machte keinen Unterschied: Diese Menschen kamen aus dem Westen, von einer fernen, vielleicht nicht allzu fernen Küste. Die Erde war rund, der Kreis schloß sich.

Sein Bruder setzte gleich eine skeptische Miene auf, als Columbus ihm davon erzählte.
„Aber Cristoforo, das kann auch nur Seemannsgarn sein, wie es in allen Hafenstädten so eifrig gesponnen wird. Mag auch ein Körnchen Wahrheit darin vergraben sein, so findet es heute niemand mehr heraus."
Ein jäher Zorn fiel Columbus an, seine hohe, breite Stirn färbte sich rot.
„Man kann die Skepsis auch zu weit treiben, Bartolomeo! Du bist träge im Denken und läufst gern in ausgetretenen Spuren, aber wer es im Leben zu etwas bringen will, muß ins Unbekannte gehen, den anderen voraus – neue Spuren setzend. Ich will nicht ewig hier Karten zeichnen und anderen den Vortritt lassen!"
Er hatte sehr laut gesprochen und lief dabei in dem vollgestopften Zimmer auf und ab.
„Jetzt beruhige dich – heute ist der Tag des Herrn, und wir wollen die Messe besuchen. Man soll nicht zornigen Herzens das Haus Gottes betreten."
So schnell wie er gekommen war, verließ ihn der Zorn. Er legte dem Bruder entschuldigend eine Hand auf den Arm.
„War nicht so gemeint, kleiner Bruder, aber du kennst mich ja."
„Und ob!" sagte der und griff nach seinem Hut.
Draußen war der Frühling in die Stadt gezogen, in den kleinen Gärten blühten die Bäume und Sträucher, die Obsthändler boten die ersten Kirschen an, die Frauen kleideten sich bunter und leichter. Einträchtig wanderten sie zur nahe gelegenen Allerheiligenkirche, weil die im Genueserviertel ständig überfüllt war. Vor dem Portal zog Bartolomeo seinen Hut und verneigte sich.
„Gott zum Gruße, Senhor Perestrello! Den Damen wünsche ich Gesundheit und Gottes Segen!"

Die Damen – offenbar Mutter und Tochter – verneigten sich leicht. Sie trugen durchsichtige Schleier, der ihre Züge undeutlich werden ließ.
„Ihr hättet eher meinem Gemahl Gesundheit wünschen sollen, Senhor Colon, es geht ihm nicht gut in letzter Zeit, und er wäre heute besser zu Hause geblieben."
Der Gatte winkte ab.
„Ach was, die Frühlingsluft tut mir gut, und in einigen Wochen ist alles vorbei."
Bartolomeo stellte seinen Bruder vor, dann betraten sie die Kirche. Als die Familie Perestrello an diesem Tag das Mittagsmahl einnahm, meinte die Senhora: „Dieser Colon ist ja ein stattlicher Mann, aber sein Bruder sieht noch besser aus. Er wirkt so ernst und gescheit und hat etwas an sich – also, ich weiß nicht..."
Felipa, die Tochter, blickte auf.
„Mir gefiel er auch besser, er wirkt, als sei er von Adel."
Da erhob der Herr Papa seine Stimme: „Das gefällt mir aber gar nicht, Felipa, daß du dir die jungen Männer so genau ansiehst. So etwas gehört sich nicht!"
„Du kannst ihr doch das Schauen nicht verbieten! Soll sie blind durch die Welt stolpern?"
Die Senhora Moniz Perestrello hatte in diesem Augenblick schon gewählt, ohne es selbst recht zu wissen – freilich nicht für sich, sondern für ihre Tochter Felipa.

8

Vor dem mündlichen Examen hielt der Rektor eine Ansprache, die er mit einem Zitat begann.
„Der Magister lehre nur würdige Schüler, unwürdige halte er möglichst weit von ärztlicher Wissenschaft und Kunst fern." Darauf legte der Rektor eine Kunstpause ein, senkte sein mit dem schwarzen Professorenhut bedecktes Haupt, als denke er nach, hob es dann schnell wieder und blickte stolz in die Runde. „Der zweite Teil dieses Satzes von Constantinus Africanus trifft auf euch, die hier anwesenden Studiosi, zum Glück nicht zu. Ihr habt euch als würdig erwiesen, habt mit Fleiß, Bedacht, Beharrlichkeit und Ausdauer euer Studium durch die Jahre hin fortgesetzt und steht nun kurz vor dem Ziel, nach dessen Überwindung euch unsere Alma Mater in das Leben entläßt als fertige Ärzte, die zur höheren Ehre Gottes den Menschen dienen. Dennoch müßt ihr bedenken..."
Die geschulte Stimme des Rektors wandelte sich zu einem lästigen Gesumm, das in Josephs Ohren drang, ohne sein Gehirn zu erreichen. Seit Tagen gelang es ihm nicht mehr, seine Gedanken zu ordnen, sie flogen im Kopf durcheinander wie die letzten dürren Blätter der Bäume im Herbstwind. Anstatt den Lehrstoff systematisch nach den Schwachstellen abzuklopfen – bei ihm waren es die Heilkräuterkunde und die innere Medizin –, legte er seine Bücher bald wieder beiseite und schuf in einer einzigen Nacht ein vielstrophiges Liebesgedicht, das er Adriana de Silva, der Schwester seines Freundes Pedro, zukommen ließ – anonym natürlich, in der unsinnigen Hoffnung, sie müsse sofort erkennen, von wem das Liebes- und Huldigungsgedicht stammte. Er hatte es gleich nach seinem zweiten Besuch im Hause der Familie de Silva verfaßt. Ein überflüssiger Besuch, denn Rosita, seine kleine Patientin, war wohlauf, und nur

noch ein schmaler Verband um ihren Hals erinnerte an den kühnen Luftröhrenschnitt. Zum Glück war der Hausherr abwesend, und Pedros sanfte Mutter zeigte sich freundlich und dankbar, während Adriana ihre fröhlichen, furchtlosen Augen nicht niederschlug, wenn er sie anblickte. Etwas wie Nachsicht und ein leiser Spott blitzte aus ihren Augen, doch auch Sympathie, und – aber vielleicht bildete er es sich nur ein – Bewunderung für das Können des jungen Arztes.

Pedro, zu Hause weniger scheu und zurückhaltend als draußen, konnte sich die Bemerkung nicht verkneifen: „Adriana, ich glaube, du hast einen Verehrer gewonnen. Unser guter José verschlingt dich mit den Augen, so daß ich fürchte, du wirst ein paar *libras* leichter sein, wenn er uns verläßt."

„Er wird mich schon nicht auffressen, dein José; außerdem hat er jetzt, so kurz vor dem Examen, weder Zeit noch Lust, sich zu verlieben."

„Adriana! Das sind sehr unpassende Worte für ein Mädchen!"

„Entschuldige, Mama, aber ich glaube, dieser junge Mann schätzt eine deutliche Sprache."

„Gewiß, Señorita, gewiß... Ihr habt schon recht, das Examen geht vor, aber dennoch – dennoch..."

Er wußte nicht weiter, suchte nach den richtigen Worten, die seine Empfindungen ausdrücken, respektvoll klingen und die Etikette nicht verletzen sollten. Er fand sie nicht – und so wurde nur ein Gestammel daraus, über das er sich selber maßlos ärgerte.

Dann war eine Stunde um, und die Höflichkeit gebot es, sich zu verabschieden. Er hob Rosita hoch und küßte sie auf beide Wangen, und so mußte die Kleine stellvertretend für ihre Schwester einspringen.

„Wenn's dir schlechter geht oder etwas weh tut, dann laß mich rufen. Versprichst du mir das?"

„Mir geht's aber nicht schlechter!"

„Ich meine nur, wenn..."

„Du darfst auch kommen, wenn's mir gutgeht."

„Da ist aber lieb von dir, du bist ein nettes, höfliches Mädchen und weißt, was sich gehört."

Er blickte Adriana dabei an, doch sie reagierte weder auf seinen Blick noch auf seine Worte.

„Wenn es notwendig ist, werden wir Euch rufen lassen", versprach Señora de Silva, und der Klang ihrer Worte verriet ihm, daß dies nicht der Fall sein würde.

In der Nacht darauf verfaßte er sein Liebesgedicht:

> *En el cristal de tu divina mano*
> *de Amor bebí el dulcisímo veneno,*
> *néctar ardiente que me abrasa el seno,*
> *y templar con la ausencia pensé en vano.*
>
> *Tal, Adriana, del rapaz tirano*
> *Es arpón de oro tu mirar sereno,*
> *que cuanto más ausente dél más peno,*
> *de sus golpes el pecho menos sano.*
>
> *Tus cadenas al pie, lloro al rüido*
> *de un eslabón y otro mi destierro,*
> *más desviado...*
>
> *Aus dem Kristalle deiner heil'gen Hand*
> *trank ich der Liebe süßes Gift.*
> *Glühender Nektar brennt mir im Herzen.*
> *Vergeblich hofft' ich auf Lindrung, dir fern.*
>
> *Schöne Adriana, dein heitrer Blick*
> *ist des verwegnen Knaben goldner Pfeil,*
> *fern von dir leid ich Unsägliches,*
> *das Herz von Amors Schlägen krank.*
>
> *Deine Ketten trag ich am Fuß, weine,*
> *es klirren die Ringe, bin in Verbannung...*

Gegen Morgen schlief er dann ein, und als er am frühen Nachmittag erwachte, sah er mit Entsetzen die aufgeschlagenen Bücher auf dem Tisch und dem Boden liegen. Das Examen! hämmerte es in seinem Hirn. Noch sechs Tage! Nur noch sechs Tage! Doch in ihm war ein Druck, der seine Ohren taub, seine Augen blind, seine Finger lahm machte. Auf irgendeine Weise mußte er sich Erleichterung verschaffen, und so kratzte er sein Geld zusammen und ging in die 'Casa Niña', das Bordell für die wohlhabenden Studenten, wo Mädchen wie Blanca, Rosita, Flora und Carmela auf spendable Freier warteten. Der Zufall wollte es, daß gerade Rosita nicht besetzt oder besser belegt war, aber Joseph brachte es nicht fertig, mit der Namensvetterin seiner kleinen Patientin zu schlafen.
„Was ist denn heute los mit dir? Plötzlich keine Lust mehr oder hat euer

Professor aus Versehen an dir herumgeschnippelt und das Messer an einer heiklen Stelle angesetzt?"
Ja, die Mädchen der 'Casa Niña' waren ganz auf ihre akademische Kundschaft eingestellt und wußten, daß gerade die Mediziner scharfe oder makabre Witze überaus schätzten.
„Es hat nichts mit dir zu tun, Cara, aber heute möchte ich doch lieber auf Blanca oder Carmela warten."
Sie zog eine Schnute.
„Wie der Herr befiehlt! Aber die beiden können auch keine Wunder bewirken und haben dieselbe Ware anzubieten."
„Du verstehst das nicht", sagte Joseph gequält.
Dann erschien Blanca, die Üppige, eine Juno mit nachtdunklen Augen, ein williges, gutmütiges Geschöpf, das jeder mochte.
Sie waren nun allein, und Blanca legte sich zurück, streckte die Arme aus und öffnete ihre schwellenden Schenkel. Da zuckte Joseph zusammen, wie unter einem Schlag. Über Blancas Kopf erschien plötzlich das Gesicht von Adriana, ihre fröhlichen Augen blickten ihn vorwurfsvoll an, und seine Lust verflüchtigte sich, als habe der Professor tatsächlich an ihm herumgeschnippelt. Blanca bemühte sich redlich, etwas in Gang zu bringen, aber alle ihre Bemühungen scheiterten. Sie war ein träges, gutmütiges Wesen, aber manchmal fiel sie so etwas wie Hellsicht an. Sie setzte sich auf und zog ihren Rock über die Beine.
„Du bist verliebt, José, das ist doch sonnenklar. Zwar sagen die Männer immer, mit einer Hure kann man keine Frau betrügen, aber vielleicht stimmt das doch nicht ganz, und du fühlst dich ihr gegenüber schuldig. Vielleicht klappt's beim nächstenmal."
Nun erreichte die Stimme des Rektors wieder sein Ohr: „... und so mögen die Heilige Jungfrau, unser Herr Jesus und alle Heiligen euch beim Examen beistehen und gnädig dafür sorgen, daß ihr in eurem späteren Leben nicht vom Pfade der Tugend, des Gottvertrauens und der Ehrsamkeit abweicht."
Joseph versank in eine Lethargie, die ihn gerade noch wahrnehmen ließ, was sich um ihn herum abspielte, die ihn aufspringen ließ, als der Schuldiener seinen Namen aufrief. Wie ein Traumwandler schritt er durch die Tür, trat vor den Tisch, an dem der Rektor und vier Professoren saßen.
„Baccalaureus José Marco, Ihr seid aufgerufen, Euch für den Beruf des Arztes zu qualifizieren. So nennt uns jetzt das Verhältnis der sieben freien Künste zum ärztlichen Beruf."

Ach, das ist es nur, dachte Joseph, das weiß ich ja schon lange auswendig. Er wußte, daß er es wußte, doch er brachte es nicht heraus. Es war in ihm und wollte einfach nicht ans Licht, wie ein Kind in Steißlage.
„Baccalaureus Marco, es ist recht, daß Ihr Euch besinnt, aber tut es nicht zu lange, Eure *compañeros* warten draußen auf ihren Aufruf."
„Also – die 'septem artes liberales', das ist – das sind, die – die Grammatik, die Rhetorik, die Dialektik, dann Arithmetik und Geometrie sowie Musik und Astronomie..."
Er blickte verwirrt um sich. In nun schon schärferem Ton sagte der Rektor: „Ihr habt sie nur aufgezählt, aber wir haben nicht daran gezweifelt, daß Ihr die Namen der sieben freien Künste kennt. So frage ich Euch nun zum letztenmal: in welchem Verhältnis stehen sie zur Medizin?"
Joseph nahm all seine Kraft zusammen, um hervorzuwürgen, was in ihm steckte, aber es kamen nur Brocken heraus.
„Was Rhetorik betrifft, so muß der Arzt sie verwenden, um glaubhaft für seine Methoden – seine Theorien einzustehen, muß sie verteidigen und anwenden, muß sie – muß sie plausibel machen."
Das Prüfungskolloquium wartete. Als nichts mehr kam, sagte einer der Professoren: „Etwas dürftig, nicht wahr?"
„Das Wesentliche ist gesagt, nun also weiter!"
„Dann die Grammatik. 'Docte scribere e legere', sagten schon die Alten, aber das gilt nicht nur um der Medizin willen, sondern diese Fähigkeiten dienen ihm als Praktiker, wenn er die Kranken befragt, sich Notizen darüber macht, eine Krankenakte anlegt. Des weiteren – des weiteren..."
Es kam nichts mehr, Joseph gab es auf. Die Brocken blieben drunten, das Kind in seiner Steißlage war nicht hervorzuholen, es mußte sterben, wie auch die Mutter.
„Ihr seid ja ganz bleich, José Marco, ist Euch nicht wohl?"
Das war der Rettungsanker! Mit dem letzten Rest seines Verstandes erkannte er die goldene Brücke, die der Rektor ihm bauen wollte.
„Ja, Magnifizenz, ich wollte unbedingt an dem Examen teilnehmen, fühle aber schon seit Tagen eine Art Lähmung in mir, als stehe ich vor dem Ausbruch eines Nervenfiebers. Ich habe Temperatur, mein Urin ist trüb, der Gleichklang der Säfte scheint gestört..."
„Schau, schau, wie beredt der Herr Studiosus auf einmal wird, wenn es um die Diagnose der eigenen Krankheit geht!"
Das kam von dem Professor, der die Kräuterlehre allem anderen vorzog und ihn nicht mochte.

Da ergriff der Rektor das Wort: „Gut, Marco, es gibt nun zwei Möglichkeiten. Da morgen auch noch ein Prüfungstag ist, könnt Ihr – falls es Euch besser geht – um diese Zeit wieder hier antreten, oder Ihr wartet bis zum Frühjahr und wiederholt das Examen."
„Danke – danke, Magnifizenz! Ich werde meine Krankheit auskurieren und mich dann im Frühjahr wieder melden."
Die Professoren erhoben sich und der Schreiber notierte die Worte des Rektors: „Dem Baccalaureus José Marco wird die Magisterprüfung wegen Krankheit erlassen. Sie gilt als nicht abgelegt und kann im nächsten Semester nachgeholt werden."
Joseph atmete auf. Eines wenigstens hatte er in dieser ganzen Misere erreicht: Er war nicht durchgefallen. Dann studierte er eben noch ein Semester, befaßte sich intensiv mit Kräuterkunde und innerer Medizin und würde dann ohne Schwierigkeit die Magisterprüfung bestehen.
In seinem Zimmer ließ er sich aufs Bett fallen und sank in eine Art Halbschlaf. Jetzt kamen die Antworten auf die Examensfragen zutage, er konnte sie mühelos aus den Tiefen seines Gedächtnisses holen. Stundenlang hätte er darüber referieren können, stundenlang.
Am nächsten Morgen holte ihn ein königlicher Kurier aus dem Bett.
„Ein Brief für Euch, Señor Marco, aus Sanlucar."
Woher? Aus Sanlucar... Er wußte zwar, daß es diese Stadt im Süden gab, konnte sich aber nicht erklären, wer ihm von dort schrieb. Er brach das Siegel.
David war es, der älteste Bruder, David der künftige *abogado*, von dem er lange nichts gehört hatte. Bei allen Heiligen, wie kam David nach Sanlucar? Er ordnete die acht engbeschriebenen Seiten und bekam gleich ein schlechtes Gewissen, als er daran dachte, wie selten er seiner jetzt in Cordoba lebenden Familie schrieb.

Gruß und Gesundheit zuvor; Gottes Segen und Schutz sei mit Dir auf allen Deinen Wegen, die Jungfrau Maria behüte Dich und Dein heiliger Namenspatron möge Dich führen und leiten.

Joseph ließ den Brief sinken und schmunzelte. Das Brüderchen wußte genau, daß die Inquisition beim Schriftverkehr der Conversos häufig Stichproben machte und da konnte eine solche Einleitung nur von Nutzen sein. Er ist eben ein *abogado*, riskiert nichts und denkt an alles.

Seit acht Monaten stehe ich im Dienst Seiner Gnaden Don Luis de San-

tangel, von dem Du vielleicht schon gehört hast. Er ist der Schatzmeister des Königs und sein enger Vertrauter. Eine Fügung des Himmels führte unsere Wege in Valencia zueinander; seitdem diene ich Don Luis als Sekretär und Rechtsberater. Im Spätsommer reiste ich mit ihm zusammen im Gefolge des Königs nach Sevilla, wo mir mein Herr die Gnade erwies, mich Ihrer Majestät, der Königin von Kastilien, vorzustellen. Sie ist eine hoheitsvolle, kluge und bezaubernde Frau, die mit den niedrigen Ständen ganz zwanglos verkehrt und vom Volk wie eine Heilige verehrt wird. Der Adel und die reichen Bürger fürchten sie, weil ihre Rechtsprechung ganz auf seiten des einfachen Volkes ist. Sevilla hat sie in wenigen Monaten durch gnadenlose Schnellgerichte von allem Gesindel befreit; das mag zwar etwas ungewöhnlich sein, ist aber formaljuristisch durch die 'Ordenanzas Reales de Castillo' abgesichert. Das Königspaar reiste dann gemeinsam auf einem Prunkschiff den Guadalquivir hinab bis Sanlucar, wo der Herzog von Medina-Sidonia die hohen Herrschaften gastlich empfing. Don Luis und somit auch ich nahmen an dieser Fahrt teil, und wir müßten täglich zu Gott beten, damit er Spanien dieses noble und gerechte Herrscherpaar lange erhält.

Soviel zunächst über mich und meine neue Situation, die um so vieles glänzender und aussichtsreicher ist, als vordem meine Stellung bei dem abogado in Valladolid. Nun zum Eigentlichen. Auf der Reise nach Süden gewährte mir Don Luis einige Tage Urlaub, damit ich in Cordoba unsere Familie besuchen konnte. Unser lieber Bruder Jakob, Du kennst ihn ja, ist eher ein Mann des Wortes als der Schrift, und so bat er mich, in diesem Brief auch von unserer Mutter, von ihm und von Susanna zu berichten.

Mutter geht es den Umständen entsprechend gut, doch sie trauert noch immer unserem Vater nach und wird es wohl zeitlebens tun. Jakob war sehr rührig, doch sein Bemühen in Cordoba den Weinhandel weiter zu betreiben, ist teilweise gescheitert, doch nicht zu seinem Nachteil. Er hat dort den Laden des größten Gewürzhändlers übernommen, der – verwitwet und kinderlos – keine Freude mehr an seinen Geschäften hatte. Jakob mußte eine hohe Anzahlung leisten, doch er tat es guten Mutes, um so mehr, als es ihm gelang, wenigstens die Erlaubnis zum Handel mit ausländischen Weinen zu erhalten. Wenn du seinen Laden betrittst, dann tauchst Du unter in einem Meer von Wohlgerüchen: Pfeffer, Nelken, Zimt, Anis und Wacholder – und der berauschende Duft feiner Südweine aus Italien und Griechenland nimmt dir den Atem. Da sich Ja-

kob schon den Dreißigern nähert, habe ich ihn behutsam nach möglichen Eheplänen gefragt, doch er will keine eigene Familie gründen, ehe er sich in Cordoba richtig eingelebt hat. So wenigstens äußerte er sich mir gegenüber. Es klingt wie ein schlechter Scherz, wenn man bedenkt, daß die Familie des Isak Marco mit drei Söhnen gesegnet ist, und keiner daran denkt, sich fortzupflanzen. Deine Antwort darauf kann ich mir vorstellen, nämlich daß es mir als dem ältesten am ehesten zukäme, unseren Stamm fortzusetzen. Doch im Vertrauen gesagt: Ich bin mit meinem Beruf verheiratet und habe nicht die Absicht, eine Ehe einzugehen, denke sogar daran, in den Priesterstand zu treten oder mich einer zur Keuschheit verpflichteten Laienbruderschaft anzuschließen. Jakob gegenüber habe ich nichts davon geäußert, schon unserer Mutter wegen; behalte Du es vorerst für Dich.
Nun zum eigentlich wichtigsten Familienereignis: Susanna, unsere liebe Schwester, hat einen Bräutigam! Da staunst Du, nicht wahr? Natürlich hat Jakob die Ehe eingefädelt, und er war außerordentlich geschickt dabei. Gleich nach seiner Übersiedlung begab er sich in das Haus des großen jüdischen Weinhändlers, sagte ihm ins Gesicht, daß er nicht nur dabei sei, ihm Konkurrenz zu machen, sondern durch sehr günstige Lieferverträge auch imstande, ihn zu unterbieten. Du kennst sein äußerst geschicktes Mundwerk, seinen treuherzigen Blick und die Fähigkeit, anderen kühne Fiktionen als die reine Wahrheit zu verkaufen. Kurzum, der verdatterte Weinhändler fiel darauf herein und bot quasi zum Ausgleich seinen zweitältesten Sohn als Bräutigam für Susanna an, mit dem Einverständnis, ihr die Mitgift zu erlassen. Daniel ist zwei Jahre jünger als unsere Schwester, doch er gleiche dies durch sein gesetztes verständiges Wesen aus, und das Beste: Die beiden sind durchaus miteinander einverstanden, es gibt nicht die geringsten Schwierigkeiten. So wird der jüdische Wein- und Gewürzhandel in Cordoba künftig von einer verschwägerten Sippe betrieben werden, und wie ich unseren Jakob kenne, wird er bald zu den Häuptern der Judengemeinde zählen. Die Hochzeit soll in einem halben Jahr sein; Jakob rechnet fest mit Deinem Kommen und auch damit, daß Du bis dahin schon ein fertiger Arzt bist. Don Luis wird mich dazu gewiß beurlauben, und so wird der nächste Sommer uns nach langer Zeit alle wieder vereint finden.

Joseph ließ den Brief sinken. Warum nur berührte ihn all das so wenig? Er bewunderte neidlos Davids schnellen Aufstieg, freute sich über Susannas Verlobung und über Jakobs geschäftliche Erfolge, aber die Freude blieb im Kopf stecken, sie drang ihm nicht ins Herz. Warum nur? Warum nur? Er liebte doch seine Familie, hatte auch aus der Ferne immer an allem, was sie berührte, teilgenommen.

Jetzt, da er wieder Zeit für sich hatte, und guten Gewissens seine Bücher vorerst beiseite schieben durfte, bewegte ihn nur eines, beherrschte seine Tage, seine Nächte, seine Träume, seine Gedanken: Wie kann ich mich Adriana nähern, wie sie sehen oder sogar treffen?

Zuerst versuchte er es mit Pedro, dem er sich rückhaltlos offenbarte. Er hoffte auf Verständnis und scheute nicht davor zurück, das Mitleid seines Freundes zu erwecken.

„Pedro, ich habe tagelang versucht, mir das Bild deiner Schwester aus dem Herzen zu reißen, bin fast täglich ins Bordell, um mich abzulenken, habe mich jeden Abend mit billigem Wein vollaufen lassen – aber es blieb nur immer ein fürchterlicher Kater, und meine unterdrückte, gewaltsam verdrängte Sehnsucht nach Adriana ist noch stärker, ja übermächtig geworden. Warum glaubst du, habe ich mein Examen abbrechen müssen? Wegen Krankheit heißt es offiziell, und das stimmt ja auch: Ich bin krank an Haupt und Gliedern – liebeskrank! Meine Krankheit heißt Adriana, mein Leben heißt Adriana, meine Zukunft heißt..."

Pedro, dem es zuviel wurde, unterbrach ihn.

„... heißt Adriana, das hast du mir jetzt bis zum Überdruß begreiflich gemacht. Aber gerade da muß ich dich korrigieren: Deine Zukunft kann nicht Adriana heißen, denn meine Eltern haben sie schon als Zwölfjährige dem Sohn einer befreundeten Familie anverlobt. Dringt das überhaupt in dein taubes Hirn? Adriana wird bald sechzehn und soll im nächsten Jahr heiraten. Verstehst du – das ist vertraglich festgelegt vor einem Notar mit einem Priester als Zeugen. Mit unserer Freundschaft hat das nichts zu tun, und es wird sie nur festigen, wenn du meinem Rat folgst: Vergiß das Mädchen, bilde dir ein, du habest den Namen Adriana nie gehört. Es war nur ein Traum, und jetzt bist du erwacht und eines Tages wirst du dich neu verlieben und deinen jetzigen Zustand belächeln."

Joseph blickte seinen Freund an: Die lange schlaksige Gestalt auf dem Stuhl zusammengekrümmt, um nicht zu groß zu erscheinen, das hübsche schüchterne Gesicht etwas gerötet, während die schönen gepflegten Nichtstuer- und Patrizierhände ruhelos herumirrten, abwechselnd damit beschäftigt, den Weinbecher hochzuheben und wieder hinzustellen oder in die Rocktasche zu fahren und mit den Münzen zu klimpern.

Verlobt? Joseph hörte es, aber es beirrte ihn nicht. Die meisten Mädchen sind mit fünfzehn schon verlobt, aber nicht immer wurde eine Ehe daraus. Er versuchte es anders.
"Hat Adriana über mich gesprochen? Wie wirke ich auf sie? Glaubst du, sie könnte mich eines Tages lieben?«
Pedro empfand die Situation langsam als peinlich. Er kannte seinen Freund nicht wieder, den immer fidelen, verträglichen, fleißigen und gescheiten José, der zwar gerne einen draufmachte, lieber einen Becher zuviel trank und einmal mehr zu den Huren ging, dabei aber niemals sein Ziel aus den Augen verlor. Und jetzt? Nein, diesen José kannte er nicht. Doch Pedro liebte seinen Freund und war einsichtig genug, ihn jetzt nicht zornig anzufahren oder sich von ihm abzuwenden.
"Trinken wir noch einen Schluck?"
Joseph nickte und Pedro machte dem Wirt ein Zeichen. Dann richtete er sich auf und überragte den anderen fast um Haupteslänge.
"Jetzt hör' mir einmal zu, alter Freund. Kein Mädchen ist es wert, daß man darüber den Verstand verliert – auch meine Schwester nicht. Zugegeben, sie ist ein hübsches Ding, aber sie hat ein loses Mundwerk und widerspricht sogar Papa, und der läßt es sich meist gefallen, weil er ihr nicht gewachsen ist. Es besteht kein Grund, ihren künftigen Mann zu beneiden. Du wirst es jedenfalls nicht sein, finde dich damit ab und preise dein Schicksal für dieses Glück! Ich kenne sie besser, mein Lieber, und weiß wovon ich rede."
"Es muß nur der richtige Mann kommen, der von Gott, nicht von deinen Eltern bestimmte. Der würde ihr Wesen verstehen, sie zähmen... Sie würden sich ergänzen, ein ideales Paar – und ich fühle, Pedro, daß ich dieser vom Schicksal bestimmte Mann bin. Und Adriana fühlt es auch, das weiß ich!"
Pedro seufzte.
"Du kannst doch nicht die Weltordnung auf den Kopf stellen! Meine Eltern denken nicht im Traum daran, die Verlobung rückgängig zu machen, auch wenn sich ein anderer, vielleicht sogar ein Besserer fände. Meine Familie gehört zu den angesehensten unserer Stadt; das käme einem Sakrileg gleich! Schlag' dir Adriana aus dem Kopf, ich bitte dich als dein Freund darum!"
Joseph blieb störrisch.
"Unsere Freundschaft hat damit nichts zu tun. Zufällig ist Adriana deine Schwester – sie könnte auch aus einer anderen Familie stammen, könnte

eine Bettlerin sein, eine Prinzessin, ja, sogar eine Hure – dies alles würde nichts an meinen Gefühlen ändern."

Pedro gab es auf, trank seinen Becher leer und erhob sich.

„Geh' hinaus auf die Straße, José, und versuche deinen Verstand wiederzufinden – du mußt ihn irgendwo verloren haben."

Auch gut, dachte Joseph, von dieser Seite ist also keine Hilfe zu erwarten. Ich darf nichts überstürzen, muß Adriana Zeit lassen, sich an die ihr ungewohnten Gefühle zu gewöhnen. Sie ist noch jung und unerfahren, diese Situation ist völlig neu für sie. Sie muß wissen, daß ich da bin, zu ihr stehe, sie nicht aus den Augen lasse.

Während der nächsten Tage suchte Joseph zu ergründen, wie sie den Tag verbrachte, wann sie aus dem Haus ging und wohin.

Das Haus der de Silvas lag im Viertel der Martinskirche und war aus der Ferne gut zu beobachten, wenn man sich hinter einer der Platanen auf dem Kirchplatz verbarg. Joseph hatte an alles gedacht. Wenn er sich einfach nur hier herumdrückte, würde er bald den Argwohn der Bewohner des Viertels erwecken, und so trug er ständig eine Zeichenmappe unter dem Arm, betrachtete die Kirche von allen Seiten und strichelte an einer Architekturzeichnung herum, die ein befreundeter Student ihm angefertigt hatte. In Salamanca, der größten und berühmtesten Universitätsstadt Spaniens, wo derzeit etwa siebentausend Studenten lebten, konnte kein junger Mann auffallen, der sich derart mit seiner Arbeit beschäftigte.

Nach einigen Wochen gehörte Joseph sozusagen zum Inventar des Kirchenplatzes; die herumtobenden Kinder nahmen genausowenig Notiz von ihm wie die alten Leute, die dort auf Stühlen die Wintersonne genossen und ein Auge auf ihre Enkel hatten.

Bald hatte Joseph den Wochenplan seiner Angebeteten herausgefunden. Am Montag ging sie mit einer jungen Magd zur Plaza Mayor hinüber, wo die Bauern ihren Grünmarkt abhielten. Nach höchstens einer Stunde kehrte sie zurück; die Magd schleppte den Korb mit Gurken, Karotten, Zwiebeln, Fenchel und Würzkräutern hinter ihr her. Am Mittwoch zur Vesperstunde schritt sie mit gesenktem Haupt an der Seite ihrer grimmigen Dueña zur Martinskirche, um dort im Kreise frommer Damen den Rosenkranz zu beten. Dasselbe geschah am Freitag. Am Samstag erschien sie wieder gegen die zweite Tagesstunde mit der jungen Magd, um auf der Plaza Mayor einzukaufen.

Joseph, der nun ihren Wochenplan kannte, begann wie zufällig ihren

Weg zu kreuzen. Am Montag mitten im Marktgewühl stießen sie ‚zufällig' gegeneinander. Joseph zog seinen Hut und verbeugte sich tief.
„Ich muß Euch vielmals um Verzeihung bitten, Señorita Adriana, aber im Eifer des Gefechtes, wenn man hier noch etwas Frisches erhaschen will..."
Die fröhlichen Augen musterten ihn genau.
„Habt Ihr eine Stelle als Koch angetreten? Ich dachte immer, Euer Ziel sei es, Arzt zu werden."
„Aber ja – aber ja, doch mein Hauswirt hat mich gebeten, eine schöne Gurke, ein paar Zwiebeln..."
„Ihr lügt, Señor Marco, und ich sehe es Euch an."
Sie wandte sich ab und verschwand mit ihrer Magd im Gewühl. Er stand da, den Hut noch in der Hand und mit einer Last von Worten auf der Seele, die er nun weiter mit sich herumschleppen mußte. Auch wenn sie geblieben wäre, wie hätte er ihr hier, auf dem Markt, vor aller Augen, sagen können, was zu sagen war?
Er befand sich in einer jämmerlichen Lage, aß kaum noch etwas, trank dafür um so mehr und vertrödelte seine Tage träge auf dem Bett, ausgenommen jene, da Adriana unterwegs war. Er verbrachte ein trostloses Weihnachtsfest, allein und im Hader mit sich und der Welt. Das neue Jahr kündigte sich mit einem eisigen Ostwind an, der von der Sierra Guadarrama herüberwehte und bis zum Dreikönigstag die Häuser und Straßen, Bäume und Sträucher mit einer dünnen glitzernden Schneeschicht bedeckte.
Von Pedro hatte Joseph erfahren, daß die Familie de Silva die Zeit zwischen Weihnachten und dem Dreikönigstag traditionell auf ihrem Landgut verbrachte.
„Ich glaube, das hat schon mein Urgroßvater eingeführt. Die Pächter werden am Dreikönigstag beschenkt, was meinem Vater, dem alten Knicker, nicht ganz leichtfällt."
Aus solchen und anderen Bemerkungen war zu erkennen, daß Pedro seinen Vater zwar respektierte, aber nicht besonders mochte. Dafür liebte er seine Mutter und die beiden Schwestern um so mehr.
Joseph hatte die Zeit der Wintervakanz immer zu Hause verbracht, doch diesmal konnte er sich dazu nicht aufraffen – Salamanca hielt ihn fest, und Salamanca hieß Adriana. In seiner überreizten Phantasie belegte er alles mit ihrem Namen. Die Stadt hieß Adrianopolis, die Kirche Santa Adriana, der Marktplatz Plaza Adriana, ihr Elternhaus Casa Adriana.

Das ging ihm so lange im Kopf herum, bis er in einem vielseitigen Brief alles, was ihn bewegte, niederschrieb. Es war ein verrückter Brief, ohne einen roten Faden, wo die Gedanken wirr durcheinandersprangen wie aufgeschreckte Flöhe. Das wochenlange Fasten, der viele Wein und das tatenlose Herumliegen hatten Josephs Geist an den Rand des Wahnsinns gebracht. Der Hauswirt hatte mehrmals versucht, seinen jungen und einsamen Mieter während der Feiertage zu den Mahlzeiten einzuladen, aber Joseph hatte ihn nur stier angesehen und etwas von seinem Examen gefaselt, für das er sich intensiv vorzubereiten habe.
Ein paar Tage nach dem Dreikönigsfest ging ihm der Wein aus, doch er war bereits zu schwach, um sich vom Bett zu erheben. Ein fürchterlicher Kater folgte der erzwungenen Abstinenz, doch mit dem Kater stellte sich ein Heißhunger ein. Er hätte jetzt alles aufessen können, auch schimmliges Brot und steinharten Käse, aber nichts davon war vorhanden.
Da erschien zur rechten Zeit Pedro de Silva. Er fand den Freund in einem Dämmerzustand auf dem verschmutzten Bett liegen, umgeben von leeren Weinkrügen, Papierfetzen, Scherben von Steinzeug und anderem Unrat, in dem die Mäuse vernehmlich raschelten.
„José!"
Er berührte den Freund an der Schulter und hörte dessen Stimme wie einen Hauch.
„Pedro? Bist du es?"
Ein fauliger Atem wehte ihn an, aus dem Bett roch es nach Schweiß, Urin und schmutziger Wäsche.
„Was ist denn nur los mit dir? Ich dachte, du seist heimgefahren. Bist du krank? Soll ich einen Arzt holen?"
Joseph schüttelte kaum merklich seinen Kopf.
„Hunger – Essen – Trinken...", flüsterte er.
Kopfschüttelnd machte sich Pedro auf den Weg zur Schenke und erschien mit einem halben Huhn, einem Laib Brot und einem Krug Most. Joseph aß und trank gierig, riß mit zitternden Händen das Huhn in Stücke, stieß den Mostkrug um.
„Wenn du gegessen hast, begleite ich dich in ein Bad. Hier stinkt es wie in einem Kerker der Inquisition."
„Bist du je in einem gewesen?" scherzte Joseph matt.
„Berede es nicht! Die Inquisitoren sind gerade dabei, sich Futter für den *brasero* zusammenzufangen, damit das Osterfest die gebührende Weihe erhält. Mein Vater hat einige Andeutungen gemacht."

Joseph versuchte, einen Schuh anzuziehen, aber es gelang ihm nicht. Pedro half ihm dabei.
„Während wir im Bad sind, muß hier gründlich saubergemacht werden."
Joseph hob seine zitternden Hände.
„Ich fürchte, mir ist das Geld ausgegangen..."
„Ich leihe dir welches. Der Hauswirt soll eine Magd mit ein paar Eimern Wasser hier heraufschicken."
So kam Joseph wieder ins Lot, aß, trank, nahm sogar sein Studium wieder auf und vertiefte sich in die Geheimnisse der Heilkräuterkunde. Er hatte lange geschwankt, ob er seinen wirren Brief nicht besser verbrennen sollte, aber dann tat er es doch nicht, sondern schickte ihn mit einem Boten in die Casa Adriana. Mit der Kraft kehrte auch sein Liebeswahn zurück und montags, mittwochs und samstags fand man ihn wieder auf seinem Beobachtungsposten. Am Sonntag, wenn die gesamte Familie de Silva die Messe besuchte, wagte er nicht zu erscheinen. Die Gelegenheit, mit Adriana zu reden, ergab sich ganz plötzlich.
Als sie an einem Montag das Haus verließ, blieb sie plötzlich stehen, schlug sich leicht an die Stirn und redete auf die Magd ein. Die nickte mehrmals und lief ins Haus zurück.
Das ist wie auf der Bühne dachte Joseph, jetzt kommt mein Auftritt. Er trat hinter einem Baum hervor, ging auf sie zu und zog schwungvoll den Hut. Sie sah ihn nicht, da ihr Blick auf das Haus gerichtet war.
„Ich lege Euch meine Verehrung zu Füßen, Señorita."
Nicht im mindesten überrascht, wandte sie sich um.
„Ah, Señor Marco, wieder einmal zufällig unterwegs? Die Zufälle verfolgen Euch geradezu, so scheint es. Euren seltsamen Brief habe ich sofort verbrannt, weil ich es für besser hielt. Spart die Tinte künftig für Eure Studien, da scheint sie mir besser angewandt."
„Aber Adriana, versteht Ihr denn nicht..."
„Was gibt es da zu verstehen? Ihr seid es, der nicht versteht. Ich hasse Euch weder, Señor José, noch verachte ich Euch. Ihr dauert mich nur, und ich mache mir schon Vorwürfe, daß ich der Anlaß zu Eurer – nun, Eurer Verstörung bin. Schuldlos zwar, aber doch die Ursache. Gäbe es meinen Verlobten nicht, so könnte ich – also ich meine, auf eine gewisse Weise..."
Da erschien die Magd und Adriana sagte laut: „Ich werde es gerne meinem Bruder ausrichten, Señor Marco."

Wieder stand er da, mit dem Hut in der Hand, verstört, verwirrt, einsam und unglücklich.

Der Zufall wollte es, daß Señor de Silva an diesem Tag zu Hause war, um einiges aufzuarbeiten. Er stand gerade am Fenster seines Arbeitszimmers, als Joseph vor seine Tochter hintrat.

Diesen Menschen erkannte er sofort: Es war der aufdringliche Medizinstudent, der Adriana seit einiger Zeit nachstellte; Señor de Silva hatte seine Quellen. Daß dieser Mann ein getaufter Jude war, wußte er auch, so wie er darüber informiert war, daß Joseph an verbotenen Sektionen teilgenommen hatte. Aus Rücksicht auf den alten und weithin bekannten Professor de Rojas war es stillschweigend geduldet worden, doch der hatte um die Jahreswende das Zeitliche gesegnet und die Inquisition – Ostern stand vor der Tür, die Zeit drängte – hatte nun freie Hand.

Da Señor de Silva es vermeiden wollte, daß Pedro von seinem Vorhaben erfuhr, wählte er den einfachsten Weg. Er setzte Josephs Namen in ungelenker Druckschrift auf ein Stück Papier und schrieb dazu: *'War an Leichenschändungen beteiligt'*. Diesen Zettel warf er heimlich in einen der zahlreichen Briefkästen der Heiligen Inquisition. Daß der junge Arzt das Leben seiner kleinen Tochter gerettet hatte, verursachte bei de Silva keinen Gewissenskonflikt, denn dieser Mensch war letztlich nur ein Werkzeug Gottes und der HERR konnte seine Handlanger auswählen, wann, wo und wie er es für gut hielt, sogar unter Conversos und Leichenschändern.

Kein Name, der jemals in die Mühlen der Inquisition geriet, wurde verschlampt, unterschlagen oder gar vergessen, wenn man sich auch häufig viel Zeit bei den Ermittlungen ließ. Diesmal aber – das Osterfest rückte näher und es gab erst vier Angeklagte – handelte man schnell.

An einem kühlen Februarmorgen, noch vor Sonnenaufgang, hielten zwei bewaffnete Reiter der Santa Hermandad vor Josephs Haus, weckten den Besitzer und ließen den Baccalaureus José Marco aus seiner Dachkammer holen. Auf seine Fragen erhielt er keine Antwort, ihm wurde nur gesagt, er müsse an diesem Morgen in der 'Casa Santa', dem Haus der Inquisition, erscheinen, um verschiedene Dinge zu klären.

Der Hauswirt schlug zitternd drei Kreuze, als die Reiter mit seinem Mieter verschwunden waren. Armer Kerl, dachte er, wir werden uns kaum wiedersehen, helfe dir Gott, mein Junge, helfe dir Gott!

9

Pedro Gonzales de Mendoza, Kardinal und Erzbischof von Toledo, konnte eine leise Ungeduld nicht verhehlen. Die Reise mit den Königen dauerte ihm allmählich zu lange, und er haßte es, bei den Festlichkeiten, mit denen der Herzog von Medina-Sidonia und der Marqués von Cadiz sich zu überbieten suchten, immer den frommen und zurückhaltenden Kirchenfürsten spielen zu müssen. Zwar wußte alle Welt, daß er den heiteren Seiten des Lebens durchaus zugetan war, und er, wie jeder andere gesunde Mann, ein festliches Mahl, erlesene Weine und schöne Frauen schätzte, aber so lange er mit diesem hageren und muffligen Talavera an einer Tafel saß – das Volk nannte ihn schon jetzt einen Heiligen –, blieb ihm nichts anderes übrig, als Maß zu halten und sich zurückzuziehen, wenn es lustig zu werden versprach.
So wie es vor zwei Tagen in Rota gewesen war, im Sommerpalast des Marqués von Cadiz. Der noch junge, sehr gut aussehende Mann gefiel sich in der Rolle des von der Königin erwählten Lieblingspagen. Eigenhändig legte er ihr die besten Bissen vor, kostete fünf Weine, um ihr dann den erlesensten zu kredenzen. König Ferdinand lächelte zu diesem Eifer nur gutmütig, aber die Königin war hingerissen, man sah es ihr an, und Mendoza dachte an jenem festlichen Abend bei sich: Sie ist schließlich auch nur eine Frau, und warum soll ihr der rotblonde, schlanke und dienstfertige junge Ritter nicht gefallen? Daß sie sich den Burschen ins Bett holt, ist ohnehin undenkbar; vielleicht aber leistet sie sich den Luxus, an ihn zu denken, wenn der schon etwas dickliche Ferdinand sie heute Nacht umarmt. Vielleicht wird er es auch nicht tun, denn man spricht davon, daß die Königin wieder schwanger ist. Statt dessen wird er heute mit dem Marqués nach Cadiz hinüberreiten, wo im Stadtpalast schon die leckersten Hürchen die hohen Herren erwarten.

Schon bei dem Gedanken daran spürte Mendoza, wie sein Phallus sich aufrichtete. Er dachte wehmütig an seine zwei Mätressen, die er liebte und die ihm Kinder geboren hatten. Die eine saß in Toledo, die andere in Cordoba, aber das waren sozusagen nur seine offiziellen Frauen, neben denen es noch ein weiteres Dutzend gab, die ihn mit offenen Armen erwarteten, wenn er auf seinen endlosen Reisen mit den Königen in Spanien herumzog.
Talavera saß ihm schräg gegenüber und beobachtete ihn schon eine ganze Weile. Mendoza machte ein freundliches Gesicht und fragte: „Habt Ihr etwas auf dem Herzen, ehrwürdiger Vater?"
Der asketische Hieronymitenmönch versuchte ein Lächeln, das sein strenges hageres Gesicht seltsam verschönte.
„Verzeiht mir, Bruder Mendoza, daß ich Euch so lange betrachtet habe, aber mir schien, Ihr seid mit den Gedanken weit weg von hier."
„Hat man mir das angesehen? Ja, es stimmt, ich dachte an die liegengebliebene Arbeit in Sevilla. Die Majestäten haben es mir ausgeredet, meine Kanzlei mit hierher zu nehmen, denn dies sollte ja eine Vergnügungsreise werden. Nun, ich habe mich gefügt..."
Talavera drohte scherzhaft mit seinem dürren knotigen Zeigefinger.
„Ich glaube, Ihr belügt mich, Bruder, denn Euer Gesicht sprach von anderen Gedanken; eher von heiteren, erfreulichen..."
Mendoza lachte. „Ein Glück, daß Ihr nicht mein Beichtvater seid! Ihr habt die Fähigkeit, auf den Grund der Seelen zu blicken."
Nach der üppigen, erlesen zubereiteten Abendmahlzeit lockerte sich die Gesellschaft auf. Man verließ die Tische, setzte sich zu Freunden, da und dort bildeten sich Herren- oder Damenrunden, und bald saß Mendoza mit König Ferdinand, dem Marqués und zwei weiteren Herren an einem Fenstertisch, von dem aus auf der anderen Seite der Bucht die Lichter der Stadt Cadiz zu sehen waren. Einer der Herren erzählte gewagte Witze, die man zum Teil schon kannte, doch er brachte sie auf eine Weise vor, daß der abgestandenste wie in einem neuen Kleid erschien und große Heiterkeit erregte.
Es ging auf Mitternacht zu, einige der älteren Herrschaften begannen, sich zurückzuziehen, auch die Königin erhob sich. Die Herren im Saal sprangen auf und verneigten sich. Isabella blickte zu Ferdinand hinüber, der zwischen Mendoza und dem Marqués stand.
„Ich werde mich jetzt zurückziehen, Don Fernando. Den Herren wird es ohnehin lieber sein, wenn sie ganz unter sich sind."

Einige der Damen kicherten, und Talavera, der zwei Schritte hinter der Königin stand, blickte streng. Sein Auge ruhte, so schien es Mendoza, just auf jenem Tisch, wo er neben dem König stand. Isabella ging mit langsamen Schritten auf die Tür zu. Kurz davor blieb sie stehen.
„Kardinal Mendoza, Ihr kommt doch mit Uns?"
Der Erzbischof seufzte hörbar und Ferdinand wandte sich ab, weil er ein mitleidiges Grinsen nicht unterdrücken konnte.
„Selbstverständlich, Majestät, ich wollte mich nur noch von den Herren verabschieden."
Das war es, woran Mendoza dachte, während er im königlichen Troß nordwärts zog. Sie durchquerten gerade die Weinberge bei Jerez, wo die Lese in vollem Gang war. Der Kardinal schluckte, als er an die berühmten Weine dachte, die so golden im Glas schimmerten, so betörend dufteten und so hinreißend schmeckten.
In Sevilla kam es dann schlimmer, als er erwartet hatte. Seine Sekretäre saßen hinter Bergen von zu bearbeitenden Akten und unerledigter Post. Auf solche Erholungsreisen konnte er künftig verzichten! Bei der ersten Durchsicht legte er gleich den Bericht aus Rom beiseite. Sollte der Papst...? Die Neugierde siegte, er brach hastig das Siegel und glättete die Seiten. Nein – der Papst lebte noch; ansonsten ging es um die Kardinäle Borgia und della Rovere. Sofort besserte sich seine Laune. Dieser Borgia war ein Mann nach seinem Geschmack, den hätte er gerne an der Stelle des sittenstrengen asketischen Talavera gesehen. Nicht, daß er den hageren Mönch verachtete oder gar haßte – nein, er respektierte den im Grunde Gutwilligen und Gutmütigen, aber lästig war dieser Mensch bisweilen schon. Mendoza nahm das mehrseitige Schreiben und setzte sich ans Fenster.

Hochwürdiger und hochverehrter Herr Kardinal und Erzbischof!
Die Gesundheit Seiner Heiligkeit hat sich in den letzten Monaten etwas gebessert, doch die Ärzte meinen, dies könne nicht von langer Dauer sein. Wenn Ihr dieses Schreiben in Händen haltet, tagt vielleicht schon das Konklave, und die christliche Welt erwartet mit Ungeduld die Entscheidung des Heiligen Geistes.

An dieser Stelle mußte Mendoza herzhaft lachen, und er dachte, Humor hat dieser Bursche, das muß man ihm lassen.

Nun einiges über den Kardinalkanzler Rodrigo Borgia. Der hohe Herr hat es für opportun gehalten, seine langjährige Geliebte Vanozza de Cataneis mit einem ehrenwerten Mann zu verheiraten; der Glückliche heißt Carlo Canale und ist ein Kämmerer des Kardinals Gonzaga. Nach der Geburt seines Sohnes Jofré hat Borgia sich von der Vanozza als seiner Geliebten abgewandt und ehrt in ihr nur noch die Mutter seiner Kinder. Außer seinem regelmäßigen Besuch bei zwei oder drei der ersten Konkubinen Roms ist nichts über eine neue Favoritin bekannt. Von seinen zwei älteren Söhnen ist wenig zu hören, doch jedermann weiß, daß Cesare, sein Erstgeborener, für die kirchliche Laufbahn bestimmt ist, während Juan ohne Zweifel den weltlichen Weg einschlagen soll. Ihr werdet wissen, daß der Junge – durch ein Dekret Seiner Majestät des Königs Ferdinand – sei kurzem Herzog von Gandia ist und bereits so stolz auftritt, daß niemand an seinem hohen Rang zu zweifeln wagt.

Im übrigen blickt ganz Rom, aber vor allem der Adel und die Kardinäle, auf den lautlosen Kampf zwischen Rodrigo Borgia und Giuliano della Rovere. Letzterer wäre gewiß nicht nach dem Geschmack Eurer Eminenz. Er stammt aus bescheidenen Verhältnissen, trat in den Orden der Franziskaner ein und fiel bald durch seine Gelehrsamkeit auf. Sein Glück – und vielleicht Borgias Pech – war es, daß einer seiner Onkel als Sixtus IV. auf den Papstthron gelangte und den kleinen Mönch sogleich zum Kardinal ernannte. Giuliano della Rovere ist ein sehr kluger, ziemlich derber Mensch, nicht selten jähzornig und rücksichtslos und beileibe kein Zauderer. Sein privates Leben ist makellos, weder gibt es Frauen, noch kann man ihn als Prasser oder Verschwender bezeichnen. Seine seltenen Einladungen sind berüchtigt, so daß die Hälfte der geladenen Gäste sich wegen Krankheit oder anderen Verpflichtungen entschuldigen läßt, denn seine Tafel ist wahrhaft franziskanisch, und im Hause eines Rodrigo Borgia würde man seine Weine bestenfalls als Essig verwenden. Doch man darf ihn nicht unterschätzen, seine Anhängerschaft ist groß, und man erwartet von ihm – falls er die Nachfolge antritt – eine Erneuerung der Kirche an Haupt und Gliedern.

Eher in unserem Interesse wäre es freilich, wenn ein spanischer Papst den Stuhl Petri bestiege, denn Kardinal della Rovere betrachtet unser Reich mit scheelen Blicken. Es mißfällt ihm, daß Ferdinand auch König von Sizilien ist, und bei jeder passenden und unpassenden Gelegenheit erinnert er daran, daß diese Insel seit altersher päpstliches Lehen ist,

und gibt seiner Verwunderung Ausdruck, wie diese Tatsache in Vergessenheit geraten konnte. Kurz gesagt – ein della-Rovere-Papst wäre nicht im Interesse unserer hochverehrten Majestäten.
Haben Eure Eminenz übrigens schon erwogen, sich selbst um die Nachfolge Petri zu bemühen? Freilich wäre dann Kardinal Borgia...

Mendoza ließ das Blatt sinken. Natürlich hatte er schon daran gedacht, wie vermutlich jeder Kardinal der Heiligen Römischen Kirche. Auch die Majestäten hatten das Thema bereits angesprochen, doch da gab es zu viele Wenn und Aber, außerdem lag Rom fern...
Er stand auf und blickte aus dem Fenster, doch er sah nicht, was in dem großen *patio* vorging. So fern liegt Rom nun auch wieder nicht, dachte er und hatte schon die Hand an der Klingel.
Ein Sekretär trat ein und verneigte sich.
„Laß bei Ihrer Majestät anfragen, ob sie mich in den nächsten Stunden empfangen kann."
Er wohnte als Gast bei seinem Amtsbruder im Bischofspalast, doch seine Kanzlei hatte er hier im Alcazar. Wie fast immer empfing ihn die Königin sofort. Sie schien in aufgeräumter Stimmung und lächelte ihm entgegen.
„Nun, Mendoza, was führt Euch zu mir? Ich bin Euch im Augenblick so gewogen, daß Ihr von mir fordern könnt, was Ihr wollt. Vielleicht noch ein Bistum? Oder ein Kloster? Eine Probstei?"
Mendoza lächelte und neigte sein Haupt.
„Mir genügt, was ich habe, und selbst das würde ich gerne hingeben, wenn mir nur die Gnade der Majestäten erhalten bleibt."
„Schön gesagt, Mendoza. Ihr seid unser bester Freund und das wißt Ihr. Also, worum geht es?"
„Von unserem Gesandten in Rom."
Sie überflog das Schreiben.
„Im Grunde nichts Neues...", sagte sie zögernd, als wolle sie zuerst seine Meinung hören.
„Abgesehen von der Tatsache, daß dem alten Sünder wieder ein Kind geboren wurde."
Isabella blickte auf.
„Wer ohne Sünde ist, der werfe den ersten Stein..."
Mendoza seufzte und tat beleidigt.
„Damit bin natürlich wieder ich gemeint, dabei kann ich Euch versi-

chern, daß ich schon lange nicht mehr – also ich will sagen, meine Kinder sind fast alle erwachsen, im Grunde waren das Jugendsünden, während dieser Borgia noch immer – also gut, lassen wir das, wer bin ich, um über andere zu richten? Was mich betrifft, so ist es Eurer Majestät sicher nicht entgangen, daß ich mich geändert habe, vor allem seit Bruder Talaveras heiligmäßiges Vorbild mir immer vor Augen steht."
Isabella schmunzelte.
„Ich glaube Euch kein Wort, Mendoza! Ihr habt Euch nicht verändert, Ihr fangt es nur schlauer an und schiebt Eure Kinder gleich nach der Geburt in ein Kloster ab. Da ist dieser Borgia schon ehrlicher, der bekennt sich zu seiner Familie, auch wenn er seine Sprößlinge als Nichten und Neffen bezeichnet. Jetzt aber Schluß mit solchen Dingen, von denen eine fromme christliche Königin eigentlich nichts wissen sollte. Das Wichtigste am Schreiben unseres Gesandten ist wohl die Frage, ob Ihr schon erwogen habt, Euch um die Nachfolge Petri zu bemühen – oder irre ich mich?"
„Ja, das ist der Punkt – und ich bitte dazu um die Meinung Eurer Majestät, obwohl ich mir denken kann, daß Eure weithin bekannte Frömmigkeit eher die Wahl des Franziskanermönches befürworten würde."
Isabella richtete sich auf, preßte die Lippen zusammen, die blauen Augen funkelten wie Toledostahl. Ihre Stimme klang kalt.
„Mendoza, Ihr solltet wissen, daß ich christliche Frömmigkeit durchaus mit politischen Erwägungen zu verknüpfen weiß. Als christliche Königin muß ich mich vor allem anderen für mein Land vor Gott verantworten; ob in Rom ein frommer oder sündiger Mann auf dem Thron Petri sitzt, ist für mich nur insoweit von Belang, ob er uns nützen oder schaden kann. Ihr, Mendoza, würdet uns eher nützen und Borgia auch. Daß der Franziskanermönch, wie Ihr den Kardinal della Rovere zu nennen beliebt, für Spanien wenig übrig hat, ist mir bekannt. Hütet also künftig Eure Zunge, wenn es darum geht, was eine fromme Königin tun oder lassen soll."
In tiefer, perfekt gespielter Zerknirschung fiel Mendoza auf die Knie und küßte Isabellas rechte Hand.
„Ich scheue mich nicht, vor Euch, meiner Herrin, zu knien, was der fromme Talavera bekanntlich ablehnt, und ich bitte Euch von Herzen um Vergebung."
Isabella zog ihre Hand zurück und lächelte, ohne es eigentlich zu wollen.

„Erhebt Euch, Kardinal! Ein Kirchenfürst sollte nur vor Gott knien..."
„...und vor schönen Frauen", warf Mendoza ein.
Isabella seufzte hörbar.
„Ich sollte Euch der Inquisition ausliefern, Mendoza. Tomas de Torquemada gelänge es vielleicht, aus Euch einen frommen Christen zu machen."
Da wurde Mendoza kühn.
„Torquemada geht zu streng vor, er ist ein Unglück für Spanien."
„Haltet Euch da heraus, Kardinal Mendoza!" Ihre Stimme klang hart.
„Ich bin Euer Ratgeber und muß Euch warnen, wo ich es für angebracht halte. Übrigens ist Talavera in diesem Punkt mit mir einig: Auch er hält Torquemada für ein nationales Unglück. Er ist der Meinung, man müsse den Abtrünnigen eher mit Güte begegnen, um sie zum Glauben zurückzuführen. Folter und Scheiterhaufen hält er – wie ich – für wenig geeignete Mittel. Damit spreche ich nicht gegen die Inquisition, mich stört nur ihre Verfahrensweise."
„Seid für Euren Rat bedankt, aber was die Ketzer betrifft, halte ich mich an die Heilige Schrift, wo uns Johannes empfiehlt, die verdorrten Reben vom Weinstock Jesu zu entfernen und zu verbrennen. Verzeiht mir, wenn ich den Evangelisten höher stelle, als Eure und Talaveras Meinung. Und nun kein Wort mehr über dieses Thema! Was ich tue, werde ich vor Gott verantworten und nur vor ihm! Ihr wolltet meine Meinung zur Papstfrage hören – nun, Mendoza, ich habe meine frühere Ansicht geändert und sähe gerne Euch auf dem Stuhle Petri."
„Ein klares Wort, Majestät, und ich habe eine klare Antwort darauf. Es freut und ehrt mich, daß Ihr den Sünder Mendoza für geeignet haltet, die Nachfolge Seiner Heiligkeit Sixtus' IV. anzutreten. Ich werde Euch drei Gründe nennen, warum ich diese Möglichkeit – mehr ist es ja vorerst nicht – ausschlagen muß. Erstens einmal liebe ich mein Amt als Ratgeber der spanischen Majestäten und möchte es nicht einmal mit dem Stuhle Petri vertauschen. Zum zweiten schätze ich meine Aussichten sehr gering ein. Ich bin fast nie in Rom, kenne die Verhältnisse im Vatikan kaum, und hatte deshalb keine Gelegenheit, mir dort Anhänger und Fürsprecher zu schaffen. Zum dritten aber würde ich mir dadurch den Kardinal Borgia zum Gegner machen, und das will ich nicht. Es gibt nur einen spanischen Kardinal, der begründete Aussichten hat, die Nachfolge anzutreten und der heißt Rodrigo Borgia. Ihn sollten wir mit allen Kräften fördern."

„Euer fester Entschluß?"
„Ja, und nochmals meinen Rat: Unterstützt Kardinal Borgia!"
Isabella erhob sich und streckte Mendoza ihre Hand entgegen. Es ist schlimm, dachte sie, aber ich mag diesen Menschen, als Mann, als Ratgeber, als Gesellschafter. Ja, ich ziehe ihn Talavera und allen anderen vor. Schnell setzte sie hinzu: Natürlich nur als Frau und als Königin. Als Christin steht mir Talavera viel näher.
Mendoza küßte ihre Hand und neigte sich tief. In der *antesala* traf er auf den Beichtvater der Königin, der sich mit zwei Mönchen flüsternd unterhielt.
„Auf ein Wort, ehrwürdiger Vater."
Wie immer, wenn Mendoza sich an ihn wandte, trat in Talaveras ernstes strenges Gesicht ein Zug von Güte und Nachsicht. Er nickte, verabschiedete die Mönche und kam näher.
Mendoza sah sich um.
„Nicht hier, mein Freund, gehen wir in den Garten."
Dort waren die Gärtner gerade dabei, die Bäume und Sträucher zu bewässern, liefen mit Kannen und Eimern geschäftig hin und her. Mendozas prächtiges Purpurgewand scheuchte sie davon, und Talavera bemerkte mit leisem Spott „Als breche ein Wolf in eine Schafherde..."
„Der Vergleich hinkt, lieber Bruder, doch lassen wir das. Ich hatte vorhin ein langes Gespräch mit der Königin, wobei es im wesentlichen um die Frage ging, ob ich am nächsten Konklave aktiv teilhaben möchte, und ich verneinte dies ein für alle Mal. Im Laufe des Gesprächs fiel der Name Torquemada, und ich sagte frei heraus, daß ich diesen Menschen für ein nationales Unglück halte, zumindest die Art, wie er sein Instrument, die Inquisition, handhabt. Ich war so frei, mich dabei auch auf Euch zu berufen, da ich weiß..."
In ungewohnter Lebhaftigkeit berührte Talavera ihn am Arm.
„Gut gemacht, Mendoza, dazu gebe ich Euch noch nachträglich meinen Segen. Es ist nahezu lächerlich, daß die Inquisition sich auf eine einzige Stelle in der Bibel beruft, nämlich auf Johannes 15, Vers 6. Dagegen ließen sich Dutzende anderer Zitate anführen, die diesen symbolhaften Vergleich entkräften, denkt etwa nur an die Stelle bei Markus, wo Jesus sich mit vielen Sündern an einen Tisch setzt, um sie zur Buße zu rufen, also zu Reue und Einkehr, nicht, um sie zu verdammen. Aber gibt Torquemada ihnen die geringste Möglichkeit dazu? Sie verschimmeln in lichtlosen Kerkern, gestehen unter der Folter alles, was man nur hören

will – Ihr und ich würden es auch tun – und dann macht man noch einen Festtag daraus, wenn sie lebendig verbrannt werden. Von Priester zu Priester darf ich Euch sagen, daß ich mein Beichtkind nicht nur einmal dazu aufgefordert habe, diesen Fanatiker in sein Kloster zurückzuschicken. Aber auf diesem Ohr hört sie leider nichts, sondern verkündet aufs neue ihren Plan von einem ketzerfreien Spanien, rein wie eine Hostie, das sie eines Tages Gott auf goldener Schale darbieten will."
„Schön wär's...", murmelte Mendoza.
„Es ist unmöglich! Gott hat seine Idee von reinen schuldlosen Wesen in den Engeln verwirklicht; uns aber schuf er als Sünder, die immer wieder bereuen, Buße tun und sich bewähren müssen, um doch wieder von neuem in Sünde zu verfallen. Aber wer gibt den armen Menschen, die in die Mühlen der Inquisition geraten, auch nur die geringste Möglichkeit, sich zu bewähren?"
Talavera blickte um sich und flüsterte dann in Mendozas Ohr: „Ich habe den Verdacht, Toquemada ist ein Werkzeug des Teufels. Kein Christ kann so mitleidslos sein wie er."
„Er wird zu mächtig, fürchte ich. Die Königin hört auf ihn, als spreche Gott in eigener Person aus seinem Mund. Manchmal glaube ich schon, Torquemada regiert Spanien."
Talavera nickte und fügte hinzu: „Er verdirbt die Menschen, mißbraucht unsere heilige Religion, tut das Gegenteil dessen, was Christus von uns erwartet: Verzeihung gewähren, Milde üben, seinen Feind lieben."
Die beiden Männer gingen langsam durch den grünen üppigen Garten zurück in das Schloß. Ein Zeuge dieses Gesprächs hätte glauben müssen, da reden zwei Menschen miteinander, die in ihrer Meinung über einen dritten völlig einig sind. Gewiß, beide verabscheuten Torquemada, doch sie taten es aus unterschiedlichen Gründen. Mendoza lehnte die Inquisition nicht ab, aber er fürchtete die Macht des Großinquisitors, die er über Isabellas Geist und Seele, und damit über ganz Spanien ausübte. Die Opfer der Inquisition kümmerten ihn wenig. Der eine starb im Bett, der andere im Krieg, am Galgen, unter dem Schwert oder auf dem Scheiterhaufen. Das fiel nicht ins Gewicht, war ohne Belang. Mendoza war nicht grausam, doch er dachte in den Dimensionen der Macht, und was bedeuteten da die paar armen Teufel, die sich auf dem *brasero* zu Tode brüllten oder unter der Folter starben? Das Rad der Macht mußte sich weiterdrehen, und dazu brauchte man eben ein paar Tropfen Schmieröl, damit es gut lief. Außerdem teilte Talaveras Meinung im Volk so gut wie nie-

mand. Die Menschen erfreuten sich an den Autodafés; denn sie machten aus langweiligen Kirchenfesten glanzvolle Feiertage. Kurzum, Kardinal Pedro de Mendoza war nicht gegen die Inquisition und ihre Methoden, er fürchtete nur die Macht, die dieser finstere Dominikanermönch über seine Königin ausübte.

Hernando de Talavera dagegen war von Mitleid über die Opfer erfüllt, für ihn waren sie nicht das Schmieröl für das Rad der Macht, sondern Individuen mit Geist, Seele und Körper, und er war überzeugt, daß Gott keinen Unterschied machte, wenn er die Seelen richtete.

Doch Tomas de Torquemada träumte nicht von weltlicher Macht, wer dies glaubte, schätzte ihn falsch ein. Niemals hätte er – wie Mendoza – ein weltliches Amt am Hof angestrebt, niemals gab er einen politischen Ratschlag, der sich außerhalb der Religion bewegte. Er glaubte fest daran, daß ein christlicher Staat zum Untergang bestimmt sei, der sich nicht mit aller Kraft darum bemühte, die einzig wahre Religion über alles zu ehren, zu schützen und rein zu erhalten. Sein Wahlspruch lautete: Ein Volk, ein Reich, ein Glaube. Immer wieder ermahnte er Königin Isabella bei der Auswahl ihrer Berater und Vertrauten auf die *limpieza* zu achten, die Reinheit des Blutes.

Die vielen Conversos in hohen Ämtern waren ihm ein Dorn im Auge, allen voran Luis de Santangel, aber auch Talavera, dessen Großmutter eine Jüdin war, und zahlreiche andere, deren Namen und Herkunft er sorgfältig im Kopf bewahrte. Allein vier spanische Bischöfe waren Conversos, darunter der hochgelehrte Diego Deza, Bischof von Valencia. Torquemada haßte sie alle, er haßte sie und mißtraute ihnen. Woher kam dieser Haß? Vielleicht wurzelte er in seiner eigenen Herkunft, denn Torquemada war der Enkel einer getauften Jüdin. Niemand wagte es, ihn daran zu erinnern, und wenn er – was selten geschah – selbst davon sprach, dann mit dem Hinweis, daß er weder Bischof sei, noch ein Amt am Hof versehe.

In jenem Sommer, als im Alcazar von Sevilla der Kronprinz geboren wurde, äußerte Isabella den Wunsch, Tomas de Torquemada solle ihn taufen. So verließ der finstere Mönch sein Kloster Santa Cruz bei Avila und machte sich auf den Weg nach Süden. Seit der Inquisitor Pedro Arbues von Freunden und Verwandten seiner Opfer in der Kathedrale von Zaragoza erdolcht worden war, fürchtete Torquemada ein ähnliches Schicksal und umgab sich, wenn er ausritt, mit einer Leibgarde von zweihundertfünfzig Mann. Nicht für sich fürchtete er – o nein! –, ihm graute nur vor der Möglichkeit, er könnte sterben, ohne sein Ziel erreicht zu haben, sein gottgefälliges Ziel, alle dürren Rebstöcke Spaniens ins Feuer zu werfen.

Am letzten Junitag war der Thronfolger zur Welt gekommen, und Anfang August zog Tomas de Torquemada in Sevilla ein. Wenige Tage später hielt die Herzogin von Medina-Sidonia den Knaben über das Taufbecken, als weitere Paten fungierten der venezianische Gesandte und der päpstliche Nuntius.

Zwei Tage später führten Königin Isabella und der Großinquisitor ein Gespräch unter vier Augen. Sie fühlte sich wie ein kleines Mädchen, das vom Lehrer nach den Ferien examiniert wird.

„Jetzt, da Gott der Herr Euren größten Wunsch erfüllt hat, müßt Ihr Euch fragen, ob auch Ihr willens und fähig sein, Euer Versprechen zu erfüllen, nämlich ein christliches Spanien zu schaffen – christlich von Nord bis Süd, von Ost bis West, christlich von den Königen bis zum letzten Schafhirten, wobei ich..." Die Königin wollte ihn unterbrechen, doch er hob ungeduldig die Hand und sprach mit lauter Stimme weiter „wobei ich weniger an die Schafhirten, sondern an Euren Hof denke."

Nun, da er schwieg, tat sie ihm nicht den Gefallen einer Gegenrede, sondern wartete ruhig ab. Da wurde der hagere finstere Mönch etwas unsicher. Er zog die Augenbrauen hoch, seine dunklen Fanatikeraugen bohrten sich in die der Königin.

„Habt Ihr nichts darauf zu antworten, Doña Isabella?"

„Ihr habt keine Frage gestellt, Hochwürden."

„Also gut, ich denke da an gewisse Personen jüdischer Herkunft, die zunehmend Einfluß gewinnen, an deren Namen aber der Geruch des Ketzertums hängt, wie etwa bei Luis de Santangel. Bis jetzt sind neun Träger dieses Namens der Ketzerei überführt worden und haben ihre Untaten auf dem Holzstoß gebüßt. Seid Ihr ganz sicher, daß der Schatzmeister Eures Gemahls nicht ein heimlicher Jude geblieben ist? Vor kurzem hat er einen Sekretär namens Carmelo Marco angestellt, der erst als Erwachsener getauft wurde, aber weiterhin seinen jüdischen Vornamen David führt. Ich schlage vor, die beiden gründlich zu observieren, und wenn sich der geringste Verdacht ergibt, erwarte ich, daß die Inquisition davon Kenntnis erhält."

Das also war es! Er ließ nicht locker, dieser Ketzerjäger, und sie schätzte ihn gerade wegen dieser Eigenschaft, aber in Hofangelegenheiten brauchte er sich nicht einzumischen.

Isabellas Gesicht verschloß sich.

„Santangel ist der *contador* Seiner Majestät, des Königs von Aragon. Wendet Euch besser an ihn, und seid bedankt für Euren Besuch."

Er erhob sich. Torquemada war alles andere als ein Höfling, aber nun spürte er, daß die Audienz unwiderruflich beendet war.

Ferdinand mochte den Großinquisitor nicht – niemand mochte ihn, auch Isabella nicht, doch sie fand, für dieses Amt gäbe es keinen Geeigneteren.

Als Torquemada den kleinen Audienzraum im oberen Stockwerk des Alcazar betrat, stand der König am Fenster und unterhielt sich leise mit Hernando de Talavera. Die beiden Geistlichen umarmten sich zur Begrüßung und tauschten einen steifen Bruderkuß. Ferdinand verneigte sich leicht, doch es fiel ihm nicht ein, dem Mönch die Hand zu küssen.

Torquemada kam sofort zum Thema und ging jetzt sogar noch einen Schritt weiter.

„Ich halte es für das Beste, Don Luis de Santangel samt seinem Sekretär in der 'Casa Santa' vernehmen zu lassen. Sind sie ohne Schuld, wird es sich schnell herausstellen."

„Worauf gründet sich Euer Verdacht, Bruder Tomas?" fragte Talavera ruhig.

Die hagere Gestalt richtete sich auf.

„Verdacht ist vielleicht zuviel gesagt, eher eine Vermutung."

„Und worauf gründet sich die?" fragte nun der König.

„Gewisse Beobachtungen..."

„Ah – Ihr habt also Spitzel hier am Hof? Nennt mir sofort ihre Namen, oder ich werde unser Gespräch abbrechen."

Ferdinand war sehr laut geworden und trat vor Torquemada hin. Der wich und wankte nicht.

„Da braucht es keine Spitzel, es genügt, daß die beiden Conversos sind."

„Macht Ihr es Euch nicht ein wenig zu leicht?" fragte Talavera mit leisem Vorwurf.

„Ihr macht es Euch zu leicht! Mit Güte und Nachsicht ist noch kein verstockter Ketzer bekehrt worden."

„Weil es bis jetzt nicht versucht wurde."

Torquemada umfaßte das an seiner Brust hängende Holzkreuz mit einem klauenartigen Griff seiner knochigen Hand, als wolle er Zustimmung aus dem Gekreuzigten pressen.

„Ich bin aufgerufen, Spanien von der Pest des Ketzertums zu befreien, und ich werde nicht ruhen und rasten..."
„Wir wissen das!" unterbrach ihn Ferdinand kalt und nahm ein Schriftstück vom Tisch.
„Der päpstliche Nuntius hat mir vorgestern ein Schreiben Seiner Heiligkeit überreicht. Talavera wird es Euch vorlesen."
Der nahm den Brief und trat ans Fenster.

Es gefällt Uns ganz und gar nicht, wenn Wir hören müssen, daß Tomas de Torquemada und die von ihm beauftragten Inquisitoren in Katalonien, Aragon, Valencia und auf Mallorca nicht aus Glaubenseifer zur Errettung der Seelen tätig sind, sondern aus Gier nach Reichtum. Weiter wird Uns berichtet, daß viele wahre und getreue Christen auf Aussagen ihrer Feinde, Rivalen, Diener oder anderer Personen ohne Beweise ins Gefängnis geworfen, gefoltert und als rückfällige Ketzer verurteilt werden. Ihr Vermögen wird eingezogen, und man übergibt sie der weltlichen Gerichtsbarkeit, die sie fast immer zum Tod verurteilt. Wir halten ein solches Vorgehen für ungerecht, unchristlich und äußerst gefährlich, denn es erregt bei vielen Menschen Abscheu und Empörung. Kraft Unseres Amtes ordnen Wir an, daß Ihr, Bruder Tomas de Torquemada, Euch mäßigt und Euch nicht zum Richter aufschwingt, wo Gott allein die Ehre eines Urteils gebührt.

Mit gerunzelter Stirn hatte Torquemada zugehört.
„Der Heilige Vater ist offenbar falsch informiert worden. Ich habe viele Feinde, o ja, nicht nur bei den Ketzern und Scheinchristen, auch..."
„Mäßigt Euch, Torquemada! Der Papst hat Uns das Recht verliehen, Inquisitoren nach Unserem Belieben zu ernennen, was auch bedeutet, daß Wir sie absetzen können."
Über das hagere zerfurchte Gesicht des Großinquisitors flog ein unschönes Lächeln.
„Das würde Ihre Majestät niemals zulassen."
Ferdinand wußte, daß Torquemada recht hatte, aber er vergab sich nichts.
„Seid Euch da nicht so sicher, Torquemada. Auch die Königin wird als gehorsame Christin nichts gegen den Willen Seiner Heiligkeit unternehmen, und wie Ihr gerade vernommen habt, ist Euch der Papst nicht wohlgesonnen."
Torquemada nahm diese kleine Niederlage hin, wie es einem aufrechten

Glaubensstreiter gebührt. Nichts konnte ihn von seiner heiligen Pflicht abspenstig machen, die Conversos in den Hofämtern, auf den Bischofstühlen und in den Stadtverwaltungen im Auge zu behalten. Auf seine Spitzel war Verlaß, und hätte Ferdinand auf einer Namensnennung bestanden, so wäre Torquemada lieber in den Kerker gegangen, als einen davon preiszugeben. Das grüne Kreuz der Inquisition würde bald über Dörfern und Städten, Burgen und Schlössern, Häfen und Schiffen wehen und ganz Spanien unter dem Motto vereinen: Ein Volk – ein Reich – ein Glaube.

Luis de Santangel ahnte von dieser Entwicklung noch nichts. Er hatte seine Kanzlei ins *ayuntamiento* verlegt und war seit Wochen damit beschäftigt, die von der Königin verfügten Vermögenseinziehungen vorzunehmen. Es handelte sich dabei vorwiegend um Haus- und Grundbesitz, und so war es einfacher, wenn er die hier untergebrachten Kataster gleich zur Hand hatte. Nach Abschluß ihrer Schnellgerichte hatte Isabella angeordnet, auch die Immobilien der flüchtigen Sevillaner zu beschlagnahmen.
„Wer sich unschuldig weiß, braucht nicht zu fliehen", hatte sie lakonisch bemerkt.
Es war eine Heidenarbeit! David Marco, als die rechte Hand des Schatzmeisters, war hauptsächlich damit beschäftigt, die von den Verwandten der Verurteilten in aller Eile vorgenommenen Verdunklungen zu entwirren. Es gab nicht wenig Fälle, bei denen sich nach der Hinrichtung herausstellte, daß ein vorher als reich angesehener Bürger rein gar nichts hinterließ. Alles, was ihm zu Lebzeiten gehört hatte, war plötzlich im Besitz von Freunden oder Familienmitgliedern, und fast immer gab es dafür Belege in Form von Dokumenten und Zeugenaussagen.
David entwickelte ein Gespür für getilgte und veränderte Datierungen, für gekaufte Zeugen und bestochene Diener. Manchmal war es ganz einfach: Er hielt ein Testament ans Licht oder über eine Kerze, und die dünn gescheuerte Stelle war deutlich zu erkennen, gelegentlich sogar mit Resten der alten Datierung. Nicht immer war der Betrug schlüssig nachzuweisen, und dann neigte Don Luis eher dazu, den Fall auf sich beruhen zu lassen. Er begründete es auch.
„Die Könige benötigen Geld für den Krieg gegen Granada, und sie brauchen es schnell. Mit solchen zweifelhaften Fällen vertun wir zuviel Zeit, außerdem ist auch so genügend da."

Er blätterte in seinem Notizbuch.
„Allein durch Beschlagnahmung von Bargeld und Verkäufe von Hausrat, Häusern und Grundstücken haben wir bis jetzt rund achtundvierzigtausend Dukaten eingenommen. Ein Teil davon ist schon mit den Werbern unterwegs in ganz Europa."
„In ganz Europa? Reichen denn die spanischen Truppen nicht aus?"
Santangel, der seinen Vertrauten schon länger duzte, rief aus: „Wo denkst du hin! Schon seit einem Jahr hat König Ferdinand alles rekrutiert, was hierzulande möglich ist, sogar die Gebirgler aus Asturien und Galicien hat er mit hohen Soldversprechungen aus ihren Schluchten und Tälern gelockt. Jetzt werden Söldner aus Italien, Frankreich, Deutschland, Polen und der Schweiz angeworben. Dazu kommen die teuren Fachleute aus ganz Europa – Kanonengießer, Waffenschmiede und Pioniere aller Art für Wege- und Brückenbau. Noch nie hat Spanien einen Krieg derart gründlich vorbereitet, und wir tragen mit unserer Arbeit dazu bei."
„Es ist ja auch ein christliches Werk und dient der Ausbreitung des Glaubens."
Santangel lächelte flüchtig.
„Gewiß, gewiß, auch das."
Santangel war ein Arbeitstier, und sein Glaube diente ihm nur als Schutz und Schild gegen Anfeindungen. Ihm war es einerlei, ob er am Sonntag die Kirche oder am Samstag die Synagoge besuchte, doch in diesen Tagen sollte er wieder einmal erfahren, wie wichtig es war, alle Glaubensvorschriften peinlich genau einzuhalten. Plötzlich stand der König in der Tür, und schickte David mit einem Wink hinaus.
„Stell dich vor die Tür und laß niemand herein!" Dann wandte er sich an Don Luis und sein Gesicht entspannte sich.
„Mein lieber Don Luis, ich habe wegen Euch wieder einmal Schwierigkeiten mit Torquemada. Der sähe Euch nur gar zu gern im Verlies der 'Casa Santa' und da bliebe Euch ein Besuch der Folterkammer nicht erspart. Auch Euren Sekretär Marco betrachtet er mit scheelen Augen, weil der sich erst als Erwachsener taufen ließ. Er haßt alles, was jüdisch war und ist und traut keinem. Ich habe diesem Mönch wieder einmal den Kopf waschen müssen und bin wohl auch der einzige, der es wagt. Euch, Don Luis, möchte ich herzlich bitten: Versäumt keinen Kirchenbesuch, keine Beichte, keine öffentliche Prozession. Fastet, wann immer es das Kirchenjahr verlangt, gebt Almosen und bestiftet Kirchen und Klöster.

Ich werde meine Hand über Euch halten, auch wenn Torquemada hinter jedem Träger des Namens Santangel einen heimlichen Ketzer wittert."
Santangel kniete nieder und küßte die ihn schützende Hand.
„Ich danke Euch, Majestät, und möchte Euch bitten, Euren Schutz auch auf meinen tüchtigen Sekretär David Marco auszudehnen. Ich wüßte nicht, wie ich ohne ihn diesen Berg Arbeit abtragen könnte."
„Erhebt Euch, mein Freund, und kniet dafür um so mehr in der Kirche. Torquemada mag auf seine Art ein tüchtiger Mann sein, aber meine Kreise darf er nicht stören, er könnte es sonst bereuen."

10

AN JEDEM SONNTAG freute Columbus sich auf die Messe in der Allerheiligenkirche. Bald hatte er herausgefunden, daß er von einem gewissen Platz aus die am Altar Kommunizierenden beobachten konnte, denn nur wenn sie den Leib des Herrn empfing, hob Senhorita Felipa ihren Gesichtsschleier, und er durfte für Sekunden in ihr Antlitz schauen. Es zeichnete sie nichts Besonderes aus, sie war weder schön noch häßlich, sondern ein junges Mädchengesicht blickte dem Priester entgegen, und wenn er die Hostie auf ihre Zunge legte, schloß sie kurz ihre Augen.
Und doch war Felipa Perestrello für Columbus etwas Besonderes, denn ihr Vater hatte in jungen Jahren an einigen Schiffsexpeditionen des Prinzen Heinrich teilgenommen. Das adelte seine Tochter, machte sie für Columbus interessant und begehrenswert, erregte seine Neugierde. Irgendwie mußte es ihm gelingen, in Perestrellos Haus eingeladen zu werden und mit dem alten Seefahrer über Prinz Heinrich zu reden. Sein Bruder zeigte sich wenig begeistert.
„Perestrello ist ein gelegentlicher Kunde, nicht mehr. Ich weiß nur, daß er an der Entdeckung der Insel Madeira beteiligt war und der Prinz ihn zum Gouverneur von Porto Santo ernannte, einer kleinen Nachbarinsel. Ganz Lissabon kennt diese Geschichte. Doch dieses Porto Santo ist im Grunde nur ein wasserloser Steinhaufen, den ein paar arme Fischer bewohnen. Erst durch seine Ehe mit Dona Moniz ist er zu Ansehen und einigem Vermögen gekommen. Ihre Familie ist entfernt mit dem Königshaus verwandt und soll gute Verbindungen zum Hof unterhalten."
Columbus horchte auf: „Zum Hof?"
„Ja – und?"
„Nichts weiter...", murmelte er und wandte sich seiner Seekarte zu, die er mit farbigen Tuschen ausmalte.

Das wäre ein Weg, um beim König eine Audienz zu erlangen. Vielleicht ließ Perestrello sich von seiner Begeisterung anstecken, wenn er dem alten Seemann seinen Plan einer Indienfahrt erklärte. Er legte die Feder hin und drehte sich um.
„Bartolomeo, ich muß mit Senhor Perestrello sprechen, koste es, was es wolle. Ich muß! Ich muß!"
Der Bruder lachte.
„Warum mußt du? Hast du dich in seine Tochter verguckt? Die halbe Pfarrei kommentiert bereits deine sonntäglichen Bemühungen, in der Kirche nach vorne zu gelangen, damit du der Senhorita ins Gesicht schauen kannst. Nach hiesiger Sitte bedeutet das ohnehin schon eine halbe Verlobung."
Columbus war rot angelaufen und wollte schon zornig aufbrausen, aber das Wort Verlobung besänftigte ihn sofort.
„Warum nicht? Wäre es so schlecht, in die Familie Moniz-Perestrello einzuheiraten? Es würde uns jedenfalls neue Kunden zubringen."
„Darum geht's dir doch gar nicht, großer Bruder, außerdem sind wir genügend mit Arbeit eingedeckt."
„Worum geht es mir dann?"
„Um deinen verrückten Plan natürlich – ich kenne dich doch! Aber Perestrello wird dir kaum weiterhelfen können, schlag' dir das aus dem Kopf!"
Daß der alte Seefahrer es nicht oder besser nicht mehr konnte, stellte sich am nächsten Sonntag heraus. Die beiden Damen erschienen in tiefschwarzer Kleidung im Kreis von Verwandten und Freunden. Schon auf dem Kirchplatz erfuhren die Brüder, daß Senhor Perestrello am Vortag gestorben war. Kurz entschlossen trat Columbus auf die Trauergemeinde zu und sprach Mutter und Tochter sein Beileid aus. Dona Moniz hatte seinen Namen nicht vergessen und sagte: „Senhor Colon, ich hoffe, Ihr werdet uns die Ehre erweisen, am Trauermahl für den Verstorbenen teilzunehmen."
Nur mit Mühe unterdrückte er seine Freude. Er blickte auf Felipas Schleier, verneigte und bedankte sich. Schließlich war Dona Moniz mit dem König verwandt und nicht ihr verstorbener Mann, dachte er nüchtern, und wünschte sich zugleich, Felipa längere Zeit unverschleiert betrachten zu dürfen.
Wie es der Tradition entsprach, richtete der Stadtmagistrat seinem verstorbenem Mitglied das Trauermahl in der *câmara municipal* aus. Co-

lumbus saß ganz unten an der Tafel im Kreise von Fremden und sah die beiden Damen nur von fern. Das war es nicht, was er erhofft hatte, und während einige der Stadtväter sich in endlosen Trauerreden ergingen, faßte er einen kühnen Entschluß. Noch ehe die Trauerfeier beendet war und die Gesellschaft sich auflöste, drängte er sich behutsam in die Richtung der Witwe und sagte, er müsse sich wegen dringender Geschäfte leider schon jetzt verabschieden, aber er wage es, noch eine Bitte zu äußern.

„Es war immer mein sehnlichster Wunsch, Euren Gatten kennenzulernen und mit ihm über seine Seefahrten zu Zeiten des Prinzen Heinrich zu sprechen. Da Gottes unerforschlicher Wille dies verhindert hat, erdreiste ich mich, Euch zu bitten, einen Blick auf die hinterlassenen Seekarten und Aufzeichnungen Eures seligen Gatten werfen zu dürfen. Es würde für mich viel – sehr viel bedeuten."

Bei seinen letzten Worten schaute er auf Felipas von einem tiefschwarzen Schleier bedecktes Gesicht. Sie sollte wissen, daß seine Bitte nicht nur die Aufzeichnungen ihres Vaters betraf. Er war auf eine Ablehnung gefaßt, doch Dona Perestrello sagte leise: „Wenn Euch so viel daran liegt, Senhor Colon... Aber Ihr sollt wissen, daß alles, was mein Gemahl aus seiner Zeit als Seefahrer hinterließ, in Porto Santo hinterlegt ist. Vielleicht findet sich für Euch eine Möglichkeit, bald dahinzukommen – eventuell könntet Ihr es sogar in meinem Auftrag tun?"

„Für Euch und Eure Tochter tue ich alles!" sagte Columbus spontan, fügte aber schnell hinzu: „Schon aus Verehrung für einen der Seeleute des Prinzen Heinrich."

Von nun sah Columbus die Senhorita Felipa öfter und meist auch unverschleiert. Ihr stilles sanftes Gesicht blühte auf, wenn er das Haus betrat; sie zeigte lebhaften Anteil an allem, was ihn betraf, und wenn er redete, hing sie an seinen Lippen. Dies alles geschah auf eine ruhige unaufdringliche Art, doch mit einer Bestimmtheit, die ihm nicht entging.

Ehe der Nachlaß nicht völlig geregelt war, mochte Dona Perestrello ihm keinen Reiseauftrag erteilen, doch Columbus wurde ihr von Woche zu Woche unentbehrlicher. Da gab es dieses oder jenes zu ordnen, Briefe mußten geschrieben, Eingaben verfaßt werden. Er war jetzt quasi der Mann im Haus, denn Felipas Bruder lebte als Gouverneur von Porto Santo auf der fernen Atlantikinsel – zuerst als Stellvertreter, jetzt als Nachfolger seines Vaters.

Nach einem halben Jahr bat Cristobal Colon – so nannte er sich hier – die

Witwe des Bartolomeo Perestrello um die Hand ihrer Tochter Felipa. Die Damen taten überrascht und verwirrt, Felipa erbat sich Bedenkzeit, doch war dies nur ein Scheingefecht, um die Ehre der Familie hochzuhalten. Mutter wie Tochter hatten längst auf seinen Antrag gewartet: Felipa, weil sie diesen vornehmen, ernsten und tüchtigen Mann lieben gelernt hatte, und ihre Mutter, weil er ihr unentbehrlich geworden war.

Die Trauung fand natürlich in der Allerheiligenkirche statt, dem Ort ihrer ersten Begegnung. Ehe sie dorthin aufbrachen, sagte Bartolomeo Colombo: „Ich denke, du wirst jetzt unser Genueserviertel verlassen, heiratest ja sozusagen in hiesige Adelskreise hinein. Offen gestanden, ich hätte es dir nicht zugetraut. Immerhin bist du deinem Ziel einen gewaltigen Schritt nähergekommen."

„Ach Bartolino – vielleicht ist es nur ein Schrittchen. Jedenfalls geht es schon die nächste Woche auf dem Atlantik nach Westen, wenn auch leider nur bis Porto Santo. Aber eines Tages werde ich dort vorbeifahren, auf Kurs Westsüdwest, immer weiter – weiter, bis die Küste von Indien auftaucht."

Bartolomeo schmunzelte.

„Ja, ja, ich kenne deinen Plan. Aber zuvor brauchst du einen Geldgeber und mußt über deine Schwiegermutter deine Fühler zum Königshof ausstrecken."

„Ich weiß, was ich zu tun habe", sagte Columbus schroff, milderte es aber gleich wieder ab. „Daß jüngere Brüder doch immer gescheiter sein müssen!"

Ein Kammerherr des Königs nahm an der Trauung teil, und Columbus ließ den etwas zerstreut lächelnden Herrn auch während des Hochzeitsmahles nicht aus den Augen. Bei passender Gelegenheit verwickelte er den Höfling in ein Gespräch.

„Ich könnte der Krone von Portugal einen großen Dienst erweisen."

Der andere zeigte nur mäßige Neugier.

„Und der wäre, Senhor?"

„Den Seeweg nach Indien eröffnen und so den Gewürzhandel über Portugal leiten. In wenigen Jahren wäre Seine Majestät der reichste Monarch von Europa."

Der Kammerherr zog erstaunt die Augenbrauen hoch. Man sah ihm an, daß er keine Ahnung von den Zusammenhängen hatte.

„Und wie wollt Ihr das machen?"

„Über den Atlantik nach Westen an die Ostküste von Indien. Jeder nam-

hafte Geograph wird Euch bestätigen, daß diese Reise nicht länger als drei bis vier Wochen dauert."
„So, so, und warum hat bisher..."
„Verzeiht Senhor, aber diese Frage habe ich erwartet – sie wurde mir schon öfter gestellt. Die Antwort ist einfach: Noch niemand hat es versucht. Vielleicht könntet Ihr Seiner Majestät den Vorschlag unterbreiten oder für mich eine Audienz erwirken, da ich glaube, daß ich selbst mein bester Anwalt bin."
Der Kammerherr, schon als Page am Hof dazu erzogen, immer verbindlich zu antworten, sagte: „Ganz ohne Zweifel ein bemerkenswerter Plan, der den König vielleicht interessieren könnte. Nur fürchte ich, Seine Majestät bewegen im Augenblick andere Sorgen. Seit der Frieden von Alcaçovas unterzeichnet wurde, ist unser König – mit Respekt gesagt – etwas schwermütig geworden und spricht seit kurzem davon, sich in ein Kloster zurückzuziehen. Dieser Friedensvertrag zwingt uns zum Verzicht auf Kastilien und damit mag der König sich offenbar nicht abfinden. Nun, es kommen auch wieder andere Zeiten, doch vorerst würde ich raten abzuwarten. Der Kronprinz dürfte für Eure Pläne eher ein offenes Ohr haben, und ich werde bei Gelegenheit etwas davon verlauten lassen."
Columbus war nicht unzufrieden, denn er hatte an diesem Tag etwas in Gang gesetzt, das – wie er hoffte – die erste Sprosse auf der langen langen Leiter zu seinem Ziel war.
Felipas Mutter hatte den jungen Eheleuten einige Zimmer ihres weiträumigen Hauses überlassen, und es ging schon auf Mitternacht, als das Brautpaar endlich alleine war.
Felipa legte bedächtig ihren Brautschleier ab.
„Cristobal, ich muß Euch – muß dir etwas sagen..."
Er setzte sich neben sie aufs Bett.
„Heraus damit – wenn es nichts Trauriges ist."
Sie lächelte, und er liebte dieses Lächeln, das ihr sanftes ovales Gesicht so anziehend machte.
„Am ersten Tag unserer Begegnung, das war an jenem Sonntag vor der Kirche, da habe ich dich genau beobachtet, während deines kurzen Gesprächs mit meinen Eltern. Ich hatte damals noch nicht ans Heiraten gedacht, das lag alles so fern und außerhalb meiner Vorstellungskraft. An diesem Tag aber, als ich dich durch meinen Schleier betrachtete, da konnte ich es mir plötzlich doch vorstellen, und mir zog der Gedanke

durch den Kopf: Diesen Mann könntest du heiraten, und plötzlich schien mir diese Möglichkeit vertraut, und es war angenehm, daran zu denken. Vorher war ich noch fast ein Kind, aber du hast mich an diesem Tag zur Frau gemacht."
Columbus lächelte und verbesserte sie: „Zur Jungfrau vorerst, zur Frau mache ich dich jetzt."
Sie senkte den Kopf und sagte: „Ja, mein Lieber, ich – ich freue mich darauf."
Sie erwies sich als eine sanfte, etwas verschämte Geliebte, die ihm nicht entgegenkam, sich aber auch nicht ängstlich verschloß.
„Habe ich etwas falsch gemacht?" fragte sie mit kleiner Stimme.
„Aber nein, Liebste – nein! Das ist alles neu für dich und hat dir vielleicht kaum Vergnügen bereitet, aber das wird sich bald ändern, glaube mir."
„Ich glaube dir, Cristobal. Wir werden eine schöne Zeit miteinander haben."

Neun Tage später kreuzten sie auf einer Karavelle mit Kurs Südwest auf die Insel Madeira. Auch Felipas Mutter nahm an der Reise teil und freute sich, ihren Sohn nach langen Jahren wiederzusehen.
Das winzige Porto Santo mit seinen wenigen Dörfern und etlichen hundert Einwohnern lag etwa dreißig Seemeilen nordöstlich von Madeira, und Felipas Bruder war dort nichts weiter als ein Gutsherr, der schmalen Gewinn aus den Bauern und Fischern zog. Der pompöse Titel *Gobernador* verlieh ihm ein gewisses Ansehen, da er immerhin nach dem König hier die höchste Autorität darstellte.
Columbus mochte seinen Schwager sofort. Er war um gut zehn Jahre älter als Felipa, hatte aber mit ihrem Wesen viel Ähnlichkeit. Verständig, zurückhaltend, beherrscht und ohne jeden Dünkel verkehrte er mit seinen 'Untertanen' wie einer der ihren. Ohne zögerliche Bedenken übergab er Columbus den schriftlichen Nachlaß seines Vaters.
„Ich tauge eher zum Bauern als zum Seemann, was meinem Vater gar nicht recht war. Jeden von uns formt Gott nach seinem Willen, und es wäre frevelhaft, sich dagegen aufzulehnen."
Columbus vergrub sich in die Papiere des alten Seefahrers und vergaß dabei die Welt um sich herum. Nun lernte er diesen Bartolomeo Perestrello, seinen Schwiegervater, wirklich kennen, denn zu seinen Lebzeiten hatten sie sich nur einmal gesehen. Dieser Mensch entpuppte sich als der geborene Erzähler, seine Aufzeichnungen waren keine trockenen

nüchternen Berichte – sie lebten, waren so bunt wie das Gefieder exotischer Vögel, aus diesen hastig hingeschriebenen Zeilen strömten Farben, Gerüche, Geräusche, sie ließen den Leser vor Ungeduld und Neugierde zittern, wenn durch den grauen Morgen der Ruf „Land!" ertönte und es dann wie Raunen durch das Schiff ging – eine Insel? Bis die bewaldeten Ufer aus dem Meer tauchten, deutlicher wurden – ja, eine Insel, die auch gleich ihren Namen erhielt: 'die Holzreiche' – Madeira. Ihn sandte der Kapitän mit ein paar Mann auf die kleine Nachbarinsel, ein dürres Eiland, vielleicht zwei legoas lang und eine breit (legoa = ca. 6 km), eigentlich nicht der Rede wert, doch Perestrello durfte sie mit armen Fischern besiedeln und erhielt den pompösen Titel 'Gouverneur von Porto Santo'.

Columbus lehnte sich zurück. Damit würde er sich nicht begnügen – den Bettelkönig auf einer wasserlosen Insel zu spielen! Sollte ihn heute ein Auftrag des Königs erreichen, so wüßte er augenblicklich, was er zu fordern hatte – fordern mußte. Er hatte seine Bedingungen im Kopf – lange schon, wenigstens die wichtigsten, über die er nicht mit sich handeln ließ.

Das erste war eine Rangerhöhung, denn Columbus kannte die Welt, in der er lebte, und wußte, daß man einen 'Don Cristobal' ganz anders betrachtete und behandelte als den Senhor Colon. Dann natürlich den Titel eines Admirals und den eines Vizekönigs für alle Gebiete, die er entdecken und unter Portugals Oberhoheit stellen würde. Klangvolle Titel waren wichtig und hilfreich, aber ihnen fehlte die Kraft, solange nicht die gleißende Macht des Goldes dahinterstand. Deshalb forderte er zehn Prozent aller Einnahmen, die mit den Entdeckungen verbunden waren, ob es nun Handel und Verkehr betraf oder Geschenke, Funde, Eroberungen. Das war nur recht und billig, und die Krone kam dabei gewiß nicht zu kurz. Und dies alles, die Titel, die Rechte und Privilegien, sollten erblich sein. Feilschen lasse ich nicht mit mir! Er blickte auf den Kartentisch und schob die Papiere zusammen. Ja, Perestrello hatte ein schönes erfülltes Leben gehabt, doch das Ergebnis war – nüchtern betrachtet – sehr bescheiden. Gouverneur eines dürren felsigen Eilands, später Ratsherr von Lissabon. Ihm genügte es, mir wäre es zu wenig. Alles oder nichts. Ich werde entweder als Kartenzeichner und Buchhändler mein Leben beschließen oder als Admiral und Vizekönig. Dazwischen sehe ich nichts, was für mich taugt. Entweder – oder.

Und doch mußte Columbus einen Kompromiß schließen, wenigstens

vorerst. Dona Moniz – sie liebte es mit ihrem adligen Geburtsnamen angeredet zu werden – sprach es ganz ruhig und nüchtern aus.
„Ihr seid meiner Tochter ein guter Mann, Cristobal, da gibt es nichts zu tadeln. Doch haben sich durch den Tod meines Gemahls unsere Verhältnisse geändert. Freilich, die Stadt zahlt mir eine Witwenpension, ich bin also versorgt, aber was ist, wenn Eure Familie sich vergrößert? Ihr habt eine Moniz geheiratet, müßt standesgemäß auftreten..."
Sie sah ihn erwartungsvoll an. Columbus unterdrückte seinen Zorn, weil er spürte, daß die Sorge um die Tochter aus ihr sprach.
„Was schlagt Ihr vor, *sogra* (Schwiegermutter)?"
„Ihr seid doch erfahren in Geschäften, habt Euch von Jugend an damit befaßt. Unser Name gilt viel auf den Inseln, und Ihr könntet einen Handel zwischen Madeira und dem Festland in Gang setzen. Ihr wißt, wie gut die *cana de açucar* hier gedeiht und wie sehr man den Zucker auf dem Festland schätzt. Auch der Madeirawein hat wegen seines besonderen Aromas viele Liebhaber. Was hier fehlt, etwa Kleidung, Metallwaren, Töpfereien, könntet Ihr einführen. Der Name Moniz wäre dabei gewiß eine Hilfe."
Columbus blieb geduldig.
„Ich heiße aber Cristobal Colon, liebe Mama."
Sie winkte ab.
„Jedes Kind weiß, daß Felipa meine Tochter ist. Es war nur ein Vorschlag, aber überlegt ihn Euch gut."
Was blieb ihm anderes übrig? Er nannte sich Colon e Moniz und begann, mit Wein, Zucker, Stoffen und Schmiedewaren zu handeln, nach Kräften unterstützt von Felipas Bruder, doch ohne besonderen Erfolg, weil er seine Arbeit nur mit halbem Herzen betrieb. Sein Ziel war Lissabon, der Hof, der König. Da erwies sich Felipas Schwangerschaft als Rettungsanker. Columbus konnte seine Schwiegermutter davon überzeugen, daß ein Kind aus dem Geschlecht der Moniz in Lissabon geboren werden müsse und nicht auf einer einsamen Atlantikinsel. Ja, das leuchtete ihr ein.
An einem schwülen Spätsommertag, kurz vor Sonnenuntergang erblickte Diego das Licht der Welt. Es war eine schnelle, leichte Geburt, und Columbus bedeckte das schweißfeuchte Gesicht seiner erschöpften und glücklichen Felipa mit Küssen. Sein erster Gedanke war: Jetzt hast du einen Sohn, der Titel und Amt erben wird, so wie ich es zur Bedingung gestellt habe.

Noch gab es sie nicht, das Amt und die Titel, aber Columbus nutzte das Ereignis zu einem Vorstoß am *corte real,* zeigte die Geburt eines Erben der Familie Colon e Moniz an und bat um eine Audienz beim König.
Es kam keine Antwort, auch nicht auf eine zweite Anfrage. Columbus war zu seiner alten Tätigkeit zurückgekehrt, zeichnete Karten, verkaufte Bücher und wappnete sich mit Geduld.
Das Söhnchen Diego hatte gerade seinen ersten Geburtstag gefeiert und dabei die ganze Familie mit seinen ersten wackeligen Schritten entzückt, als die Kanonen vom Kastel São Jorge den Tod König Alfons' V. verkündeten. Das Volk hatte ihm den Beinamen 'der Afrikaner' verliehen, denn in seinen jungen Jahren war er mit nichts anderem beschäftigt, als in Marokko den Mauren ihre schwer befestigten Küstenstädte zu entreißen. Sein Unglück begann, als er Heinrichs von Kastilien umstrittene Tochter Juana – die *Beltraneja* – heiratete und damit Ansprüche in Spanien geltend machte. Mit der Schlacht bei Toro war dieser Traum zu Ende, und der König verfiel in Schwermut. Ein paar Jahre später dankte er zugunsten seines Sohnes ab und starb auf dem Weg in ein Kloster.
König Johann, sechsundzwanzig Jahre alt, hochgebildet, tatkräftig und voll Unternehmungsgeist, gewährte Columbus zwar keine Audienz, doch er wurde vom Admiral der königlichen Flotte empfangen. Der Name Moniz hatte diesesmal seine Wirkung getan.
Der schon ziemlich alte, grazile Mann begrüßte ihn herzlich, und musterte ihn mit wachen klugen Augen.
„Der König kann Euch im Augenblick nicht empfangen, doch das ist nur aufgeschoben. Ich spreche im Namen Seiner Majestät und mit seinem Einverständnis. Euer Plan, Indien auf dem Westweg zu erreichen, ist nicht ganz neu, aber Ihr seid der erste, der mit konkreten Vorschlägen aufwartet. Wir werden diese genauestens prüfen, aber Seine Majestät ist der Ansicht, daß Ihr unterdessen Gelegenheit haben sollt, Euch zu bewähren. Wir sind dabei, eine Flotte auszurüsten, die an der westafrikanischen Küste, im Gebiet zwischen Capo verde und dem Delta des Nigir weitere Erkundigungen anstellen soll. Prinz Heinrich ließ dort das Fort São Jorge errichten, und wir haben seither einen regen Tauschhandel in Gang gesetzt. Seine Majestät ist nun der Ansicht, daß dieser Handel noch verstärkt werden könnte. Wir vermuten reiche Erzlager im Hinterland und haben das Gebiet 'Elmina' benannt. Die Eingeborenen sind ganz wild auf unsere Erzeugnisse, und wenn Ihr Glück habt, dann bringen Euch ein paar Glasperlen oder ein Messer ihr Gewicht in Gold ein.

„Nicht mir, Exzellenz, sondern der Krone."
Der alte Admiral lächelte.
„Ihr habt die richtige Einstellung, Senhor, der König schätzt solche Untertanen. Übrigens hat Seine Majestät dem Papst versprochen, die Hälfte des Goldes zur Rückeroberung des Grabes Christi zu verwenden, so daß Seine Heiligkeit für dieses Unternehmen einen vollkommenen Ablaß gewährte. Das sind doch gute Aussichten, nicht wahr? Ihr könnt Gold oder die ewige Seligkeit gewinnen..."
Gold! Das magische Wort, das alles umfaßte, was auf Erden Begehren erweckte und dazu noch Lohn im Jenseits verhieß: Macht, Ehre, Ansehen, Reichtum, Nachlaß der Sünden...
„Aber Exzellenz, genau dahin geht ja auch mein Vorschlag. Wer die indische Ostküste erreicht, kann den gesamten Gewürzhandel an sich bringen, und auch das bedeutet Gold – viel Gold, das stetig strömen wird."
„Junger Mann, diese Vorstellung mag richtig sein, aber sie ist dem König noch zu ungewiß. San Jorge existiert, Elmina existiert, wir kennen den Weg dorthin und wissen, wie lange die Fahrt etwa dauert. Euer Weg ist ungewiß, und niemand weiß, ob Indiens Ostküste nicht karg, steinig, unbesiedelt und unergiebig ist. Unser König ist ein Realist, Senhor, und zieht der Taube auf dem Dach den Spatz in der Hand vor."
Columbus wollte schroff antworten, doch seine Klugheit siegte. Er war jung, er konnte warten. Auch der König war jung – es eilte also nicht.
„Gut, Exzellenz, ich werde versuchen, mich in Afrika zu bewähren."

Dann dauerte es doch noch länger als ein Jahr, bis eine Flotte von acht Schiffen in See stach und auf Südkurs ging. Auf dieser Fahrt hatte Columbus keine Funktion, er reiste quasi als Gast des Königs, durfte in Afrika Handel treiben und mußte – wie jeder andere auch – von seinem Gewinn einen Teil an die Krone abführen. Doch darum ging es ihm nicht. Ihn verlangte es nach der großen Fahrt in südliche Gewässer, er sehnte sich danach, Schiffsplanken unter den Füßen zu spüren, den fischigen, bitteren Meeresgeruch zu atmen, das Knattern der Segel, das Knarren der Spanten und das Ächzen der Ankerwinde zu hören und dabei Augen und Ohren offen zu halten, zu lernen, was es noch zu lernen gab, sich einzuprägen, was ihm neu und wichtig schien.
Er kratzte sein Geld zusammen, nahm Kredit bei seinem Bruder und schaffte sich einen Vorrat an Dolchen, Messern, Glas- und Millefioriper-

len, wobei ihm ein Händler riet, Bernsteinimitationen aus honigfarbenem Glas mitzunehmen, weil dergleichen besonders begehrt sei.
„Du kommst doch wieder?" fragte Felipa mit leiser, nur mühsam beherrschter Stimme und streckte ihm den fast dreijährigen Diego entgegen.
„Dein Sohn braucht dich – und – und ich brauche dich auch."
Columbus, in Gedanken schon auf hoher See, kam sich bei dieser Familienszene wie ein kaum beteiligter Zuschauer vor. Sein Geist war schon unterwegs und fand nur mit Mühe zurück nach Lissabon, ins Haus der Familie Moniz, wo die Frauen von ihm Abschied nahmen.
„Macht unserer Familie alle Ehre, Cristobal, dann wird der König Euch genädig sein."
Mit dieser Familie meinte Dona Moniz natürlich die ihre – die Namen Perestrello oder Colon zählten nicht.
„Ich werde mein Bestes tun, Mama", versprach er wie ein folgsamer Sohn, so daß die nüchterne und überaus lebenstüchtige Dona Moniz nicht umhin konnte, mit ihrem Spitzentüchlein eine Träne abzutupfen.
Die Schiffe segelten bei gutem Wind nach Süden, passierten Madeira und die Kanarischen Inseln, umkreuzten das Capo Bojador und das Capo Blanco und ankerten in einer stillen Bucht, um Wasser aufzunehmen und einiges an den Schiffen in Ruhe auszubessern.
Columbus nahm entzückt den Geruch auf, der vom Festland kam, ein fremdartiger und berauschender Duft nach heißer Erde, unbekannten Pflanzen, Blüten und Früchten.
Der Kapitän verbot ihm auszusteigen, um nichts zu riskieren. Nur ein paar kräftige Männer durften an Land, sie waren bis zu den Zähnen bewaffnet, hatten aber die Anweisung, jeden Konflikt zu vermeiden. Für ein paar Glasperlen tauschten sie Süßwasser und körbeweise frisches Obst ein, über das alle herfielen wie Verhungernde. Die Männer waren das ewige Pökelfleisch leid, das zusammen mit steinhartem Schiffszwieback die Hauptmahlzeiten bildete.
Die Nächte unter dem schwarzen, mit glitzerndem Sternenstaub bedeckten Tropenhimmel wurden immer wärmer; manchmal, wenn der Wind erstarb, fühlte Columbus die weiche samtige Luft wie ein kostbares Gewebe auf der Haut. Es entging ihm nicht, daß der Himmel sich veränderte und der Polarstern sich kaum noch über dem Horizont erhob.
Elmina war eine Enttäuschung. Die Besetzung der *fortaleza* São Jorge war durch Tropenkrankheiten dezimiert worden; die Überlebenden hat-

ten sich dem heißen Klima angepaßt, lagen den ganzen Tag im Schatten herum und ließen sich von schwarzen *bibis* bedienen wie muslimische Paschas. Die Eingeborenen bemerkten schnell, wie gierig das weiße Volk hinter dem Gold herhechelte, und so hielten sie die begehrte Ware zurück. Zwar lockte sie das Angebot der Neuankömmlinge wieder aus ihrer Reserve, aber sie wogen die Messer und Glasperlen keineswegs mehr in Gold auf, sondern stellten, wie der Kapitän meinte, unverschämte Forderungen.

Zuerst mußte man, nicht ohne Mühe, die Disziplin in der Festung wiederherstellen, die Mannschaft verstärken, die Schäden ausbessern. Eine empörte Horde schwarzer *bibis* wurde davongejagt, doch jeder wußte, daß die muntere Frauenschar zurückkehren würde, sobald die Schiffe ihre Anker gelichtet hatten.

Columbus, in seiner ernsten zurückhaltenden Art, kam mit den Einheimischen gut zurecht, und nach wenigen Tagen hatte er seine Tauschwaren an den Mann oder die Frau gebracht. Dafür besaß er nun ein Ledersäckchen mit etwa fünfzehn Unzen Gold in Form von Klümpchen, Körnern und Staub. Er trug den Beutel Tag und Nacht am Leib, und manchmal, wenn er auf seinem Schiff eine stille Ecke gefunden hatte, legte er die großen Stücke auf die Hand und genoß ihren matten gelblichen Glanz.

Man kann es nicht essen, dachte er, es heilt keine Krankheit, verlängert kein Leben, taugt nicht einmal für Werkzeuge oder Gebrauchsgegenstände. Und doch ist es begehrt wie kein anderer Stoff, mit ihm lassen sich Kriege führen und Kriege verhindern, man kann damit gute Ärzte kaufen oder geschickte Mörder. Es ist der Stoff, der die Welt bewegt, ohne selbst etwas zu bewirken, doch sein Besitz, seine Gegenwart spornt die Menschen zu hohen Leistungen an, macht sie tollkühn, läßt sie nach Bedarf treu sein oder verräterisch, grausam oder mildtätig, aber seine praktische Verwendung beschränkt sich auf das Prägen von Münzen, oder schöne und häßliche, reiche und mächtige Frauen und Männer tragen es als gleißenden Schmuck. Ich wollte, ich hätte genug davon, dachte Columbus, dann könnte ich damit eine Flotte aufs Wasser zaubern und müßte nicht bei Königen betteln gehen.

11

IM GRUNDE SEINES HERZENS war Pedro de Silva ein gutmütiger Mensch. Seinen oft beißenden Spott, seine gespielte Kaltschnäuzigkeit und der zur Schau getragene Gleichmut verdeckten diese Eigenschaft, aber wer ihn gut kannte, wußte, daß er keinen Freund enttäuschte oder im Stich ließ. Längst bedauerte er es, daß er Joseph so deutlich die Meinung gesagt und ihm quasi keine Hoffnung gelassen hatte. Was konnte der arme Kerl dafür, daß er sich ausgerechnet in Adriana verliebte? Pedro hätte die Schwester seinem besten Freund von Herzen gegönnt, aber es gab nun einmal Situationen, wo es geboten schien, einen Freund schonungslos aufzuklären. Und nun tat es ihm leid, daß er nicht geschwiegen oder wenigstens ein bißchen geschwindelt hatte. *Santisima Virgen*, der Bursche war mit seinem Liebeskummer schon genug gestraft und hätte sich deshalb fast zu Tode gehungert.

Es ließ ihm keine Ruhe, er mußte José erklären, wie es gemeint war und daß es nichts – überhaupt nichts an ihrer Freundschaft veränderte. Jetzt, gleich jetzt wollte er es tun, auch wenn es noch sehr früh war und die ersten Marktbesucher ihre Atemwölkchen in den kühlen Februarmorgen hauchten, während sie frierend ihre klammen Hände rieben.

Als die beiden Berittenen der 'Santa Hermandad' erschienen, drängte auch Pedro sich in einen Hauseingang, wie es jeder in der Stadt tat. Diesen Herren wollte keiner im Wege sein, da machte man lieber Platz. Er wollte gerade wieder in die Gasse zurücktreten, als er sah, daß die Männer vor Josés Haus anhielten und abstiegen. Pedro erstarrte. Nun, das Haus hatte vier Stockwerke, es konnten auch andere gemeint sein. Er atmete tief ein und aus. Sicher waren andere gemeint. Er preßte sich an die Hauswand und wartete. Der Hauswirt erschien, sie sprachen mit ihm, laut und barsch, und der Mann verschwand. Pedro wartete. Er schaute

hinauf zum obersten Stockwerk, wo sich die schmalen Fenster der Dachkammern aneinanderreihten. Mein Gott, wie lange das dauerte! Und dann – nein! nein! Pedro biß die Zähne zusammen, daß es knirschte. Was hatte José getan, daß die Miliz ihn jetzt abholte? Er kannte den Freund so gut wie keinen anderen Menschen und hätte es wissen müssen, wenn – halt! Es mußte ja nicht die Inquisition sein, denn die Stadtmiliz arbeitete genauso für den Magistrat oder die Universität. Ja, damit mußte es wohl zusammenhängen, José wurde als Zeuge zu einer Vernehmung geführt, in irgendeiner harmlosen Sache. Er sah, wie sein Freund die Männer etwas fragte, doch die zuckten nur mit den Schultern. Ich muß es wissen!
Pedro schlich den Berittenen nach, die Schatten der Häuser nutzend, aber er hätte es nicht tun müssen, denn die Männer sahen sich nicht um und achteten nur darauf, daß José in ihrer Mitte blieb.
Pedro, der in Salamanca fast jedes Haus kannte, blieb kurz stehen, als er merkte, daß die Miliz auf die 'Casa Santa' zuhielt. Er bog in ein Gäßchen ein, lief um ein paar Ecken herum und tauchte dann als harmloser Spaziergänger an einer Stelle wieder auf, wo er die Gruppe sehen mußte, falls ihr Ziel tatsächlich die 'Casa Santa' war.
Heiliger Joseph, betete er, beschütze dein Patenkind, das dich als Fürsprecher verehrt, und lasse ihn nicht in die Hände der Inquisition fallen!
Das 'Amen' blieb ihm in der Kehle stecken, als er sah, wie sich das Portal zum Hof öffnete und die Reiter mit José darin verschwanden.
„Nein", sagte Pedro laut, „so geht das nicht. Das lasse ich nicht zu!"
Er schüttelte heftig seinen Kopf und rief: „Das lasse ich nicht zu!"
Die Leute drehten sich nach ihm um, doch es kümmerte ihn nicht. Er zermarterte seinen Kopf, wie dem Freund zu helfen sei, und erkannte schließlich, daß es nur einen Weg gab. Wie ein Gehetzter lief er nach Hause.

Ein freundlicher Schreiber nahm Josephs Personalien auf, ein grober Wärter griff seinen Körper nach Waffen ab, und dann wurde er gefragt, ob er sich selbst verpflegen könne oder die Gefängniskost vorziehe.
Joseph war so betäubt und verwirrt, daß er die Fragen kaum verstand.
„Ich will endlich wissen, warum ich hier bin! Man kann einen Menschen doch nicht stillschweigend festnehmen, ohne ihm zu sagen, wessen man ihn beschuldigt."

„Soll ich ihr ... ?" fragte der Grobe.
Der Schreiber schüttelte den Kopf.
„Señor Marco ist Student, und solche Leute fragen gern."
„Also, Señor, es ist bei der Heiligen Inquisition nicht üblich, den Verdächtigen über den Grund seiner Festnahme aufzuklären. Bei Eurer Vernehmung werdet Ihr erfahren, um was es geht. Falls Ihr schuldig seid, werdet Ihr ohnehin wissen, warum man Euch hierhergebracht hat, und wenn nicht – nun, dann wird sich Eure Unschuld bald herausstellen. Nun frage ich noch einmal: Wollt Ihr Euch selbst verpflegen oder zieht Ihr die Gefängniskost vor?"
„Ich habe kein Geld."
Der Schreiber nickte und machte einen Vermerk.
Die Kerker der Inquisition bestanden ausnahmslos aus Einzelzellen, so daß die Gefangenen sich nicht gegenseitig befragen, aushorchen oder absprechen konnten. Der Verdächtige sollte in der Einsamkeit ganz seinem Gewissen ausgeliefert sein. Ehe man daran ging, seinen Körper mit Stricken, Eisen und Feuer zu quälen, gab man ihm Gelegenheit, sein Gewissen zu erforschen, damit er sich vielleicht doch zu einem freiwilligen Geständnis entschloß.
Die Zelle sah anders aus, als Joseph es sich vorgestellt hatte, jedenfalls war es kein finsteres Loch, wo der Eingekerkerte inmitten von Ratten und Unrat langsam verfaulte. Durch ein kleines vergittertes Fenster fiel Licht auf den Strohsack in der Ecke, den niedrigen Tisch, den einfachen Stuhl und den Kübel neben der Tür.
Joseph zermarterte sein Gehirn mit der Frage: Was habe ich getan? Warum bin ich hier? Die abstrusesten Dinge geisterten durch seinen Kopf, bis er sich dazu zwang, klar und methodisch zu denken. Das Naheliegendste war natürlich, daß er als *Converso* durch irgendein Versehen einen Spitzel zur Denunziation veranlaßt hatte. In der Universität gab es einen Anschlag mit der Aufforderung, die falschen Christen zu entlarven und auf welche Weise dies möglich sei. Sie hatten sich immer darüber lustig gemacht, keiner fühlte sich betroffen, doch jeder konnte den Text auswendig.
,Achte auf Menschen, die heimlich den Sabbat feiern, indem sie saubere Hemden und neue Kleider anziehen, saubere Tücher auf die Tische und saubere Laken auf die Betten legen oder zu Ehren des Sabbats vom Freitagabend an keine Lampen brennen.'
Gegenseitig hatten sie sich damit aufgezogen, etwa wenn einer am Frei-

tag sagte. 'Jetzt geht José heim und zieht sich heimlich ein sauberes Hemd an. Vielleicht geht er nur in den Puff, aber es könnte auch sein, daß...' Dann schwieg der Sprecher vielsagend, und die anderen feixten. José verstand einen Spaß und lachte mit. Jetzt war ihm das Lachen vergangen, und er strengte seinen Kopf an, um sich den vollständigen Text ins Gedächtnis zu rufen.

'Achte auf Menschen, die das Fleisch, ehe sie es zubereiten, ausbluten lassen und den Tieren vorher die Kehlen durchschneiden, dabei bestimmte Worte sprechen und das Blut mit Erde bedecken, oder wenn einer an Fasttagen Fleisch ißt oder den Fasttag der Juden feiert, indem er barfuß geht und seine Kinder segnet. Verdächtig ist auch, wenn eine Frau noch vierzig Tage nach einer Geburt die Kirche nicht betritt, wenn jemand seine Kinder beschneidet oder ihnen jüdische Namen gibt. Achte auf jene, die am Montag und Donnerstag – nach dem Gesetz des Moses – fasten, an Ostern ungesäuertes Brot essen, kosheren Wein trinken, Brot und Wein bei Tisch segnen. Verdächtig sind auch jene, die sterbend ihr Gesicht zur Wand kehren oder einen Leichnam waschen, neu einkleiden und ein Geldstück unter seinen Kopf legen.'

José schlug mit der Faust gegen seine Stirn. Wie absurd das alles ist, wie absurd! Wer sterbend seinen Kopf zur Wand dreht – mein Gott, soll man Sterbende bei der Inquisition anzeigen? Was gab es da noch? Ihm fiel nichts mehr ein. Nichts, aber auch gar nichts von dem, was als verdächtig galt, traf auf ihn zu. Peinlich genau hatte er auf die kirchlichen Gebote geachtet, hatte gefastet, gebeichtet und war zur Messe gegangen, wie es von den Gläubigen erwartet wurde. Freilich, unter den Studenten herrschte ein lockerer Ton, da konnte schon einmal dieses oder jenes Wort gefallen sein.

Er ließ sich auf den Strohsack fallen und vergrub sein Gesicht in dem rauhen Stoff, spürte, wie die Halme in seine Wangen stachen, spürte es gern, drückte sich noch tiefer hinein, um zu fühlen, daß er noch lebte – noch lebte. Wie lange lebte einer, den die Inquisition in ihren Klauen hielt? Keiner sprach davon, aber alle wußten es: Wer hinter den Mauern der 'Casa Santa' verschwand, der kam nur noch einmal ans Licht: auf seinem Gang zum *brasero*.

Einmal hatten die Leichenräuber einen auf der Tortur gestorbenen Delinquenten angeschleppt. Seine Finger waren zerquetscht, die Glieder ausgerenkt, die Füße von Brandfolter aufgeplatzt, der Rücken von Peitschenhieben zerschnitten, die Zunge halb abgebissen.

„Was soll ich damit?" hatte der Magister stirnrunzelnd gefragt und abwehrend die Hand erhoben. „Den nehmt nur gleich wieder mit, denn was die Folterknechte aus den Händen geben, ist für die Wissenschaft unbrauchbar. Bringt uns meinetwegen einen Geköpften, aber nicht solch arme Schlachtopfer."
Keiner von den Studenten hatte gelacht.
Gegen Abend gab Joseph es auf, über mögliche Verfehlungen nachzugrübeln. Ein Büttel brachte das Nachtmahl: eine Holzschale mit Suppe, dazu ein Stück Brot. Die Suppe stank so entsetzlich, daß er sie stehenließ, das Brot war alt und hart, aber wenn er kleine Stücke davon abknabberte und sie gut mit Speichel durchfeuchtete, ließen sie sich hinunterschlucken.
Dann mußte er den Kübel benutzen und war glücklich, daß an der Wand ein Holzdeckel lehnte. Der paßte zwar nicht ganz, und der Gestank füllte die kleine Zelle, aber daran mußt du dich gewöhnen, dachte Joseph. Nimm dir ein Beispiel an den Stoikern und lasse dich durch solche Kleinigkeiten nicht aus dem Gleichgewicht bringen. Ja, das sind doch Kleinigkeiten, verglichen mit dem, was dir droht: Verhöre, Folterung, immer wieder, immer von neuem, bis du nur noch aus einem jämmerlichen Bündel Schmerzen bestehst und alles zugibst. Damit ist der Weg zum Scheiterhaufen frei, denn das ist das hier angestrebte Ziel. Die ganze Stadt hatte davon gesprochen, wie viele Ketzer die Ostertage erst zu einem richtigen Fest machen würden, die Schätzungen schwankten zwischen fünf und fünfzehn.
Und ich werde einer davon sein, werde an den Pfahl des *brasero* gebunden, gekleidet in den *sambenito*, auf dem Kopf die mit Dämonen bemalte *caroza*. Er hatte es ja schon mehrmals mit angesehen – mit ansehen müssen, zusammen mit den anderen Studenten, mit Magistern und Professoren. Es hatte ihn nicht gleichgültig gelassen, aber auch nicht besonders berührt. Freilich, das waren arme Teufel, aber schließlich hatten sie sich selbst in diese Lage gebracht. Hatten sie das wirklich? Hatte auch er, Joseph Marco, sich in diese Lage gebracht?
Er sprang auf und trommelte mit seinen Fäusten an die Tür.
„Ich will hier raus! Sagt mir, was ich getan habe? Ich bin unschuldig – unschuldig! Es muß ein Irrtum sein! Vernehmt mich, verhört mich, alles wird sich aufklären."
Seine Stimme war zuletzt immer leiser geworden, und das 'aufklären' flüsterte er nur noch, als glaube er selbst nicht daran. Dann setzte er sich

auf den Stuhl und verfiel in dumpfes Brüten. Irgendwann öffnete sich knarrend die Tür und eine grobe Stimme fuhr ihn an: „Wenn du noch einmal so herumbrüllst, lasse ich dich in Ketten legen."
Joseph blickte nicht auf, nickte nur ein paarmal. Das kleine Fenstervierreck verdunkelte sich, die Nacht brach herein, die Konturen von Zelle, Stuhl, Tisch, Strohsack und Kübel verschwammen in ein diffuses Grau, lösten sich bald in ein alles umhüllendes Schwarz – eine Dunkelheit, wie er sie so bedrohlich noch nie empfunden hatte.
Gab es hier kein Licht? Dumme Frage, dachte er, die werden an lebendige Leichname noch Licht verschwenden! Mache dir keine Illusionen, Joseph Marco! Für die Welt draußen bist du unrettbar verloren, verschwunden; man wird – wenn überhaupt – nur noch im Flüsterton von dir reden. Und für die Herren der Heiligen Inquisition – ich frage mich, was an ihr heilig ist? – bist du die oft zitierte verdorrte Rebe, die ins Feuer wandern muß. Du kannst ihnen zwar den reuigen Sünder vorspielen und wirst zur Belohnung auf dem *brasero* erwürgt, aber brennen mußt du doch, weil es so in der Bibel steht; denn Christus sagt: 'Ich bin der Weinstock, ihr seid die Reben. Wer in mir bleibt und ich in ihm, der bringt viel Frucht, denn ohne mich könnt ihr nichts tun. Wer nicht in mir bleibt, wird weggeworfen wie eine verdorrte Rebe, und man sammelt sie und wirft sie ins Feuer, und sie müssen brennen.' Wie einfach und klar das ist! Und sie müssen brennen! Aber ich habe doch nichts verbrochen! Ich bin kein heimlicher Jude, schere mich einen Dreck um die Gebote eines Moses, esse Schweinefleisch, so oft ich es mir leisten kann, und es schmeckt mir sogar! Ja, meine Herren, ich erkläre hier vor dem Angesicht Gottes und der Allerheiligsten Jungfrau: Ich esse regelmäßig Schweinefleisch, und es schmeckt mir! Ist das kein Beweis?
Mein Gott, mein Gott verlasse mich nicht! Ich muß an etwas Schönes denken, darf die Hoffnung nicht aufgeben, nicht in Verzweiflung fallen. Etwas Schönes? Die langen Samstagabende mit Pedro in der Kneipe, wo es die kleinen scharfgewürzten Bratwürste gab, immer ganz frisch von der *parilla*. So nennt man auch den Rost, auf dem der heilige Laurentius seinen Märtyrertod erlitt. Bleiben wir bei den Würsten. Scharf und frisch und heiß, dazu das vom Bauern gelieferte Landbrot, billiger und etwas dunkler als das blütenweiße der städtischen Bäcker. Fragt doch den Wirt, hochwürdige Herren! Die Schenke heißt 'Zur Goldenen Gans', ist nur wenige Schritte von der Universität entfernt. Der Wirt kann euch bestätigen, daß ich regelmäßig Schweinswürste esse, frisch vom Rost und das am

Samstag – am Sabbat! Genügt das als Beweis" Pedro kann es bezeugen. Ach Pedro, Pedro, wenn du wüßtest, in welcher Lage ich bin!

Pedro de Silva wußte es sehr wohl und ihn bewegte derzeit nur ein Gedanke: Wie kann ich José helfen? Daß bei der Heiligen Inquisition mit Geld und guten Worten nichts zu erreichen war, wußte jedes Kind. Diese Herren waren unbestechlich, und sie konnten es sich leisten, weil ihnen das Vermögen der Ketzer sicher war. Ob einer nun auf dem *brasero* verkohlte oder nur zu Leibesstrafen verurteilt war, sein Besitz verfiel dem Heiligen Offizium, das einen Teil an die Krone abführte. Nein, Pedro ging den einzigen Weg, der zum Erfolg führen konnte: Er wandte sich an seinen Vater.
Das geschah einige Stunden nach Josephs Festnahme, als Señor de Silva, *concejal* (Ratsherr) der Stadt Salamanca, gegen Mittag aus dem *ayuntamiento* (Rathaus) zurückkehrte. Am liebsten hätte Pedro ihn gleich an der Tür abgefangen, aber er wußte, daß dies falsch war. Sein Vater mußte erst richtig daheim sein, in Hausmantel und bequemen Schuhen, mit dem Glas Wein auf dem Tisch und in guter Stimmung.
Selbst für seinen Sohn war es schwierig, Señor de Silvas Stimmung auszumachen. Der mürrische und mißtrauische Zug wich selten aus seinem Gesicht, auch nicht, wenn er gut aufgelegt war. Doch es gab andere Hinweise. Alberte er eine Zeitlang mit Rosita herum, küßte seine Frau auf die Wange und pfiff nachher ein wenig vor sich hin, dann waren dies gute Zeichen. Heute tat er es, und Pedro wartete ab, bis sein Vater mit einem Glas Wein im Sessel saß und in einem Buch blätterte.
De Silva war kein besonders guter Menschenkenner, und vom Wesen seines Sohnes trennte ihn ein Abgrund, doch wußte er sofort, worum es ging, als Pedro begann: „Vater, es ist etwas Schlimmes geschehen, und ich glaube, in diesem Fall sind wir verpflichtet, Hilfe zu leisten."
Das Mißtrauen in seinem mürrischen Gesicht vertiefte sich.
„Äußere dich deutlicher! Was heißt, in diesem Fall?"
„Der Arzt, der unserer kleinen Rosita das Leben gerettet hat, sitzt im Kerker der Inquisition."
De Silva blickte gleichgültig auf.
„Du sprichst von deinem Freund José Marco, nehme ich an? Gut, er hat mit Gottes Hilfe unsere Kleine gesund gemacht, aber was hat das damit zu tun, daß er jetzt in der Casa Santa gefangensitzt? Es wird nicht ohne Grund geschehen sein."

Pedro brauste auf.

„Ich kenne José und weiß, daß er nichts Unrechtes getan hat. Er ist das Opfer eines dieser dreimal verfluchten Denunzianten geworden! Irgendwer haßt ihn, aus welchen Gründen auch immer, und rächt sich nun auf diese hinterhältige Weise. Wenn es nach mir ginge, müßte der Denunziant gleich mit seinem Opfer verbrannt werden!"

De Silva straffte sich und blickte seinen Sohn böse an.

„Jetzt gehst du zu weit, Pedro! Es ist christlich und gottgefällig, Ketzer, Gotteslästerer und falsche Christen der Obrigkeit zu melden. Sie verpesten unser Land und ziehen Gottes Strafe auf uns herab. Wäre ich nicht dein Vater, ich müßte dich – ich würde..."

Er sprach nicht weiter, nahm das Buch vom Tisch und begann, hastig darin zu blättern.

Pedro war ganz ruhig geworden.

„Das heißt, Ihr würdet mich bei der Inquisition anzeigen? Das heißt es doch, nicht wahr? Aber lieber Vater, legt Euch doch keinen Zwang auf, nur weil ich Euer Sohn bin! Die christliche Pflicht geht vor! Bringt mich zur Anzeige! Mir ist es lieber, zusammen mit José den Scheiterhaufen zu besteigen, als inmitten von Tücke und Heuchelei zu leben."

De Silva war kein Mensch, der sich von Gefühlen hinreißen ließ. Als er sah, daß die Diskussion auf gefährliche Wege geriet, versucht er, Pedro zu beschwichtigen.

„Ich verstehe dich ja: Dein bester Freund sitzt im Kerker, und du machst dir Sorgen um ihn. Da er nun zufällig auch unserer Kleinen die Gesundheit wiedergegeben hat, schulden wir ihm Dank – da gebe ich dir recht. Aber wie stellst du dir das vor? Die Inquisition läßt sich nicht in die Karten schauen, sie kennt ihre Rechte und hütet sie eifersüchtig. Nicht einmal ein Grande von Kastilien könnte ohne Erlaubnis zu einem Gefangenen in der 'Casa Santa' vordringen, geschweige denn ein Señor de Silva, es sei denn, man gibt mir den Auftrag dazu als Beisitzer im Tribunal. Ich würde gerne etwas tun, aber mir sind die Hände gebunden."

„Aber Vater, Ihr sitzt doch im Magistrat der Stadt, seid mit einigen der Inquisition nahestehenden Herren befreundet, wißt, wo der Hebel anzusetzen ist... Ich glaube, Ihr unterschätzt Euren Einfluß oder macht ihn aus Bescheidenheit kleiner als er ist. Immerhin seid Ihr Beisitzer beim Inquisitionstribunal, Ihr habt es ja vorhin erwähnt."

De Silva winkte ab.

„Eine Last, die man mir aufgebürdet hat, ein Amt, das nichts bedeutet.

Das Tribunal besteht aus den beiden Inquisitoren und einem Ankläger, und diese Herren gehören dem Dominikanerorden an. Ich bin der einzige Laie beim Tribunal, habe zwar eine Stimme bei der Urteilsfindung, aber, wenn ich mich gegen die Herren Inquisitoren ausspreche, zeiht man mich sofort der Sympathie für Ketzer und Gotteslästerer. Mein Gott, Pedro, du hast ja keine Ahnung, wie es da zugeht!"
Noch nie hatte sein Vater so offen und ausführlich über diese Tätigkeit gesprochen. Er sah einen Zipfel Hoffnung und hielt ihn krampfhaft fest.
„Rosita läge im Grab, wenn José damals nicht gekommen wäre. Bitte denkt immer daran und versucht, ihm zu helfen."
Señor de Silva schämte sich keineswegs seiner Denunziation, doch er wollte im Grunde nur erreichen, daß dieser Marco aus der Stadt verschwand und Adriana in Ruhe ließ. Warum sollte man den Burschen gleich auf den *brasero* schicken? Und unchristlich war es auch, sich von Haß oder Rache leiten zu lassen.
„Also gut, ich werde behutsam Erkundigungen einziehen, vielleicht erfahre ich wenigstens, was man deinem Freund vorwirft."

Einer der beiden Inquisitoren von Salamanca war ein feister lebenslustiger Mönch, ein Taugenichts und Tunichtgut, den seine Familie ins Kloster abgeschoben hatte. Seiner Schlauheit hatte er dieses hohe und angesehene Amt zu verdanken, und ohne eigentlich bestechlich zu sein, verfuhr er doch nach dem Motto: *Manus manum lavat*. An ihn wandte sich de Silva zuerst und begann gleich mit dem Hinweis, daß die Weinernte im letzten Herbst besonders ergiebig gewesen sei, so daß seine Keller den ganzen Gottessegen nicht aufnehmen könnten.
„Darf ich Euch ein paar Fässer anvertrauen, Hochwürden?" Der nickte würdevoll, wobei sein feistes Kinn in Wallung geriet. Auf José Marco angesprochen, äußerte er sich ganz freimütig: „Ach, der... Was habt denn Ihr mit diesem Studentlein zu schaffen? Ein getaufter Jude, nach dem kein Hahn kräht. Er scheint irgendwie in die Geschichte des Professors de Rojas verwickelt, Ihr wißt doch, dieser Mediziner, der die verbotenen Sektionen durchgeführt hat."
De Silva wußte es sehr wohl, aber er tat ganz überrascht.
„Das ist es also? Aber was hat dieses Delikt mit der Inquisition zu tun? Das ist doch eher ein Fall für das Stadtgericht."
Der feiste Inquisitor seufzte tief.

„Darum geht es ja: Man ist sich darüber nicht einig. Bruder Torquemada beruft sich auf Papst Bonifacius VIII., der Anatomen mit dem Kirchenbann belegte. Eine Art Gotteslästerung steckt ja schon in dieser Methode, wenn man bedenkt, daß das Ebenbild Gottes zerlegt wird wie Schlachtvieh – andererseits..."
„Ja?"
„In Italien wird es längst praktiziert, und kein Papst hat etwas dagegen."
De Silva hob resignierend die Hand.
„In Spanien ist alles anders, hier hat Torquemada mehr zu sagen als der Papst."
Der Inquisitor grinste.
„Ich widerspreche Euch nicht, mein Lieber. Aber was kann ich nun wirklich für Euch tun?"
„Ich bin diesem Studentlein, wie Ihr ihn zu nennen beliebtet, zu Dank verpflichtet wegen einer ärztlichen Hilfe für meine kleine Tochter. Laßt den Burschen laufen! Es gibt fettere Gänse, die man schlachten kann."
„Stimmt, aber nun ist er einmal da, und die Inquisition verliert ihr Gesicht, wenn sie ihn so mir nichts dir nichts nach Hause schickt. Er soll vernommen werden, damit wir die Namen aller Studenten herausfinden, die an den Sektionen teilnahmen. Magister de Rojas ist tot, und wie es aussieht, wird man seine Gebeine ausgraben und beim Autodafé verbrennen. Was nun die Studenten angeht..."
Da kam de Silva ein rettender Gedanke. Pedro hatte ihm erzählt, daß in den letzten Jahren viele Söhne von Adeligen in Salamanca ein Studium aufgenommen hatten, ja daß in manchen Fakultäten Barone, Grafen und Marquéses überwogen.
„Verzeiht, Hochwürden, aber in diesem Punkt sollten wir behutsam vorgehen. Von Pedro weiß ich, daß auch bei den Medizinern Söhne aus hohen und höchsten Häusern studieren – vermutlich mehr aus Zeitvertreib, aber es ist eine Tatsache. Wenn der Baccalaureus Marco einmal beginnt, Namen zu nennen, womöglich unter der Folter, so kann ich Euch vorhersagen, was geschieht. Dann wird nämlich der Baron X und der Graf Y an die Königin appellieren, um seinen Sprößling herauszupauken. Und die Inquisitoren von Salamanca werden davongejagt, weil ihr Jagdeifer dem falschen Wild gegolten hat. Werft de Rojas' Knochen ins Feuer, aber laßt seine Studenten in Ruhe. Es würde übrigens auch ein sehr schlechtes Licht auf unsere berühmte Universität werfen."

Der Inquisitor war nachdenklich geworden. Die Einwände dieses de Silva konnte man nicht von der Hand weisen. Ein schlauer Kopf übrigens und sehr brauchbar.
„Einfach freilassen können wir ihn nicht."
„Richtig, aber Ihr könnt ihn verwarnen und des Landes verweisen. Damit ist allen gedient."
Der Inquisitor rieb sich die feisten Hände.
„Ich werde sehen, was zu tun ist, und bin übrigens gerne bereit, einige Fässer in meinem Keller aufzunehmen. Es ist christlich und gottgefällig, wenn man einander hilft. Einer trage des anderen Last, lehrt uns der Evangelist."
De Silva lächelte mürrisch.
„Nicht der Evangelist, Hochwürden, sondern der heilige Paulus schreibt das in seinem Brief an die Galater."
Der Inquisitor war keineswegs beleidigt.
„An Euch ist ein Priester verlorengegangen, Señor de Silva."
„Dazu muß man berufen sein..."
De Silva war stolz auf sich. Nun hatte er erreicht, was er wollte, und mußte nicht den Tod des jungen Mannes verantworten. Der Inquisitor würde das seine tun und dann war die Welt wieder in Ordnung."
Fünf Wochen nach seiner Festnahme brachte man den Baccalaureus Joseph Marco vor das Tribunal der Inquisition zum ersten Verhör. Die Einflußnahme des dicken Inquisitors zeigte ihre Wirkung. Man wollte nur wissen, wie oft und unter welchen Umständen der verstorbene Magister Alvaro de Rojas sich an den Leichen verstorbener Christen versündigt hatte, wie man es spitzfindig formulierte. Ob er selbst daran beteiligt gewesen sei?
„Niemals, hochwürdige Herren. Unser Magister legte großen Wert darauf, die Sektionen allein durchzuführen, wenn er auch andeutete, daß wir später – aber inzwischen ist er gestorben, und da es nun scheint..."
„Das Ihr und Eure Mitstudenten an einem Verbrechen beteiligt waren, wolltet Ihr wohl sagen?"
„Zum Wohle der Menschheit, hochwürdige Herren."
„Es ist unsere Sache zu entscheiden, was der Menschheit zum Wohle dient oder nicht. Beim nächsten Verhör geht es um die Namen Eurer Mitstudenten, und wir hoffen, daß Euer Gedächtnis sie bewahrt hat. Das könnte Eure Strafzumessung etwas erleichtern. Der Gerichtsdiener wird Euch nun die Methoden unserer Wahrheitsfindung etwas erläutern."

Damit war Joseph entlassen. Ein Büttel fesselte ihm die Hände, und der Gerichtsdiener geleitete ihn zu einem entlegenen Teil der 'Casa Santa'. Eine schmale steile Treppe führte in ein hohes Gewölbe, der Büttel entzündete vier Fackeln und verteilte sie so im Raum, daß alles gut zu sehen war.

„Seht Euch nur um, Señor. Wir meinen, daß jeder Angeklagte zuerst damit vertraut gemacht werden soll, welche Möglichkeiten der Wahrheitsfindung wir besitzen. So manchen hat dies zu einem freiwilligen Geständnis bewogen. Also, schaut einmal dort hinauf, wo über die Rolle an der Decke ein Seil läuft. Seht Ihr es? Gut, das ist die *garrucha*. Daran wird der Delinquent an den Händen hochgezogen, wobei ein schwerer Stein – dort drüben liegen welche – an den Füßen der Sache Nachdruck verleiht. Oft springen schon beim erstenmal die Gelenke aus den Pfannen – nun, Ihr als Mediziner könnt Euch ja denken, was dabei vorgeht. Da drüben an der Wand ist ein kleiner Kamin – wartet, wir gehen näher heran. Hier wird bei Bedarf ein schönes Holzkohlenfeuer entfacht, wobei die bloßen Füße des Inkulpanten in Holzleisten eingezwängt der Glut sehr nahe sind. Ich kenne übrigens nur ganz wenig Fälle, wo dies nicht ein Geständnis bewirkt hat. Sobald er redet, wird ein Brett vor das Feuer geschoben, und falls er wieder schweigt, zieht man es schnell weg – ratsch! Eine einfache und sehr wirksame Methode. Ja, was haben wir denn noch?"

Er sah sich um und ging zu einem schmalen Holztisch.

„Hier wird die *toca* durchgeführt, die Wasserfolter. Auch sehr unangenehm, das dürft Ihr mir glauben. Ihr werdet dabei auf das Brett geschnallt, und der Büttel schiebt Euch ein seidenes Tuch in den Mund – es kann auch aus Leinen sein – und gießt dann langsam Wasser darauf, wodurch der Stoff tief in Eure Kehle gelangt und Euch fürchten läßt zu ersticken. Ehe dies geschieht, wird das Tuch schnell herausgezogen, und dann geht das Spiel von neuem los. Es sind schon etliche dabei gestorben, aber das war gewiß nicht beabsichtigt. Genügt Euch das für heute? Ja? Gut, aber den *potro* möchte ich Euch noch erklären. Dabei werdet Ihr auf diesem Stuhl hier festgebunden – nackt natürlich – und so kunstvoll in feste Stricke geschnürt, daß sie in Euer Fleisch schneiden und Ihr kaum noch atmen könnt. An verschiedenen Stellen sind hölzerne Knebel angebracht, und der Folterknecht braucht nur daran zu drehen und die Stricke schnüren Euch ein wie ein eisernes Korsett, nehmen Euch den Atem, sägen durchs Fleisch in die Knochen – ah, ich sage Euch, das hält man kaum beim Zusehen aus. So, nun wißt Ihr einigermaßen Bescheid und könnt Euch reiflich überlegen, ob eine Geständnisverweigerung viel Sinn hat."

Zitternd und schweißgebadet setzte sich Joseph auf den wackligen Stuhl in seiner Zelle. Seine Vorstellungskraft arbeitete unablässig, er fühlte das seidene Tuch in der Kehle, rang verzweifelt nach Luft, hörte die Gelenke knacken, wenn sie sich unter dem steinbeschwerten Körper qualvoll dehnten und krümmte die Zehen, wenn er an die Brandfolter dachte.

Eigentlich gab es nur noch zwei Wege, um sich diese unvorstellbaren Qualen zu ersparen: Er brachte sich um oder nannte die Namen. Aber wie sollte er das schaffen? In der Zelle gab es weder Messer noch Strick. Er blickte sich um, sein Blick blieb an dem kleinen Gitter hängen. Wenn er sein Hemd zu einem Strick drehte und es dort oben festband...? Nein! schalt er sich – nicht, solange es noch die geringste Hoffnung gibt. Er konnte auch die Namen nennen und sich dabei herausreden, etwa so: 'Ich nehme an, daß Euch ohnehin die Teilnehmerlisten bekannt sind, aber wenn es mir nützt und Eurer Wahrheitsfindung dient, werde ich ein paar Namen aus dem Gedächtnis nennen.'

Er konnte dann nur solche preisgeben, die sich schon exmatrikuliert hatten – im übrigen kannte er tatsächlich nicht jeden beim Namen, da die Sektionen auch von Studenten anderer Fakultäten besucht wurden. Mit Klugheit und kühlem Blut müßte er sich da herausreden können, ohne anderen zu schaden, und wenn, dann geschah es quasi aus Notwehr.

Die Nacht war eine Folge höllischer Träume, erfüllt von Angst und Schreckensbildern. Immer wieder sah er sich auf dem *potro* sitzen oder liegen, grausam eingeschnürt, während grinsende Folterknechte ihm langsam den Atem abpreßten. In panischer Angst setzte er sich auf, japste nach Luft – und erwachte. Erst gegen Morgen fiel er in einen Schlaf der Erschöpfung, aus dem ihn schon eine Stunde später der Wärter aufstörte. Ja, nun war er zum Geständnis bereit, sofort, bedingungslos, aufrichtig. Leben wollte er, nur leben, leben. Wer stirbt schon gerne mit kaum zweiundzwanzig Jahren? Schließlich war er nicht zum Hüter der anderen bestellt! Sollte jeder von ihnen selbst schauen, wie er sich herausredete. Es ging um Leben und Tod!

Joseph blickte auf das vom zarten Morgenlicht erhellte Fensterviereck. Leben will ich, dachte er störrisch, nur leben, leben. Ich verzichte gerne auf meinen Beruf, auf Adriana, auf Heim und Familie und werde Gott danken, wenn sie mich nur zur Auspeitschung oder zur Galeere verurteilen. Das geht vorbei, aber ich bleibe am Leben. Nichts anderes will ich, nur leben, leben.

Der feiste Inquisitor stand zu seinem Wort, aber er verfuhr auf andere Weise, als Señor de Silva es dachte. Sein Vorgehen – mit den Amtsbrüdern abgesprochen – wurde durch gewisse Umstände erleichtert.
Einigen *familiares* (Spitzel und Vertrauensleute der Inquisition) war es gelungen, eine heimliche Sabbatversammlung getaufter Juden aufzudecken. Diese 'Marranen' (Schweine) hatte nur unter Druck ihren Glauben gewechselt, und brachten es nicht übers Herz, die alten jüdischen Traditionen ganz aufzugeben. Im Grunde war es eher eine Zusammenkunft von Leidensgenossen, als eine religiöse Feier, aber für die Spitzel lag der Fall klar. Die Kerker der 'Casa Santa' füllten sich mit echten und eindeutigen Ketzern, geeignet, das Autodafé an Ostern zu einem unvergeßlichen und feierlichen Ereignis zu gestalten.
So schlug der feiste Inquisitor dem Tribunal vor, einige harmlosere Fälle vorläufig aus dem Gefängnis zu entlassen, um die Zellen für die Marranen freizumachen. Da dies in den Jahren zuvor schon öfter geschehen war, stimmten die anderen zu, und Señor de Silva erhielt augenblicklich Bescheid. Er ließ sofort seinen Sohn holen.
„Pedro, höre jetzt gut zu! Es ist mir gelungen, deinen Freund aus dem Gefängnis zu holen, wenigstens vorläufig, weil die Zellen für dringendere Fälle gebraucht werden. Er wird heute abend nach Sonnenuntergang entlassen und muß bis zur Wiederaufnahme seines Falles in der Stadt bleiben. Hier hast du Geld, und ich überlasse es dir, José Marco aus der Stadt zu schaffen. Aber bringe dich nicht selbst in Gefahr, hörst du! Also verschwinde jetzt und vergiß unser Gespräch."
Pedro hätte schreien, singen, toben können vor Glück, aber das entsprach nicht seiner Natur. Er schaute in den Beutel. Zwölf Dukaten! Das reichte für eine Flucht übers Meer nach Frankreich oder Italien. Ja, lieber Papa, jetzt hast du endlich das Honorar für Rositas Rettung beglichen.
Pedro ging hinüber zur Martinskirche, warf zwei Silberreales in den Opferstock und steckte vor der Statue des heiligen Josef eine Kerze an. Dann kaufte er am anderen Ende der Stadt ein kräftiges Pferd und stellte es in der Schenke bei der Römischen Brücke unter. Dem Stallknecht drückte er ein paar Münzen in die Hand.
„Mein Freund wird morgen früh gleich bei Öffnung der Stadttore erscheinen und das Pferd abholen. Es geht um eine Frauengeschichte, also

halte den Mund! Weitere zehn Maravedis kriegst du dann morgen früh."

„Ehrensache, Señor, für Weibergeschichten habe ich volles Verständnis."

Am Abend ging er zu Josephs Haus und bat den Besitzer, der ihn kannte, ob er in der Dachkammer auf den Freund warten dürfe. Der kleine dicke Mann wand sich vor Angst und Mißtrauen.

„Señor, Ihr müßt verstehen, daß ich Euren Freund nicht mehr aufnehmen kann. Auch wenn ihn die Inquisition jetzt freiläßt, so gerät jeder, der ihn beherbergt, in den Verdacht..."

„Daß Ihr ein Feigling seid, habe ich gleich gesehen. Aber Ihr braucht nichts zu fürchten, denn José Marco wird vorläufig bei mir wohnen. Habt Ihr noch Geld von ihm zu bekommen?"

Die flinken Augen des Dicken huschten herum, als suche er in der Luft nach den Zahlen.

„So um die zwanzig Maravedis werden es vielleicht noch sein."

Petro warf ihm einen Real vor die Füße.

„Das wird wohl reichen, und nun geht mir aus den Augen, Señor, bei Eurem Anblick kocht mir die Galle über."

Der Dicke bückte sich blitzschnell nach dem Silberstück und verschwand.

Zwei Stunden nach Sonnenuntergang erschien Joseph. Pedro wartete schon an der Tür, legte den Zeigefinger auf den Mund und zog ihn herein.

„Aber wie – was machst du – ich meine..."

„Hör jetzt gut zu! Mein Vater hat dich aus der 'Casa Santa' geholt, aber du weißt ja, daß du die Stadt nicht verlassen darfst. Die Inquisition wird dich nicht vergessen, und nach Ostern geht der Tanz von vorne los. Du mußt weg von hier – raus aus der Stadt! Ein gutes Pferd steht für dich am Brückentor bereit, und hier hast du etwas Geld. In spätestens zwei Tagen kannst du an der portugiesischen Grenze sein und damit in Sicherheit."

„Aber die Inquisition!"

„Die gibt es zum Glück in Portugal nicht. Der Weg zur Grenze führt nur durch Dörfer, und um die Festung Ciudad Rodrigo reitest du einfach herum. Sollte dich unterwegs jemand etwas fragen, so nennst du einen falschen Namen und gibst als Reiseziel Coimbra an, wo du dein in Salamanca begonnenes Theologiestudium fortsetzen wirst. Das nur für alle Fälle. Es tut mir leid, daß es so kommen mußte, und ich hoffe, daß wir uns irgendwo und irgendwann wiedersehen werden."

„Im Himmel vielleicht...", versuchte Joseph zu scherzen.
„Nein, aber ich könnte mir auch einmal die Universität in Coimbra anschauen. Sie ist ja fast so alt wie die unsere und hat einen ausgezeichneten Ruf."
Joseph umarmte den Freund und drückte ihn so fest, daß die Knochen krachten.
„Halt – halt – laß mich am Leben!"

Joseph Marco gelangte ohne Schwierigkeiten nach Portugal. In Salamanca nahm man vier Tage später sein Verschwinden zur Kenntnis und handelte entsprechend. Ein von der Inquisition Verdächtigter galt sofort als schuldig, wenn er die Flucht ergriff. So fertigte ein malkundiger Dominikaner von Joseph ein Bildnis an – es ähnelte ihm nicht im geringsten – und dieses schauerliche Gemälde kam zusammen mit elf Überführten und den Leichnamen von vier weiteren Ketzern auf den Scheiterhaufen, den die Inquisitoren der Stadt Salamanca zu Ehren Gottes und des heiligen Osterfestes errichten ließen.
Pedro de Silva nahm an dem Autodafé teil und freute sich, daß sein Freund nur *in effigie* den *brasero* zierte. Das Winseln und die gellenden Schreie der brennenden Menschen nahm er stoisch hin – er hörte sie nicht zum erstenmal und würde sie noch oft hören.

12

DER WEIN-UND GEWÜRZHÄNDLER JAKOB MARCO stand an der Reling einer schwerfälligen, vollbeladenen Karavelle in der Nähe des Fockmastes. Das Frachtschiff war gerade dabei, sich in den Hafen von Bonifacio auf der Insel Korsika einzumanövrieren. Hätte ihm vor zwei Wochen jemand gesagt, er würde demnächst eine Schiffsreise nach Italien unternehmen, so wäre ihm das ebenso absurd erschienen wie eine Audienz bei den spanischen Majestäten.
Als dann Samuele Leone in Cordoba auftauchte, wurde möglich, was zuvor undenkbar schien. Leone lieferte an Jakob die erlesenen italienischen und griechischen Weine und besaß in Rom einen weithin berühmten Keller. Seine Familie hieß früher de Leon und war vor zwei Generationen aus Spanien eingewandert, ein Teil seiner Sippe lebte noch in Sevilla, Cordoba und Cadiz.
Leone nutzte diese Reise sowohl zu einem Treffen mit seiner weitläufigen Verwandtschaft, vor allem aber geschäftlich zu Kundenbesuchen in verschiedenen kastilischen Städten. Er und Jakob Marco verstanden sich auf Anhieb, so wie sie sich auch äußerlich ähnelten, in ihrer mittelgroßen, stämmigen Statur, dem breiten offenen Gesicht und ihrer Neigung zu wohlgesetzter geschliffener Rede.
Samuele Leone wollte höchstens fünf Tage in Cordoba verbringen, blieb aber dann eine Woche, weil er an den Gesprächen mit Jakob so großen Gefallen fand.
„Männer wie Ihr, Don Giacomo, fehlen in unserer jüdischen Gemeinde in Rom: aufgeschlossen, mutig, bereit zu Risiken."
Sie saßen in einem winzigen Nebenraum hinter dem Laden und Leone fragte leise: „Hört uns hier keiner?"
Jakob schüttelte lächelnd seinen Kopf.

„Ich hab's selbst ausprobiert, auch wer sein Ohr draußen an die Tür legt, kann nichts hören. Als Jude in Spanien lernt man aufzupassen."
„Genau darauf will ich hinaus. Ich reise nun schon seit fünf Wochen durch Kastilien, habe viele Städte besucht und dort die *aljamas*, wie ihr eure Judenviertel hier nennt. Manchmal hätte ich dabei heulen können, Don Giacomo, das dürft Ihr mir glauben. Diese Enge, die jämmerlichen Verhältnisse, die grausamen Gesetze! Eure Besteuerung ist Wucher, die Ghetto-Vorschriften sind demütigend, und die Christen werden von den Pfaffen zu Haß und Verachtung aufgestachelt. Die Juden sollten sich endlich einfügen und christlich werden, tönt es aus allen Ecken, und dann erfahre ich, daß es noch tausendmal schlimmer ist, hier als Converso zu leben und habe sogar in zwei Städten die Scheiterhaufen brennen sehen. Wie hält man das nur aus? Ich könnte hier nicht leben – ständig in Angst, bedroht von allen Seiten."
„Das habe ich mich auch schon manchmal gefragt. Es muß wohl die Gewöhnung sein. Man gewöhnt sich an die Angst, man rechnet mit der Bedrohung, man tut alles, um sich dagegen zu wappnen. Und wenn ein paar Jahre lang nichts geschieht, dann sagt man sich: So schlimm ist es nun auch wieder nicht, es gibt Länder, wo es den Juden schlechter geht."
„Mag sein, aber Italien zählt nicht dazu. In Rom gibt es kein Judenghetto, Ihr könnt Euch dort überall ansiedeln, wenn Ihr nicht gerade ein Haus neben einem Adelspalast beziehst. Die meisten Juden leben im Viertel Trastevere, dort ist auch unsere Hauptsynagoge. Ihr habt hier in Cordoba nicht einmal einen Tempel! Ist das denn auch verboten?"
„Nein, Señor Leone, ich habe mich auch gewundert, als ich hierher zog. Dafür gibt es ein paar Dutzend kleiner Bethäuser, und das hat seinen guten Grund. Es ist ja hierzulande öfter vorgekommen, daß die Christen am Sabbat – wenn alle Juden dort versammelt waren – Synagogen in Brand gesteckt haben. Der Saujud, bei dem man Schulden hat oder der einem Konkurrenz macht, wird dann schon dabei sein, und die Stadtmiliz wird kaum einen Schuldigen finden, schon weil sie keinen sucht. Das hat die Juden in Cordoba veranlaßt, statt einer großen lieber dreißig kleine Synagogen zu benutzen."
Leone nickt respektvoll.
„Ein kluger Gedanke, das muß ich zugeben, aber schöner wäre es doch, man hätte es nicht nötig, sich auf diese Art zu schützen. Auch in Rom muß ein Jude sich vorsehen, etwa wenn er zu einer Christin ins Bett

steigt. Wer dabei ertappt wird, dem schneidet der Henker die Eier ab, und eine saftige Geldbuße muß er auch noch zahlen. Aber es gibt genügend weitherzige Witwen, auch jüdische Kurtisanen bieten ihre Dienste an. Wer sich nur halbwegs an die paar Gebote hält, lebt in Rom nicht anders als ein Christ. Wenn Ihr das nicht glaubt, so kommt mit und seht es Euch selbst an."

Das war nur so dahingesagt, aber es ging Jakob nicht mehr aus dem Sinn. Hätte sein Vater noch gelebt, so wäre ihm dieser Gedanke völlig absurd erschienen, aber nun, da er sein eigener Herr war und – wie auch sein Vater – den Wunschtraum von einem sicheren ungefährdeten Leben im Herzen trug, machte ihn der eher spaßhaft gemeinte Vorschlag sehr nachdenklich. Die Geschäfte gingen besser als erwartet, die Schulden schrumpften, und Susannas bevorstehende Hochzeit würde ihn – so war es abgemacht – keinen Maravedi kosten. Das Pesachfest ist nun auch vorbei, überlegte er weiter, und bis zum Sommer kann ich zurück sein. Und das Geschäft? Sein tüchtiger Gehilfe konnte es unter der Aufsicht des Schwiegersohnes weiterführen, dann war ja die Mutter auch noch da.

Am nächsten Morgen teilte er dem erstaunten Samuele Leone mit, daß er seinen Vorschlag annehme.

„Also – Ihr seid – nun, ich habe nicht gedacht, daß Ihr so kurzentschlossen handeln werdet. So könnt Ihr mich gleich nach Cadiz begleiten, dort nehmen wir ein Schiff bis Barcelona und dann geht es schnurstracks nach Rom – eine Reise von höchstens zehn Tagen, bei gutem Wind schaffen wir es in einer Woche."

Das war nun die Ursache, daß Jakob Marco an diesem kühlen windigen Apriltag an der Reling eines Frachtschiffes stand. Plötzlich fühlte er eine Hand auf seiner Schulter und wandte sich um. Das breite, gutmütig-schlaue Gesicht von Samuele Leone grinste ihn an. Sie hatten sich während der Reise angefreundet und nannten sich beim Vornamen.

Leone deutete auf die sich nähernde felsige Küste.

„Da hat dein König sich bisher die Zähne ausgebissen, weil Genua den Brocken eisern festhält. Aber in Wirklichkeit hat die Seerepublik nur in den größeren Küstenstädten das Sagen, ansonsten herrscht, wie man hört, die reinste Anarchie. Die Korsen sind harte Burschen und dulden keinen Herrn über sich."

Jakob nickte höflich, doch das ging ihn nichts an. Er fieberte Rom entge-

gen, dem Paradies für die überall verfolgten Juden, aber was er zunächst sah, enttäuschte ihn.
Das Schiff legte im Tiberhafen Fiumicino an, Samuele überwachte die Verladung ihres Gepäcks und seiner eingekauften Waren auf eine Barke, die flußaufwärts nach Rom treidelte. Sie mieteten sich Maultiere und ritten über die Via Ostiensis in die Ewige Stadt, wie die Christen sie nannten. Auch die Juden blickten dort auf eine lange Tradition zurück, die bis in die Zeit der römischen Republik reichte, wie Samuele stolz bemerkte.
„Unter den Kaisern galten wir als gleichberechtigte römische Bürger, unsere Religion war anerkannt, und es gab Juden in hohen Staatsämtern. So ist es jetzt zwar nicht mehr, aber es ist besser als anderswo."
An der Porta San Paolo gaben sie ihre Maultiere zurück und machten sich zu Fuß auf den Weg. Da ragte zwar die alte Stadtmauer, doch dahinter war keine Stadt. Jakob blieb stehen.
„Wo ist nun eigentlich Rom? Ich sehe nur Felder, Wiesen, einen kleinen Weinberg, Bäume, Sträucher – aber keine Stadt."
Samuele lachte.
„Ja, Rom ist furchtbar heruntergekommen, und aus der Millionenstadt der alten Kaiser ist ein Städtchen geworden mit nicht mehr als dreißigtausend Einwohnern, aber ging es deinem Cordoba besser? Das war unter den Arabern auch viel größer, als es heute ist. Dafür ist unser Rom quicklebendig, du wirst es sehen."
Da und dort ragten aus den Wiesen und Feldern die Reste antiker Thermen, Villen und Paläste, und so manche davon hatten Adelsgeschlechter zu Festungen ausgebaut. Dann tauchten die ersten Kirchen auf, kleine bescheidene Gotteshäuser, die sich am Tiberufer aufreihten.
Samuele zählte sie auf: „Santa Maria, San Alessio, Santa Sabina, Santa Anna, Santa Maria in Cosmedin..."
Die Gegend belebte sich, Häusergruppen tauchten auf, dazwischen erhoben sich Paläste, manche davon schienen neu erbaut. Bei dem nach Trastevere führenden Ponte Palatino war man schon mitten in der Stadt. Lastenträger, Ochsenkarren, Sänften, Reiter und Fußgänger fluteten auf der Brücke hin und her, und bald tauchten sie in einem Gewirr von Gassen und Gäßchen unter. Die Straße der Wein- und Spezereihändler war zwar kurz, dafür aber ziemlich breit und wirkte eher wie ein kleiner Marktplatz. An ihrem Westende befand sich Leones Weinkeller, darüber ein zweistöckiges Haus, in dem er mit seiner Familie wohnte.

Jakob staunte.

„Diese Gewölbe sind ja gewaltig! Hast du sie bauen lassen?"

Samuele lachte.

„Nein, nein, das waren früher öffentliche Bäder, aber heute liegen die antiken Bauten – oder was von ihnen übrig ist – tief unter dem jetzigen Niveau. Das ist der Schutt von Jahrtausenden, auf dem immer wieder Neues erbaut wurde. Rom ist zwar geschrumpft, aber sehr sehr lebendig geblieben."

Leone hatte nicht übertrieben. Staunend ging Jakob durch eine Stadt, wo jeder sich nur um die eigenen Geschäfte und um seine Familie kümmerte, aber nicht darum, ob ihm ein Jude über den Weg lief. Er hätte auch ungehindert den Petersdom betreten können, aber das wollte er nicht.

„Schau ihn dir wenigstens an", forderte Leone ihn auf, doch er schüttelte den Kopf.

„Nein, das gehört sich nicht, mir genügt der Anblick von außen."

Der war nun allerdings nicht besonders großartig, weil die noch unter Konstantin dem Großen erbaute Kirche schon ziemlich baufällig schien und eher unscheinbar wirkte. Als Jakob dies erwähnte, wurde sein Freund ganz eifrig.

„Aber von hier siehst du ja nur die kleine Vorhalle. Jetzt stell dich nicht so an, gehen wir wenigstens in den Innenhof."

Sofort stürzten einige *porticani* auf sie los und boten ihre Dienste an, doch Leone winkte ab.

„Die sind wie Geier und wissen im Grunde nichts."

Den kleinen quadratischen Innenhof säumte eine Galerie mit manchmal schon recht windschiefen Säulen, darüber erhob sich der kreuzförmige Kirchenkomplex mit schadhaften, zum Teil eingesunkenen Dächern.

„Es ist nur eine Frage der Zeit, bis dieses morsche Gemäuer den Gläubigen auf die Köpfe fällt."

„Warum hat dann bisher kein Papst versucht, die Basilika zu erneuern?"

Leone lachte.

„Weil es immer wichtigere Dinge gab und dafür nie Geld vorhanden war. Papst Nikolaus hat vor dreißig Jahren einen Versuch unternommen, aber wie du siehst, ist wenig dabei herausgekommen."

Sie spazierten den Tiber entlang zurück, und Leone erklärte: „Hier ist das Ponteviertel, da stehen die meisten Neubauten, vor allem die Paläste

der Kardinäle, damit sie möglichst nahe dem Vatikan sind." Er lachte: „So einer setzt natürlich keinen Fuß auf den Boden, damit die roten Seidenschuhe nicht dreckig werden. Sobald es hier regnet, bleibt man im Schlamm stecken."
Leone bog plötzlich nach links ab.
„Komm – ich möchte dir etwas zeigen."
Sie überquerten zwei Straßen und gelangten auf einen kleinen Platz, den ein prächtiger dreistöckiger Palast beherrschte.
„Das ist die erst im Vorjahr fertiggestellte Cancelleria, wo der Kardinal Rodrigo Borgia residiert – übrigens ein Spanier. Papst Sixtus ist todkrank und ganz Rom rätselt herum, wer der nächste Papst sein wird: er oder Giuliano della Rovere, sein ärgster Widersacher. Wenn du mich fragst, so würde ich meine Stimme dem Borgia geben."
Jakob blieb stehen und schüttelte den Kopf.
„Einem Spanier? Das würde ich nicht! Nie und nimmer! Du hast ja selbst gesehen, wie es bei uns zugeht. Möchtest du in Rom die Scheiterhaufen brennen sehen? Ihr werdet Inquisitoren vom Schlag eines Torquemada bekommen, die Conversos müssen um ihr Leben zittern, und euch Juden wird man in ein Ghetto pferchen."
„Nein, Giacomo, dazu wird es nicht kommen. Borgia ist längst zum Römer geworden, und das Volk mag ihn. An ihm ist nichts Finsteres oder Fanatisches. Er ist leutselig, höflich, lebenslustig und freisinnig, was man von seinem Widersacher, dem strengen und rauschebärtigen Franziskaner della Rovere nicht sagen kann. Weißt du, der Vatikan ist für die Römer wie ein offenes Buch. Nichts läßt sich auf die Dauer verheimlichen oder verschleiern. Legt Borgia sich morgen eine neue Geliebte zu, so wird es Rom übermorgen wissen; hatte der Papst eine schlechte Nacht, so wird es am Morgen bekannt. Und so weiß man eben auch, daß der Kardinal della Rovere das Wirken der Inquisition weit höher schätzt, als der freisinnige Borgia – auch wenn er ein Spanier ist oder besser war. In Rom herrschen andere Gesetze, mein Lieber, und es ist noch gar nicht so lange her, da hat das Volk mißliebige Kardinäle, manchmal sogar Päpste, in ihren Palästen belagert, bedroht und erpreßt. Hier ließe sich keiner wie ein Lamm zum Scheiterhaufen führen, nur weil er an einem Fasttag ein Stück Wurst gegessen hat."
Leone hatte sich in Eifer geredet, und während er händefuchtelnd seinem Freund die römischen Eigenheiten erklärte, hatte sich das Tor zum Hof der Cancelleria geöffnet. Eine prächtige rotgoldene Sänfte erschien, ge-

folgt von zwei bewaffneten Reitern. Sie bewegte sich auf den Tiber zu, und Leone stieß seinen Freund an.

„Das ist er, der Borgia!"

Sie zogen schwungvoll ihre Hüte und verneigten sich. Der Kardinal lächelte freundlich und zeichnete ein flüchtiges Kreuz in die Luft. An der Sänfte prankte das gelbe Borgiawappen mit den drei schwarzen Balken und dem roten Stier auf einer grünen Weide.

Sie setzten ihre Hüte wieder auf, und Jakob meinte belustigt: „Der wenn wüßte, daß er zwei Juden seinen Segen erteilt hat."

„Um Papst zu werden, würde der auch den Teufel segnen, und ich, der Jude Samuele Leone, Sohn des Daniel und der Rachel, würde barfuß zur Kirche Santo Spirito pilgern und dem Heiligen Geist eine dicke Kerze opfern, wenn er die Herren Kardinäle bei der nächsten Wahl in diesem Sinne inspirierte."

Hätte Kardinal Rodrigo Borgia diese Worte vernommen, so wäre er sehr erheitert gewesen. Aber die gute Meinung eines Juden brachte ihn nicht auf den Thron Petri und auf die Inspiration des Heiligen Geistes war nicht unbedingt Verlaß. Borgia betrieb die Religion wie ein Geschäft und erwartete keine Hilfe von oben. Er traute nur sich selbst und war einsichtig genug, um zu wissen, daß bei einer Papstwahl nicht Sympathien zählten, sondern nur der nackte Vorteil, die Pfründe, das Gold, das Amt und die Titel. Täglich, ja stündlich war die Nachricht vom Tod Seiner Heiligkeit zu erwarten, und dafür mußte er gerüstet sein. Die Kardinäle Sforza, Conti, Orsini und Caraffa hatten ihm ihre Stimmen und die ihrer Parteigänger zugesichert, aber war darauf Verlaß? Giuliano della Rovere stützte sich hauptsächlich auf die Kardinäle Colonna und Savelli mitsamt ihrem Anhang.

Der Schlüssel lag bei Ascanio Sforza, dem intriganten und ehrgeizigen Kardinal, der ihm zwar seine Stimme zugesichert hatte, aber dieser Mensch schwankte wie das Schilf im Wind. Und sollte der Wind plötzlich aus der falschen Richtung wehen und dem Sforza einen Sack Gold in den Schoß blasen, dann gehörte seine Stimme dem anderen. Dabei mochten sie einander, fast konnte man sie Freunde nennen. Daß nahezu alle seiner Amtsbrüder käuflich waren, nahm Borgia als gegeben hin – er selbst war es schließlich auch, falls es sich lohnte. Die Kunst bestand darin, herauszufinden, wieviel die andere Partei aufzuwenden bereit war, damit man sie überbieten konnte.

So war Kardinal Borgia jetzt auf dem Weg zum Sforzapalast, um Ascanio noch einmal gründlich auf den Zahn zu fühlen. Dabei kam die kürzlich erfolgte Geldsendung aus Spanien nicht ungelegen. Ja, auf die Majestäten von Kastilien und Aragon war Verlaß, und er überlegte sich schon jetzt, wie er ihre Unterstützung angemessen belohnen konnte. Man mußte sie auszeichnen vor den anderen europäischen Fürsten. Mir wird schon etwas einfallen, dachte Borgia, aber man soll nicht den zweiten Schritt vor dem ersten tun. Wenn ich Papst bin, sehen wir weiter. Der Gedanke, so tief in der Schuld der spanischen Könige zu stehen, verursachte ihm ein leises Unbehagen. Seine drei spanischen Bistümer verdankte er ihnen, sowie die zahlreichen Pfründen für den jetzt neunjährigen Cesare, der schon mehrfacher Abt, Probst und Domherr war und als designierter Bischof von Pamplona galt.

Die Sänfte hielt vor dem Sforzapalast, und Borgia konzentrierte sich auf diese für ihn so wichtige Begegnung. Mit dick aufgetragener Liebenswürdigkeit kam ihm der Kardinal entgegen und breitete die Arme aus zum Bruderkuß.

Sie waren etwa gleich alt, doch Sforza wirkte gegen den stattlichen und schon etwas beleibten Borgia ein wenig jünger. Seine Gestik war lebhaft, herrisch und selbstbewußt, den Purpur trug er betont nachlässig, und manchmal schien es, als sei er ihm lästig. An ihm war etwas Verwegenes, das an seine Vorfahren erinnerte, die als Freibeuter und Condottieri erst vor zwei Generationen ins Licht der Geschichte getreten waren.

„Wie geht es Seiner Heiligkeit?"

„Der Papst ist siebzig und seit langem krank, wie Ihr wißt – die Ärzte rechnen täglich mit seinem Ableben."

Etwas wie Betrübnis zeigte sich auf dem Gesicht Sforzas.

„Bedauerlich, bedauerlich, aber die Zeit bleibt nicht stehen, und der Stuhl Petri darf nicht verwaisen. Aber dafür ist der Heilige Geist zuständig, der die Seelen der Kardinäle erleuchtet und sie den richtigen von Gott gewollten Nachfolger wählen läßt."

Borgia wußte, daß der andere nur spottete, aber es störte ihn nicht. Schließlich war ihm bekannt, daß seit Jahrhunderten die Papstwürde – mit wenigen Ausnahmen – erkauft, erschlichen, erstritten und ertrotzt wurde, und es gab wenig Hoffnung, daß sich dies jemals ändern würde.

„So sollte es sein, Bruder Sforza, aber wir schwachen Menschen können es einfach nicht lassen, dem Heiligen Geist – hm – gewisse Ratschläge zu erteilen. Ich tue es, Ihr tut es, alle tun es."

Sforza lächelte.

„Das ist nun einmal Menschenart. Gott hat uns leider nicht als vollkommene Wesen erschaffen, und der Teufel schläft auch nicht. Wer sich da nicht vorsieht..."

Borgia nickte.

„Ihr sprecht mir aus dem Herzen. Und nun zum Thema: Auf wie viele Stimmen können wir mit Sicherheit rechnen?"

„Nichts ist sicher auf dieser Welt, aber zwölf sind uns gewiß, bei weiteren vieren hoffe ich noch, alle anderen sind Gegner oder sehr unsichere Kandidaten."

Borgia rechnete nach.

„Zur Zeit sind achtundzwanzig Kardinäle in Rom, da wären auch sechzehn Stimmen zu wenig, weil wir ja eine Zweidrittelmehrheit benötigen, also achtzehn Stimmen plus eine."

Sforza nickte.

„Manche Herren sind eben sehr schwer zu überzeugen, begehren nichts oder wollen zuviel. Gehen wir die Liste noch einmal durch."

Gemeinsam beugten sie sich über die Aufstellung derer, die schon bestochen waren, die es noch zu bestechen galt, und jene, die sich als unbestechlich oder feindselig erwiesen hatten.

Sforza richtete sich auf.

„Es mag Euch trösten: Auch Kardinal della Rovere hat nur fünfzehn oder sechzehn sichere Stimmen. Gestern wurde mir zugetragen, daß er Kardinal Cibo favorisiert, falls es zu seiner Wahl nicht reicht."

Borgia blickte besorgt auf.

„Das wäre nicht gut. Cibo ist eine Kreatur des della Rovere – Wachs in seinen Händen. Dieser Genueser ist so dumm wie gutmütig, so einfältig wie ungebildet und leider erst zweiundfünfzig Jahre alt. Da müssen wir uns auf eine lange Regentschaft gefaßt machen."

„Ja, wenn es Gott gefällt, Bruder Borgia", sagte Sforza fromm und wieder klang es wie Spott. „Aber", sprach er weiter, „alles ist besser als die Wahl des Kardinals della Rovere. Cibo läßt sich notfalls beeinflussen, der bärtige Franziskaner nicht."

„Vielleicht gelingt es uns doch", sagte Borgia betont zuversichtlich.

„Mir wäre es recht – das Vizekanzleramt ist mir doch sicher?"

„Ihr könnt es meinetwegen schriftlich haben, lieber Sforza – sobald ich im Vatikan einziehe, übernehmt Ihr die Cancelleria. Das bedeutet achttausend Gulden im Jahr."

„Ich weiß, ich weiß."
Borgia beobachtete den anderen genau, und so entging ihm nicht ein Zug nackter Habgier, der Sforzas Gesicht für Sekunden einem Raubvogel ähneln ließ. Die Sforza waren Condottieri und einer von ihnen hatte vor etwa dreißig Jahren den Thron Mailands usurpiert. Mit wenigen Ausnahmen waren die Männer dieser Sippe habgierig, prachtliebend und grausam; sie scheuten weder Tücke und Hinterlist, noch Mord und Gewalt, um das Geraubte mit aller Macht festzuhalten. Ascanio Sforza hatte nicht Ehrgeiz noch Aussicht, den Stuhl Petri zu besteigen, doch er wollte maßgeblich daran mitwirken und dabei viel Geld verdienen.
Borgia lächelte seinen Amtsbruder freundlich und vertrauensvoll an, während er dachte, daß dieser in Purpur gekleidete Freibeuter ihn morgen schon um einen Sack Gold fallenließe, und käme einer mit zwei Säcken, so würde er den mit einem Judaskuß begrüßen. Falls ich Papst werde, mein lieber Sforza, dann werde ich dich scharf im Auge behalten, und wenn du mich hintergehst, jage ich dich aus Rom hinaus, und du kannst bei deinen Mailänder Verwandten unterkriechen.
„Gut, Bruder Sforza, dann sind wir uns wohl einig. Und solltet Ihr von den unsicheren Kardinälen doch noch den einen oder anderen für unsere Sache gewinnen, so spart nicht mit Geld und guten Worten. Ich werde Euch alle Auslagen ersetzen, darauf habt Ihr mein Wort."
„Ich tue, was ich kann, lieber Borgia."
Den Nachmittag verbrachte Kardinal Rodrigo Borgia bei der Kurtisane Fiammetta. Er war nicht mehr gesonnen, sich eine feste Geliebte zu halten, allein schon der Kosten wegen, im übrigen hatte er an der einen Familie genug, und nur Vanozzas Kinder durften in der Öffentlichkeit seinen Namen tragen, auch wenn die Tochter Lucrezia und die Söhne Juan, Cesare und Jofré in amtlichen Dokumenten als Nichte und Neffen auftraten. Der Kardinal zeigte sich weitherzig genug, auch Kinder aus anderen Verbindungen, wie Pedro Luis oder die Töchter Isabella und Girolama, anzuerkennen und für ihr Fortkommen zu sorgen. Doch zu seiner eigentlichen Familie gehörten sie nicht.
An diesem Nachmittag war ihm nicht nach Fiammettas Küssen und Umarmungen zumute; heute zog er ein leichtes heiteres Gespräch vor und schätzte zugleich die Sicherheit, daß sie verschwiegen war wie ein Beichtvater, den sie nicht wenigen ihrer Kunden gelegentlich ersetzte.
„Nun sage mir einmal, Fiammetta, wen würdest du dir als nächsten Papst wünschen?"

Fiammetta, die genau über die vatikanischen Intrigen informiert war und sehr gut wußte, wer zu Borgia und wer zu della Rovere stand, hielt sich klug aus dem Parteienstreit heraus.

„Man sagt, Ihr hättet gute Aussichten, mein Freund, doch Ihr habt mich nach meinem Wunsch gefragt. Ich wünsche mir, daß Ihr Kardinal bleibt, denn als Papst würdet Ihr Fiammetta vergessen – ja, Ihr müßtet es sogar, weil der Heilige Vater schließlich nicht eine römische Kurtisane besuchen kann. Und das täte mir leid – sehr leid."

„Du Schmeichlerin! Soll ich dir das glauben? Dem della Rovere hast du wohl das gleiche gesagt?"

Fiammetta lachte silberhell, und Borgia bewunderte wieder ihre makellosen Zähne, die strahlten wie eine Reihe erlesener Perlen.

„Ich fürchte, der Gute weiß nicht einmal, worin Frau und Mann sich unterscheiden. Außerdem würde mir vor seinem langen Bart grausen – nein, mein Freund, der käme nie in mein Bett."

„Gut, also du meinst, ich müßte dich vergessen, sollte ich Papst werden? Freilich kann der Heilige Vater nicht zu Fiammetta gehen, aber er kann sie zu sich in den Vatikan holen. Du wärst nicht die erste Kurtisane, die dort einen Besuch abstattet."

„Und doch wäre mir lieber, alles bleibt, wie es ist."

Und diesmal war es ganz ehrlich gemeint.

Jakob Marco hielt Augen und Ohren offen und erkannte wohl das leichtere und bessere Leben der römischen Juden. Auch beeindruckte ihn der Zusammenhalt aller aus Spanien und Portugal stammenden Familien, die sich Sephardim nannten und an ihrem altspanischen Idiom festhielten. So stolz sie auf ihre Herkunft waren, so wenig wünschten sie sich zurück, denn sie wußten recht gut, was in Spanien vorging und wie sehr die Inquisition dort von Jahr zu Jahr an Macht gewann. Freilich gab es diese Institution auch in Rom und im übrigen Italien, doch trat sie hier kaum in Erscheinung, und Ketzerprozesse waren so gut wie unbekannt.

Jakobs Zeit wurde knapp, da Susannas Hochzeit immer näher rückte, die ohne ihn, dem Haupt der Familie – David, der Erstgeborene, überließ ihm gerne diese Rolle –, nicht stattfinden konnte. Schon mehrmals hatte Samuele Leone ihm vorgeschlagen: „Löse dein Geschäft in Cordoba auf, sobald deine Schwester verheiratet ist, und siedle hierher über. Kluge Männer prophezeien, daß eure spanischen Majestäten eines nicht mehr sehr fernen Tages alle Juden aus dem Land jagen, natürlich nach Einzug

ihres Vermögens, sonst hätte die Maßnahme wenig Sinn. Willst du das abwarten, um dann als armer Mann irgendwo neu anzufangen? Du wirst auch nicht jünger, Giacomo, möchtest gewiß einmal heiraten, hast dann für Frau und Kinder zu sorgen..."
Diese Worte fielen auf fruchtbaren Boden, obwohl Jakob einfach nicht glauben mochte, daß die Juden eines Tages aus Spanien fort mußten. So unklug würden Ferdinand und Isabella nicht handeln, denn was sie ihren Juden an Sondersteuern abknöpften, war eine wichtige Einnahme und wäre durch nichts zu ersetzen. Nein, daran glaubte er nicht, aber schöner ließe es sich in Rom doch leben, und es schien undenkbar, daß die Römer hier eine Synagoge anzündeten oder in einer einzigen Pogromnacht ihre jüdischen Mitbürger erschlugen. Sein Traum konnte sich hier verwirklichen – der Traum vom freien, geachteten Leben, Haus an Haus mit christlichen Nachbarn, so wie es in Spanien einst unter den Mauren war.

Jakob Marco wurde unter den Sephardim herumgereicht wie ein Verwandter, der aus Spanien zu Besuch gekommen ist. So lernte er auch Giuditta Ladero kennen, die junge Witwe eines Sephardim, der während einer Reise nach Neapel von Straßenräubern erschlagen worden war. Sie war damals hochschwanger und erlitt eine Fehlgeburt, als die schlimme Nachricht eintraf. Jetzt lebte sie zurückgezogen und hatte nur Verkehr mit der Familie ihrer Schwester im Nachbarhaus. Der Schwager, so wurde gemunkelt, war dabei, ihr nicht unbeträchtliches Vermögen an sich zu bringen.
Jakob erfuhr dies alles von seinem Freund und Gastgeber Samuele Leone. Er zeigte sich empört.
„Aber da kann man doch nicht einfach zusehen, wenn einer die Schwester seiner Frau betrügen will! Hat sie denn niemand, der ihr beisteht?"
„Betrügen ist nicht das richtige Wort, sie soll am Geschäft ihres Schwagers beteiligt werden, aber am Ende läuft es doch darauf hinaus, daß sie dann ohne eigenes Vermögen dasteht – abhängig von einem Gewinn, den sie nicht überprüfen kann."
Samuele hatte die Lage der Judith Ladero dramatischer dargestellt als sie war, aber er tat es nicht ohne Hintersinn, und er sorgte auch dafür, daß sie und Jakob bei Tisch nebeneinandersaßen. Das erst etwas zögerliche Gespräch wurde immer lebhafter. Judith erwies sich als klug und schlagfertig und schien den Tod ihres Gemahls überwunden zu haben.

„Jetzt, da Eure Trauerzeit vorüber ist, habt Ihr doch sicher irgendwelche Pläne. Wollt Ihr Euch wieder verheiraten?"
Judith errötete leicht, ihr frisches rundes Gesicht mit den mandelförmigen dunklen Augen, die ihn gerade noch so lustig angeblitzt hatten, verschloß sich.
„Nein, daran denke ich vorerst nicht. Und Ihr, Don Giacomo, geht wieder nach Spanien zurück?"
„Ja, Signora, und es fällt mir immer schwerer."
In Gedanken setzte er hinzu: Vor allem jetzt, da ich Euch kennenlernen durfte.
War er etwa verliebt, nachdem er zwei Stunden mit Judith an einem Tisch gesessen hatte? Er schüttelte belustigt seinen Kopf und zerkrümelte dabei ein Stück Brot.
Judith beobachtete ihn.
„Woran denkt Ihr, Don Giacomo und worüber schüttelt Ihr den Kopf?"
Er lächelte.
„Vielleicht über meine Dummheit, daß ich nach Spanien zurückkehre, da ich nun gesehen habe, wie gut es sich in Rom leben läßt."
„Ihr seid noch unverheiratet, höre ich."
„Ja, ich wollte immer auf bessere Zeiten warten, aber die kommen nicht. Zwar gehen die Geschäfte gut, aber wir Juden werden in Spanien mehr und mehr zum Freiwild."
„Das müßte es Euch doch erleichtern, hierher überzusiedeln."
Sie ließ ihn nicht aus den Augen, ihr Blick hielt ihn fest, als warte sie auf eine bestimmte Antwort. Da er schwieg und offenbar nach einer Erwiderung suchte, setzte sie schnell hinzu: „Wollt Ihr Euch mein Haus ansehen?"
Die Tischrunde blickte erstaunt auf.
„Aber du kannst doch nicht mit einem fremden Mann...", begann ihre Schwester, doch Judith unterbrach sie.
„Ich bin erwachsen und mündig, im übrigen ist Don Giacomo für mich kein Fremder mehr."
Samuele Leone lächelte verstohlen. Hatte er diese Judith doch richtig eingeschätzt!
„Soll ich Euch begleiten?" fragte der Schwager und blickte recht säuerlich drein.
Judith erhob sich und sagte: „Nicht nötig, mein Lieber. Ich kann recht gut auf mich aufpassen."

Im Erdgeschoß verband eine Tür die beiden Häuser, Judith öffnete sie und ging voraus. In der Wohnstube bot sie ihm Platz an.
"Es ist nichts besonders Sehenswertes an meinem Haus, doch ich wollte alleine mit Euch sprechen. Unser Freund Leone hat in den höchsten Tönen Euer Lob gesungen und mir nahegelegt, Euch mein Vermögen anzuvertrauen."
Jakob erschrak.
"Mir? Aber warum? Ihr kennt mich doch kaum, außerdem gehe ich nach Spanien zurück, werde vielleicht nicht wiederkommen..."
Judith machte nun durchaus keinen mädchenhaften Eindruck mehr, sie preßte den vollen Mund zusammen, ihre Augen waren hart geworden.
"Unter den römischen Juden herrscht der Brauch, eine Witwe nach dem Trauerjahr vor die Wahl zu stellen: Sie kann wieder heiraten, worauf ihr Vermögen an den neuen Gatten fällt, oder sie bleibt ledig, ihr nächster männlicher Verwandter nimmt sie auf und darf damit auch über ihren Besitz verfügen. Doch das will ich nicht. Meine Schwester ist gutmütig, aber schwach und wird in allen Dingen ihrem Mann gehorchen. Der wiederum drängt mit zu einer Entscheidung. Da ich nun weder heiraten noch mein Vermögen verlieren will, schlage ich Euch vor, wir verloben uns, und Ihr steckt sogleich mein verfügbares Geld in Euer Geschäft."
Jakob fühlte eine Art Schwindel und fragte sich, ob er das alles nur träume.
"Nun schaut nicht so belämmert drein, Giacomo Marco, ich habe schließlich nicht vorgeschlagen, Ihr sollt meinen Schwager umbringen oder mich entführen. Ich handle aus einer Notlage, will mein Geld und meine Freiheit retten."
"Aber – aber eine Verlobung ist doch die Vorstufe zur Ehe. Wir können nicht ein Leben lang verlobt bleiben – wie stellt Ihr Euch das vor?"
"Ganz einfach: Solltet Ihr innerhalb eines Jahres heiraten, so lösen wir unsere Verlobung und das gilt genauso für mich. Über mein Geld müßte dann gesondert verhandelt werden, aber Ihr seid ein ehrlicher nüchterner Mann, da wird sich leicht ein Weg finden."
Jakob dachte nach.
"Das einfachste wäre freilich, wir beide würden – also, ich meine, wir können uns ja noch Zeit lassen, aber wenn wir uns schon verloben, dann läge es doch nahe..."
"... wir würden heiraten. Aber warum nicht, Don Giacomo? Oder mißfalle ich Euch so sehr?"

„Im Gegenteil, Donna Giuditta, ganz im Gegenteil, aber ein wenig länger sollten wir uns schon kennen."
„Kommt Zeit, kommt Rat! Wenn Ihr einverstanden seid, gehen wir jetzt zurück und geben unsere Verlobung bekannt."
Du bist ein Esel, schalt Jakob sich selbst, läßt dich von dieser munteren Witwe an der Nase herumführen. Die hat doch nichts anderes im Sinn, als ihr Vermögen zu retten, und du gibst dich dafür her!
Jakob Marco, der Wein- und Spezereienhändler, den kein Geschäftspartner jemals auch nur um einen Maravedi hätte betrügen können, stürzte sich kopfüber in die Verbindung mit einer Frau, die er kaum kannte. Das lag vielleicht daran, daß Jakob mit den Geschäften von Kindheit an vertraut war, mit Frauen jedoch wenig Erfahrung besaß. Mutter und Schwester zählten dabei nicht und auch nicht die paar hastigen Besuche in gewissen Häusern, wo er zudem noch Kopf und Kragen riskierte, denn Juden, die christliche Freudenhäuser aufsuchten – andere gab es in Spanien nicht –, wurden schwer bestraft. Vor einem halben Jahr hatte eines der Mädchen auf seinen beschnittenen Penis gedeutet und ausgerufen: „Ein Beschnittener! Darum hat es mir gleich vor dir gegraust – du bist ein Jude! Ich werde dich anzeigen und eine schöne Belohnung einstecken, was sagst du dazu?"
Jakob hatte ihr den Inhalt seiner Börse aufs Bett geschüttet und war davongelaufen wie ein flüchtiger Dieb.
Als sie Hand in Hand vor ihre Freunde und Verwandten traten und ihre Verlobung bekanntgaben, schaute Jakob seine Braut zärtlich an und sagte: „Wir werden natürlich so bald wie möglich heiraten."
Judith nickte und flüsterte beschämt: „Ja, mein Lieber."
Die Schwester freute sich, aber der Schwager blickte recht finster und meinte, da habe der Rabbi auch noch ein Wort mitzureden.
„Du hast ganz recht", meinte Judith und strahlte vor falscher Freundlichkeit, „der Rabbi wird dieses Wort bei unserer Trauung sprechen."

13

DER KRIEG GEGEN GRANADA ging nun schon ins fünfte Jahr. Weder gab es eine klare Front, noch besonders verlustreiche Schlachten – das schleppte sich so hin mit kleinen und größeren Scharmützeln, und ein Ende war nicht abzusehen. Die spanischen Könige hofften noch immer, daß der Thronstreit ihnen den begehrten Granatapfel eines Tages von selbst in den Schoß fallen ließe, aber auch da ging nichts voran. Boabdil saß in Almeria, sein Vater Mulei Hassan behauptete sich in Granada, sein Onkel El Zagal saß in Malaga.
Doch im Herbst des Jahres 1485 kam endlich etwas in Bewegung. El Zagal verjagte seinen Neffen Boabdil aus Almeria und eroberte Granada, wo sein Bruder Mulei Hassan regierte. Der starb kurz darauf, und so gab es im Emirat Granada nur noch zwei Kontrahenten – den jungen Boabdil und seinen Onkel El Zagal.
Die spanischen Könige residierten derzeit im Alcazar von Cordoba. Isabella saß an ihrem Schreibtisch und ging Akten durch – konzentriert, methodisch, gründlich. Dabei fühlte sie sich erbärmlich. Sie stand kurz vor ihrer fünften Niederkunft, das Kind war lebhaft und zerriß ihr mit seinem Ungestüm fast den Leib, den sie wie einen schweren Sack herumschleppte zwischen Arbeitszimmer, Audienzsaal und Schlafzimmer.
König Ferdinand trat ein, verneigte sich leicht und blickte sie besorgt an.
„In Eurem Zustand solltet Ihr nicht so viel arbeiten, meine Liebste. Ihr treibt Raubbau mit Eurer Gesundheit und das kann sowohl Euch als auch dem Kind schaden."
Sie blickte auf. Ihr volles, schon etwas schlaffes, mit Schwangerschaftsflecken übersätes Gesicht hatte jeden Liebreiz verloren, war nur noch eine von Anstrengung und Übermüdung gezeichnete Maske, die zu zer-

bröckeln drohte. Ferdinand winkte die beiden Sekretäre hinaus und bat die am Fenster sitzende Beatriz de Moya mit höflichen Worten, sich für eine Weile zurückzuziehen. Sie stand zwar auf, blickte aber ihre Freundin fragend an. Isabella mühte sich ein Lächeln ab.
„Mein Gatte will mir offenbar ein Geheimnis anvertrauen, also geh in den Garten und schnappe frische Luft, du bleiche Zimmerpflanze."
Beatriz knickste vor Ferdinand und huschte hinaus.
„Was gibt es denn, mein Lieber?" fragte Isabella mit leiser Ungeduld.
Doch der ließ sich Zeit, absichtlich, schon um ihr zu zeigen, daß er über ihrer Arbeit stand, daß er ein Anrecht darauf besaß, sie zu stören, wann immer er wollte. Das war der alte lebenslange Kampf zwischen den königlichen Eheleuten, und immer – oder doch fast immer – hatte Ferdinand ihn verloren. Das waren freilich keine spektakulären Niederlagen, weil Isabella nicht durch Trotz, Gewalt oder Erpressung die Oberhand gewann, sondern ganz einfach durch ihren Charakter. In vielen Dingen bewies sie größere Ausdauer, war konsequenter und neigte andererseits eher zu Kompromissen, wenn es sie ihren Zielen näherbrachte.
Ferdinand trat ans Fenster und blickte hinaus auf den Fluß, den die gewaltige römische Brücke überspannte; mit ihren mächtigen festgefügten Pfeilern und einer Länge von über dreihundert *varas* war sie Zierde und Stolz der Stadt. Die Noria, das riesige hölzerne Wasserrad mit seinen tönernen Schöpfkrügen am diesseitigen Ufer stand jetzt still, ein nutzloser Koloß, der ihn an die ersten Tage ihres Aufenthaltes in Cordoba erinnerte.
„Weißt du noch, wie wir nachts im Alcazar herumliefen, um für dich ein ruhiges Zimmer zu finden, weil das Knarren und Ächzen der Noria dich nicht schlafen ließ?"
Isabella lächelte und für Sekunden gewann ihr Gesicht den alten Liebreiz zurück.
„Wie könnte ich das jemals vergessen?"
„Und dann, wie es deine Art ist, überlegten wir am nächsten Tag lange, was hier den Vorrang habe: die Nützlichkeit der Noria, die den Palastgarten bewässert, oder der ebenfalls sehr wichtige Schlaf der Königin von Kastilien. Erst als ein Baumeister mir versicherte, daß es für den Garten noch andere Möglichkeiten der Bewässerung gebe, durfte die Noria stillgelegt werden."
„War das so falsch?"
„Nein, meine Liebe, das warst nur du in deiner unverwechselbaren Ei-

genart. Eine weniger gewissenhafte Königin hätte zuerst an ihren ruhigen Schlaf gedacht und dann an den Palastgarten."
„Und um mir das zu sagen hast du meine Sekretäre hinausgeschickt?"
Jetzt kehrt sie wieder die Landesmutter heraus und weist mich zurecht, dachte er. Doch Ferdinand hatte sich noch niemals von ihrer spitzen Zunge provozieren lassen, was nicht zuletzt einer der wichtigsten Gründe für ihre Eintracht war. Isabella wußte das recht gut und dankte es ihm mit kleinen Dingen, die für ihn eine große Bedeutung besaßen, wie etwa die Namensfolge. In seinem Königreich Aragon traten sie als 'Ferdinand und Isabella' auf, wie es angemessen war, doch auch in Kastilien hielt man sich an diese Reihenfolge. Einige Granden waren darüber durchaus anderer Meinung, doch Isabella blieb fest und ließ ihm den Vortritt. Daß Ferdinand in Kastilien so gut wie nichts zu sagen hatte, war nur wenigen bekannt, da sie alle wichtigen Dekrete, Befehle und Verfügungen immer gemeinsam unterzeichneten.
Ferdinand lächelte sie liebevoll an.
„Die kleine Pause schadet weder dir noch deinen Sekretären, und es geht niemand etwas an, wenn wir von alten Zeiten reden. Aber ich wollte noch etwas anderes zur Sprache bringen, nämlich den neuen Wortbruch unseres wankelmütigen Vasallen."
„Du sprichst von Boabdil, nehme ich an."
„Von wem sonst! Er attackiert wieder einmal unsere Stellungen und schielt nach Granada, um seinen Onkel zu stürzen. Jetzt hat er sich in Loja verschanzt und verstärkt seine Truppen. Ich möchte ihn so schnell wie möglich dort angreifen, um seine Pläne zu vereiteln."
„Du bist der Feldherr, mein Lieber, ich werde mich hüten, dir dreinzureden."
„Aber als ich vorgestern mit dem Marqués von Cadiz und Don Gonzalo de Cordoba darüber sprach, sind sie sofort zu dir gerannt."
„Ja, auf die Treue meiner Gefolgsleute ist Verlaß. Aber weißt du auch, was ich den Herren gesagt habe? Krieg, meine Herren, ist Männersache, also wendet euch gefälligst an euren obersten Kriegsherrn. Du kannst sie ruhig danach fragen."
„Ist schon gut Isabella. Soll ich deine Sekretäre zurückrufen?"
„Das hat Zeit..."
„Aber meine Zeit ist diesmal knapp – Gott behüte Euch, Doña Isabella."
Ohne sich noch einmal umzuwenden, ging er rasch hinaus. Das waren seine kleinen Siege.

Zwei Tage später reiste er ab. In Aguilar wollte er sich mit den anderen Heerführern treffen, aber vorher mußte er sich von den Anstrengungen des Hofes und seiner Ehe erholen. Er brauchte das von Zeit zu Zeit und hatte sich in Aguilar, nahe der Grenze zum Emirat Granada, ein kleines Liebesnest gebaut. Seine Vertrauten wußten davon, doch für sie war es nichts Neues, denn ihr König besaß im ganzen Land solche verschwiegenen Zufluchtstätten.
Mariana war die Tochter eines Sattlers, den Ferdinand und seine Männer gerne aufsuchten, weil er schnell und geschickt arbeitete und ihr Lederzeug vorbildlich in Ordnung hielt. Zuerst hatte der Mann aufbegehrt.
„Meine Tochter, Majestät, ist bereits versprochen, und wenn Ihr sie – sie zu Euch nehmt, wird sie zeitlebens keinen Ehemann mehr finden."
„Mach dir darum keine Sorgen, mein Lieber. Es gibt in meinem Gefolge eine ganze Anzahl hochgeborener Herren, die sich darum reißen, eine Geliebte ihres Königs zu freien."
So saß Mariana jetzt in einem stattlichen Haus, wo sie sich mit zwei Dienstboten zu Tode langweilte, während sie auf die seltenen Besuche ihres Herrn und Gebieters wartete. Ein Bote hatte ihn schon Tage zuvor angekündigt, aber die Reise dauerte doch länger als geplant, und es ging schon auf Mitternacht, als Mariana das laute Pochen aus dem Schlaf riß. Mit ihren siebzehn Jahren bedurfte sie keiner langen Vorbereitung, um liebreizend zu erscheinen, sie benutzte nicht einmal den Kamm, weil sie wußte – Ferdinand hatte es angedeutet –, wie sehr er die geschminkten, frisierten, geschnürten und mit Schmuck behängten Hofdamen jedesmal satt hatte, wenn er von einer der Residenzen kam. Sie war ein freches vorlautes Ding – ihr Vater hatte sie oft mit dem Riemen verhauen müssen –, und so fragte sie ganz zu Anfang ihren Geliebten, ob sich dieser Überdruß auch auf die Königin beziehe. Sie hatte den Satz noch nicht zu Ende gesprochen, da setzte es eine Ohrfeige, daß sie quer übers Bett fiel.
„Du darfst mit mir über alles sprechen, aber die Königin bleibt ausgenommen – verstanden?!"
Sie rieb sich die Wange und versprach es. Manchmal ließ es sich nicht vermeiden, daß Isabellas Name in irgendeinem harmlosen Zusammenhang fiel; darüber ging Ferdinand schweigend hinweg, doch sein warnender Blick war nicht zu übersehen.
Sie lief ihm entgegen, und er öffnete weit seine Arme. Er drückte sie so fest an seinen stählernen Brustpanzer, daß ihr der Atem stockte. Sein

Gesicht war von der Reise her mit Staub und Schweiß bedeckt, daß es aussah, als hätte er sich maskiert.

„Ein Bad?"

Er lächelte etwas müde und nickte.

„Ja, zuerst ein Bad."

Zwei Leibdiener des Königs gingen sofort ans Werk, während er sich mit Marianas Hilfe aus Panzer und Kleidung schälte.

„Wir sind so scharf geritten wie möglich, aber wenn der König unterwegs ist, spricht es sich herum, und dann läßt es sich kaum vermeiden, hier ein Glas Wein und dort ein Stück Brot zu nehmen, Fragen zu beantworten, kleine Streitigkeiten zu schlichten..."

„Da und dort ein Mädchen zu küssen?"

„Nein, meine wilde Blume, dazu blieb keine Zeit. Für so etwas muß man sich Zeit nehmen, oder man läßt es bleiben."

„Und Ihr habt es bleibenlassen, Don Fernando?"

Mit gespieltem Ernst hob er die Hand zum Schwur.

„Ich schwöre es dir! Im Gebiet zwischen Cordoba und Aguilar bist du meine einzige Geliebte."

Da mußte sie hellauf lachen.

„Aber das sind doch höchstens acht Meilen!"

„Das gilt natürlich in allen Richtungen: also nach Westen etwa bis Posadas, nach Norden bis Villaharta und nach Osten bis Montoro. Zufrieden?"

Sie klatschte in die Hände. „Das ist ja ein richtiges kleines Reich!"

„Und du bist darin die Königin!"

Sie wußte natürlich, wie scherzhaft dies alles gemeint war, aber daß er sie Königin nannte, machte sie richtig stolz.

Als die Diener ihn dann zum Bad holen wollten, sagte Mariana: „Geht nur schlafen, ihr beiden, ich werde Don Fernando zum Bad begleiten."

Sie schauten ihren Herrn fragend an.

„Na – ihr hört doch was Doña Mariana gesagt hat! Also verschwindet jetzt!"

Der Jüngere konnte ein leichtes Grinsen nicht unterdrücken, was ihm einen schmerzhaften Fußtritt eintrug.

„Hinaus mit dir!"

„Ihr seid etwas dicker geworden, scheint mir."

Ferdinand lachte und klopfte auf seinen nackten Bauch.

„Das gute Leben bei Hof – täglich Gesottenes und Gebratenes, dann die

Süßspeisen mit Sahne, Buttercreme, kandierten Früchten und dazu kaum Bewegung. Aber jetzt geht's in den Krieg, da werde ich den Speck gleich wieder los."
Mit ihrer feinen venezianischen Seife – sein Geschenk beim letzten Besuch – und einer weichen Bürste säuberte sie seinen ganzen Körper, beschäftigte sich besonders lange mit dem Penis, den sie rieb und streichelte, bis er aufrecht stand wie ein gepanzerter Soldat.
Ferdinand lachte.
„Siehst du, er zeigt auf dich."
„Was mag das bedeuten?" fragte sie unschuldig.
„Er hat dich auserwählt, du sollst ihm ein Nest bereiten."
„Ich bin nur ein dummes kleines Mädchen und verstehe Euch nicht, mein Herr."
„Du bist eine Hexe, und ich werde dich dem Heiligen Offizium melden, die haben geeignete Mittel, um deine wahre Natur herauszufinden."
Sie spülte ihn mit kaltem Wasser ab, er schrie entsetzt auf und sprang aus dem Badeschaff.
„Du willst mich wohl umbringen! Schau einmal her, was du angerichtet hast..."
Er deutete auf seinen Penis, den der kalte Guß sofort wieder schrumpfen ließ.
Mariana nahm ein vorgewärmtes Handtuch und wickelte Ferdinand hinein.
„Das schadet nichts, dieser kleine Herr kommt später dran. Hast du – habt Ihr keinen Hunger?"
„Doch, und auch Durst. Mir steckt der Reisestaub noch ganz dick in der Kehle."
Sie hatte kalte Speisen vorbereitet: Rebhuhn, geräucherten Fisch, Ziegenkäse, Oliven, Weißbrot und frisch geerntete Kirschen. Dazu holte sie einen Krug gekühlten Weißwein aus dem Keller. Sie hatte schon gegessen, naschte nur da und dort ein wenig mit, ließ sich mit Kirschen füttern, trank aus seinem Becher und achtete darauf, die von seinen Lippen berührte Stelle zu berühren.
„Seid Ihr satt, mein Geliebter?"
„Ja, und doch immer noch hungrig – auf dich!"
Sie tat recht abweisend.
„Was redet Ihr da, mein Herr? Gewiß seid Ihr recht müde von dem langen Ritt, und morgen ist schließlich auch noch ein Tag." Sie stand auf

und machte einen tiefen Knicks. „Der Herr schenke Euch eine erholsame Nacht."
Ferdinand sprang auf.
„Halt – halt! Was soll das? Du kannst mich doch jetzt nicht einfach ins Bett schicken!"
Kichernd lief sie hinaus, verfolgt von Ferdinand, der in der Eile auf seinen langen Hausmantel trat und sich gerade noch fing. Die Jagd endete im Schlafzimmer, er hatte sie dort verschwinden sehen, doch der Raum schien leer.
„Mariana! Wo hast du dich versteckt? Komm sofort heraus, sonst versohle ich dir den Hintern!"
Er hörte ein unterdrücktes Kichern und sah, wie der Bettvorhang sich leicht bewegte. Auf leisen Sohlen näherte er sich und griff plötzlich zu. Er fühlte ihren Körper unter dem dünnen Stoff, hörte ihr Kreischen und zog sie schließlich hervor. Sie war nackt, bedeckte ihre Brüste mit den Händen und blickte ihn an wie ein gefangenes Tier.
„Ihr werdet mir auch gewiß nichts tun, guter Herr?"
„Nein, nein – ich habe nur hier einen Vogel, den ich in einen Käfig sperren möchte."
Er ließ den Mantel fallen und deutete auf seinen Phallus.
„Ein seltsamer Vogel! So nackt und ganz ohne Flügel..."
Sie sah die Geilheit in seinen Augen, hörte den schnellen erregten Atem, und ließ sich aufreizend langsam auf das Bett sinken.
„Na komm mein Vögelchen, der Käfig steht offen!"
Ferdinand umfaßte ihre schmalen Hüften, klopfte mehrmals sachte ans Tor, bis es sich öffnete und sie einen leisen Schrei ausstieß, als er tief in sie eindrang, ihren Körper an sich preßte, sie küßte und lange ohne die geringste Bewegung so verharrte. Er liebte diesen Augenblick des Beginnens, da die Zeit stillstand, der Atem stockte, das Blut in den Ohren sang und feurige Punkte vor seinen geschlossenen Augen tanzten. Dann war diese Ewigkeit vorbei, er holte tief Atem, lockerte seine Umarmung, begann einen ganz langsamen Rhythmus, bis der Körper unter ihm zu tanzen und zu hüpfen begann, den Rhythmus erwiderte, schneller und schneller, und dann hörte er ihre Stimme, drängend, flehend, mit abgerissenen, kaum verständlichen Worten und zuletzt einem langen rauhen Schrei, mit dem zugleich er sich verströmte und fallen ließ in einen Augenblick lustvoller Ohnmacht, und wieder stand die Zeit still, eine lange, kurze Ewigkeit.

Ferdinand legte sich zurück und zog Mariana über sich wie eine Zudecke, fühlte ihre Schenkel, ihren Bauch und ihre Brüste spiegelgleich an seinem Körper, während ihr samenfeuchter Schoß sich langsam kreisend an seinem Schambein rieb. Sie saugte sich an seinem Hals fest und stöhnte leise.

„Jetzt sind wir ein androgynes Doppelwesen", flüsterte er in ihr Ohr, „so wie Gott es sich zu Anfang gedacht hat – Mann und Weib in einem Körper. Wenn du Adam von rückwärts liest, dann lautet es Mada, ein recht weiblicher Name, der uns an die Wörter Mama oder Mädchen oder Magd erinnert."

Sie löste ihre Lippen von seinem Hals und hob den Kopf.

„Ah, darauf will der Herr hinaus! Daß nämlich wir Frauen schon von Anbeginn als eure Mägde gedacht sind. Das habe ich aber anders in Erinnerung! Als mein Bruder heiratete, hat der Pfarrer in seiner Predigt die Geschichte von Adam und Eva vorgelesen und da heißt es: 'Darum wird ein Mann Vater und Mutter verlassen und an seinem Weibe hängen, und sie werden ein Fleisch sein.' Das klingt nicht nach Magd, mein Herr, ganz und gar nicht! Ist die Königin vielleicht..."

Erschrocken hielt sie inne und verschloß ihm sogleich mit einem Kuß den Mund, und als er etwas sagen wollte, gleich wieder und wieder, bis er unwillig seinen Kopf wegdrehte.

„Nun hör schon auf, ich sage ja nichts! Einen halben Satz kann man überhören, aber ausnahmsweise werde ich ihn zu Ende führen. Du wolltest fragen: Ist die Königin vielleicht deine Magd? Eine Königin ist niemandes Magd, aber etwas in dieser Art ist sie doch als Dienerin des ganzen Volkes. Nun ist es aber genug, und du wirst dich künftig hüten, sie zu erwähnen, es sei denn respektvoll und in deiner Eigenschaft als treue Untertanin. Verstehen wir uns?"

„Verstanden, mein Herr. Werde ich dir nicht zu schwer?"

Manchmal, wenn sie einander ganz nahe waren, duzte sie den König, und er ließ es geschehen.

„Du bist mir eine süße Last."

„Aber doch eine Last?"

„Ich wollte, ich hätte jede Nacht eine so reizvolle Zudecke."

„Könntest es ja haben."

„Du meinst, wenn ich bei dir bliebe."

„Ja."

„Ich bin der König."

Sie wälzte sich von seinem Leib.

„Das habe ich niemals vergessen. Aber auch ein König braucht Schlaf. Wie sollt Ihr da Euren Krieg gewinnen?"

„Du hast recht. Ich hatte ganz vergessen, daß der treulose Maurenkönig in seinem Bergnest auf mich wartet. Diesmal werde ich Loja nehmen und wenn es mich Monate kostet." Er gähnte und gab Mariana einen Klaps auf ihr Hinterteil. „Laß mich jetzt schlafen, meine andalusische Wildblume, und wecke mich mit deinem Duft erst nach Sonnenaufgang."

Sie kicherte geschmeichelt. Immer wieder fielen ihm andere Vergleiche ein: spitzzähniges Kätzchen, Schmeichelschlange, maurische Hexe und Feuerrose hatte er sie schon genannt, und immer kam etwas Neues hinzu. Vielleicht liebte er sie schon mehr als seine Königin, würde sie eines Tages zur Gräfin oder Marquesa machen? Aber auch sie war müde und verfolgte diese Gedanken nicht weiter. Sanft legte sie eine Hand auf seinen Schenkel, spürte den rauhen dichten Haarwuchs, strich ein wenig darüber und schlief ein.

Diese zärtliche Geste ließ Ferdinand noch einmal aus seinem Halbschlaf auftauchen. Eine süßere Geliebte habe ich lange nicht mehr gehabt, dachte er, und ich brauche sie wie einen frischen Schluck kühlen Quellwassers nach einer durchzechten Nacht. Ein dummer Vergleich – na wenn schon! Aber der Vergleich drängte sich ihm auf, wenn er an die Tage und Wochen bei Hofe dachte. Plötzlich hatte man das ganze glitzernde Treiben satt – die ewigen Bankette und Lobhudeleien, der stets schwelende, heimlich geführte und nie endende und nie gewonnene Machtkampf mit Isabella, die Gattinnen von Adeligen, die etwas wollten: Geld, ein Amt, einen Titel, eine Rechtsentscheidung, die sich ihm an den Hals warfen und die er hätte haben können – jederzeit und an jedem Ort, nicht zu vergessen die vielen Hofdamen, die ihm schöne Augen machten und dabei frech auf seinen Penisbeutel schielten. Dagegen war er keineswegs unempfindlich, und es gab eine ganze Reihe von Doñas, mit denen er gerne eine Nacht verbracht hätte, aber da war Isabella, und wo sie war, durfte es keine Untreue geben. Ihr entging nichts, und so hatte sie eines Tages scherzhaft bemerkt: „Ich weiß schon, daß dich die Damen belagern wie eine Festung und nicht nur, weil du der König bist. Ja, mein Lieber, es hat sich herumgesprochen, daß du im Bett etwas taugst, und das macht die Frauen eben neugierig. Bitte laß die Finger davon, es würde mich kränken. Wenn es schon sein muß, dann gehe mit

meiner Freundin Beatriz ins Bett und die Sache bliebe unter uns dreien, weil der gute Cabrera ohnehin nichts merkt."
„So dumm ist er auch wieder nicht! Er dient mir treu und gehört zu denen, auf die ich mich ganz verlassen kann. Wir sollten ihn adeln, dann käme deine Freundin Beatriz – die du mir freundlicherweise ins Bett legen willst – auch zu einem schönen Titel."
So wurde den Eheleuten Andrés und Beatriz de Cabrera das Marquisat von Moya verliehen, und Ferdinand fragte sich später, wie ernst das Angebot seiner Gemahlin gemeint war.
Ja, Mariana war eine Erfrischung für ihn, er brauchte sie und liebte sie auf seine Weise. Isabellas weihevolle Umarmungen glichen mehr und mehr einem Staatsakt, überstrahlt von den vereinigten Kronen, geheiligt vor dem Altar und genehmigt von den Cortes. Dennoch liebte er sie, gerade jetzt, wo ihr Körper füllig und ihr Gesicht schlaff wurde. Sie hatte ihm fünf Kinder geboren und war immer auf seiner Seite gestanden, durch dick und dünn, und was sie befahlen und verkündeten, geschah in steter Eintracht. Sie waren einander treu, auf eine höhere Art, damit hatten Mariana und Conchita und Carmela und Juana nichts zu tun, weil er mit seinen Geliebten auf einer anderen Ebene, in einer anderen Sphäre verkehrte.
Er hörte Marianas tiefen regelmäßigen Atem. Nun war sie doch vor ihm eingeschlafen, seine wilde Blume, seine Geliebte, die ihm wohltat wie frisches Quellwasser. Dann schlief auch Ferdinand ein und wäre wohl kaum vor Mittag aufgewacht, hätte Mariana ihn nicht zart aufs Ohr geküßt. Ihre langen nußbraunen Haare trug sie offen, die großen schwarzen Augen blickten ihn zärtlich an.
„Nun, mein Langschläfer, ich muß Euch leider wecken, weil draußen fünf Männer schon eine geraume Zeit auf- und abreiten und immer wieder auf mein – auf unser Haus blicken. Ich glaube, das gilt nicht mir, sondern Euch, außerdem muß es sich wohl herumgesprochen haben, daß Ihr hier seid, weil sich die halbe Stadt auf den Straßen herumdrückt."
Ferdinand lachte, streckte sich und gähnte herzhaft.
„Was ist denn schon Besonderes an mir? Ich bin ein Mann wie jeder andere auch, mit zwei Beinen, zwei Armen, einem Kopf, einem Hintern und was ein Mann sonst noch hat. Warum wollen sie mich denn sehen, warum nur?"
Er tat ganz unschuldig und verständnislos, aber Mariana war nicht auf den Mund gefallen.

„Weil Ihr doch etwas habt, das anderen fehlt: Über Eurem Haupt schwebt eine Krone, unsichtbar, aber jedes Kind weiß es. Und würdet Ihr Euch kleiden wie ein Bettler und trätet vors Haus, so wäre sie dennoch da, und alle würden sich neigen."
„Es wird wohl so sein, wie du sagst. Schicke deinen Diener hinaus und laß ausrichten, daß ich in zwei Stunden zur Verfügung stehe."
„Und was machen wir in diesen zwei Stunden?"
„Das hast du mit deiner Frage eigentlich schon beantwortet, denn du sagtest 'wir'..."
Er zog die scheinbar Widerstrebende aufs Bett. »Jetzt siehst du aus wie ein schöner frischer Apfel – glatthäutig, rund, verlockend..."
„Dann mußt du reinbeißen, Liebster!"

Zwei Tage später zog König Ferdinand an der Spitze seiner Truppe nach Süden. An seiner Seite ritten der Marqués von Cadiz und Gonzalo de Cordoba, der Held von Albuera, jener Schlacht, die Portugal zum Einlenken gezwungen hatte, beliebt bei seinen Untergebenen, vergöttert von den Soldaten, umschwärmt von den Frauen, bewundert auch von Ferdinand, der Kriegszüge wenig schätzte, es aber nicht zugeben durfte. Für Gonzalo jedoch waren sie der Inhalt seines Lebens, seine wahre Berufung, seine größte Freude. Nicht weil er das Töten liebte, das mit diesem Beruf notwendigerweise verbunden war, sondern weil er Belagerungen und Schlachten wie ein Schachspiel plante und durchführte. Sein Ehrgeiz war es, die Züge des Gegners vorauszusehen, und zwar möglichst viele, und darüber konnte er stundenlang diskutieren.
Weder er noch Ferdinand hatten die Niederlage von Loja vor vier Jahren vergessen, als der König in letzter Minute vom Marqués von Cadiz gerettet wurde. Gonzalo de Cordoba hatte sich bemüht, die damals gemachten Fehler aufzulisten, und Ferdinand hörte dem schlachterprobten und zehn Jahre älteren Haudegen dabei geduldig zu.
„Loja ist ein Bergnest und verleitet den Angreifer, seine Kräfte zu zersplittern, indem er seine Truppen über die Hügel aufteilt und damit die Übersicht verliert."
Ferdinand nickte.
„Genauso war es, und in unserem Eifer vergaßen wir damals, daß die Truppenteile sich auch untereinander nicht mehr verständigen konnten, weil die dazwischenliegenden Felsen und Schluchten jeden Kontakt verhindern. Man sieht sich nicht, hört sich nicht oder wird durch Echos irre-

geführt und ist dem Feind, der von oben alles überblicken kann, völlig ausgeliefert."

„So ist es, Majestät, und alle diese Fehler gilt es nun zu vermeiden."

„Und wie wollt Ihr das tun?" fragte der Marqués von Cadiz.

„Wie wir es in Aguilar abgesprochen hatten. Keine Kampfhandlung, keinen Sturm, keine Attacke, ehe der Gegner nicht gründlich zermürbt ist, und deshalb verlassen wir uns diesmal auf unsere Kanonen."

Ferdinand zog die Zügel an, wandte sich um und deutete auf die in Serpentinen ansteigende Straße, wo Hunderte von Maultieren die schweren Bombarden auf ihren Lafetten bergauf schleppten. Es dauerte vier Tage, bis die Geschütze an den strategisch günstigsten Punkten aufgestellt, die Stein- und Eisenkugeln herbeigeschafft waren.

Am Morgen des 22. Mai gab König Ferdinand das Zeichen zum Beginn der Beschießung. Die brennenden Lunten senkten sich auf die Zündlöcher, und das Donnern der rings um die Stadt postierten Kanonen brach sich vielfältig in den Tälern und Schluchten, schreckte das Wild aus dem Unterholz, die Vögel aus den Büschen und Bäumen. Die ersten Kugeln gingen noch häufig daneben, aber Ferdinand hatte die besten Schützen seiner gesamten Armee hier oben versammelt und diese – meist waren es Lombarden – wetteiferten untereinander. Nach jedem Schuß wurde die Kanone neu justiert, und es dauerte keine zwei Stunden, dann hatten die Bombarden sich so genau eingeschossen, daß die Kugeln auf Mauern und Türme wie die Hammerschläge eines Kunstschmiedes wirkten – einer genau neben dem anderen. Die Belagerten standen diesem Bombardement völlig hilflos gegenüber. Zwar schossen sie mit leichten Kanonen zurück, aber es war fast unmöglich, eine dieser weit verstreuten und gut getarnten Geschützstellungen zu treffen.

Sultan Boabdil scheuchte seine Soldaten herum, kopflos, verwirrt, unentschlossen, und mußte sich am Ende darauf beschränken, die Schäden notdürftig ausbessern zu lassen. Das aber erwies sich mit der Zeit als völlig nutzlos, weil das Ausgebesserte wenig später wieder in Trümmern lag. Nach fünftägiger Beschießung begann die Bevölkerung zu murren und verweigerte den Verteidigern ihre Hilfe. Die Bürger von Loja wußten recht gut, daß der Angriff nicht ihrer Stadt galt, sondern dem vertragsbrüchigen Sultan und sie von Ferdinand nichts zu befürchten hatten, sobald die Stadt kapitulierte. Neben den Steinkugeln verwendeten die Schützen von Zeit zu Zeit glühend gemachte Eisenkugeln, die durch die Dächer der Wohnhäuser schlugen und sie in Brand steckten. Am

siebten Tag brachte ein hundertpfündiges Geschoß die Mauerzinne zum Einsturz, neben der Boabdil mit einem seiner Hauptleute stand. Von Steinsplittern am Kopf getroffen sank der Mann ächzend zu Boden. Der Sultan sprang beiseite, aber nicht schnell genug, um dem nächsten Geschoß auszuweichen, das seinen Schenkel streifte und ihn auf die Trümmer schleuderte. Seine Leibgarde brachte Boabdil sofort in Sicherheit, aber sein Mut war gebrochen, und er sandte einen Parlamentär zu König Ferdinand, der sofort das Feuer einstellen ließ.
„Gonzalo, nehmt Euch fünfzig Schwerbewaffnete und seht da oben nach, wie ernst es gemeint ist. Ich rücke inzwischen mit meinen Leuten langsam heran."
Daß es ernst gemeint war, sah Ferdinand kurz darauf, als der verwundete Boabdil, gestützt auf Gonzalo de Cordoba aus dem halbzerschossenen Stadttor trat und ihm entgegenhumpelte. Der König trat keinen Schritt auf ihn zu, stieg auch nicht vom Pferd, als der Sultan vor ihm stand.
„Ihr seid ein Verräter, Fürst, einer der die Verträge bricht, noch ehe seine Unterschrift darauf trocken ist. Ich sollte Euch an den nächsten Baum knüpfen lassen, aber ich tue es nicht – diesmal nicht! –, weil ich Euch noch eine – eine einzige Gelegenheit zur Bewährung geben möchte."
Der Sultan, blaß, das ovale mädchenhafte Gesicht von Schmerz und Übermüdung gezeichnet, senkte seinen Kopf. Er hielt es für besser zu schweigen, weil er wußte, daß es für sein Verhalten keine Entschuldigung gab, wenigstens aus der Sicht des anderen.
„Daß Ihr Euer schändliches Verhalten weder erklärt noch entschuldigt, spricht für Euch. Ich möchte Euch nachdrücklich daran erinnern, daß Ihr Eure Angriffe nicht gegen mich, Euren Freund und Verbündeten, richten sollt, sondern gegen El Zagal, Euren Onkel, der sich nach wie vor im Osten Eures Landes hält. Sobald Ihr ihn besiegt habt, werden wir einen neuen Vertrag aushandeln, und Ihr könnt als unser Vasall unangefochten regieren."
Der Sultan nickte.
„Ich werde nach Eurem Wunsch und Willen handeln."
Auf dem Rückweg konnte sich Gonzalo de Cordoba eine Bemerkung nicht verkneifen.
„Ihr seid schon ein merkwürdiger Feldherr, Majestät. Belagert, beschießt und erobert eine Stadt, wo Euer Widersacher sich verschanzt hat, und dann laßt Ihr ihn mit ein paar väterlichen Ermahnungen laufen,

ohne Loja nur einmal zu betreten. Heißt das nicht einen Sieg verschenken und die Soldaten um ihre Beute bringen?"
„Nein, Gonzalo, ich habe nur etwas vorausgedacht, wie bei einem Schachspiel, und dazu habt Ihr mir ja selbst geraten. Hätte ich Boabdil gefangengenommen oder ihn sogar töten lassen, so wäre El Zagal zum Herrn des ganzen Emirates aufgestiegen, und er ist kein wankelmütiger Zauderer, der heute dies will und morgen etwas anderes. Er kennt nur zwei Ziele: die Alleinherrschaft und den Sieg über uns. Ersteres hätte er durch Boabdils Tod erreicht und sein Weg zum zweiten würde uns viel Gut und Blut kosten, denn El Zagal ist ein Kämpfer und könnte seine Truppenstärke leicht verdoppeln. Nein, Gonzalo, die beiden Streithähne werden uns künftig viel Arbeit abnehmen. Was nun die Soldaten betrifft, so habe ich nicht die geringste Veranlassung, gutbezahlten Söldnern auch noch das Plündern zu gestatten. Wir unterhalten ein regelmäßiges Heer und keine marodierende Truppe; dürfen im übrigen auch nicht vergessen, daß in den Städten des Feindes viele Christen wohnen. Sollten wir ihre Häuser anzünden, sie ausplündern oder sogar töten, um nachher als Befreier aufzutreten? Nein, Gonzalo, so geht das nicht!"
„Gut", sagte Gonzalo, „ich erkläre mich schachmatt."
Das Zeltlager in dem weiten Tal zu Füßen von Loja breitete sich von Tag zu Tag weiter aus. König Ferdinand wollte dort den Hauptteil seiner Armee zusammenziehen, um das eigentliche Ziel dieses Feldzuges zu erreichen – Malaga, die zweitgrößte Stadt des Emirates und sein wichtigster Hafen, über den der Nachschub aus Afrika hereinströmte. Und es sollte eine große Truppenschau für die Königin werden, der sich Ferdinand als oberster Feldherr im Kreis seiner Gefolgsleute präsentieren wollte, besser gesagt – mußte, denn es war ihr Wunsch gewesen.
Das Ausrichten des Empfangs überließ der König dem Marqués von Cadiz; er selbst ritt inkognito für drei Tage nach Aguilar, um sich mit Marianas Gesellschaft für den Sieg über Boabdil zu belohnen.
„Ihr verwöhnt mich, gnädiger Herr! Zwei Besuche innerhalb von vierzehn Tagen – womit habe ich das verdient?"
„Du verdienst eine Tracht Prügel, damit dir dein Spott vergeht und du mehr Respekt lernst für deinen Landesherrn."
Ferdinand begleitete seine Worte mit einem derben Schlag auf ihr schöngerundetes Hinterteil. Sie haschte nach seiner Hand und sagte mit gespielter Empörung: „Und das will ein spanischer Ritter sein? Prügelt eine schwangere Frau!"

Zufrieden sah sie, wie seine Augen aufleuchteten. Wie ein stolzer Hahn, dachte sie, der jedes Ei bekräht, das seine Hennen legen. Und schon krähte er, der Hahn.
„Mariana – ich freue mich! Seit wann weißt du es?"
„Schon länger, aber ich wollte ganz sichergehen. Es muß bei Eurem Besuch im Dezember geschehen sein."
Ferdinand erinnerte sich gut. Isabella war damals hochschwanger, und er flüchtete vor dem hektischen Getriebe zu Mariana.
„Dann werden wir uns jetzt nur noch des Vergnügens wegen lieben, auch wenn es sündhaft ist. Ich höre Padre Talavera mit erhobenem Zeigefinger mahnen: 'Seid fruchtbar und mehret euch, so will es der Herr und lieget nicht beieinander in der Brunst der Lust, wie die Heiden.' Der gute hat immer ein passendes Bibelwort parat, wenn es ums Vergnügen geht."
Sie schüttelte ihren Kopf.
„Das gilt nicht für uns. Wir liegen nicht beieinander wie die Heiden, denn wir sind Christen und lieben uns."
Ferdinand umarmte sie.
„So ist es, mein funkelnder Abendstern. Und wenn dein – wenn unser Kind geboren ist, dann schenke ich dir das Haus, in dem du wohnst und mache dich zur Doña. Eine Frau, die ein Königskind geboren hat, ist keine Señora mehr. Doña Mariana – Doña Mariana – das klingt doch gut, nicht wahr?"
In ihren Armen vergaß Ferdinand, daß seine Gemahlin sich auf die Reise nach Loja vorbereitete, daß er fünf legitime Kinder besaß, daß er Malaga erobern und danach gegen Granada ziehen mußte. Sie hielt ihn fest in ihrem Schoß, und die Zeit stand still für eine lange kurze Ewigkeit.

Zwei Tage vor Isabellas Ankunft war Ferdinand zurück und bewunderte gebührend, was der betriebsame Marqués von Cadiz für seine Herrin inzwischen zustande gebracht hatte. Auf einem kleinen Hügel oberhalb des Lagers hatte er ein Prunkzelt errichtet, ausgelegt mit kostbaren Teppichen und groß genug, um darin dreißig Gäste zu bewirten. Auf goldener Stange flatterte die Fahne Kastiliens mit Löwe und Turm, daneben die gestreifte von Aragon, während auf der Spitze des Zeltes das brokatgestickte Banner mit dem Allianzwappen beider Königreiche von der geeinten Macht der spanischen Majestäten kündete.
König Ferdinand ritt seiner Gemahlin eine halbe Meile entgegen. Er trug

einen karmesinroten Waffenrock, darunter blitzte der silberne Brustharnisch mit dem kastilischen Wappen, den er nur in ihrem Land und ihr zu Ehren trug. Königin Isabella verbarg ihre körperliche Fülle unter einem weiten prächtig bestickten Samtkleid, darüber trug sie lose den schweren brokatenen Mantel mit Hermelinkragen. Ferdinand sprang vom Pferd und half Isabella ritterlich beim Absteigen. Sie verneigten sich dreimal voreinander, um sich dann zeremoniös zu umarmen.
Seite an Seite ritten sie ins Zeltlager, wo sie brausender Jubel empfing, den die zuvor ausgegebene Extraration Wein und das Geschenk von einem frischgeprägten Silberreal pro Mann noch verstärkten. Die Hauptleute mit ihren Feldzeichen bildeten in ihrer bunten Kleidung ein prächtiges Spalier. Beim Erscheinen der Könige senkten sich die Fahnen, die Trommeln wirbelten, die Fanfaren tönten hell und kriegerisch.
Wenn uns jetzt die Mauren sehen könnten, dachte Ferdinand, sie würden uns Granada freiwillig ausliefern. Und er liebte die Frau an seiner Seite in ihrer stolzen üppigen Pracht, wußte, daß sie der Kopf war und er nur der Arm, wußte, daß er nichts war ohne sie, und liebte sie dennoch, seine umjubelte Königin – liebte sie und vergaß, daß in Aguilar, in Sevilla, in Valencia, Zaragoza und Barcelona Mätressen auf ihn warteten, jüngere, schönere, die ihm Söhne und Töchter geboren hatten und doch kein Teil seiner Familie waren. Und sollte sie noch dicker und schlaffer und faltiger werden, er würde sie dennoch lieben, bis man ihn oder sie zu Grabe trug.
So empfand König Ferdinand in dieser Stunde an Isabellas Seite im Feldlager bei Loja, und wenn es auch nicht anhielt, dieses Hochgefühl, wenn er sein Herz bisweilen an andere Frauen auslieh, so kehrte er doch immer wieder zu der einen und einzigen zurück, der er es an einem klaren sonnigen Herbsttag vor siebzehn Jahre geschenkt hatte, zu Isabella, Königin von Kastilien, Leon, Aragon, Sizilien, Toledo, Valencia, Galicien, Sevilla, Cordoba, Korsika, Jaen, Algarve, Algeciras, Gibraltar und beider Balearen, Gräfin von Barcelona, Herzogin von Athen, Gräfin von Roussillon und Sardinien, Herrin über die Biscaya – seine Isabella, mit der er all diese Titel teilte, dazu Tisch und Bett.
Gleichzeitig wandten sie einander ihre Gesichter zu und lächelten sich an in ruhigem Einverständnis.

14

Die Expedition nach Westafrika war kein besonderer Erfolg gewesen, und mit ihrer geringen Ausbeute entsprach sie bei weitem nicht der von früheren Jahren.
„Der König wird enttäuscht sein, und deshalb warte ich vergeblich auf eine Audienz."
Bartolomeo Colombo hob den Kopf von seiner Karte und legte behutsam die Feder hin.
„Ich glaube, du siehst das falsch, Cristoforo. Schließlich bist du nicht der einzige, der mit fast leeren Händen zurückkam, sondern nur einer von vielen. Dein Name ist am Hof einfach zu wenig bekannt, und du mußt immer wieder versuchen, dich in Erinnerung zu bringen."
Columbus seufzte.
„Ich komme mir schon wie ein lästiger Bittsteller vor, den man desto schroffer zurückweist, je aufdringlicher er sich gebärdet. Ein einziges Mal werde ich es noch bei König Johann versuchen, dann wende ich mich nach Spanien oder Frankreich."
„Ans Aufgeben denkst du wohl nicht?"
„Nein, warum sollte ich? Die Idee liegt in der Luft, und wenn ich resigniere, wird bald ein anderer in die Bresche springen."
Das Geschäft der Brüder Colon lief hervorragend, und sie hatten schon zwei Gehilfen einstellen müssen, um den vielen Aufträgen nachzukommen. Es war Mode geworden, sich mit der Gestalt der Erde zu befassen, Karten zu studieren, Bücher zu wälzen und mit anderen darüber lebhaft zu diskutieren. Die Bottega der Brüder Colon im Genueserviertel war mit den Jahren zum Zentrum solcher Gespräche geworden, an denen nicht selten berühmte Männer teilnahmen.
So erschien eines Tages der deutsche Seefahrer und Kosmograph Martin

Beheim, was Bartolomeo veranlaßte, sofort den Laden zu schließen und den Gehilfen nach einem Krug Wein zu schicken. Columbus kannte bereits seinen Namen, wie ihn jeder kannte, der auf irgendeine Weise mit Seefahrt zu tun hatte. Dom Martinus – so nannte man ihn hier – war seit einigen Jahren Mitglied der 'Junta dos Mathematicos' und hatte wichtige nautische Geräte in die portugiesische Seefahrt eingeführt, so etwa den Jakobsstab zur Winkelmessung oder die Ephemeriden seines Landsmannes Regiomontans. Er hatte an verschiedenen Erkundungsfahrten teilgenommen, war mit einer Portugiesin verheiratet und beim König hochangesehen.

Nach kurzer Zeit hatten er und Columbus sich in ein Fachgespräch vertieft, das die anderen zum Schweigen und gespannten Zuhören veranlaßte. Geschickt steuerte Columbus das Gespräch in seine Richtung und legte Dom Martinus seine Pläne dar. Der hörte genau zu und nickte mehrmals.

„Das ist mir nicht neu, Dom Cristobal, aber die Gelehrten streiten sich bis heute, ob eine solche Reise tatsächlich in drei bis vier Wochen zu machen ist. Im Grunde geht es doch nur darum, mit wie vielen Seemeilen die Distanz zwischen den Längengraden zu berechnen ist. Aristoteles kommt auf sechzig, Ptolemäus auf fünfzig, andere sogar auf weniger. In unserem Fall sollte man vorsichtig sein und mit sechzig Seemeilen rechnen, was dann einer ungefähren Reisezeit von zweieinhalb bis drei Monaten entspräche – nicht gerechnet die Hindernisse, die in unbekannten Meeren auftauchen können, also Flauten, Stürme, Strömungen, Strudel, Untiefen –, nun, Ihr seid viel zur See gefahren und wißt, was einem da alles begegnen kann."

Nur mit Mühe hatte Columbus sich zurückgehalten, doch es wäre unhöflich gewesen, den berühmten Kosmographen zu unterbrechen.

„Ja, Dom Martinus, diese falschen oder vielleicht doch zu pessimistischen Daten haben bisher eine Seefahrt nach Ostindien verhindert. Warum sollten wir uns an Aristoteles halten, wo es doch eine Reihe neuerer Berechnungen gibt? Schon Ptolemäus nimmt eine Distanz von fünfzig Seemeilen an, Alfragarus nur noch fünfundvierzig, und jeder weiß, daß die arabischen Mathematiker zu den fähigsten gehören."

Über Martin Beheims ernstes kühnes Gesicht flog ein nachsichtiges Lächeln, ganz ohne Spott.

„Es stimmt schon, daß die Araber tüchtige Mathematiker und Astronomen sind, aber auch sie können nur mit Wasser kochen und kühne Hypothesen mögen manchmal recht reizvoll sein, wenn man zu Hause im stillen Kämmerlein sitzt. Wer aber auf hoher See damit umgehen und vielleicht feststellen muß, daß die Trinkwasservorräte nur noch drei Tage reichen, das Land aber vielleicht noch zehn Tage entfernt ist, der wird sämtliche Geographen, Kosmographen, Astronomen und Mathematiker verfluchen."

Columbus schüttelte störrisch den Kopf.

„Man muß es trotzdem versuchen, auch wenn die Reise sechs, acht oder zwölf Wochen dauert. Es ist kein Problem, Vorräte für einen solchen Zeitraum mitzuführen. Im übrigen, verehrter Dom Martinus, habt Ihr vielleicht übersehen, daß es auf der Reise von Portugal nach Indien die große, vielfach belegte Insel Zipangu (Japan) gibt, wo man anlegen, neue Vorräte aufnehmen und Reparaturen ausführen kann."

Beheim blieb geduldig.

„Das habe ich nicht vergessen, mein Lieber, aber es gibt nicht die geringste nautische Überlieferung, wo genau diese Insel liegt und wie groß sie tatsächlich ist."

Columbus blickte zur Tür und sagte leise: „Toscanellis Seekarte – ein, wie man inzwischen weiß, schlecht gehütetes Geheimnis – gibt uns darüber Aufschlüsse: Zipangu und Kathai sind – je nach Küstenformation – zwischen dreißig und fünfzig Längengrade voneinander entfernt."

Beheim seufzte.

„Ich habe auf meinen Fahrten zuviel erlebt, um mir nicht eine gehörige Portion Skepsis zu bewahren. Ehe wir nichts Sicheres wissen, sind Zweifel durchaus angebracht, können unter Umständen sogar lebenserhaltend sein."

„Ihr mögt schon recht haben, Dom Martinus, aber das bringt uns nicht weiter. Ohne eine gehörige Portion Wagemut, Kühnheit, Neugierde und natürlich Gottvertrauen geht nichts voran – wir treten auf der Stelle und müssen uns mit dem begnügen, was schon Aristoteles und Ptolemäus vor vielen Jahrhunderten herausgefunden haben."

Über Beheims Gesicht flog ein heller Schein. Er schlug auf den Tisch, daß der Wein in den Bechern überschwappte.

„Bei allen Heiligen, Cristobal, Ihr habt ja recht! Wo wären wir, hätte es nicht Völker wie die Phönizier gegeben, Reisende wie Herodot und Marco Polo, Entdecker und Seefahrer wie Alfred der Große oder Prinz Heinrich. Gebt nicht auf, Senhor Colon, treibt Eure Pläne voran; denn mir scheint, Ihr gehört nicht zu denen im stillen Kämmerlein."

„Danke, Dom Martinus, das waren die Worte, die ich von Euch erwartet habe. Aber wohin soll ich mit meinen Plänen, an wen mich wenden? Der König schweigt, vom Hof kommt nicht das geringste Zeichen – nichts. Wenn auf meine letzte Eingabe keine Reaktion erfolgt, werde ich es anderswo versuchen müssen."
Beheim stand auf.
„Das laßt Ihr schön bleiben! Darum werde ich mich jetzt kümmern, und ich kann Euch versichern, daß Ihr bald eine Antwort erhaltet – sollte sie auch negativ sein."

Martin Beheim hielt Wort. Ende November wurde Senhor Cristobal Colon aufgefordert, seine Pläne dem König in einer Audienz vorzutragen. Johann II. von Portugal, drei Jahre jünger als sein Besucher, war ein kluger, hochbegabter Mann, erwies sich aber mit den Jahren als ein schlimmer Despot. Wer sich ihm entgegenstellte, wurde erbarmungslos vernichtet. So erging es dem Herzog von Braganza, den er hinrichten ließ oder seinem Schwager, dem Grafen von Viseu, den der König mit eigener Hand erdolchte. Das hatte seinem Ruf beim Volk nicht im geringsten geschadet, während er beim Adel verhaßt war. Diese Gewalttaten lagen erst kurz zurück, und Columbus fiel es schwer, dem König unbefangen gegenüberzutreten. Doch er zwang sich, in Johann II. nicht einen Verwandtenmörder zu sehen, sondern den erlauchten Nachfolger Heinrichs des Seefahrers, zu dessen Zielen er sich ausdrücklich bekannte und die er nachdrücklich und mit großem Aufwand weiterverfolgte.
Das blasse längliche Gesicht mit der großen fleischigen Nase, dem festen Kinn und den etwa schrägstehenden Augen war nicht ohne Anmut, und der Monarch begrüßte Columbus mit betontem Wohlwollen. An seiner Seite stand Padre Fernando Martins, der Beichtvater und Vertraute des Königs, der großen Einfluß am Hof besaß und übrigens mit Felipas Familie entfernt verwandt war. Er war es, der in Florenz den Geographen Francesco Toscanelli kennengelernt und ihn mit der Anfertigung seiner berühmten Seekarte beauftragt hatte. Columbus wußte dies, und es war ihm sehr recht, daß ein Fachmann dem König zur Seite stand.
„Ihr seid Genueser, Senhor?"
„Dort bin ich geboren, Majestät, aber durch meine Ehe mit Dona Felipa Moniz e Perestrello bin ich Portugiese geworden und möchte Portugal im Besitz der Vorteile wissen, die ihm eine direkte Schiffsverbindung nach Indien verschaffen."

"Womit wir beim Thema wären. Legt mir in aller Kürze Eure Pläne dar, Senhor.
„Wenn Eure Majestät erlauben..."
Columbus entrollte eine von ihm gezeichnete Karte, die nur die wichtigsten Orientierungspunkte sowie die Längen- und Breitengrade enthielt.
„Was ich vorschlage, Majestät, ist weder neu noch ungewöhnlich. Schon der französische Kardinal Peter von Ailly hat in seinem Buch 'Imago Mundi' vor etwa hundert Jahren die Möglichkeit erörtert, von Europa aus über den Atlantik auf Westkurs die Ostküste von Indien oder Kathai zu erreichen. Da wir heute zweifelsfrei von der Kugelgestalt der Erde ausgehen, dürfen wir annehmen, daß der Weg von Portugal an die indische Küste nur wenige Wochen in Anspruch nimmt. Ich habe alles untersucht, geprüft und studiert, was über dieses Thema geschrieben wurde, und berufe mich auf die Hinweise der Geographen Marinus von Tyrus und Ptolemäus, die sich wiederum auf Aristoteles, Plinius und Seneca beziehen. Aufgrund eigener Berechnungen und wohlbedachter Überlegungen bin ich zu der Auffassung gelangt, daß der Seeweg von Portugal nach Zipangu, denn dort würden unsere Schiffe erstmals landen, etwa sechzig Längengrade beträgt. Weitere dreißig wären von dort nach Kathai zurückzulegen. Marinus von Tyrus rechnet die Distanz zwischen den Längengraden mit rund fünfzig Seemeilen, worin der arabische Kosmograph Al Farghani mit ihm übereinstimmt. Demnach wären auf der ersten Etappe dreitausend Seemeilen zurückzulegen und auf der zweiten – von Zipangu nach Kathai – weitere eintausendfünfhundert. Vergleicht man diese Zahlen mit den Afrikareisen des Prinzen Heinrich und mit denen der Kapitäne Eurer Majestät, so wäre Kathai oder Indien von hier aus sogar in kürzerer Zeit zu erreichen."
Columbus wandte sich zum König und schaute ihn erwartungsvoll an. Johann schwieg, starrte auf die Karte, schüttelte leicht, fast unmerklich seinen Kopf und wandte sich dann an Padre Martins.
„Klingt fast zu einfach, nicht wahr?"
„Man müßte es nochmals gründlich prüfen, Majestät."
„Es ist einfach", sagte Columbus, „nur hat es noch keiner versucht. Wenn Eure Majestät mir drei oder höchstens fünf Karavellen ausrüsten, könnte der Seehandel zwischen Indien und Portugal in kürzester Zeit aufblühen, und wir würden damit alle am Osthandel beteiligten Länder, also Genua, Venedig, die Osmanen und die Perser, ausstechen, und was

jene auf Gewürze und Seide draufschlagen, könnte in die Taschen Eurer Majestät fließen, denn der Handel ginge nun über eine Wasserstraße, müßte kein Land berühren und benötigte viel weniger Zeit. In Gedanken sehe ich goldene Ströme übers Meer nach Portugal fließen. Einen Teil davon könnte man zur Wiedergewinnung des Heiligen Grabes verwenden und würde so Gottes Segen auf unsere Unternehmung lenken."
Die kalten schmalen Augen des Königs musterten Columbus neugierig.
„Ihr seid ja ein frommer Mann, Senhor Colon! Das klingt doch gut, Padre, nicht wahr: Gottes Segen auf Portugal lenken..."
„Es klingt gottgefällig, Majestät, und ich möchte den Gedanken nicht von der Hand weisen."
„Nein – o nein!" rief der König, aber der falsche Ton war nicht zu überhören, „die Unterstützung des Himmels kann man immer brauchen und der Segen des Heiligen Vaters wäre uns sicher. Also gut, Colon, Wir nehmen Euren Vorschlag mit Interesse zur Kenntnis und werden Uns in angemessener Weise damit befassen."
Columbus, sonst kein guter Menschenkenner, durchschaute diese glatten höflichen Worte sofort. Das war ein deutliches Nein, begleitet von Unverständnis und Desinteresse.
Als er seinem Bruder die Audienz schilderte, meinte Bartolomeo: „Ich hab's nicht anders erwartet und sehe für die Absage zwei mögliche Gründe: Entweder der König hat deinen Vorschlag nicht verstanden, hält ihn für phantastisch und undurchführbar, oder er hat eigene Pläne. Ich neige zu letzterem, weil man munkelt, daß er die von seinem Vater nie ausgeführte Expedition – an ihn hat ja Toscanelli seine Karte gesandt – nun selbst durchführen will. Da bist du nur ein Störfaktor, Cristoforo, und du kannst bestenfalls erwarten, daß König Johann dir eines seiner Schiffe anvertraut, aber die Leitung des Unternehmens wird er sich vorbehalten."
Columbus lief rot an, und er schlug mit der Faust auf den Tisch.
„Das dulde ich nicht! Es ist meine Idee und so möchte ich auch den Nutzen davon haben. Dann trage ich eben in Frankreich oder Spanien meine Pläne vor!"
„Beruhige dich! Es kann ja sein, daß der König trotzdem auf dich zurückkommt. Hilf mir jetzt lieber bei der Arbeit, wir haben eine ganze Menge zu tun."
Columbus versuchte es, verpatzte eine Karte, warf das Tintenfaß um und

verschliß drei Federn, weil er zu fest aufdrückte. Ungeduldig sprang er auf.

„Heute geht's einfach nicht, mir zittern vor Zorn noch immer die Finger. Da will man etwas für sein Land tun, wartet jahrelang auf eine Audienz und wird dann abgefertigt wie ein halbirrer Phantast, der bestenfalls zum Hofnarren taugt."

„Na – na, so schlimm ist es nun auch wieder nicht! Du kannst doch kaum erwarten, daß der König gleich bei der ersten Audienz begeistert auf deine Vorschläge eingeht und dich nächste Woche zum Hafen bestellt, wo fünf Karavellen auf dich warten."

„Nein, Bartolino, das nicht, aber wie kann ein Monarch nur so unvernünftig sein, die eigenen Vorteile zu übersehen! Mein Gott, alle Welt weiß doch, welches Geld mit Spezereien aus Indien zu verdienen ist, durch wie viele Hände sie gehen und wie lange sie brauchen, bis sie hier ankommen. Das ist, als gehe der König her und leere seine Schatztruhen auf die Straße. Genau so ist es! Genau so!"

Bartolomeo schwieg, um den Bruder nicht weiter zu reizen. Er ist tief enttäuscht, dachte er, wird sich schließlich damit abfinden müssen.

Doch Columbus fand sich nicht ab, zweifelte keinen Augenblick an sich und seinen Plänen und dachte nicht im Traum daran, sie aufzugeben. Dann aber kamen andere Sorgen auf ihn zu. Felipa war wieder schwanger geworden, und diesmal schien es kompliziert zu werden. Immer wieder hatte sie kleinere Blutungen, das Kind, sagte sie, liege ihr wie ein Stein im Bauch, und sie habe das Gefühl, es rege sich nicht mehr. Der Hausarzt tastete ihren Körper ab und schüttelte bedenklich den Kopf. Draußen sagte er zu Columbus: „Im sechsten Monat müßte das Kind auf Druck reagieren, doch da rührt und regt sich nichts. Ich fürchte, die Leibesfrucht ist abgestorben, und wir können nur hoffen, daß die Natur sich selbst hilft und sie bald abstößt. Es könnte sonst gefährlich für Eure Frau werden."

Columbus erschrak. Seine Felipa in Lebensgefahr! Der Arzt war schon alt und hatte vielleicht nicht mehr das richtige Gefühl für so etwas. Er würde einen zweiten hinzuziehen, fast schon einen Freund, den er seit Monaten kannte, und der zum festen Mitglied der Diskussionsrunde im Laden gehörte.

Magister José Marco war eines Tages aufgetaucht und fragte nach anatomischen Darstellungen. Columbus schüttelte den Kopf.

„Dergleichen führen wir nicht, Senhor, aber einige der größeren Apo-

theken bieten etwas in dieser Art an. Seid Ihr Arzt, wenn ich fragen darf?"
Der kleine sehnige Mann nickte.
„Habe vor kurzem meinen Magister in Coimbra gemacht und möchte mich hier niederlassen."
„Ich weiß nicht, Senhor... Nehmt es mir nicht übel, wenn ich Euch davon abrate. In Lissabon gibt es Ärzte wie Sand am Meer, Ihr findet an jeder Straßenecke einen."
„Das weiß ich längst, aber ich habe mich auf Chirurgie spezialisiert, richte Knochenbrüche ein, amputiere Glieder, schneide Steine aus Blase und Galle, heile Brüche..." Er hielt inne und hob wie entschuldigend beide Hände. „Verzeiht meine Geschwätzigkeit, Senhor – ich stehe hier, preise mich an wie ein Marktschreier und stehle Euch die Zeit."
Magister Marco erschien nach ein paar Tagen wieder, kaufte ein Schock Papierbögen, wurde Stammkunde und schließlich zum Freund. Er hatte in der Nähe des Hafens seine Praxis eröffnet, und bald wußten die Seeleute, wem sie ihre bei Raufereien oder im Suff erworbenen Blessuren sorglos anvertrauen konnten. Der junge Wundarzt war tüchtig, fragte nicht viel und forderte mäßige Honorare. Als ihn die Brüder später nach seiner Herkunft fragten, ging er aus sich heraus.
„Ihr werdet an meiner Sprache hören, daß ich kein Einheimischer bin. Ich komme aus Toledo, habe in Salamanca studiert und das Baccalaureat erworben, doch meine Magisterprüfung mußte ich in Coimbra ablegen. Wir hatten in Salamanca einen freisinnigen Arzt, der dann und wann studienhalber Leichen sezierte, was aber erst nach seinem Tod aufkam. Die Inquisition fahndete nach den beteiligten Studenten, doch ich konnte mit Hilfe eines einflußreichen Freundes nach Portugal flüchten, so daß beim österlichen Autodafé statt meiner nur ein Bild den Scheiterhaufen zierte. Das ist in Kürze meine Geschichte, Senhores, und da es hierzulande keine Inquisitoren gibt, kann sie weder Euch noch mir schaden."
An ihn wandte sich Columbus in seiner Not, und Joseph Marco nahm an Felipa eine gründliche Untersuchung vor. Es sei nicht ganz sein Fach, hatte er vorher eingewandt, aber er werde sein Bestes tun.
„Leider muß ich die Diagnose Eures Hausarztes bestätigen, Senhor Colon. Die Leibesfrucht scheint abgestorben und wird von Tag zu Tag für Eure Frau eine größere Gefahr. Ich könnte die *sectio caesarea* vornehmen, aber das ist eine sehr riskante Operation, die man nur im äußersten

Notfall ausführen darf. Da würde ich lieber abwarten, bis die Frucht von selbst abgeht."
Columbus brachte Felipa die von zwei Ärzten bestätigte Diagnose behutsam bei. Sie zeigte sich sehr gefaßt.
„Ich wußte es längst. Als Frau spürt man es, wenn ein totes Kind im Bauch liegt. Es tut mir so leid, Cristobal, ich hatte gehofft, unseren Diego mit einem Schwesterchen zu überraschen, aber nun..."
Nun kamen ihr doch die Tränen, zogen glitzernde Spuren über ihr bleiches Gesicht.
Columbus griff nach ihrer Hand.
„Aber Felipa, wir sind doch jung genug, um abwarten zu können. Jetzt ist nur wichtig, daß du das tote Stück Fleisch los wirst, ehe es dich vergiftet. Magister Marco hat uns empfohlen, es mit abtreibenden Mitteln zu versuchen, hier ist das Rezept."
Er zog einen Zettel hervor und legte ihn aufs Bett, doch die sonst immer so sanfte Felipa schüttelte nachdrücklich ihren Kopf.
„Nein, Cristobal, ich werde nichts einnehmen! Solche Mittel sind von der Kirche untersagt, weil niemand ganz sicher sein kann, ob doch noch Leben in dem Kind ist. Lieber würde ich sterben.
Columbus erschrak vor dieser standhaften Beharrlichkeit und mußte sie akzeptieren. Niemals hätte er Felipa gezwungen, etwas gegen ihre Überzeugung zu tun.
Felipa Colon, aus dem Adelsgeschlecht der Moniz, starb in den ersten Märztagen des Jahres 1484, zwei Tage nachdem sie ein totes Kind geboren hatte. Sie verblutete langsam und kein Arzt konnte ihr helfen.
Es war keine leidenschaftliche Beziehung, die Columbus mit seiner Frau verband, doch es gab Zärtlichkeit, Respekt und gutes Einvernehmen. Ihr Tod traf ihn tief, und er empfand ihn als einen Wink des Schicksals. Damit war seine letzte Bindung an Portugal zerbrochen. Der König ließ nichts hören, und Columbus dachte nicht daran, sein Leben als Buchhändler und Kartenzeichner zu beschließen, auch wenn es ein geachteter und einträglicher Beruf war.
Zwei Tage nach Felipas Bestattung ging Columbus mit Joseph Marco am Hafen spazieren. Es war Sonntag, sie kamen aus der Messe, und Columbus hatte sich von Freunden und Bekannten schnell verabschiedet, weil mit Magister Marco noch etwas zu besprechen sei.
„Verzeih, mein Freund, aber manchmal muß man zu einer Notlüge greifen. Ich bin einfach nicht in Stimmung, die vielen teilnehmenden Blicke

und Worte auszuhalten, und so habe ich dich als Vorwand genommen. Wenn du etwas anderes vorhast, José, dann geh deinen Weg und trage es mir nicht nach."
Joseph blieb stehen und lächelte leise.
„So leicht kommst du mir jetzt nicht davon, als Freund habe ich ein Recht, gehört zu werden.«
Columbus nickte und blickte Marco aufmunternd an.
„Gut, ich werde dir jetzt eine Geschichte erzählen, sie ist nicht lang, und dann lasse ich dich allein."
Es war ein milder Tag, die Sonne schien warm in das windgeschützte Hafenviertel. Marco breitete ein Tuch auf die unteren Stufen einer Treppe, und sie setzten sich.
„Ich habe dir nicht die ganze Wahrheit über meine Flucht aus Salamanca erzählt. Da war noch eine Frau im Spiel, die ich nicht vergessen kann, auch wenn für mich nicht die geringste Hoffnung besteht, sie jemals wiederzusehen."
Joseph Marco erzählte die Geschichte von seiner Leidenschaft für Adriana de Silva, die ihn um ein Haar das Leben gekostet hätte.
„Denn eines ist mir heute klar", schloß er seinen Bericht, „die Suche nach den an Sektionen beteiligten Medizinstudenten war nur ein Vorwand, um mich auf irgendeine Weise auszuschalten. Adrianas Vater hat das eingefädelt, und sein Sohn Pedro, mein bester Freund, hat es mir vor meiner Flucht indirekt bestätigt. Aber das ist jetzt unwichtig. Ich habe geglaubt, darüber hinwegzukommen, aber es gibt keinen Tag – ja keine Stunde, da ich nicht an sie denken muß. Ich möchte mir das Mädchen aus dem Herzen reißen, aus dem Kopf jagen, aus der Seele pressen, aber das geht nicht. Du siehst, Cristobal, jeder hat sein Kreuz zu tragen, ob alt oder jung, ob Mann oder Frau."
„Du wirst Adriana wohl nie vergessen, aber mit der Zeit wirst du darüber wegkommen, so wie ich über Felipas Tod. Ich erinnere mich an meinen Lateinunterricht bei den Franziskanern, als wir den Ovid durchnahmen – freilich nur die exemplarischen, für die Jugend geeigneten Stellen. *Tempus edax rerum* hieß es da – alles zernagt die Zeit. Das gilt auch für uns und unser Leid. In zehn Jahren – falls Gott uns noch soviel Zeit schenkt – werden Adriana und Felipa nur noch Erinnerungen sein, die uns anrühren, aber längst nicht mehr schmerzen."
Columbus erhob sich, schüttelte sein Halstuch aus und steckte es in die Tasche.

„Ich werde bald aus Lissabon fortgehen, aber ich habe das Gefühl, wir werden uns irgendwo wiedersehen. Du kennst ja meinen Plan, und sobald ich meine Schiffe ausrüste, werde ich dich als Bordarzt anstellen."
Marco lachte.
„Da tätest du keinen schlechten Griff, denn inzwischen weiß ich, wie man mit Seeleuten umgeht."
Keiner der beiden Männer glaubte, daß aus diesem freundschaftlichen Spaß jemals Ernst werden könnte – die beiden mochten sich und wollten nicht wahrhaben, daß sich ihre Wege bald trennen mußten.

Felipas Mutter hatte das große Haus aufgegeben und war zu Verwandten gezogen. Für Enkel und Schwiegersohn blieb unbeschränktes Wohnrecht in einigen der Zimmer, das übrige wurde vermietet.
Columbus ging ganz methodisch vor. Er wollte nicht abreisen, ehe der Hof eindeutig Stellung bezogen hatte. So wandte er sich an den Padre Martins, der das Vertrauen des Königs besaß, und der die Pläne des Genuesers nicht so ohne weiteres von der Hand wies. Bei einem kurzen Treffen meinte der Padre: „Ich kann Euch versichern, daß der König nicht unbeeindruckt geblieben ist, aber zur Zeit ist sein ganzes Wirken und Streben auf Afrika gerichtet. Von dort kommt das Gold – einmal mehr, einmal weniger –, dort gibt es portugiesische Ansiedlungen und *fortalezas*. Das ist etwas Konkretes, und König Johann ist alles andere als ein Träumer. Er denkt realistisch, und Euer Vorschlag, einen Teil des aus Indien zu erwartenden Gewinns für einen neuen Kreuzzug zu verwenden, hat ihn nur erheitert. Seine Majestät ist außerordentlich klug, tatkräftig und verfolgt mit eiserner Entschlossenheit seine Ziele. Aber fromm ist er nicht und will es auch nicht scheinen."
Columbus zuckte die Schultern.
„Es ist gut, das zu wissen, aber mich interessiert im Augenblick nur, ob ich noch mit ihm rechnen kann oder nicht."
Padre Martins versprach, sein Bestes zu tun. Im Herbst traf die schön formulierte Ablehnung Seiner Majestät ein, und Columbus begann, seine Zelte in Lissabon abzubrechen.
Welches der drei Länder, die an den Atlantik grenzten, kam für seine Pläne in Frage? Spanien, England oder Frankreich? Spanien lag am nächsten; in Huelva, dem kleinen grenznahen Atlantikstädtchen lebten die beiden Schwestern Felipas mit ihren Familien. Einen der Schwäger hatte er kennengelernt, dort konnte er mit dem kleinen Diego jederzeit unter-

kommen. Und noch etwas kam dazu. Im neuen Jahr kam Padre Martins zu Besuch, um ihn zu warnen.

„Der König hat verlauten lassen, er werde im neuen Jahr die Verräterclique der Braganza überall im Lande aufspüren und austilgen. Wenn König Johann das sagt, dann meint er es auch so, einigen Braganzas hat es ja schon den Kopf gekostet. Nun, Ihr werdet wissen, daß die Moniz-Familie zu den Parteigängern der Braganza gehört, über deren Anrecht auf den Thron ich nicht streiten möchte. Kurz gesagt: Ihr seid gefährdet, Don Cristobal, geht so schnell wie möglich außer Landes. Hat man es einmal auf Euch abgesehen, werden sich auch Denunzianten finden, die den König darauf hinweisen, daß Ihr Toscanelli-Karten nachgezeichnet habt."

„Ihr wißt davon?"

„Jeder weiß es, und Ihr seid in Lissabon gewiß nicht der einzige, der sie kopiert hat, aber Euch und Eurem Bruder wird man es anlasten. Macht Euch aus dem Staub, Cristobal Colon, das ist mein wohlerwogener Rat, der natürlich auch für Euren Bruder gilt."

„Das sagt Ihr, ein Vertrauter des Königs?"

„Wenn ich meine Stellung dazu nützen kann, Unschuldigen zu helfen, so tue ich es. Warum sollt Ihr für die portugiesischen Thronstreitigkeiten Euren Kopf hinhalten, nur weil die Familie Eurer verstorbenen Frau zu den Parteigängern der Braganza gehört?"

Columbus sprach sofort mit seinem Bruder.

Bartolomeo nahm die Warnung nicht ganz so ernst.

„Aber Cristoforo, man wird doch nicht dich des Verrates beschuldigen, nur weil du mit der Familie Moniz verschwägert warst. Du hast dich noch nie um Politik gekümmert, das kann jeder bezeugen. Und wegen der Toscanelli-Karten – oje! Da müßte man halb Lissabon verhaften."

„Ich nehme die Warnung trotzdem ernst, irgend etwas ist gegen uns im Gange. Ich jedenfalls gehe im nächsten Monat nach Spanien. Du könntest übrigens den Laden verpachten und nach England reisen. König Heinrichs Sinn ist bekanntlich auf Neuland gerichtet, weil er den Portugiesen ihre Entdeckungen neidet. Die Seefahrt ist sein Hätschelkind, und viel Geld hat er auch. Erinnere dich nur, was uns Kapitän Milford kürzlich erzählte. Wer weiß, vielleicht wartet der König auf einen Mann wie mich..."

Bartolomeo blickte seinen Bruder zweifelnd an.

„Du meinst das doch nicht ernst?"

„Bin nie so ernst gewesen, lieber Bruder. Du wirst bald merken, daß die Zeit hier für uns um ist. Versprich mir wenigstens, daß du dich mindestens für ein Jahr unsichtbar machst, bis sich zeigt, was König Johann im Sinn hat."
Bartolomeo Colon hatte letztlich immer getan, was sein älterer Bruder wollte, und es fiel ihm gar nicht so schwer, nachzugeben. Sein unruhiger Sinn verlangte längst nach Abwechslung, und warum sollte es nicht England sein?
„Schau, daß du Verbindung zum Hof bekommst! Zeichne eine schöne Englandkarte und mache sie dem König zum Geschenk. Ich schreibe ein Gesuch, das kannst du der Karte beilegen. Warum soll nicht England von der Ignoranz des portugiesischen Königs profitieren?"
Columbus war es völlig gleichgültig, ob England, Spanien oder Frankreich seine Schiffe ausrüstete. Er würde das Land zu seiner Heimat wählen, dessen Herrscher die Reise bezahlte, und da war ihm Heinrich von England nicht weniger recht als Karl von Frankreich oder die spanischen Könige.

15

DIE HOCHZEIT DER SUSANNA, Tochter des verstorbenen Weinhändlers Isak Marco und seiner Frau Ruth, fand Mitte August statt, einige Wochen nach dem jüdischen Trauertag, an dem man der zweimaligen Zerstörung Jerusalems gedachte. Da es in Cordoba keine Hauptsynagoge gab, sondern nur einige Dutzend kleinerer Bethäuser, mußte der Brautzug nur ein paar Schritte ans Ende der kleinen Gasse gehen, die am Bab el Kantara, am 'Tor der Statue' endete. Der hohe, fast quadratische Raum wirkte klein und war vom Boden bis zur Decke mit Ornamenten und Inschriften verziert. Von der nach Süden gelegenen Frauengalerie war gedämpftes Flüstern zu vernehmen, manchmal von ein paar lauteren Worten unterbrochen, wenn Kinder dazwischenredeten. Ein feiner Duft nach Moschus und Ambra wehte von dort oben herab auf die mit gestickten Kappen bedeckten Männerköpfe.
Unter einem mit Fransen besetzten Gebetsmantel trug der Bräutigam das von der Braut genähte weiße Leinengewand, mit dem er erst wieder bekleidet wurde, wenn man ihn zu Grabe trug. Die verschleierte Braut in ihrem mit Goldfäden bestickten Festgewand streckte ihm ihre Hand hin, als der Bräutigam die zeremoniellen Worte sprach: „Siehe, du bist mir angeheiligt durch diesen Ring nach der Weisung Moses und Israels."
Der steinalte, graubärtige Rabbi hatte Mühe mit der Zeremonie und mußte von seinem Gehilfen geführt und gestützt werden. Seine kurze, mit hoher krächzender Greisenstimme vorgetragene Predigt stützte sich vor allem auf Zitate aus dem Talmud.
„Jeder Mann, der keine Frau hat, ist eigentlich kein Mensch, denn es heißt bei Moses: Männlich und weiblich erschuf er sie. Im übrigen lehren unsere Meister: Wer seine Frau wie sich selbst liebt und sie mehr als sich selbst ehrt, wer seine Söhne und Töchter auf geradem Weg leitet

und sie nahe ihrer Reife verheiratet – über ihn sagt die Schrift: Du wirst erfahren, daß dein Zelt Frieden hat."
Die Schrift, dachte Jakob Marco, spricht noch vom Zelt, während wir längst in festen Häusern wohnen und seßhaft sind. Und wieder – wie schon so oft in den letzten Tagen und Wochen – packte ihn die Sorge um Joseph, der nicht erschienen war und nichts von sich hören ließ. Zweimal hatte er vergeblich Briefe nach Salamanca gesandt, gerichtet an die medizinische Fakultät der Universität, zu Händen des Baccalaureus José Marco.
David war pünktlich erschienen, ordnungsgemäß beurlaubt von seinem Brotherrn, dem königlichen Schatzmeister Luis de Santangel, dessen Lob er in allen Tönen sang. Jakob hörte es sich eine Weile geduldig an, dann unterbrach er ihn.
„David, es ist sehr schön, daß du über deinen *patrono* so lobend sprichst und uns alle freut dein beruflicher Erfolg, aber weit mehr beschäftigt uns die Sorge um Joseph. Seit wann hast du nichts mehr von ihm gehört?"
Er dachte nach und strich dabei über sein volles rötliches Haar, das ihn zusammen mit seinen grauen Augen und der dürren, hochgewachsenen Gestalt in seiner Familie fremd erscheinen ließ.
„Im vorigen Sommer habe ich ihm – ebenso wie euch – einen Brief aus Sanlucar geschrieben, wo ich mich damals im Gefolge der Könige aufhielt. Ich habe auch von meinem kurzen Besuch bei euch berichtet und davon, daß Susanna im nächsten Jahr heiraten wird. Da ich keine Antwort erhielt, nahm ich an, Joseph habe sich gleich an euch gewandt."
„Hat er aber nicht! Der Kerl ist verschollen seit über einem Jahr, und wir machen uns große Sorgen."
Sorgen machte sich Joseph Marco nicht nur um seinen Bruder, sondern auch um die eigene Existenz. Seit Königin Isabella in der Stadt residierte – der Alcazar grenzte dicht an die Juderia –, herrschte eine gespannte Unruhe. Nach der großen Heerschau bei Loja war die Königin nach Cordoba zurückgekehrt, und nun warteten die Reichen und Wohlhabenden, die Hehler, Kuppler und Wucherer auf jenen schrecklichen Tag, da die Königin auch hier ihre Schnellgerichte einsetzen würde. Die Denunzianten rüsteten sich zum Angriff, denn so schnell würde die Möglichkeit nicht wiederkehren, unliebsame Verwandte, drängende Gläubiger, lästige Konkurrenten, überhaupt Feinde aller Art aus dem Wege zu schaffen und dafür noch in klingender Münze belohnt zu werden. Dabei galt es nur, anderen zuvorzukommen, denn auch die Denunzianten waren

nicht sicher vor irgendwelchen Anschuldigungen. Mit Isabella war auch der finstere Torquemada in die Stadt gekommen, und wie immer, wenn er am Hof weilte, erhob sich hinter dem Thron der Königin der drohende Schatten des Heiligen Offiziums. Die *familiares* lauerten in ihren Winkeln, durchsetzten und durchdrangen die Stadt, und niemand wußte, ob der Bruder, der Freund, der Nachbar ihnen angehörte.

Als praktizierende Juden waren Jakob und seine Familie vor der Inquisition sicher, aber seit die Königin hier weilte, beschlich ihn ein Gefühl, als sei der Boden unter ihm morsch geworden und könne bei jedem Schritt einbrechen. Er segnete seinen Entschluß, daß er Judith Laderos Vermögen nicht hierher transferiert und seinem Freund Samuele Leone gebeten hatte, es vorerst in seinem Geschäft anzulegen. Nun, da er in Angst vor der Zukunft lebte, war Rom in seinen Augen zu einer Art Insel der Seligen geworden, zu einer Verheißung, wie sie im fünften Buch Mose ausgesprochen war: 'Denn der Herr dein Gott, wird dich in ein gutes Land bringen.' Und Judith war die Herrin auf dieser Insel der Seligen.

Spanien konnte jedenfalls das von Moses verheißene 'gute Land' nicht sein, jetzt nicht mehr. Ein Gesetz jagte das andere und eines war verderblicher und unsinniger als das andere. Neuerdings war es verboten, auf Maultieren zu reiten, weil sie für den Krieg gegen Granada gebraucht wurden. Zuvor war ein Gesetz verkündet worden, das die Maultierzucht begünstigte und als genügend vorhanden waren, ließ Isabella hunderttausend davon für Kriegszwecke beschlagnahmen. Deshalb hatte man die Pferdezucht vernachlässigt, und Spanien, das früher viele Tausende der besten Rösser arabischer Zucht ins übrige Europa ausführte, mußte nun welche aus Frankreich importieren. So ging es hin und her: Kein Kaufmann wußte, ob ihm der morgige Tag ein Gesetz bescheren würde, das ihn ruinierte, oder eines, das ihn reich machte oder machen hätte können, bis ein Gegengesetz dies verhinderte.

Darüber beklagte sich Jakob bei seinem Bruder David, doch der war ein Mann des Hofes und der Obrigkeit geworden und verteidigte die königlichen Verfügungen.

„Jakob, du kannst das jetzt noch nicht überblicken. Die Gesetze dienen entweder dem Krieg gegen die Mauren oder sind weise in eine Zukunft gerichtet, wo sie uns bald nützlich werden. Ihr Händler schielt nur auf euren Tagesgewinn, seid nicht fähig, weiter vorauszudenken. Isabella und Ferdinand aber tun das. Die Majestäten bemühen sich, ein Spanien zu schaffen, in dem jeder sein gutes Auskommen hat, wo Recht und Ge-

rechtigkeit ihr eisernes Regiment führen. Für Wucherer, Betrüger, Leuteschinder und Steuerhinterzieher wird da kein Platz mehr sein!"
David hatte sich in Eifer geredet, sein Gesicht war rötlich angelaufen, die grauen Augen glänzten, und er, der sonst eher Zurückhaltende, fuchtelte erregt mit seinen langen Armen herum. Jakob schüttelte seinen Kopf.
„Dem, der vorher verhungert, ist das kein Trost. Ich war in Rom, habe anderes gesehen. Da überläßt man den Handel denen, die etwas davon verstehen, und die besteuert man kräftig, aber so, daß ihnen genügend bleibt – auch den Juden! Du weißt, daß ich kein Anbeter des Goldenen Kalbes bin, daß ich – wie unser Vater – zuerst Gott die Ehre gebe und dann der Obrigkeit, also unseren Königen. Aber ich betreibe mein Geschäft mit Liebe und die hierzulande immer deutlichere Verachtung des Geldes kann ich nicht teilen, halte sie für sehr schädlich. Jeder kleine Hidalgo ist stolz darauf, daß er seine Hände nicht mit Geld beschmutzt – in Rom gibt es Adelige, die mit Wein und Getreide Handel treiben und es laut aussprechen, daß man nur von einem klingenden Namen nicht leben kann, es sei denn, klingende Münze käme hinzu. Da – schau einmal her!" Jakob öffnete einen niedrigen Schrank und holte eine Börse heraus. »Allein damit läßt sich demonstrieren, wie es hier um das Geld steht und wie man es einschätzt. Es mag zwar verdienstvoll sein, daß die Könige schon vor Jahren die üppig wuchernden Münzstätten auf fünf reduziert haben, aber was geschieht zum Beispiel in Barcelona, wo König Ferdinand einen Teil seiner Silberreales prägen läßt? Ich lese dir vor, was auf diesem hier steht. Auf der Vorderseite, über dem Kopf des Königs: Rex Ferdinadus und auf der Rückseite Civitas Barcenona. Also zwei Fehler auf einer Münze! Oder hier, diese Doblas unserer Majestäten. Es sind fünf Stück, aber jede ist so schlampig geprägt, daß die Porträts und das Wappen kaum zu erkennen sind. Und nun dagegen dieser päpstliche Dukaten aus Rom. Schrift, Bildnis, Prägung, alles einwandfrei, gestochen scharf und kunstvoll ausgeführt."
David wollte etwas sagen, doch Jakob hob die Hand.
„Einen Augenblick noch! Ich weiß, du willst mich jetzt einen Haarspalter und Kleinkrämer nennen, der sich an Bagatellen klammert, anstatt das große Ganze zu sehen. Aber gerade auf diese Bagatellen kommt es an! Wer eine Bibel oder den Talmud mit Druckfehlern, falschen Seitenzahlen oder verkehrter Kapitelfolge herausgibt, kann es nicht ernst meinen mit der Religion. Ein Bäcker, der verschmutztes Mehl, schlechten

Sauerteig und einen schadhaften Ofen verwendet, verachtet sein Handwerk, und wer Münzen in dieser Art hier prägt, hat nichts übrig für Handel und Wandel, für die Wohlfahrt unseres Landes."
David war es unbehaglich geworden. Was sein Bruder da verkündete, war die reinste Rebellion, war Lästerung und Majestätsbeleidigung. Was sollte er darauf entgegnen? In diesem Fall, dachte David, ist Schweigen tatsächlich Gold. Er stand auf, tippte sich an die Stirn, ging hinaus und warf die Tür hinter sich so heftig zu, daß ein irdener Becher vom Wandbord fiel und auf den Bodenfliesen zersprang.
Er hat sich mit Leib und Seele an den Hof verkauft, dachte Jakob, und kann wohl nicht anders handeln. Ich werde nach Rom gehen und Judith heiraten! Mutter ist bei Susannas Familie gut aufgehoben – ansonsten brauche ich keine Rücksichten zu nehmen. Da blieb nur noch Joseph, der verschollen war und für den sich Jakob, als der Ältere, verantwortlich fühlte. Aber er konnte nichts tun, mußte abwarten und später vielleicht selbst in Salamanca nachforschen.
David reiste schnell wieder ab. Es grauste ihm vor diesem Ghettomief, das war nicht mehr seine Welt. Eigentlich hatte er mit Jakob auch persönliche Dinge besprechen wollen, aber nun ließ er es doch sein. Was ging es den Bruder schließlich an, wenn er sich zum Priester weihen ließ, weil es ihm ein Herzensbedürfnis war? War es das wirklich? Er hatte darüber mit Luis de Santangel gesprochen, der sehr davon angetan schien.
„Das ist eine glänzende Idee, mein Lieber! Torquemada wittert in unseren Amtsräumen ohnehin schon Ketzerluft, der König hat da etwas angedeutet. Da kann es wirklich nicht schaden, wenn mein Sekretär dem geistlichen Stand angehört – und wenn es Euch zudem ein Herzensbedürfnis ist?"
Das klang fragend, und so versicherte David eifrig, daß es dies tatsächlich sei. So war er nun auf dem Weg nach Valencia, wo Santangel sein Amt als Generalsteuerpächter wieder aufgenommen hatte, da König Ferdinand ihn auf seinen Kriegszügen nicht brauchte.

Vier Tage nach Davids Abreise – Jakob war gerade dabei, mittags den Laden zu schließen – stieg draußen ein Kunde vom Pferd, band es an und betrat zögernd das Weingewölbe. Jakob verneigte sich leicht.
„Gott zum Gruße, Señor! Ihr scheint ja eine weite Reise hinter Euch zu haben. Setzt Euch hierher und ruht ein wenig aus."
Hut, Kleider und Stiefel des Fremden waren mit hellem Staub bedeckt,

245

das bärtige Gesicht des kleinen schlanken Mannes wirkte müde und abgespannt. Er sah sich um.
„Seid Ihr allein?"
„Um diese Zeit schon. Gerade jetzt im Sommer zieht sich die ganze Stadt um die Mittagszeit zurück. Was kann ich für Euch tun?"
„Ich bringe Euch Nachricht von Eurem Bruder."
Jakob beugte sich vor.
„Was – woher – Woher wißt Ihr, wer ich bin?"
„Aber jeder hier kennt doch die *bodega* des Diego (spanisch für Jakob) Marco."
„Gut, gut, ich lade Euch in mein Haus, da können wir in Ruhe reden."
Die Hintertür des Ladens führte in einen kleinen schattigen, von zierlichen Arkaden gesäumten Patio.
„Erfrischt Euch zuerst einmal, dann reden wir weiter."
Ein Diener geleitete den Gast in einen überkuppelten Baderaum, während Jakob seine Mutter aufsuchte. Ihr Gesicht belebte sich.
„Nachricht von Joseph?"
Jakob nickte.
„So scheint es. Wir werden uns anhören, was der Bote zu sagen hat."
Ruth Marco musterte den Fremden, der lächelnd vor ihr stand, dann breitete sie ihre Arme aus.
„Ein Bote? Nein, das ist kein Bote, Joseph ist selbst gekommen."
Jakob stand daneben, als Mutter und Bruder sich umarmten, und schüttelte verwundert den Kopf.
„Joseph, Joseph – ich hätte dich nicht erkannt."
„Und das ist gut so. Erzählt euren Nachbarn, ein Freund Josephs sei aus Coimbra – wohlgemerkt: aus Coimbra! – gekommen, wo sie beide studiert hätten. Ich reise unter dem Namen Mateus Oliveira und bin auf dem Weg nach Paris, wo ich mein Jurastudium fortsetzen werde. Merkt euch den Namen gut; Mateus Oliveira."
„Warum die Maskerade?" fragte Jakob.
„Weil von ihr mein Leben abhängt, wie ihr gleich hören werdet. Aber ich brachte es nicht übers Herz, euch so lange ohne Nachricht zu lassen. In Salamanca hat mich die Inquisition an Ostern vorigen Jahres *in effigie* verbrannt, und niemand kann wissen, inwieweit sie ihre Ermittlungen fortsetzt. Also – hört zu."
Joseph verschwieg nichts, doch die Episode mit Adriana schwächte er etwas ab, um nicht als völlig Verrückter dazustehen.

Ruth Marco schüttelte immerfort den Kopf, als könne sie einfach nicht glauben, was ihrem Kind da zugestoßen sei.

„Als ich endlich in Coimbra ankam, hatte ich die Empfindung, ganz Spanien sei ein riesiges Gefängnis, eine einzige Folterkammer, ein gigantischer Scheiterhaufen – und dies alles lag nun hinter mir, ich war frei – frei – frei! So stelle ich es mir vor, wenn eine Seele aus dem Fegefeuer ins Paradies kommt."

Jakob lächelte spöttisch.

„Du vergißt, daß wir keine Christen sind."

„War ja auch nur ein Gleichnis. Mit dem Geld, das mir mein Freund Pedro de Silva gegeben hatte, war ich unabhängig, konnte mich bei der Universität immatrikulieren, mir eine schöne Wohnung nehmen und in Ruhe meine Magisterprüfung nachholen.

Bei der Vorstellung fragte mich der Professor, warum ich mein Studium nicht in Salamanca vollendet habe, und ich durfte ihm frei ins Gesicht sagen: Weil mich dort die Inquisition verfolgt. Der Professor war keineswegs überrascht und meinte, ich sei nicht der einzige, den das Heilige Offizium außer Landes getrieben habe, und ich werde in Coimbra viele Landsleute finden. So war es dann auch, und als ich mein Examen ablegte, gab es unter den Prüflingen vierundfünfzig Spanier."

„Traurig genug", meinte Jakob, „wenn ein Teil unserer geistigen Elite ins Ausland gehen muß, weil hier die Inquisition wie Bluthunde hinter allem her ist, was nach Ketzerei riecht. Bei meinem Rombesuch habe ich ähnliches erlebt wie du in Portugal. Zwar gibt es dort auch eine Inquisition, aber die schnüffelt nur in unheiligen Büchern herum und verhängt Geldstrafen oder Landesverweise. Ich habe mein Paradies gefunden, wo es kein Ghetto gibt und Juden wie Conversos nichts zu fürchten haben. Vielleicht werde ich bald..."

Er blickte auf seine Mutter und ließ den Satz unvollendet.

„Nun, wir werden noch einiges zu besprechen haben."

„Soll ich Susanna herüberholen lassen?" fragte die Mutter, doch Joseph wehrte erschrocken ab.

„Nein, um Gottes willen! Es genügt schon, daß ich euch gefährde, ich möchte auch so schnell wie möglich wieder abreisen."

„Willst du in Lissabon bleiben?"

„Vorläufig schon. Ich habe dort eine Praxis eröffnet, weil in Coimbra bisweilen Spitzel der Inquisition auftauchen, und so manchen armen Teufel mit falschen Nachrichten zurück nach Spanien gelockt haben, wo

schon der Scheiterhaufen wartete. Lissabon ist eine sehr volkreiche Stadt mit einem großen Hafen – man kann dort gut untertauchen."
„Führst du dort auch einen anderen Namen?"
„Nein, ich war einfach zu stolz, meinen Namen zu wechseln. Ich habe nichts Unrechtes getan und sehe nicht ein, warum ich mich hinter einem Pseudonym verstecken soll. Als Joseph Marco bin ich geboren, als solcher möchte ich leben und dieser Name soll auf meinem Grabstein stehen."
„Soll ich nicht doch Susanna..."
„Nein, Mutter!" sagte Joseph heftiger, als er es wollte.
„Dann ziehe ich mich jetzt zurück."
Er küßte sie auf beide Wangen und geleitete sie zur Tür.
„Sie weiß nichts von der Welt draußen und nimmt das alles nicht so ernst", sagte Jakob entschuldigend, „aber ich verstehe dich und würde genauso handeln."
Dann berichtete er von dem Rombesuch und seiner Verlobung mit Judith Ladero.
„Vermutlich wollte sie nur ihre Selbständigkeit bewahren und ihr Geld in Sicherheit bringen. Da ist es besser, man vertraut einem Fremden, als der eigenen Verwandtschaft. Mutter weiß nichts davon."
„Ah, darum hast du vorhin einen Satz nicht zu Ende gesprochen. Vielleicht werde ich bald nach Rom übersiedeln, sollte es wohl heißen."
Jakob seufzte schwer.
„Ja, Bruderherz, das wollte ich sagen, aber warum soll ich das Herz unserer Mutter schon jetzt damit belasten? Ich bin der letzte Sohn, den sie hat, bin quasi Vaters Nachfolger, ihr Halt, ihre Stütze und zugleich ihr Sorgenkind, weil ich keine Familie gründe. Ja, ich weiß, es ist nun höchste Zeit dafür, aber bisher fehlte mir dazu der Mut. Ich habe dann immer das schreckliche Bild vor Augen, wie meine Söhne in brennenden Synagogen sterben oder von wütenden Christen verfolgt und erschlagen werden. Diese Vorstellung werde ich einfach nicht los, da kann ich machen, was ich will. In Rom würde ich sofort heiraten, weil ich da für meine Kinder eine Zukunft sehe."
„Dann wandere aus und nimm Mutter einfach mit!"
Jakob schüttelte den Kopf.
„Sie würde aus Spanien nicht weggehen. Ich müßte mit Susannas Mann reden; der würde sie gewiß bei sich aufnehmen, aber ich bin so unentschlossen, will heute dies, morgen das."

„So kenne ich dich ja gar nicht, Bruderherz. Gerade du warst doch immer der ruhende Pol in unserer Familie."
„Die Umstände haben aus uns allen andere Menschen gemacht. Schau dich an: du mußt dir einen fremden Namen zulegen, um halbwegs sicher reisen zu können, mir schnürt die Angst vor der Zukunft allmählich den Atem ab, und David – um auch von ihm zu sprechen – gehört eigentlich schon nicht mehr zu uns. Er ist ein Höfling geworden und schwärmt von den Königen wie von höheren Wesen. Was ist nur aus uns geworden, Joseph?"
„Trübsal blasen hilft uns nicht weiter, aber bei deiner Entscheidung kann ich dir weder helfen noch raten. Du muß alleine einen Weg finden."
Doch das blieb Jakob erspart, denn die Königin traf den Entschluß für ihn.

Während Ferdinand den Feldzug gegen Malaga vorbereitete, führte Isabella in Cordoba ihre Schnellgerichte ein, und jeden Freitag saß sie auf ihrer Tribüne im Vorhof des Alcazar. Diesmals achtete die Miliz genau darauf, daß niemand fluchthalber die Stadt verließ. Jeder Abreisende mußte Rede und Antwort stehen, und wer in den Verdacht geriet, sich abzusetzen, der landete zunächst einmal im Gefängnis.
Jakob war einesteils erleichtert, denn das Reiseverbot ersparte es ihm, einen Entschluß zu fassen, zu dem er sich nicht aufraffen konnte, der ihm wegen seiner Mutter so schwerfiel. So betrieb er seine Geschäfte weiter, legte jeden Maravedi beiseite, den er abzwacken konnte, um sich dann von Zeit zu Zeit einen auf Rom gezogenen Kreditbrief zu kaufen. Das war ein nicht ganz legales Vorgehen, weil dadurch Geld außer Landes kam, aber bisher hatte man es stillschweigend geduldet.

An einem Montagmorgen – Jakob war gerade dabei, sein Gewölbe aufzuschließen – polterte es draußen an die Tür. Es waren zwei Reiter der Santa Hermandad, die ihm mit rauher Höflichkeit – was sonst nicht ihre Art war – ein amtliches Schreiben überreichten. Jakob vermutete sofort einen Zusammenhang mit Joseph, der ja auf der Fahndungsliste der Inquisition stand, aber dann sah er das königliche Siegel mit den Löwen und den Türmen und war erleichtert. Die Männer grüßten steif und trabten auf ihren Rössern davon.
Es war eine Anklageschrift, die ihn beschuldigte, Gewürze und Weine verfälscht sowie Edelmetalle ins Ausland gebracht zu haben. Aber das

stimmte doch nicht! Er hatte seine Gewürze weiterverkauft, so, wie er sie liefert bekam, und für die Weine galt das auch. Freilich, den arg süßen Samoswein hatte er manchmal mit guten spanischen Weinen verschnitten, weil er dann bekömmlicher war. Jeder Händler tat es, und die Weinkenner wußten es geschmacklich wie preislich zu schätzen, weil der Samos dadurch etwas günstiger angeboten werden konnte. Wer dies Betrug nannte, kannte die Welt nicht.
Jakob zeigte sich seinem Schwager gegenüber sehr zuversichtlich.
„Da hat mich irgendein Neidhammel denunziert, aber diese Anklage ist leicht zu entkräften."
Doch Jakob war ein Sproß des meistverfolgten Volkes auf Gottes Erdboden und hatte Vorsicht und Mißtrauen schon mit der Muttermilch eingesogen.
Am Freitag tagte das Gericht und jetzt war Mittwoch. Innerhalb weniger Stunden übertrug Jakob sein Geschäft auf Daniel, den Schwager, mit einem Dokument, das ein vertrauter Notar gegen hohe Gebühren um zwei Jahre zurückdatierte. An Bargeld ließ er nur einen Alibibetrag in seinem Haus, alles übrige verschwand in der Geheimkasse des Schwagers. Sein Wein- und Gewürzlager ließ er unberührt, denn es wäre für die ganze Familie fatal gewesen, hätte das Gericht nichts mehr zum Beschlagnahmen gefunden.

Die Königin thronte unter einem Baldachin in dem Hof am Nordportal des Alcazar, ihr zu seiten, doch etwas tiefer, die zwei Berufsrichter, zu ihren Füßen die Vertreter der Stadt, dazu zwei Priester für die zum Tod Verurteilten.
Wie immer ging es sehr schnell. Konnte ein Urteil nicht binnen zwölf Minuten gefunden werden, befaßten sich Rechtsgelehrte mit dem Fall, der dann am nächsten Freitag entschieden wurde. Jakob hörte die Stimme des Gerichtsdieners: „Diego Marco, Jude, hier ansässiger Wein- und Gewürzhändler, wird beschuldigt, verfälschte Gewürze und gepanschte Weine verkauft zu haben. Äußert Euch dazu, Señor Marco!"
Jakob trat vor.
„Ich kann hier auf die Bibel meiner Väter schwören, daß ich an meinen Gewürzen nichts verändert und einige Weine nur im üblichen Rahmen verschnitten habe, wie etwa den zu süßen Samos mit guten einheimischen Weißweinen. Dafür wurde er billiger verkauft."
Einer der Richter beugte sich vor.

„Es gibt da andere Aussagen. So soll Euer Safran bis zur Hälfte mit Blütenstaub von Calendula, also der gemeinen Ringelblume, vermischt gewesen sein, und der von Euch angebotene kandierte Ingwer enthielt einen starken Anteil von Schlangenkrautwurzeln, gemeinhin auch 'deutscher Ingwer' genannt. Des weiteren wird von spanischen Weinen berichtet, die Ihr mit Hilfe von Honig und Essenzen zu ausländischen Süßweinen verfälscht habt. Was ich hier vortrage, ist durch Fachleute geprüft und bestätigt."
„Aber wer sind diese Fachleute? Sie sollen vortreten und es mir ins Gesicht sagen!"
„Werdet nicht frech, Jude Marco! Bei diesem Gericht geschieht kein Betrug!"
Isabella wechselte ein paar leise Worte mit den Richtern, und während sie das Urteil verkündete, rieselten die letzten Körner der Fünftel-Stunden-Sanduhr in den Glaskolben.
„Jude Diego Marco, ich verurteile Euch wegen Wein- und Gewürzverfälschung, also wegen schweren Betrugs an Euren Käufern zur Einziehung Eures Vermögens, zu hundert Rutenhieben und zum Landesverweis auf Lebenszeit. Solltet Ihr innerhalb von vier Wochen in Kastilien oder Aragon aufgegriffen werden, so droht Euch der Galgen. Ruft den nächsten Fall auf!"
Ja, das gefiel dem Volk von Cordoba, und viele klatschten dem Urteil Beifall, wie immer, wenn ein Jude, ein Converso oder ein reicher Pfeffersack für echte oder vermeintliche Vergehen büßen mußte.
Jakob wurde abgeführt und bis zum Vollzug seiner Strafe in das schmutzige und überfüllte Stadtgefängnis geworfen – und das ist wörtlich zu verstehen. Der einzige Kerkerraum nämlich, in den noch etwas hineinzustopfen war, lag tief unter der Erde, zugänglich nur über ein Fallgitter, das die Büttel öffneten und Jakob einfach hinabstießen. Mitleidige Hände fingen ihn auf; der Gestank nach Fäkalien, Urin, Schweiß und verdorbener Nahrung nahm ihm fast den Atem. Als seine Augen sich an das Dämmerlicht gewöhnt hatten, sah er, daß seine Mithäftlinge in dichten Klumpen beieinanderstanden, einige saßen an die Mauern gelehnt, und das atmete, stöhnte, hustete, schimpfte, furzte und rülpste durcheinander in einer Kakophonie des Grauens und wäre für einen Kirchenmaler, der die Hölle darzustellen hat, eine durchaus geeignete Vorlage gewesen.
Wie um sich zu entschuldigen, rief Jakob „Verzeiht, Señores, daß ich

Euch stören muß, aber ich komme schon morgen wieder heraus."
Einige lachten, und eine rauhe Stimme spottete: „Hoffentlich nicht an den Galgen, Bruder."
„Nein, nur Landesverweis."
„Der mit hundert Rutenhieben gewürzt ist, nicht wahr? Da bist du aber gut davongekommen, Bruder. Die meisten von uns müssen auf die Galeere, und das ist soviel wie ein langsames Todesurteil."
„Kann auch schneller gehen", meinte einer, und ein anderer fügte hinzu: „Ja, wenn die Piraten den Kahn auf den Grund schicken, was man sich nur wünschen kann."
„Ein paar kommen auch wieder zurück..."
Da ertönte ein schrilles Lachen.
„Ja, wenn der Herr Papa ein schweres Lösegeld zahlt! Der meine ist leider ein armer Hund."
„Der meine auch!"
„Der meine auch!"
An Schlaf war in dieser Lage nicht zu denken. Endlos dehnte sich die Nacht, unterbrochen von Geräuschen unterschiedlichster Art. Dort drüben hustete einer, hier sprach einer im Traum Undeutliches, andere stöhnten, spuckten, fluchten.
Jakob nickte mehrmals ein, schreckte wieder auf, fiel erneut in unruhigen Schlaf, wurde getreten, gepufft und betastet, wich aus, fluchte, griff nach Haaren, Händen und in Gesichter. Er empfand es wie ein Gottesgeschenk, als am Morgen die ersten Gefangenen an Stricken hochgehievt wurden.
„Laß dir die Prügelsuppe gut munden!" rief ihm einer nach, als ihn gotteslästerlich fluchende Büttel nach oben zogen.
An diesem Samstag wurde die Strafe der Landesverweisung an acht Personen vollzogen, und das bedeutete für Jakob Glück im Unglück. Die mit der Verbannung verhängte Prügelstrafe wurde so ausgeführt, daß man den Verurteilten mit nacktem Oberkörper auf einen Esel setzte und ihn aus der Stadt führte. Dabei prügelten die Büttel mit langen Weidenruten auf den Delinquenten ein, und sie hatten es durch häufige Übung dahingebracht, daß die letzten Hiebe auf der römischen Brücke fielen. An diesem Samstag mußten sich die Gerichtsdiener mit acht Verurteilten befassen, so daß ihre Rutenhiebe in längeren Abständen fielen und kaum die Zahl Hundert erreichten.
Jakob klammerte sich mit den Schenkeln am Rücken des Esels fest; an

seinen gefesselten Händen hing ein Strick, den einer der Büttel hielt, während ein anderer von Esel zu Esel sprang, um die Rutenhiebe auszuteilen. Zweimal fiel Jakob vom Esel, was die Knechte zur Weißglut brachte, denn das hielt nur auf, und heute gab es schließlich noch mehr zu tun. So prügelten sie auf ihn ein, bis er wieder auf seinen Esel kletterte, mit blutüberströmtem Rücken und einigen Beulen am Kopf, wo ihn die Steine des Straßenpöbels getroffen hatten. Diese samstäglichen Strafaktionen waren rechte Festtage für das Volk, und man konnte sich endlich an denen austoben, die einem jahrelang die sauer verdienten Maravedis aus den Taschen gezogen hatten. Wer anschreiben ließ, war noch besser dran, denn nach der Ausweisung kümmerte sich niemand mehr um etwaige Forderungen des Verurteilten, große Summen freilich ausgenommen.
Zerrissen von Schmerz und Scham, die gellenden Schreie des Pöbels im Ohr, klammerte sich Jakob nur an den einen Gedanken: Das hier geht schnell vorbei, und Rom und Judith, Rom und Samuele, Rom und die Freiheit...
Mit jedem Hieb, der seinen Rücken traf, stieß Jakob das Wort 'Rom' hervor, und dieser Trost gab ihm Kraft, ließ ihn durchhalten bis zur Torre de la Calahorra am Ende der Brücke, wo ihn die Büttel vom Esel stießen und ihm zum Abschied noch einige Fußtritte versetzten. Jakob richtete sich auf. Jeder Zoll seines Körpers schmerzte ihn, ein Auge war zugeschwollen, die linke Schulter vom Sturz ausgerenkt.
Mein Gott, wie sollte er von hier fortkommen? Er kam ja kaum auf die Beine, halbblind, mit ausgerenkten Gliedern...
Den meisten der anderen ging es auch nicht besser, sie krochen am Boden herum, stöhnten, winselten, versuchten aufzustehen.
Er schaute auf den wuchtigen, von spitzen Zinnen gekrönten Calahorra-Turm, als käme von dort seine Rettung – und so war es auch. Zwei Bettelmönche erschienen mit einem Leiterwagen, riefen leise seinen Namen, und als er ihnen mühsam zuwinkte, hoben sie ihn schnell auf ihren Karren und verschwanden zwischen den niedrigen Hütten hinter der Brückenfestung.
Den halb Bewußtlosen legten sie in einem der Häuser auf einen Strohsack, einer flüsterte ihm ins Ohr: „Gleich kommt Hilfe, Señor, und dann war Jakob allein. Nicht fähig, zusammenhängend zu denken, zogen ihm wirre Gedanken durch den Kopf. Lag er nun wieder im Kerker? War sein Leidensweg noch nicht zu Ende, wollten sie ihn hier weiter erpressen?

„Jakob! Jakob!"
Er hob seinen Kopf. Wer rief ihn da? War es Daniel, sein Schwager?
„Ich habe dir einen Arzt mitgebracht, hier ist Geld, im Stall steht ein Pferd. Viel Glück, Jakob!"
Er ließ sich mit einem Seufzer zurücksinken. Natürlich, es war Susannas Mann, wer sonst hätte ihm helfen können?
Der Arzt untersuchte ihn lange und behutsam, murmelte dabei seine Diagnose.
„Der Rücken – hm – wird drei oder vier Tage dauern, bis er notdürftig geheilt ist –, die Schulter, ausgerenkt – nun, das werden wir gleich haben."
Noch ehe Jakob diese Worte aufnahm, riß der Arzt an seinem rechten Arm und mit einem scharfen Schmerz sprang die Gelenkkugel zurück in ihre Pfanne.
„Die Beulen am Kopf werden wir mit Holundersalbe behandeln und das Auge mit einer Kamillenkompresse. In sieben bis neun Tagen seid Ihr reisefertig, Señor."
Dann setzte er ihm einen Becher an die Lippen; Jakob schluckte durstig den süßlich-bitteren Trank und ließ sich zurücksinken.
Vier Wochen hatte er Zeit, das genügte, um einen der Häfen zu erreichen. Plötzlich konnte er wieder klar denken. Für Cartagena, Valencia oder gar Barcelona war die Zeit zu knapp, das Risiko zu groß. Er mußte nach Westen, zu den Atlantikhäfen, sich in Sanlucar, Cadiz oder Palos einschiffen. Dann sah er die Königin, wie sie unter dem Baldachin thronte und ihre falschen Urteile verkündete. Der Arzt hatte den Raum verlassen, Jakob war allein, drehte sich zur Wand und flüsterte: „Ich verfluche dich, Königin, aus ganzem Herzen! Verflucht wirst du sein in der Stadt, verflucht auf dem Acker. Verflucht wird sein die Frucht deines Leibes, die Frucht deines Landes, die Frucht deiner Rinder und die Frucht deiner Schafe. Verflucht wirst du sein, wenn du eingehst, verflucht, wenn du ausgehst. Der Herr wird dir senden Unfall, Unruhe und Unglück in allem, was du tust, bis du vertilgt werdest und bald untergehst um deines bösen Wesens willen..."
Das war der Fluch des Moses, den Jakob an die Wand flüsterte, ohne Haß, ohne Zorn, wie eine magische Verwünschung, die aus den Tiefen seiner Seele kam, die ihn erleichterte, beruhigte, entspannte – und schließlich in Schlaf sinken ließ.

16

DIE NACHRICHT VOM TOD DES PAPSTES war schon vor einiger Zeit durch den Eilkurier eingetroffen, jetzt folgte ein ausführliches Schreiben des spanischen Botschafters, das – wie stets – an Kardinal Mendoza gerichtet war, als dem engsten Vertrauten der Könige von Aragon und Kastilien. Weder Respekt noch irgendwelche Rücksichten trübten den genauen, ungeschminkten Bericht vom Verlauf der Ereignisse.

Hochwürdigster Herr Kardinal, hochgeborener und verehrter Don Pedro de Mendoza!
Als Seine Heiligkeit Papst Sixtus IV. Anfang August das Bett nicht mehr verlassen konnte, kaum noch etwas aß und immer schwächer wurde, gaben die Ärzte keine Hoffnung mehr für seine Wiedergenesung, und – unter uns gesagt – abgesehen von seiner Familie, erhoffte alle Welt genau das Gegenteil. Kaum hatte der Heilige Vater seinen letzten Atemzug getan – es war am 12. August –, bildeten sich zwei Hauptgruppen von Kardinälen, die eine um unseren Rodrigo Borgia, die andere um Giuliano della Rovere. Ganz Rom nahm an diesem Ringen um die Schlüssel Petri Anteil, es wurden Wetten abgeschlossen, und – wie das hier seit jeher so war – heftig auf der Straße über die Vorzüge des einen oder anderen diskutiert, wobei es nicht selten blutige Köpfe gab.
Das Konklave dauerte über zwei Wochen, und es muß dort manchmal zugegangen sein wie auf einem Schlachtfeld. Da in Rom nichts geheim bleibt, auch und gerade nicht die Ereignisse bei einer Papstwahl, wurden schnell Einzelheiten bekannt. Was vom Vatikan viel später verkündet wird, ist meist geschönt und nur die halbe Wahrheit, was mir jedoch mein Barbier jeden Morgen zu berichten wußte, kam aus den ersten Quellen und stimmte fast immer. Nun, auf unseren Borgia traf diesmal

leider zu, was hier als Sprichwort umgeht: Wer als Papst ins Konklave geht, der verläßt es wieder als Kardinal. Und so war es dann auch. Zu sehr sah man in Don Rodrigo schon den künftigen Papst, so daß jene, die er zu überzeugen vergessen oder nicht ausreichend bestochen hatte, ihre Stimmen zurückzogen, ohne sie aber dem gefürchteten della Rovere zu geben, von dessen Regiment man sich nichts Gutes versprach – nichts Gutes vor allem für jene, die ihr Amt als unermeßlich sprudelnde Geldquelle sehen, und in eine solche hat sich der Vatikan inzwischen verwandelt. Unter dem schwachen Sixtus war alles käuflich geworden: Ablässe, Ämter, geistliche Pfründen, Doktorhüte – der Vatikan hatte sich in einen riesigen Kaufladen verwandelt, mit festen Preisen. Über den Kopf des Papstes hinweg betrieben die Kardinäle ihre Geschäfte, wobei unser Borgia einer der eifrigsten war und es manchmal sogar für den römischen Geschmack zu weit trieb. Einmal soll er sogar einem Vater, der seine Tochter geschändet und ermordet hatte, gegen eine hohe Summe den Ablaß erteilt haben. Als man ihm dies vorhielt, sagte er: 'Gott will nicht den Tod des Sünders, sondern daß er lebe – und zahle!'

Am Ende war es dann so, daß die Kardinäle keinem mehr trauten, weder dem Borgia noch dem della Rovere und sich auf Giovanni Battista Cibo einigten, den Bischof von Molfetta, dessen Charakter zu studieren ich mittlerweile genügend Zeit hatte. Sollte ich Euch seine Haupteigenschaften nennen, so würde ich sagen: gutmütig, wenig gebildet, korrupt, schamlos, geldgierig, leicht beeinflußbar und sehr seiner Familie zugetan. Wie sehr, das zeigte sich sofort nach seiner Wahl, die der römische Pöbel gleich auf seine Art kommentierte: 'Mit Recht darf Rom diesen Mann als Vater bezeichnen, schaut euch doch nur die Zahl seiner Kinder an: acht Knaben sind es und acht Mädchen, wer kann da noch zweifeln, daß Innozenz unser Papa (Papst) ist?'

Es kann nur der reine Zynismus gewesen sein, daß Cibo den Namen Innozenz (= der Unschuldige) annahm. Übrigens bekannte er sich nur zu zweien seiner Sprößlinge, nämlich Teodorina und Franceschetto. Letzteren – ein völlig verkommenes Subjekt – verheiratete er flugs mit einer Medici und richtete im Vatikan eine prunkvolle Hochzeit aus, die Unsummen gekostet haben muß. Als Gegenleistung erhob er den vierzehnjährigen Giovanni de Medici zum Kardinal.

Hochverehrter Don Pedro de Mendoza, es tut mir leid, daß ich Euch keine besseren Nachrichten übermitteln kann, aber unseren Traum von einem spanischen Papst müssen wir wohl vorerst begraben. Innozenz ist *erst zweiundfünfzig Jahre alt, also noch etwas jünger als unser Borgia, aber die Wege des Herrn sind seltsam und sein Ratschluß unerforschlich. Zum Trost läßt sich sagen, daß Kardinal della Roveres Einfluß auf den neuen Papst doch nicht so groß ist, wie es vorher den Anschein hatte, wenn auch zu befürchten steht, daß er beim nächsten Konklave als Sieger hervorgeht. Übermittelt den Majestäten meine untertänigsten Grüße und meinen innigsten Wunsch, daß Gott ihnen bald den Sieg über die Mauren schenken möge.*

Mendoza sandte das Schreiben sofort an die Königin nach Cordoba, doch es erreichte sie nicht mehr, denn Isabella war eine Woche zuvor überraschend ins Feldlager bei Malaga abgereist.
König Ferdinand hatte in diesem Frühjahr ein Heer von rund siebzigtausend Mann zusammengezogen, die Kleinstadt Velez Malaga belagert und erobert.
Er stand mit seiner Truppe etwa fünf *leguas* östlich von Malaga, und nun brach der endlos lange Heerwurm auf, schlängelte sich träge auf gewundenen Bergpfaden der Küste entlang nach Westen. Am ersten Tag kamen sie nur wenig voran, weil ein starker Frühjahrsregen die Wege verschlammte und fast unpassierbar machte. Doch dann hatte Sankt Petrus ein Einsehen, stellte sich – was ja seine Pflicht war – auf die Seite des christlichen Heeres und jagte die Wolken mit einem Machtwort davon. Zu ihren Füßen gleißte die blaue Fläche des Meeres, verlor sich am südlichen Horizont im grausilbernen Dunst.
Dann blickten die Männer eines Nachmittags hinab auf die große volkreiche Stadt, reizvoll in ihre weitausschwingende Bucht geschmiegt, gesprenkelt vom Grün der Palmen, Zedern und Kiefern, beschützt von ihrem Hausberg Gebelfaro mit seiner festen Burg. Eine weitere, noch größere Festung, die Alcazaba, lag etwas tiefer und verband sie mit der anderen durch eine hohe, starke Mauer. Bei ihrem Anblick hätten die Belagerer mutlos werden können, doch draußen im Meer lagen dichtgedrängt die Schiffe der spanischen Blockadeflotte, die Malaga von jeder Zufuhr abschnitten.
Der Marqués von Cadiz, als rechter Draufgänger, meinte, wenn man die Stadt so recht in die Zange nehme, sie vom Meer her beschieße und aus den Bergen mit großer Macht angreife, so sehe er kaum Schwierigkeiten, Malaga binnen einer Woche zu erobern. König Ferdinand war da nicht so zuversichtlich, aber er behielt seine Zweifel für sich.

„Ob wir nun eine Woche dazu brauchen oder einen Monat – Malaga muß fallen, weil wir nur dadurch Granada so schwächen können, daß es sich eines Tages ergeben muß."
Die Skepsis des Königs erwies sich als durchaus berechtigt, denn auch nach drei Wochen waren sie kaum einen Schritt weitergekommen. Die Christen griffen in Wellenbewegungen an, aber das bergige Terrain war ihnen nicht vertraut, und die gut versteckten Mauren schossen aus dem Hinterhalt auf jeden, der sich eine Blöße gab. Sie saßen auf Bäumen, duckten sich hinter Felsen, lagen in Erdhöhlen, und für jeden Gefallenen sprangen zwei neue in die Bresche. Diese Kämpfe kosteten viel Christenblut und brachten Ferdinand langsam zur Verzweiflung. Bei einer abendlichen Besprechung schlug er vor, der Stadt ein verlockendes Kapitulationsangebot zu machen.
„Wenn die Leute klug sind – und dafür halte ich sie –, werden sie ein solches Angebot nicht ausschlagen, oder es doch zumindest diskutieren."
Gonzalo de Cordoba schüttelte störrisch seinen Kopf.
„Sie werden nicht darauf eingehen – wenigstens jetzt noch nicht. Solange sie sehen, daß sie die stärkeren sind, werden sie uns bestenfalls den Kopf unseres Parlamentärs in einem Korb zurückschicken. Diese Leute wissen recht gut, daß der Fall von Malaga auch das Ende von Granada sein wird. Aber wenn Ihr es versuchen wollt, Majestät..."
Ferdinand winkte müde ab.
„Wahrscheinlich habt Ihr recht, und wir vergeuden nur unsere Zeit. Morgen ist Freitag – vielleicht kann ihnen ein Großangriff die Feiertagssuppe versalzen." Er deutete auf die Karte an der Wand. „Ich schlage vor, daß wir diesmal aus drei Richtungen angreifen und heute abend der Flotte ein Zeichen geben, damit sie uns mit ihren Kanonen von der See her unterstützt."
Noch im Morgengrauen schwärmten die Männer aus, jeden Baum, jeden Strauch, jeden Felsblock als Tarnung nutzend, überwältigten lautlos zwei der maurischen Wachen, erdolchten zwei weitere, doch dann, in der Nähe der Festungsmauer, gelang es einer Wache – schon mit dem Dolch im Rücken – laut zu schreien. Von überall strömten nun die maurischen Krieger herbei, von den Festungstürmen schossen sich die Armbrustschützen auf die Belagerer ein, während fast gleichzeitig die Kanonen der Blockadeflotte zu donnern begannen.
König Ferdinand, der sich – einem von den Cortes erlassenen Gesetz gehorchend – niemals in die vorderen Reihen begab, vergaß alle Vorsicht

und stürzte sich wutentbrannt mitten ins Getümmel. Nichts an seiner Kleidung wies auf seinen Rang hin, er hätte genausogut ein Hauptmann oder einer der Unterführer sein können, doch hatten die Mauren offenbar vorher gesehen, wie tief sich andere vor ihm verbeugten – jedenfalls stürmte ein ganzer Trupp auf ihn los, brüllend und funkelnde Krummsäbel schwingend. Ferdinand hieb sein Schwert auf einen der Turbane, sprang zurück, mußte einen Säbel abwehren, spürte zugleich, wie ein Pfeil klirrend auf seinen Brustpanzer traf. Die Wucht des Armbrustgeschosses warf ihn zurück, was ihm das Leben rettete, weil ihn ein auf seinen Hals gezielter Säbelhieb dadurch verfehlte. Dies alles hatte nur wenige Sekunden gedauert, dann schloß sich der Ring von Leibwachen um den König, den ein alter Hauptmann sanft, aber bestimmt zurückdrängte.

„Euer Mut macht Euch alle Ehre, Majestät, aber mich und meine Leute kostet es den Kopf, wenn Euch etwas zustößt. Außerdem werdet Ihr ja die alte Kriegerregel kennen: Wenn der König fällt, ist die Schlacht verloren."

Ferdinand wußte, daß der Mann recht hatte und gab nach.

Gegen Mittag zeigte es sich, daß die Angreifer auf der ganzen Linie zurückgedrängt wurden, fast bis in ihr hochgelegenes Zeltlager. Doch da machten die Mauren kehrt, denn ein Angriff auf das Lager schien ihnen zu riskant. Wie sich später herausstellte, hatte das Schiffsbombardement so gut wie keinen Schaden angerichtet. Die Blockadeflotte lag zu weit vom Hafen entfernt, weil jedes Schiff, das sich näherte, einem Hagel von Brandpfeilen ausgesetzt war.

So gingen der Juni und der halbe Juli hin, die Verluste auf beiden Seiten waren groß. Das christliche Heer hatte mittlerweile fast sechstausend Mann verloren, und mit der von Tag zu Tag wachsenden Hitze erhob ein neuer Feind sein schreckliches Haupt: Eine schlimme Seuche kroch von der belagerten Stadt hinauf in die Reihen der christlichen Krieger und lichtete sie mehr und mehr. Es war eine Art Ruhr, die mit hohem Fieber, Leibschmerzen und dauerndem Stuhlzwang auftrat. Zuletzt gaben die armen Kerle nur noch Blut von sich, ihr Puls raste, das Fieber tobte, und dann trat nach wenigen Stunden der Tod ein, begleitet von einem barmherzigen Delirium. Das ganze Lager stank wie eine Jauchegrube, überlastete und übermüdete Ärzte wankten von Zelt zu Zelt und steckten sich schließlich selbst an. Ende Juli war das stolze Heer von siebzigtausend Mann auf etwa fünfundvierzigtausend gelichtet; außerdem ging das Schießpulver zu Ende, weil der Nachschub irgendwo steckengeblieben

war. Malaga hielt noch immer stand, wenn es auch inzwischen nach langen blutigen Kämpfen gelungen war, die Vorstadt zu besetzen. Dabei blieb es, mußte es bleiben, weil mit einem kranken, entkräfteten und vom Nachschub abgeschnittenen Heer kein Krieg mehr zu führen war.
Vor einigen Tagen hatte Ferdinand vier seiner besten Kuriere mit gleichlautenden Briefen nach Cordoba geschickt, und hoffte, daß wenigstens einer von ihnen durchkommen würde. Zwei erreichten ihr Ziel im Abstand von einem halben Tag, und Königin Isabella begann sofort zu handeln. Einen der Kuriere schickte sie gleich weiter zum Herzog von Medina-Sidonia, der sich bisher unter fadenscheinigen Vorwänden dem Felddienst entzogen hatte. Der Brief enthielt die knappe Aufforderung, endlich seine Pflicht zu tun, wenn es um den Kreuzzug gegen die Mauren ging. Don Henrique sah, daß ihm kein Ausweg mehr blieb, rüstete sechshundert Lanzenreiter aus, füllte ein paar Ledersäcke mit Dukaten und machte sich auf den Weg. Er wollte sich am Ende nicht nachsagen lassen, er habe bei der Eroberung von Granada seine Hilfe verweigert.
Isabella honorierte sein schnelles Erscheinen mit den Worten: „Im Grunde Eures Herzens seid Ihr ein rechter Pirat, Don Henrique, schaut rücksichtslos auf Euren Vorteil, schöpft den Rahm ab, wo es geht, aber wenn's drauf ankommt, ist eben doch Verlaß auf Euch."
Der Herzog küßte untertänig die königliche Hand, und wenige Tage später machte sich die Kavalkade auf den Weg. Obwohl Isabella in ihrer zunehmenden Fülle nicht mehr gerne zu Pferd saß, hatte sie eine Sänfte abgelehnt. Ihr zur Rechten ritt der hagere Talavera, Isabellas Beichtvater und Vertrauter, zur linken saß Beatriz, Marquesa de Moya anmutig auf ihrer Apfelstute und stellte mit ihren fast vierzig Jahren eine noch sehr reizvolle Weiblichkeit zur Schau. Man sagte ihr einige Liebschaften nach, aber man tat es nicht zu laut, weil Isabella ihre Jugendfreundin überaus schätzte und sie gegen alle Anwürfe mit Zähnen und Klauen verteidigte, Isabellita, die älteste Tochter, ritt auf einem weißen Maultier hinterher. Die hübsche blasse Sechzehnjährige trug eine mürrische Miene zur Schau, weil sie das Herumreisen gar nicht schätzte. Seit ihr ein Page – er war der Sohn eines kastilischen Granden – heftig den Hof machte, wollte sie erst recht nicht aus Cordoba weg. Isabella war das harmlose Getändel nicht entgangen, doch hielt sie es für besser, daß ihre Erstgeborene sie begleitete. Denn schließlich war die Kronprinzessin für einen Fürstensohn bestimmt, wenn auch noch nicht feststand für welchen, doch sie dachte dabei lebhaft an den portugiesischen Thronfolger.

Hernando de Talavera, der ehemals gegen alle Welt so strenge Hieronymitenmönch, hatte mit den Jahren eine Wandlung erfahren. Gegen sich selbst war er so streng wie eh und je, aber seine Einstellung zu anderen war milder und nachsichtiger geworden, was nicht zuletzt seine Gegnerschaft zu Torquemada bewirkt hatte. Ja, Talavera fühlte sich mehr und mehr aufgerufen, die Seele seines königlichen Beichtkindes aus dem Sog zu befreien, den der Großinquisitor auf sie ausübte. Zum Glück verließ der finstere Ketzerjäger sein Kloster nur noch selten, aber wenn er am Hof weilte, dann war Isabella ihm ausgeliefert wie ein vor der Schlange erstarrtes Kaninchen. Forderte Torquemada mehr Inquisitoren für Kastilien – sie gewährte es. Ließ er sich zürnend über das laue Christentum von gewissen Höflingen aus – sie wurden herbeizitiert und abgekanzelt. Wetterte er über den zu großen Einfluß der Conversos beim König – gab Isabella die Schelte an ihn weiter, was wiederum Ferdinand so ärgerte, daß er noch zwei getaufte Juden einstellte.

Was Torquemada tat, konnte Talavera nicht gutheißen, schon weil er eine ganz andere Sicht des Christentums hatte. Strenge – ja, Buße – ja, aber doch so, daß der Mensch nicht die Hoffnung verlor, aus der Hand Gottes zu fallen, wie es den vielen armen Opfern der Inquisition in der Folterkammer und auf dem Scheiterhaufen geschah. Seine Lieblingsmaxime lautete: Was durch Angst oder Gewalt erreicht wird, kann nicht lange anhalten, von Dauer ist nur, was die Liebe bewirkt. Seit er sich diese Überzeugung zu eigen gemacht hatte, vertrat er sie furchtlos gegenüber jedermann, und nur seine feste Vertrauensstellung bei der Königin bewahrte ihn vor der Verfolgung der Inquisition. Auch er war Enkel einer Jüdin, und Torquemada betrachtete ihn mit Argwohn, vielleicht sogar – Talavera mochte es nicht ausschließen – mit Neid und Haß. Er vergaß niemals, was der finstere Dominikanermönch bemerkt hatte, als man am Hof im kleinen vertrauten Kreis die Zeit nach dem Fall von Granada erörterte.

Kardinal Mendoza meinte dazu: „Wenn das Emirat einmal unter christlicher Herrschaft steht, wird es zu vielen Übertritten kommen. Ich schätze, etwa ein Fünftel der Muslime wird sich taufen lassen."

Torquemadas schmales scharfgeschnittenes Gesicht mit den tiefliegenden Augen wandte sich zu Mendoza.

„Was wäre damit erreicht, Herr Kardinal? Von diesem Fünftel werden die meisten aus Opportunismus konvertieren, damit sie ungestört ihre Geschäfte weiterführen können. Und am Freitag verhängt man dann die

Fenster, wendet sich nach Osten und winselt Allah an. So wird es kommen, und wir werden dort sehr viel zu tun haben."
Talavera konnte nicht mehr an sich halten, auch wenn die Königin zugegen war.
„Dann schlage ich vor, Bruder Torquemada, die muslimischen Conversos gleich nach der Taufe zu verbrennen. Das spart Zeit und Umstände. Die Berge um Granada sind sehr waldreich – an Holz wird es Euch nicht mangeln."
Torquemada beherrschte sich eisern und fragte mit falscher Freundlichkeit: „Da dies hoffentlich nur ein schlechter Scherz war, möchte ich jetzt gerne Eure wirkliche Meinung dazu hören."
„Liebe! Ja, Bruder Torquemada, dieses Wort wird Euch fremd sein, auch wenn es in den Evangelien rund achtzigmal genannt wird. Liebe! Mit Liebe und Milde müssen wir den Muslimen begegnen. Wir sollten Bibeln, Lehrbücher und Katechismen ins Arabische übersetzen, unsere Priester in dieser Sprache ausbilden. Ich könnte mir sogar vorstellen – natürlich mit Zustimmung des Heiligen Vaters –, eine Messe auf arabisch zu lesen. Das – und nur das wird aus Muslimen echte Christen machen. Wenn ein Muslim aber vor einen lodernden Scheiterhaufen geprügelt wird und zusehen muß, wie seine Eltern, Brüder oder Freunde dort elend zugrunde gehen, dann dürft Ihr nicht im Ernst erwarten, daß aus diesem Menschen jemals ein überzeugter Christ wird. In der Stunde Eures Todes möchte ich nicht in Eurer Haut stecken, Bruder Torquemada."
Da war es mit der Beherrschung des Großinquisitors vorbei. Wutentbrannt sprang er auf.
„Kümmert Euch besser um die eigene Haut, Talavera! Es könnte gut sein, daß sie eines Tages auf dem *brasero* zu Asche wird, wenn Ihr Euch nicht vorseht!"
„Meine Herren! Meine Herren, ich muß doch bitten!"
Doch Isabella vermied es, dabei in Torquemadas Richtung zu blicken. Sie schaute auf ihren Beichtvater, als sie sagte: „Euch, Hochwürden, bitte ich zu bedenken, Tomas de Torquemadas frommen Eifer für ein katholisches Spanien nicht mit Grausamkeit oder Fanatismus zu verwechseln, während er Eure christliche Milde, so scheint es, falsch auslegt. Ich arme Sünderin ziehe es jedenfalls vor, einen etwas nachsichtigeren Priester zum Beichtvater zu haben."
Sie wagte es nicht, Torquemada direkt anzusprechen, zeigte aber deutlich, daß sie ihm Talavera als Mensch vorzog.

Daran dachte sie jetzt, während sie einen sanften Hügel hinabritten. Zu ihren Füßen lag Aguilar und Isabella wußte recht wohl, daß sich dort Ferdinand ein Mädchen hielt, wußte auch, daß dieses Mädchen vor kurzem eine Tochter geboren hatte. Sie nahm es – wie immer – mit Humor und dachte dabei an die zahlreichen über ganz Spanien verstreuten Halbgeschwister ihrer Kinder. Sie werden es niemals erfahren und hierzulande zählt allein die legitime Abkunft. Was Mendoza ihr kürzlich von Italien erzählt hatte, konnte sie nicht gutheißen: Päpste und Kardinäle ließen ihre Bastarde wie legitime Sprößlinge aufziehen, auch der hohe Adel machte kaum Unterschiede. Nein, das gefiel ihr so wenig, daß sie den Gedanken daran unwillig von sich schob. Um sich abzulenken, sprach sie Talavera an, der neben ihr ritt und es fertigbrachte, dabei ein Nickerchen zu machen. Der breitrandige Priesterhut verdeckte sein Gesicht, so daß Isabella nicht feststellen konnte, ob er wach war.
„Hochwürden?" Sie drängte ihr Pferd an das seine. „Hochwürden!"
Er schreckte auf. „Was gibt es – wo sind wir?"
Sie lachte. „Zu Pferd natürlich und im Gebiet von Aguilar. Ich wollte Euch fragen, wie weit Eure Arabischstudien gediehen sind."
„Das ist eine schwierige Sprache, uns Christen zweifach verschlossen. Einmal ist sie nicht lateinischen Ursprungs und dazu kommt die fremde Schrift, wieder ohne Ähnlichkeit mit der unseren und von rechts nach links zu schreiben. Ich bin ein alter Mann, meine Tochter, und werde dabei keine großen Fortschritte mehr machen, aber einige der jungen Priester sind mit Eifer am Werk, das Arabische in Wort und Schrift zu erlernen; dazu ist eine Gelehrtenkommission dabei, den Katechismus und die Evangelien zu übersetzen. Wir sind gerüstet, Doña Isabella, wenn einmal die Kreuzesfahne über der Alhambra weht."
„Und Ihr steht zu Eurem Wort?"
Talavera wußte genau, was sie meinte, doch er war zu einem gutmütigen Scherz aufgelegt und sah sie fragend an.
„Habe ich Euch mein Wort gegeben? Im Augenblick kann ich mich nicht darauf besinnen..."
„Ach, Hochwürden, Ihr seid ein so schlechter Lügner. Aber wenn Ihr es so wollt: Ihr habt mir versprochen, der erste Bischof von Granada zu sein; alles andere habt Ihr ja bisher ausgeschlagen."
„So ist es, meine Tochter. Und auch dieses Amt übernehme ich nur unter der Euch wohlbekannten Bedingung."
Jetzt war es an ihr, sich dumm zu stellen.

„Ich weiß nicht, wovon Ihr sprecht..."
Über Talaveras ernstes hageres Gesicht geisterte die Andeutung eines Lächelns.
„Jetzt zahlt Ihr es mir heim, nicht wahr? Also gut: Meine Bedingung ist, daß Torquemada niemals die Grenzen zum Königreich Granada überschreitet, es sei denn als Privatmann."
Jetzt, da der finstere Großinquisitor fern war, erlaubte sich Isabella ein fröhliches Lachen.
„Könnt Ihr Euch Torquemada als Privatmann vorstellen? Ich nicht! Aber im Ernst, ich stehe zu meinem Wort. Die Inquisition wird in Granada nicht eingeführt, und das gilt, so lange Ihr dort Bischof seid, oder..."
Sie schwieg und schaute auf die Häuser von Aguilar, die in der Vormittagssonne weiß aufstrahlten wie riesige Marmorwürfel.
Talavera blickte sie ruhig an.
„Oder?"
„So lange ich lebe, mein Freund." Dann fügte sie noch leise, kaum hörbar hinzu: „Wenn ich tot bin, wird sich viel ändern."
„Sagtet Ihr noch etwas?"
„Nein, aber wir beenden besser unseren Streit um des Kaisers Bart. Wir sind dabei, Malaga zu erobern, und ich fürchte, daß die Kreuzesfahne noch lange nicht über der Alhambra wehen wird."

Ferdinand atmete auf, als ihm ein Meldereiter das Nahen der Königin ankündigte. Mit seiner Leibwache ritt er ihr entgegen.
„Endlich, endlich! Wir haben auf Euch gewartet wie ein Landmann auf den Frühjahrsregen."
Er hob sie vom Pferd, küßte ihr Mund und beide Wangen. Sie blickte auf das tiefer gelegene Zeltlager.
„Wie steht's?"
„Nicht so schlecht wie vor einigen Tagen. Seit unsere Ärzte die Zelte der Kranken eine Viertelmeile weiter weg aufgestellt haben, geht die Seuche zurück. Einsatzfähig sind zur Zeit leider nur etwa vierzigtausend Mann, und die sind schon recht entmutigt, weil wir einfach nicht vorankommen. Malaga ist eine harte Nuß – sie läßt sich nicht so leicht knacken."
„Man muß die Stadt aushungern!"
„Das tun wir ja. Keine Maus kann ungesehen hinein- oder herausgelangen. Aber mir scheint, die haben dort Vorräte auf Jahre eingelagert."

Gonzalo de Cordoba meldete sich zu Wort: „So scheint es auch wieder nicht. Gestern hat ein Überläufer berichtet, man verspeise schon Hunde und Katzen."
Ferdinand winkte ab. „Das kann auch die Übertreibung eines Haßerfüllten sein. Jedenfalls haben wir jetzt wieder Pulver und Munition, dazu die Verstärkung des Herrn Herzogs."
Medina-Sidonia verbeugte sich.
„Nicht zu vergessen die zwanzigtausend Doblas. Zahlt den Männern doppelten Sold, und sie werden kämpfen wie Löwen."
„Was ich auch von Euch hoffe, Don Henrique."
Die dunklen Piratenaugen des kleinen Mannes blitzten.
„Zweifelt Ihr an meinem Mut, Majestät?"
„Um Gottes willen – nein! Aber ich hatte Grund, an Eurer Pünktlichkeit zu zweifeln."
Isabella hob ungeduldig eine Hand.
„Schluß jetzt, meine Herren! Es geht um Malaga! Wir können es uns nicht leisten, hier noch einige Monate zu verbringen."
Die Königin ritt langsam durch die Zeltstadt, sprach den einfachen Soldaten Mut zu, kündigte Geldprämien an und eine Sonderration Wein, „die ich eigens für meine tapferen Streiter mitgebracht habe". Ihr gelang es, innerhalb von wenigen Stunden die verzagten Männer in siegessichere, von neuem Mut beseelte Kämpfer zu verwandeln.
Als Ferdinand an diesem Abend mit dem Marqués von Cadiz und Gonzalo de Cordoba eine letzte Runde durch das Lager machte, blieb er plötzlich stehen und sagte mehr zu sich als zu den anderen: „Sie ist ein paar Stunden hier und alles hat sich gewandelt. Habt ihr es bemerkt, meine Herren? Die Männer schauen zu ihr empor, als sei die *virgen* in eigener Person erschienen. Das ist wie ein Zauber... Liegt es an dem Gold, das sie mitgebracht hat, oder dem Wein, den sie verteilen ließ? Oder liegt es an ihr – nur an ihr?"
Was sollten seine Gefährten darauf schon antworten?
„Es ist wohl alles zusammengenommen...", murmelte der Marqués und verdrückte sich mit einem kurzen Gruß in sein Zelt.
Gonzalo de Cordoba, der edle Ritter, rief aus: „Sie ist einfach wunderbar, Don Ferdinand! Was täten wir nur ohne sie?"
„Ja, was täten wir nur? Geht jetzt schlafen, Don Gonzalo."
In den Tagen darauf änderte Ferdinand seine Strategie. Isabella hatte es angeregt, aber sie brachte ihn geschickt dazu, es für seine Idee zu halten.

"Erinnere dich an Loja, mein Lieber. Du hast die Stadt so lange mit Bombarden beschießen lassen, bis sie ihre Tore öffnete. Wende deine Strategie doch auch hier an! Ihr steht ja schon in der Vorstadt – also schaffe die Kanonen dorthin und..." Sie schlug die Hände zusammen, daß es klang wie ein Schuß.

"Das hatte ich ohnehin vor, mußte nur noch auf Euren Nachschub warten."

Nach einer mehrtägigen, auch die Nacht über fortgesetzten Beschießung, forderte Ferdinand die Stadt zur Kapitulation auf. Sie seien dazu bereit, war die Antwort, bei freiem Abzug, Plünderungsverbot und gnädiger Behandlung, wie der König es auch bei anderen Städten gehalten habe.

Doch Ferdinand war nicht mehr in gnädiger Stimmung und antwortete kurz und schroff. Damit sei es nun vorbei, und Malaga stehe es nicht zu, irgendwelche Forderungen zu stellen. Sie müßten sich ihm auf Gnade und Ungnade ergeben. Leider setzten sich bei der Antwort die Scharfmacher durch, und man drohte dem König, sämtliche Christen – ob Einwohner oder Gefangene – aufzuhängen und die Stadt anzuzünden. Dann werde er alle Muslime – ob Mann, Frau oder Kind – niedermetzeln lassen, gab Ferdinand zurück.

Mittlerweile waren in Malaga nicht nur sämtliche Vorräte verzehrt, sondern alles verschlungen, was auf vier Beinen lief: Maus, Ratte, Katze, Hund und Pferd, zudem hatte man so gut wie kein Schießpulver mehr. In einer letzten Beratung setzte sich die gemäßigte Partei durch und kapitulierte bedingungslos. Das war am 17. August, und die Besetzung der Stadt war für den nächsten Tag vorgesehen.

Am Abend fanden sich die Könige mit ihren Heerführern zu einer Besprechung ein. Gonzalo de Cordoba, der Held von Malaga, unerbittlicher, unermüdlicher, todesverachtender Kämpfer und Ritter vom Schlage eines Tirant lo Blanc, dessen tollkühne Abenteuer zur Zeit in ganz Spanien gelesen wurden, kniete vor Isabella und küßte mit Inbrunst ihre Hand, obwohl ihm das nicht leichtfiel, weil ebendieses Knie ein maurischer Pfeil gestreift hatte. Doch er verzog keine Miene, strahlte die Königin an, wie Ritter eben ihre Damen anstrahlen, und sein Blick gab ihr zu verstehen: Für dich, *mi amor*, nur für dich habe ich Malaga erobert, das ich dir hiermit zu Füßen lege. So jedenfalls verstand Isabella diesen Blick, und so war er auch gemeint. Ferdinand merkte davon nichts, aber er sagte mit leiser Ungeduld: "Nun, Don Gonzalo, die Königin nimmt Euch keine Beichte ab, Ihr könnt Euch also ruhig wieder erheben."

„Verzeiht...", murmelte der edle Ritter, aber das warf er nur eben so hin, sein Blick blieb strahlend, sein Auge wich nicht von Isabellas Gesicht. Die aber entließ den Ritter jetzt lächelnd aus ihren Diensten, hob ihre Augenbrauen, als wollte sie sagen: Genug der Minne, zurück zu den Tagesgeschäften, mein Herr.

Ferdinand, als oberster Feldherr, eröffnete die Besprechung: „Doña Isabella, meine Herren! Es gibt heute nur eine Frage zu besprechen. Was soll mit den Einwohnern von Malaga geschehen? Marqués?"

Der junge Marqués von Cadiz senkte seinen Kopf und tat, als denke er nach. Es lag ihm nicht sehr, das Nachdenken, und so wiederholte er des Königs Drohung als Vorschlag.

„Ich meine schon, man müßte ein Exempel statuieren. So schlage ich vor, alle Männer zwischen vierzehn und sechzig sollen hingerichtet, die übrige Bevölkerung als Sklaven verkauft werden."

Ferdinand gab nicht zu erkennen, was er davon hielt, sondern wandte sich sofort an den Herzog von Medina-Sidonia. Der brauste gleich auf.

„Das Maurengesindel hat uns soviel Gut und Blut gekostet, drum soll es zur Hölle fahren mit Mann und Frau und Kind!"

Nun kam Gonzalo dran. Der spielte heute die Rolle des dienenden Ritters so perfekt wie möglich: „Ich schließe mich der Meinung unserer Königin an, denn sie ist die Herrin von Kastilien, und ich werde nicht so unhöflich sein, meine Meinung der ihren – noch ehe sie eine solche geäußert hat – entgegenzusetzen."

Ferdinand lächelte etwas gequält. Ging dieser Bursche nicht etwas zu weit? Doch Isabellas gnädiger Blick verriet, daß sie anders dachte. Nun, es war ja einerlei, er und Isabella hatten vorher, unter vier Augen, ihre Meinung gebildet, damit sie – wie stets – einmütig auftreten konnten.

„Es ist nicht christlich gehandelt", sagte der König, „wenn wir diese Menschen, ob schuldig oder nicht, einfach wie Schlachtvieh behandeln. Jeder von ihnen soll und muß Gelegenheit haben, sich der wahren Religion zuzuwenden, um so seine Seele zu retten. Euer Vorschlag, Don Henrique, sie allesamt zur Hölle zu schicken, würde kaum die Billigung unseres himmlischen Herrn finden."

„Und die Talaveras gewiß auch nicht", warf der Herzog spöttisch ein, und seine dunklen Piratenaugen funkelten aufsässig. Dann blickten alle auf die Königin.

„Ihr habt ganz recht, Don Henrique, aber es stünde Euch gut an, wenn Ihr genauso dächtet. Nun, meine Herren, so werde ich Euch jetzt Unsere Meinung kundgeben, wohlerwogen und mit dem König abgestimmt. Aus christlicher Milde, aber auch aus ökonomischen Erwägungen sind Wir der Ansicht, daß niemand in Malaga sein Leben verlieren oder damit zahlen soll. Das heißt, sie sollen ihre Arbeitskraft denen zur Verfügung stellen, die in Malaga gekämpft und gelitten haben. Genauer: Ein Drittel der Bevölkerung wird unter die Kämpfenden aufgeteilt, ein Drittel soll dazu dienen, versklavte Christen aus Marokko, Algier und Tunis auszulösen, und das letzte Drittel behält sich die Krone vor. Wer aber dreißig Doblas in unsere Kasse zahlt, soll frei sein, muß jedoch nach Nordafrika auswandern, oder, wenn er sich taufen läßt, sich in einem anderen Teil von Kastilien niederlassen. Das scheint uns die angemessenste Lösung, und was das Wichtigste ist: Sie wird unsere leeren Kassen füllen, denn dieser Krieg ist noch lange nicht zu Ende."

So geschah es dann auch, und König Ferdinand ließ seinen über alles geschätzten Condador mayor Luis de Santangel aus Valencia kommen, der zusammen mit seinem Sekretär David Marco und vierzehn weiteren Gehilfen sämtliche Geldangelegenheiten abwickelte. Im September sah die Rechnung dann so aus: Etwa elftausend Muslime konnten das Lösegeld nicht aufbringen und wurden verkauft, wobei auch der Papst in Rom etwas abbekam, nämlich hundert ausgesucht schöne und kräftige Sklaven. Dieser Sklavenhandel brachte zusammen mit dem Lösegeld eine Summe von sechsundfünfzig Millionen Maravedis in die königliche Kasse.

König Ferdinand rieb sich die Hände. „Das rettet uns aus mancher Verlegenheit, Don Luis. Als nächstes werden wir uns die Provinz Almeria vornehmen, dazu brauche ich ein Heer von mindestens hunderttausend Mann."

Er lächelte.

„Im Grunde gibt es diese sechsundfünfzig Millionen schon gar nicht mehr..."

„Dann müssen eben neue Geldquellen aufgetan werden, Majestät", meldete sich David zu Wort.

„Ganz richtig, junger Mann! Laßt euch etwas einfallen, meine Herren!"

Als der König gegangen war, meinte Santangel: „Die Majestät war heute in sehr aufgeräumter Stimmung; für uns die beste Gelegenheit, Wünsche zu äußern."

David schüttelte seinen Kopf mit dem kurzgeschnittenen Rothaar.
„Ich habe keinen Wunsch. Seiner Majestät und Euch zu dienen, ist mir genug."
„Ach, Marco, Ihr seid mir schon einer. Wenn Ihr zum Priester geweiht seid, werde ich Euch zum Abt oder Bischof machen lassen. Ihr habt es verdient."
David hatte die niederen Weihen schon erhalten und aus seinem Rothaar leuchtete die frische Tonsur. Der Bischof von Cordoba würde ihm gleich nach seiner Rückkehr die höheren Weihen erteilen, und die Aussicht, eines Tages Abt oder Bischof zu werden, erzeugte in Davids etwas dürrer Seele ein warmes behagliches Gefühl.

17

Der alte, schon etwas morsche Küstensegler ächzte und knarrte vom Kiel bis zu den Decksplanken, aber der Kapitän verlangte nicht viel, und Columbus mußte sein Geld zusammenhalten. Am Capo San Vicente kreuzte das Schiff so nahe vorbei, daß die Zinnen der Seefahrerburg des Prinzen Heinrich so klar in der Luft standen, daß man sie hätte greifen können. Der fünfjährige Diego saß wach und munter – zuvor hatte er ein Stündchen geschlafen – auf dem Gepäckhaufen und lauschte aufmerksam den Worten des Vaters.
„Es sind jetzt schon fast zehn Jahre her, daß ich dort oben stand und auf das Meer hinunterschaute. Das ist die Burg des Prinzen Heinrich, den sie den Seefahrer nannten, obwohl er bis zu seinem Tod diese Festung kaum verließ."
Diego staunte.
„Aber – aber warum? Man kann doch einen Schmied nicht Bäcker nennen oder einen braven Jungen böse oder eine Frau einen Mann oder eine Kirche einen Palast oder..."
„Schon gut, schon gut! Ich weiß, daß dir dazu noch viel einfällt. Man nannte den Prinzen so, weil er mit seinem Geld Schiffe bauen ließ und sie nach Afrika sandte. Er hat sich zeitlebens mit nichts anderem befaßt, als Seekarten zu studieren, Schiffe auszurüsten, tüchtige Seeleute auszubilden. Da hat er sich seinen Beinamen schon verdient. Um auf deinen Vergleich zurückzukommen: Ein reicher Bäcker braucht keinen Finger zu rühren, wenn seine Gesellen und Lehrbuben die ganze Arbeit verrichten, und alle Welt wird ihn trotzdem einen Bäcker nennen."
Diego dachte nach, sehr ernsthaft und nickte schließlich. „Ja, das stimmt. Man muß nicht etwas tun, um etwas zu sein."
Columbus lachte. Kindermund, dachte er, ist imstande, Allgemeingülti-

ges auf einen kurzen einfachen Nenner zu bringen. Bei Antritt dieser Reise hatte er sich geschworen, nicht zurückzublicken, dem Vergangenen nicht nachzutrauern, alles abzustreifen, das nicht geeignet war, ihn seinem Ziel näher zu bringen. Und doch – und doch; eine leise Wehmut konnte er nicht unterdrücken. Die Jahre seiner Ehe, die Geburt des Sohnes, die Arbeit im Buchladen, die langen Reisen nach Nord und Süd – dies alles war Lissabon, ließ sich nicht einfach ausradieren wie ein falscher Strich auf einer Zeichnung. Er war jetzt dreiunddreißig Jahre alt und hatte nichts weiter zustande gebracht, als ein paar Karten zu zeichnen und ein Kind zu zeugen. Sie würden ihn überleben, das Kind und die Karten, konnten Zeugnis ablegen von seinem Dasein als Vater und Kartograph. Ein Dutzendschicksal von jämmerlicher Durchschnittlichkeit. Jeder Dummkopf macht ein Kind, und zu den paar Karten brauchte es auch nicht viel. Aber da gab es dieses andere, er spürte es in sich, und je intensiver er es spürte, um so sicherer war er, daß diese dreiunddreißig Jahre nur eine Vorbereitung waren auf das Eigentliche, das wirklich Wichtige. Das lag noch vor ihm, und er wußte nicht, war es schon ganz nah oder noch in weiter Ferne. Auch wo es ihn erwartete, wußte er nicht, wußte nur, daß es ihn erwartete. Da war er ganz sicher, hätte sein Leben drauf wetten können.

Das Schiff kreuzte jetzt genau nach Osten, Lagos, Portimão und Albufeira zogen vorbei, dann tauchte die Landzunge von Faro aus dem Meer, wurde in weitem Bogen umschifft, und am späten Nachmittag – der Wind hatte sich fast gelegt – fuhren sie mit schlaffen Segeln in den stillen breiten Rio Tinto.

Am Hafen mietete Columbus einen Lastesel und machte sich auf die Suche nach dem Haus des Pedro Correa, mit dem eine von Felipas Schwestern verheiratet war. Das Haus war schnell gefunden, denn Don Pedro war eine Standesperson, seit er von Felipas kürzlich verstorbenem Bruder die Gouverneurswürde der Insel Porto Santo geerbt hatte. Er zog es vor, einträglicheren Geschäften in Huelva nachzugehen und die mageren Einkünfte aus Porto Santo nur als kleines Zubrot zu betrachten. Aber immerhin: Er war der *gobernador* Don Pedro, und das bedeutete schon etwas in dieser kleinen Stadt.

Columbus hatte sich angekündigt, wurde erwartet. Den kleinen Neffen küßten sie herzlich ab, er war Felipas Kind, zeugte von ihrem Leben. Man gedachte der Verstorbenen mit Respekt, Columbus erzählte einige harmlos-heitere Episoden, doch er war nicht ganz bei der Sache, wartete mit Ungeduld, wenn auch höflich, auf den Augenblick, da er mit dem Schwager unter vier Augen reden konnte.

Correa, ein agiler, weltläufiger und verbindlicher Mann, gab sich herzlich und hilfsbereit.

„Ihr wollt also eine Verbindung zu den spanischen Majestäten herstellen und dies so schnell wie möglich – habe ich Euch recht verstanden?"

„Ich weiß, es klingt unbescheiden, aber nun kennt Ihr meine Pläne und wißt, daß es keinen anderen Weg gibt. Selbst wenn ein Privatmann meine Reise finanzieren würde, so müßten doch die Könige ihr Placet geben. Darum ist es besser, sich gleich an die richtige Stelle zu wenden."

„Gewiß, gewiß, aber der Weg dorthin ist sehr steinig, um so mehr, als die Majestäten sich jetzt meist im Feldlager aufhalten. Aber wie dem auch sei, es muß eine Möglichkeit gefunden werden, zur Königin vorzudringen, denn nur auf sie, besser gesagt vor allem auf sie kommt es an. Ja, lieber Schwager, der einfachste Weg zu Isabellas Herzen führt über die Kirche, die Religion, den Glauben. Da macht sich Euer Plan natürlich gut, einen Teil des zu erwartenden Gewinns aus dem Indienhandel zur Wiedergewinnung des Heiligen Grabes zu verwenden. Das darf aber nicht das Hauptargument sein und wird kaum genügen, um eine Audienz bei Ihrer Majestät zu erlangen." Er schwieg und blickte grübelnd auf seinen mit Papieren überladenen Schreibtisch, seufzte dann: „Schaut Euch das hier an! Kaum bin ich von einer Geschäftsreise zurück, stapelt sich die Arbeit. Da könnt Ihr mir gleich morgen zur Hand gehen."

„Aber gerne, Don Pedro! Ich hasse es, untätig herumzusitzen."

Da schlug Correa sich an die Stirn.

„Natürlich! Warum habe ich nicht gleich daran gedacht! Eine halbe Reitstunde von hier, nahe der Stadt Palos, liegt das Kloster La Rabida. Der Prior heißt Juan Perez und ist ein ehemaliger Page der Königin. Und nicht nur das – dieser Mann war längere Zeit Kronbeamter, wurde plötzlich fromm und trat in den Franziskanerorden ein. Das hat unsere Königin so beeindruckt, daß sie ihm den Titel eines Beichtvaters verlieh und ihm das Priorat dieses Klosters verschaffte. Ich kenne Padre Perez recht gut, kaufe von Zeit zu Zeit dort Obst und Honig ein. Ein hochgebildeter, vielfach interessierter Mann, der noch immer ausgezeichnete Verbindungen zum Hof besitzt. Diesen Weg müßt Ihr gehen, Schwager!"

„Keine schlechte Idee, um so mehr, als ich mein ganzes Schulwissen den Franziskanern verdanke. Aus den Jahren in der Klosterschule von Santo Stefano könnte ich Euch jeden einzelnen Lehrer nennen."

„Um so besser! Dann seid Ihr ja selbst ein halber Franziskaner. Richtet ein Schreiben dorthin, und ich werde noch ein paar empfehlende Zeilen beifügen. Es wäre doch gelacht, wenn Ihr auf diese Weise nicht zum Ziel kämt!"
„Warten wir es ab. Gibt es dort eine Schule?"
„Eine ganz kleine, soviel ich weiß."
„Vielleicht kann ich meinen Diego so lange dort lassen, bis ich weiß, wohin wir gehören."

Columbus sollte später noch viele Menschen kennenlernen, die sich begeistert und rückhaltlos für seine Ziele einsetzten, ohne daß sie ihm freundschaftlich verbunden waren. In keiner seiner Lebensphasen besaß er mehr als zwei oder drei echte Freunde, denn ihn umgab ein Schutzschild aus Ernst, Würde und Zurückhaltung, der nur schwer zu durchdringen war.
In jener Zeit, als er Portugal verließ und zum erstenmal in seinem Leben Spanien betrat, gab es nur ein paar wohlwollende Verwandte, aber keinen Freund. Nachdem er eine Stunde mit Juan Perez gesprochen hatte, besaß er einen, und was hier im Kloster geschah, stieß ihm später kein zweitesmal zu.
Der Prior von La Rabida war etwa im Alter seines Besuchers, und sie glichen einander auch äußerlich so sehr wie Brüder oder nahe Verwandte. Gemeinsam war ihnen die stämmige, mittelgroße Figur mit Beinen, die fest auf der Erde standen, dann das spärliche, längst ergraute Haar und die helle Haut. Juan Perez' steingraue Augen blickten ebenso ernst und zurückhaltend wie die blaugrauen von Columbus, doch bei gewissen Gesprächsthemen begannen sie zu leuchten, als hätte man dahinter eine Kerze entzündet.
La Rabida lag auf einem sanften Hügel über dem breit und träge dahinströmenden Rio Tinto inmitten von Obstgärten und weiten Feldern, auf denen das Korn gerade zur Goldfarbe der Reife wechselte, aber es war noch ein grüner Schimmer geblieben.
Columbus überkam die seltsame Empfindung, als habe er dies alles hier schon einmal gesehen. Die Landschaft war ihm so vertraut, als hätte er hier lange Zeit verbracht, er fühlte sich sofort heimisch.
„Hier gefällt es mir", bemerkte Diego.
„Dir auch? Ich habe gerade etwas Ähnliches gedacht. Schau, wir sind schon da."

Bedächtig stieg Columbus vom Pferd, hob Diego herunter, band das Tier an den Eisenring und klopfte. Die Pforte verriet den arabischen Baumeister, denn das Kloster war noch vor etwa fünfzig Jahren ein maurischer Landsitz gewesen.
An La Rabida war nichts Düsteres, und auch im Inneren hatte es viel von der leichten luftigen Bauweise der Araber bewahrt.
Juan Perez empfing den Besucher im Kreuzgang.
„Schaut Euch nur um, Señor Colombo, und bald werdet Ihr Euch wünschen, länger bleiben zu dürfen."
Aus seinen Worten klang bescheidener Stolz, und was Columbus sah, gab dem Prior recht. Der lichte, aus unverputzten Ziegeln errichtete Kreuzgang umschloß einen Patio, den Blumen und blühende Sträucher in einen zierlichen Garten verwandelten.
Diego begann zu quengeln. Er sei müde, habe Durst und wolle nicht mehr herumlaufen.
Perez lächelte freundlich.
„Wir haben alles für dich bereit, kleiner Mann – einen Becher Zitronenwasser und sogar ein Bett."
Columbus blieb stehen.
„Verzeiht, Pater Perez, wenn ich Euch gleich mit einer Bitte behellige. Ich werde mich künftig kaum noch um den Kleinen kümmern können, und mir fiele eine Last von der Seele, wenn er für eine Weile hierbleiben dürfte. Für Kost und Logis komme ich gerne auf, und sollte es möglich sein, ihm dazu noch etwas Bildung zu vermitteln, so wäre ich Euch sehr dankbar."
„Wir tun so etwas nur in Ausnahmefällen, aber einem ehemaligen Klosterschüler kann und will ich es nicht versagen. Ihr seid, wie ich höre, bei den Franziskanern von Santo Stefano in Genua gewesen?"
Columbus nickte. „Und nicht nur das. Meine ersten Lehrer waren die Franziskaner von Santa Caterina, aber dann wechselten meine Eltern die Wohnung und ich die Schule. Wenn ich heute etwas von Kartographie verstehe, dann habe ich es dem Pater Sisto zu verdanken, der mir außerhalb des Unterrichts jede Frage – und es waren viele dumme dabei – geduldig beantwortete."
„Da werdet Ihr morgen in Pater Antonio einen würdigen Gesprächspartner finden, wenn er aus Huelva zurückkehrt. Er ist Nautiker und Kosmograph und versteht zehnmal mehr von der christlichen Seefahrt als ich."

„So darf ich für einige Tage Euer Gast sein?"
„Es dürfen auch ein paar Wochen werden, unser Gästetrakt im oberen Stockwerk ist zur Zeit leer."
Nach einer bescheidenen Mahlzeit zogen sich die beiden Männer zu einem Gespräch zurück. Columbus schilderte in kurzen Worten, was ihn hergeführt hatte.
„Was Ihr sagt, klingt für meine Ohren phantastisch, aber ich schaue Euch ins Gesicht und sehe, daß Ihr alles andere seid als ein Phantast. Wir sind hier ein Seefahrerkloster, so seltsam das vielleicht klingen mag. Auch wenn sich hier Dominikaner, Karmeliter oder Benediktiner niedergelassen hätten, wäre nichts anderes daraus geworden, und zwar wegen der Lage. Im Norden Moguer und Palos, im Westen Huelva – wir sind von Hafenstädten umgeben. Dreiviertel der Einwohner von Palos haben mit Seefahrt zu tun, ob sie nun Schiffe bauen, ausrüsten oder reparieren, ob sie als Fischer, Kartenzeichner, Steuermänner, Kapitäne oder einfache Seeleute ihr Brot verdienen. Da bleibt es nicht aus, daß mancher in unserer Klosterkirche vor der Madonna der Seefahrer sein letztes Gebet an Land verrichtet oder ein Gelübde ablegt. Daß sie vielen geholfen hat, bezeugt der Name, den die Seeleute ihr verliehen haben: Nuestra Señora de los Milagros (Unsere Liebe Frau von den Wundern). Im übrigen ist es der Brauch, die letzten Verfügungen vor einer langen oder gefährlichen Seereise hier niederzulegen und nicht bei einem Notar. Kehrt ein Seemann nicht mehr zurück, kümmern wir uns um seinen Nachlaß, sorgen für Witwen und Waisen. Ihr seht also, ein Seefahrerkloster hat andere Aufgaben als eines in den Bergen oder im Landesinnern."

Da es jetzt im Frühsommer lange hell war, ritt Columbus vor dem Nachtmahl noch hinüber nach Palos und fand bestätigt, was Pater Perez erzählt hatte. Der ganze Ort roch nach Tang, Teer und Fisch, überall fand er Zimmerleute, Seiler und Teerkocher am Werk, am Hafen saßen die Fischer in Scharen und besserten ihre Netze aus, bei der Anlegestelle am Rio Tinto reihte sich Segel an Segel. Das war kein großer, kein gewaltiger Hafen, aber es ging hier nicht weniger lebhaft zu als in Genua oder Valencia, nur eben in kleinerem Maßstab.
Ein lieber kleiner Hafen, dachte Columbus mit leisem Spott, aber für meine Schiffe wäre das nichts. Von Palos nach Indien, das klingt wie – wie ein Scherz.

Rechtzeitig zum Nachtmahl traf Pater Antonio de Marchena ein, begrüßte den Gast mit freundlichem Interesse und scherzte, daß er wegen jeder kleinen Besorgung nach Huelva gehen müsse, weil es in Palos nur Dinge gebe, die mit der Seefahrt zu tun hätten. Danach zogen sich die drei Herren zu einem Gespräch zurück, das bis weit über Mitternacht dauerte.

Antonio de Marchena lauschte mit wachsender Neugier den Ausführungen des Gastes, unterbrach ihn mit kurzen Fragen oder Bemerkungen, holte Karten und Bücher aus der Bibliothek wie ein dienender Gehilfe, und Columbus wußte, daß er diesen Mann restlos überzeugt hatte, was der gelehrte Pater dann auch bestätigte: „Señor Colon, Ihr findet mich überrascht, begeistert und zugleich – als Franziskaner – mit Genugtuung erfüllt. Unser Orden nämlich war es, der sich schon vor einem Jahrhundert nachdrücklich zur Lehre eines Aristoteles bekannte, was die Kugelgestalt der Erde betrifft. Wir wissen, daß die alten Römer am Weltbild des Aristoteles festhielten. Erst als einige unserer Kirchenväter in frommer Verblendung und in Mißdeutung bestimmter Bibelstellen die These von der Erdscheibe aufstellten, kam die nüchterne Wissenschaft ins Hintertreffen, wobei der heilige Augustinus keine sehr rühmliche Rolle spielte. Die Vollkommenheit, meine Herren, aber liegt in der Kugelgestalt, und es kennzeichnet das Wesen Gottes, nur Vollkommenes zu schaffen..."

„Abgesehen vom Menschen", warf Columbus ganz ohne Spott ein.

„Stimmt, mein Freund, doch in der Bibel steht auch, warum. Hätten wir nicht die Aufgabe, uns hier auf Erden zu bewähren und mit allen Kräften dem Guten entgegenzustreben, so wäre unser Dasein sinnlos und wir nur ein Spiegelbild des Himmels mit seinen Engeln, die Gott als vollkommene Wesen geschaffen hat. Wir Franziskaner halten uns jedenfalls an die Lehre unseres hochberühmten und verdienten Ordensbruders Duns Scotus, den die Welt bewundernd Doctor subtilis nannte und der in seinen Schriften wohl als erster die Lehre von der Kugelgestalt der Erde wieder aufgriff. Jetzt zu Euch, Señor Colon. Ihr habt uns heute abend einen Weg aufgezeichnet, den ich für gangbar halte, und zwar ohne jede Einschränkung. Und wie Ihr muß ich mich wundern, daß noch niemand versucht hat, ihn einzuschlagen. Spanien geht glanzvollen Zeiten entgegen und wird, wenn Granada fällt, zu den größten christlichen Reichen des Abendlandes zählen. Ich hatte die Ehre, unsere Könige mehrmals als Geograph beraten zu dürfen, und kann mir gut vorstellen, daß Eure Idee

dort auf fruchtbaren Boden fällt. Was meint Ihr dazu, Bruder Juan?"
Der hatte sich nur wenig an dem Gespräch beteiligt, doch sehr aufmerksam zugehört. Seine Antwort kam etwas zögernd.
„Ja – gewiß – doch, auf Interesse werden die Pläne unseres Colon stoßen. Aber ich kann mir denken, daß die Resonanz unterschiedlich sein wird. Der König, so meine ich, ist vom Wesen her Realist und hält sich eher an das Mögliche, das bereits Erprobte. Ihre Majestät hingegen, wie ich sie kenne, ist auch für ungewöhnliche Ideen aufgeschlossen, läßt sich nicht abschrecken von der Tatsache, daß bis jetzt noch niemand den Seeweg nach Indien erprobt hat. Ich glaube eher, es wird sie gerade deshalb reizen, den Versuch zu unternehmen. Doch ich war zu lange Hofmann und möchte zunächst von einem direkten Weg abraten. Ich könnte noch heute ein Schreiben an Ihre Majestät richten und sie bitten, Euch demnächst zu empfangen. Das wäre möglich und würde Euch schnell an den Hof führen, aber meine Erfahrung lehrt mich, daß es besser ist, sich den Majestäten über hochrangige vertraute Hofleute zu nähern. Wenn ein kleiner Franziskanerpater von Euren Ideen angetan ist, wird Doña Isabella vielleicht nachsichtig darüber lächeln, aber wenn ein Grande von Kastilien sich begeistert zeigt, wird sie es ernster nehmen. Ich schlage vor, wir wenden uns gleich an den reichsten und auch einflußreichsten, den Herzog von Medina – Sidonia. Der hat schon bewiesen, daß ihm die Seefahrt am Herzen liegt, ich erinnere dabei nur an seine Afrikaexpedition, die er noch dazu ohne königliche Genehmigung durchführte. Das war ein rechtes Piratenstück, aber er kann es sich leisten. Übrigens besitzt der Herzog Schiffswerften in der Nähe von Palos – also mir scheint, er wäre der rechte Mann."
Da beide Padres den Herzog kannten – sein Besitz grenzte an das Kloster –, war der Kontakt schnell hergestellt.
Don Henrique empfing Columbus in der alten Festung Santiago in San Lucar de Barrameda. Die lebhafte Kleinstadt gedieh unter seiner Herrschaft prächtig, denn der kleine agile Herzog mit der Freibeuterseele beherzigte das Prinzip: Will man ein Schaf scheren, so muß man es gut halten. Und so lockte Don Henrique Kaufleute und Handwerker in seine Stadt, wo am Flußhafen des Guadalquivir Frachtschiffe umgeschlagen und viele einträgliche Geschäfte getätigt wurden.
Von seiner hochgelegenen Burg schaute der Herzog zufrieden auf dieses für alle so gedeihliche Treiben hinab, und wer ihn kannte, wußte genau, daß ihm seine vielfältigen Geschäfte näherlagen als der Dienst an den

Königen. Er spielte die Rolle des Vasallen nur ungern und notgedrungen und ließ sich selten, sehr selten am Hof zu Cordoba sehen.
Columbus gegenüber verhehlte er seine Haltung keineswegs: „Ich bin ein nüchterner Mensch, Don Cristobal, schaue gerne auf meinen Vorteil und versuche, mein väterliches Erbe nicht nur zu bewahren, sondern auch zu mehren, wobei ich mich sinngemäß an ein Wort unseres Herrn Jesus halte, der einen Knecht anweist, mit seinen Pfunden zu wuchern. Ich verstehe das so: Ein Mensch soll seine Talente nutzen, und wenn andere dabei profitieren, kann es jedem recht sein. Zöge ich nicht aus meinen Dörfern, Städten, Häfen, Werften und Weinbergen satten Gewinn, so könnte ich unsere Majestäten nicht laufend mit Geld und Soldaten unterstützen."
Columbus verneigte sich leicht.
„Eine solche Haltung nötigt mir Respekt ab, Don Henrique, und ich bin ganz Eurer Ansicht, daß man die von Gott verliehenen Talente nutzen soll. Nichts anderes will ich, wenn ich Euch bitte, mir einige Schiffe auszurüsten, mit denen ich von dort unten", er deutete zum Hafen hinab, „in See stechen könnte, und in spätestens einem halben Jahr würde ein Teil des Indienhandels über Sanlucar laufen. Ihr hättet es dann nicht mehr nötig, Eure Schiffe auf Goldbeute nach Afrika zu senden. Ich habe selbst erfahren, daß es dort immer schwerer wird, schnellen und leichten Gewinn zu machen."
Der Herzog feixte.
„Hat es sich schon herumgesprochen? Nun, einer mußte es ja tun, weil sonst die Portugiesen dort allein ihre Geschäfte machen. Aber Ihr habt recht, es ist unrentabel."
„Der Indienhandel könnte eine Goldflut hierher lenken, und ein guter Teil davon flösse in Eure und meine Tasche."
Begehrlichkeit blitzte auf in den Piratenaugen des kleinen Herzogs.
„Kein schlechter Gedanke, Don Cristobal, kein schlechter Gedanke, an dessen sofortiger Verwirklichung mich nur eines hindert: Unsere Könige werden nicht tatenlos zusehen, wenn wir beide den Indienhandel quasi untereinander aufteilen. Innerhalb meines Besitzes bin ich schon so etwas wie ein autonomer Fürst, aber seit Isabella auf dem Thron sitzt, kuscht der kastilische Adel. Ich ducke mich auch, geb's gerne zu, aber nur bis zu einem gewissen Grad. Würdet Ihr mir zum Beispiel vorschlagen, eine Expedition nach Afrika jenseits des Äquators auszurichten, so würde ich nicht lange zögern, und Ihr könntet in See stechen. Aber Ihr,

Don Cristobal, brecht ins Unbekannte auf, und jede Insel, die Ihr unterwegs entdeckt, könnt Ihr nur im Namen der Könige, nicht aber im Namen des Herzogs von Medina-Sidonia vereinnahmen. So ist nun einmal die Lage, und wir müssen uns danach richten."

„Ihr nennt mich 'Don', Herr Herzog, und ich muß Euch darauf hinweisen, daß mir diese Anrede nicht zusteht."

Das fand der Herzog ungemein erheiternd. Laut lachend klopfte er Columbus auf die Schultern.

„Nur nicht so bescheiden, mein Lieber! Ihr seid wie ich im Grunde Eures Herzens ein Abenteurer und Freibeuter und tragt den 'Don' quasi schon in der Tasche. Ich habe nichts übrig für die jahrelange Vergeudung von Geld und Menschen, wie es im Krieg um Granada geschieht. Der nächste Sack mit Dukaten geht übermorgen an König Ferdinand ab, doch ich würde ihn lieber Euch geben und sagen: Don Cristobal, rüstet damit fünf Schiffe aus und segelt nach Westen. Aber wir beide wissen, daß der Weg über Cordoba führt, und ich verspreche Euch in die Hand, ich werde Euer Anliegen zu dem meinen machen."

Mit dieser Zusage ging Columbus nach Huelva zurück, wo er vorerst bei seinem Schwager lebte. Der Herzog hielt sein Versprechen, konnte aber nichts ausrichten. Isabella mißtraute ihm, wenn sie auch die Pläne des Señor Colon durchaus erwägenswert fand. Einmal abgewiesen, wurde der Ton des adelstolzen Granden anmaßend, und am Ende waren die Könige nicht mehr für ihn zu sprechen. Er teilte dies Columbus in einem kurzen Schreiben mit und riet ihm, sich an seinen Nachbarn, den Herzog von Medinaceli zu wenden, der nämlich sei ein braver Vasall und *persona grata* bei den Majestäten. Columbus folgte dem Rat.

Don Luis de la Cerda, Herzog von Medinaceli, war nicht ganz so reich wie sein Nachbar, zeigte sich aber von den Plänen des Columbus nicht weniger angetan. Doch eines stellte er von vornherein klar: „Ich rüste Euch fünf Schiffe aus, bezahle die Mannschaft, tue alles, um Euch zu helfen, weil Ihr mich überzeugt habt. Aber nur mit der Einwilligung unserer Königin. Der Weg zu Eurem Ziel führt über den Hof zu Cordoba."

Nun, das hatte er schon einmal gehört, aber jetzt nahm das Vorhaben Gestalt an, denn Don Luis war bei den Königen gern gesehen und besaß viel Einfluß, was sich bald darin zeigte, daß man Columbus im Januar zu einer Audienz lud.

„Auf die richtigen Verbindungen kommt es an", bemerkte sein Schwager grinsend.

„Die Franziskaner haben mir den Weg dazu geebnet."
Pedro Correa winkte ab.
„Wer auch immer – Euch gelingt es jedenfalls, andere für Eure Pläne einzuspannen und zu begeistern. Ihr seid Eurem Ziel ein gutes Stück näher gekommen."

So schien es zunächst nicht, als Columbus an die Pforte des Alcazar in Cordoba klopfte. Alonso de Quintillana, der Verwalter sämtlicher Krongüter empfing ihn sofort: „Es tut mir aufrichtig leid, Señor, aber die Majestäten mußten dringend verreisen. Ihr seid nicht der einzige, dessen Audienz nun verschoben wird, aber ich habe die Anweisung, Euch bis dahin in den Hofdienst aufzunehmen."
Columbus fragte verblüfft: „Aber – aber, was soll ich dafür tun, welches Amt übertragt Ihr mir?"
Quintillana lächelte geduldig.
„Kein Amt, keine Aufgabe, keine Pflichten, abgesehen von der einen, in der Nähe des Hofes zu bleiben. Ihr bekommt ein Gehalt, könnt Euch in Cordoba eine Wohnung nehmen, alles Weitere wird sich finden."
Columbus nutzte die Abwesenheit der Majestäten, um wertvolle Verbindungen zu knüpfen, wozu ihm der immer freundliche und höfliche Quintillana den Weg ebnete. Das Wichtigste war eine Audienz bei Kardinal Mendoza, den das Volk den 'dritten König' nannte.
Der Kirchenfürst näherte sich den Sechzigern, war dick und kurzatmig geworden, was aber seiner Würde keinen Abbruch tat. Er war der geborene Hofmann, der es sich mit keinem verdarb und sogar beim finsteren Torquemada in einigem Ansehen stand, weil er die Inquisition unterstützte, wenn auch nicht ohne Kritik an ihren Methoden. Die Könige unternahmen nichts ohne seinen Rat, und – so meinte Quintillana – wenn Columbus etwas erreichen wollte, mußte er sich seiner Zustimmung versichern.
„Bleibt nur sitzen, Señor."
Mendoza hatte sich erhoben und ging langsam auf und ab, wobei die seidene Purpurschleppe leise raschelnd über die Fliesen glitt.
„Eine kühne Idee – überzeugend, mutig, groß gedacht und doch etwas phantastisch."
„Wie alle kühnen Ideen..."
„Richtig, Señor, das streite ich keineswegs ab, und ich stelle mich ihr gewiß nicht entgegen, werde den Königen sogar zuraten – unter einer Be-

dingung: Eine Gelehrtenkommission muß zuvor Eure Pläne prüfen und in Mehrheit gutheißen."
Nun stand auch Columbus auf.
„Einverstanden! Mir liegt sogar sehr daran, daß Gelehrte von Rang meinen Plänen zustimmen. Ich danke Euch für Eure Unterstützung, Eminenz. Sie bedeutet mir viel."
„Ach was! Ihr gehört nun auch zum Hof, und wir alle sind bestrebt, der Krone und damit Spanien zu dienen."
Es klopfte und ein Diener steckte den Kopf herein.
„Eure Eminenz, die Marquesa de Moya möchte..."
„Herein mit ihr! Eine gute Gelegenheit, unseren Colon kennenzulernen."
Mit diesem 'unseren' bezog der Kardinal wie selbstverständlich Columbus in die Hofgesellschaft mit ein, und seiner verbindlichen Art hatte es Mendoza zu verdanken, daß er zwar Neider, aber kaum Feinde besaß.
Die Marquesa knickste anmutig und küßte den Bischofsring. Sie wurden einander vorgestellt. Mendoza lachte verschmitzt.
„Mit unserer Marquesa müßt Ihr Euch gut stellen, Señor Colon. Sie hat das Ohr der Königin, und wer ihr mißfällt, wird vergeblich auf eine Audienz warten."
Sie tat empört.
„Aber Eminenz! Ihr stellt mich ja hier dar, als sei ich ein Cerberus, der Doña Isabellas Zimmer zähnefletschend bewacht. Die Königin entscheidet ganz nach ihrem Willen – jeder weiß es!"
Die reife, mit Grazie und Anmut zur Schau gestellte Weiblichkeit der Marquesa tat ihre Wirkung, aber Columbus war nicht der Mann, dem Komplimente schnell von der Zunge gingen. So sagte er nur etwas steif:
„Ich bin sehr erfreut, Euch kennenzulernen, Marquesa."
Doña Beatriz, von ihrem ständig abwesenden Gatten nicht gerade verwöhnt, hielt sich von Zeit zu Zeit anderswo schadlos, wobei sie so heikel wie behutsam war. In dieser Hinsicht hatte sich lange nichts mehr getan, und meist war es so, daß die Bewerber um ihre Gunst nicht nur in ihr Bett, sondern auch ins Empfangszimmer der Königin gelangen wollten. Dabei spielte sie nicht mehr mit, weil sie die Freuden der Liebe zwar schätzte, aber das Vertrauen und die Zuneigung der Königin ihr weit mehr bedeuteten.
Nun, auch Columbus wollte von der Königin empfangen werden, doch er unternahm nicht den geringsten Versuch, bei ihr anzubändeln, als sie

sich das zweitemal sahen. Inzwischen hatte er eine Wohnung in Cordoba gefunden, und zwar in dem kleinen Genuesenviertel bei der Puerta de Hierro. Zu seiner Überraschung hatte er bemerkt, daß in Cordoba zahlreiche italienische Kaufleute und Handwerker lebten, und die Genueser dabei den Ton angaben. Tüchtige Leute, dachte Columbus, und zugleich fiel ihm ein, daß es für ihn ja keine Fremden waren, und er lächelte in sich hinein. Bist schließlich einer von ihnen – oder etwa nicht?
Hätte ihn derzeit jemand gefragt, welchem Land er sich zugehörig fühlte, er hätte sagen müssen: Zur Zeit keinem, aber da der kastilische Hof mir ein Gehalt bezahlt, bin ich gerade dabei, ein Spanier zu werden.
Der Kassenwart reichte ihm den Leinenbeutel.
„Wollt Ihr nachzählen, Señor?"
Er winkte ab und ging hinaus, doch er fand den Ausgang nicht mehr. Der Alcazar war im Laufe der Zeit mehrmals umgebaut worden, es gab Treppen und Treppchen, vermauerte Fenster, finstere Nischen, blinde Türen, und wer sich nicht genau auskannte, lief leicht in die Irre. Schließlich fand Columbus einen Ausgang, doch der führte nicht über den Vorhof in die Stadt zurück, sondern in den stillen ummauerten Palastgarten, der sich mit Bäumen, Hecken, Teichen, Brunnen und schmalen Wegen weit nach Südosten erstreckte. Die Februarsonne besaß noch nicht viel Kraft, doch er fand eine von Zwergzypressen umgebene windgeschützte Bank, breitete seinen Mantel darüber und wandte sich der Sonne zu. Die behagliche Wärme schläferte ihn ein, sein Kopf fiel auf die Brust, da schreckte ihn eine Stimme auf.
„Aber Señor Colon, Ihr werdet doch hier nicht einschlafen wollen?"
Er stand auf und verneigte sich.
„Oh, Marquesa! Fast hättet Ihr mich beim Schlafen ertappt, aber mein Hofdienst läßt mir vorerst sehr viel Zeit..."
„Dann könntet Ihr etwas für mich tun."
„Aber gerne!"
„Kardinal Mendoza erwähnte Eure kartographischen Kenntnisse und Fähigkeiten, und da fiel mir ein, daß ich meine Heimat zu wenig kenne. Wenn mein Gemahl von seinen Reisen zurückkehrt, erzählt er von Städten und Gegenden, die mir fremd sind und die ich gerne einzuordnen wüßte. Habt Ihr Lust, mir eine kleine Spanienkarte anzufertigen?"
„Mit Vergnügen, Marquesa."
„Als Vorlage könnt Ihr die große in der Bibliothek nehmen – kommt mit, ich zeige sie Euch."

Auf einen Wink der Marquesa zog sich der Bibliothekar sofort zurück. Die Karte bedeckte eine ganze Wand, schien etwas verblaßt und altertümlich, wies aber viele Details auf.
„Nun?"
Sie stand direkt neben ihm und blickte ihn von der Seite an. Sein schönes ernstes Profil war ihr zugewandt, die leicht gebogene Nase, das feste Kinn und der etwas kantige, von spärlichem Haarwuchs bedeckte Schädel zogen sie auf eine Weise an, die sie fast erschreckte.
„Ich werde Euch natürlich dafür bezahlen."
„Wollt Ihr mich beleidigen, Marquesa?"
„Aber wie – wie kann ich mich erkenntlich zeigen?"
„Nicht mit Geld!"
Er sagte es nur so vor sich hin, gedankenlos und zerstreut, während er die Karte studierte.
Da legte sie ihre Arme um seinen Hals, zog seinen Kopf herab und küßte ihn auf die Lippen. Ihre Anmut, ihr feiner weiblicher Duft, die ganze intime Situation in der stillen Bibliothek mit ihrem vertrauten Geruch erregten ihn, und er zog die Marquesa an sich, erwiderte ihren Kuß. Sanft machte sie sich los.
„Da Ihr nun einmal kein Geld nehmen wollt..."
„So ist es mir auch lieber", sagte er ritterlich.
„Wann wird die Karte fertig sein?"
„Ich spute mich und werde sie Euch selbst zu Füßen legen."
„Ich freue mich darauf, Señor!"

18

JAKOB MARCO hatte niemals in seinem Leben einen Menschen gehaßt, auch nicht als damals sein Onkel auf dem Scheiterhaufen sterben mußte. Nun aber haßte er Isabella von Kastilien, die schnelle Richterin. Ihr Spruch hatte ihn mit Rutenhieben außer Landes getrieben, ihm sein Vermögen genommen, ihn ehrlos und rechtlos gemacht. Sein Haß traf sie nicht, das war ihm klar, sie stand darüber, und die zahllosen schnellen und willkürlichen Urteilssprüche konnten ihrem Ruf beim einfachen Volk nichts anhaben – ganz im Gegenteil. Ein reicher Converso, ein wohlhabender Jude, ein unbeliebter Stadtrat, ein strenger Steuerpächter – verdienten die etwas anderes wie Galgen, Peitsche, Verbannung, Vermögensverlust? Niemand weinte um dieses Gesindel, das ganz von alleine nachwuchs wie ein bösartiges Geschwür. So dachte das Volk, so dachten die meisten. Und die es schuldlos traf, was konnten sie anderes tun, als hassen, da es keine Möglichkeit der Vergeltung oder einer Revision gab. Nach spätestens zehn Minuten erging das Urteil, und im Hintergrund wartete schon der Henker mit seinen Knechten, um die Strafe zu vollziehen, und in den Kanzleien spitzten die Sekretäre der Kronverwaltung ihre Federn, um die eingezogenen Vermögenswerte zu erfassen. Eile war geboten, denn die Armee verschlang Tag für Tag Unsummen, um ihren 'Kreuzzug' gegen die Muslime fortzusetzen.

Jakob Marco nahm seinen Haß mit auf die Reise ans Meer, mit aufs Schiff, mit nach Rom. Er mußte ihn nicht pflegen, diesen Haß, nicht schüren oder anfachen, er blieb in ihm unverändert, jederzeit abrufbar, immer wach, immer verfügbar. Und er zwang den Juden Jakob Marco zu einer Bitte an Gott, die er jedem Gebet – wann und wo immer er es sprach – anfügte, sie niemals vergaß, nie unterließ, und die da lautete: 'O Herr, strafe Isabella die Königin als eine tausendfach ungerechte Richterin, aber strafe sie nicht am Leib, denn das würde sie in Stolz und Demut von Dir hinnehmen, strafe sie an ihren Kindern – und, o Herr, laß es mich erleben.' Das war ein nahezu blasphemisches Gebet, vom Haß diktiert, ohne Aussicht, erhört zu werden, doch Jakob konnte nicht anders. Es war wie eine Sucht, eine Leidenschaft, die ihn zwang, bei jeder Zwiesprache mit Gott dieses Haßgebet anzufügen. Er litt darunter, schämte sich, bat Gott um Vergebung, aber es half nichts, wenigstens – damit tröstete er sich – jetzt noch nicht, denn er hoffte, daß die Zeit seinen Haß mildern, den Zwang lockern und den Druck von ihm nehmen würde.

Er segnete seinen damaligen Entschluß, mit dem Geschäftsfreund Leone nach Rom zu reisen, denn nun, da er als heimatloser Flüchtling wiederkam, erwarteten ihn Freunde, Bekannte und Judith Ladero, seine Verlobte. Hier gab es keine Einschränkungen irgendwelcher Art, keine sinnlosen, den Verkehr und die Geschäfte hemmenden Gesetze. Er kaufte sich in Ostia einen kräftigen Maulesel, und auf ihm zog er durch die Porta San Paolo in Rom ein, ritt gemächlich den Tiber entlang bis zum Ponte Palatino und von dort geradewegs zur *bottega* seines Freundes Samuele Leone, die er so sicher fand, als habe er die ganze Zeit über hier gelebt.

Leone erklärte einem Kunden gerade die Vor- und Nachteile bestimmter Jahrgänge der Campagna-Weine, als Jakob eintrat.

„Momentino!" rief er, und wollte schon weiterreden, da traf es ihn wie ein Blitz.

„Giacomo! Giacomo Marco – bist du es wirklich! Setz dich dort in die Ecke, ich bin gleich fertig mit diesem Signore."

Er komplimentierte den Kunden bald hinaus, umarmte den Freund, klopfte ihn auf die Schulter.

„Du hättest mir aber vorher schreiben können! Schneit einfach hier herein, so mir nichts dir nichts – wolltest uns wohl überraschen, was?"

„Nein, Samuele, das wollte ich eigentlich nicht. Ich bin nicht freiwillig gekommen, sondern Ihre Majestät von Spanien hat mich persönlich außer Landes gejagt.«

Dann erzählte er dem Freund seine Leidensgeschichte, die der temperamentvolle Samuele immer wieder mit empörten und erschreckten Zwischenrufen unterbach.

„Porca miseria! Maledetta vampiressa! Porcaccia la vaccaccia! Schifezzo umana!"

Jakob verstand kaum etwas von diesen rüden Schimpfworten, die sich meist auf die Königin bezogen und in Spanien jeden sofort an den Galgen gebracht hätten. Dann hatte er seinen Bericht beendet, und es wäre an der Zeit gewesen, nach Judith zu fragen, doch eine unbestimmte Scheu hielt ihn davon ab. Es war dann Samuele, der das Thema aufgriff.
„Aber Giacomo, du fragst ja gar nicht nach deiner Verlobten! Hast wohl ein schlechtes Gewissen, was? Ihr Geld ist bei mir gut angelegt und kriegt laufend Junge. Sie hat's nicht leicht, soviel ich weiß, will ihr Schwager einen Teil des Vermögens einklagen. Hast du ihren Brief nicht erhalten?
„Ihren Brief?" fragte Jakob verdattert.
„Ja, sie hat mir davon erzählt. Irgendwann im Sommer hat sie dir einen Brief geschrieben wegen eurer Verlobung, aber etwas Genaueres konnte ich nicht erfahren. Am besten gehst du gleich noch heute zu ihr."
Jakob rechnete nach. In der ersten Oktoberwoche hatte ihn das Schandurteil aus der Stadt gejagt. Wenn Judith den Brief irgendwann im August aufgegeben hatte, so mußte man damit rechnen, daß er vier bis sechs Wochen unterwegs war. Doch was schadete das schon – zwar hatte er den Brief verpaßt, aber nun war er hier und klopfte gegen Abend an das Tor ihres Hauses. Eine Dienstmagd öffnete.
„Ist die Signora zu Hause?"
Sie musterte ihn mißtrauisch.
„Wer seid Ihr?"
„Jakob Marco aus Cordoba, deine Herrin kennt mich."
„Ich werde fragen."
Die Tür ging wieder zu. Plötzlich überkam ihn die Angst, sie könne sich verleugnen lassen oder ihn abweisen. Weiß der Himmel, was in ihrem Brief gestanden hatte? Vielleicht gab es da einen anderen Mann, der es ernst meinte und nicht mit vagen Versprechungen in Spanien verschwand, ohne weiter etwas hören zu lassen. Sei ehrlich, Jakob Marco, hätte dich Isabella nicht von zu Hause fortgejagt, so säßest du noch immer in Cordoba in deiner *bodega* und...
„Ihr könnt hereinkommen, Signore!"
„Judith!"
Sie stand auf der schmalen nach oben führenden Treppe und lächelte auf ihn herab wie eine vom Olymp kommende Glücksgöttin. Ihr frisches rundes Gesicht mit den schrägen dunklen Augen war unverändert, doch ihr Lächeln schien ihm etwas traurig.

„Giacomo! Hast du meinen Brief erhalten?"
„Nein, der muß nach meiner Abreise eingetroffen sein. So bekommst du die Antwort gleich in meiner Person, wenn du mir sagst, was in deinem Brief stand."
Die alte mürrische Magd tat recht unbeteiligt, aber man sah ihr an, daß sie die Ohren spitzte. Judith faßte ihn an der Hand.
„Komm, wir gehen hinauf."
„Bring einen Krug Wein!" rief sie der Magd nach.
„Bist du hier, weil – ich meine, hast du dich entschlossen, nach Rom überzusiedeln?"
„Leider war es anders, Judith, aber das erzähle ich dir später. Beginnen wir mit deinem Brief."
„Gut. Ich habe dir angeboten, unsere Verlobung zu lösen, weil mir mein Schwager keine Ruhe ließ und damit drohte, den Fall vor den Rabbi zu bringen. Man könne nicht sein Leben lang verlobt sein und der Familie das Geld entziehen. Ich müsse mich entscheiden, was ich wolle, und zwar bald. Du kannst dir ja denken, wie so etwas läuft, wenn der Schwager gleich nebenan wohnt. Mir wäre also nichts anderes übriggeblieben, als mich wieder zu verheiraten oder lebenslänglich von der Gnade meines Schwagers abhängig zu sein. Daher mein Brief."
„Willst du mich noch?"
„Wenn du mich willst..."
Er lächelte.
„Anderen mag das wie eine Vernunftheirat erscheinen, aber ich lüge nicht, Judith, wenn ich dir sage, daß mir täglich dein Bild vor Augen stand und ich Sehnsucht fühlte..." Er blickte auf. „Darf ich ganz ehrlich sein?"
„Du mußt es sogar, weil wir unsere Ehe nicht mit einer Lüge beginnen dürfen."
„Die Sehnsucht galt nicht dir allein, sie galt Rom, dem freien ungehinderten Leben der Juden hier in Trastevere und anderswo. Das war wie ein Traum von einer Insel der Seligen mit dir als Königin."
„Und warum hast du gezögert?"
„Das bringen Wunschträume wohl mit sich. Man hat Angst zu erwachen und alles ist nur ein Trugbild. Diese Angst hielt mich ab, hinderte mich, tätig zu werden. Dann griff das Schicksal in Gestalt der Königin Isabella ein – und hier bin ich! Vielleicht war es die Hand Gottes, die mir auf den rechten Weg half, wenn es auch schmerzvoll war und demüti-

gend. Ich werde dir gleich davon erzählen. Willst du mich noch – trotz allem, trotz meines Schweigens und Zögerns?"
„Ach, Giacomo, was du dir vorwirfst, gilt auch für mich. Hätte mein Schwager mich nicht so bedrängt, ich säße genauso unschlüssig herum, wie du es getan hast. Mein Wunschtraum war etwas weniger anspruchsvoll, denn ich wollte nur in Ruhe und Frieden leben, mit einem Mann, mit Kindern..."
„Wir legen unsere Träume zusammen und werden sie verwirklichen, so gut wir es können. Aber du heiratest einen armen Mann, der von seinem Vermögen nur ein paar Dukaten gerettet hat."
Und Jakob berichtete ihr von den Ereignissen. Judiths Kommentare waren weniger rüde als die von Samuele, aber auch sie machte ihrer Empörung Luft.
„Das ist ja eine schöne Art, die königlichen Kassen aufzufüllen! Man klagt die Reichen und Wohlhabenden irgendwelcher läppischer Vergehen an und zieht ihr Vermögen ein. Der jetzige Papst ist weiß Gott ein habgieriger Kerl und verkauft Ämter und Titel gleich im Dutzend, aber auf diese Weise – nein! Für ihn ist es allerdings leichter, Geld zu machen, und er soll einmal gesagt haben, ein Papst brauche nichts weiter als Tinte und Feder, um jede beliebige Summe zu bekommen."
„Ja, meine Liebe, so einfach ist es für uns nicht, aber ich verspreche dir, daß du als meine Frau nicht hungern und frieren mußt."
Sie lachte über ihr frisches pausbäckiges Gesicht.
„Mein lieber Schwager wird Augen machen, wenn er merkt, daß er sein Spielchen verloren hat."
Was die Hochzeit betraf, gab es nicht die geringsten Schwierigkeiten; die Schwester freute sich, der Schwager lächelte säuerlich und wünschte Glück, der Rabbi traute sie ohne lange Wartezeit in der Synagoge. Als es um Judiths Geld ging, stellte Leone einige Bedingungen.
„Ich betrachte dich als meinen Freund und habe das schon mehrmals bewiesen, und du kannst auch weiterhin mit meiner Hilfe rechnen."
Da er schwieg, sagte Jakob etwas ungeduldig: „Dafür danke ich dir und hoffe, es dir eines Tages vergelten zu können. Aber du wolltest noch etwas sagen?"
„Ja – ja, das muß ich wohl. Du möchtest also mit Judiths Geld hier in Rom einen Weinhandel eröffnen?"
„Ja, das ist mein Beruf, den ich vom Vater erlernt habe. Was sollte ich anderes tun?"

Leone nickte.
„Natürlich, wir verstehen das."
„Wir? Wer ist wir?"
„Die Weinhändler im Viertel Trastevere. Aber wir sind auch der Ansicht, daß es hier genug von uns gibt. Das heißt, wir haben beschlossen, keinen weiteren Weinhändler zuzulassen. Mit dem Gewürzhandel sieht es ähnlich aus. Du könntest mit Kerzen, Wachs und Honig handeln oder eine Wechselbank eröffnen..."
„Ich will aber nicht mit Kerzen handeln, und zum Wechsler tauge ich nicht. Gott der Gerechte, es wird sich wohl eine Möglichkeit finden..."
Leone hob die Hand.
„Laß mich erst einmal zu Ende reden. Du wirst doch nicht glauben, daß wir hier einen vertriebenen Juden fallenlassen? Aber Geschäft ist Geschäft, da muß jeder sehen, wo er bleibt. Wir haben uns gedacht, du solltest es auf der anderen Tiberseite im Viertel Sant' Angelo versuchen. Auch dort leben viele Juden, doch fast ausschließlich Fischhändler und kleine Handwerker. Da und dort gibt es auch Wein zu kaufen, aber den würden wir nicht einmal als Essig verwenden. In den letzten Jahrzehnten haben sich auch Adelsfamilien angesiedelt, wie die Arigoni, Balestra, Galgani, Mancini, Prendi, Tozoli und andere. Damit will ich sagen, daß die Nachfrage nach guten Weinen dort wächst, und wer als erster kommt, wird die besten Geschäfte machen."
Jacob war zu sehr Kaufmann, um Leones Argumente nicht zu verstehen.
„Kein schlechter Rat, Samuele, ich danke dir. Wärst du als Flüchtling nach Cordoba gekommen, so hätten die dortigen Weinhändler wohl ähnlich reagiert."
„Unsere Freundschaft soll es nicht trüben. Sobald du da drüben etwas Geeignetes gefunden hast, nehme ich Judiths Vermögen aus meinem Geschäft heraus. Das wird nicht einfach sein, weil ich es aus Sicherheitsgründen unterschiedlich angelegt habe. Kleine Verluste werdet ihr in Kauf nehmen müssen."
„Wir werden sehen... Dieses Sant'-Angelo-Viertel, wo liegt das genau?"
„Etwa im Gebiet zwischen der Peschiera, dem Porticus Octaviae und dem Marcellus-Theater. Eine etwas verwahrloste Gegend, aber sehr im Kommen, weil der Vatikan nicht allzu weit ist."

Jakob fürchtete Judiths Reaktion, weil er dachte, sie hänge an ihrem Haus, am vertrauten Viertel, und war um so mehr überrascht, als sie sagte: „Aber genau das wollte ich dir schon vorschlagen! Weg von hier – nur weg! Tür an Tür mit meinem mißgünstigen Schwager, dann das dumme Gerede der anderen von der lüsternen Witwe, die sich mit ihrem Geld einen neuen Mann gekauft hat – nein, Giacomo, ich hab's satt! Vielleicht finden wir drüben ein Haus mit Garten, auch wenn es klein ist. Hier wird's allmählich sehr eng, weil die Juden ihr Ghettogehabe nicht ablegen können, auch wo es nicht nötig ist. Dieses ewige Zusammenrücken und Übereinanderkriechen! Rom ist ausgeblutet, hat höchstens noch ein Zehntel seiner früheren Einwohnerschaft, wie man hört. Immer wieder betonen die Päpste, daß jeder von Herzen willkommen ist, der sich hier ansiedelt und Handel oder Gewerbe treibt. In Rom ist viel Platz! Suchen wir uns etwas Schönes aus!"
Jakob umarmte sie heftig, küßte sie auf die runden Wangen, den Mund, den Hals."
„Dann würde ich vorschlagen, wir unternehmen gleich etwas, um dem Menschenmangel abzuhelfen. Den Päpsten müssen wir gehorchen..."
„Aber doch nicht jetzt, am hellichten Tag – Giacomo – warte doch – nein..."
Sie wehrte sich nur schwach, um das Gesicht einer anständigen Frau zu wahren, so wie die Mutter es sie gelehrt hatte und wiederum deren Mutter bis weit zurück in die Tage der Urmütter. Aus alter weiblicher Tradition wußte sie, daß jetzt die beste Zeit für eine Empfängnis war, und sie wollte ein Kind von Jakob, sehnte sich danach, wünschte es mit aller Kraft.
„Stoß zu, mein Böckchen!" keuchte sie und umklammerte seine Hüften, „nur zu – nur zu – mach mir ein Kind, mein Kleiner, weiter – weiter –".
Es ist schön, verheiratet zu sein, dachte Jakob später, aber ich bin froh, daß ich so lange gewartet habe oder daß Gott mich vor einer Ehe bewahrte, bis ich Judith traf. 'Dafür danke ich Dir, o Herr, denn du hast mich unter Schande und Schmerzen nach Rom geführt, um mich hier mein Glück finden zu lassen.' Diesem spontanen Gebet vergaß Jakob seinen üblichen Fluch anzufügen, weil in seiner Dankbarkeit kein Platz war für Haß.
Das Sant'-Angelo-Viertel erwies sich in der Tat als eine zum Teil recht wüste Gegend. Hier lebten überwiegend arme Leute, kleine Händler und Handwerker, die von einem Tag auf den anderen von der Hand in den

Mund lebten, aber keiner hungerte, und wenn es einem schlechtging, dann sprangen die Nachbarn ein, bis er sich wieder gefangen hatte. Ein etwas verwildertes, aber sehr robustes und meist fröhliches Volk lebte inmitten der zerborstenen Pracht des alten Rom. Auch wer, wie Jakob Marco, wenig Sinn für das Gestern hatte, konnte nicht umhin, es zur Kenntnis zu nehmen, weil man auf Schritt und Tritt buchstäblich darauf trat. Es war, als hätte man die schmutzige löchrige Decke der Gegenwart über eine glanzvolle Vergangenheit gebreitet. Durch die Löcher schimmerte die Marmorpracht der römischen Kaiserzeit mit aus den Boden ragenden Säulenstümpfen, halb begrabenen Kapitellen, Torsi von Göttern, Athleten und Nymphen, zerbrochenen Reliefs, doch es gab auch noch aufrecht stehende Tempel und Paläste, meist bis zur Unkenntlichkeit in Festungen oder Kirchen verwandelt.

Staunend blickte Jakob auf den gewaltigen Komplex des Marcellus-Theaters, von dem nur noch die mächtigen mit Halbsäulen verzierten Rundbögen seine Herkunft verrieten. Dort hatten sich die Savelli eingenistet und das Theater in eine waffenstarrende Festung verwandelt, so wie sie es alle machten: die Colonna, Civo, Orsini, della Rovere, Carafa, Gonzaga, Sforza, Riario und neuerdings auch die Borgia.

Samuele Leone hatte ihn kürzlich darüber aufgeklärt: „Dir mag unser Rom zunächst wie eine Insel der Seligen erscheinen, und für uns Juden ist es wohl auch einer der sichersten Plätze auf dieser Welt. Aber unter Innozenz VIII. hat unser Paradies leider ein paar Risse bekommen. Der Papst ist völlig unfähig, die großen römischen Geschlechter im Zaum zu halten. Je schwächer der Pontifex, desto frecher erheben sie ihr Haupt und führen untereinander blutige Kleinkriege. Hier in Trastevere merken wir wenig davon, aber es gibt Viertel, da lesen die Totengräber jeden Morgen die Erschlagenen und Erdolchten von den Straßen wie Unrat. Und wenn man tatsächlich einen der *bravi* (bezahlten Mörder) faßt, dann kauft ihm sein Auftraggeber einen *salvaconductus* beim Papst, und der Mörder kann frei davonspazieren. Ja, so sieht es leider aus. Wenn aber ein armer Kerl im Suff einen anderen erschlägt und sich nicht freikaufen kann, dann führt man ihn zur Torre di Nona und hängt ihn dort auf. Jeder dieser Adelspaläste ist ein verschanztes Lager, eine Welt für sich, beschützt von hochbezahlten Söldnern, verteidigt von Abhängigen, die rund herum das Wohnrecht genießen, Handel und Handwerk betreiben. Rückt man ihrem Padrone zu nahe, dann rotten sie sich gleich zusammen. Und was tut der Heilige Vater? Er erläßt ein Edikt nach dem

anderen, aber niemand achtet darauf, weil keiner einen Papst ernst nimmt, der mit der einen Hand etwas verbietet und mit der anderen gegen Bezahlung jedes Verbrechen sanktioniert."
„Das ist schlimm, Samuele, aber noch schlimmer ist es in Spanien, wo Aufstände und Unruhen letzlich immer auf Kosten der Juden bereinigt werden. Wenn der Orsini den Colonna haßt, dann bekriegen sie sich gegenseitig, aber sie zünden nicht gemeinsam ein Judenviertel an oder hetzen die Inquisition auf reiche Conversos."
Leone gab ihm recht, er hatte ja selbst die Scheiterhaufen in Spanien brennen sehen.

Als Jakob vor dem Marcellus-Theater stand, kam ihm plötzlich eine Idee. Er stieg vom Pferd und führte es zum Portal, wo zwei Lanzenträger Wache hielten.
„Was wollt Ihr?"
„Ich möchte Euren Herrn sprechen oder einen, der ihn vertritt. Es geht um Geschäfte..."
Jakob rieb grinsend Daumen und Zeigefinger gegeneinander, holte zwei Soldi heraus und streckte sie den beiden hin. Dann meinte der eine: „Don Silvio ist für Euch nicht zu sprechen, aber einem seiner Sekretäre könnten wir Bescheid sagen."
„Tut das, ich bitte Euch!"
Jakob band sein Pferd an, die Wächter untersuchten ihn gründlich nach Waffen, dann öffnete sich die gewaltige eisenbeschlagene Tür und ein junger Mann trat auf ihn zu.
„Ihr wolltet Don Silvio Savelli sprechen?"
Jakob gab sich unwissend und bescheiden.
„Verzeiht, aber ich bin völlig neu hier, komme aus Spanien und möchte im Viertel Sant' Angelo eine Weinhandlung eröffnen. Man hat mir gesagt, daß die Familie Savelli diese Gegend hier, nun – unter Kontrolle hat, und so wollte ich vorher um Rat fragen."
„Habt Ihr Geld?"
Jakob nickte.
„Nicht viel, aber für eine Geschäftsgründung reicht es. Ich habe kürzlich geheiratet und suche außerdem ein Haus mit Garten oder einen Platz, wo ich mir eines bauen kann."
Der junge Sekretär lächelte.
„Leute mit Geld und Unternehmungsgeist sind immer willkommen, um

so mehr, wenn sie sich unter den Schutz der Savelli stellen. Es kostet nicht viel."
„Wir werden uns einigen."
„Davon bin ich überzeugt."
Innerhalb weniger Tage hatte sich Jakob mit den Savelli geeinigt. Vom alten Flaminischen Circus waren noch weite unterirdische Räume erhalten, bestens geeignet für einen Weinkeller, und ein paar Schritte davon entfernt, gab es einen kleinen verwilderten Garten, übersät mit Marmortrümmern und Tonscherben. Dort ließ Jakob sein Haus erbauen, und zwar nach südspanischer Art mit einem Patio in der Mitte. Was den Wein betraf, so hatte Savellis Sekretär abgewinkt.
„Don Silvio besitzt Weinberge im Latium und in der Campagna, so daß wir Euch sogar beliefern könnten."
„Wenn es gute Weine sind – warum nicht?"
So machte sich Jakob auf den Weg, um andere Kunden zu gewinnen. In guter, unauffälliger Kleidung, begleitet von einem Diener, pochte er an die Tore der kleinen Adelsfamilien, und es stellte sich schnell heraus, daß die Amistati, Belluomo, Calvi, Jacobelli, Palladini, Serlupi und Vallati keine eigenen Weinberge besaßen und gerne bei ihm einkauften, falls er ihre bisherigen Lieferanten unterbot. Jakob biß die Zähne zusammen und tat es, auch wenn er zunächst Verlust machte.
Im Frühjahr bezogen sie ihr Haus, und Judith maulte zuerst über die Abgeschlossenheit des Patio, weil sie gerne über ihren Gartenzaun auf die Straße gesehen hätte, aber bald erkannte sie auch die Vorteile einer solchen Bauweise.
Jakobs Geschäft begann mit der Zeit Gewinn zu tragen, und aus ihm wurde ein richtiger Römer, geachtet von den Zunftkollegen, geschätzt als hilfsbereiter Nachbar und den Savelli ein pünktlicher Zahler. Nun sah er selbst, daß sein Freund Leone nicht übertrieben hatte, wenn er Rom als eine riesige Gerüchteküche bezeichnete, wo man am nächsten Tag schon wußte, wie es gestern um die Gesundheit des Papstes stand und was sich sonst Wichtiges in der Stadt getan hatte. Das Hauptthema war natürlich der Vatikan, den Innozenz VIII. zu einer Krämerbude gemacht hatte, wo für gutes Geld alles zu haben war. Am Tag seiner Wahl hatte er geschworen, die Zahl der Kardinäle bei vierundzwanzig zu halten und nun wurde bekannt, daß er Anfang März fünf weitere ernannt hatte, darunter Pierre d'Aubusson, den Großmeister der Johanniter. Zwei Wochen später hörte Jakob von einem seiner Kunden, warum.

„Unser Heiliger Vater ist ein wahrer Meister, wenn es darum geht, neue Geldquellen zu erschließen. Habt Ihr schon die Geschichte vom Prinzen Djem gehört?"
Jakob heuchelte Neugierde, um den Kunden nicht zu verärgern.
„Nein, Signore, wer soll das sein?"
Der Kunde trat nahe heran und flüsterte: „Bald wird es die ganze Stadt wissen: Im Vatikan regiert ein Großtürke! Er empfängt Gesandte, gibt Audienzen – ein Muslim, ein Heide!"
„Gewiß nur ein Gerücht", murmelte Jakob.
„Nein, nein, ein Verwandter von mir ist – nun, er hat ein Amt im Vatikan. Prinz Djem ist der Sohn des Sultans Mohammed und geriet nach dessen Tod mit seinem älteren Bruder Bajazet in Erbstreitigkeiten. Er verlor, konnte fliehen und kam in Rhodos bei den Johannitern unter. Denen zahlte nun sein Bruder Jahr für Jahr fünfunddreißigtausend Dukaten, damit sie Djem gut in Gewahrsam hielten. Als man in Europa davon hörte, gab es hohe Gebote auf diesen Goldesel und schließlich trug unser Papst den Sieg davon und hat den Sultan wissen lassen, daß er noch was drauflegen muß. Es sollen nun vierzigtausend Dukaten jährlich sein."
„Respekt!" sagte Jakob, „Seine Heiligkeit stellt damit uns Händler glatt in den Schatten. Gegen ihn sind wir nur Stümper."
Der Kunde lachte behaglich.
„Ja, Don Giacomo, Innozenz VIII. kann nicht viel, aber wie man zu Geld kommt, das weiß er!"
Was Jakob da gehört hatte, war nun tatsächlich keine Legende. Prinz Djem durfte unter strenger Bewachung gelegentlich ausreiten, und da bot sich den Römern ein exotisches Bild. Bis auf die Augen verschleiert, auf dem Haupt den edelsteingeschmückten Turban, die kleine dicke Gestalt in weite Gewänder gehüllt, saß der Prinz auf einer schneeweißen Stute, umringt von Dienern und Freunden, die sein Exil mit ihm teilten.
Und er wohnte tatsächlich im Vatikan, Tür an Tür mit dem Papst, der seinen Goldesel streng bewachen ließ.
In Rom war man die desolaten Zustände leid, sehnte die Zeiten wieder herbei, da man halbwegs sicher von einem Stadtviertel ins andere gelangen konnte, während man jetzt damit rechnen mußte, ein unschuldiges Opfer der zwischen den Geschlechtern tobenden Straßenkämpfe zu werden.

Die Juden hatten ihren Favoriten in Kardinal Borgia, der zwar nicht weniger rücksichtslos und geldgierig war, wie die meisten der anderen geistlichen und weltlichen Herren, aber von dessen Toleranz und Liberalität man wußte, während man Giuliano della Rovere, seinem schärfsten Konkurrenten, nicht über den Weg traute.

Manchmal sah Jakob auf seinen Geschäftswegen die Sänfte des Borgia-Kardinals mit dem rotgelben Stierwappen durch die Straßen schaukeln, umgeben von martialischen Leibwächtern, die ihren Herrn wie eine Mauer aus Eisen umgaben. Da konnte es schon passieren, daß die Menschen sich zusammenrotteten, klatschten und riefen: *„Eviva il papa predestinato!*, womit sie nicht nur den künftigen, sondern den – von Gott – vorherbestimmten Papst meinten.

Bei gutem Wetter saß der Kardinal hoch zu Roß, und wenn ihn dann solche Rufe erreichten, zügelte er sein Pferd und rief seinen Anhängern zu: „Ich danke euch, Leute, aber ihr müßt eure Bitten an den Heiligen Geist richten, der im nächsten Konklave den Ausgang bestimmt."

Da lachten die Leute und beklatschten den immer fröhlichen und leutseligen Kardinal.

Meine Stimme hat er, dachte Jakob, aber wer gibt schon was auf die Meinung eines kleinen Juden?

Jakob hatte Don Silvio Savelli einen Teil seiner Weinernte abgekauft. Freilich waren die heutigen Gewächse mit denen der alten Römer nicht mehr zu vergleichen, darüber hatten sie oft im Zunfthaus gesprochen. Falerner, Faustiner, Massiker oder Sorrentiner, das waren klangvolle, aber längst verschollene Begriffe. Es war eine schlecht gekelterte trübe Brühe, die aus den Savelligütern geliefert wurde, aber Jakob seihte sie mehrmals ab und verschnitt sie mit umbrischen oder toskanischen Gewächsen. Das gab einen guten Tischwein, den er mit kleinem Gewinn verkaufte. Seine besseren Kunden aber belieferte er mit griechischen, gallischen und raetischen Weinen, die nicht unbedingt besser waren als die einheimischen, aber reiche Leute lieben nun einmal den fremden Klang, und Jakob hatte später nicht die geringsten Schwierigkeiten, den sündteuren Madeirawein abzusetzen. Einen Import aus Spanien lehnte er ab – an ihm sollte Isabella von Kastilien keine einzige *blanca* verdienen.

Im Spätsommer gebar Judith einen Jungen, den sie Simon nannten, weil dieser neutrale Vorname von Juden wie Christen gebraucht wurde. Am achten Tag nach der Geburt erschien der 'Mohel' (Beschneider), den Ja-

kob und die beiden Paten schon festlich gekleidet erwarteten. Während der Beschneider mit dem vorher angeglühten eisernen Messer schnell und geschickt die Vorhaut des schreienden Buben abtrennte, sprach er die rituellen Worte: „Der uns durch seine Gebote geheiligt und uns geboten hat, ihn in den Bund Abrahams, unseres Vaters, einzuführen."
Darauf die beiden Paten: „Wie er zum Bund eingeführt wurde, so soll er zur Weisung, zur Ehe und zu guten Werken eingeführt werden."
Jakob aber fügte im stillen ein persönliches Gebet hinzu: 'Kleiner Simon, Sproß aus meinem Samen, möge dir und unserem Volk das Leben leicht sein in der Stadt Rom, und möge der Herr diesen und alle künftigen Päpste erleuchten, damit sie weiterhin und in alle Zukunft Schutz und Zuflucht der Juden bleiben.' Fast ohne es zu wollen fügte er hinzu: 'Königin Isabella aber sei verflucht in ihren Kindern und Kindeskindern!'
Ein paar Wochen später – ein Regensturm aus den Albanerbergen trieb an diesem Morgen die Menschen in ihre Häuser – betrat ein Kunde Jakobs *bottega*, triefnaß und leise schimpfend.
„Da geht man einmal nur zum Vergnügen aus dem Haus und schon bestraft einen der Himmel für den Müßiggang."
Jakob half dem langbärtigen alten Herrn aus dem vollgesogenen Mantel und reichte ihm ein sauberes Tuch. Der Kunde bedankte sich, nahm die schwarze Samtkappe vom schlohweißen Haar, trocknete Hände und Gesicht.
„Wollt Ihr Euch hinsetzen?"
„Nein, nein, Signore; Ihr seid mir nur empfohlen worden wegen Eurer großen Auswahl. Ich bin auf der Suche nach leichtverträglichen Krankenweinen..."
„Krankenweinen? Wie müssen die beschaffen sein?"
„Süß – schwer – rot. Süß, um den Kranken zu nähren – schwer, um ihn zu kräftigen und die Herztätigkeit anzuregen – rot wegen der blutbildenden Eigenschaft."
„Seid Ihr Arzt, Signore?"
„Arzt und Jude wie Ihr. Mein Name ist Elia Salmone."
„Nun, *dottore*, da gibt es einige Möglichkeiten. Weine der von Euch gewünschten Art beziehe ich aus Süditalien, Sizilien, aber auch aus Griechenland und neuerdings sogar aus dem portugiesischen Madeira – das ist ein schwerer, süßer Rotwein, aber sehr teuer, weil es ziemlich lange dauert, bis er hier ankommt."

"Meine Kunden können ihn sich leisten."
Jakob scherzte.
„Ihr seid wohl gar Arzt Seiner Heiligkeit?"
„Nein, das nicht, aber fast."
Der alte Herr lächelte flüchtig und legte sofort einen Finger auf die Lippen. Jakob, neugierig geworden, stieß nach: „Damit kann nur Kardinal Borgia gemeint sein."
„Den Namen habt Ihr genannt, nicht ich."
„Man schätzt ihn hier sehr, weil er als umgänglich und tolerant bekannt ist und die Juden darauf hoffen läßt, daß sich in Rom nichts ändert, falls er – aber halt! Wie könnt Ihr als Jude Arzt eines Kardinals sein?"
„Das ist nichts Ungewöhnliches, sogar im Vatikan gibt es jüdische Ärzte, weil die Päpste uns mehr trauen, als unseren christlichen Kollegen. Wir gelten als unbestechlich, weil jeder kleinste Verrat nicht nur uns, sondern alle Juden in Rom treffen würde. Im übrigen ist Seine Eminenz auch mit fast sechzig Jahren noch so gesund wie der Stier in seinem Wappen."
„Also doch Kardinal Borgia?"
Der Arzt lachte.
„Das habt nun wieder Ihr gesagt, doch wir wollen Gott den Herrn bitten, daß er ihn weiterhin so gesund erhält."
„Bis zum nächsten Konklave und darüber hinaus!"
„Amen!"

19

Königin Isabella fand keinen Schlaf. Sie wälzte sich in ihrem Bett herum wie eine von Schmerzen gequälte Kranke, nickte vor Erschöpfung ein und wachte nach einer Stunde schon wieder auf. Woran litt Isabella von Kastilien? War es ein körperliches Leid, das ihr den Schlaf raubte, oder ein seelisches? Konnte sie sich nicht damit abfinden, daß Ferdinand nach wie vor seine Geliebten besuchte und ihr Bett immer häufiger mied? Oder belasteten sie die Urteile ihrer Schnellgerichte, die weniger dem Recht als der Bereicherung dienten? War es vielleicht das Treiben des finsteren Torquemada, dessen Inquisitoren die Ketzer, Häretiker, Gotteslästerer, Zauberer und Hexen unermüdlich in jedem Winkel Kastiliens und Aragons aufzuspüren versuchten? Gellten die Schreie der brennenden Menschen durch ihre Träume und raubten ihr den Schlaf?
Nein – nichts von alledem störte die Nachtruhe der Königin, die ihrem Gemahl die Geliebten gönnte, weil die Lust an der Macht ihr Leben füllte bis zum Rand und die Lust am Beischlaf fast ganz verdrängt hatte. Ihre Urteile fand sie notwendig und gerecht; auch der Großinquisitor war ganz in ihrem Sinne tätig, und die Schreie aus den flammenden Holzstößen klangen ihr wie Fanfaren zur höheren Ehre Gottes. Was war es dann, das ihr diese und die letzten Nächte den Schlaf raubte?
Granada war es, der goldene Apfel, der ihr längst hätte in den Schoß fallen müssen, der sich jedoch hartnäckig dem Pflücken widersetzte. War Malaga schon eine Klippe, die diesen unendlich langen Feldzug fast hätte scheitern lassen, so schien die Lage jetzt noch hoffnungsloser. Dabei hatte König Ferdinand alles getan, um die nächsten Schachzüge in diesem Kampfspiel genau vorauszuberechnen. Zwei Jahre hatte er sich Zeit gelassen, um sein geschwächtes Heer noch größer und schlagkräftiger zu gestalten als je zuvor. Er hatte es auf hunderttausend Mann verstärkt

und mit seinen Feldherrn endlose Beratungen geführt, wo der Hebel als nächstes anzusetzen sei. Der Marqués von Cadiz schlug Guadix vor. Die Stadt liege in einer überschaubaren *vega* (Ebene) wie auf einem Tablett und sei überdies Granada am nächsten. Gonzalo de Cordoba, der furchtlose Ritter, wollte lieber Almeria, die Perle am Mittelmeer, seiner Königin zu Füßen legen. Ferdinand aber stimmte für Baza, denn in Guadix lag der kühne und eisenharte El Zagal mit einer ausgesuchten Elitetruppe, während Almeria sich hinter einem Wall von Bergen verschanzte und nur vom Meer her anzugreifen war. Doch hatte Ferdinand diesmal allein auf sein Landheer gesetzt, außerdem war Baza von den drei in Frage kommenden Städten die größte und lag wie Guadix ungeschützt in einer weiten Ebene. Gut, also Baza sollte es sein.

Der unendliche Heerwurm setzte sich in Bewegung und die Königin zog mit ihrem Hof von Cordoba nach Jaén, um den Ereignissen näher zu sein. Auch Baza war von Bergen umgeben, doch die lagen zu weit entfernt, um einen wirksamen Schutz zu bilden. Die Stadt war in ein weites fruchtbares Tal gebettet, inmitten von Gärten, Feldern und Wasserläufen, gesäumt von den Sommervillen der Reichen, die in schöner luftiger Hügellage von Geschmack und Wohlstand zeugten.
„Ein schönes Bild", bemerkte der König, als sie auf einer Anhöhe hielten und auf die schmucke friedliche Stadt hinunterschauten.
„Die Stadt müßte binnen einer Woche zu nehmen sein", meinte Gonzalo de Cordoba in ritterlichem Ungestüm. Doch der Marqués hielt nüchtern entgegen: „Das haben wir bei Malaga auch schon gedacht!"
Gonzalo fuhr auf.
„Das war etwas anderes! Die Stadt lag zwischen einem Wall steiler Berge und dem Meer, während Baza sich uns darbietet wie eine Hure – willig und mit weitgeöffneten Armen."
„Ihr meint wohl Schenkel?" scherzte Ferdinand matt, doch das friedliche Bild hatte ihn nachdenklich und mißtrauisch gemacht.
„Es ist einfach zu schön, um wahr zu sein."
Aber sie waren schließlich hier, um die Stadt zu erobern, und so befahl der König als erstes eine Reiterattacke. Da würde sich schnell zeigen, ob dem Frieden zu trauen war.
Die Berittenen schwärmten aus, ihre Lanzen und Schwerter funkelten in der Morgensonne – es war ein festliches Bild wie bei einer Prachtparade. Der König betrachtete gespannt die Szene und dachte gerade, die machen

es uns aber leicht, als es um die friedlichen Sommervillen lebendig wurde. Die waren nämlich vollgepackt mit Waffen und Soldaten, hatten sich in kleine Festungen verwandelt. Gonzalo de Cordoba, erkennbar an seinem hochgewölbten funkelnden Helm und dem roten Feldherrnmantel, zügelte sein Pferd so hart, daß es sich wiehernd aufbäumte, und rief seinen Männern etwas zu, doch die Verwirrung war so groß, daß niemand auf ihn achtete. Die maurischen Soldaten auf ihren schlanken schnellen Pferden schwangen die Krummsäbel und fuhren wie Blitze unter die langsamen schwergepanzerten spanischen Reiter. Diese versuchten, so gut wie möglich mit der Überraschung fertig zu werden, hieben und stachen sich durch die feindlichen Horden, behielten ihr Ziel im Auge, das im goldenen Morgenlicht gebadete Baza, aber – Ferdinand sah es von seinem Hügel aus mit Entsetzen – ihre Pferde strauchelten, stürzten, überschlugen sich, und die schwergepanzerten Reiter krachten klirrend auf die Erde, wo sie wie halbbetäubte metallene Würmer hilflos herumkrochen. Noch ehe einer von ihnen auf die Beine kam, waren flinke maurische Fußsoldaten zur Stelle und schnitten ihnen die Kehlen durch. Gonzalo de Cordoba wußte aus Erfahrung, was hier vorging. Die Mauren hatten ein Netz von dünnen Seidenstricken zwischen Bäume und Büsche gespannt, etwa in Kniehöhe der Pferde, und durch geschickte, dem Boden angepaßte Tarnfarben fast unsichtbar gemacht.
„Zurück!" rief Gonzalo seinen Reitern zu, „sofort umkehren!", und fast gleichzeitig befahl der König den Abbruch des sinnlosen Kampfes. Die Trompeter stießen machtvoll in ihre Hörner, und der helle klagende Ton forderte die Reiter zur Rückkehr auf.
Die ganze Aktion hatte kaum eine Stunde gedauert, aber einen sehr hohen Blutzoll gefordert. Bei der anschließenden Besprechung sparte der König nicht mit Kritik, ohne sich dabei auszuschließen.
„Wie dumme Bauerntölpel sind wir wieder einmal in die Falle getappt! Wie konnten wir nur vergessen, daß die *moriscos* gewiegte Taktiker sind, durch langjährige Kampferfahrung gewitzt und geübt. Ich schwöre es vor dem Angesicht Gottes, daß mir ein solcher Fehler nie mehr unterlaufen wird. Ein zweitesmal könnte ich es mir nicht verzeihen."
Die anderen senkten ihre Köpfe und schwiegen betreten. Was sollten sie auch anderes tun, wenn der König mit sich selbst ins Gericht ging? Schließlich meldete sich Gonzalo als der Älteste zu Wort.
„Jedenfalls soll uns das eine Lehre sein. Wir müssen uns jetzt viel Zeit lassen und ganz systematisch vorgehen – Zug um Zug."

„Wie Schachspieler...", warf der König ein.
„Ja", sagte Gonzalo, „wie Schachspieler, die mindestens fünf Züge vorausdenken und dabei Klugheit und Stärke des Gegners in ihre Überlegungen miteinbeziehen. Als erstes müssen die befestigten Villen Stück um Stück ausgehoben werden, dann sollen sich unsere Pioniere um alles kümmern, was den Weg zur Stadt behindert: Stricke, Fallgruben, zerstörte Brücken und so weiter. Erst wenn dies getan ist, sollten wir an den nächsten Zug denken."
„Gonzalo hat recht", sagte der König, „einen anderen Weg gibt es nicht."
Die Durchführung dieses Planes erwies sich jedoch als zeitraubend und verlustreich. Was Soldaten und Pioniere untertags in mühsamer und gefahrvoller Arbeit leisteten, machten die Mauren während der Nacht zunichte. Sie kannten das Gelände weit besser, und wo man die Seidenstricke beseitigt hatte, spannten sie an anderer Stelle neue, zerstörten die von den Pionieren errichteten Brücken, bauten die Villen notdürftig wieder auf, schafften neue Soldaten und Waffen heran. Hinter diesen Aktionen stand der berühmte maurische Feldherr Cid Hiaya, ein Schwager des Sultans El Zagal und einer der fähigsten und klügsten Heerführer des Feindes. So vergingen Juli, August und September ohne nennenswerten Erfolg.
„Es ist zum Verzweifeln", rief der König und drohte der wie zum Hohn in Sichtweite daliegenden Stadt mit der Faust. Eine Geste, hilflos und lächerlich, aber alle konnten Ferdinands Empfindungen nachfühlen, und keinem war zum Lachen zumute.
„Was sollen wir nur tun? In spätestens vierzehn Tagen setzt der Herbstregen ein und dann müssen wir hier überwintern! Wenn ich daran denke..."
Ferdinand ließ die Hand sinken und setzte sich so behutsam auf einen Feldstuhl, als fürchte er, ihn zu zerbrechen.
„Wir könnten die Belagerung von der anderen Seite versuchen – also, ich meine von Osten, natürlich erst im nächsten Jahr..."
Gonzalo lächelte müde.
„Aber Marqués, das haben wir doch alles schon durchgekaut. Der Osten ist zu bergig, da wird es noch schwieriger sein."
„Stimmen wir ab!"
„Worüber?"
„Natürlich über den Abbruch der Belagerung! Wir müssen dann eben

für das nächste Jahr neue Pläne machen, aber jetzt geht es nur darum, ob wir weitermachen oder nicht. Also – wer stimmt für den Abbruch?"
Die Hände hoben sich zögernd, aber sie hoben sich alle, auch die des Königs.
„Gut, meine Herren, die Entscheidung fiel einstimmig. Wenigstens ein Lichtblick in dieser Trübsal. Ich werde sofort einen Boten nach Jaén schicken, um die Königin zu benachrichtigen."
Und diese Nachricht war es nun, die Isabella den Schlaf raubte, weil sie wußte, daß eine fehlgeschlagene Belagerung dieser wichtigen Stadt den Krieg um unabsehbare Zeit verlängern würde. Baza war das Tor zu Granada, aber es ließ sich offenbar nicht aufsprengen.
Die Königin tastete nach der Klingel. Eine verschlafene Dienerin huschte herein.
„Wecke sofort den Sekretär!"
Der kannte seine Herrin genau und wußte, daß es jetzt auf Schnelligkeit und nicht auf Etikette ankam. So schlüpfte er nur in seinen Hausmantel, griff nach Tinte und Feder, hastete ins Arbeitszimmer der Königin. Isabella war auch nur notdürftig angekleidet und brach in fröhliches Lachen aus, als sie ihren vertrauten Sekretär sah.
„Wir sehen aus wie ein Liebespaar, das sich nachts verstohlen in der Bibliothek trifft. Verzeiht, Julio, aber ich konnte es nicht länger hinauszögern, und der König erwartet dringend meine Nachricht. Also setzt Euch hin und schreibt!"

Vielgeliebter Gemahl und König, ich habe Eure Entscheidung vernommen und respektiere sie. Ihr seid der Feldherr und wißt wohl am besten, wann eine Belagerung sinnlos wird. So werden wir wohl den Krieg an geeigneterer Stelle und zu einem günstigeren Zeitpunkt fortsetzen müssen. Solltet Ihr Euch dennoch entschließen, vor Baza auszuharren, so werde ich Euch mit allem, was ich habe, unterstützen.

König Ferdinand las den Brief und fühlte, wie ihn neue Zuversicht durchdrang. Er kannte Isabella gut genug, um zwischen den Zeilen ihre Aufforderung zu lesen, die Belagerung durchzuhalten. Niemals machte sie Vorwürfe oder stellte Forderungen – nein, sie bot nur ihre Hilfe an. Gutgelaunt wie lange nicht mehr, rief Ferdinand seine Heerführer zusammen. Er schwenkte Isabellas Brief.
„Die Königin ermuntert uns zum Weitermachen, bietet uns ihre Hilfe an."

Gonzalo de Cordoba strahlte.

„Ich wußte es! Sie gibt nicht auf, weiß, daß wir es schaffen. Wir werden uns hier einigeln, der Stadt die Zufuhr abschneiden und im Frühjahr – peng!"

Krachend schlug er seine Faust auf den Kartentisch. Der Marqués von Cadiz war eher skeptisch, doch die Hoffnung, seinen Soldaten den ausstehenden Sold zahlen zu können, gab ihm neue Zuversicht.

„Einverstanden", sagte er, „aber mein geliebter Vetter, der Herzog von Medina-Sidonia sollte sich auch an der Hilfe beteiligen. Wir dürfen nicht alles nur der Königin überlassen."

Ferdinand rieb sich die Hände.

„Ja, Seine Gnaden wird uns wieder einmal einen Sack Dukaten schicken müssen; ich werde ihn gleich heute noch an seine Pflichten erinnern."

Sankt Petrus war dem christlichen Heer gnädig gesinnt; der Herbstregen setzte spät und zuerst sehr spärlich ein. Ferdinand nützte die Zeit und ließ seine Pioniere einen drei *leguas* (ca. 15 km) langen festen Palisadenzaun errichten, in den alle dreihundert Schritt ein Wachturm eingefügt war. Alle erreichbaren Bäume ließ er abholzen und damit tausend feste Winterquartiere bauen. Diese Arbeiten geschahen unter ständigem Beschuß von Pfeilen und Überraschungsangriffen maurischer Reiterhorden. Das spanische Heer hatte inzwischen ein Fünftel seiner Stärke eingebüßt, das heißt, etwa zwanzigtausend Mann waren durch Kampf, Überfälle und Krankheiten während dieses Halbjahres umgekommen.

Dann kam der Herbstregen, und es schien, als hätte er seine Wasserfluten aufgespart, um sie dann in wenigen Tagen auf einmal herabzuschütten. Das von den Mauren errichtete komplizierte Kanal- und Bewässerungssystem brach zusammen – mit Schlamm vermischte Steinmuren lösten sich von den Hängen, rissen die Holzbaracken nieder, zerstörten Teile der Palisaden, brachten Wachttürme zum Einsturz und – das war am schlimmsten – hinderten den von Isabella organisierten Nachschub.

Ferdinand schwang sich aufs Pferd und ritt durch das aufgestörte, in Auflösung begriffene Feldlager. Die Soldaten versuchten, aus den Trümmern ihre wenigen Habseligkeiten zu retten, die Hauptleute brüllten herum, die Unterführer drohten schreckliche Strafen an, aber Not und Verwirrung waren zu groß, um das Chaos zu bändigen.

Ferdinands Pferd glitt im Schlamm aus und stürzte. Der König konnte sich nur durch einen schnellen Sprung davor retten, von dem Tier erdrückt zu werden. Er bestieg ein neues Pferd, das sich kurz darauf ein Bein brach und getötet werden mußte. Dabei regnete es ununterbrochen wie aus Kübeln, und das war kein warmer angenehmer Sommerregen, sondern eisige Wasserströme, die bis auf die Haut drangen, den Körper unterkühlten und lähmten.

Aber auch das ging vorbei, zwei Tage später erwärmte eine noch kräftige Herbstsonne die erstarrten Glieder und neue Hoffnung kehrte ein. Isabella hatte ein paar Hundert Pioniere angeworben, ließ die Straßen ausbessern und setzte den Nachschub mit fünfzehntausend beschlagnahmten Mauleseln wieder in Gang. Den betroffenen Bauern wurde gesagt, daß ihr Lasttier zu einem höheren gottgefälligen Zweck benötigt werde und sie sich damit himmlischen Lohn erwürben. Die geschwächte Truppe füllte die Königin mit Zwangsrekrutierungen auf, die jeden Mann unter siebzig und über vierzehn zum Waffendienst verpflichteten, aber nur die ärmeren Schichten betrafen, denn die Wohlhabenden durften sich freikaufen. So kam es, daß überall in Andalusien bei den Bauern, Handwerkern, Knechten und Tagelöhnern eine Massenflucht einsetzte. Die Rekrutierungstrupps wurden mit Steinen, faulen Eiern und Schlimmerem beworfen und fanden in den Dörfern und Märkten nur noch Kinder und Tattergreise.

Am 7. November traf die Königin im Feldlager bei Baza ein. Diesmal wurde ihre Ankunft nicht mit einem Festmahl gefeiert, und der Jubel klang recht dürftig. Isabella sprach mit Ferdinand längere Zeit unter vier Augen. Sie hatte nicht nur Geld, Waffen, Proviant und Truppen mitgebracht, sondern unterbreitete ihrem Gemahl einen Plan, der in seinen Augen so verstiegen war, daß er nur fassungslos den Kopf schüttelte.

„Das geht nicht, nein – das geht nicht...", sagte er nur immer wieder.

Isabella blickte ihn liebevoll an, und in ihrem Blick lag etwas wie Nachsicht.

„Euch Männern fehlt ganz einfach die Phantasie. Jeder Mensch ist vernünftigen Argumenten zugänglich, und das gilt auch für Cid Hiaya, mag er noch so sehr mit dem Säbel rasseln. Mir ist da unterwegs etwas eingefallen, ganz plötzlich. Bedenke aber, daß wir mit einem Muslim verhandeln – das heißt, du mußt reden, am besten ganz ruhig und sachlich, als ginge es um ein Geschäft."

„So ist es ja auch, wir schlagen ihm ein Geschäft vor, aber ich muß dir trotzdem sagen, daß mir vor dieser Unterhaltung graust."

„Dann laß es dir wenigstens nicht anmerken, mein Lieber."

Isabella sandte noch am gleichen Tag einen Parlamentär in die Stadt, und am nächsten Abend trafen sich einige vermummte Gestalten in einem abgelegenen Sommerhaus, nur von einigen Bewaffneten begleitet.
Dann saßen sie einander gegenüber, in der leergeräumten Stube des kleinen Sommerhauses, auf einfachen Feldstühlen – Isabella von Kastilien, Ferdinand von Aragon und Cid Hiaya, der maurische Aristokrat und Heerführer. Ein schwarzer oder auch schwarz gefärbter Vollbart ließ ihn alterslos erscheinen; seiner schlanken straffen Erscheinung war nicht anzusehen, daß er sich schon den Sechzigern näherte. Er sprach ein reines, etwas rauhes Kastilisch und eröffnete sofort das Gespräch.
„Die Majestäten haben mir etwas vorzuschlagen? Ich höre!"
Isabella blickte auf Ferdinand, doch der reagierte schnell.
„So ist es Hoheit. Unser Krieg geht nun schon über vier Monate; die Verluste auf beiden Seiten sind groß, das Ergebnis gering. Doña Isabella ist gestern mit neuen Truppen, Waffen und Proviant für weitere drei Monate eingetroffen. Wenn Baza sich nicht ergibt – wir können die Belagerung unendlich lange ausdehnen. Geld ist reichlich vorhanden, da fast ganz Spanien unter unserer Herrschaft steht. Damit will ich sagen: Eines Tages wird Baza dennoch fallen, doch dann gibt es für Euch, Eure Männer und die Bürger der Stadt keine Gnade mehr. So schlage ich vor, die Operation abzukürzen. Vor einigen Tagen hat uns der Herzog von Medina-Sidonia weitere zwanzigtausend Dukaten übersandt, dreißigtausend liegen in Jaén für neue Waffenkäufe und Truppenaushebungen bereit. Wenn Ihr Baza aufgebt, geschieht der Stadt kein Leid, Ihr erhaltet freien Abzug und als Entschädigung fünfzigtausend Dukaten."
Das bärtige Gesicht des Mauren ließ nicht erkennen, wie er den Vorschlag aufnahm. Er dachte eine Weile nach und sagte dann ganz ruhig, als handle es sich um ein Geschäft von einigen Maravedis: „Eure Argumente und Euer Vorschlag haben einiges für sich. Ich wundere mich nur, daß sie nicht eher gekommen sind, Ihr hättet mich stets verhandlungsbereit gefunden. Allerdings kann ich keine Entscheidung treffen, ohne meinen Schwager, den Sultan, zu befragen. Noch in dieser Stunde sende ich einen Boten nach Almeria."
Isabella warf ein: „Dann teilt bei dieser Gelegenheit dem Sultan mit, daß unsere Übergabebedingungen auch für Almeria gelten."
Hiaya streifte sie nur mit einem flüchtigen Blick und schaute dann den König fragend an. Die Stimme einer Frau hatte für ihn kein Gewicht, auch wenn es die der Königin war. Ferdinand ärgerte sich.

„Ihr habt doch gehört, was Doña Isabella sagte! Dem ist nichts hinzuzufügen."
Cid Hiaya erhob sich.
„Gut", sagte er schroff, „binnen einer Woche kann alles abgewickelt sein."
Und das Unwahrscheinliche, Unglaubliche, nur schwer zu Fassende geschah: El Zagal erlaubte nicht nur die Übergabe von Baza, er erklärte sich seinerseits zu einer völligen Kapitulation bereit, mit kampfloser Auslieferung der Städte Almeria und Guadix. Die Könige boten dem alten Sultan als Ruhesitz eine kleine Herrschaft in der Alpujarra an, einem fruchtbaren Gebiet im Süden der Sierra Nevada, was er ohne weiteres akzeptierte.
„Später gehe ich vielleicht in die Heimat meiner Vorfahren zurück, aber vorerst bleibe ich schon deshalb hier, um zu sehen, wie Ihr mit meinem Neffen fertig werdet." Der Alte lächelte boshaft. „Da sitzt er nun in Granada und zittert mit den Pappeln um die Wette, weil er sich denken kann, was jetzt auf ihn zukommt. Ob Boabdil Euch – wie ich es tat – die Stadtschlüssel auf einem Kissen überreicht, möchte ich bezweifeln. Er ist jung und ungestüm..."
„Ihr könntet ihm zuraten", schlug Ferdinand vor.
„Nichts werde ich tun, Majestät – gar nichts! Damit müßt Ihr nun fertig werden."
König Ferdinand war froh und erleichtert. Er haßte Feldzüge und unnützes Blutvergießen, doch der Kampf um Granada hatte ihm das Amt des obersten Heeresführers auferlegt, und er mußte es durchstehen. In seine Freude um den kampflosen Gewinn der wichtigsten Städte des Emirats mischte sich etwas Bitterkeit. Wieder hatte Isabella die entscheidende Idee gehabt, und im Grunde war sie es gewesen, die – wie auch in Malaga – den Ausschlag für ein glückliches Ende gab. Nicht in seinen kühnsten Träumen hätte er damit gerechnet, daß der zähe alte El Zagal gleich auf den ersten Vorschlag hin kampflos die Waffen streckte – für freien Abzug und ein paar tausend Dukaten.
Gonzalo de Cordoba, der Marqués von Cadiz und die anderen Heerführer wunderten sich mit ihm. Der Marqués versuchte eine lahme Erklärung: „Da sieht man wieder, daß eine Frau sich besser im Gemüt eines Mannes zurechtfindet als wir. Hüben wie drüben wäre man gerne bereit gewesen zu verhandeln, aber keiner wagte es, den Anfang zu machen – aus Stolz, aus Scham, oder aus..."

„Dummheit! Ja, es war auch Dummheit, meine Herren! Machen wir uns da nichts vor!"
„Im Grunde sind diese Muslime Krämerseelen, die sich kaufen lassen. Das ist die ganze Erklärung!"
Gonzalo blickte trotzig in die Runde, der stolze und furchtlose Ritter hatte gesprochen.
„Sei's drum! Wir können nur hoffen, daß auch Boabdil käuflich sein wird, denn Granada ist eine harte Nuß. Da werden wir uns jahrelang die Zähne daran ausbeißen."
Das hochgelegene, bergumgürtete Granada bot nur von Westen her eine schwache offene Seite. So führte Ferdinand sein Heer in das alte Lager bei Loja, während Isabella ihren Hof von Jaén wieder nach Cordoba verlegte. Dorthin sollte der König später kommen, aber er ließ sich Zeit. Er brauche jetzt dringend etwas Erholung, ließ er seiner Umgebung verkünden, und verschwand mit einigen vertrauten Freunden und Dienern im bewaldeten Flußtal des Genil, wo er jagen und fischen wolle.
Das tat er dann auch, schlüpfte ins leichte bequeme Jägerkleid und ließ es sich lachend gefallen, wenn ein kleiner adelsstolzer Hidalgo die herumziehenden Jäger von seinen Feldern scheuchte.
„Landfahrergesindel! Höchste Zeit, daß unsere Königin euch unter die Soldaten steckt, dann könnt ihr nicht mehr dem Herrgott die Zeit und mir das Wild stehlen."
„Aber wir waren doch in der Armee Ihrer Majestät", protestierte Ferdinand lachend, „haben Malaga erobert, Baza belagert, Almeria und Guadix besetzt. Im nächsten Jahr geht's gegen Granada, aber jetzt sind wir beurlaubt, und das solltet Ihr uns schon gönnen, edler Herr!"
Der Hidalgo wurde unsicher. Dieser Bursche sprach ein so gepflegtes Kastilisch, daß es immerhin sein mochte...
„Wenn das stimmt, so geht mit Gott!"
Langsam zogen sie weiter, vorbei an Iznajar, Rute und Zambra und wären in Lucena vom *alcalde* fast erkannt worden. Am Beginn seiner Herrschaft hatte das Königspaar während einer Rundreise dort im Stadthaus eine Nacht verbracht, worüber der Bürgermeister so beeindruckt und erfreut war, daß er diese bedeutsamen Stunden nie vergaß. Als sie nun abends in der Ratsschenke saßen, kam der *alcalde* herein und starrte Ferdinand an wie einen Geist.
„Aber Ihr seid doch – verzeiht – nein, das kann nicht sein – nun, es ist schon fünfzehn Jahre her – aber..."

„Können wir Euch helfen, Señor?"
„Verzeiht, aber Ihr habt eine gewisse Ähnlichkeit mit unserem König, der uns vor vielen Jahren die Ehre erwies, mit seiner Gemahlin hier zu übernachten. Seid Ihr ein Verwandter Seiner Majestät?"
Die Freunde verbissen sich mit Mühe das Lachen. Ferdinand winkte den *alcalde* heran und flüsterte: „Ein sehr enger Verwandter, aber davon darf niemand wissen! Also bitte schweigt – aus Liebe zum König!"
Der Bürgermeister verneigte sich steif und gewichtig und schritt würdevoll davon, ein schweigsamer Geheimnisträger im Dienst seines Monarchen.
Am nächsten Tag ritten sie nach Aguilar, und Ferdinand scheuchte seine Freunde davon, nahm nur zwei vertraute Diener mit in Marianas Haus.
„Ein seltener Gast", begrüßte ihn seine Geliebte, doch es klang weder spöttisch noch vorwurfsvoll. Sie fiel ihm um den Hals. „Ist der Krieg vorbei?"
„Zur Hälfte, *carina*, im nächsten Jahr geht's weiter. Aber hier will ich nichts davon hören! Wie geht's der Kleinen?"
„Prächtig! Sie wird gleich erscheinen."
Dann kam die *niñera* und schob das kleine Mädchen vor sich her.
„Schau, Gabriela, wer gekommen ist!"
Die Kleine schwieg und verbarg das Gesicht im Gewand der *niñera*.
„Sie kennt Euch nicht; es ist ja über ein Jahr her, daß sie Euch gesehen hat."
„Dein Papa will dir einen Kuß geben."
Mariana nahm ihre Tochter auf den Arm und winkte das Mädchen hinaus.
„Papa?"
Ferdinand lächelte.
„Dein Papa war im Krieg, und der ist jetzt aus, und so bin ich gleich gekommen, um dich wiederzusehen."
Mit großen Augen starrte die fast Vierjährige ihren Vater an. Der küßte sie herzhaft, faßte ihre beiden Hände und wirbelte sie herum. Die Kleine kreischte und lachte, und als er sie absetzte, forderte sie: „Noch mal! Noch mal!"
„Später, mein Liebes. Du willst doch auch dein Geschenk sehen, das ich dir mitgebracht habe."
Gabriela klatschte in die Hände.
„Was ist es? Wo ist es?"

Es war ein kleiner Esel, nur einen halben Fuß lang, und naturgetreu nachgebildet mit zierlichen Hufen und glänzenden Glasaugen.
„Der Arme hat noch keinen Namen, den mußt du ihm geben."
Gabriela drückte das Tierchen an die Brust.
„Süßer kleiner *borrico*, wenn du schön brav bist, werde ich bald einen Namen für dich finden."
„Wie wär's mit Andrés?"
„Warum gerade Andrés?" fragte Mariana.
Ferdinand lachte.
„Weil ich an einen meiner Kammerherren denken muß, den seine Frau laufend betrügt, aber er merkt nichts. Der ist ein rechter Esel und heißt Andrés."
Gabriela schüttelte den Kopf.
„Ich werde ihn Gabriel nennen, dann sieht man gleich, daß er mir gehört."
„Kinderlogik", sagte der König schmunzelnd.
Er freute sich, daß er hier war, wo er sich inzwischen heimisch fühlte. Da durfte er den König draußen vor der Tür lassen, was am Hof nicht möglich war, weil er dort seine Rolle vierundzwanzig Stunden lang zu spielen hatte, Tag für Tag: bei Audienzen, im Thronsaal, vor den Cortes, vor seinen Dienern, im Bett der Königin, bei den Mahlzeiten, auf dem Abtritt – immer! Hier war er nur ein Mann, der sein Liebchen besuchte, seine Tochter küßte, mit Appetit aß und trank und mit seinem Mädchen ins Bett ging, ohne daß die halbe Stadt darüber tuschelte.
Ferdinand war zum Herrscher geboren und erzogen, aber er brauchte diese Tage des Aufatmens, der Anonymität, da er irgendein Mann sein durfte, der irgendwo mit seiner kleinen Familie lebte und glücklich war – wenn auch nur für kurze Zeit.

20

Es war gar nicht leicht, in Cordoba eine Wohnung zu finden. Seit das Königspaar im Alcazar residierte, war die Stadt von Menschen überschwemmt, die mit dem Hof zu tun hatten, aber die wenigsten von ihnen wohnten im Schloß. Da war gerade Platz für die Leibwache, ein paar Hofdamen und Kammerherren, sowie die wichtigste Dienerschaft. Alle anderen mußten schauen, wo sie in der Stadt unterkamen, und diesen ungeheuren Troß von Hofschranzen, Kriegsleuten, Räten, Gästen, Freunden und Günstlingen nannte das Volk respektlos den 'Bienenschwarm'. Wo immer er auch einfiel, löste er zweierlei Entwicklungen aus: Einerseits prosperierte die Stadt an den vielen Käufern, Nahrung- und Wohnungssuchenden. Die Bauern kamen von weither, denn wo der 'Bienenschwarm' seine Königin umsurrte, floß der Wein in Strömen; Kälber, Rinder, Schweine und Geflügel wurden täglich im Dutzend verspeist, die Bäcker legten Sonderschichten ein, und bei den Schneidern, Gürtlern, Hufschmieden und Sattlern, den Goldschmieden und Juwelieren herrschte ein hektisches Treiben, woran auch Bettler und Huren teilhatten. Die ganze Stadt prosperierte, aber da waren auch die Schattenseiten. Fahrende Leute sammelten sich in der Stadt, doch mit den Gauklern, Feuerschluckern, Akrobaten und Wandertheatern strömte auch manchels Gesindel herein: Diebe, Betrüger, Falschspieler, Wahrsager und Wunderärzte zogen den Leuten offen oder heimlich das Geld aus der Tasche. Aber damit mußte man rechnen, und die dicht behängten Galgen vor der Stadt zeugten vom wachen Auge des Gesetzes. Viel schlimmer wirkte sich die Teuerung aus. Eine rege Nachfrage trieb schnell die Preise in ungewohnte Höhen, und die kleinen Leute – jene, die nicht am 'Bienenschwarm' verdienten – hatten das Nachsehen.
Columbus gab nach einigen Wochen die Wohnungssuche auf und blieb

in seiner kleinen *posada*, die nur eine schmale Gasse von der Südmauer der Mezquita trennte. Sein schmales finsteres Zimmer eignete sich nur schlecht zum Arbeiten, so daß er eine Ecke des Patios mit Beschlag belegte, um dort für die Marquesa eine Spanienkarte zu zeichnen.
Beatriz de Moya hatte ein Auge auf ihn geworfen, und Columbus – immer sein Ziel vor Augen – wollte die Gelegenheit zu seinem Vorteil nutzen. Seit er am Hof verkehrte, wußte er, daß die Marquesa die engste und intimste Vertraute der Königin war und daß sie den langen schweren Weg zu einer Audienz wesentlich verkürzen konnte. Sie gehörte zu den wenigen, die im Alcazar wohnten, und ihre beiden Zimmer grenzten an die Räume der Königin.
Dort suchte Columbus sie auf, als er die Karte vollendet hatte. Um sie nicht zu kompromittieren, machte er zuvor eine Höflichkeitsvisite beim Schatzmeister Quintanilla, fragte nach Neuigkeiten und erfuhr, daß man die Könige im Mai zurückerwartete.
„Das sind ja nur noch drei Wochen! Nun, ich stehe ja schon auf der Audienzliste und dann..."
„Señor Colon, macht Euch keine zu großen Hoffnungen. Es kann Monate dauern, bis Ihr dran seid, da Euer Anliegen nun einmal nichts mit der jetzigen Lage zu tun hat, und wie Ihr wißt, Granada vor allem anderen den Vorrang hat."
„Gewiß, gewiß, ich werde mich in Geduld üben müssen."
Und trotzdem werde ich eher dran sein, als du es dir ausmalen kannst, dachte Columbus, während er der Marquesa seine Ankunft melden ließ.
„Señor Colon! Das ist aber eine frohe Überraschung! Ihr werdet doch nicht...?"
Columbus lächelte und hielt die zusammengerollte Karte hoch.
„So schnell habe ich noch keine *mapa* gezeichnet, das dürft Ihr mir glauben, Marquesa. Die Ungeduld, Euch wiederzusehen, hat meine Arbeit ungemein beschleunigt."
Sie lachte leise und schlug ihm spielerisch ihren Fächer auf den Arm.
„Ihr versteht es, Komplimente zu machen, Señor."
„Was sonst gar nicht meine Art ist. Wo hätte ich es auch lernen sollen? Bin mein halbes Leben zur See gefahren, war sieben Jahre verheiratet..."
„Auch der eigenen Frau kann man Komplimente machen."
„Nun ja – in einer Ehe, Ihr wißt es ja selbst..."

Sie wischte das Thema mit ihrem Fächer beiseite wie lästige Spinnweben.
„Schluß damit! Nun laßt mich endlich die Karte sehen, ich bin schon so gespannt!"
Columbus blickte sich um.
„Gibt es hier keinen Tisch?"
„Leider nicht, aber wir könnten sie auf den Boden breiten – oder noch besser da drüben aufs Bett." Ganz ohne Verlegenheit zog sie den Vorhang zurück und klopfte einladend auf die Polster. „Nun kommt schon, Señor, ziert Euch nicht! Ihr seid ein reifer, erfahrener Mann, und ich bin keine schüchterne Jungfrau mehr. Oder sollen wir lieber den Kartentisch in der Bibliothek benutzen?"
Sie setzten sich beide aufs Bett, breiteten die Karte aus und beugten ihre Köpfe darüber.
„Es sind die wichtigsten Flüsse darauf, hier im Norden der Ebro, dann Duero, Tajo, Guadiana und Gualdalquivir. Im Süden habe ich noch den Rio Tinto eingezeichnet, der ist zwar nicht groß, aber als Flußhafen sehr wichtig."
Warum rede ich jetzt so viel? fragte er sich. Will ich etwas aufhalten, was nicht aufzuhalten ist, weil sie es will, oder nicht will.
Ein schlanker gepflegter Finger klopfte auf eine bestimmte Stelle.
„Was soll das hier bedeuten – diese feinen Striche?"
„Damit sind die Erhebungen gemeint, von denen ich Euch nur die wichtigsten angeführt habe. Euer reizender Finger zeigt gerade auf die Sierra Nevada, von der wir hoffen, daß sie bald im Besitz unserer Majestäten sein wird."
„Und das hier?"
Sie beugten sich gleichzeitig tiefer und stießen dabei leicht mit den Köpfen zusammen.
„Oh, verzeiht!"
Lächelnd rieb sie sich die Stirn.
Columbus fegte die Karte vom Bett und küßte die Marquesa mit Leidenschaft. Atemlos machte sie sich frei.
„Nicht so stürmisch, Señor, wenn man uns hier sieht! Auf Ehebruch stehen strenge Strafen..."
Sie öffnete die Tür und sprach leise ins Vorzimmer.
„Jetzt weiß meine Zofe Bescheid, daß ich nicht gestört werden will."
„Beim Kartenstudium?"

„Wobei sonst?"
Doch die Karte lag vergessen auf dem Fußboden, während die Marquesa sich hurtig entkleidete und Rock, Mieder, Unterwäsche und Strümpfe auf die Städte, Flüsse und Berge Spaniens häufte.
Columbus umfing ihren weichen nachgiebigen Körper, der fügsam jeder Forderung gehorchte, ihre Schenkel fühlten sich an wie samtene Kissen, ihre Arme wie zarte Schlingen, ihre Hände wie zärtliche kleine Tiere, die auf seinem Körper herumhuschten, gar nicht zögerlich, erfahren und wohl wissend, wie ein Mann zu erregen, zu führen und leiten ist.
Als die Lust ihren Körper ergriff, stieß die Marquesa kleine spitze Schreie aus, die ihn erregten und anstachelten, doch sie schloß dabei ihre Augen nicht, wie die meisten Frauen, sondern weitete sie in einer Art wohligen Schreckens, und als der Höhepunkt nahte, verbiß sie sich in seine Schulter wie eine Katze und stieß dabei ein leises Knurren aus.
Dann ruhten sie nebeneinander, und die Hand der Marquesa lag spielerisch auf seinem Geschlecht, umfing es zart und sanft, doch mit leisem besitzergreifenden Druck, als wolle sie sagen: Das gehört nun mir, und ich halte es fest.
Bei seinem fünften Besuch innerhalb eines Monats gab die Marquesa zu bedenken: „Eure häufige Anwesenheit im Alcazar fällt um so mehr auf, als Ihr kein festes Amt versieht, und so habe ich eines für Euch geschaffen."
„Oh, ich verstehe, und kann mir auch schon denken, wie man es nennt: Hausfreund der Marquesa de Moya vielleicht?"
„Ihr seid frivol, Señor Colon! Nein, ich habe verbreiten lassen, daß Ihr mich in die Geheimnisse der Kartographie einführt, und ich möchte tatsächlich, daß Ihr es tut, auch weil ich dann Eure Pläne besser verstehen lerne."
So war der Schicklichkeit Genüge getan, denn nach außen hin legte Beatriz de Moya größten Wert auf Etikette. Sie gebrauchte ihm gegenüber niemals das 'Du', auch nicht, wenn sie die Vorhänge im Alkoven zuzog.
Eines Tages – sie kleideten sich gerade an, und er sah ihr zu – sagte sie scherzhaft, aber es klang auch bedauernd: „Für die nächste Zeit werden wir unsere Unterrichtsstunden einstellen müssen."
Er wußte sofort, warum, spielte aber den empörten Galan.
„Seid Ihr meiner überdrüssig geworden, Marquesa? Oder ist da ein anderer Mann im Spiel?"

Sie lächelte kokett.
„Ja, Don Cristobal, letzteres trifft zu."
„Nennt mir seinen Namen, ich werde ihn fordern!"
„Dazu hätte er wohl eher einen Grund. Es ist mein Gemahl, der mit den Königen nach Cordoba kommt. Mit ihm werde ich Euch betrügen müssen, aber die Gefahr ist nicht sehr groß, weil Don Andrés in der Regel mein Bett meidet, als sei es ein Höllenpfuhl."
Columbus küßte zart ihre Hand.
„Dabei ist es ein Paradies."

Als Anfang Mai das Königspaar nach Cordoba zurückkehrte, verstand die Marquesa de Moya mehr von Geographie und Gebrauch der Landkarten als die meisten Menschen am Hof. Columbus aber erntete die Früchte seiner Liebesbeziehung: Schon fünf Tage nach ihrer Ankunft empfingen die Majestäten Señor Cristobal Colon ganz unzeremoniös im maurischen Zimmer das Alcazar. An der Wand war eine von ihm gezeichnete Weltkarte befestigt, und zwar so, daß das volle Tageslicht darauf fiel.
Die Könige saßen auf einfachen bequemen Stühlen, als Columbus eintrat. Hinter Ferdinand standen Kardinal Mendoza und der Schatzkanzler Luis de Santangel, neben Isabella saß auf einem Hocker die Marquesa de Moya und plauderte angeregt mit ihrer königlichen Freundin.
Columbus beugte das Knie und küßte den Majestäten die Hand. Ferdinand blickte recht gelangweilt, und es war eine deutliche Ungeduld in seinen Worten, als er sagte: „Nun, Señor Colon, versucht Euch kurz zu fassen und gebraucht Worte, die auch für geographische Laien verständlich sind."
Die Marquesa kicherte, doch Isabella berührte sie sogleich mahnend mit ihrem Fächer.
„Königliche Majestäten! Es bedarf keiner großen Worte, um Euch auf dieser Weltkarte klar und deutlich zu demonstrieren, worum es geht, denn ich spreche ja von nichts Verborgenem oder Phantastischem."
Er nahm den Zeigestock und beschrieb einen Kreis um Indien und Kathai. Dann wies er auf die Gewürzstraße, erklärte Dauer und Schwierigkeiten dieser langen Reise zu Wasser und zu Land.
„Eine *libra* Zimt, Nelken oder Pfeffer kostet dort ein paar Maravedis, und wenn die Ware hier nach zwei bis drei Jahren ankommt, müssen wir zwischen drei und fünf Dukaten dafür bezahlen, wovon ein guter Teil in

den Händen des Großtürken bleibt, der..." und dabei blickte er den gebannt lauschenden Talavera an, „nach wie vor unsere heiligen Stätten in Palästina besetzt hält und aus dem christlichen Konstantinopel ein muslimisches Stambul gemacht hat. Dies alles läßt sich ändern und rückgängig machen!"
Der Zeigestock glitt zu den spanischen Atlantikhäfen, deutete auf Palos, Cadiz und Sanlucar und sprang dann behend über den Atlantik, huschte an Madeira und den Kanaren vorbei, berührte kurz die Brandanusinsel und blieb an der Südküste von Zipangu stehen.
„Damit haben wir die Hauptstrecke hinter uns, und die Fahrt kann selbst bei schlechten Winden nicht länger als zwei bis drei Wochen dauern. Sieben bis zehn weitere Tage benötigen wir, um von dort aus die indische Ostküste zu erreichen. Für Euch, königliche Majestäten, würde das bedeuten, daß – ohne jeden Zwischenhandel! – die Waren, Hin- und Rückfahrt eingeschlossen, in sechs bis acht, höchstens aber zehn Wochen in den spanischen Häfen liegen. Damit könnt Ihr den Spieß umdrehen und sämtliche Zwischenhändler ausschalten. Selbst wenn Ihr dann die Preise verzehnfacht, seid Ihr noch immer konkurrenzlos billig und – ich sage das ohne jede Übertreibung – könntet binnen einer Frist von fünf Jahren die reichsten Fürsten Europas sein. Einen Teil des Geldes...", wieder blickte Columbus auf Talavera, „könnte man zur Befreiung der heiligen Stätten verwenden und so dem irdischen auch noch himmlischen Gewinn hinzufügen."
„Ich kann's nicht recht glauben", meinte Ferdinand trocken. „Mir klingt das zu einfach, weil man sich fragen muß, warum es nicht längst einer versucht hat."
Columbus war auf diese oft gestellte Frage vorbereitet.
„Majestät treffen genau den Punkt, und auch ich habe mich das oft gefragt. Die Antwort scheint mir einfach: Bisher hatte niemand den Mut dazu, und es ist ja gar nicht so lange her, da hielt man die Erde noch für eine Scheibe. Den praktischen Beweis für die Kugelgestalt hat Prinz Heinrich von Portugal erbracht, der sich mit seinen Schiffen dem Äquator näherte. Davon hat dieses Land noch heute seinen Gewinn, denn die afrikanische Westküste ist vom Capo Bojador bis zum Äquator in portugiesischer Hand."
Dazu fiel dem König nichts mehr ein. Er räusperte sich, murmelte: „Nun ja – wir werden sehen..."
Damit stand er plötzlich auf, trat vor die Karte und schüttelte den Kopf.

„Mir ist es zu einfach..."
Die Königin lächelte sanft.
„Gerade die einfachen Dinge werden leicht übersehen."
Sie blickte dabei Columbus an, und er las aus ihrem Gesicht Interesse und Wohlwollen. Die Marquesa nickte heftig mit dem Kopf und zwinkerte ihm zu. Er verstand das Signal. Halte dich an die Königin, wollte die Geliebte sagen, hier zählt Ferdinand ohnehin nicht viel.
Der König wandte sich zu seiner Gemahlin.
„Ich überlasse Euch die Fortsetzung des Gesprächs, Doña Isabella. Die Hafenstädte am Atlantik gehen Euch schließlich mehr an als mich."
Er verabschiedete sich mit einer tiefen Verneigung vor Isabella, nickte den anderen zu und ging zur Tür. Als Santangel ihm folgen wollte, hielt er ihn zurück.
„Bleibt nur da, mein Lieber, ich sehe es Euch an, daß die Pläne des Señor Colon Euch beeindrucken. Mehr jedenfalls als mich."
„Redet weiter, Señor", forderte die Königin ihn auf.
„Da wäre noch ein Punkt, Majestät. Wir werden auf dieser Reise bewohnte Inseln entdecken, werden auf Zipangu und an der asiatischen Küste auf fremde Völker und heidnische Religionen treffen. Hochwürden Talavera, Euer verehrter Beichtvater, wird mir recht geben, wenn ich sage: Läßt Gott diese Reise gelingen, so verbindet er damit den Auftrag, die fremden Völker für das Christentum zu gewinnen."
Talavera fühlte sich angesprochen und trat einen Schritt vor.
„Ja, Señor, Ihr habt recht. Gott hat uns Christen dazu aufgerufen, den Heiden das Licht zu bringen. Hätte er es anders gewollt, so wäre die ganze Welt längst christlich geworden. An uns ist es, die einzig wahre Religion zu verbreiten, als Bewährung und Aufgabe. Wir besitzen dazu ein Wort Christi bei Matthäus im 28. Kapitel: 'Darum gehet hin und lehret alle Völker, und taufet sie im Namen des Vaters und des Sohnes und des Heiligen Geistes."
„Amen!" sagte die Königin, löste die gefalteten Hände und schaute auf die Weltkarte.
„Ihr habt mir aus dem Herzen gesprochen, denn ich sehne mich nach einer Welt, die – einig im Glauben – sich um den dreieinigen Gott, die Jungfrau Maria und alle Heiligen schart. Wenn damit noch ein Vorteil für unsere Länder verbunden ist – um so besser! Ihr habt mich überzeugt, Señor Colon. Euer Weg ist verheißungsvoll und wird Gottes Segen finden."

Sie richtete sich auf und schaute mit ihren hellen blauen Augen über ihn hinweg zum Fenster – jeder Zoll eine Königin und als solche verkündet sie im Pluralis majestatis ihre Entscheidung.
„Aber Gott hat Uns noch eine andere Aufgabe gestellt, die ihrer endgültigen Lösung harrt. Wir sprechen vom Kreuzzug gegen die Muslime. Erst wenn die Fahne Christi über der Alhambra weht, dürfen Wir den nächsten Schritt tun, und dann, Señor Colon, kommt Eure Stunde. Bis dahin soll Unser verehrter Beichtvater Hernando de Talavera eine Kommission bilden, die Eure Pläne genau prüft und erörtert. Seid bedankt, Señor Colon, und geht mit Gott."
Am liebsten wäre er ihr um den Hals gefallen. Columbus spürte, daß er ihren Worten trauen durfte, daß er sie überzeugt, vielleicht sogar begeistert hatte. Er küßte lange ihre Hand und ging dann rückwärts zur Tür, verneigte sich tief und sah ihre Augen unverwandt auf ihn gerichtet. Er sah, wie Talavera ihm ein Zeichen machte, das wohl heißen sollte: Wartet auf mich, es gibt noch etwas zu bereden.
Der Auftritt von Cristobal Colon hatte die Königin seltsam berührt. Seine ruhigen sicheren Ausführungen, seine feste ernste Art, ihr und Ferdinand respektvoll, doch ohne Devotion zu begegnen, hatten sie beeindruckt und davon überzeugt, daß er – und nur er – der richtige Mann war, um für Spanien neue Länder zu entdecken, mit Völkern, deren Herzen auf die Erleuchtung warteten. War das nicht wichtiger als der Gewürzhandel, wichtiger als Gold?
Sie zog sich mit der Marquesa zurück und fragte sie aus.
„Der ganze Hof weiß, daß du mit diesem Señor ins Bett gehst; ein Dutzend wohlmeinender Freunde haben mich inzwischen darüber aufgeklärt. Du kennst ihn vermutlich besser als wir alle, und so möchte ich deine Meinung hören, liebe Bea."
Die Marquesa lächelte und ließ sich nicht aus der Ruhe bringen.
„Er hat mich in Kartographie unterrichtet, du kannst mich ruhig prüfen."
„Jetzt ziere dich nicht, Marquesa, wir kennen uns viel zu lange, als daß du mir etwas vormachen könntest."
„Gut, aber setze dich vor den Spiegel."
Isabella kannte das alte Spiel. Es redete sich leichter, wenn sie einander körperlich nahe waren. Beatriz nahm der Königin den Schleier ab, löste das honigfarbene Haar und begann, es zu bürsten. Ihre Blicke begegneten sich im Spiegel.

„Was möchtest du hören? Wie er im Bett ist, oder ob ich ihm zutraue, Indien auf dem Westweg zu erreichen? Ja, liebste Freundin, das traue ich ihm nicht nur zu, sondern ich glaube, daß er – und nur er – dafür der richtige Mann ist."

„Seltsam – ich habe vorhin wortwörtlich das gleiche gedacht. Meinen Ferdinand scheint er nicht besonders beeindruckt zu haben."

„Er wirkt wohl mehr auf Frauen."

„Wofür du das beste Beispiel bist. So lange dein Gatte am Hof ist, erwarte ich von dir äußerste Zurückhaltung. Au – sei etwas behutsamer!"

Die Bürste hatte sich verfangen, und Beatriz war etwas heftig gewesen.

„Entschuldige, aber dein Haar ist so voll und dicht – und nun zu deiner ersten Frage. Ja, er ist ein vorzüglicher Liebhaber, geduldig, erfinderisch, zärtlich und erfahren."

Diese Worte lösten ein Gefühl in Isabella aus, das sie empfand, wenn Ferdinand in ihr Schlafzimmer kam und sie begehrlich betrachtete. Jetzt aber schämte sie sich ihrer Empfindung und sagte schroff: „So genau wollte ich es gar nicht wissen. Hör' jetzt auf, mir reicht's, ich möchte mich ein Stündchen hinlegen."

„Jawohl, Majestät", sagte die Marquesa schnippisch und lächelte ihrer Freundin durch den Spiegel zu.

Da mußte auch Isabella lachen.

„Hinaus mit dir, du Ehebrecherin! Ich hoffe nur, du beichtest deine Sünden auch."

Beatriz kicherte.

„Aber sicher, nur lasse ich einiges zusammenkommen, damit sich die Beichte auch lohnt."

Manchmal möchte ich lieber in ihrer Haut stecken, dachte Isabella, aber als Königin kann ich nicht gut – nicht gut... Sie führte den Gedanken nicht zu Ende, weil sie sich schämte, ihn später Talavera beichten zu müssen, wie es die Kirche gebot: Ich habe gesündigt in Gedanken, Worten und Werken.

Columbus hatte sich draußen an ein Fenster gestellt, um auf Talavera zu warten. Eine halbe Stunde später erschien der Beichtvater, faßte ihn am Arm und führte ihn zu seiner eigenen kleinen Studierstube.

„Ein Gläschen Wein?"

„Wenn Ihr eines mittrinkt, Hochwürden."

Das ernste hagere Gesicht deutete ein Lächeln an.
„Auf allen Wegen und Stegen lauert der Verführer, nicht wahr? Die meisten hier am Hofe gewinnen von mir ein falsches Bild. Auch ich schätze zu Zeiten einen schönen Festbraten oder einen Becher Wein. Aber ich lasse mich von solchen Dingen nicht gängeln und frage mich, wer den Wein höher schätzt: einer, der täglich ein paar Krüge in sich hineinschüttet, oder ich, der dann und wann ein paar Schlucke davon trinkt – mit Genuß und Andacht."
„Mir scheint sogar, Ihr seid der größere Genießer, Padre, schon weil Ihr Euch eine so lange Vorfreude gönnt."
Talavera drohte mit dem Finger.
„Kommt mir nicht mit Sophistik, mein Lieber, da würdet Ihr am Ende den kürzeren ziehen. Aber jetzt zum Thema: Die Königin hat angeordnet, ich solle eine Kommission bilden und leiten, die sich mit Euren Plänen befaßt. Ich werde im August nach Salamanca gehen, und mich dort an der Universität umsehen. Das soll nicht heißen, daß ich nur Professoren in der Kommission haben will, aber die Aussicht, gute und verständige Leute zu finden, ist dort größer. Daß der König Euch nicht wohlwill, werdet Ihr ja bemerkt haben?"
„Das war nicht zu übersehen, aber ich glaube, er hat nicht ganz verstanden, was ich will."
„Er hat es wohl verstanden, aber es berührt ihn nicht. Für ihn seid Ihr einer der vielen Glücksritter, die sich mit Plänen verschiedenster Art an die Krone heranmachen, um ein Amt oder eine Pfründe zu gewinnen."
Talavera beugte sich vor und sagte leise: „Aber hier in Kastilien gilt der König nicht so viel. Wenn die Königin sich entschließt, Euch über den Atlantik zu senden, dann wird es auch geschehen."
„Wie denkt Ihr über mich, Padre? Auf welcher Seite steht Ihr?"
„Verzeiht, wenn ich abschweife. Mir fällt gerade unser Ketzerjäger Torquemada ein. Wäre er heute zugegen gewesen, er hätte warnend den Finger erhoben und mit hohler Stimme getönt: Brüder in Christo! Wer von uns weiß denn sicher, ob die Erde wirklich rund ist? Die Pläne von Señor Colon betrachte ich als Gotteslästerung, solange nicht zweifelsfrei bewiesen ist, daß... und so weiter. Nun, vielleicht tue ich Bruder Tomas unrecht, wer weiß? Was mich betrifft, so bin ich neutral – muß es sein, obgleich..."
Er stand auf, ging zum kleinen Hausaltar und faltete die Hände. Columbus wartete geduldig. Talavera wandte sich um: „Obgleich ich von Eu-

ren Vorstellungen, die heidnischen Völker betreffend, nicht unberührt geblieben bin. Tausende durstiger Seelen gilt es mit dem Taufwasser zu erquicken, ihre Herzen zu erleuchten, ihnen das Heil zu bringen."
Mein Hinweis hat ins Schwarze getroffen, dachte Columbus zufrieden. Gott wird es gutheißen, wenn ich die Seelen der Inder Leuten wie Talavera überlasse und mich mehr um das Praktische kümmere.

An diesem Tag kam es noch zu einer seltsamen Begegnung mit Don Luis de Santangel. Der Schatzmeister des Königs fing Columbus ab, als er gerade durch das Portal in den Außenhof trat. Wie immer wirkte Don Luis äußerst unscheinbar und glich in seinen einfachen Kleidern eher einem der vielen hin- und herlaufenden Hofdomestiken. Sie gingen in den Garten, wo am Ende der langgestreckten Zierteiche ein halb verfallener maurischer Turm stand. Dort nahmen sie auf einer Steinbank Platz.
„Ich habe vorhin kein Wort gesagt, aber Euch sehr aufmerksam zugehört. Daß der König uns vorzeitig verlassen hat, soll Euch nicht kümmern. Ihn beschäftigt zur Zeit nur der Krieg um Granada, alles andere schiebt er von sich weg. Nun eine Frage: Haltet Ihr es für möglich, daß in jenem östlichen Teil Asiens, den Ihr ansteuern wollt, eine Spur von den zehn verschollenen jüdischen Stämmen zu finden ist?"
Columbus sah ihn erstaunt an.
„Diese Frage überfordert mich, Don Luis. Könnt Ihr sie präzisieren?"
„Natürlich. Was ich jetzt sage, könnt Ihr im Alten Testament nachlesen. Als König Sargon von Syrien viele Jahrhunderte vor der Geburt unseres Herrn den Staat Israel auslöschte, siedelte er zehn der zwölf jüdischen Stämme in sein Reich um, und sie kehrten niemals wieder zurück, im Gegensatz zu den später von Nebukadnezar verschleppten Juden, die fünfzig Jahre später wieder heimkehren durften, und die Heilige Schrift nennt sogar ihre genaue Zahl. Also: König Sargon holte die zehn Stämme in sein Land, aber wer sagt, daß sie bis heute dort geblieben sind? Dieser König beherrschte ein weites Reich, zu dem auch Babylon gehörte, das sehr weit im Osten liegt und fast schon an Indien grenzt. Ich muß Euch ja nicht erzählen, wie es den Juden heutzutage in Europa geht. Sie sind noch gut dran, wenn sie in engen Ghettos leben und sich mit hohen Schutzsteuern ein unsicheres Dasein erkaufen dürfen. Wenn die Bibel schon bei den nach Babylonien verschleppten zwei Stämmen von rund fünfzigtausend Menschen spricht, so können wir annehmen, daß die durch Sargon umgesiedelten zehn Stämme sich auf mindestens hun-

derttausend Köpfe beliefen, möglicherweise waren es doppelt so viele. Das liegt nun zweitausend Jahre zurück, und diese Menschen werden sich vermehrt haben. Da wir nun wissen, wie hartnäckig die Juden an ihrem Glauben festhalten, ist anzunehmen, daß sie ihn bis heute bewahrt haben, aber nicht mehr dort leben, wohin Sargon sie gebracht hat, weil wir dann eine Nachricht von ihnen hätten. Kurzum: Wenn es diese zehn Stämme noch gibt, dann leben sie in Indien."
Columbus räusperte sich verlegen, denn er wußte nicht recht, worauf Santangel hinauswollte.
„Verzeiht, Don Luis, aber was hat das mit mir und meinen Plänen zu tun?"
Der Schatzmeister lächelte verschmitzt.
„Aber mein Hinweis könnte doch wertvoll für Euch sein! Trefft Ihr dort auf ein jüdisches Reich, so tut Ihr Euch leichter, wenn Ihr einen hebräischen Dolmetscher mit auf die Reise nehmt."
„Aber ja, das leuchtet mir ein, und ich bedanke mich für Euren Rat."
Ein seltsamer Mensch, dachte Columbus später, obwohl sein Hinweis nicht von der Hand zu weisen war. Ein leiser Verdacht meldete sich. Konnte es sein, daß Santangel, der Schatzmeister des Königs – daß er – daß er – ein heimlicher Jude war und nach einer Zuflucht für sein Volk Ausschau hielt? Ein Thema für die Inquisition? Jeder am Hof wußte, daß zahlreiche Mitglieder der Familie Santangel auf dem *brasero* gestorben waren. Da blieb etwas hängen, und es war schon seltsam, wie lebhaft Don Luis sich für das Schicksal der Juden interessierte. Den Gedanken an das Heilige Offizium ließ Columbus sofort wieder fallen. In dieses Revier wollte er sich nicht begeben – niemals! Hatte nicht vorhin Talavera geargwöhnt, daß der Großinquisitor seine Pläne vermutlich als Ketzerei betrachten würde? Aber was war Torquemada gegen die Königin? Ein Wink von ihr konnte ihn zurückscheuchen in die Anonymität eines abgelegenen Klosters.
Die letzten Worte aber, die Don Luis sprach, brannten sich Columbus ins Gedächtnis: „Ich bin ein loyaler Diener meines Herrn, das dürft Ihr mir glauben, und ich würde lieber in den Tod gehen, als ihn zu verraten. Sollten aber die Könige – aus welchen Gründen auch immer – von Euren Plänen keinen Gebrauch machen, dann wendet Euch an mich, Señor Colon, und wir werden gemeinsam versuchen, eine Lösung zu finden."
Das ist mir wichtig, dachte er, daran halte ich mich – und zum Teufel mit der Inquisition!

Seit seine Stellung am Hof durch die Absichten der Königin quasi gefestigt war, erfuhr er von allen Seiten tätige Hilfe. Man gab ihm die Anschrift eines Apothekers, der nebenbei komfortable Wohnungen vermietete. Columbus kannte das aus Lissabon: Apotheken waren Treffpunkte der verschiedensten Menschen, Börsen für Geschäfte aller Art und immer ein Quell der neuesten Nachrichten.
Der Apotheker las das Empfehlungsschreiben vom Hof.
„Da seid Ihr hier genau richtig, Don Cristobal! Wartet noch ein Viertelstündchen, dann wird Don Diego erscheinen und seine Medizin einnehmen. Bei ihm ist vor kurzem eine schöne Wohnung freigeworden."
Columbus erwartete einen kranken älteren Herrn, doch dann stürmte ein quicklebendiger, gutgekleideter, junger Mann herein, blickte sich fröhlich um und schlug mit der flachen Hand auf die Ladentheke.
„Gott zum Gruße allerseits! Don Luciano, meine Medizin!"
Der Apotheker feixte, nahm eine bauchige Flasche aus dem Regal und schenkte einen Zinnbecher voll.
„Wohl bekomm's, Don Diego!"
„Ah! Da fühle ich mich gleich wohler! Noch einen!" Sein Blick fiel auf Columbus. „Ein neues Gesicht?"
„Das ist Don Cristobal Colon, beamtet am königlichen Hof. Er sucht eine angemessene Wohnung."
So lernten sie sich kennen, der lebenslustige, schon etwas feiste Hidalgo Diego de Harana, der die halbe Stadt kannte und hier sein nicht unbeträchtliches Vermögen fröhlich und unbekümmert vertat.
„Was soll's", pflegte er zu sagen, „das Totenhemd hat keine Taschen, und die himmlischen Freuden sind wohl anderer Art. Solange wir leben, halte ich mich an die irdischen..."
Gemeinsam gingen sie in Richtung Guadalquivir, wo Harana ein geräumiges Haus besaß, das im Süden an die Mauer des Palastgartens grenzte.
„Viel zu groß für meine Familie und auch ein wenig zu teuer, ich gebe es zu. Im oberen Stock ist eine Wohnung freigeworden, da könnt Ihr nach Süden über den Schloßpark bis ans andere Flußufer schauen."
„Ich werde sie mir nicht leisten können."
„Schaut sie Euch trotzdem an, aber zuerst sollten wir meine Eltern besuchen." Columbus wurde Diegos Eltern vorgestellt, die einen Seitenflügel des weiträumigen Hauses bewohnten.
Rodrigo de Harana, der es schon vor langem aufgegeben hatte, seinen

Sohn zu bessern, meinte scherzhaft: „Vielleicht gelingt es Euch, Señor Colon, auf Diego vorteilhaft einzuwirken. Er sollte längst heiraten und eine Familie gründen, aber was tut er? Er hält halb Cordoba bei seinen Saufgelagen frei und vertut sein Vermögen."
Diego lachte unbekümmert.
„Aber Papa, Ihr könnt doch nicht Señor Colon zu meinem Hüter bestellen. Er hat ein Amt bei Hof und wird anderes im Kopf haben, als..."
„Jetzt aber Schluß mit den Familiengeschichten! Zeige unserem Gast die Zimmer und ändere dein Leben."
Diego hatte nicht übertrieben. Eine kleine Galerie war den drei Zimmern vorgebaut, hier konnte man am Abend die Kühle genießen und auf die stillen Teiche des Palastgartens schauen, die im Grün der Palmen, Zedern und Zypressen wie versteckte Spiegel glänzten.
„Gefällt Euch die Wohnung?"
„Und ob! Aber Ihr solltet mir nun den Preis..."
Harana schnitt ihm das Wort ab.
„Was ist schon Geld? Euch gefällt die Wohnung und Ihr gefallt mir. Jetzt lebt Euch erst ein paar Wochen ein und dann reden wir vom Geld."
Im Kreise dieser fröhlichen vielköpfigen Familie taute Columbus auf. Zur Hauptmahlzeit gegen sechs Uhr abends fand sich die ganze Sippe im großen Speisezimmer ein. Das Ehepaar de Harana, der Sohn Diego, seine verheiratete Schwester mit Mann und zwei Kindern, zwei greisenhafte jüngferliche Tanten, *primos* und *primas* (Vetter und Basen) verschiedener Grade, zwei Waisen – ein Junge und ein Mädchen – aus der näheren Verwandtschaft, und auch er, der Gast des Hauses, war dazu geladen. Diego de Harana stellte ihm die ganze Familie vor.
„... und das, lieber Señor Colon, ist Beatriz Enriquez de Harana, die Tochter meines verstorbenen Onkels. Seit auch die Mutter tot ist, lebt Beatriz bei uns, und da ist sie, glaube ich, gut aufgehoben."
Das Mädchen knickste und senkte die Augen, aber es wirkte nicht scheu, sondern eher kokett. Ihr hübsches Gesicht bildete ein Dreieck mit ausgeprägten Wangenknochen, großen Augen und einem etwas spitzen Kinn. Der kleine volle Mund war in dauernder Bewegung – lachte, preßte sich zusammen, bog sich zu einem trotzigen Halbmond, wenn ihr etwas nicht behagte.
An diesem Abend blieb Columbus fast stumm und schaute dieses Mädchen so intensiv an, daß sich sogar der großzügige Diego de Harana eine Bemerkung nicht verkneifen konnte.

„Laßt noch ein kleines Stückchen über von unserer Beatriz, lieber Señor Colon, und freßt sie nicht ganz mit den Augen auf."
Seine Schwester lachte so herzlich, daß sie sich verschluckte und fürchterlich husten mußte. Ihr Mann blickte sie strafend an.
„Verzeiht...", stammelte Columbus, „da bin ich wohl unhöflich gewesen."
Harana winkte ab.
„Ach was! Beatriz wird es ertragen, und jeder von uns versteht, daß sie Euch gefällt. Sie ist ja auch ein hübsches Mädchen, nicht wahr?"
„Jetzt wechseln wir besser das Thema, lieber Cousin. Habt Ihr schon gehört, daß unsere Königin im nächsten Jahr ins Feldlager bei Granada zieht? Oder ist das nur ein Gerücht? Ihr verkehrt ja bei Hofe, Señor Colon, ist Euch etwas davon bekannt?"
„Nein – nein, davon weiß ich nichts. Ich kann mich aber bei nächster Gelegenheit erkundigen."
Das Tischgespräch wandte sich dann anderen Themen zu, aber Columbus hatte keine Lust, sich daran zu beteiligen. Er fühlte eine seltsame Schwäche in den Gliedern, einen leichten Rausch, als hätte er zuviel vom Tischwein getrunken, doch in seinem Becher war nur Zitronenwasser, das er zur Sommerzeit allem anderen vorzog.
Columbus hatte in Beatriz de Harana die einzige Frau seines Lebens getroffen, in die er sich wirklich verliebte – auf den ersten Blick. Die Achtzehnjährige kam ihm weder entgegen, noch wies etwas darauf hin, daß sie in ihm mehr sah als einen wohlgelittenen Hausgast.
Columbus aber dankte seinem Schicksal, daß er jetzt die Marquesa de Moya nicht besuchen durfte, weil ihr Gemahl am Hof weilte. Es wäre ihm wie Verrat erschienen, die eine Beatriz mit der anderen zu betrügen, dabei hatte er noch nicht einmal ihre Hand berührt.
Ich werde um sie werben, nahm er sich vor, bis ich sie gewinne, wie lange es auch dauern mag.

21

Tomas de Torquemada, der Großinquisitor von Kastilien und Aragon, näherte sich den Siebzig. Ein schönes Alter, gewährt durch die Gnade Gottes, selten in einem Land, da die Armen kaum fünfzig wurden, zu Tode erschöpft von schwerer Arbeit und Lebensmühsal, während die Reichen am Überfluß starben, an mangelnder Bewegung, zu üppigen Mahlzeiten, zu schweren Weinen. Die Schicht dazwischen war dünn, zählte kaum, doch ihr gehörte die Zukunft. Das waren die Bürger in den Städten, die kleinen Händler und Handwerker, nicht reich und nicht arm, lebten sie maßvoll und waren geschickt genug, den Steuereintreiber maßvoll zu hintergehen.
Dann gab es noch die Priester, Mönche und Nonnen unzähliger Orden und Kongregationen, die wie Blutegel an den Bauern und Bürgern, den Handwerkern und Taglöhnern hingen und sich vollfraßen, aber nicht abließen, wenn sie sich vollgefressen hatten, denn diese Zunft war unersättlich und erreichte im Durchschnitt ein höheres Alter als alle anderen. Torquemada gehörte ihr an.
Der Converso Benito Garcia war einer jener nicht armen und nicht reichen Händler, hatte vor einigen Wochen seinen sechzigsten Geburtstag gefeiert, war arbeitsam und gesund und hatte sich schon als Zwanzigjähriger taufen lassen. Noch wußten sie nichts voneinander, der kleine Tuchhändler und der große Inquisitor, doch bald sollten sie einander kennenlernen.
Torquemada fürchtete, die ihm von Gott gestellte Aufgabe in diesem Leben nicht mehr bewältigen zu können. Mit Erfolg hatte er die Saat seiner Gedanken in Isabella aufgehen sehen, und noch immer starrte sie ihn an wie das Kaninchen die Schlange, wenn sie einander gegenübersaßen, und er versuchte, ihr Gewissen aufzurütteln.

„Jagt sie davon, meine Tochter, sie vergiften nach und nach unser christliches Spanien, diese dreimal verfluchten Gottesmörder."
Isabella, glücklich, den Unerbittlichen einmal kritisieren zu können, sagte: „Niemand kann Gott ermorden, auch nicht die Juden."
„Ihr habt recht, Doña Isabella, für dieses Versehen werde ich heute beim Abendbrot fasten. Also: Treibt sie aus Spanien hinaus, die Christusmörder, die Hostienschänder und Kinderschlächter."
„Nicht jetzt, Hochwürden", wich sie aus. „zuerst muß unser Kreuzzug zu Ende geführt werden. Im übrigen sind die Juden ein wichtiges Element, um Handel und Wandel in Gang zu halten, haben gute Verbindungen ins Ausland, zahlen höhere Steuern, die uns gerade jetzt sehr zugute kommen..."
„Wollt Ihr Christus ein zweitesmal verkaufen?"
Er sagte es leiser, aber mit vor Erregung zitternder Stimme.
Diesen Menschen empfand die Königin als ihr Kreuz, als Stimme des Gewissens, als von Gott auferlegte Buße, und sie wollte es in Demut tragen und ertragen, dieses Kreuz.
„Habt Geduld, Hochwürden."
„Ich bin alt."
„Wir werden alle nicht jünger, seht nur mich an. Wer herrscht, muß vor allem einen Fehler vermeiden: Er darf den zweiten Schritt nicht vor dem ersten tun, das gebietet schon die Vernunft."
„Gott gehorchen heißt manchmal unvernünftig sein."
„Das widerspricht der Bibel, wo es heißt: Der Gottlose achtet keine Vernunft."
Torquemada winkte verächtlich ab.
„Ein Spruch Salomons – Judensprüche!"
„Wir werden einen Schritt nach dem anderen tun, das ist Unser und des Königs Wille."
Die Majestät hatte gesprochen, der Großinquisitor gab seinen Widerstand auf – vorerst. Seine Kreaturen, die Spitzel und *familiares*, die Lauscher und Denunzianten ließ er wissen, daß ihm jeder, jeder kleinste Fall von Vergehen oder Verbrechen im Zusammenhang mit Conversos oder Juden gemeldet werden müsse. Er brauchte nicht lange zu warten.

Der Tuchhändler Benito Garcia reiste in Geschäften von Ponferrada nach Leon und übernachtete auf halbem Wege in dem Städtchen Astorga. In seinem Alter hielt er die langen Ritte nicht mehr so gut durch und war froh, daß er an diesem Abend sein müdes Haupt zur Ruhe betten konnte – froh auch, dem lauten betrunkenen Treiben im Schankraum der *posada* entkommen zu sein. Zwar hörte er den Lärm bis herauf in seine Dachkammer, aber so etwas war er als reisender Händler gewohnt. Er hatte die üblichen Pöbeleien erdulden müssen, von wegen Klinkenputzer und Leutebetrüger und wie typisch das sei für die Marranen. Woher sie das wußten, hatte er zornig gefragt, und da grinste einer und sagte, er sei beim Pinkeln neben ihm gestanden und habe den beschnittenen Pimmel gesehen. Da ging er schnell auf sein Zimmer, vergaß aber in seinem Ärger, die Türe abzuschließen.

Ein scharrendes Geräusch weckte ihn. Ratten oder Mäuse – was soll's dachte er, drehte sich um und sah in der vom Mondlicht erhellten Kammer, wie einer geduckt zur Tür huschte. Er setzte sich auf und schrie: „Räuber! Zu Hilfe! Man hat mich bestohlen!"

Die Diebe – einer hatte vor der Tür gewacht – fühlten sich ertappt, verständigten sich schnell und liefen zum Pfarrhaus. Dem verschlafenen Priester berichteten sie atemlos, sie hätten einen falschen Christen beim Hostienschänden überrascht und ihm sein Gepäck weggenommen, um eine Flucht zu verhindern. Der Pfarrer schickte sofort die Stadtmiliz und ließ den verblüfften Tuchhändler verhaften.

„Aber – aber – ich dachte, ihr wollt die Diebe fangen – mein Gepäck – ich bin doch..."

„Halt's Maul, du Judenbengel, jetzt bist du dran! Unseren Herrn schänden! Dir werden wir es zeigen!"

Einer der Männer schlug ihm seine Lanze auf den Kopf, daß er betäubt zu Boden fiel, worauf ihn ein anderer an den Haaren wieder hochriß. Gefesselt und schwer bewacht mußte Garcia die Nacht auf dem Hof der *posada* verbringen, und er konnte nur immer denken: Alles wird sich aufklären, das kann nur ein Irrtum sein – es wird und muß sich aufklären.

Am nächsten Morgen brachten sie ihn nach Leon vor die Inquisition. Dort forderte ihn ein mürrischer Dominikaner auf, Credo und Confessio vorzubeten. Garcia war so verschreckt, daß er das Glaubensbekenntnis nur stotternd und fehlerhaft herausbrachte.

„Aha!"

Der fette Dominikaner triumphierte, weil ihm schon wieder einer dieser Falschmünzer der Religion ins Garn gelaufen war.

„Ihr seid wohl ein wenig aus der Übung, Señor? Nun, das kann ich verstehen – wenn man jahrzehntelang den Christen nur vortäuscht, dann

läßt einen das Gedächtnis im Stich. Ihr seid ein Ketzer, Benito Garcia, ein besonders schwerer Fall! Wir werden uns ausführlich mit Euch beschäftigen müssen."
Das taten sie dann auch. Zuerst wurde der verstörte Sechzigjährige abgefragt wie ein Schulbub, kreuz und quer durch Bibel und Talmud, so daß er am Ende tatsächlich nicht mehr wußte, ob er Christ oder Jude war. Der Untersuchungsrichter kam jedenfalls zu der Auffassung, Garcia sei ein heimlicher Jude und wollte jetzt herausbekommen, wer noch mit ihm unter dieser ketzerischen Decke steckte. Da er keine Namen nennen wollte, hing man ihn an die *garrucha,* aber Garcia war zäh, stöhnte nur leise, bewegte die Lippen wie im Gebet, sagte aber nichts – auch nicht, als man einen Stein an seine Füße hängte und ihn von neuem aufzog. Danach lag er mit ausgerenkten Armen da, ächzte und schnappte nach Luft, schüttelte aber auf alle Fragen nur den Kopf. Am nächsten Tag schritt man zur *toca,* der Wasserfolter. Garcia hustete, würgte, spuckte, aber es half alles nichts, sein Magen füllte sich nach und nach mit Flüssigkeit, schwoll an wie der Bauch einer Schwangeren, und als ihn das Gefühl überkam, sein Leib müsse platzen, da begann er zu reden.
Ja, da gebe es noch seinen Freund Juan de Ocana, auch einen Converso, mit dem feiere er regelmäßig den Sabbat und die anderen jüdischen Feiertage.
„Und wie steht es mit der Hostienschändung? Hat dich da auch dein Freund überredet?"
„Ich habe doch nicht – nein, das täte ich nie und nimmer..."
Der vernehmende Dominikaner winkte dem Büttel und deutete zur Decke. Garcia schrie, als seine geschundenen Arme von neuem gestreckt wurden, und dann hängten sie wieder den Stein an die Füße; knirschend sprangen die Schultergelenke aus den Pfannen, Garcia brüllte schauerlich, bis plötzlich sein Kopf nach vorne sank.
„Er ist bewußtlos geworden", bemerkte der Dominikaner sachlich. Sie ließen ihn zu Boden gleiten, der Büttel renkte die Schultergelenke ein und brachte zwei Eimer Quellwasser. Beim zweiten Guß kam Garcia zu sich und blickte sich verwirrt um.
„Wieder vernehmungsfähig, mein Freund? Gut, dann machen wir weiter. Wo waren wir stehengeblieben? Ah ja – die Hostienschändung. Also?"
Garcia nickte, nickte immerzu und sagte: „Ja, ja, ja – alles was Ihr wollt, habe ich getan – alles – alles."

Der Folterknecht nickte dem Mönch zu, stolz auf sein Handwerk, das er so virtuos beherrschte. Es ist soweit, wollte er damit sagen.
Ja, nun sprudelten die Namen heraus, denn Garcia wußte, man würde ihn wieder und wieder aufziehen, ihm die Glieder von neuem ausrenken und seinen Magen bis zum Platzen mit Wasser füllen. Da redete er lieber, und die Angst vor neuer Folter war so groß, daß es nicht in sein Bewußtsein drang, wie er mit jedem Namen ein Todesurteil aussprach. Er habe also zusammen mit Juan de Ocana die jüdischen Feste gefeiert? Aber Juden feiern doch niemals zu zweit, da müsse es auch noch andere gegeben haben. Garcia nickte eifrig.
„Ja, das geschah im Haus der Familie Franco, die waren alle dabei: Vater, Sohn..."
Der Dominikaner nickte zufrieden. Das genügte vorerst. Die Francos wurden verhaftet, Vater und Sohn, aber sie waren Juden und konnten nur wegen Mithilfe belangt werden. Zwei Tage später erkrankte Yuce Franco, der Sohn, weil er die Gefängniskost nicht vertrug. Er hatte verdorbenen Fisch gegessen und wand sich in Magenkrämpfen. In dieser ungewöhnlichen und bedrohlichen Situation verlangte der junge Mann nach einem Rabbi. Man fragte den Inquisitor und dem kam eine glänzende Idee. Er kannte die Direktiven seines Vorgesetzten Torquemada, und so nutzte er die Gelegenheit, denn nur sehr selten gelangten Juden in die Kerker der Inquisition. Da gab es einen Priester, der als gewiefter Theologe einen gewissen Ruf besaß und als Converso den Talmud so gut kannte wie ein Rabbi.
Pater Cuviquez war zudem noch ein *familiare* der Inquisition und darum sofort zu einem, wie er glaubte, frommen Betrug bereit. Er betrat die Zelle des Gefangenen und winkte dem Arzt zu, der gerade sagte. „Drei Tage Fasten, Señor, dazu diesen Kräutertee und Ihr seid von dem Übel befreit."
Auch der Arzt war informiert, blieb vor der Tür stehen und machte sich Notizen. Der falsche Rabbi setzte sich ans Bett des Kranken und sagte munter: „Der Arzt ist ja recht hoffnungsvoll, nicht wahr? Da bedarf es ja meines Trostes nicht mehr..."
Yuce Franco widersprach ihm, redete sich seine Angst von der Seele vor dem, was auf ihn zukam. Er fühle sich in jeder Hinsicht unschuldig, auch wegen Garcia, der zwar ein Freund seines Vaters sei, aber niemals die Feste mitgefeiert habe.
„Das wurde ihm abgepreßt in der Folter!"

Der Rabbi nickte.
„Sie springen bös mit uns um. Vielleicht werdet Ihr und Euer Vater mit einer Verwarnung entlassen, vielleicht aber stellen sie Euch sonderbare Fragen nach geschändeten Hostien und Ritualmorden." Nun hob der Rabbi seine Stimme, damit der Spitzel vor der Tür ihn auch deutlich hörte. „Was immer auch sei, mein Sohn, denke daran, daß wir Juden uns nichts vorzuwerfen haben! Und sollte da und dort tatsächlich so etwas wie ein Ritualmord geschehen sein, dann sehe ich das als gerechte Rache an den Christen für eineinhalb Jahrtausende Leid und Verfolgung."
„Nicht so laut, Hochwürden, nicht so laut!"
„Manchmal packt einen halt der Zorn. Sei guten Mutes, mein Sohn, unser Gott ist hier bei dir in dieser Zelle, und wenn es zum Äußersten kommt, so wird er dich begleiten zur Richtstätte."
Da begann der junge Mann zu weinen, er war erst zwanzig Jahre alt und wollte nicht sterben.
Man ließ Yuce Franco gesund werden und brachte ihn dann zur Vernehmung.
„Euer Gespräch mit dem Rabbi wurde abgehört und nun werden wir Euch des Mordes anklagen. Ihr habt für Eure unheiligen Zwecke Christenblut vergossen und nun möchten wir Einzelheiten wissen – wer, wie, wann, wo!"
In diesem Stadium des Falles hielt es der Inquisitor für angebracht, Tomas de Torquemada zu unterrichten. Der saß im Kloster Santa Cruz bei Avila über seinen Akten und diktierte gerade dem Sekretär, als die Nachricht kam. Er stand so abrupt auf, daß der Sekretär zusammenzuckte, und als er in das Gesicht seines Herrn blickte, fiel ihm die Feder aus der Hand. Der Hochwürdige lachte! Er lachte über sein ganzes hageres und zerfurchtes Asketengesicht, lachte aus voller Kehle, aus vollem Herzen. Schnell wurde er wieder ernst.
„Laß uns niederknien, mein Sohn, und ein Dankgebet sprechen." Torquemada klopfte auf das Schreiben. „Ein Zeichen Gottes! Jetzt können wir gegen die Juden vorgehen! Wenn das Volk erfährt, daß dieses Pack Jahr für Jahr Christenkinder schändet, gibt es Aufstände in ganz Spanien, und das erspart uns eine Menge Arbeit. Sie werden die Juden zu Tausenden ins Meer treiben! Dann können sie nach Afrika hinüberschwimmen oder ins Gelobte Land, aber man wird sie nirgends haben wollen, und die Zeiten, da Gott für sein erwähltes Volk das Meer teilte, sind vorbei. Jetzt wird die Königin sich nicht mehr widersetzen! Spleiße

ein paar Federn, Bruder, wir schreiben einen Bericht an die Majestäten."

Das war jedoch ein Fehler, denn Torquemada hätte – wenn überhaupt – nur in einem Gespräch unter vier Augen etwas erreichen können.

Den Prozeß aber zögerte der Großinquisitor hinaus – aus taktischen Gründen. Zuvor mußte Yuce Franco ein Geständnis ablegen. Danach sollten die *familiares* genug Zeit und Gelegenheit haben, die Nachricht über ganz Spanien zu verbreiten.

Der von seiner Fischvergiftung noch geschwächte Yuce Franco wurde nach allen Regeln der Kunst gefoltert – mit Daumenschrauben, Feuer, Wasser und Strick, doch es brauchte nicht viel, um ein Geständnis zu erpressen. Dieses lautete zusammengefaßt folgendermaßen: Es war vor etwa drei Jahren, da beschlossen mein Vater und sein Freund Benito Garcia, einen Christenknaben zu fangen. Sie schleppten das etwa fünfjährige Kind in ihren Keller, wo ich mit noch drei Familienmitgliedern wartete. Mein Vater und Señor Garcia entkleideten das schreiende Kind und schlugen es an ein vorbereitetes Kreuz. Garcia schnitt ihm dann die Brust auf und riß das Herz heraus. Wir anderen umtanzten das Kreuz, spuckten auf den Knaben und nannten ihn Jesus. Das Herz wurde in eine Salzlauge gelegt und zum Andenken aufbewahrt.

Kein Wort davon, wie das Kind hieß und wo die angebliche Untat stattgefunden hatte. Das war nicht so wichtig, auf derlei Kleinigkeiten achtete das Volk nicht.

Torquemada ließ die Schreckensnachricht in ganz Spanien verbreiten und zog den Prozeß von Leon nach Avila. Er selbst wollte den Fall übernehmen. Die anderen Mitglieder der Judenfamilie Franco überredete man mit Feuer, Strick und Wasser zu einer gleichlautenden Aussage.

Benito Garcia aber, den sechzigjährigen Tuchhändler, hatte Torquemada dafür ausersehen, den Fall mit einer besonderen Aussage zu krönen. Nach mehrmaliger erneuter schrecklicher Folterung – er mußte zuletzt in die Folterkammer getragen werden – bekannte Garcia, der nur noch heiser flüstern konnte, daß die Rabbiner in ganz Spanien die Wichtigkeit und Rechtmäßigkeit der Ritualmorde von den Kanzeln der Synagogen predigten.

Dann kam der Tag der Urteilsverkündung auf der Plaza de la Catedral von Avila, einer Stadt, die den Namen 'Ciudad de cantos y santos' erhalten hatte: Stadt der Steine und Heiligen, weil es hier unzählige Kirchen und Klöster gab.

Benito Garcia, der längst mit dem Leben abgeschlossen hatte, bereitete seinen Richtern und Peinigern eine Überraschung. Er lag auf einer Bahre, richtete sich plötzlich stöhnend auf und schrie mit gebrochener, aber kraftvoller Stimme: „Als Jude bin ich geboren und habe im Alter von zwanzig Jahren reinen Herzens und guten Glaubens das Christentum angenommen. Doch diese vierzig Jahre als Christ haben mich am Glauben verzweifeln lassen. Als Händler habe ich ganz Spanien bereist und dabei überall Scheiterhaufen brennen sehen mit Männern, Frauen und sogar Kindern, zerstört von der Folter, von jahrelanger Gefangenschaft. Da hat sich mein Sinn gewandelt und zu dem Mitleid mit den Opfern gesellte sich der Haß auf die Mörder. Ihr, meine Herren Inquisitoren, habt das Christentum zu einer tragischen Komödie gemacht, habt die Zeiten des Heidentums mit seinen blutrünstigen Circusspielen wieder aufleben lassen. Dieser Prozeß hat mich wieder zum Juden werden und mich erkennen lassen, daß der Teufel die christliche Kirche für seine Zwecke mißbraucht."

Garcia wandte mühsam den Kopf und blickte den regungslos unter seinem Baldachin sitzenden Großinquisitor an.

„Und Ihr, Torquemada, seid auf Erden der Oberteufel, der Antichrist, das Zerrbild dessen, was Jesus gelehrt und gepredigt hat. Ich habe nur noch einen Wunsch, nämlich daß meine beiden Söhne dem Christentum entsagen und wieder zur Religion ihrer Vorväter zurückkehren."

Torquemada, weder erzürnt noch beleidigt, triumphierte. Was Garcia hier von sich gab, war wertvoller als zehn Hostienschändungen. Er sandte einen Bericht an alle spanischen Städte mit dem Hinweis, den Fall von den Kanzeln zu verlesen. Zuerst aber informierte er die Könige über den Prozeß.

Ferdinand und Isabella hatten im April des Jahres 1491 ein paar Meilen westlich von Granada ein Heerlager errichtet und die gesamte Hofhaltung dorthin verlegt. Ferdinand untersagte jede Kampfhandlung, denn die Lage des Sultans war aussichtslos geworden, und der König hoffte, mit Hilfe von Verhandlungen zum Ziel zu kommen. Boabdil saß in seiner Stadt wie ein Gefangener, von jeder Zufuhr abgeschnitten, und er hätte längst kapituliert, wären die Adeligen und Militärs nicht dagegen gewesen. So war er doppelt gefangen: in der eingeschlossenen Stadt vom Feind und auf der Alhambra, wo mißtrauische Höflinge und verbitterte Hauptleute jeden seiner Schritte überwachten. Sie hatten viel zu verlie-

ren – die Hauptleute den Kopf und die Patrizier ihr Vermögen – und hegten die unsinnigsten Hoffnungen auf Hilfe von außen.
An einem Augustabend brachte ein Bote das Schreiben von Tomas de Torquemada über den Garcia-Prozeß zu Isabellas Zelt. Es war die Woche nach Mariä Himmelfahrt, die Silberampel des Vollmondes hing über dem nächtlichen Lager. Ein sanfter kühler Wind strich durch die Zelte, und irgendwo sang ein Vogel sein spätes Schlaflied.
Der König trank seinen Becher aus.
„Wenn Ihr es gestattet, ziehe ich mich zurück – der Tag war lang."
Isabella nickte zerstreut, ihre Gedanken hatten eine andere Richtung genommen.
„Ich verstehe schon, daß die *moriscos* nicht von hier weg wollen. Erinnert Euch nur an die Nächte in Cordoba oder Sevilla, wo wir uns im Bett wälzten und nicht schlafen konnten, weil die Tageshitze noch in den Mauern hing. Hier weht von der Sierra ein sanfter kühler Wind…"
Ferdinand lächelte.
„So kenne ich Euch ja gar nicht. Aber seid versichert, daß es nicht nur der kühle Wind ist, der die Menschen hier festhält und Boabdil zögern läßt. Andalusien ist reich, die Ernten sind üppig, Handel und Wandel blühen; wenn ich nur an die Häfen Malaga und Almeria denke – was dort umgeschlagen wird!"
In diesem Moment riefen die Wachen: „Ein Bote für die Majestäten!"
„So spät noch?" fragte Ferdinand unwillig, aber er nahm das Schreiben entgegen, brach das Siegel und hielt es an die Kerze. Zuerst las er stumm, dann reichte er es kopfschüttelnd an Isabella weiter.
„Von Torquemada. Wenn ich ihn recht verstehe, hält er den Zeitpunkt für gekommen, gegen die Juden vorzugehen. Das ganze Land sei empört – er schreibt da etwas über einen Prozeß…"
Isabella überflog den Brief und dann las sie ihn noch einmal – Wort für Wort.
„Es ist zu früh", sagte sie leise, „er hat keine Geduld, dieser fromme Streiter, er prescht voran, und ich habe ihn doch gebeten, die Zügel anzuziehen. So geht das nicht, nein, so geht das nicht! Wir müssen ihm sofort schreiben – heute noch. Der fanatische Eifer dieses Menschen kann in ganz Spanien Unruhen auslösen."
Sie ließ den Sekretär holen.

Hochwürdiger Padre Torquemada, Wir beglückwünschen Euch zu dem erfolgreichen Abschluß des Garcia-Prozesses, wünschen aber nicht, daß damit viel Aufsehen gemacht wird. Die Hinrichtungen haben ohne jede Feierlichkeit stattzufinden, und zwar so schnell wie möglich. Überdies wünschen Wir keine neuen Ermittlungen mehr, untersagen auch weitere Verhöre und Zeugenbefragungen. Wir sind besorgt um jene Untertanen, die schuldlos, zufällig oder durch falsches Zeugnis in den Fall verwickelt werden. Weiterhin möget Ihr dafür Sorge tragen, daß die Judenviertel in Avila und den benachbarten Städten einen Sonderschutz erhalten, bis sich die Aufregung gelegt hat. Erstattet Uns in drei Wochen über alles Bericht. Gottes Segen über Euch.

Als der Sekretär gegangen war, reichte Isabella Ferdinand die Feder.
„Diesmal unterschreibt besser nur Ihr..."
Ferdinand lachte.
„Der Inhalt des Briefes weist ohnehin eher mich als Autor aus. Euch würde der Großinquisitor einen solchen Ton kaum zutrauen."
„Ihr habt mich durchschaut, aber ich kann nicht immer die gehorsame Tochter spielen. Diesmal ist Torquemada zu weit gegangen." Sie stand auf. „Kommt, mein Lieber, gehen wir noch ein paar Schritte."
Der Zeltvorhang war des kühlen Windes wegen halb zurückgeschlagen und nun öffneten ihn die Diener ganz. In diesem Augenblick schlug eine Windbö ins Zelt und warf die Kerze um, aber niemand bemerkte es, weil die Diener den Königen nachblickten, die gerade an den salutierenden Wachen vorbeigingen.
„Ich habe Euch wieder und wieder vor Torquemadas Einfluß gewarnt."
„Ja, ich weiß. Aber ich brauche ihn, Spanien braucht ihn, er ebnet unseren Weg zu Gott."
Ferdinand war gerade dabei, spöttisch zu antworten, als ihn der Schreckensruf: Feuer! Feuer! herumriß. Aus dem prachtvollen Seidenzelt der Königin drang Rauch, da und dort züngelten schon kleine Flammen, die wie feurige Dolche durch die Zeltbahn stießen. Isabella rannte sofort hin; trotz ihres fülligen Körpers war sie so schnell, daß Ferdinand sie nicht mehr zurückhalten konnte. Sie hielt den Atem an, sprang ins Zelt, ergriff die Kassette mit den wichtigen Dokumenten und lief wieder ins Freie, wo Ferdinand sie in seinen Armen auffing.
„Ihr seid unbedacht! Bringt Euch jetzt in Sicherheit – ich kümmere mich um alles weitere."

Die Löscharbeiten waren schnell in Gang gebracht, aber ehe die Eimerkette zum Fluß genügend Löschwasser heranschaffen konnte, hatte der im Feuersog entstandene Wind fünf, zehn, zwanzig Zelte in Brand gesetzt. Da war mit ein paar *arrobas* Wasser nichts mehr auszurichten, und noch ehe der Morgen graute, hatte sich die große Zeltstadt in Asche verwandelt. Ein paar Soldaten waren dabei umgekommen, es gab ein Dutzend Verletzte mit Brandwunden, aber – schlimmer noch – das Feuer hatte sämtliche Vorräte vernichtet, und der größte Teil der Waffen war unbrauchbar geworden.
Ferdinand blickte hinüber auf das im Morgenlicht erstrahlende Granada.
„Wenn sie uns jetzt angreifen..."
Er sprach nicht weiter, aber alle wußten, daß es für die *moriscos* ein leichter Sieg geworden wäre.
Als das Feuer kurz vor Mitternacht ausgebrochen war, war Sultan Abu Aballah, den alle Welt Boabdil nannte, von seiner Wache geweckt worden.
„Feuer, Herr!" Er deutete nach Westen. „Es muß im Lager der Christen sein."
Boabdil torkelte zum nächstgelegenen Turm, gefolgt von den Wachen, deren Schwerter und Lanzen überall anstießen und so viel Lärm verursachten, daß sie weitere Menschen anlockten. Sie alle drängten nun hinter dem Sultan her die schmale Treppe hinauf.
Ja, dachte Boabdil, das Feuer kommt aus dem Lager der Christen. Natürlich ist es eine Falle, es soll uns hier herauslocken, aber so dumm bin ich nicht.
Der Hauptmann seiner Leibgarde trat vor.
„Herr, das ist ein Zeichen Allahs! Er hat den Christenhunden Feuer geschickt und erwartet gewiß von uns, daß wir jetzt handeln. Soll ich..."
„Dummkopf!" zischte der Sultan. „Das ist eine Finte! Glaubst du, ich falle auf so etwas herein? Da es ihnen monatelang nicht gelungen ist, uns hervorzulocken, versuchen sie es nun auf diese Weise, und bei Sonnenaufgang stecken unsere Köpfe auf Pfählen. Ich befehle ausdrücklich und unter Androhung schwerster Strafen, daß kein Mann die Mauern der Stadt verlassen darf! Gib es sofort weiter!"
Der Hauptmann stand stramm.
„Jawohl, Herr!"
Sultan Boabdil warf einen letzten Blick auf den geröteten Nachthimmel

und wandte sich zum Gehen. Da erschien sein Wesir auf der Plattform, hechelnd von der Anstrengung des Steigens, und lief auf ihn zu.
„Hast – hast du's gesehen? Sie – sie verlieren langsam die Geduld, nicht wahr?"
Boabdil faßte den alten Mann am Arm und wandte sich um.
„Endlich einer, der versteht, was hier gespielt wird. Ja, meine Herren, unser Wesir kennt die Christen, hat lange unter ihnen gelebt. Jeder Tag, den Allah uns schenkt, kostet die spanischen Könige einen Sack Gold, und Gold wächst bekanntlich nicht auf den Bäumen. Sie ziehen die Steuerschraube immer heftiger an, die Inquisition verbrennt reiche Ketzer im Dutzend; Pferde, Maultiere und Getreide werden beschlagnahmt und Soldaten zwangsrekrutiert. Jetzt müssen schon vierzehnjährige Kinder und Graubärte unter siebzig ans Schwert. Die sind am Ende! Hätten wir uns heute zu einem Ausfall hinreißen lassen, so wäre keiner unserer Soldaten zurückgekehrt. Aber da müssen sich Don Fernando und seine werte Gemahlin etwas Besseres einfallen lassen! Wir setzen auf Zeit, meine Herrn, und warten ab."
Die Umstehenden murmelten Zustimmung, doch einige der Hauptleute schwiegen und verdrückten sich. Sie waren anderer Meinung, und die Nachrichten ihrer Spitzel gaben ihnen später recht, da in den Tagen nach dem Feuer die Wahrheit durchsickerte. Die Führer der Fuß- und Reitertruppen veranlaßten oder besser, zwangen den Wesir, eine Ratsversammlung einzuberufen, die der Sultan nicht verhindern konnte. Aber er mußte an ihr teilnehmen, wollte er nicht sein Gesicht verlieren.
Der General der Fußtruppen sprach als erster: „Mir liegen seit gestern eindeutige Beweise vor, daß vor sechs Tagen um die Mitternachtsstunde ein Feuer im Lager der Christen ausbrach und es völlig vernichtete. Einer meiner Spitzel zog – als Hirte getarnt – mit seinen Schafen und Ziegen daran vorbei und hat ausgesagt, daß nicht eines der Zelte die Feuersbrunst überstanden hat. Da man noch am selben Tag damit begann, Nahrung, Waffen und Kleider heranzuschaffen, läßt sich daraus schließen, daß der Brand die spanischen Truppen für einige Stunden völlig hilflos gemacht hat. Wäre unser verehrter Fürst dem Rat seiner Generäle gefolgt, so hätten wir die Belagerer binnen weniger Stunden vernichtend schlagen können. Diese Gelegenheit ist vertan und wird nie wiederkommen."
Was hätte Boabdil darauf erwidern können? Er hüllte sich in Schweigen und ließ seinen Wesir reden.

„Nachher ist man immer klüger! Es hätte auch eine Falle sein können und dann säßen wir heute nicht mehr hier. Aber der Schaden läßt sich vielleicht wieder gutmachen. Sobald die Christen ihr Lager neu errichtet haben, werden wir ein paar falsche Überläufer einschleusen, und es wird ein zweites großes Feuer geben. Dann schlagen wir zu!"
Das war immerhin ein Vorschlag, aber der Sultan fühlte, daß sein längst angeschlagener Ruf heute noch mehr gelitten hatte. Wenn er nicht höllisch aufpaßte, würde es bald zu einer Nacht der langen Messer kommen.
Die Ratsversammlung hatte im 'Saal der Könige' stattgefunden, den der Sultan sehr liebte, weil er dort von seinem Sitz an der Stirnseite während langweiliger und endloser Reden sein Auge über die drei prachtvollen Loggien schweifen lassen konnte, deren mit Stalaktitenstuck geschmückte Doppelbögen seinen Schönheitssinn immer von neuem entzückten. Ein christlicher Maler hatte auf Wunsch von Mulei Hassan – Boabdils Vater – die Porträts von zehn Nasriden-Fürsten an die Decke gemalt, wodurch er sich den Zorn frommer Mullas zuzog. Boabdil erhob sich, als von der vergitterten Frauengalerie eine schrille Stimme auf ihn herabfuhr wie ein wütender Raubvogel.
„Memme! Hast du wieder in deinen Polstern verkrochen wie ein verschrecktes Huhn, anstatt dich hinzustellen wie ein Mann und deinen Widersachern die Köpfe zu waschen und wenn es sein muß, sie abzuschlagen. Ich hätte dich damals den Häschern der Zoraide überlassen sollen und mir so viel Leid und Enttäuschung erspart. Wenn du nur..."
„Ist ja gut, Mutter, rege dich nicht auf! Und rede etwas leiser, damit nicht der ganze Palast mithören kann."
„Es wissen ohnehin schon alle, daß eine Strohpuppe sie regiert. Wenn sich dein Vater auch von dieser intriganten Christin hat betören lassen, so war er doch immerhin..."
Boabdil hielt sich die Ohren zu und ging schnell hinaus. Warum mußte Aischa ihn wieder und wieder an ihre 'Heldentat' erinnern? Jede Amme in Granada kannte die Geschichte, und er selbst war bis zum Überdruß daran erinnert worden. Es gab Augenblicke, da wünschte er sich, die Häscher mit dem seidenen Strick hätten ihn damals erwischt und so den Weg für Zoraides Söhne freigemacht. Er wollte die Erinnerung verdrängen, doch er war ihr ausgeliefert, und die Bilder der Vergangenheit zogen durch seinen Kopf. Vor seinen Privatgemächern gab er den Wachen das Kennwort und es lautete: 'Zoraide'.

Isabella de Solis war eine andalusische Grafentochter und fiel bei einem Scharmützel den Mauren in die Hände. Jugend und Schönheit halfen ihr, den Sultan Mulei Hassan zu betören, und bald herrschte sie als seine Lieblingsfrau im Harem. Kurz nacheinander gebar sie ihm zwei Söhne, und ihr Ziel war es, sie als Nachfolger aufzubauen und Aischas Sohn Boabdil zu enterben oder zu beseitigen. Zoraide intrigierte so geschickt, daß der Sultan Aischa in einem Turm der Alhambra einkerkern ließ, zusammen mit dem damals sechzehnjährigen Boabdil. Auf irgendeine Weise gelang es ihr, einen Strick einzuschmuggeln, an dem ihr Sohn aus dem Fenster kletterte. Boabdil floh nach Guadix am Nordhang der Sierra, wo Verwandte seiner Mutter lebten. Wenig später konnte auch Aischa fliehen, und von da an kannte Prinz Boabdil nur noch ein Ziel, nämlich seinen Vater zu stürzen und selbst den Thron einzunehmen.

Seufzend stand er auf und ging zu dem kleinen mit Elfenbein und Perlmutt eingelegten Ebenholzkästchen, dessen Schlüssel er immer bei sich trug. Er holte die schlanke Silberflasche heraus und setzte sie an die Lippen. Der schwere andalusische Wein war längst sein Tröster geworden, und es verging kaum ein Tag, da er nicht trunken ins Bett fiel.

Mein Vater ist tot, mein Onkel hat kapituliert, und ich sitze auf dem Thron, den ich jahrelang ersehnt hatte. Bin ich jetzt glücklich? Ich müßte es sein...

Er trank einen zweiten tiefen Schluck und mußte daran denken, wie er vor einigen Tagen gesagt hatte: „Wir setzen auf Zeit, meine Herren, und warten ab."

Wieviel Zeit blieb ihm noch? Seit langem fühlte er sich beobachtet, bespitzelt, belauert, getäuscht und belogen. Wem durfte er noch trauen, wer war ihm noch treu? Er rekrutierte seine Leibwache nur noch aus den Söhnen ihm bekannter und verpflichteter Familien, beschäftigte zwei Vorkoster und benutzte als Schlafzimmer möglichst tief gelegene Räume, damit er zur Not aus dem Fenster springen konnte.

Der Wein entspannte und beruhigte ihn. Ich bin der Sohn meines Vaters, dachte er, aber ich bin nicht wie mein Vater, der gefürchtete Mulei Hassan. Obwohl sie ihn haßt, wünscht sich meine Mutter, ich hätte mehr von seinem Naturell geerbt. Ich bin zu weich, sagt sie, zu nachgiebig. Dann erinnert sie mich gern an die Sippe der Banul-Sarradj, ein nicht weniger vornehmes Geschlecht als meine Vorfahren, die Nasriden. Sie eiferten um den Thron, hätten sich gerne selbst darauf gesehen, dann und wann gab es einen Mord, wobei sie sich nie an die fürstliche Familie selbst wagten. Das traf dann einen Vetter oder irgendeinen alten Onkel, zur Warnung und um zu zeigen, daß man mit ihnen rechnen mußte. Die Spanier nannten sie die *Abencerrajes* und rieben sich vergnügt ihre Hände, weil sie dachten: Die zwei Sippen rotten sich mit der Zeit gegenseitig aus, das erspart uns viel Mühe.

Boabdil ließ den Rest des Weines in seine Kehle fließen, spürte, wie der sanfte kühle Strom in seinen Magen glitt, dort wohlige Wärme verbreitete, die in alle seine Glieder drang, die Muskeln entspannte, das Herz ruhiger schlagen ließ, während die Gedanken wieder zurückschweiften in die Vergangenheit.

Dann hatte Mulei Hassan seinen Gegnern die Hand zur Versöhnung gereicht, und dies sollte bei einem Friedensmahl besiegelt werden. Nicht alle folgten der Einladung, aber ein gutes Dutzend tat es doch, und es waren die Häupter der Sippe, keiner wollte sich nachsagen lassen, er sei aus Feigheit nicht erschienen.

Das Gastmahl fand in dem schönen Raum mit der sternengeschmückten Kuppel statt. Draußen im Patio wurden die Schatten länger, der Himmel verblaßte, man setzte sich um das große Brunnenbecken, während die Diener das Essen auftrugen. Plötzlich rief Mulei Hassan in bester Laune: „Bringt Fackeln, man sieht ja nicht mehr, ob man ein Hammelauge ergreift oder eine Dattel."

Alles lachte, die Diener erschienen mit Fackeln und hinter ihnen die Leibtruppe des Sultans mit gezogenen Schwertern. Die *Abencerrajes* waren schnell entwaffnet, und dann führten sie einen nach dem anderen vor den Brunnen und schlugen ihnen die Köpfe ab.

„So solltest du jetzt auch handeln", hatte Aischa kürzlich gesagt und ihm gleich aufgezählt, wessen Kopf sie für entbehrlich und gefährlich hielt. Boabdil hob seine Hände und schaute sie an.

„Ich will mich nicht mit Blut beflecken. Wenn ich ins Exil gehe, darf es keine Feinde geben, die hinter mir herfluchen."

Erstaunt lauschte er seiner eigenen trunkenen Stimme. Habe ich Exil gesagt? Oder nur gedacht? Er schüttelte seinen Kopf, rief den Diener, ließ sich entkleiden und ging zu Bett. Man muß abwarten, dachte er schläfrig – abwarten, was die Christen tun.

Ferdinand und Isabella beschlossen am Morgen nach der Feuersbrunst, das Zeltlager nicht wieder aufzubauen. Nein, keine Zelte mehr, eine Stadt aus Stein sollte es werden, und Padre Talavera hatte auch schon einen Namen für sie: Santa Fé – heiliger Glaube. Wie gelähmt beobachteten die *moriscos* von den Türmen der Alcazaba das emsige Treiben, das schnelle Wachsen der Christenstadt mit breiten, kreuzförmig angelegten Straßen, einer festen Mauer und achtzig Türmen zu ihrem Schutz. In knapp drei Monaten stand Santa Fé da, strahlend weiß, wie neugeboren und von der gerade fertiggestellten Kirche erklang Glockengeläut, das den fernen Ruf des Muezzins übertönte.

Boabdil schreckte es auf aus seiner Apathie, dieses ständige sieghafte Läuten, dieser aufdringliche Glockenklang. Er rief den Wesir und ein paar seiner vertrautesten Freunde und Ratgeber und verfaßte eine geheime Kapitulation, die er am 25. November 1491 den Königen übergeben ließ. Innerhalb von sechzig Tagen, so schrieb er, würde Granada in den Händen der christlichen Majestäten sein. Talavera las eine Dankmesse und wieder dröhnten die Glocken. In Granada hielt man sich die Ohren zu und bangte um die Zukunft.

Boabdils Geheimabkommen blieb nicht geheim, seine Feinde sorgten für schnelle Verbreitung, sammelten ihre Kräfte, um den Verhaßten zu stürzen. Da trat der Sultan die Flucht nach vorne an. Er sandte eine Botschaft nach Santa Fé, bat die Könige um Hilfe, da er nicht mehr Herr der Lage sei. Er würde, so schrieb er, am nächsten Morgen Granada verlassen und am Südtor die Stadtschlüssel übergeben.

Boabdil sorgte dafür, daß es sich herumsprach – die ganze Stadt sollte es wissen – mußte es wissen, Ferdinand sandte sofort einen Trupp Soldaten, um den Sultan zu schützen und um die strategisch wichtigsten Punkte der Stadt zu besetzen. Sie trafen auf keinen Widerstand, es war, als bewegten sie sich in einem leeren Raum.

Granada igelte sich ein. Als die Sonne an diesem Morgen aufging, schlich als einziges Lebewesen ein verschlafener Straßenköter am Rio Darro entlang und schnüffelte nach Abfällen. Dann hallten drei Kanonenschüsse über die Stadt, und der Hund lief in panischer Angst davon. Sie waren für Boabdil das Zeichen zum Aufbruch.

In dem großen Hof zwischen der Alhambra und der turmbewehrten Festung Alcazaba sammelte der Sultan seine Getreuen um sich. Zusammen mit seiner Familie waren es nicht mehr als fünfzig Menschen, die mit ernsten übernächtigten Gesichtern auf das Zeichen des Aufbruchs harrten. Einige der Frauen schluchzten unter ihren dichten Schleiern. Aischa, die Mutter des Sultans, weinte nicht; sie fühlte nur Haß und Verachtung. Haß auf die Christen, die nicht geruht und gerastet hatten,

bis die dreimal verfluchte Kreuzesfahne über der stolzen Alhambra wehte, und Verachtung für ihren Sohn, den schwachen nachgiebigen Sultan, der nicht fähig war, seinen Besitz zu halten. Welche harten Bedingungen er den Königen auferlegt hatte, beeindruckte sie wenig. Für sie zählte nur, daß er aufgab, nachgab, vor den Christen kapitulierte. Diese Bedingungen aber diktierten ihm die Generäle und die Mullas, aus Sorge um ihr eigenes Fortkommen, um ihren Besitz, ihre gesellschaftliche Stellung. Mochte der schwache Sultan gehen, mochte die Kreuzesfahne über der Stadt wehen – sie waren bereit, ihre Steuern an die Krone zu entrichten, wenn...
Isabella hatte es kopfschüttelnd vorgelesen.
„Wenn kein Gebäude der Stadt zerstört wird, wenn sämtliche Einwohner, welchen Standes auch immer, an Leib, Leben und Habe unangetastet bleiben, wenn weiterhin freie Religionsausübung garantiert wird, wenn keine der Moscheen geschlossen wird, wenn weiterhin Korane gedruckt und verkauft werden dürfen, wenn alle Kriegsgefangenen freigelassen werden, wenn..."
Sie ließ das Schreiben sinken.
„Aber das geht doch nicht! Ein Teil dieser Bedingungen ist unannehmbar!"
Ferdinand schüttelte den Kopf.
„Diesmal muß ich dir widersprechen und ich rate ganz dringend zur Annahme seiner Bedingungen, mögen sie auch noch so hart sein. Granada soll es nicht bereuen müssen, daß es künftig unter christlicher Herrschaft steht."
„Der König hat recht – tausendmal recht! Nicht mit gebrochenen Herzen sollen die Bürger Granadas auf uns schauen, sondern froh und hoffnungsvoll."
Als Talavera das sagte, blickte er der Königin fest in die Augen.
„Nun gut, Padre. Da Ihr der künftige Erzbischof von Granada seid und auch mein Gemahl zurät, will ich mich fügen."
So bewegten sich an diesem kühlen klaren Januarmorgen zwei Züge aufeinander zu, der triumphale der christlichen Könige und ein Häuflein verstörter und schweigsamer Muselmanen, das die totenstille Stadt verließ und nach Süden zog.
Bis sich die königliche Prozession von Santa Fé aus in Bewegung setzte, stand die Sonne schon hoch am Himmel.
Isabella saß auf einer Schimmelstute, gekleidet in ihr großes Staatsge-

wand mit Krone und Hermelinmantel, während Ferdinand zwar in königlichen Purpur gehüllt war, aber nur ein einfaches rotes Samtbarett trug. Hinter ihm ritt der zwölfjährige Kronprinz Juan, ein schmaler hübscher Junge, der etwas scheu und verlegen dreinschaute und jetzt lieber mit seinem besten Freund, dem Sohn eines Kammerherrn, im Palastgarten von Cordoba mit den Jagdhunden um die Wette gelaufen wäre. Aber Cordoba war fern, und sein Vater neigte mehr und mehr zu der Ansicht, man müsse den Prinzen allmählich mit königlichen Pflichten vertraut machen. Dicht hinter Isabella hielt sich Padre Talavera, dann folgten die Prälaten mit Kardinal Mendoza an der Spitze. Der Zug bewegte sich in einem weiten Halbkreis um die Stadt und erreichte zur späten Mittagsstunde die kleine Moschee am Fluß, um hier – so war es besprochen – den Sultan zu treffen.

Boabdil, der schon seit Stunden auf das Erscheinen der Könige gewartet hatte, bestieg sein Pferd und ritt langsam auf die kleine Moschee zu. Während der Wartestunden hatte er Zeit zum Nachdenken gehabt und lange überlegt, wie er dem Königspaar gegenübertreten sollte. Es gab keine Absprache darüber, und mit der verrinnenden Zeit wuchs sein Trotz. Er würde weder knien noch sich verbeugen, sondern lediglich vom Pferd steigen, um Ferdinand die Stadtschlüssel zu überreichen.

Isabella und Ferdinand verließen den spärlichen Baumschatten und ritten langsam zur Straße, die nach Süden ans Meer führte. Der Sultan war – wie es sich für einen Besiegten gehört – in einen einfachen dunklen Burnus gekleidet und trug einen grauseidenen Turban. Als sein Diener herantrat, um ihm vom Pferd zu helfen, hob der König seine Hand und ritt nahe heran.

„Erspart Euch die Demutsgeste, mein Fürst, denn nicht der Sieger empfängt den Besiegten, sondern ein Herrscher einen anderen, der sich aus Klugheit den Umständen gefügt hat."

Boabdil war von dieser noblen Geste mit den maßvollen Worten so überrascht, daß ihm die Tränen kamen. Mit einer kurzen entschlossenen Bewegung streckte er dem König den riesigen Schlüssel hin. Der nahm ihn und reichte das Ungetüm an Isabella weiter, die ihn sofort dem Kronprinzen übergab. Juan blickte verwirrt auf diesen schweren, mit Rostflecken bedeckten Schlüssel und wußte nicht, was er damit anfangen sollte. So legte er ihn quer über den Sattel und hielt ihn krampfhaft fest. Unterdessen fragte Boabdil: „Wem vertraut Ihr den Schutz der Alhambra an?"

„Dem Grafen von Tendilla, er wird der Vizekönig von Granada sein."
„Könnt Ihr ihn rufen?"
Als der Graf in seinem prächtigen Harnisch erschien, zog Boabdil einen goldenen Ring vom Finger und reichte ihn dem neuen Hauptmann der Festung Alhambra.
„Alle, die seit der maurischen Eroberung Granada regiert haben, trugen diesen Ring. Tragt Ihr ihn nun, da Euch die Regentschaft anvertraut ist. Allah möge Euch mehr Glück schenken als mir."
Nach diesen Worten gab Boabdil seinem Pferd die Sporen und galoppierte davon. Der Abstand zu seinem Gefolge vergrößerte sich schnell, doch hielt der Sultan auf einer Anhöhe und blickte auf seine Stadt, die im hellen Licht des Nachmittags vor ihm lag, aufgeschlagen wie ein Buch. Wieder kamen ihm die Tränen – er konnte sie nicht halten, wollte es auch nicht. So fand ihn sein Gefolge und in das betretene Schweigen gellte sogleich die Stimme seiner Mutter.
„Ja, heule nur! Weine wie eine Frau um das, was du nicht hast verteidigen können wie ein Mann!"
Boabdil entgegnete nichts, wandte sein Pferd und ritt weiter.
Die Sieger aber, die Eroberer, die neuen Herren von Stadt und Land, zogen zurück nach Santa Fé. Der Graf von Tendilla hatte den Auftrag, die Alhambra für den Besuch des Herrscherpaares am Dreikönigstag vorzubereiten.
In Santa Fé bewohnten die Könige ein bescheidenes Haus neben der Kirche, und hier kam es zu einem Gespräch zwischen Isabella und ihrer Freundin, der Marquesa de Moya. Die Königin hatte ihre Staatsgewänder abgelegt und war in einen bequemen Hausmantel geschlüpft. Beatriz löste den mit Nadeln gehaltenen Schleier von Isabellas Kopf und entfernte geschickt die Kämme und Spangen aus dem hochgesteckten Haar, bis es wie eine goldene Flut über die Schultern fiel.
„Dein Haar ist noch immer wunderschön."
„Was heißt noch immer? Bin ich schon eine alte Frau?"
„Im Juni wirst du vierzig – noch nicht alt, aber auch nicht mehr jung."
„Etwas Gescheiteres fällt dir nicht ein?"
Die Marquesa hatte begonnen, das Haar zu kämmen, in sanften weiten Schwüngen glitt ihre Hand darüber, stockte manchmal, wenn die Strähnen sich verfilzten.
„Doch, ich hätte ein gutes Thema."
„Wie lautet es?"

„Cristobal Colon. Du hast ihm versprochen, nach dem Fall von Granada seine Pläne weiter zu unterstützen."

Isabella schwieg eine Weile, dann sagte sie: „Aber du kennst doch das Urteil der Kommission von Salamanca. Es lautet: 'Nichts kann die Unterstützung durch Eure Majestäten rechtfertigen.'"

„Ich kenne es. Gelehrtengeschwätz aus muffigen Gelehrtenstuben. Euer früherer Beichtvater, Pater Juan Perez, ist durchaus anderer Meinung, und er versteht wirklich etwas von der Seefahrt. Auf ihn würde ich eher hören, Doña Isabella."

Die Königin schmunzelte.

„Ist längst geschehen, auch wenn du es vielleicht nicht weißt. Ich habe noch von Sevilla aus an Señor Colon geschrieben, er wird in den nächsten Tagen hier erscheinen. Übrigens gebe auch ich nicht viel auf die Salamanca-Gelehrten – im Gegensatz zu meinem Gemahl, der sie überaus schätzt."

Die letzten Worte hatte sie mit tiefer Stimme und gerunzelter Stirn gesprochen, darauf kam ein leises Lachen aus ihrer Kehle. Beatriz de Moya fiel in das Lachen ein.

„Ja – die Männer! Gott hat schon gewußt, warum er uns Frauen dazu schuf. Die Herren der Schöpfung wären allein kaum zurechtgekommen."

Isabella ging nicht darauf ein, wandte sich um und sagte: „Aber glaube ja nicht, daß Señor Colon deinetwegen kommt, meine Liebe!" Dabei erhob sie drohend den Finger.

Die Marquesa blickte ganz ernst, als sie sagte: „Aber gewiß nicht, Majestät!"

22

Als Columbus in den ersten Januartagen des Jahres 1491 die Aufforderung erhielt, an den Hof nach Santa Fé zu reisen, lag eine schwere Zeit hinter ihm. Seit der Gründung der Salamanca-Kommission vor vier Jahren hatte er fast nur Niederlagen erlebt. Mit dieser Ansammlung von hochgelehrten Juristen, Theologen, Geographen und Astronomen gab es für ihn keinen Weg der Verständigung. Wenn er, 'heiß' sagte, antworteten sie 'kalt', und wenn er 'weiß' sagte, meinten sie 'schwarz'.
Von einer solchen Tagung schrieb er an Beatriz de Harana nach Cordoba:

Es ist, als redeten wir mit verschiedenen Zungen. Sie sind allesamt Theoretiker und begegnen meinen Argumenten mit Zitaten der Kirchenväter, aus der Bibel und aus veralteten geographischen Werken, und sie sagen mir ins Gesicht, daß ich unwissenschaftlich denke, ein unwissender Seefahrer, ein Laie sei.

Die Kommission tagte meistens in dem am südlichen Stadtrand von Salamanca auf einer Anhöhe gelegenen Dominikanerkloster San Esteban, und Columbus konnte von seiner Zelle auf das breite blaue Band des Rio Tormes hinabblicken. Man hielt ihn hier wie einen Mönch; er hatte Zutritt zum Refektorium, zur Bibliothek und durfte manchmal den Prior, Pater Diego Deza – er war auch Bischof von Palancia –, nach Valcueva hinausbegleiten, wo der Orden ein Sommerhaus besaß. Zwar gehörte der Prior nicht der Kommission an, doch seine Stimme besaß Gewicht, denn er war als ehemaliger Lateinlehrer und Erzieher des Kronprinzen der Königin freundschaftlich verbunden.
Er war es, der Columbus nach zermürbenden und ergebnislosen Sitzungen in seinem Selbstvertrauen bestärkte. Sie standen am Fenster seines

Arbeitszimmers im Klostergut Valcueva, während draußen die Augusthitze wie ein flimmerndes Band über den sonnetrunkenen Feldern und Fluren lag. Der acht Jahre Ältere behandelte Columbus wie einen Sohn, weil er fühlte, daß auch dieser ernste und beherrschte Mann etwas zum Anlehnen brauchte. Unter vier Augen sprach er ihn mit seinem Vornamen an.

„Ich weiß, Cristobal, die Sitzung gestern war nur ein endloses Wiederkäuen der alten und oft recht einfältigen Argumente, und ich kann mir denken, welche Kraft es Euch gekostet hat, den gelehrten Rauschebärten Rede und Antwort zu stehen."

Columbus lächelte bitter.

„Ihr kennt mich ja recht gut, Padre. Gestern war ich nahe daran, hinauszulaufen und meine Zelte hier in Spanien abzubrechen. Mein Bruder Bartolomeo hat mir kürzlich aus London einen recht hoffnungsvollen Brief geschrieben. König Heinrich kennt meine Pläne und scheint nicht abgeneigt, sie zu verwirklichen. Wenn ich noch immer zögere, dann nur wegen der Königin. Sie vertraut mir, steht auf meiner Seite – das weiß ich. Ehe sie nicht nein gesagt hat, harre ich hier aus, und Euch, Padre, verdanke ich es, daß ich noch nicht ganz mutlos geworden bin."

„Noch ist das endgültige Urteil nicht gesprochen und noch ist Granada nicht erobert. Da – schaut hinaus auf das sommerliche Land. Der Weizen wird gerade geerntet und wenn Ihr bedenkt, wie lange es dauert, bis das im Winter gesäte Getreidekorn treibt, grünt, aufwächst, Frucht ansetzt und reift, dann müßt Ihr erkennen, daß Gott über jedem Gelingen die Zeit des Sprossens, Wachsens und Reifens gesetzt hat. Habt Geduld, Cristobal, und seht es den alten Rauschebärten mit ihren trockenen Papierseelen nach, wenn sie Euch nicht folgen können. Talavera meint es gut mit Euch, und wenn er immer neue Einwände findet, dann doch nur, um ganz sicherzugehen, um am Ende niemand enttäuschen zu müssen, wobei er natürlich vor allem an die Königin denkt, die ihn verehrt und die er liebt."

„Was Ihr sagt, ist richtig, Padre, und es gibt mir Hoffnung. Aber wenn ich daran denke, daß Leute wie dieser Maldonado ihre Meinung äußern dürfen, dann steigt mir die Galle hoch. Ein knochentrockener Jurist, der noch nie das Meer gesehen hat und von Nautik und Geographie soviel versteht wie ein Ochse vom Tanzen. Allein seine Gegenwart verursacht mir schon Übelkeit und wenn er den Mund aufmacht, würde ich ihm am liebsten Roßäpfel hineinstopfen!"

Der Prior lachte.
„Ihr seid ja ein Poet, Cristobal! Der Zorn beflügelt Euch Geist und Zunge, aber das bringt uns nicht weiter. Vergeßt Leute wie Maldonado und denkt an Eure Freunde im Rabida-Kloster. Ein Wort von Pater Perez hat bei der Königin mehr Gewicht als die ganze Salamanca-Kommission."
Diese aber tagte in großen Abständen und auch nicht immer in Salamanca. Columbus reiste mit zunehmender Ungeduld hin und her und nutzte die Pause, um nach Cordoba zurückzukehren – zu seiner Familie.

Zum erstenmal in seinem Leben hatte er zielbewußt und hartnäckig um eine Frau geworben, wobei ihn Don Diego de Harana, sein Freund und Hausherr, maßvoll, aber nachdrücklich unterstützte. In seiner unbekümmerten Art polterte er los: „Das Mädchen versauert hier in meinem Haus! Bis jetzt hat sie jeden Bewerber abblitzen lassen, und ich sehe sie schon als alte Jungfer dahinwelken. Vielleicht stimmt etwas nicht mit ihr – wer weiß? Vielleicht ist sie eine heimliche *hermafrodita* und trägt ein Schwänzchen zwischen ihren schönen Beinen. Finde es heraus, mein Freund!"
Er gehörte zu den wenigen Menschen, mit denen Columbus sich duzte, trotz ihrer grundverschiedenen Temperamente zogen sie sich an wie Magneten. Harana schätzte und bewunderte in Columbus den Ernst und die Zielstrebigkeit, mit denen sein Freund unerschütterlich seine Pläne verfolgte, während er diesen Diego de Harana um seine sorglose Lebenslust und Lebenskunst beneidete. Wie so oft war Columbus etwas verstört über die unbekümmerte Art, mit der Diego die Probleme aussprach.
„Du drängst mir deine *prima* geradezu auf! Wenn andere Bewerber bei ihr nichts ausrichten konnten, warum soll es mir besser gehen?"
Harana lachte schallend.
„Weil du ihr nachstellst und sie anbetest, als sei sie eine Inkarnation der *virgen* aus der Santiagokirche. Die ganze Familie weiß schon Bescheid. Als nächstes wird unser Hund es hinausbellen und unsere Mieze es draußen herummaunzen."
Columbus konnte seinem Freund nicht böse sein, um so mehr, als er ja recht hatte – tausendmal recht! Aber die Festung Beatriz de Harana war nicht so leicht zu erobern wie die schnell zur Kapitulation bereite Festung Beatriz de Moya.

„Daß Ihr mich begehrt, Señor Colon, ist nicht mehr zu übersehen, und meine ganze Familie verfolgt mit Neugier und Interesse Euer Bemühen. Ihr seid ein Mann, Cristobal, im rechten Sinne des Wortes, aufrecht, ernst und zielbewußt – Eigenschaften, die auch mein leichtlebiger Cousin an Euch bewundert. Ihr gefallt mir, ich kann es nicht leugnen, aber wie soll es nun weitergehen?"
Bei diesem Gespräch gingen sie langsam im Patio herum, während Beatriz aus einer großen Kanne die Sträucher und Blumen begoß.
„Es kann nur so weitergehen, daß ich Euch bitte, mich zu heiraten."
Sie setzte die Kanne ab und schaute ihn an. In den großen dunklen Augen war nichts zu lesen, aber ihr ausdrucksvoller Mund spannte sich, sie zog die Unterlippe ein und biß mit den Zähnen darauf.
„Ich kann Euch nicht heiraten."
Das sagte sie so hin wie: Ich habe keinen Hunger oder ich mag keinen Fisch.
„Aber warum nicht. Warum? Beatriz – warum?"
„Ich mag jetzt nicht davon sprechen, und Ihr würdet es vielleicht nicht verstehen."
„Aber – aber darf ich wenigstens hoffen?"
„Hoffen – worauf?"
Sie lächelte und nahm die Kanne wieder auf.
„Hoffen dürft Ihr, Cristobal. Was wäre der Mensch ohne Hoffnung?"
Daß sie seinen Antrag zurückgewiesen hatte, schreckte ihn nicht ab. Er mußte an den Arzt José Marco denken, der in Lissabon zu seinem Freundeskreis gehört hatte und ihm später die wahre Ursache seiner Flucht aus Salamanca gestand. Damals hatte er gedacht, wie kann man nur so liebesblind sein und sich so gehenlassen. Jetzt befand er sich in einem ähnlichen Zustand und hätte alles getan, um das Mädchen zu gewinnen.
Dann kam der Tag, da löste sich sein Problem wie von selbst. Die Woche um das Kirchweihfest verbrachte die Haranafamilie auf dem Land in der Gegend von Santa Maria de Trasierra, wo sie Weingüter und Obstgärten besaß. Beatriz reiste diesmal nicht mit, weil sie eine erkrankte Freundin betreute, deren Eltern kürzlich verstorben waren.
Zwei Tage später kehrte Columbus von einer überraschend in Sevilla anberaumten Sitzung der Kommission zurück – enttäuscht, niedergeschlagen und wütend über die Ignoranz der gelehrten Rauschebärte. Er freute sich darauf, seine Sorgen im Kreis der lauten und fröhlichen Haranafamilie zu vergessen, aber schon der Hausknecht am Tor klärte ihn auf.

„Alle sind weg, Señor, aufs Land, wie immer um diese Zeit. Nur die Señorita ist noch da, weil sie..."
Er ging schnell weiter, lief hinauf in seine Wohnung, legte die staubige Reisekleidung ab, schlüpfte in seinen Hausmantel und stieg die schmale Treppe in den kleinen Garten hinab. Dort gab es ein überdachtes Wasserhäuschen, und er holte sich zwei Eimer aus dem tiefen kühlen Brunnen und goß sie über seinen nackten Körper. Die kühle Dezemberluft ließ ihn schaudern. Er trocknete sich schnell und heftig ab und lief ins Haus zurück. Sie begegneten sich an der Treppe. Beatriz kam mit einem Körbchen am Arm herab, sah ihn, lachte und rief: „Cristobal! Als ich Euch herauslaufen sah in dem weiten dunklen Mantel, dachte ich, nun gehen die Geister schon untertags um – aber jetzt..."
„Seid Ihr froh, daß es nur der arme umgetriebene Señor Colon ist. Wollt Ihr ausgehen?"
„Nein, ich bin gerade dabei, ein paar Küchenkräuter aus dem Garten zu holen."
„Warum seid Ihr nicht mit Eurer Familie aufs Land?"
„Ich pflege eine erkrankte Freundin, die hat sonst niemand außer einer alten Magd."
Columbus hörte nicht, was sie sagte, die Worte summten an seinen Ohren vorbei wie Fliegen, er starrte auf ihren kleinen vollen Mund, der immer so deutlich ihre Stimmung verriet, und er liebte diesen Mund, diese Augen, das zarte Dreieck ihres Gesichts. Behutsam nahm er ihr das Körbchen aus der Hand, stellte es auf die Treppe und hob die zierliche Gestalt mit einem Ruck hoch. Sie ließ es geschehen, wehrte sich nicht, schaute ihn nur an, mit leiser Neugier, ließ es auch geschehen, daß er sie über die Schwelle trug, auf sein Bett legte und ihr die Kleider auszog, Stück um Stück, doch sie trug nur ihr leichtes Hausgewand, und dann lag sie da in ihrer goldenen Nacktheit und streckte die Arme nach ihm aus. Ja, sie wollte genommen werden, war bereit für seine Liebe, bereit, sie zu erwidern, und doch spürte Columbus, daß etwas sie trennte, etwas Unnennbares, das sich nicht auf ihre Körper bezog, die sich in Wollust und schrankenloser Hingabe vereinigten – nein, das war es nicht, aber er fühlte vage, daß sie etwas zurückbehielt, vor ihm verbarg. Er maß dieser Empfindung kein großes Gewicht bei, dachte, sie hinge vielleicht mit ihrer Bemerkung zusammen, sie könne ihn nicht heiraten, aber er war ein Mann, nahm es für eine Weiberlaune und war davon überzeugt, es würde sich später alles klären.

Doch es klärte sich nicht. Neun Monate nach diesem Dezembertag, am 15. August, gebar Beatriz ihm einen Knaben, und er ließ ihn als Sohn des 'Christobal Colon aus Genua, im Hofdienst Ihrer Majestät' ins Taufregister eintragen. Auf ihren Wunsch nannten sie ihn Fernando, und Columbus nahm sich vor, seinen Heiratsantrag zu wiederholen, da sie nun ein gemeinsames Kind hatten. Doch dann schob er es auf, und dafür gab es einen Grund.

Der Hof residierte damals noch in Cordoba, und als der Marqués de Moya mit dem König wieder ins Feldlager ging, verlangte es die andere Beatriz nach der lange entbehrten Umarmung. Sie wußte bereits, daß er einen Sohn hatte, wußte von ihrer Namensschwester, wußte alles.

„Aber Christobal, ich verstehe Euch! Ein Mann wie Ihr, voll Saft und Kraft, kann doch nicht monatelang warten, bis seine Freundin wieder für ihn bereit ist. Da habt Ihr eben zugegriffen, oder sie hat sich Euch an die Brust geworfen – wer weiß? Wenn man so nahe beieinanderlebt..."

Columbus hörte eine leise Drohung heraus: Eine zweite Geliebte sei dir gestattet, aber treibe es nicht zu weit! Daß sie dir ein Kind geboren hat, ist der Lauf der Natur, aber ich will nicht, daß du mit ihr zusammen ein Nest baust und mich links liegenläßt.

So etwa verstand er die Mahnung, und so war sie wohl auch gemeint, aber am Ende hätte sie ihm auch eine Ehe verziehen – vorausgesetzt freilich, zwischen ihm und ihr wäre alles beim alten geblieben.

So lebte Columbus mit der um fünfzehn Jahre jüngeren Beatriz im großen Haus der Familie Harana, und niemand schien an diesem Verhältnis Anstoß zu nehmen. Der kleine Fernando wuchs behütet und geborgen in einer Großfamilie auf, und auch wenn Columbus oder Beatriz außer Haus waren, gab es immer jemand, der ihn hütete.

Beatriz war die erste Frau in seinem Leben, die sich wirklich und mit fundiertem Verständnis für seine Pläne begeisterte. Sie hatte vier Jahre in einer Klosterschule verbracht, konnte schreiben und lesen und wußte, wovon er sprach, wenn Worte fielen wie: Ekliptik, Polarstern, Breiten- und Längengrade. Sie kannte die Funktion eines Kompasses und fand sich auf jeder Landkarte schnell zurecht. Noch nie hatte Columbus mit einer Frau in einer so engen geistigen Gemeinschaft gelebt, und für seinen Sohn hätte er sich keine bessere Mutter denken können, und doch war zwischen ihnen etwas Unausgesprochenes, das zwar ihre Lebensgemeinschaft nicht störte oder gar behinderte – ja, sie vielleicht sogar etwas kurzweiliger machte.

Im Herbst des Jahres 1490 fällte die Salamanca-Kommission ihr endgültiges Urteil und riet den Königen dringend davon ab, die Pläne des Cristobal Colon zu unterstützen. Man gab ihm zu verstehen, daß seine Anwesenheit am Hof jetzt unerwünscht sei, und seine Gehaltszahlungen wurden eingestellt.

An einem Sommerabend saßen sie auf der kleinen Galerie und blickten hinaus auf den Schloßpark, wo die Teiche im Licht der sinkenden Sonne aufglühten wie bengalisches Feuer. Der zweijährige Fernando krabbelte auf dem Schoß seines Vaters herum, erzählte allerlei Wichtiges in seiner drolligen Kindersprache, gluckste, lachte, als die Hauskatze vergeblich versuchte, eine dicke Fliege zu fangen.

„Jetzt bin ich wieder ganz unten", sagte Columbus, „und soll mit vierzig Jahren von vorne anfangen. Will ich das überhaupt? Kann ich es noch? Wovon werden wir leben?"

Beatriz besserte gerade ein Kleidchen des kleinen Fernando aus. Sie ließ die Nadel sinken und hob ihren Kopf.

„Sei nicht mutlos, Cristobal. Wir haben hier unsere Wohnung, und das Erbe von meinen Eltern ist auch noch da. Außerdem glaube ich nicht, daß du von vorne anfangen mußt. Pater Deza steht nach wie vor auf deiner Seite und Pater Perez auch. Diese beiden haben mehr Einfluß auf die Königin als die ganze Salamanca-Kommission – das hast du mir selbst gesagt. Da mußt du ansetzen und vielleicht auch bei deiner – bei der Marquesa de Moya. Auch sie wird ein Wort für dich einlegen."

Columbus lächelte müde.

„Du weißt aber auch alles, Liebste. Aber daß ich nur dich liebe, weißt du hoffentlich auch. Du bist die Frau meines Herzens und wirst es bleiben, solange ich lebe. Die Marquesa ist nur ein Werkzeug."

„Sei nicht ungerecht! Bei ihr ist es vielleicht gerade umgekehrt: Sie liebt dich, und ihr Mann ist nur das Werkzeug für ihre Stellung bei Hof."

„Nein, Bea, so ist es nicht. Sie ist die Jugendfreundin der Königin, kennt sie von Kindheit an. Wenn Andrés de Cabrera heute Marqués de Moya ist, hat er es ihr zu verdanken. Gleichviel – ich muß dir recht geben: Noch ist nicht alles verloren. Ich werde in den nächsten Tagen nach La Rabida reisen und mit Pater Perez sprechen. Außerdem möchte ich Diego sehen, er wird heuer schon elf Jahre alt."

„Bring ihn doch hierher, so lernt er endlich seinen Bruder kennen."

„Das wird geschehen, aber noch nicht jetzt. Wenn ich – also wenn ich auf hoher See bin..."

Beatriz lachte hellauf.

„So gefällst du mir besser! Einen Mann wie dich kann man nicht einfach übergehen, das wird auch die Königin erkennen."

In La Rabida empfing man ihn nicht als Verlierer, sondern nach wie vor als den Mann, der von Gott dazu ausersehen war, den unbekannten Teil von Indien zu entdecken. Als Columbus zu einer Erklärung ansetzen wollte, unterbrach ihn Juan Perez.

„Für einige mag unser Kloster am Ende der Welt liegen, aber wir sind über gewisse Dinge besser informiert, als so mancher Hofschranze, der täglich seinen Bückling vor den Majestäten macht. Jetzt hört mir gut zu: Die Ablehnung Eurer Pläne aufgrund der Empfehlung dieser Salamanca-Kommission ist eine Reverenz vor König Ferdinand, und nicht einmal er hat sie unterschrieben, sondern sein erster Sekretär. Das heißt gar nichts! Was nicht eigenhändig von beiden Herrschern, zumindest aber von der Königin unterzeichnet ist, steht auf schwachen Beinen. Ich habe vor zehn Tagen mit ihr gesprochen und kann Euch nur sagen, daß Ihr dort weder vergessen seid, noch daß Eure Sache hoffnungslos ist. Granada wird in den nächsten Monaten fallen und dann könnt Ihr Euer Anliegen der Königin von neuem vortragen – ich habe ihr Wort."

„Ja, wenn das so ist..."

„So ist es! Und wenn Ihr dann am Hof erscheint, brauchen wir neue, noch stichhaltigere Argumente. Wir werden in den nächsten Tagen die ganzen Akten Punkt für Punkt durchgehen, auf Schwachstellen abklopfen, die Einwände der gelehrten Rauschebärte entkräften. Noch eines: Talavera ist neutral, er hat die Entscheidung nur verkündet, aber er steht nicht unbedingt dahinter. Auch ihn werdet Ihr sprechen, und dann müßt Ihr nachdrücklich darauf bestehen, daß man sich seiner Christenpflicht nicht entziehen kann, wenn es darum geht, Heiden zu bekehren. Wir werden nur da den Hebel ansetzen, wo es Erfolg verspricht, alles andere ist Zeitverlust."

Columbus dachte an Luis de Santangel, den Schatzmeister des Königs, und an ihr seltsames Gespräch über die verschollenen jüdischen Stämme. Ein Satz hatte sich ihm ins Gedächtnis gebrannt: 'Sollten aber die Könige, aus welchen Gründen auch immer, von Euren Plänen keinen Gebrauch machen, dann wendet Euch an mich'.

Ob es jetzt klug war, davon zu sprechen? Etwas riet ihm, abzuwarten, und Santangel erst als wichtige Schachfigur zu verwenden, wenn das Matt drohte.

Am Ende dieses Gesprächs sagte Juan Perez: „Nachdem wir alles Für und Wider abgewogen und alle Möglichkeiten ins Auge gefaßt haben, werde ich der Königin einen Brief schreiben – einen sehr persönlichen. Ich kenne ihr Herz und weiß, welcher Schlüssel am besten paßt."

Viel Zeit widmete Columbus seinem Sohn Diego. Der war angefüllt mit Fragen wie ein praller Getreidesack, und eine Woche reichte nicht hin, um sie alle loszuwerden. Er war genau über die Pläne seines Vaters informiert, und manche seiner Bemerkungen ließen darauf schließen, daß er sich lange und ausführlich damit befaßt hatte. Aber da gab es noch etwas.
„Bis Ihr in See stecht, Herr Vater, vergehen vielleicht noch zwei oder drei Jahre!"
„Ich hoffe nicht! Es muß sich in den nächsten Monaten entscheiden, weil ich sonst – nun, ich werde dann anderswo anklopfen."
„Ich sage ja nur, wenn es noch zwei Jahre dauert, dann bin ich fast vierzehn und könnte doch bei Euch als Schiffsjunge anheuern."
„Ah – darauf willst du hinaus! Nein, mein Junge, das schlag' dir nur gleich aus dem Kopf. Ich habe in den letzten Jahren gesehen, wie wichtig eine gründliche Ausbildung ist, wenn die Herren der Kommission mir seltsame Fragen stellten. Du sollst niemals in eine solche Lage kommen, und ich lasse dich hier nicht heraus, bis du alles gelernt hast, was hier zu lernen ist. Du sollst mein Nachfolger werden, meine Ämter und Titel erben."
Die letzten Worte hatte er ganz leise gesprochen, um dann, fast verlegen, zu verstummen.

Zwei Wochen, nachdem Juan Perez seinen Brief abgeschickt hatte, reiste er nach Sevilla, wo die Königin vorläufig residierte, weil er wußte, daß nichts eine persönliche Einflußnahme ersetzen konnte. Dort traf er gleich auf willkommene Unterstützung, denn auch Pater Deza, der Dominikanerprior und unbeirrbare Fürsprecher des Columbus, hatte sich eingefunden. Ihre beiden Orden konnten sich sonst nicht besonders leiden, aber das gemeinsame Ziel verband die etwa gleichaltrigen Männer. Dazu kam noch eine Unterstützung von dritter Seite, da die Marquesa de Moya in dieselbe Kerbe schlug, und es ihr sogar gelang, ihren Gemahl für das Ziel einzuspannen. Der gutmütige Andrés de Cabrera zeigte sich plötzlich von den Plänen des Señor Colon nicht nur überzeugt, ja, er hielt

sie sogar für staatsnotwendig, sprach von der Zeit nach dem Fall Granadas, von der Aufgabe der Krone, ihren Einfluß übers Meer hinweg auszudehnen, um, wie er sagte: „Nicht die ganze überseeische Welt den Portugiesen in den Rachen zu werfen."
Wäre es gegen ihre Überzeugung gewesen, so hätte Isabella sich dem Rat auch so vertrauter Menschen nicht gebeugt, aber sie selbst war ja im Grunde ihres Herzens bereit, nachzugeben, und sie handelte sofort. Ein kurzes Schreiben, zusammen mit einem Beutel Dukaten, traf in La Rabida ein. Die Königin erbitte sein Erscheinen und sende ihm ein kleines Geschenk, um sich angemessen ausstatten zu können. Sie sei mit ihrem Hofstaat inzwischen nach Santa Fé gereist, und er möge sich dort Anfang des neuen Jahres einfinden.
Columbus legte das Schreiben auf den Tisch, ganz behutsam, als könne es zerbrechen. Nun bin ich am Ziel, dachte er, oder doch kurz davor. Er nahm den Brief und ging hinüber in die Klosterkirche. Dort kniete er vor der kleinen Alabasterstatue der 'Señora de los Milagros' (Unsere Liebe Frau von den Wundern) nieder, legte ihr das königliche Schreiben zu Füßen und sprach ein kurzes Dankgebet. Sie war die Madonna der Seefahrer, und es gab kaum einen Seemann, der nicht vor ihr betete, ehe er in Palos sein Schiff bestieg.
Der Aufbruch ins Unbekannte begann schon mit dieser Reise nach Santa Fé in das frühere muselmanische Emirat, das in christliche Hände überging, während Columbus unterwegs war. Die im Sommer so üppige Schönheit Andalusiens hatte sich jetzt in das sanfte Kleid einer anmutigen *tristeza* gehüllt. Die weit ausschwingenden Hügel lagen da, als hätte man graubraune Tücher über sie gebreitet; die weißen verschachtelten Kuben der Bergstädte wirkten fern, leblos und streng wie verlassene Theaterkulissen. Da und dort bedeckten Eichenwälder die Kuppen und Hänge, deren immergrünes Laub die Hügel mit fahlbunten Flecken sprenkelte. Das arme Landvolk schätzte die länglichen Früchte dieser Bäume, doch ihr herber strenger Geschmack schreckte die meisten ab.
Zwei Tage vor seiner Ankunft erfuhr Columbus in einer Herberge, daß Granada gefallen sei. Er atmete auf. Endlich, dachte er, endlich ist die Hauptbedingung erfüllt.
Auf seinem letzten Tagesritt von Loja bis Santa Fé beherrschte die mächtige, immer höher sich türmende Sierra den Blick nach Westen und von ihren schneebedeckten Bergspitzen schlug dem Reisenden ein eisiger Wind entgegen.

Es war tiefe Nacht, als Columbus am Westtor der Stadt anlangte, und erst als er dem Hauptmann der Stadtwache das Schreiben mit dem königlichen Siegel vorwies, öffneten sich die Tore. Er ging in die nächstbeste *posada*, wo ein mürrischer Wirt ihn zum Schlafen in den Stall schicken wollte, und wieder mußte das Königssiegel seine Wirkung tun.
Am nächsten Morgen kleidete er sich in sein Staatsgewand und ritt zur Casa Real, einem bescheidenen einstöckigen Gebäude neben der Kirche, das eher aussah wie das Haus eines wohlhabenden Bürgers. Nur das aus Kieselsteinen zu einem Mosaik gefügte königliche Wappen im Vorhof wies auf seine Bedeutung hin.
Columbus trug sein Anliegen vor, und die Audienz wurde auf die fünfte Tagesstunde festgesetzt. Diese drei Stunden Wartezeit dehnten sich zu den längsten Stunden seines Lebens. Er schlenderte durch die Stadt, nahm einen kleinen Imbiß, trank zwei Gläser Wein, beschaute das lebhafte Markttreiben, ging schließlich zurück, sah auf die Sonnenuhr über dem Kirchenportal und sah, daß noch immer eine Stunde fehlte. So betrat er die Kirche, fand aber keine Muße für ein Gebet, weil ihm zu viele Gedanken durch den Kopf schwirrten. Er war ein anderer, als damals vor sechs Jahren bei der Audienz im Alcazar von Cordoba.
Das lange Warten, der Ärger mit der Salamanca-Kommission, deren staubige Gelehrsamkeit jede Phantasie erstickte und seinen Wagemut als kindisch abtat – dies alles hatte ihn nicht weicher und nachgiebiger werden, sondern ihm einen ehernen Panzer aus Stolz, Starrsinn und Selbstbewußtsein wachsen lassen.
Dank sei Gott, dachte Columbus, als er sah, daß König Ferdinand nicht zugegen war. In dem kleinen bescheidenen Empfangszimmer scharten sich mehrere Männer um den Sessel der Königin: Padre Talavera, Luis de Santangel und Juan Perez, der Prior von La Rabida. Isabella trug ein einfaches braunes Kleid und über ihren blonden Haaren einen durchsichtigen Schleier. Sie lächelte ihm freundlich entgegen, berührte leicht seine Schulter, als er ihre Hand küßte.
„Ihr seht, Señor Colon, was lange währt, wird endlich gut. Auf ein Königswort könnt Ihr bauen, auch wenn der Bericht aus Salamanca – nun, das wißt Ihr ja selbst. Wir haben uns dennoch entschlossen, den Versuch mit Euch zu wagen, denn ein Wagnis ist es wohl für Euch wie für Uns. Leider reichen Unsere Mittel nicht hin, um Euch mehr als drei Schiffe auszurüsten mit etwa hundert Mann Besatzung. Solltet Ihr mit Euren Berechnungen recht behalten, dann läßt sich ja später eine zweite Fahrt

ins Auge fassen. Nennt uns jetzt noch kurz Eure Bedingungen, Señor."
Duck dich! flüsterte ihm ein feines Stimmchen ins Ohr, mach dich ganz klein vor der Majestät und sei bescheiden – bescheiden – bescheiden...
Die Stimme verhallte und zugleich fuhr wie eine mächtige Flamme ein unbändiger Stolz in ihm hoch.
„Meine Bedingungen, Majestät? Hier sind sie: Adelserhebung mit Recht auf die Anrede 'Don'. Den Rang eines Admirals der Meere, die Befugnisse eines Vizekönigs aller zu entdeckenden Länder, dazu eine Beteiligung von zehn Prozent für jede Art von Einkünften aus den genannten Ländern, was Handel, Bergwerke, Steuern, Geschenke und anderes betrifft. Dies alles soll erblich sein in der männlichen Linie auf ewige Zeiten."
Die Königin war bei dieser lauten fordernden Rede erstarrt, ihre blauen Augen funkelten kalt wie Toledostahl.
„Auf ewige Zeiten!" wiederholte sie zornig seine letzten Worte. Dann atmete sie tief durch; Columbus konnte sehen, wie ihre Brust sich senkte und hob. „Señor Colon, was Ihr verlangt ist gelinde ausgedrückt unbescheiden und verstößt gegen jedes Herkommen. Dennoch werde ich Eure Forderungen dem König unterbreiten und Euch morgen Bescheid geben."
Talavera wandte sich betrübten Gesichts ab und berührte Padre Perez am Arm, während Santangel eher unbeteiligt dreinblickte und versuchte, Columbus ein Zeichen zu geben. Doch der nahm es nicht wahr; stand da, als hätte man ihm einen Prügel auf den Kopf gehauen, gerade als er seinem Ziel so nahe war wie nie zuvor. Er vergaß alle Höflichkeit, drehte sich abrupt um und ging aufrechten Hauptes hinaus. Dabei empfand er ein Gefühl, als schreite er auf schmalem Steg über einen Abgrund. Draußen fühlte er sich am Arm gefaßt und blieb stehen. Padre Perez blickte ihn an, gefaßt, etwas vorwurfsvoll und trotzdem heiter.
„Heute habt Ihr ein wenig zu hoch gespielt, Cristobal. Ihr stellt Forderungen wie ein Grande von Spanien und habt mit nichts als einer Idee aufzuwarten. Trotzdem kann ich Euch meinen Respekt nicht versagen. Was werdet Ihr jetzt tun?"
„Den Bescheid abwarten."
„Der wird negativ sein, da gibt es keinen Zweifel."
„Dann gehe ich nach Frankreich und trage König Karl meine Pläne vor."
„Tut das besser nicht."

„Was sollte mich hindern?"
„Eure Vernunft und meine Bitte."
„Ich kann nicht anders."
Der Bescheid am nächsten Morgen enthielt eine knappe schroffe Ablehnung. Eine Stunde später bestieg Columbus sein Pferd und verließ die Stadt durch das nördliche Tor. Er blickte sich nicht um.

23

Seine Gefühle waren aufgebraucht, eine barmherzige Taubheit umfing seinen Geist und bewirkte eine tiefe Gleichgültigkeit. Träge taumelten wirre Gedanken durch seinen Kopf wie Fetzen von Papier über einem brennenden Haus. Sein Haus war die Hoffnung gewesen und hatte sich gestern in Asche verwandelt.
Hinter ihm ragten die dunklen Berge der Sierra, und es schien ihm, als lachten sie ihn heimlich aus – ihn, den Erfolglosen, den Gescheiterten, den Überflüssigen. Und es lachten vielleicht auch König Ferdinand, Kardinal Mendoza, der Großinquisitor Torquemada und all jene, die seinen Plänen mißtraut und in ihm nur einen Glücksritter gesehen hatten. Vielleicht lachte sogar die Königin, nicht laut, nicht spöttisch, eher mitleidig und bedauernd, möglicherweise sogar ein wenig reuevoll. Aber wer fragt danach, ob man nur um ein Haar oder auf der ganzen Linie gescheitert ist? Der Pfeil, der die Wange fast streift, so daß deutlich sein Luftzug zu spüren ist, hat nicht minder sein Ziel verfehlt als einer, der zehn Ellen entfernt vorbeifliegt. Wie weit das alles zurückliegt! Als sei es nicht gestern geschehen, sondern vor vielen Monaten. Ich bin wieder frei, sagte er sich – frei, frei, frei! Auf zu neuen Ufern! Die Gleichgültigkeit wich einem aufkeimenden Trotz. Blicke nach vorn, Cristobal Colon, wende keinen Blick zurück, keinen des Bedauerns, keinen der Reue und bemitleide dich nicht selbst! Gib den anderen Grund zur Reue und zum Bedauern, den Gleichgültigen, spöttisch Lachenden, Schulterzuckenden, Ränkevollen, Neiderfüllten, Boshaften, Ungläubigen und Halsstarrigen – ihnen gib Grund zur Reue!
Columbus blickte auf. Da vorne lag Pinos, ein großes Dorf mit Schenken und Herbergen, weil es hier auf dem Weg nach Cordoba eine vielbegangene Brücke gab, die von einem festen Turm aus bewacht wurde. Und so

mancher lose Vogel war den Soldaten der Königin ins Garn gelaufen. Auch jetzt gab es wieder einen kleinen Aufruhr, als von hinten ein *aguacil* herangaloppierte und sein schweißbedecktes schnaubendes Pferd neben Columbus so schroff zügelte, daß es sich aufbäumte.
„Ihr seid doch Señor Cristobal Colon?"
„Ja!"
„Ihr müßt umkehren, Señor, die Königin will Euch sogleich sprechen."
„Die Königin? Aber ich habe doch erst gestern..."
Im Santa Fé empfing ihn aber nicht Isabella, sondern ein sehr munterer Luis de Santangel.
„Setzt Euch, Colon, setzt Euch! Ja, das Blatt hat sich gewendet, weil wir alle unserer Majestät in den Ohren lagen. Im Grunde ging es nur um das leidige Geld und die von Euch verlangten Privilegien. Beides haben wir inzwischen geklärt. Das Geld schieße ich vor, weil ich weiß, daß es gut angelegt ist, und was Eure Ämter und Titel betrifft, so gab Padre Perez den Ausschlag, weil er meinte, wenn Eure Pläne erfolgreich seien, dann ist Euer Verlangen angemessen, und wenn Ihr scheitert, gebe es ohnehin nichts. Um weitere Unruhe und Unfrieden am Hof zu vermeiden, schlug ich Ihrer Majestät vor, den Vertrag mit Euch geheimzuhalten, bis Ihr von Eurer Fahrt zurück seid. Hattet Ihr Erfolg, so wird er bekanntgemacht, wenn nicht, so ist er gegenstandslos. Was haltet Ihr davon?"
Was vorhin schon so ferne war, rückte nun wieder ganz nahe.
„Ich habe Euch zu danken – Euch und der Königin und allen anderen, die dazu beigetragen haben, daß – daß..."
Die Stimme versagte ihm, und er fühlte, wie seine Augen sich mit Tränen füllten.
„Es muß wohl Gottes Wille sein", sagte Santangel fromm und wandte sich pietätvoll ab. Columbus straffte sich.
„Was ist mit dem Vertrag? Wer setzt ihn auf, wer verhandelt mit der Königin?"
„Wir alle, mein Freund, wir alle werden uns gemeinsam darum bemühen, und das braucht seine Zeit. Inzwischen gehört Ihr wieder zum Hof, und ich empfehle Euch, keine Stunde von der Stelle zu weichen. Wenn Fragen oder Zweifel auftauchen, müßt Ihr stets verfügbar sein."
„Das werde ich gerne tun. Wann kann ich der Königin meinen Dank abstatten?"
„Bald, mein Freund, bald – Ihr gehört ja zum Hof und werdet die Majestäten fast täglich sehen."

„Und der König – hat er...?"
Santangel lächelte fein.
„Er hat! Ich konnte ihn davon überzeugen, daß es die Krone keinen Maravedi kostet, wenn er Eure Pläne unterstützt."
„Ich stehe tief in Eurer Schuld, Don Luis."
„Es ist nur ein Geschäft", sagte Santangel bescheiden, „aber einen kleinen Gefallen müßt Ihr mir tun; wir haben schon einmal darüber gesprochen."
„Gerne! Es darf auch ein großer sein."
„Nehmt einen hebräischen Dolmetscher mit auf die Reise."
„Das verspreche ich Euch."
„Gut, mein Freund. Am kommenden Sonntag ziehen die Majestäten feierlich in Granada ein und nehmen offiziell Besitz von Stadt und Festung. Der gesamte Hof wird bei diesem festlichen Ereignis zugegen sein, auch unser verehrter Großinquisitor hat sich angesagt."
Es klopfte und die Tür öffnete sich einen Spalt.
„Don Luis – Ihr müßt noch heute..."
„Später, David, später. Komm' herein und beglückwünsche unseren erfolgreichen Don Cristobal – so können wir Euch ruhig schon nennen. Meinen Sekretär David Marco werdet Ihr von früher her kennen."
„Ihr seid Priester geworden?" fragte Columbus überrascht.
„Ja, ich bin vor vier Monaten in den geistlichen Stand getreten."
„Marco – Marco? Diesem Namen bin ich schon einmal begegnet – in Lissabon. Dort war ich mit einem Arzt befreundet, er hieß José Marco. Ist er ein Verwandter von Euch? – Obgleich Ihr ihm in keiner Weise ähnelt."
„Es könnte mein Bruder sein... Er studierte in Salamanca Medizin und ist dann auf seltsame Art verschollen."
„Er ist es! Von seinem Studium hat er mir erzählt und davon, daß einer seiner Brüder in Cordoba einen Weinhandel betreibt."
„Das ist Jakob", sagte David etwas verlegen. „Er ist inzwischen nach Italien ausgewandert, lebt in Rom, ich habe lange nichts mehr von ihm gehört."
„Eueren anderen Bruder werdet Ihr vielleicht bald wiedersehen. Ich werde José Marco zu meinem Schiffsarzt ernennen."
Das kam so spontan, daß er sich nachher selbst darüber wunderte.
„Das ist schön, Ihr entschuldigt mich jetzt."
Der Padre schien am Schicksal seiner Familie nicht sonderlich interessiert. Santangel lächelte.

„Ein tüchtiger Bursche, immer eilig, immer geschäftig, ein glänzender Jurist, lebt nur für seinen Beruf. Sein Bruder Jakob wurde wegen Betruges zu lebenslanger Verbannung verurteilt – er spricht nicht gerne darüber. Dieser Bruder ist Jude geblieben, während David und der von Euch erwähnte Arzt sich taufen ließen. Ein leidiges Thema, das wir nicht weiterverfolgen wollen. Nochmals meinen Glückwunsch, Señor; wir werden künftig häufiger miteinander zu tun haben."
Draußen wartete schon David Marco auf ihn.
„Ich habe Euch noch etwas zu sagen – ehe ihr beide einen Fehler macht."
„Beide?"
„Ja, Ihr und mein Bruder. Ich habe natürlich nachgeforscht, warum Joseph so spurlos verschwunden ist, und weiß, daß die Inquisition in Salamanca eine Anklage vorbereitete."
„Aber wißt Ihr auch, warum?"
„Nein, das konnte ich nicht herausfinden, es interessiert mich auch nicht. Worum es geht: Wenn mein Bruder Eurer Einladung folgt, kann es sein, daß man ihn wieder festnimmt."
„Gut, Padre, ich werde ihn nur auffordern, wenn er in Spanien sicher sein kann."
Ein ungläubiges Lächeln flog über David Marcos Gesicht.
„Sicher? Vor der Inquisition? Das soll wohl ein Scherz sein?"
„Nein, Padre, aber ich stehe zu meinem Wort."
Was David nicht aussprach und was kaum jemand wußte, war die unglaubliche Tatsache, daß sein *patrono*, der reiche und mächtige *Contador mayor*, Steuerpächter und enge Freund des Königs, Luis de Santangel, vor einem halben Jahr angeklagt worden war, ein heimlicher Jude zu sein. Er mußte vor einem Inquisitionsgericht erscheinen und wäre wohl sogar gefoltert worden, hätte nicht König Ferdinand rechtzeitig davon erfahren. Es erfolgte ein großes Donnerwetter, und Torquemada mußte knurrend und zähnefletschend zurückweichen.
Daraufhin gab es eine der seltenen Unterredungen zwischen Ferdinand und Isabella, bei der der König den Sieg davontrug. Sie knieten in der Kapelle des Alcazar von Cordoba, und Ferdinand wies auf den Gekreuzigten.
„Unser Herr Jesus Christus soll Zeuge sein, bei dem, was ich Euch jetzt sage – sagen muß. Sollte Torquemada es noch ein einziges Mal wagen, sich in Angelegenheiten des Hofes einzumischen – und das betrifft nicht

nur Santangel –, so werde ich ihn festnehmen lassen und in eigener Person zu einem abgelegenen Bergkloster eskortieren, wo er – aller Würden entkleidet – seinen fanatischen Übereifer bereuen kann. So wahr mir Gott helfe!"

„Es wird nicht wieder geschehen, Don Ferdinand."

Aber wieder geschah es, daß der Großinquisitor zugegen war und seinen unheilvollen Einfluß auf Isabella ausübte. Er ritt in der Prunkprozession mit, in seinem schwarzweißen Mönchsgewand, auf einem grauen Maultier, und nur wenige der Zuschauer wußten, daß sein eherner Wille über der Königin lastete wie ein Alp, daß er nach Kardinal Mendoza der 'vierte König' in Kastilien war.

Sie zogen hinauf zur Alhambra, wo über den wuchtigen Türmen der Alcazaba, dem ältesten Teil der Festung, die Fahne der vereinigten Königreiche Aragon und Kastilien wehte. Die feierliche Inbesitznahme von Stadt und Burg sollte damit vollzogen werden.

Das Tor zum Palastkomplex stand weit offen, die Leibgarde bildete eine waffenstarrende Gasse, doch die Königin zügelte ihr Pferd und blickte hinauf, wo an der oberen Bogenwölbung eine Hand eingemeißelt war. Sie wandte sich an Talavera: „Padre, könnt Ihr mir sagen, was diese Hand bedeutet?"

„Die fünf Finger weisen auf die *arkan ad din*, die Grundgebote des Korans: Das tägliche Gebet, das Fastengebot, die Pilgerfahrt nach Mekka, die Armensteuer und die Speisevorschriften."

„Klammert man die Speisevorschriften aus, so könnten vier dieser Gebote auch für Christen gelten."

Torquemada hatte sich leise herangemacht, ein einfacher Mönch auf einem bescheidenen Grautier.

„Wollt Ihr etwa nach Mekka pilgern, Bruder Talavera?"

Es lag kein Spott in dieser Frage, eher eine inquisitorische Neugier.

Talavera blieb geduldig und sagte freundlich: „Auch Christen unternehmen Pilgerfahrten, nach Jerusalem, Rom oder Santiago, auch wir sollen beten, fasten und den Armen geben."

„Dieses heidnische Symbol muß dem Kreuz weichen!" verlangte Torquemada und blickte so grimmig drein, als sitze der Teufel dort oben.

„Dieses Symbol bleibt!" sagte Talavera fest, „und ich als künftiger Erzbischof von Granada werde von den Kanzeln verkünden lassen, was es bedeutet, denn ich will das Gemeinsame betonen und nicht, was uns trennt."

„Und ich werde diese Heiden vor die Wahl stellen, sich taufen zu lassen oder auszuwandern."

„Oder gleich auf den Scheiterhaufen, nicht wahr?"

„Wenn es sein muß – ja! Und nochmals ja!"

Isabella runzelte die Stirn, aber sie sagte nichts, sondern blickte Ferdinand an. Der verstand.

„Schluß jetzt mit dem Pfaffengezänk! Und Euch, Torquemada, laßt gesagt sein, daß Padre Talavera das geistliche Oberhaupt dieses Landes sein wird und daß die Inquisition hier nichts zu sagen hat."

„Vorerst, Majestät."

Ferdinand ignorierte den Einwurf, er wollte sich in dieser Stunde nicht mit einem Fanatiker herumstreiten.

Die Prozession durchquerte das Tor und bewegte sich auf die Alhambra zu. Trommeln dröhnten, Fanfaren schmetterten hell, als das Königspaar den früheren Sitz der maurischen Emire betrat. Gemessenen Schritts durchquerten sie die Prunkräume mit ihren farbigen Stuckornamenten, den bunten Kacheln und Koransprüchen in kufischen Lettern an den Wänden und blickten schweigend in die hochaufragenden Kuppeln mit ihrem sinnverwirrenden Dekor aus üppigen Stalaktiten und feinsten Holz- und Stuckornamenten. Im Löwenhof mit seinen zierlichen Säulenarkaden blieben sie stehen. Das war wie ein zu Stein gewordener Palmengarten, in dessen Mitte eine Quelle sprudelte – die von zwölf wasserspeienden Löwen getragene polygonale Brunnenschale aus kostbarem Marmor.

Columbus war tief beeindruckt, weil er nach dem schlichten schmucklosen Äußeren der Alhambra nicht mit einer solchen Pracht gerechnet hatte.

Ferdinand und Isabella nahmen schließlich im Thronsaal Platz, den eine majestätische Zedernholzkuppel überwölbte. In der mittleren Fensternische stand der wundervolle, aus Elfenbein, Ebenholz und Perlmutt gefertigte Thron der Emire von Granada. Von dort war der Myrtenhof zu sehen, in dessen Teich sich die Goldfische tummelten.

Als Columbus daran vorbeischritt, dachte er, euch ist es gleich, wer euch füttert – ob Muslime, Christen oder Juden. Ihr freßt, was man vor eure Mäuler streut und kümmert euch einen Dreck um Politik oder Religion. Dann kam die Reihe an ihn; er bog sein Knie vor den Königen, und es entging ihm nicht, daß Ferdinands huldvolle Miene sofort in Hochmut und Ablehnung erstarrte. Er nahm es hin und konzentrierte sich auf die

Königin. Sie streckte ihm ihre dickliche Hand mit den funkelnden Ringen hin, und er küßte sie. Ihr freundliches, unverstelltes Lächeln erwärmte seine Seele.
„Zufrieden, Don Cristobal?" fragte sie.
„Ja, Majestät, mehr als das. Und Ihr – das verspreche ich bei allen Heiligen – werdet auch mit mir zufrieden sein."
„Ich vertraue Euch, Don Cristobal, Gott sei allezeit mit Euch!"

Seine Geduld jedoch wurde in den nächsten Wochen und Monaten auf eine harte Probe gestellt. Es ging um die Ausarbeitung des Vertrages, und er, der Nichtjurist, gewann zunehmend den Eindruck, man wolle seine klaren Forderungen durch Klauseln und Zusätze abschwächen, manchmal sogar ins Gegenteil verkehren. Darüber beklagte er sich bei Luis de Santangel.
Der lachte nur.
„Ja, die Juristen sind gefährlicher und durchtriebener als die schlimmsten Ketzer. Sprecht die Punkte mit Padre Marco durch, der ist mit allen juristischen Wassern gewaschen."
Es dauerte über drei Monate, bis der Vertrag in fünf Abschnitte gegliedert war, die alles Wesentliche von Don Cristobal Colons Forderungen enthielten: die Ernennung auf Lebenszeit zum 'Admiral des Ozeanischen Meeres' und zum Vizekönig sämtlicher Entdeckungen, ob Inseln oder Festland – auch der künftigen – sowie die Erblichkeit dieser Titel und Ämter. Zehn Prozent Anteil an allem, was aus diesen Ländern kommt, ob es sich nun um Gewürze, Edelsteine, Perlen, Gold oder Silber handelt, dazu das Recht, sich an jedem handeltreibenden Schiff bis zu einem Achtel der Gesamtkosten zu beteiligen und dafür ein Achtel des Gewinns einzustreichen.
Am 27. April 1492 erhielt Columbus das unterzeichnete Dokument, aber niemand machte ihn darauf aufmerksam, daß die Worte *Yo el Rey* und *Yo la Reina* nicht eigenhändig, sondern vom Schreiber kalligraphisch ausgeführt waren. Darunter hatte der königliche Sekretär die Zeile gesetzt: *por mandado del Rey y de la Reina* (auf Geheiß des Königs und der Königin). Er allerdings hatte eigenhändig unterschrieben. Das war alles rechtens, verbindlich und in schönster Ordnung, aber später – viel später sollte sich herausstellen, wie wichtig dieser kleine Schönheitsfehler war.
Neben diesem Hauptdokument gab es noch sechs weitere, die sich mit

eher praktischen Dingen befaßten, wie etwa ein Beglaubigungsschreiben für fremde Fürsten, Einzelheiten über Ausrüstung der Flotte, aber auch eine genaue Präzisierung der verliehenen Ämter und Titel, auch in bezug auf ihre Vererbbarkeit. Juristenkram, gewiß, aber Columbus legte größten Wert darauf, daß alles, was ihm zukam, detailliert zu Papier gebracht wurde.
Für Isabella war Columbus kein Thema mehr, denn Tomas de Torquemada lag ihr schwer auf der Seele und stellte seine alte Forderung: Ausweisung aller Juden aus Kastilien und Aragon.
„Auf Euer Geheiß habe ich beim Garcia-Prozeß alles getan, um die gerechte Empörung des Volkes in Schranken zu halten, aber nun, da Granada christlich ist, muß auch das übrige Land christlich werden – das heißt Auflösung sämtlicher Judenghettos, die wie Pestbeulen im Fleisch unserer Städte sitzen. Das Volk will es!"
„Ihr wollt es! Wer hat jemals auf Volkes Meinung gehört?"
„Vox populi – vox Dei!" schmetterte Torquemada den alten abgenützten Spruch, der Isabella kaum beeindruckte. Doch sie mußte sich fragen, ob ihr Gelübde, Gott ein rein christliches Spanien auf Knien darzubieten, wirklich erfüllt sei, solange die Juden ungehindert ihren Glauben ausübten. Ferdinand war ungeachtet seines Argwohns gegenüber Torquemada nicht ganz abgeneigt, auf diese Forderung einzugehen.
„Die Kassen sind leer! Boabdil durfte den Kronschatz mitnehmen, so war es abgesprochen. Die Auflösung unseres Söldnerheeres wird viele Tausende kosten, und da käme uns das Vermögen der Ausgewiesenen gerade recht."

Die Verhandlungen mit Torquemada blieben nicht unbemerkt, und Isak Abrabanel, ein von Ferdinand hochgeschätzter und immens reicher jüdischer Geldverleiher, wollte der drohenden Ausweisung mit einem verlockenden Angebot zuvorkommen. Er versprach den Königen Millionenbeträge und erschien zu einer Audienz mit einem Vorschuß von dreißigtausend Dukaten. Auf seinen Wink trugen die Diener Säckchen um Säckchen herein.
„Verehrte Majestäten! Wir Juden haben uns in den vergangenen Jahrhunderten immer mit der Obrigkeit verständigt, wenn es um Finanzhilfen oder Sondersteuern in Kriegs- und Notzeiten ging, und ich hoffe auch diesmal auf eine Lösung. Dies hier ist nur der Anfang! Gebt mir ein halbes Jahr Zeit, und ich lege Euren Majestäten eine Million zu Füßen."

Damit war Ferdinand umgestimmt, denn ihm ging es nur ums Geld.
„Gut, Abrabanel, warum nicht gleich so? Aber Ihr müßt Euch klar darüber sein, daß diese Million als Sondersteuer zu betrachten ist und keineswegs als Kredit."
„Selbstverständlich, Majestät."
Ferdinand blickte fragend auf Isabella, weil er wußte, daß sie anders dachte und nicht nur Geld dabei im Spiel war. Die Königin saß reglos und wie gelähmt, auf ihrem blassen dicklichen Gesicht glänzte der Schweiß. Sie seufzte hörbar.
„Ist Euch nicht wohl, meine Liebe?" fragte Ferdinand besorgt.
„Doch – doch, aber..."
„Es könnte möglicherweise auch mehr sein als eine Million", sagte Abrabanel schnell, und es war eine tiefe Angst vor dem Scheitern herauszuhören.
Alles hing noch in der Schwebe, da öffnete sich leise die Tür, und es erschien die hagere, leicht gebeugte Gestalt des Großinquisitors. Mit einem Blick erfaßte er die Situation. Im übrigen wußte er längst, worum es ging, und kannte auch den Betrag. Mit seiner dürren Klauenhand umfaßte er das hölzerne Kruzifix an seiner Brust und riß es mit einem kräftigen Ruck herunter. Er trat zum Tisch, warf das Kreuz auf die Säcke mit den Dukaten und sagte leise – gefährlich leise: „Judas hat Christus für dreißig Silberlinge verraten, Ihr wollt es für dreißigtausend tun. Hier verkauft mein Kruzifix mit dazu!"
Da löste sich die Anspannung in Isabella, auf ihren Wangen kehrte die Röte zurück, die blauen Augen blitzten wie Toledostahl.
„Wir müssen es tun, Don Ferdinand, wir müssen!"

Die Ausweisung der Juden wurde auf den 31. März festgelegt und es wurde ihnen eine Frist von neunzig Tagen gewährt. Dieses Dokument trug nicht die Unterschrift eines Sekretärs, sondern war von den Königen eigenhändig unterzeichnet. Aus den Sätzen sprach Torquemadas fanatischer Judenhaß.

In Unseren Königreichen gibt es nicht wenig judaisierende, von unserem heiligen katholischen Glauben abweichende böse Christen, eine Tatsache, die vor allem in dem Verkehr der Juden mit den Christen ihren Grund hat. In dem Bestreben, diesem Übel gegenzusteuern, verfügten wir zusammen mit den im Jahre 1480 in Toledo zusammengetretenen

Cortes, die Juden allenthalben abzusondern und ihnen abgegrenzte Wohnstätten zuzuweisen. Auch haben Wir dafür gesorgt, daß in Unseren Königreichen die Inquisition eingeführt werde, die nun schon zwölf Jahre in Tätigkeit ist und viele Schuldige der gerechten Strafe zugeführt hat. Nach dem Uns von den Inquisitoren erstatteten Bericht unterliegt es keinem Zweifel, daß der Verkehr der Christen mit den sie zu ihrem verdammten Glauben verleitenden Juden den allergrößten Schaden stiftet. Die Juden geben sich alle Mühe, sie und ihre Kinder dadurch zu verführen, daß sie ihnen jüdische Gebetbücher in die Hand drücken, sie über die Fasttage belehren, ihnen zu Ostern ungesäuertes Brot beschaffen, sie anweisen, welche Speisen genossen werden dürfen und welche nicht, und sie überhaupt dazu überreden, das Gesetz Mosis zu befolgen. All dies hat die Unterwühlung und Erniedrigung unseres heiligen katholischen Glaubens zur unausbleiblichen Folge. So sind Wir denn zu der Überzeugung gelangt, daß das wirksamste Mittel zur Abstellung all dieser Mißstände die völlige Unterbindung jedes Verkehrs zwischen Juden und Christen ist, die allein durch ihre Vertreibung aus Unseren Königreichen erreicht werden könnte; indessen beschränkten Wir uns zunächst nur darauf, sie aus den Städten Andalusiens auszuweisen, wo der von ihnen angerichtete Schaden besonders groß ist. Allein weder diese Maßnahmen, noch die gerechte Justiz, die an den sich gegen unseren heiligen Glauben schwer versündigenden Juden geübt wurde, waren imstande, dem gefährlichen Übel abzuhelfen ... Wir haben daher den Beschluß gefaßt, alle Juden beiderlei Geschlechts für immer aus den Grenzen Unseres Reiches zu weisen. So verfügen Wir hiermit, daß alle in unserem Herrschaftsbereiche lebenden Juden ohne Unterschied des Geschlechts und des Alters nicht später als Ende Juli dieses Jahres Unsere Länder mitsamt ihren Söhnen und Töchtern und ihrem jüdischen Hausgesinde verlassen und daß sie es nicht wagen sollen, das Land zwecks Ansiedlung, auf der Durchreise oder sonst zu irgendeinem Zwecke je wieder zu betreten. Sollten sie aber ungeachtet dieses Befehls in Unserem Machtbereich erwischt werden, so werden sie unter Ausschaltung des Gerichtsweges mit dem Tode und der Vermögenseinziehung bestraft werden. Wir befehlen demgemäß, daß sich von Ende Juli ab niemand in Unserem Reiche bei Strafe der Vermögenseinziehung zugunsten des königlichen Schatzes erdreisten solle, offen oder insgeheim einem Juden oder einer Jüdin Zuflucht zu gewähren. Damit es aber den Juden möglich sei, während der ihnen eingeräumten Frist ihre Geschäfte abzuwickeln und über ihr Vermögen zu verfügen, gewährleisten Wir ihnen Unseren königlichen Schutz sowie die Sicherheit von Leben und Besitz, so daß sie bis Ende Juli hier ruhig leben und ihr bewegliches wie unbewegliches Gut nach Belieben veräußern, tauschen oder verschenken dürfen. Wir gestatten ihnen überdies, ihren Besitz mit Ausnahme von Gold, Silber, gemünztem Geld und anderen unter das allgemeine Ausfuhrverbot fallenden Gegenstände auf dem Wasser- oder Landwege aus Unseren Königreichen auszuführen.

Als Luis de Santangel dieses Dokument in die Hände bekam, las er es zweimal genau durch, dann rief er seinen Sekretär.
„David, schau dir das an und sage mir deine Meinung."
Wie sein *patrono* las auch er es zweimal und sagte dann leise: „Das ist infam! Man gestattet den Juden gnädig, ihren Besitz zu veräußern, und untersagt ihnen im nächsten Satz, Gold, Silber oder gemünztes Geld auszuführen. Sie dürfen tauschen – nun gut, aber was läßt sich gegen Häuser oder Grundstücke eintauschen? Soll einer mit hundert Säcken Korn ausreisen oder mit zwei Dutzend Ochsen? Wie stellt man sich das vor?"
David Marco, der königliche Verfügungen sonst ohne zu murren akzeptiert hatte, dachte an seine Schwester in Cordoba, und sein ziemlich verschütteter Familiensinn regte sich.
Santangel wußte genau, woran sein Sekretär dachte, und gab ihm einen Wink.
„Man hat es so formuliert, um den Juden keine Möglichkeit zu geben, wesentliche Vermögenswerte außer Landes zu schaffen. Das ist Torquemadas Werk, weil er dem König für die von Abrabanel versprochenen Millionen etwas entgegensetzen mußte. Wir können's nicht ändern, David, aber ich nehme an, daß du jetzt ein paar Tage Urlaub brauchst."
Diese beiden, sonst so unterschiedlichen Menschen, waren so gut aufeinander eingestimmt, daß jeder die meisten Wünsche und Gedanken des anderen kannte.
„Gott segne Euch, Don Luis!" sagte David und machte sich sofort reisefertig.
Fünf Tage später klopfte er an die Tür seines Schwagers in der Juderia von Cordoba. Sie umarmten sich. David verlor keine Zeit.
„Du kennst die neue Verfügung?"
„Sie ist noch nicht verkündet, aber es hat sich herumgesprochen. Ist das nur eine Warnung oder wird es diesmal ernst?"

„Bitter ernst, denn der Geist des Großinquisitors steht dahinter. Du kannst also deinen Besitz verkaufen, aber das Geld mußt du dalassen – so einfach ist das. Die Christen werden ihren Vorteil sehen und eure Besitztümer für ein paar abgelegte Kleider oder ein Fäßchen sauren Wein erwerben. Ich bin dein Schwager, ich bin Christ, ich bleibe hier, also werde ich dir deinen Besitz abkaufen – juristisch gesehen. Je eher du mit Susanna und unserer Mutter von hier verschwindest, desto besser. Geht nach Rom zu Jakob, der wird euch vorerst aufnehmen. Wenn alles vorbei ist, werde ich deinen Besitz weiterveräußern und euch das Geld übersenden – ein Weg wird sich finden."

Die Könige suchten zusammen mit ihren Beratern einen Weg, die Flotte des Don Cristobal Colon mit möglichst geringem Geldaufwand auszurüsten. Freilich, Santangel bürgte für die Kosten, aber auch er wußte zu rechnen und wollte sein Risiko so klein wie möglich halten.
König Ferdinand, verärgert und gekränkt, daß mit diesem hergelaufenen Seefahrer und Phantasten soviel Aufwand getrieben wurde, durchforschte mit Santangel die Gerichtsakten verschiedener Hafenstädte und bald stießen sie auf einen geeigneten Fall. Santangel hob triumphierend ein Schriftstück hoch.
„Palos! Majestät, das ist es! Die haben aus Afrika verbotene Waren eingeführt und wie ich sehe, ist über die Bestrafung noch nicht entschieden."
Sofort wurde die Königin informiert und Kardinal Mendoza hinzugezogen. Isabella lächelte und eröffnete die Sitzung mit den Worten: „Heute sind wir ein vierblättriges Kleeblatt, wie ich sehe. Das soll ja bekanntlich Glück bringen – also meine Herren, ich höre!"
Santangel und Mendoza blickten den König an, denn ihm stand das erste Wort zu. Ferdinand runzelte die Stirn und schüttelte den Kopf.
„Ich halte mich lieber heraus. Wenn es nach mir ginge, müßte dieser Phantast seinen ganzen Krempel selbst bezahlen."
Isabella überhörte es und wandte sich an den Kardinal. Der zuckte nur die Schultern.
„Das ist doch ganz einfach. Die Geldstrafe wird Palos erlassen, dafür muß es ein Schiff ausrüsten."
Santangel nickte.
„Besser zwei – es müssen ja keine großen sein."
„Und das dritte übernehmt Ihr?"

„Ja, Majestät, ich schieße die Kosten vor, aber da ist noch etwas. Ich lebe in einer Hafenstadt und kenne die Natur der Seeleute. Deshalb fürchte ich, daß für eine Fahrt, wie Don Cristobal sie plant, kein einziger Mann zu gewinnen ist. Gegenden wie Zipangu, Kathai oder Ostindien sagen denen gar nichts. Das ist sozusagen kein reales Ziel, das ist wie eine Fahrt ins Unbekannte. Da müßt Ihr schon eine sehr sehr hohe Heuer bezahlen, um Leute aufs Schiff zu locken."

„Ihr bezahlt", bemerkte Isabella gleichmütig.

„Richtig, und deshalb schlage ich die Klausel vor, daß jeder Seemann, der einer Tat schuldig und flüchtig ist, außer Verfolgung gesetzt wird, wenn er bei Don Cristobal anheuert."

Mendoza, der hinter dem König stand, flüsterte ihm ins Ohr: „Nur gut, daß Torquemada nicht hier ist; der würde gleich fürchten, einige Ketzer könnten ihm entgehen."

Ferdinand lächelte dazu und sagte schnell.

„Kein schlechter Gedanke, Don Luis. Faßt alles zusammen und gebt Señor Colon eine Kopie."

Ferdinand konnte sich einfach nicht überwinden, Don Cristobal zu sagen.

„Krämerseelen...", flüsterte Mendoza, als er hinausging, „auch in Königen stecken bisweilen Krämerseelen."

Der verwöhnte Kirchenfürst sehnte den Tag herbei, da der Hof aus dem armseligen Frontstädtchen Santa Fé wegzog. Nach der feierlichen Begehung der Alhambra hatte er Isabella gefragt, ob diese Pracht nicht einer Königsresidenz würdig sei, doch sie schüttelte nur den Kopf.

„Nein, Mendoza, mag es Euch auch hier gefallen, so ist es doch nicht unser Lebensstil. Es ist hier zu üppig, zu weichlich, zu muslimisch. Alle Wände sind mit Koransprüchen verziert und das stört mich, auch wenn ich's nicht lesen kann."

„Man könnte sie übertünchen..."

„Das wäre auch wieder schade und würde wenig ändern. Ich möchte Christenluft atmen, Mendoza, vielleicht versteht Ihr, was ich meine."

„Selbstverständlich, Majestät!"

Ja, Kardinal Mendoza verstand seine Königin, aber sein Geschmack war eben anders geartet.

Zwei Tage nach der Besprechung ließ Luis de Santangel Columbus zu sich bitten und überreichte ihm den Entwurf. Er überflog ihn und nickte.

„Palos ist mir gerade recht, weil ich dort einige Leute kenne. Ein sehr kleiner Hafen zwar..."
„Ich weiß, Don Cristobal, aber die großen Häfen sind wegen der Judenausweisung völlig überlastet, und Palos wurde dazu verurteilt, der Krone zwei Schiffe zur Verfügung zu stellen."
„Sie werden mich nicht gerade willkommen heißen – und noch eins: Ich kann es meinen Seeleuten nicht zumuten, zusammen mit lichtscheuem Gesindel auf große Fahrt zu gehen. Ich werde mir vorbehalten, jeden einzelnen Fall zu untersuchen." Er hatte sich in Empörung geredet. „Unter dem Galgen durchschlüpfen und sich auf ein Schiff retten – das wäre ja noch schöner!"
„So dürft Ihr das nicht sehen, Don Cristobal. Haltet Euch an die Mönche von La Rabida. Sie werden dafür sorgen, daß nur anständige Seeleute bei Euch anheuern."
Als Santangel gegangen war, dachte Columbus an seinen Freund, den Arzt José Marco, der sich nicht mehr in seine Heimat wagte. Er schrieb ihm sofort einen Brief und bestellte ihn nach Palos, 'falls Ihr nach wie vor gesonnen seid, Euch bei mir als Schiffsarzt zu verdingen'.

Mitte Mai verließ Columbus Santa Fé und reiste nach Palos, wo schon am 23. des Monats der königliche Strafbefehl verlesen werden sollte. Es wird nicht leicht sein, dachte er, danach noch gute Seeleute zu finden, aber ich bin schon mit größeren Problemen fertig geworden.

24

Nach dem Fall von Granada schrieb Kardinal Mendoza einen ausführlichen Bericht über die Ereignisse an Papst Innozenz nach Rom, begleitet von der Bitte, Talaveras Ernennung zum Erzbischof zu bestätigen. Als das Schreiben eintraf, lag der Papst auf dem Sterbebett, war aber durchaus noch imstande, Dokumente, die man auf sein Bett legte, mit einem krakeligen 'Innocentius ppa' zu unterschreiben. Doch dann kam der Tag, da er den Federkiel mit zittriger Hand unwillig beiseite schob. Es war genug.
Die römische Julihitze war wie ein träges, doch beharrliches Tier bis in das sonst so kühle, zum Hof gelegene Zimmer gekrochen. Ruhig lagen die wachsbleichen, zerbrechlich dünnen Hände auf der weißen gestickten Seidendecke; die Augen in dem gelben abgemagerten Gesicht waren fest geschlossen, doch ein unruhiges schmerzliches Zucken der Lider verriet, daß der Papst nicht schlief. Er fühlte eine tiefe, sterbensmüde Mattigkeit, aber es waren nicht körperliche Schmerzen, sondern quälende Gedanken, die ihn keine Ruhe finden ließen. Innozenz wußte – trotz der eifrigen Versicherungen seiner Ärzte –, daß er im Sterben lag. Was bisher wie ein störender, im Drang der Tagesgeschäfte kaum wahrgenommener Schatten über seinem Pontifikat gelegen hatte, reckte sich jetzt riesenhaft und drohend vor ihm auf. Zweifel, Reue, quälende Vorwürfe und die immer deutlichere Erkenntnis, vieles – vielleicht sogar alles – falsch gemacht zu haben, peinigten ihn weit mehr, als die Krankheit seines Leibes.
Ich bin zu schwach gewesen, von Anfang an. Gott, warum hast Du mich, gerade mich in dieses Amt berufen, mich gezwungen, Dein Stellvertreter zu sein auf Erden? Nicht ich habe mich danach gedrängt, andere waren es, die mich bedrängten. Giuliano della Rovere vor allem, dieser Mann aus Granit mit seinem stählernen Willen. Er hatte die Hand nach

dem Stuhle Petri ausgestreckt, doch der verschlagene Borgia zog ihm den Stuhl davon. Was sie beide aus Haß und Neid einander nicht gönnten, das schoben sie dem alten Narren hin: Giovanni Cibo, Bischof von Molfetta, und das bin ich – war ich. Und dann, acht Jahre lang, immer diese dröhnende fordernde Stimme im Ohr. Eure Heiligkeit sollten dies tun, Eure Heiligkeit sollten das tun, und immer mit einem Unterton von Drohung. Und ich, der Papst, der Erwählte Gottes, hatte Angst. Angst vor della Rovere, Angst vor Borgia, Angst vor falschen Entscheidungen, Angst vor Gift, vor Verleumdung – vor Gottes Zorn. Der Krieg mit Neapel – falsch! Die Bündnisse gegen die Türken – halbherzig und nutzlos, auch ehrlos, weil ich Sultan Bajazids Geld nahm und dafür seinen Bruder Djem als Geisel hielt. Die Hexenbulle von 1484? Das tagelange Feilschen mit Instetoris und Sprenger, den beiden fanatischen Dominikanern, die Sanktionierung ihres 'Hexenhammers' – auch falsch? Aber wie hätte ich Ketzerei und Zauberei denn sonst begegnen sollen? Ich habe es nicht gewagt, mich den spanischen Königen zu widersetzen, habe ihnen – gegen besseres Wissen – erlaubt, die Inquisitoren selbst zu ernennen, habe mich sogar geweigert, Appellationen von Angeklagten entgegenzunehmen. Auch falsch? Alles falsch?
„Mein Gott, mein Gott", stöhnte der Papst in seiner Seelenqual.
„Eure Heiligkeit?"
Fragend beugte sich der junge Priester über das Bett des Papstes, ohne dabei die sachten Bewegungen des Fliegenwedels zu unterbrechen.
„Nichts, Padre, nichts, ich muß wohl im Traum gesprochen haben."
„Wünschen Eure Heiligkeit eine Stärkung? Soll ich die Ärzte rufen?"
Innozenz öffnete seine fiebertrüben Augen.
„Ruft meinen Beichtvater, Padre."
Am Abend des nächsten Tages starb Papst Innozenz VIII. ruhig und gefaßt, in der Hoffnung auf Gottes Gnade.

Weniger auf Gottes Gnade als auf erprobte Machtmittel vertrauten zwei Mitglieder des Kardinalkollegiums, als sie mit einundzwanzig Amtsbrüdern ins Konklave zogen. Rodrigo Borgia und Giuliano della Rovere lächelten einander freundlich zu, doch es war ein Wolfslächeln. Wer würde den größeren Rachen haben, um den Gegner zu verschlingen? Es gab nur zwei Nichtitaliener im Konklave: Borgia und den uralten Portugiesen Jorge Costa, der offensichtlich kaum noch wahrnahm, was um ihn herum geschah. Auf zwei sichere Stimmen, nämlich die seines Vetters

Mila und seines Freundes Mendoza, hatte Rodrigo Borgia aus Berechnung verzichtet. Die beiden saßen in Spanien und wußten wahrscheinlich noch nicht einmal, daß Innozenz tot war. Borgia hatte sie nicht gerufen, weil er jeden Verdacht vermeiden wollte, mit Hilfe verhaßter 'Ausländer' nach der Tiara zu streben. Listig und verschlagen ging er ganz sachte seine eigenen Wege, und niemand im Konklave dachte ernstlich daran, diesen Borgia zu wählen.
Die ersten drei Abstimmungen vom 6. und 10. Juli blieben ergebnislos: Ascanio Sforzas und Giuliano della Roveres Stimmenanteile hielten sich die Waage. Borgias sorglich gewebtes Spinnennetz begann, seine Opfer zu fangen. Man erinnerte sich seiner wie nebenher geäußerten Bedenken, ob es wohl gut wäre, Männer wie della Rovere oder Sforza auf den Papstthron zu erheben. Die hinter ihnen stehenden, ohnehin schon starken und mächtigen Familien würden dadurch noch stärker und mächtiger werden. Das könnte für euch, meine lieben Brüder Savelli, Orsini, Colonna, Piccolomini, Sanseverino, das könnte für euch und eure Familien recht gefährlich werden. Ich, der spanische Borgia, habe in Italien keine Macht. Ein Borgia kann neutral sein, ohne sich etwas zu vergeben. Mein Sohn Juan ist spanischer Herzog, mein Sohn Cesare wird Priester. Ein Borgia könnte keinem von euch gefährlich werden.
Sie hatten diese sanften und vernünftigen Worte nicht vergessen und plötzlich gefielen ihnen die Kandidaten Sforza und della Rovere nicht mehr. Borgia hatte natürlich seine Hauptgegner nicht unterschätzt. Ihnen mußte für die zu erwartende Wahlniederlage etwas geboten werden, und so versprach er Sforza die Würde des Vizekanzlers samt seinem eigenen prächtigen Palast, der Cancelleria, dazu einige reiche Bistümer. Orsini erhielt das Bistum Cartagena, Colonna Subiaco, Savelli Mallorca. Auch alle anderen erhielten etwas, denn Borgia besaß viel. Er trennte sich ohne Bedauern von seinen Bistümern, Abteien und Domstiften, wenn er sich dafür die Tiara einhandelte. Da war allerdings noch Maffeo Gherardo, der sechsundneunzigjährige Patriarch von Venedig, der zu verstehen gab, daß Geld und Macht ihm nichts bedeuteten, weil er sich eine höhere Würde als die des Erzbischofs von Venedig nicht denken könne. Borgia ließ reichlich Gold in die Taschen der Sekretäre des Patriarchen fließen, um dessen Wünsche zu erfahren. Die kannten ihren Herrn, und Rodrigo sandte die fünfzehnjährige engelsschöne Fiammetta, Tochter gleichen Namens seiner früheren Lieblingskurtisane. Sie kostete soviel wie ein kleines Bistum, aber brachte Gherardos Greisenherz zum Glühen.

In der Nacht zum 11. August 1492 wurde der Kardinal Rodrigo Borgia einstimmig zum Papst gewählt. Sogar sein Erzfeind della Rovere hatte zuletzt für ihn gestimmt. Ihn als einzigen hatte Rodrigo nicht bestechen können, della Rovere gab seine Stimme aus Vernunft, denn er wollte sich und seine Familie beim künftigen Papst nicht in Verruf bringen.
Rom tobte vor Begeisterung. Das ständig von den blutigen Zwisten der römischen Adelsfamilien gepeinigte Volk atmete auf. Ein Spanier? Kann uns nur recht sein! Damit wird der Parteienhader ein Ende finden. Viele kannten den immer freundlichen und leutseligen Kardinal vom Sehen, kaum jemand nahm Anstoß an seinem längst beendeten Verhältnis zur Vanozza, an seinen Kindern. Ein richtiger Mann! Wer wollte schon einen frömmelnden Schwächling als Bischof von Rom?
Ein einziger Freudentaumel, eine selige Festtagsstimmung durchwogte die Stadt. Die Straßen wurden mit Blumengirlanden geschmückt, Altäre und Triumphbögen errichtet. Der Tag der Krönung war gekommen, in Rom – in ganz Italien läuteten die Kirchenglocken.
Juan, Cesare und der erst elfjährige Joffré ritten im Krönungszug, zusammen mit siebenhundert Priestern, Prälaten, Bischöfen und Kardinälen, dazu die bunterausgeputzten Scharen der Palastwache, die Bogenschützen, Lanzenträger und Fahnenschwinger.
Alexander VI. – vormals Rodrigo Borgia – ritt auf einem goldgezäumten, schneeweißen Pferd, im funkelnden Ornat, die Mitra des Bischofs von Rom auf dem Haupt. Er war jetzt zweiundsechzig Jahre alt und fühlte sich wie ein Vierzigjähriger. Der Krönungszug begann am Petersplatz in den frühen Morgenstunden und endete am späten Nachmittag bei St. Johann im Lateran. Die ganze Stadt war bekränzt, auf dem Prozessionsweg erhoben sich Ehrenpforten.
Am Campo dei Fiori machte der Zug halt, denn hier warteten die Juden von Rom, um dem neuerwählten Pontifex zu huldigen. In der dichtgedrängten Menge stand Jakob Marco mit seinem Schwager Daniel, der vor drei Wochen nach Rom gekommen war. Ihre Frauen hatten sie auf den Rat von Freunden zu Hause gelassen, denn das Gedränge konnte lebensgefährlich werden.
Die Schar der Juden führte ein Rabbi an, der die mit einem Brokattuch bedeckte Thorarolle auf der Schulter trug. In wohlgesetzter Rede begrüßte er im neuen Papst den Landesherrn, bedankte sich untertänig im Namen aller Juden für das gnädig gewährte Asyl und reichte ihm mit einer tiefen Verbeugung die Schriftrolle. In diesem Augenblick dachte

Alexander an seinen tüchtigen jüdischen Leibarzt Elia Salmone und lächelte wohlwollend. Er reichte dem Rabbi die Thora zurück und sprach die vorgeschriebenen Worte: „Wir anerkennen das Gesetz, aber Wir verdammen die Lehre des Judentums, denn das Gesetz ist durch Christus bereits erfüllt, wogegen das blinde Volk Juda noch immer den Messias erwartet."

Unter dem Gelächter und dem Hohngeschrei des christlichen Pöbels zogen sich die Juden schnell zurück, aber auch das war alter Brauch und wurde von beiden Seiten nicht über Gebühr ernst genommen.

Der Zug setzte sich wieder in Bewegung und mußte immer von neuem anhalten, um die Huldigungsansprachen der Stadtviertel, der Zünfte und der Abordnungen aus ganz Italien entgegenzunehmen. Die Sonne stach herab wie mit feurigen Dolchen, und Alexander fühlte, wie ihn eine Schwäche ankam. Die Pontifikalgewänder – anfangs hatte er sie gar nicht gespürt – drückten ihn jetzt wie eine schwere Last, seine Unterkleider klebten schweißfeucht am Körper. Als der Zug endlich beim Lateran haltmachte, fiel er bewußtlos vom Pferd. Man trug den Papst in die Sakristei und besprengte ihn mit kaltem Wasser. Er kam schnell wieder zu sich und bestand darauf, die Zeremonien in der Kirche fortzusetzen. Dort brach er vor dem Altar ein zweitesmal zusammen.

Cesare flüsterte seinem Bruder ins Ohr: „Wenn er fällt, fallen wir mit ihm."

Doch Alexander stand schon wieder auf den Beinen, auf seine kräftige Natur war Verlaß. Ihr habt den Borgia gewählt, dachte er grimmig, ihr werdet ihn so schnell nicht mehr los.

Zwei Tage später nahm Papst Alexander die Amtsgeschäfte auf. Kardinal Sforza, der neue Staatssekretär, dem Borgia schon seit langen Jahren freundschaftlich verbunden war, nannte einige der dringendsten Punkte.

„Da wäre einmal die Ausweisung der Juden, am 31. März dieses Jahres von den spanischen Königen verfügt und auf den 31. Juli befristet."

„Diese Frist ist ja inzwischen abgelaufen..."

„Ja, Eure Heiligkeit, darin liegt das Problem. Man schätzt die Ausgewiesenen auf rund zweihunderttausend Menschen, die nun in ganz Europa unterwegs sind, um eine Bleibe zu finden. Wie man hört, sind viele nach Portugal gegangen, andere in die muslimischen Länder Nordafrikas, aber sie suchen zunehmend auch hier in Rom Zuflucht. Wie sollen wir uns verhalten, Heiliger Vater?"

Alexander dachte diesmal nicht an seinen Leibarzt, sondern – wie es seiner Art entsprach – rationell und praktisch.
„Wir werden uns klug verhalten, lieber Sforza. Klüger jedenfalls als die spanischen Könige, die sich damit der fähigsten Händler und Handwerker beraubt haben. Wir müssen freilich auch auf den Vorteil Roms und unserer heiligen Kirche schauen. Deshalb möchte ich, daß Ihr eine Kommission bildet, welche alle Einwanderer prüft. Tüchtige Handwerker, fähige Ärzte, auch Handeltreibende aller Art sollen sich hier ansiedeln dürfen, vorausgesetzt, sie bringen ein gewisses Kapital mit, dessen Höhe die Experten festlegen mögen. Rom ist ausgeblutet wie ein geschächtetes Lamm! Wir brauchen Menschen, Sforza, tüchtige, arbeitsame Menschen mit Geld und Unternehmungsgeist. Ihr kennt mich gut, mein Lieber, und wißt, daß ich keinerlei Vorurteile gegenüber anderen Religionen habe. Trotzdem würde ich hier keine Muslime ansiedeln, aber Juden hat es seit jeher in Rom gegeben, und sie sollen uns willkommen sein."
Sforza lächelte.
„Einen Muslim habt Ihr dabei vergessen, Euer Heiligkeit."
Nun lachte Alexander.
„Unseren guten Djem, ich weiß. Er ist nicht nur ein lieber Mensch, sondern auch unser Goldesel, der dem Heiligen Stuhl Jahr für Jahr vierzigtausend Dukaten bringt. Ich lasse den Guten von meinen fähigsten Ärzten betreuen, denn wer will schon eine Kuh verlieren, die so gute Milch gibt?"
„Eure Vergleiche sind sehr treffend, aber nun zu weiteren Fragen. Wie halten wir's mit Spanien? Euer Vorgänger – Gott hab' ihn selig – konnte sich ja nicht zu einer konsequenten Politik durchringen. Ich finde, die Könige von Aragon und Kastilien in kirchlichen Fragen – gelinde ausgedrückt – sehr eigenwillig."
„Ihr habt recht, Sforza, Sixtus und Innozenz haben den beiden sehr viel – vielleicht zu viel – durchgehen lassen, andererseits..." Kardinal Sforza blickte ihn fragend an. „Andererseits müssen wir uns um ein gutes Verhältnis zu Spanien bemühen. Von dort kommt viel Geld, das spanische Volk ist fromm und kauft Ablässe in rauhen Mengen." Alexander stand auf und trat ans Fenster. „Diesen Torquemada aber können wir nicht länger dulden. Mir jedenfalls wird er nicht auf der Nase herumtanzen. Aber ich will nichts überstürzen, Sforza, warten wir die nächsten Monate in Ruhe ab."
Sforza dachte im stillen: Die wichtigsten Gründe hast du verschwiegen,

Freund Borgia, nämlich die vielen spanischen Pfründen, die König Ferdinand deinen Söhnen verliehen hat. Du bist ein Spanier, Borgia, und wirst es nie verleugnen können.

So sicher sich die Juden von Rom seit Jahrhunderten unter der päpstlichen Herrschaft fühlten, so sehr hing es doch davon ab, wie der jeweilige Pontifex zu ihnen stand. Es gab Judenhasser und Judenfreunde, die mit immer neuen Steuern die Kinder Israels preßten.
Papst Alexander war kein Judenhasser, aber er liebte sie auch nicht. Seine Liebe galt weder Gott noch den Menschen, doch beides setzte er nach Bedarf ein, um seine Familie zu erhöhen. Diese aber liebte er mit der ganzen Kraft seines Herzens: Vanozza de Cattaneis, die ihm nur noch Freundin, Beraterin und Mutter seiner über alles geliebten Kinder war. Juan, den Sechzehnjährigen, der sich schon so erwachsen gab und keinen vergessen ließ, daß er der Herzog von Gandia war und dem der Papst eine weltliche Laufbahn zugedacht hatte, und der siebzehnjährige Cesare, der damit nicht einverstanden war und der seinen Vater mehr und mehr spüren ließ, wie wenig ihm die Abteien und Bistümer bedeuteten, die er schon besaß oder die für ihn noch vorgesehen waren. Er gab sich hart und kriegerisch, übte täglich an den Waffen und weigerte sich, ein auch nur andeutungsweise geistliches Gewand zu tragen. Er vergaß keine Kränkung und neidete dem jüngeren Bruder den Herzogstitel, aber er zeigte es nicht. Seine geistlichen Würden ließen ihn kalt – er hätte sie nicht einmal alle aufzählen können. Eine Woche nach der Krönung seines Vaters zum Papst durfte Cesare Borgia sich nennen: Bischof von Valencia und Pamplona, Erzdiakon von Tarragona und Jativa, Rektor von Gandia, Probst von Albar und Schatzmeister von Cartagena. Und nun hatte sein Vater ihm eröffnet, daß er gedenke, ihn demnächst zum Kardinal zu erheben.
„Aber Heiliger Vater", sagte der Siebzehnjährige trotzig, „ich bin doch ein Bankert, und das Kirchenrecht fordert für die Kardinalswürde den Nachweis einer ehelichen Geburt."
Alexander fürchtete den Spott und die Kälte dieses seltsamen Sohnes, der aus der Art geschlagen schien, auch wenn er bisweilen eine bestrickende Liebenswürdigkeit an den Tag legen konnte. War sie echt, war sie gespielt, setzte er sie nur ein, um seine Ziele zu erreichen? Aber was waren seine Ziele? Alexander wurde nicht klug aus diesem Sohn und fürchtete ihn ein wenig. Er ließ sich seinen Ärger nicht anmerken.

„Bankert ist ein häßliches Wort, und ich hoffe nur, daß du es niemals vor deiner Mutter gebrauchst. Ich kenne das Kirchenrecht genauso gut wie du und werde dich in einer Bulle für ehelich erklären. Deine Mutter ist schließlich mit Domenico da Rignano verheiratet, und für die Welt bist du sein Sohn. Daß du es nicht bist, ist in einer Geheimklausel niedergelegt. Du bist ein Borgia, Söhnchen, und kannst als Kardinal vielleicht der nächste Papst werden."

Cesare lachte unfroh.

„Es kostet Euch nur eine weitere Bulle und Ihr macht die Papstwürde erblich. Zuvor müßt Ihr allerdings den Zölibat beseitigen."

Alexander lachte.

„Rein rechtlich wäre das durchaus möglich, denn Christus hat niemals die Ehelosigkeit der Priester verlangt."

Cesares männlich schönes Gesicht mit der langen geraden Nase, den lebhaften braunen Augen und der hohen Stirn blieb ruhig, zeigte keine Regung.

„Ich will weder Kardinal noch Papst werden, dafür würde sich Juan weit besser eignen, dieses eitle Muttersöhnchen, das ich mit einem Finger umwerfen kann."

„Kein Wort mehr! Du kennst meine Wünsche, und ich erwarte, daß du sie erfüllst!"

Cesare verneigte sich: „Jawohl, Allerheiligster Vater."

Er sagte es mit kaltem Spott.

Alexander kürzte die Trauerzeit für seinen Vorgänger rigoros ab und begründete es damit, daß es bisher kaum Gelegenheit gab, den Sieg der Christen über die letzte Enklave der Muslime zu feiern. Natürlich war dies auch als Reverenz vor den spanischen Königen gedacht, deren Wohlwollen sich der Papst erhalten wollte und mußte. Außerdem war es höchste Zeit, daß er sich die Zuneigung der Römer sicherte, denn in der Stadt gingen schon Spottschriften um mit Anspielungen auf die Blindheit des Heiligen Geistes, der einen Spanier auf den Stuhl Petri erhob, wo es doch genügend Italiener gab.

„*Panem et circenses!*" rief Alexander seinem eintretenden Zeremonienmeister Johannes Burchard entgegen. Er hatte den tüchtigen Deutschen von seinem Vorgänger übernommen, und bisher gab es keinen Grund, diesen Entschluß zu bereuen.

„Wie ist das von Eurer Heiligkeit gemeint?"

„Ich werde auf dem Petersplatz einen Stierkampf veranstalten und dabei

meine Römer festlich bewirten. Ich lege alles in Eure bewährten Hände und wünsche, daß Ihr dabei nicht an Geld spart."
„Die Kassen sind leer, Heiliger Vater."
„Die aus Spanien zu Tausenden einwandernden Juden werden besteuert. Darauf könnt Ihr kurzfristig Geld leihen."
Burcardus – so nannte man ihn hier – verneigte sich und während er es tat, begann er schon zu planen.

Nach der Wahl ging ein großes Aufatmen durch die römische Judengemeinde. Unter diesem Papst hatten sie nichts zu fürchten, und Jakob Marco, neugewählter Sprecher der jüdischen Kaufmannsgilde, schlug vor, dem Papst ein Huldigungsgeschenk zu überreichen.
Jakobs Haß hatte sich mit den Jahren etwas abgekühlt, und nur noch selten sprach er sein Fluchgebet aus. 'O Herr, strafe Isabella die Königin, als eine tausendfach ungerechte Richterin, aber strafe sie nicht am Leib, denn das würde sie in Stolz und Demut von dir hinnehmen, strafe sie an ihren Kindern – und o Herr, laß es mich erleben!'
Nun, da er selbst zwei Kinder besaß – Judith hatte ihm nach Simone noch die Tochter Ruth geboren –, ließ er den letzten Teil des Fluchs weg, um Gott den Herrn nicht zu erzürnen, und beschränkte sich auf die Worte: 'O Herr, strafe Isabella, die ungerechte Richterin!'
Sein Zorn erhielt neue Nahrung, als die Kunde von der Judenvertreibung in Rom eintraf. Er hoffte zu Gott, daß Schwester und Schwager rechtzeitig die Flucht ergreifen würden, und ließ unterdessen an sein Haus ein zweites anbauen. Das verkleinerte zwar den Garten um gut ein Drittel, aber auch Judith wollte es.
„Wo sollen denn die Armen sonst hin? Allmählich sieht es so aus, als seien wir Juden nur noch in Italien sicher. Außerdem brauchst du dringend einen Teilhaber. Wenn du in Geschäften unterwegs bist, dann sollte dich ein Mann in der *bottega* vertreten, einer, der dein Vertrauen hat und dich nicht dauernd bestiehlt wie Michele."
Mit diesem Gehilfen gab es ständigen Hader. Obwohl er häufig betrunken war und bisweilen in die Ladenkasse langte, wollte ihn Jakob nicht entlassen, weil er eine Familie mit neun Kindern zu ernähren hatte.
„Ich kann diesen Menschen nicht auf die Straße setzen und seine Familie ins Elend stürzen."
„Soll er doch Tagelöhner werden! Da kann er wenigstens niemand mehr bestehlen."

„Sei nicht so hart, Judith. Zwei Drittel seines Lohnes zahle ich direkt an seine Frau und mit den kleinen Diebereien bessert er sein karges Einkommen ein wenig auf. Es wird uns nicht umbringen."
Ende Juni war dann die Familie seines Schwagers erschienen. Die Reise war sehr schwierig gewesen, weil die christlichen Kapitäne die Situation der Juden ausnutzten und ihre Forderungen immer höher schraubten. Susanna war hochschwanger, und Ruth Marco wäre beinahe auf einem der Schiffe gestorben. Jakob umarmte sie.
„Mutter, Mutter, wie siehst du nur aus? Bleich und dünn wie ein Gespenst! Aber warte nur, wir werden dich schnell aufpäppeln."
Doch dafür war es zu spät, der Witwe des Isak Marco konnte keiner mehr helfen. In ihrer Todesstunde zeigte sie eine von innen kommende Ruhe und Heiterkeit.
„Seid nicht traurig, Kinder, für mich ist es Zeit, zu meinem Isak hinüberzugehen; ich glaube, er wartet schon. Außerdem habt ihr ja eine neue Ruth unter euch, und ihr besonders gilt mein Segen."
Sie legte eine zittrige Greisinnenhand auf das Köpfchen ihres Enkelkindes. Die kleine Ruth lutschte hingebungsvoll am Daumen und blickte die *abuela* aus großen klaren Kinderaugen an.
Don Elia Salmone, nun Leibarzt des Papstes und auch Freund und Kunde von Jakob Marco, schaute sich die Kranke kurz an.
„Laßt sie in Ruhe sterben; sie ist lebensmatt und sehnt sich nach Ruhe. Kein Arzt könnte ihr helfen."
Er war es auch, der die ganze Familie zum Stierkampf auf den Petersplatz lud.
„Ich habe keine Familie und Seine Heiligkeit hat mir ausdrücklich gestattet, Freunde mitzubringen."

Sie saßen ganz oben auf der hölzernen Tribüne und was den erstaunten Römern da geboten wurde, war eine klassische Corrida nach altspanischer Art. Zuerst aber zeigte sich Papst Alexander in seiner ganzen klerikalen Pracht. Er wußte, daß es nicht damit getan war, auf der Tribüne zu erscheinen, und so ließ er sich langsam in der *sedia gestatoria* um den Petersplatz tragen, angetan mit schweren Prunkgewändern, weihrauchumwölkt, unter dem Geschmetter der Fanfaren, begleitet von feierlichem Chorgesang. Er war schon etwas dick geworden, doch der Zweiundsechzigjährige wirkte mit seinem heiteren faltenlosen Gesicht wesentlich jünger. Er segnete die jubelnde Menge, hielt da und dort, ließ

sich ein Kind heraufreichen und küßte es auf die Wangen. Dazu ließ er sich viel Zeit, und so stand die Sonne schon hoch am Himmel, als die *cuadrilla* einzog – vorneweg die *picadores* auf elenden Kleppern, gefolgt von den *banderilleros*, die ihre mit bunten Wimpeln geschmückten Pfeile schwangen. Hinter ihnen schritten die *capeadores* und schwangen ihre roten Tücher; dann erst – nach gebührendem Abstand – stolzierte der Matador mit hocherhobener, in der Sonne funkelnder *espada*.
Der Kampf begann, die Menge tobte, das Blut der Pferde strömte aus klaffend aufgerissenen Leibern und aus dem mit *banderillos* gespickten Rücken der Stiere.
Jakob fühlte sich nach Toledo zurückversetzt, hörte die Menge schreien, als man die Verurteilten heranbrachte, sah den Onkel auf seinem Karren mit den zu brandigen Klumpen gewordenen Füßen – und wandte sich schaudernd ab.
„Was ist mit Euch, Don Giacomo?" fragte besorgt der Arzt, „gefällt Euch das Spektakel nicht?"
„Es ist – es ist – nein, ich mag nicht davon reden."
Dann geschah etwas nicht Geplantes, und die Volksmenge verstummte für einige Augenblicke. Gerade war das Gatter für den zweiten Stier geöffnet worden und der *picador* begann sich ihm zu nähern, als ein junger, von Kopf bis Fuß schwarzgekleideter Mann mit einem geschmeidigen Satz über die Barriere sprang und langsam auf den Stier zuging. Einige hatten den Tollkühnen sofort erkannt und nun raunte es durch die Reihen: Cesare – Cesare – Cesare Borgia; immer lauter, bis auch das dumme Volk es begriffen hatte und laut klatschend im Rhythmus seinen Namen brüllte: Ce-sa-re, Ce-sa-re...
Jakob Marco tat dabei nicht mit, sondern blickte auf den Papst, der bleichen Gesichts auf seinen schrecklichen Sohn blickte, aber dann doch stolz lächelnd um sich schaute, als wollte er sagen: Seht her, was ich da mit Vanozza gezeugt habe! Ein echter Borgia, den es nicht mehr auf dem Sitz hält, wenn er sich mit unserem Wappentier messen kann.
Als Cesare sich geduckt wie ein Panther dem schnaubenden und scharrenden Stier näherte, dachte niemand daran, daß dies für einen Bischof von Pamplona und Valencia keine angemessene Tätigkeit war, wie ja auch er alles darauf anlegte, seinem Vater und seiner Umwelt zu beweisen, wie schlecht er sich für ein geistliches Amt eignete.
Der *picador* hielt sich auf Cesares energischen Wink zurück, wurde zur Randfigur eines Geschehens, das nur zwei Wesen anging: den Mann

und den Stier. Diese dunkel gekleidete, langsam sich nähernde Gestalt reizte den *toro* so wenig, daß er sich nicht von der Stelle rührte und gelangweilt am Boden herumschnupperte. Diesen Augenblick nützte Cesare, sprang gedankenschnell vor den Stier, packte mit beiden Händen sein Gehörn und versuchte, es niederzuzwingen. Der Stier machte verzweifelte Versuche, seine Hörner als Waffe einzusetzen, und es gelang ihm auch einige Male, sein kantiges Haupt um ein paar Spannen zu erheben, doch der andere war stärker, da half kein Schnauben und kein Stampfen, sein Kopf sank immer tiefer. Als sein Maul die Erde berührte, setzte Cesare sein Knie auf den Nacken des Tieres und riß das Gehörn mit einem heftigen Ruck nach hinten. Das laute Knacken der brechenden Halswirbel war bis in die obersten Reihen der Tribüne zu vernehmen.
Mit einer anmutigen Geste ließ Cesare die Hörner los, und der tote Stier fiel zur Seite wie ein leerer Sack. Lächelnd blickte der junge Mann in die Runde, suchte den Blick seines Vaters, der ihm zunickte, verbeugte sich, als tosender Beifall einsetzte.
Ja, das war nach dem Geschmack der Römer, und der historisch gebildete Elia Salmone fühlte sich an die alten Zeiten erinnert, da ein Kaiser um seinen Kopf fürchten mußte, wenn er nicht in regelmäßigen Abständen der *plebs* Brot und Spiele – im wahrsten Sinne des Wortes 'servierte', denn trotz seiner hohen Stellung war er doch ein *servus*, ein Diener des Volkes. Es ist schon kurios, dachte Salmone, daß von diesem Bewußtsein bis in unsere Tage etwas geblieben ist, denn nannte sich der Papst nicht auch *servus servorum Dei* – Knecht der Knechte Gottes? Da es der Sohn seines hohen Patienten war, klatschte der Arzt ein paarmal in die Hände, zudem empfand er einen, wenn auch widerwilligen Respekt vor der Kühnheit des jungen Mannes.
Cesare hatte sich mit einem Tuch Hände und Gesicht gereinigt, hob nun beide Arme und schien etwas sagen zu wollen. Der Jubel verstummte augenblicklich.
„Allerheiligster Vater, hochwürdige Herren und Damen, Volk von Rom. Was ich hier vor aller Augen vollbracht habe, darf nicht als roher und eitler Kraftakt verstanden werden, mit dem ich mich wichtig und beliebt machen will. Nein – das Niederzwingen und Töten dieses Stieres soll allegorisch als Huldigung an die spanischen Könige gesehen werden und an den Fall Granadas erinnern, soll auch den Sieg des Christentums über die Häresie des sogenannten Propheten Mohammed feiern, der nichts anderes getan hat, als christliche und jüdische Lehren mit eigenen

Gedanken phantastisch zu vermengen und dieses Gebräu der arabischen Welt als die einzig wahre Religion aufzuschwatzen. Es gilt, noch viele Stiere zu bezwingen, bis erreicht ist, wonach die christliche Welt sich sehnt – die Befreiung des Heiligen Grabes, die Rückführung Afrikas und Asiens zur einzig wahren, alleinseligmachenden christlichen Religion."

Er verneigte sich und trat ab. Prinz Djem, der in unmittelbarer Nähe des Papstes inmitten seiner Leibwächter saß, lächelte melancholisch. Eine seltsame Freundschaft verband den dicken Osmanenprinzen mit Cesare Borgia, und er wußte recht wohl, daß diese Rede eine einzige Heuchelei und sein Auftritt genau das gewesen war, was er so heftig abstritt: ein roher und eitler Kraftakt.

Von diesem Tag an begann Papst Alexander daran zu zweifeln, ob die geistliche Laufbahn für seinen Erstgeborenen das richtige sei. Doch war er zu stolz, um es zuzugeben, zu stolz auch, auf halbem Wege umzukehren. So stand Cesares Name auf der Liste der im nächsten Jahr zu ernennenden Kardinäle, und allein der Gedanke an den Zorn seines früheren Rivalen Giuliano della Rovere erwärmte sein Herz, und er freute sich schon jetzt auf den Augenblick, wenn der fünfzigjährige rauschebärtige Kardinal seinen achtzehnjährigen Amtsbruder umarmen und küssen mußte.

25

Die Mönche des Klosters Santa Maria La Rabida an den Ufern des breit und mächtig dahinströmenden Rio Tinto empfingen Columbus als strahlenden Sieger. Genau sieben Jahre war es her, da erschien hier ein namenloser Bittsteller, randvoll mit phantastisch anmutenden Plänen, fand Aufnahme, Verständnis und Hilfsbereitschaft. Als Sieger kehrte er zurück, als Admiral des Ozeans, künftiger Vizekönig, in den Adelsstand erhoben, ausgerüstet mit einem königlichen Schreiben, das am nächsten Tag in der Pfarrkirche zu verlesen war.
Padre Juan Perez, der Prior des Klosters, war schon eine Woche vor Columbus hierher zurückgekehrt und hatte nicht damit gerechnet, daß die Könige auf solche Weise zwei der drei Schiffe auszurüsten gedachten. Er faltete das Schreiben behutsam zusammen und legte es auf den Tisch.
„Ja, Don Cristobal, das ist nun wieder der berühmte Wermutstropfen im Becher unseres Glücks. Wenn das morgen verlesen wird, stehe ich für nichts ein. Die Leute werden denken, daß Ihr oder ich, oder wir alle zusammen dahinterstecken, um auf ihre Kosten Geld zu sparen. Es bleibt mir keine Zeit mehr, vorher mit den Stadtvertretern zu sprechen, aber ich werde es danach tun, um die Dinge zurechtzurücken. Woher wollt Ihr die Seeleute nehmen, wenn nicht von hier? Und noch eines: Ohne die Familie Pinzon läuft nichts. Wenn Martin Alonso Pinzon zustimmt, ist alles gewonnen – wenn nicht, kann es sehr schwierig werden. Für die Seeleute von Palos ist er so etwas wie ein Leithammel. Wenn er blökt, tun sie es ihm nach, und wenn er bockt, dann bocken sie auch. Zum Glück ist er zur Zeit nicht hier, und wir können uns in Ruhe auf alle Eventualitäten einrichten."
Columbus schien nicht weiter besorgt.
„Padre, Gott hat mich hierher geführt, er wird für das Weitere sorgen."

Perez lächelte fein.
„Euer Gottvertrauen in Ehren, aber Ihr kennt unsere Seefahrer nicht. Die nehmen es an Land mit dem Teufel auf und sind erst auf hoher See wieder fromm. Nun, Ihr werdet es ja erleben."
Columbus fürchtete die Begegnung mit dem Volk von Palos nicht. Er würde sich vorne hinstellen und sagen: Redet mit mir, im Gespräch läßt sich alles klären. Ladet Euren Zorn auf mich, aber redet mit mir, und wir werden einen Weg finden – einen guten Weg.
Er wollte nicht zusammen mit anderen in der Kirche erscheinen, und so stahl er sich noch vor Sonnenaufgang davon. In Palos regte sich noch wenig, nur in den Bäckereien brannten schon die Öfen, und der betörende Duft von frischgebackenem Brot durchzog die Straßen und mischte sich mit dem kühlen Morgenwind, der einen Geruch nach Fischen und sumpfigen Gewässern vom Rio Tinto herauftrug.
Ein paar alte Weiblein beäugten ihn mißtrauisch, als er sein Pferd an der knorrigen Tamariske neben der Kirche festband. Sie waren auf dem Weg zum täglichen Frühgebet und da lief ihnen höchst selten ein Fremder über den Weg.
Gedrungen und behaglich stand die Kirche da, quasi mit beiden Beinen auf der Erde, strahlte Sicherheit und Geborgenheit aus. An ihrer Nordseite führte ein vielbegangener Pfad – die rötliche Erde war festgetreten und hart wie Stein – hinab zu jener Flußbiegung, die man zum Hafen ausgebaut hatte. Am Weg lag das alte maurische Brunnenhaus, das mit seinen dicken Pfeilern wie eine winzige Burg aussah.
Im Hafen schaukelten vier Karavellen, ein Dutzend kleinerer Schiffe lag an Land, sorgsam mit Holzpflöcken gestützt und aufrecht gehalten. Eines der Schiffe schien ihm etwas größer; mit seinem wuchtigen bauchigen Rumpf schätzte er es auf acht- bis neuntausend *arrobas* (ca. hundert Tonnen) Rauminhalt. Das war ein echtes Hochseeschiff, jedem Sturm trotzend und verläßlich bei schwerer See.
Er ging näher heran und las am Bug seinen Namen: 'Gallega'.
Das breite grauschwarze Band des Rio Tinto färbte sich im Osten purpurn, als die Sonne aus dem schilfgesäumten Ufer träge und langsam emporstieg, als zögere sie, ihr sumpfiges Bett zu verlassen.
Plötzlich erschien es ihm unwirklich, von diesem kleinen, kaum bekannten Hafen nach Indien aufzubrechen. In seinen Träumen waren es Häfen wie Lissabon oder Lagos gewesen; in Spanien dachte er an Sanlucar oder Cadiz – aber Palos?

Er lachte so laut, daß zwei Möwen aufflogen, der Sonne entgegen, wie verirrte Schmetterlinge. Warum nicht Palos? Warum nicht? Er drehte sich um, stieg langsam den Pfad wieder hinauf und betrat die Kirche durch die Puerta del Embarcado – das Tor zum Hafen. Der Mesner war gerade dabei, die betenden Weiblein sanft hinauszukomplimentieren.
„Morgen könnt ihr wieder bleiben, so lange ihr wollt, Señoras, aber heute muß die Kirche frei sein für ein wichtiges Ereignis." Dann sah er Columbus eintreten und sah ihn fragend an.
„Señor?"
„Ich bin ein Teil des von Euch erwähnten wichtigen Ereignisses."
„Da ich Euch nicht kenne, müßt Ihr Señor Colon sein."
„Richtig, mein Freund, aber Ihr dürft mich ruhig Don Cristobal nennen – unsere Königin hat es vor kurzem gnädig so verfügt."
„Meinen Glückwunsch, Don Cristobal."
„Danke. Laßt Euch nicht weiter stören."
Er zog sich in eine dunkle Ecke zurück und wartete auf das Erscheinen der anderen. Zuerst kamen ein paar Neugierige, spähten in die Kirche, sahen niemand und verdrückten sich wieder. Plötzlich lief der Mesner zur großen Südpforte und öffnete sie weit. Die Stadtväter traten ein, in ihrer Mitte der feierlich dunkel gekleidete Bürgermeister Don Alvaro Rascon. Hinter ihnen drängte das Volk von Palos, füllte die kleine Kirche bis an den Rand, so daß viele draußen bleiben mußten und Columbus sah, wie sie ihre Hälse reckten, um durch die offene Tür etwas zu erspähen. Ein kleiner flinker Mann mit einem mürrischen arroganten Gesicht kämpfte sich leise schimpfend nach vorne durch und bestieg die niedrige schmiedeeiserne Kanzel.
Columbus straffte sich. Nun war es für ihn Zeit, die Bühne zu betreten. Ein Teil der Einwohner kannte ihn bereits, und es ging ein Murmeln durch die Kirche, das fast bedrohlich klang. Mit einer Verbeugung überreichte er dem Bürgermeister das königliche Schreiben. Don Alvaro bedankte sich, brach das Siegel und reichte das Schriftstück an den Notar weiter. Der zog eine Stielbrille aus der Tasche, räusperte sich, runzelte wichtig die Stirn und begann zu lesen.

Ferdinand und Isabella, von Gottes Gnaden König und Königin von Kastilien, León, Aragon, Sizilien – etc. etc., senden dem Rat und allen Einwohnern der Stadt Palos Unsere gnädigen Grüße.
Wir tun Euch kund und zu wissen, daß Ihr für gewisse, von Euch zu Un-

serem Schaden begangene Vergehen verurteilt und verpflichtet seid, Uns für zwölf Monate zwei ausgerüstete Karavellen auf Eure Kosten zur Verfügung zu stellen. Don Cristobal Colon haben Wir zu Unserem Kapitän ernannt und ihm befohlen, sich mit drei Karavellen aufzumachen in jene Regionen des Weltmeeres, wo er für Uns bestimmte Aufträge erfüllen soll. Deshalb gebieten Wir Euch, innerhalb von zehn Tagen die beiden voll ausgerüsteten Schiffe bereit zu halten...

Das wird nicht gehen, dachte Columbus, das haben sich Laien ausgedacht, die von der Seefahrt nichts verstehen.

...und wir haben ihm geboten, Euch einen Vorschuß auf vier Monate für die Mannschaften zu zahlen, zu den gleichen Heuersätzen wie sie gemeinhin und üblich an dieser Küste den Seeleuten bezahlt werden.

Columbus kannte den Text längst auswendig und wartete mit Ungeduld, bis der Notar am Ende die Zusatzklausel verlas, in der eine Einstellung aller laufenden Strafverfahren für all jene verfügt wurde, die auf einem der Schiffe anheuerten.
Wieder ging ein dumpfes bedrohliches Grollen durch die Kirche, und Columbus fand es nicht klug, diese mögliche Amnestie öffentlich bekanntzugeben. Man hätte da etwas behutsamer vorgehen müssen, denn so schreckte es nur die ehrlichen Seeleute ab, von denen die wenigsten geneigt waren, zusammen mit Galgenvögeln auf einem Schiff zu dienen.
Da werde ich einiges zurechtrücken müssen, dachte er, und ohne Mithilfe der Padres von La Rabida wird es nicht gehen.
Padre Juan Perez blieb gleichmütig.
„Das hat nichts zu bedeuten. Seeleute sind eigenwillige Wesen, stolz auf ihren Beruf, stolz auf ihre – vermeintliche – Unabhängigkeit. Ich werde in der Stadt verbreiten lassen, daß Ihr unter Strafverfolgung stehende nur im äußersten Notfall aufnehmen wollt, das heißt, wenn sich nicht genügend andere melden. Euch aber empfehle ich zu warten, bis Martin Pinzon zurückkehrt. Kennt Ihr ihn?"
„Flüchtig, wir hatten bei meinem ersten Aufenthalt ein kurzes Gespräch. Er ist kein angenehmer Mensch – stolz, hochfahrend, mißtrauisch und anmaßend."
Der Prior lächelte.
„Ihr habt ihn gut charakterisiert, aber genau diese Eigenschaften schätzt

man hier an einem Seemann. Er hat natürlich auch noch andere Seiten, die für Euch wesentlich wichtiger sind, und zwar eine jahrelange Erfahrung als ausgezeichneter Kapitän, und zudem ist er für die Seeleute von Palos so etwas wie ein Sprecher, ein Führer, ein Vertrauensmann. Sein Bruder Francisco ist übrigens Eigner der 'Pinta', einem schnellen, gutgebauten und in harten Stürmen erprobten Schiff. Wenn Ihr Martin Pinzon gewinnt, habt Ihr alles gewonnen. Und vergeßt eines nicht: Das stärkste Argument für diesen Mann heißt Gold, Gold und nochmals Gold. Sobald er eine reale Möglichkeit sieht, sich zu bereichern, habt Ihr ihn gewonnen, und ich zweifle nicht daran, daß es Euch gelingen wird, ihn zu überzeugen."

Columbus vergaß kein Wort von den Ratschlägen des Priors, als er fünf Tage später an einem grauen regnerischen Morgen sein Pferd an der Pforte des Pinzon-Hauses festband. Der Kapitän empfing ihn mit reservierter Höflichkeit und spürbarer Zurückhaltung. Columbus ahnte, was er dachte: Ich bin ein vielerfahrener und weitgereister Kapitän, und du bist nichts als ein Günstling der Königin, ausgestattet mit einer papierenen Verfügung. Columbus ging methodisch vor, schmeichelte ihm und zeigte unverhohlenen Respekt.

„Auf Rat von Padre Perez habe ich nichts unternommen, ehe Ihr zurückkamt. Seht in mir um Himmels willen keinen Vollstrecker der königlichen Strafe, sondern einen Bittsteller, der sich – *nolens volens* – genauso dem königlichen Befehl zu beugen hat, wie die Stadt Palos. Das dritte und größte Schiff werde ich selbst ausrüsten und auch die Heuer übernehmen. Wißt Ihr übrigens, wem die 'Gallega' im Hafen gehört?"

Martin Pinzon besaß viel Ähnlichkeit mit dem Herzog von Medina-Sidonia. Er war von kleiner schlanker Gestalt, behende und zäh, und in seinen harten Augen funkelte der kühne und habgierige Blick des geborenen Piraten.

Ich werde an beides appellieren, dachte Columbus, an seine Habgier, aber auch an seine Lust am Abenteuer.

„Nichts im Hafen von Palos geschieht ohne mein Wissen, Don Cristobal. Die 'Gallega' gehört einem galicischen Reeder namens Juan de la Cosa. Sie wird in den nächsten Tagen Ladung aufnehmen..."

„Das wird sie nicht, aber das geht nur mich und diesen Reeder etwas an. Nun zu uns. Ich werde den Kapitänen der beiden Schiffe zweitausend Maravedis pro Monat bezahlen, dazu eine gute Prämie, über die noch zu

reden sein wird. Die Schiffsoffiziere erhalten ebenfalls zweitausend, die Mannschaft tausend und die Schiffsjungen fünfhundert. Wie üblich wird ein Vorschuß ausgezahlt, der Rest bleibt bei einem Notar."
Martin Pinzon zog die Brauen hoch.
„Diese Beträge sind das übliche an unserer Küste. Ich wüßte nicht, was mich oder andere Seeleute veranlassen sollte, dafür zu unbekannten Ufern aufzubrechen. Solche Gelder lassen sich mit Küstenschiffahrt leichter und gefahrloser verdienen."
„Ihr habt natürlich recht", sagte Columbus schnell, „aber ich bin noch nicht zu Ende. Ein Vielfaches davon kann durch Tauschhandel mit den Einheimischen gewonnen werden. Die Portugiesen beweisen uns das mit ihrem Afrikahandel. Eure Leute können dort für ein paar Kupfermünzen ihren Seesack mit Pfeffer, Zimt und Nelken füllen und die Gewürze hier für einen Beutel Gold verkaufen."
„Warum seid Ihr so sicher, Don Christobal, daß wir diese Küsten überhaupt erreichen und daß es dort die genannten Spezereien gibt?"
„Ganz einfach, Señor Pinzon. Die Erde ist rund, und wir werden die Ostküste Indiens auf dem Seeweg erreichen. Was in diesen Breiten an der Westküste gedeiht und auf umständlichen Landwegen nach Europa gelangt, wird auch an der Ostküste wachsen. So einfach ist das."
Die Piratenaugen funkelten begehrlich.
„Aber was ist mit Gold? Die Portugiesen holen hauptsächlich Gold aus ihren afrikanischen Niederlassungen."
„Gewürze sind so gut wie Gold. Aber wer sagt uns, daß letzteres nicht auch in diesem Teil von Indien vorhanden ist?"
Pinzon nickte.
„Ich werde es mir überlegen. Sprecht Ihr unterdessen mit Señor de la Cosa. Sollte er sich einverstanden erklären, ist es für mich leichter, zwei weitere Schiffe zu bemannen."
Columbus atmete auf.
„Ihr werdet Euch also beteiligen?"
„So sieht es aus. Aber wir wollen nicht den zweiten Schritt vor dem ersten tun, und deshalb wird noch einiges zu klären sein."
Und dann kamen die Fragen, hart, präzise, bei unbefriedigender Antwort nachbohrend – immer wieder. Die Sonne stand schon tief im Westen, als Columbus vors Haus trat, von Pinzon begleitet.
„Ich habe noch nicht ja gesagt, Don Cristobal, aber ich werde mich bemühen, die Dinge in Eurem Sinne zu regeln."

Aufatmend ging Columbus die Straße zum Hafen hinab. Er brauchte diesen Pinzon, denn das Ansehen dieses vielerfahrenen Kapitäns war die unerläßliche Verbindung zu den anderen Seeleuten. Columbus sah sich als Kopf des Unternehmens und Pinzon war seine Hand, verantwortlich für die praktische Durchführung der Seereise – verantwortlich allein ihm, Don Cristobal Colon, dem Admiral des Ozeans.

Juan de la Cosa, Eigentümer der 'Gallega' war gerade dabei, die Beladung seines Schiffes zu überwachen.

„Wie weit seid Ihr schon, Señor?"

„Was geht das Euch an? Seid Ihr von der Stadtbehörde?"

„Nein, aber ich brauche ein Schiff wie das Eure, und ich brauche es leer."

Der Reeder trat einen Schritt näher und fragte: „Wer seid Ihr, Señor?"

„Don Cristobal Colon, Admiral der spanischen Majestäten und befugt, in Palos jedes Schiff zu beschlagnahmen, das mir für meine Zwecke geeignet scheint."

„Soll das ein Scherz sein? Ich bin den Königen nichts schuldig und will in Ruhe meine Geschäfte betreiben."

„Gut, Señor, dann reden wir davon. Was bringt Euch diese Fahrt voraussichtlich ein?"

„Also offenbar kein Scherz. Nun gut, ich werde es Euch vorrechnen."

Juan de la Cosa warf mit Zahlen um sich, zog Eventualitäten in Betracht, erwähnte portugiesische Häfen wie Lissabon und Porto, wo auch noch Geschäfte zu machen seien, ehe er in seine Heimat Galicien zurückkehre.

„Ihr seid Baske, Señor, und dieses Volk gilt als hart im Verhandeln. Eure Rechnung mag im großen und ganzen stimmen, aber Ihr habt die Risiken nicht genannt, und der Warenhandel ist – davon kann ich ein Lied singen – ein sehr riskantes Geschäft. Ich hingegen werde Euer Schiff für einige Monate chartern und lege Euch das Geld bar auf die Hand."

De la Cosa machte große Augen. Er war ein erfahrener Handelsmann, der zu argumentieren wußte und dem anderen nichts schenkte, aber in seinen grauen Baskenaugen glomm ein Licht auf, als er das schnelle risikolose Geschäft witterte.

„Und wozu braucht Ihr mein Schiff, wenn ich fragen darf?"

„Ich fahre im Auftrag der Könige über den Atlantik nach Westen."

„Nach Westen – so kann Euer Ziel nur Madeira sein? Oder die Azoren? Oder die Kanaren?"

Columbus schmunzelte.

„Nein, Señor, zu einem ferneren Ziel. Jetzt sagt Euren Leuten, sie sollen das Schiff wieder entladen, und wir setzen uns auf ein Stündchen in die Hafenschenke dort drüben."

Nachdem sie ihre Becher gehoben und sich *amor, salud y dineros* gewünscht hatten, erklärte Columbus in wenigen Sätzen, worum es ging. Dem Reeder blieb vor Staunen der Mund offen.

„Glaubt Ihr mir nicht?" fragte Columbus.

„Doch – doch, aber daß es Euch gelang, unsere Könige zu einem solchen – einem solchen..."

„Euch fällt kein Wort dafür ein, nicht wahr? Aber ich versichere Euch, es handelt sich hierbei weder um Spekulation noch um Legenden. Die Erde ist rund, Señor, und wenn Indien über Land und Meer nach Osten zu erreichen ist, so muß dasselbe andersherum auch gelten, nur geht es auf dem Wasser einfacher und schneller."

„Und warum haben nicht schon andere...?"

Columbus lächelte ungeduldig.

„Diese Frage haben mir inzwischen schon etwa hundert Menschen gestellt, darunter die Könige von Portugal und Spanien. Ich kann immer nur wieder betonen: Bis jetzt hat es noch niemand versucht. Ich werde es tun und für Spanien ein neues Zeitalter einleiten."

Juan de la Cosa sprang auf.

„Nehmt mich mit, Don Cristobal! Ja, ich will dabei sein, ich – ich platze vor Neugierde, und meine Tätigkeit als Reeder langweilt mich längst. Hiermit heuere ich auf der 'Gallega' an!"

Columbus faßte ihn am Ärmel.

„Setzt Euch, Señor, und beruhigt Euch. Euer Angebot freut und überrascht mich. Vermutlich seid Ihr kein Stubenhocker, und es hält Euch nicht zu Hause, wenn Euer Schiff auf Erkundigungsfahrt unterwegs ist. Ich verstehe das, aber in welcher Eigenschaft wollt Ihr reisen? Der Kapitän bin ich, die Wahl des Steuermanns wird Martin Pinzon sich vorbehalten – Ihr könnt bestenfalls als zweiter Offizier anheuern. Wen Ihr von der bisherigen Besatzung für geeignet haltet, das überlasse ich Euch. Es kann eine sehr lange Fahrt werden."

Für Martin Pinzon war es nicht einfach, die Leute zu überzeugen. Diese Fahrt ins Ungewisse schreckte sie ab. Ihre bisherigen Ziele waren ihnen vertraut gewesen, und selbst wer sich nach Westafrika wagte, wußte, daß die Küste dort seit über einem halben Jahrhundert angelaufen wurde. Aber Indien? Schon der Name bedeutete unendliche Ferne, Fremde – etwas, das niemals als Ziel in Betracht kam. Dafür waren irgendwelche Händler zuständig, die auf jahrelangen Wegen über Land und Meer das Verbindungsglied bildeten. Sie fühlten sich einfach nicht zuständig, und das hatte nichts mit Feigheit zu tun, sondern mit Vernunft und Abwägung des Risikos. Pinzon mußte sein Gewicht als Haupt einer uralten Seefahrerfamilie und seine ganze Überredungskunst einsetzen, um Leute für seine Schiffe anzuheuern. Er zog durch die Hafenkneipen, hielt die Männer frei und redete mit Engelszungen. Dabei hielt er sich vor allem an die jungen und abenteuerlustigen Seeleute und an solche, die aus bedürftigen Familien stammten.

„Wollt ihr ein Leben lang armselige Sardinenverkäufer bleiben? Auf dieser Fahrt könnt ihr eure Heuer vergessen, denn sie ist nichts gegen die Möglichkeit, in Indien Geld zu machen. Wenn ihr schon mir nicht glaubt, dann hört auf die Männer der Wissenschaft – die Geographen und Kartographen. Alle sagen übereinstimmend, daß die Fahrt nicht länger als drei oder vier Wochen dauern wird, und daß ein Schiff auf dieser Route nirgendwo anders landen kann als an der Ostküste von Asien. Indien ist reich, Indien existiert, Indien erwartet euch! Und was die Mädchen betrifft, so könnt ihr Euch denken..."

Pinzon verlor sich in verlockende Einzelheiten, aber nicht nur die Mädchen lockten die Männer auf die Schiffe des Columbus, sondern auch die Aussicht auf schnellen Reichtum, und nicht wenige wollten dadurch ihren Mut beweisen. Eines schien jedenfalls klar: Die von den Königen gesetzte Zehntagefrist war nicht einzuhalten.

Columbus kümmerte sich in dieser Zeit vor allem um die ‚Gallega', sein künftiges Admiralsschiff. De la Cosa hatte den größten Teil seiner baskischen Mannschaft behalten – sie kannten ihn, und er kannte sie.

Gleich am Tag nach ihrem Gespräch begingen sie gemeinsam das Schiff.

„Sie wurde vor vier Jahren in Santander gebaut, von Leuten, die ihr Handwerk beherrschen, das dürft Ihr mir glauben!"

Columbus sagte nichts, klopfte da und dort aufs Holz, untersuchte genau die Aufbauten an Bug und Heck, die Planken am Hintersteven und das Steuerruder. Er stieg hinab in den Laderaum, wo das stinkende Bilgewasser über die mit Talg und Teer abgedichtete Beplankung schwappte. Ein Dutzend festgezurrter Weinfässer war von der Ladung übriggeblieben.

„Die habe ich gleich hiergelassen, da wir sie ja ohnehin brauchen werden."

„In Ordnung, aber es muß noch viel dazugeladen werden. Habt Ihr auf der letzten Reise viel pumpen müssen?"

„Es geht, aber ich schlage vor, das ganze Schiff außen wie innen neu zu verpichen."

„Einverstanden."

Sie stiegen wieder hinauf.

„Sind alle Anker vorhanden?"

De la Cosa nickte.

„Vier Buganker, ein Stromanker, zwei Warpanker, ein großer Notanker. Alles vorhanden!"

„Gut. Ich sehe mir jetzt die *toldilla* an."

Sicheren Schritts stieg Columbus die gewölbten Decksplanken zum Heckaufbau hinauf, der in einige schmale Räume unterteilt war. Hier wohnte und arbeitete der Kapitän, von hier war das ganze Schiff gut zu überblicken.

„Es kann alles bleiben, wie es ist", sagte Columbus zuletzt, „bis auf den Namen."

Juan de la Cosa blieb abwartend stehen.

„Ihre Majestät, unsere Königin Isabella, wünscht für das Admiralsschiff unserer Flotte einen christlichen Namen. Ich werde es 'Santa Maria' nennen."

Columbus war nicht gerade entzückt von seinem Admiralsschiff, hatte aber für sich behalten, was ihm nicht gefiel, um seinen Besitzer nicht zu verärgern. Das plump wirkende Schiff hatte einen zu großen Tiefgang, war schwerfällig zu manövrieren und konnte in der Geschwindigkeit mit kleineren Schiffen nicht mithalten. Da waren zum Beispiel die 'Pinta' mit Martin Pinzon als Kapitän, während sein Bruder Vicente die 'Niña' – das kleinste Schiff der Flotte – befehligte. Das waren hervorragend gebaute leichte Schnellsegler und hochseetüchtig, wenn erfahrene Kapitäne sie fuhren.

Am besten gefiel ihm die 'Niña', mit einer Kiellänge von vielleicht fünfzig Fuß und einer maximalen Breite von zwanzig bis fünfundzwanzig Fuß. Auf ihrem erhöhten Achterdeck erhob sich die *toldilla* mit der Kapitänskajüte. Ihre Back war schmal und niedrig, aber sie genügte zum Unterbringen der Segellasten und des Ankertaus. Etwas größer war die

'Pinta', die sich bei einer Probefahrt als ungemein schnell und wendig erwies. Martin Pinzon wird dies nützen, dachte Columbus, das wird nicht ohne Unstimmigkeiten abgehen, was sich während einer kleinen Probefahrt zwischen Palos und Huelva bestätigte.
„Ein flinker Vogel, nicht wahr?"
Pinzon stand am Steuerruder und blinzelte vergnügt mit seinen kleinen scharfen Augen.
„Schneller als die 'Santa Maria', gewiß, aber Ihr werdet Euer Schiff zügeln müssen, damit es bei der Flotte bleibt."
„Wer kann schon einen schnellen Vogel festhalten, Don Cristobal? Die wollen halt vorausfliegen, während die lahmen Enten hinterdreinwatscheln."
Columbus ließ sich nicht provozieren.
„Man kann allzu schnellen Vögeln auch die Flügel stutzen."
Martin Pinzon erkannte, daß diese Bemerkung nicht spaßhaft gemeint war, und war klug genug, nichts darauf zu erwidern.

Von den vorgesehenen neunzig Mann Besatzung hatte Pinzon bis jetzt etwa siebzig angeheuert, und da brach schon der Juli an. Man einigte sich auf einen Abfahrtstermin in den ersten Augusttagen, und so nutzte Columbus die Zeit, um sich von seiner Familie zu verabschieden. Am Abend vor seiner Abreise pochte ein später Besucher an die Klosterpforte und wollte Señor Colon sprechen.
„Aus dem Señor ist ein Don geworden, dazu ein Admiral im Dienste Ihrer Majestäten", belehrte ihn der Bruder Pförtner.
Der kleine sehnige Mann mit dem braungebrannten Gesicht lachte.
„Um so besser! Dann meldet mich Don Cristobal."
„José! Lieber Freund! Ich hatte schon nicht mehr mit dir gerechnet – schön, daß du da bist. Nun haben wir endlich einen Schiffsarzt."
Aus Lissabon gab es nicht viel zu berichten. Die Buchhandlung der Brüder Colon hatte ein älterer bigotter Betbruder übernommen, der fast nur noch Heiligenlegenden, Meßbücher und andere fromme Schriften führte.
„Daneben handelt er noch mit Wachsstöcken und Weihrauch. Unsere fröhliche Diskussionsrunde ist auseinandergefallen, und ich habe die Jahre über herumgegrübelt, ob ich es wagen könnte, nach Spanien zurückzukehren. Dank deiner Hilfe habe ich es geschafft."
„Hattest du irgendwelche Schwierigkeiten?"

„Nein, ich vermute, die Inquisition ist hinter lukrativeren Opfern her. Wie man hört, sind die Ketzer fast immer wohlhabende Leute, Bettler oder Tagelöhner verursachen ja nur Kosten."

„Lassen wir das leidige Thema. Ich reise morgen nach Cordoba und werde Ende Juli zurück sein. Du gehst am besten gleich zu Martin Pinzon und läßt dich als Schiffsarzt in die Heuerliste eintragen, ich gebe dir ein paar Zeilen mit."

Joseph Marco lachte auf die ihn ganz eigene fröhliche und unbekümmerte Art.

„Ich freue mich ja so! Jahrelang habe ich mir in meiner Praxis anhören müssen, wie verflucht schön die Seefahrt ist und wie arm wir Landratten dran sind. Zweimal hätte ich fast alles hingeschmissen und mich auf einem Schiff verdingt, aber beim erstenmal kam eine Señorita dazwischen und beim zweitenmal erhielt ich deinen Brief, während ich schon verhandelte."

„Das klingt wie eine Fügung Gottes. Nun etwas anderes: Weißt du über das Schicksal deiner Familie Bescheid?"

Marco blickte ihn überrascht an.

„Nein – aber mein Bruder Jakob ist gewiß noch in Cordoba und David..."

„Halt – ihm bin ich in Santa Fé begegnet. Er ist noch immer der erste Sekretär des Schatzmeisters Santangel, hat sich aber kürzlich zum Priester weihen lassen."

Joseph lachte spöttisch.

„Das paßt zu dem Duckmäuser! Er ist auch sonst aus der Familie geschlagen, aber Jakob..."

„Er ist in Rom, nachdem ihn ein Schnellgericht zur lebenslangen Verbannung verurteilt hatte."

„Und meine Schwester?"

„David hat sie und ihren Mann rechtzeitig gewarnt. Jetzt sind sie in Rom bei Jakob."

„Dann bin ich ja aller Familienpflichten ledig, nicht wahr?"

„Du bist amnestiert, José, und kannst dich nach unserer Rückkehr gefahrlos in ganz Spanien bewegen."

„Daran denke ich jetzt nicht; zuerst kommt unsere große Fahrt – ich freue mich, Cristobal, ich freue mich!"

Die Familie de Harana in Cordoba wußte längst Bescheid, da Columbus schon im Frühjahr einen Brief geschrieben hatte. Beatriz gab sich fröhlich und zuversichtlich, doch er spürte, daß sie nur ihre Angst nicht zeigen wollte.
„Bist du jetzt glücklich?"
„Glück, Beatriz, dauert immer nur ganz kurz. Als ich den Vertrag mit den Königen unterzeichnete, war ich glücklich – ja, aber so etwas hält nicht an, sondern macht dem Gefühl Platz, daß man bekommen hat, was einem zusteht. Daß es mir nicht in den Schoß gefallen ist, weißt du am allerbesten."
Der kleine Fernando stürzte herein.
„Papa – Papa – bleibst du jetzt da? Für länger?"
Columbus hob den Vierjährigen hoch und wirbelte ihn herum wie einen Ball. Der Kleine kreischte vor Wonne und verlangte immer wieder: „Noch mal, Papa, noch mal!"
Dabei vergaß er ganz, daß der Papa seine Frage nicht beantwortet hatte. Später, als sie wieder allein waren, schnitt Columbus das alte Thema wieder an.
„Sehen wir den Dingen ins Auge, Liebes. Ich hoffe, daß ich von meiner Fahrt übers Jahr zurückkehre, aber ich weiß es nicht. Es hat schon Schiffe gegeben, die sind eine Stunde nach ihrem Aufbruch in einem plötzlichen Sturm zugrunde gegangen. Ich will damit sagen, daß man vor einer so langen und ungewissen Reise manches in Ordnung bringen sollte. Sollten wir nicht doch besser heiraten?"
Ihr Gesicht verschloß sich, die großen klaren Augen blickten ihn mit einer Mischung aus Wehmut und Hilflosigkeit an. Ihre Stimme war leise und klang gezwungen.
„Lassen wir es vorerst beim alten. Ich bin gut aufgehoben bei meiner Familie und unser Sohn auch. Fernando sollte vielleicht einmal seinen Bruder kennenlernen..."
„Eine gute Idee! Ich möchte auch nicht, daß er sein halbes Leben zwischen Mönchskutten verbringt. Sowie ich in Palos bin, werde ich ihn hierherschicken, und da soll er bis zu meiner Rückkehr bleiben. Ich werde noch deinen Onkel fragen."
Rodrigo de Harana lachte nur.
„Aber freilich! Her mit dem Jungen! Sind ohnehin zu viele Weiberröcke hier." Er blickte Columbus väterlich an. „Da Ihr schon seit langem quasi zur Familie gehört, muß ich Euch noch etwas sagen. Mein Sohn Diego

gefällt mir in letzter Zeit gar nicht mehr. Er ist bedrückt, weicht mir aus und hängt sich an den Weinkrug wie nie zuvor. Vielleicht gelingt es Euch, aus ihm etwas herauszubekommen."

Der fröhliche Prasser und Lebemann Diego de Harana befand sich mitten in einer Krise. Er ging auf die Dreißig zu und hatte sein Dasein bisher damit verbracht, in den Tag hineinzuleben und die Abgaben seiner Pächter zu verprassen. Ein rechter Hidalgo eben, der seine Hände nicht mit Arbeit beschmutzte. Da überkam ihn plötzlich ein großer Jammer, den er zuerst mit einem hektischen Leben zu betäuben suchte. Kein Tag verging, da er nicht mit Freunden bei nächtlichen Saufgelagen saß, um dann in der Frühe mit einem Kater aufzuwachen, der sich immer stärker aufs Gemüt schlug. Früher war er diesem Zustand mit einem opulenten Frühstück begegnet, doch das half jetzt kaum noch.

„Ich fühle mich ausgelaugt, alt und nutzlos. Wenn ich morgen in die Grube fahre – was bleibt von mir? Meine Eltern werden mich eine Weile betrauern, meine Vettern und Basen werden ihren lustigen Onkel vermissen und meine Freunde ihren Saufkumpan. Wie lange? Zwei Monate oder drei oder sechs? Dann verblaßt das Bild, und in zwei Jahren ist es, als hätte ich nie gelebt."

„Aber Diego, du bist doch kaum dreißig und redest wie ein alter Mann! Du mußt etwas tun! Suche dir irgendeine Tätigkeit, eine Aufgabe. Ein kluger und interessierter Mann wie du kann doch sein Leben nicht einfach verplempern."

„Jetzt sagst du es! Ich verplempere mein Leben... Vielleicht sollte ich heiraten?"

„Da kann ich dir weder zu- noch abraten. Aber mir fällt etwas anderes ein: Komm mit mir, nimm an meiner Expedition teil!"

Diego war zuerst sprachlos.

„Aber Cristobal – was sollte ich – was könnte ich Dir nutzen? Ich habe nichts gelernt, als bei meinen Pächtern den Grundherrn zu spielen und nachzuprüfen, daß mich keiner über Gebühr betrügt. Das ist alles..."

„Das ist doch etwas! Du bist von Adel, weißt energisch aufzutreten, kannst schreiben und lesen, gut argumentieren..." Columbus sprang auf. „Natürlich! Ich habe etwas für dich: Auf unseren Schiffen fehlt ein *alguacil* – ein Profos. Einer muß da sein, der auf Disziplin und Einhaltung der Gesetze achtet."

„Aber dafür bin ich gänzlich ungeeignet! Ich, der ich in den Tag hineinlebe, mich treiben lasse..."

„Gerade deshalb. Eine Aufgabe, die dir Macht über andere gibt, wird dich zu Disziplin und Selbstbeherrschung zwingen, denn sonst bist du nicht glaubwürdig."
Auf diese Weise wurde aus dem Prasser und Lebemann Diego de Harana der *alguacil de la armada* der Flotte des Cristobal Colon.
Sie fuhren gemeinsam nach Palos, wo sie Martin Pinzon mit finsterem Gesicht empfing.
„Es war nicht ausgemacht, Don Cristobal, daß Ihr eigenmächtig Leute anheuert. Nun habt Ihr mir schon einen Schiffsarzt vor die Nase gesetzt und jetzt auch noch den Zuchtmeister! So geht das nicht! Im übrigen habe ich bereits einen tüchtigen Schiffsarzt eingestellt, nämlich Magister Manuel Bernal."
„Beruhigt Euch, Señor Pinzon! Für drei Schiffe brauchen wir ohnehin zwei Ärzte. Es könnte ja sein, daß auf der langen Fahrt einer ausfällt, nicht wahr?"
Pinzon brummte etwas.
„Was wolltet Ihr sagen?"
„Der *aguacil* sollte aus Palos kommen. Die Leute werden keinen Fremden akzeptieren."
„Da bin ich ganz anderer Meinung. Einer aus Palos wäre parteiisch, ob er will oder nicht. Don Diego de Harana kennt keinen einzigen Eurer Männer, ist daher unvoreingenommen und wird sie alle gleich behandeln."
Das sah Pinzon widerwillig ein.
Die Mannschaft war nun so gut wie vollzählig, bis auf einige Leute, die sich Santangel selbst vorbehalten hatte. So erschien in den letzten Julitagen Luis de Torres, der hebräische Dolmetscher, und mit ihm Rodrigo Sanchez, ein Verwandter von Luis de Santangel, als Vertreter der spanischen Majestäten. Beide waren sie Conversos, de Torres hatte sich sogar erst vor wenigen Wochen taufen lassen. Er zeigte sich schweigsam und in sich gekehrt und sein ganzes Gepäck bestand aus Büchern.
Die Abreise wurde von Columbus und den Pinzonbrüdern auf Freitag, den 3. August 1492, festgesetzt.
Als Columbus Padre Perez nach einem Schiffspriester fragte, wich der Prior aus.
„Ich habe dieses Problem schon mit anderen Brüdern besprochen, und wir sind zu der Auffassung gelangt, daß wir Eure erste Reise ganz in das Ermessen Gottes legen sollten. Versteht Ihr, wie ich das meine?"
„Nicht ganz..."

„Die Kirche liebt keine halben Sachen. Solltet Ihr Euer Ziel erreichen und auf heidnische Völker treffen, so werdet Ihr einige von Ihnen mit hierherbringen. Wir werden sie taufen und versuchen, ihre Sprache zu erlernen. Bei der zweiten Reise werden Euch dann ausgebildete und sprachkundige Missionare begleiten. Ob es dazu kommt, liegt in Gottes Hand."
Columbus nahm diese Entscheidung hin, ohne zu murren, denn er hatte Juan Perez viel zu verdanken.

26

ALLE JUDEN IN KASTILIEN UND ARAGON hatten vernommen, was die königlichen Herolde auf den Marktplätzen unter Trommelschall wieder und wieder verkündeten: Wer bis zum 31. Juli das Land nicht verlassen hatte, war zum Tode verurteilt, es sei denn, er habe sich zur Taufe entschlossen. Viele der alteingesessenen Judenfamilien mochten es einfach nicht glauben und dachten, es sei ein geschicktes Manöver der Krone. Doch dann zeigte es sich, daß es diesmal keine Finte war, sondern tödlicher Ernst, und wer zu lange gewartet hatte, mußte häufig die bittere Erfahrung machen, daß der christliche Nachbar, mit dem schon Eltern und Großeltern in Frieden gelebt hatten, plötzlich seinen Vorteil erkannte und ihn schamlos ausnutzte. Häuser, Äcker, Wein- und Obstgärten mußten nun unter Zeitdruck für ein paar Dukaten verschleudert werden, und nach diesen Dukaten streckten schon die Kapitäne in den Häfen ihre Hände aus. Über die Hälfte der spanischen Juden wählte zur Emigration den Seeweg, um nach Italien oder Flandern, nach Afrika, Syrien oder Palästina auszuwandern. Der türkische Sultan Bajazet versuchte sogar, möglichst viele der Vertriebenen in sein Land zu locken, und tat den Ausspruch: „Ihr nennt Ferdinand einen klugen König? Er hat sein Land arm gemacht und das unsere bereichert."
Wer von den Juden die Iberische Halbinsel nicht verlassen wollte, ging nach Portugal, wo für die Einwanderungserlaubnis pro Kopf acht Dukaten bezahlt werden mußten, aber der Aufenthalt war auf acht Monate begrenzt. Es war also nur eine Gnadenfrist, doch die spanischen Majestäten sparten nicht mit Vorwürfen an König Johann, den 'lieben Vetter'. Der aber stand im warmen Dukatenregen und stellte sich taub. In ihm rumorte der Geist Heinrichs des Seefahrers, und er benötigte das Geld dringend für neue Expeditionen nach Afrika.

Doch auch für Ferdinand und Isabella schien die Rechnung aufzugehen. Eine wahre Goldflut strömte in ihre Kassen, denn es gab zahlreiche Möglichkeiten, den ausreisenden Juden Geld abzunehmen, etwa durch hohe Pauschalgebühren für noch zu zahlende Steuern, durch strafweise Konfiskationen oder Beschlagnahmungen von Geld, Gold und Juwelen. In ihrer Verzweiflung verschluckten die Juden pfundweise Goldmünzen oder versteckten sie an intimen Körperstellen, um nicht als Bettler in ihrer neuen Heimat anzukommen.

Der Schatzmeister Luis de Santangel und David Marco, seine rechte Hand, arbeiteten mit zwei Dutzend Gehilfen an der Zählung und Registrierung der einströmenden Vermögenswerte. David war imstande, ohne Ruhepause und mit einem Stück Brot achtzehn bis zwanzig Stunden durchzuarbeiten. Wenn seine Kraft erschöpft war, legte sich ein Schleier über seine grauen Augen, und er gähnte verstohlen. Nach vier oder fünf Stunden Schlaf erschien er munter und ausgeruht an seinem Schreibtisch.

Seit David Marco zum Priester geweiht war, redete ihn sein Patron respektvoll mit Padre an, aber sobald sie allein waren, dutzte er ihn wie früher. Es hatte sich bei ihnen ein Vertrauensverhältnis herangebildet, aber ihre manchmal schonungslose Kritik an den Zuständen hätte für einen Hochverratsprozeß ausgereicht. So pflegten sie untereinander die Loyalität der stets gefährdeten Conversos, obwohl Davids Priesterkleid und König Ferdinands Freundschaft ihnen eine relative Sicherheit verliehen.

Am Ende eines langen Arbeitstages – die Gehilfen waren längst zu Bett gegangen – fragte Santangel seinen Sekretär: „Na – wie sieht's denn jetzt aus? Dürfen sich unsere Könige schon als die reichsten Monarchen Europas bezeichnen?"

David blinzelte und unterdrückte ein Gähnen.

„Es ist noch nicht ganz zu übersehen. Etwa drei Millionen Maravedis sind schon eingegangen; Ende des Jahres werden es wohl insgesamt sieben oder acht Millionen sein – Bargeld! Die gleiche Summe kommt noch hinzu durch Immobilien und Liegenschaften."

Santangel schaute seinen Vertrauten neugierig an.

„Was hinter diesen Summen an Leid und Elend steckt, berührt dich wohl nicht?"

David blickte auf, über seinen grauen Augen lag ein Schleier von Müdigkeit und Erschöpfung.

„Das haben andere zu verantworten", murmelte er.
„Du hast die Ausweisung nicht gutgeheißen?"
David schüttelte nur stumm seinen Kopf. Santangel setzte sich.
„Andere wieder finden sie klug, und unsere überquellende Staatskasse gibt ihnen recht. Ich führe jetzt ein Selbstgespräch, David, und erwarte keine Reaktionen darauf. Mir fällt da ein Vergleich ein. Stelle dir einen Bauern vor, der auf seinen Äckern Getreide gesät hat, aber nicht abwartet, bis das Korn Frucht trägt, sondern die noch grünen Halme abmäht und an seine Kühe verfüttert. Diese werden fett, geben viel Milch und als die Zeit der Getreideernte kommt, schlachtet er eine nach der anderen, ißt täglich Braten und tauscht das Fleisch gegen Brot ein. Bald sind Äcker und Ställe leer, der Bauer verkauft sein Land und kommt an den Bettelstab, weil er nur an das Heute und nicht an die Zukunft gedacht hat. Unsere Könige verhalten sich wie er. Sie sind auf schnellen Gewinn aus und vergessen ganz, daß unsere Juden einen beträchtlichen Teil des Handels und der Geldwirtschaft in Gang gehalten haben, ganz abgesehen von ihrer geistigen Bedeutung auf den Gebieten der Wissenschaft. In spätestens drei Jahren wird es spürbar werden, und dann setzt ein Niedergang ein, an den ich gar nicht zu denken wage. Wer kann die wertvollen Verbindungen ins Ausland ersetzen, wie sie nur die jüdischen Geschäftsleute zu anderen Juden in Flandern, Deutschland, Italien und zum Osmanischen Reich besaßen? Unsere Hidalgos sind doch zu stolz und zu faul, sich ihre gepflegten Hände mit Geld zu beschmutzen. Wer hat denn bisher die Kassen unserer Granden verwaltet? Juden und Conversos! Nun sind die Juden weg, und Torquemada verfolgt die Conversos mit zunehmendem Eifer. Weißt du, daß ein Teil von ihnen zum Glauben ihrer Väter zurückgekehrt und emigriert ist? Und wir beide müssen höllisch darauf achten..."
David hatte den Kopf sinken lassen und war eingeschlafen. Santangel lächelte, berührte seine Schulter und befahl, als er aufschreckte, mit strenger Stimme: „Padre Marco, Ihr geht jetzt schlafen, und ich möchte Euch morgen nicht vor der vierten Tagesstunde an Eurem Schreibtisch sehen! Verstanden?"
David nickte.
„Ihr habt recht, Don Luis, ich werde wohl einmal gründlich ausschlafen müssen."
Nachdem die spanischen Könige im Sommer ihre Frontstadt Santa Fé endgültig verlassen hatten, waren sie über Toledo und Zaragoza nach

Barcelona gereist. Die Cortes von Aragon hatten König Ferdinand schon mehrmals dringend angemahnt, in seinem Reich nach dem Rechten zu sehen. Er hatte gehofft, Isabella würde in Cordoba oder Sevilla bleiben, doch sie wich nicht von seiner Seite.
„Ich bin ja schließlich auch Königin von Aragon, und das Volk hat ein Recht darauf, uns beide zu sehen."
Was sollte er darauf antworten? Sie ahnte, daß er nicht ganz damit einverstanden war, und versuchte eine scherzhafte Rechtfertigung.
„Granada ist erobert, das Land befriedet und meine beiden Streithähne können ihren Zwist im Himmel fortsetzen..."
Doch der Scherz mißlang, ihre Augen füllten sich mit Tränen.
„Du hast ihn wohl sehr gemocht?"
Sie nickte.
„Der Marqués war ein Feuerkopf – streitsüchtig, verschwenderisch und oft unzuverlässig, aber niemals hat er seinen Schwur gebrochen und während des Krieges treu zu uns gehalten, was man von seinem Kontrahenten nicht sagen kann. Der Herzog von Medina-Sidonia hat immer nur Geld geschickt – er selbst blieb fern."
„Seltsam, daß er ein paar Tage nach dem Marqués von Cadiz gestorben ist – so, als könne er ohne seinen Erzfeind nicht mehr leben."
Sie blickte ihn zärtlich an.
„So geht es mir mit dir. Ohne dich könnte ich nicht mehr leben, arbeiten, existieren. Geht es dir genauso?"
Ferdinand fühlte sich unbehaglich. Er wäre jetzt lieber in den Armen einer seiner jungen Geliebten gelegen.
„Gott nimmt auf unsere Gefühle keine Rücksicht. Einer von uns wird zuerst gehen und der andere wird weiterleben müssen."
„Ich bete, daß ich die erste bin", sagte Isabella leise und wußte doch, wie hilflos Ferdinand ohne sie war. Daß er ihre Frage nicht beantwortet hatte, nahm sie hin. Männer tun sich eben schwer, ihre Gefühle zu bekennen, tröstete sie sich. Zwei Wochen später wäre das Wortspiel um Leben und Tod beinahe traurige Wirklichkeit geworden.
Ferdinand hatte sich von Isabella dazu überreden lassen, in Barcelona die öffentlichen Schnellgerichte einzuführen. Es war ihm unbehaglich, auf einer Tribüne vor dem Gerichtsgebäude zu sitzen und manchmal Rechtsfälle entscheiden zu müssen, die so seltsam wie lächerlich waren. Etwa wenn ein reicher Tuchhändler Klage gegen einen jungen Hidalgo führte, mit dem seine Frau ihn angeblich betrog.

„Und wo sind Eure Beweise, Señor?"
„Der junge Mann ist ein entfernter Verwandter meiner Frau und besucht sie ständig unter irgendwelchen Vorwänden. Komme ich dann dazu, haben sie beide gerötete Wangen, atmen sehr schnell, sind verlegen..."
„Das ist leider kein Beweis, Señor. Kommt wieder, wenn Ihr sie in flagranti ertappt habt."
Ferdinands Empfinden von Recht und Gerechtigkeit ließ es nicht zu, daß reiche Angeklagte fast ausnahmslos verurteilt wurden, weil dann das Volk jubelte und die Kassen der Krone klingelten.
An diesem Freitag im Dezember nahm er sich vor, künftig Berufsrichtern die Rechtsfindung zu überlassen – er hatte anderes und besseres zu tun. Er gähnte, stand auf, schickte seine Leibwachen voraus und stieg hinter ihnen langsam die Marmorstufen hinab. Da löste sich eine Gestalt aus dem Schatten der hölzernen Tribüne, stürzte unter wüsten Beschimpfungen von hinten auf Ferdinand los und hieb wie rasend mit einem kurzen Schwert auf ihn ein. An Nacken und Schulter schwer verletzt, sank der König zu Boden.
„Verrat! Verrat! Santa Maria, steh' mir bei!"
Aber da hatten die Leibwächter den Mann schon gepackt und niedergerungen. Sie waren dabei, ihm den Todesstoß zu versetzen, als Ferdinand die Hand hob.
„Nein – Leute, nein! Laßt den Menschen leben, ich möchte den Grund seines Anschlages wissen."
Dann fiel er in Ohnmacht, und seine Helfer trugen ihn eilig in den Palacio Real hinüber. Ein paar Männer der Leibwache waren vorangeeilt, um die Königin zu informieren. Isabellas Gesicht erbleichte, in ihren wachen klugen Augen stand die nackte Angst. Sie ähnelte nun den Opfern der Inquisition, wenn sie den Scheiterhaufen bestiegen. Ihre Stimme versagte.
„Ist er – hat er – wer – wo – lebt der König noch?"
Da war nun der einfache Soldat überfragt, denn als der König niedersank, hatte der Hauptmann sofort geschrien: „Zwei Mann zur Königin – rasch!"
Da stand er nun hier vor Ihrer Majestät und stammelte: „Ja – nein – vielleicht – weiß nicht..."
Es gelang ihr nicht, sich vom Sessel zu erheben, ihre Beine versagten, ihre Blase entleerte sich, doch sie merkte es nicht.

405

Beatriz de Moya sprang auf.
„Bleib hier – ich sehe nach!"
Da trugen sie ihn schon, von Wachen und Ärzten umringt, in seine Wohnräume. Sie drängte sich an sein Bett, sah die halb gebrochenen Augen, das Blut auf Hals und Schultern, hörte sein leises Stöhnen. Die Marquesa war eine Respektsperson, die rechte Hand der Königin. Alles wartete. Beatriz wandte sich an den Arzt.
„Magister?"
Der zog sie beiseite und berichtete flüsternd: „Allein die schwere Goldkette hat die Durchtrennung des Halses verhindert. Die Wunde ist lang und tief – Seine Majestät schwebt in Lebensgefahr."
„Ihr werdet doch alles tun..."
„Boten sind unterwegs zum besten Chirurgen von Barcelona; inzwischen werden wir uns bemühen, das Blut zu stillen, die Wunde zu säubern."
„Gut, Magister, ich informiere jetzt die Königin."
Noch während sie dies sagte, wichen die Menschen zurück, und Isabella trat wankend herein, gestützt von ihrer jungen Zofe. Beatriz scheuchte das Mädchen davon und legte ihren Arm schützend und stützend um den fülligen Körper der Freundin.
„Er lebt, Isabella, er lebt und wird mit Gottes Hilfe gesund werden."
Isabella sank vor dem Bett nieder.
„Zeigt – zeigt mir seine Verletzung."
Die Ärzte stützten den laut Stöhnenden, und die Königin sah den klaffenden Hieb quer über Schulter und Nacken. Sie, die fähig war, an einem Vormittag kalten Herzens neun Menschen an den Galgen zu schicken, fiel nun bewußtlos hintenüber. Beatriz fing sie auf und trug sie zusammen mit der Zofe hinaus.
Von diesem Tag an stand die ganze Stadt im Zeichen des königlichen Krankenlagers. Die Glockenschläge der umliegenden Kirchen mußten auf das Notwendigste reduziert werden, in den Klöstern lagen Nonnen und Mönche Tag und Nacht auf den Knien und wechselten sich im Dauergebet ab, die Königin fastete und betete, wenn sie nicht an seinem Bett wachte. Das Fasten tat ihr gut, sie verlor einen Teil ihres überflüssigen Fettes, das machte sie leichtfüßiger, jünger, anziehender.
König Ferdinand aber kämpfte mit den Dämonen seiner Krankheit. Er stöhnte, schrie, fieberte, warf sich im Bett so ungestüm herum, daß die Ärzte ihn festbinden mußten. Der Schwerthieb hatte Knochensplitter

abgesprengt und diese begannen nun herauszueitern. Die Wunde wollte sich nicht schließen, sah schrecklich aus und quälte den Kranken, wenn er aus seinen Fieberdelirien erwachte, unsäglich.

Nach sechs Tagen fand ein Ärztekonsilium statt. Unter den fünf Magistern befanden sich zwei Juden, von denen einer sich kürzlich hatte taufen lassen. Der andere zögerte noch, doch er galt als hervorragender Arzt, lehrte an der kleinen Universität von Barcelona und Ferdinand wollte ihn um jeden Preis behalten. Er war nicht von der Judenaustreibung betroffen, und keiner drängte ihn dazu, seinen Glauben zu wechseln. Wenn es um Gesundheit und Ansehen von Königen ging, wurden eben Ausnahmen gemacht.

Vier der fünf Ärzte rieten zu einer Operation; den fünften hatte man nur aus Höflichkeit zugezogen. Er war ein Greis, hatte unter drei Königen gedient und steckte tief in alten, längst überholten Vorstellungen. Von der Chirurgie hielt er nichts, und wer sie betrieb, war für ihn nur ein *curandero*, ein Quacksalber und Kurpfuscher, der hilflos herumdokterte.

Da nun die nach wie vor weitklaffende Wunde auch auf die stärksten Tinkturen aus Arnika, Kamille und Ringelblume nicht angesprochen hatte, hoffte man, daß die Entfernung von Knochensplittern und entzündeter Knorpelmasse eine Besserung bringen würde.

Isabella zögerte, doch Ferdinand stimmte sofort zu.

„Ein kranker König ist fast noch schlimmer als ein toter. Ich will nicht monatelang dahinsiechen, während meine Feinde ihre Ränke spinnen. Macht mich gesund oder laßt mich schnell sterben!"

Einer der Ärzte räusperte sich.

„*Non vivere sed valere vita*, lehrt uns der Dichter – nur wer gesund ist, lebt. Seine Majestät hat recht – laßt uns handeln!"

Zwei kräftige Diener hielten den König fest, während der Chirurg mit seinem Skalpell in der stinkenden und eiternden Wunde herumwühlte. Er schnitt die brandig gewordenen Teile weg und räumte mit dem Schablöffel Knochenstücke und entzündete Knorpelmasse aus. Auf Rat seiner jüdischen Kollegen tränkte er die Wunde mit reinem Branntwein, was einen Tag lang Stunde um Stunde wiederholt wurde. Schon nach zwei Tagen ging es aufwärts. Die Schmerzen ließen nach, die Wundränder verblaßten, es bildete sich neues Gewebe.

Die Glocken der Stadt durften wieder läuten, die erschöpften Mönche und Nonnen gingen zu Dankgebeten über, und Isabella stellte ihr Fasten ein.

Zwei Tage vor Neujahr verließ Ferdinand sein Bett und ging schwankend im Zimmer umher.

„Bin noch ganz wackelig", sagte er entschuldigend, „aber immerhin scheint es aufwärts zu gehen. Hat der – der Gefangene schon geredet?"

Gonzalo de Cordoba, des Königs glanzvoller und ritterlicher Heerführer, war sofort nach dem Anschlag ans Krankenbett geeilt. Er hatte eine Verschwörung vermutet, doch eine Vernehmung des Täters – ein Bauer von etwa sechzig Jahren – hatte ihn anderen Sinnes werden lassen.

„Er tut sehr geheimnisvoll und will sich erst offenbaren, wenn er Euch gegenübersteht. Ich halte ihn für verrückt."

Ferdinand ließ sich schweratmend aufs Bett sinken.

„Nun, wir werden sehen."

Am Tag der Heiligen Drei Könige schloß sich die Wunde des Königs von Aragon und Kastilien. Die Ärzte erhielten ein Sonderlob, zusammen mit prallen, leise klingenden Geldsäckchen, und der einzige Jude unter ihnen entschloß sich zur Taufe. Er war schon alt, seit einigen Jahren Witwer, und seine Kinder hatten die Emigration gewählt. Hier besaß er ein schönes Haus, ein geachtetes Amt und ein gutes Einkommen – was sollte er in der Fremde? Er war kein Eiferer, und sein freisinniger Gottesglaube fragte nicht nach äußeren Zeichen. Im übrigen verfolgte das Heilige Offizium die Conversos im Königreich Aragon lange nicht mit dem fanatischen Eifer, wie das in Kastilien geschah. Vor kurzem war sogar der Grundstein zu einer Jakobskirche gelegt worden, als Gotteshaus aller zum Christentum konvertierten Juden und Mauren.

Nach des Königs Genesung richteten sich aller Augen auf den Attentäter, doch Ferdinand lehnte das Spektakel einer öffentlichen Verhandlung ab. Inzwischen hatte man durch Nachforschungen herausgefunden, daß die von Ferdinand vor einigen Jahren reformierten Pachtgesetze auf diesen Menschen eine seltsame Wirkung gehabt hatten. Es ging damals um die *remensas*, welche die Bauern praktisch zu Leibeigenen machten. Wollte er seinen Hof verlassen, so mußte er an den Grundherrn eine Geldsumme zahlen, die so hoch angesetzt war, daß keiner sie aufbrachte und so auf Gedeih und Verderb an seine Scholle gebunden war. Der König reformierte dieses unmenschliche Gesetz und schuf so den Grundstock zu einem freien Bauernstand. Nicht jeder Mensch ist geeignet, die Luft der Freiheit zu atmen, dem Attentäter jedenfalls hatte sie den Sinn verwirrt, was sich auf der kleinen geheimen Gerichtsverhandlung deutlich zeigte.

„Weißt du, wer ich bin?" fragte Ferdinand den Sechzigjährigen, der mit seinen struppigen grauen Haaren und verwilderten Zügen den Eindruck eines Besessenen machte.
„Du bist Ferdinand, der falsche König von Aragon."
„Warum falsch?" fragte Isabella.
„Dich kenne ich nicht! Von mir kriegst du keine Antwort!"
„Warum soll ich der falsche König sein?" wiederholte Ferdinand.
Ein irres Lächeln geisterte über das Gesicht des Bauern.
„Weil ich der rechtmäßige Besitzer der Krone von Aragon bin! Gott hat mir das Land geschenkt und in seinem Namen werde ich es verwalten, weil ich muß!"
„Weshalb wolltest du mich töten?"
„Um den Platz freizumachen für mich, den wahren König."
„Offenbar hast du dich geirrt, denn das Volk erkennt mich als seinen König an. Ich sitze auf dem Thron, und du bist mein Gefangener."
„Das Volk kann irren, aber ich bin dein Gefangener, das ist wahr. Läßt du mich frei, wenn ich auf meine Thronrechte verzichte?"
Ferdinand konnte ein Lachen nicht unterdrücken.
„Ah – das ist aber großzügig! Für den Preis der Freiheit überläßt du mir dein Reich."
Isabella machte ein finsteres Gesicht, ihr gefiel es nicht, daß Ferdinand sich von gleich zu gleich mit diesem Gewalttäter unterhielt. Sie konnte es nicht vergessen, daß ihr dieser Mensch um ein Haar ihr Liebstes geraubt hätte.
Ferdinand blickte der Reihe nach auf seine Frau, auf die beiden als Zeugen anwesenden Hauptleute der Leibwache und auf den hageren Talavera, der schon mehrmals seinen Kopf geschüttelt hatte.
„Nun, Doña Isabella und verehrte Herren, soll ich das Angebot annehmen?"
„Mit einem geistig Verwirrten diskutiert man nicht!" sagte Talavera streng.
Ferdinand zuckte die Schultern.
„Warum? Auch er hat ein Recht, gehört zu werden. Also – ich akzeptiere deinen Vorschlag und du gehst zurück in dein Dorf."
„Was – wie?" fragte Isabella laut und ihre Stimme klang schrill. „Ihr wollt diesen Mörder und Hochverräter einfach freilassen? Das kann doch nur ein Scherz sein!"
„Er müßte in ein Narrenhaus gesteckt werden", schlug Talavera vor.

Der Fall weitete sich aus, Juristen und Berufsrichter wurden befragt, und es stellte sich heraus, daß das Volk von Barcelona eine öffentliche Hinrichtung erwartete. Der *alcalde* meinte: „Niemand hier hat das geringste Verständnis für Eure Milde, Majestät. Ob verrückt oder nicht – wer seinen König ermorden will, muß büßen."
In dieselbe Kerbe hieb Isabella.
„Muß ich dich an den Römerbrief des Apostels Paulus erinnern? 'Jedermann sei untertan der Obrigkeit, die Gewalt über ihn hat. Denn es ist keine Obrigkeit ohne von Gott; wo aber Obrigkeit ist, so hat Gott sie verordnet. Wer sich ihr widersetzt, der widerstrebt Gottes Ordnung, die aber widerstreben, werden über sich ein Urteil empfangen.' So steht es in der Schrift, und so müssen wir handeln. Es ist Gottes Wille und Gebot, Ferdinand, daß ein Königsmörder gerichtet wird."
„Ich lebe aber noch..."
„Der Wille gilt genauso wie die Tat."
So fuhr man den alten Bauern auf einem Henkerskarren durch die Stadt zum Richtplatz. Das Volk johlte, bewarf den Delinquenten mit Steinen, Eiern, Tomaten und Roßäpfeln und lachte laut, als der Henker ihm mit einer glühenden Zange Stücke aus der Brust riß. Auf dem Holzgerüst stach ihm der Büttel beide Augen aus und hackte ihm die rechte Hand ab als Symbol dafür, daß er den König mit Mordlust angeblickt und das Schwert gegen ihn erhoben hatte. Danach wurde er lebendig geviertelt und auf einem Holzstoß verbrannt.
König Ferdinand war nicht auf dem Richtplatz erschienen. Es ärgerte ihn, daß Isabella sich wieder einmal durchgesetzt hatte, außerdem mochte er brüllende Volksmassen nicht. So beurlaubte er sich für eine Woche unter dem Vorwand, die Stadt Gerona habe um seine Anwesenheit bei einem dringenden Rechtsfall gebeten. Das stimmte zwar, aber in dem einen Tagesritt entfernten Figueras erwartete ihn seine hübsche katalanische Geliebte. Ihr und nicht der Gerichtsverhandlung widmete er den größten Teil seiner freien Tage. Nach einer Woche traf in Barcelona die Nachricht ein, seine Rückkehr werde sich leider verzögern. Zwei Tage nach dem Fest Mariae Reinigung kam er zurück, zeigte sich sehr aufgeräumt und liebevoll. Isabella wußte, daß er wieder einmal Erholung von ihr, vom Hof, von seinen Pflichten gesucht hatte. Im kommenden Oktober würden sie ihren vierundzwanzigsten Hochzeitstag feiern, und längst kannte sie die Eigenheiten ihres Gemahls. Hier in Aragon fühlte sie sich ohne Ferdinand einsam und fremd – es war sein Land, und

für die selbstbewußten und eigensinnigen Einwohner dieser katalonischen Hafenstadt war sie nur ein Anhängsel ihres angestammten Herrn, auch wenn einer ihrer angeheirateten Titel 'Gräfin von Barcelona' lautete.

Da sie es nicht gewöhnt war, untätig zu sein, kramte sie ihre Briefschaften durch, auf der Suche nach Unerledigtem. Dabei fiel ihr das Schreiben Cristobal Colons in die Hände, das er vor seiner Abreise an sie und Ferdinand gerichtet hatte. Sie überflog es und lächelte anerkennend. Es war ein Kunstgebilde, in das der Genuese geschickt seine Rechte und Absichten einfließen ließ, wobei es so aussah, als hätten ihm die Könige von sich aus den Auftrag erteilt, auf dem Wasserweg nach Indien zu reisen. Und wie er geschickt die wahren Motive verschwieg und die Religion vornanstellte.

...aufgrund der Berichte, die ich Euren Hoheiten über die Länder Indiens und über einen Fürsten, genannt der 'Große Khan' – was in unserer Sprache bedeutet: 'König der Könige' – geben konnte, und im Hinblick auf die Nachricht, daß dieser selbst und seine Vorgänger oftmals Boten nach Rom entsendet hatten, um gelehrte Doctores zu bitten, sie in unserem Heiligen Glauben zu unterweisen. Doch hat der Heilige Vater ihnen niemals Gehör geschenkt, weshalb so viele Seelen verlorengingen, dem Götzendienst verfielen und verworrenen Sekten beitraten. Deshalb erwogen Eure Hoheiten als Freunde und Vertreter des katholischen Glaubens und als Feinde der Sekte Mohammeds ernstlich den Gedanken, mich, Cristobal Colon, nach den vorgenannten Gegenden Indiens zu senden, um jene Fürsten, Völker und Orte aufzusuchen und die Möglichkeit zu prüfen, wie man sie zu unserem heiligen Glauben bekehren könnte.

Kein Wort von Gewürzen, von Gold, von Handel und Eroberungen, als hätte Don Cristobal das Schreiben für den strengen Torquemada verfaßt. Aber auch ihr gefiel es so, auch sie scheute davor zurück, offiziell Religion mit Geld und Gewinn zu vermengen; da durfte nichts festgeschrieben werden, das mußte so *de paso* gehen, so nebenher. Zuerst kamen Gott und seine Heiligen, die Religion, die Kirche – dann alles andere.

Was sie Gott geschworen hatte, war nun erfüllt, nun konnte sie guten Gewissens ihren Blick über Spanien hinausgehen lassen und auf entferntere Ziele richten. Da gab es zunächst zwei. Eines war hier in Don Cristobals Brief genannt.

Am 3. August dieses Jahres, an einem Freitag, verließ ich diesen Hafen, wohlversehen mit Lebensmitteln und Mannschaften, eine halbe Stunde vor Sonnenaufgang, und nahm Kurs auf die Kanarischen Inseln, die zum Besitz Eurer Hoheiten gehören und im genannten Ozean liegen. Von hier aus wollte ich meine Fahrt antreten und so weit vordringen, bis ich nach Indien gelangte...

Und das andere Ziel? König Karl von Frankreich rüstete zum Krieg gegen Italien. Ferdinand war König von Sizilien und hätte gerne Neapel dazugehabt – und genau dasselbe strebte auch Karl VIII. an. Isabella unterstützte Ferdinand in seinen Bemühungen, aber sie tat es nicht mit dem Herzen, sondern aus Pflichtbewußtsein. Er hatte ihr geholfen, Granada zu erobern, und sie würde ihm bei dem italienischen Feldzug beistehen. Wer aber würde die spanische Expeditionsarmee führen? Ferdinand? Aus monarchischem Pflichtbewußtsein hätte er es getan, wußte aber auch, daß ihm das Kriegführen nicht besonders lag. Wer aber dann?
„Ich kenne nur einen Mann, dem ich ganz vertraue und der immer in unserem Sinne handeln wird, auch wenn Karl von Frankreich ihm goldene Berge verspricht."
Ferdinand strich nachdenklich über die dicke wulstige Narbe an Hals und Nacken.
„Wer also?"
„Gonzalo de Cordoba! Kennst du einen besseren?"
Ferdinand war es so unrecht nicht, daß er in Spanien bleiben konnte. Er war ein wenig träge, ein wenig dick, ein wenig müde geworden.
Als dies besprochen und abgemacht war, beschlossen die spanischen Könige, in Barcelona zu bleiben, um hier die Nachricht von Columbus' Rückkehr abzuwarten.

In diesen Tagen erschien der Kardinalerzbischof von Toledo, Pedro de Mendoza, eines Morgens, als Ferdinand und Isabella das Frühstück einnahmen. Er allein durfte sie bei dieser von allen geachteten Stunde der intimen Zweisamkeit stören.
„Komme ich zu früh?" fragte er mit zerknirschtem Gesicht.
Ferdinand runzelte unwillig die Stirn, doch Isabella sagte schnell: „Nein, mein Freund, wir sind gerade fertig geworden. Etwas Wichtiges?"
„Wichtig auch, vor allem dringend, weil morgen früh ein Schiff nach Italien abgeht, und da könnten wir die Antwort gleich..."

„Also?" unterbrach ihn der König mit Ungeduld.
„Ein Schreiben meines Freundes Borgia – oh, verzeiht, Seiner Heiligkeit, des Papstes. Wir sollen seinen Neffen Cesare als Erzbischof von Valencia bestätigen."
Ferdinand schmunzelte.
„Wie alt ist denn dieser Neffe?"
„Fast achtzehn, glaube ich!"
„Und da soll ich – da sollen wir..." Es klang empört.
„Alfonso...", sagte Isabella nur.
„Was soll mit ihm sein?"
„Ihr habt damals Euren sechsjährigen Sproß zum Erzbischof von Zaragoza machen lassen, während Cesare Borgia immerhin schon siebzehn ist."
Der Name dieses vorehelichen Sohnes fiel nicht oft in Isabellas Gegenwart, aber nun hatte sie selbst von ihm gesprochen. Ferdinands Trotz erwachte.
„Jedenfalls hat er mir nie Schande gemacht! Ist dieser Cesare nicht schon Bischof von Pamplona? Genügt das nicht für einen Papstbankert?"
Isabella lächelte still.
„Ihm vielleicht schon, aber nicht seinem Vater."
Mendoza räusperte sich.
„Darf ich daran erinnern, daß Cesare im nächsten Jahr zum Kardinal ernannt wird."
„Auch das noch! Nun gut, ich sehe ein, daß zu einem Kardinal besser ein Erzbistum paßt. Also schreibt Seiner Heiligkeit, wir seien einverstanden."
Mendoza entfernte sich mit einer tiefen Verbeugung. Er konnte den Papst gut verstehen, denn hatte nicht auch er sein hohes Amt genutzt, um seinen drei Söhnen Ämter und Pfründen zu verschaffen? So ging die Bestätigung mit den Unterschriften der Könige gleich am nächsten Morgen auf den Weg nach Rom.

27

CESARE BORGIA, Erzbischof von Valencia und seit kurzem Kardinal der heiligen römischen Kirche, erlebte nun fast täglich, was es bedeutet, Macht zu besitzen.
Sie kamen und verneigten sich, überreichten Bittbriefe, Anträge, Eingaben, Anschuldigungen und Vorschläge, blickten ihm scheu und demütig, frech und fordernd, treuherzig und verschlagen ins Gesicht – ihm, dem achtzehnjährigen Purpurträger, der in einem Palast mit zahlreichen Bediensteten lebte und dazu noch eine Wohnung im Vatikan besaß. Über ihn versuchten sie das Ohr seines Vaters, des Papstes, zu erreichen, ihm – wie einem Heiligen – galt die Fürbitte derer, die sich vom Papst – wie von Gott – etwas erhofften.
Er war nicht ungnädig, der junge Kardinal, er hatte ein allzeit offenes Ohr für jeden, der zu ihm kam, schlug niemals sofort etwas ab, bat zu warten, zu bedenken, setzte Fristen – versprach wenig oder nichts. Wenn ihm der Sinn nach anderem stand, so zeigte er es nicht.
Der durchaus kritische spanische Gesandte beim Heiligen Stuhl beobachtete lange, beobachtete genau und berichtete dann:

Er besitzt ausgezeichnete Anlagen, ist auch von vornehmem Naturell, er trägt die Art eines großen Fürstensohnes zur Schau, er ist ganz besonders heiter und fröhlich, ganz und gar Festlichkeit. Mit seiner großen Bescheidenheit macht er einen wesentlich besseren Eindruck als sein Bruder Juan, der Herzog von Gandia.

Mit diesen Ansichten stand der Gesandte nicht allein. Er schrieb aber auch: *Cesare Borgia hat wenig Neigung zum geistlichen Stande.*
Cesare verbarg diese Abneigung nicht, auch nicht vor seinem Vater, der ihn immer häufiger zur Annahme der Priesterweihe drängte. Bei einem

Gespräch unter vier Augen schwelgte der Papst in abenteuerlichen Zukunftsvisionen.

„Wenn Gott mich einmal abberuft, wer wird dann meinen Platz einnehmen? Ein Sforza? Ein Orsini, ein Colonna, ein Savelli? Mag sein. Und danach? Wieder ein Colonna, ein Sforza? César, bedenke, in den offiziellen Papieren bist du Vanozza da Rignanos Sohn ihres damaligen Gemahls. Du kannst also Papst werden, kannst das höchste Amt der Christenheit erlangen. Je eher du dich zum Priester weihen läßt, desto besser für dich und unsere Familie."

Doch Cesare widerstand. Seine Abneigung gegen das Priesteramt wuchs mit den Jahren. Er trug das geistliche Gewand nur zu offiziellen Anlässen und kleidete sich sonst wie ein römischer Edelmann. Er liebte die Jagd, gab häufig Feste für seine Freunde, ritt, focht und tanzte mit Leidenschaft, liebte Musik und nächtliche Gelage.

Jofré war noch ein Kind, Juan hielt sich häufig in Spanien auf, er, Cesare war gemeint, wenn man vom jungen Borgia sprach, er war gemeint, wenn es hieß: der Sohn Seiner Heiligkeit.

Nicht immer klang es respektvoll, und einmal, bei einem abendlichen Gelage, fiel das Wort: Bastard der Papsthure Vanozza. Cesare hörte es. Er ohrfeigte den Lästerer und dieser zog den Degen. Sie gingen ins Freie und fochten es aus, Cesare mit kalter sinnlicher Wut, der andere mit verbissener Angst. Wie durch einen roten Schleier sah Cesare das schweißnasse Gesicht des jungen Mannes, trieb ihn erbarmungslos in die Enge, zog ihm einen schweren Schlag quer über das Lästermaul und nützte die Schrecksekunde des anderen, um zuzustechen, hart und genau. Auf dem gelben Wams seines Gegners blühte es rot, der Degen klirrte zu Boden, dann folgte ein dumpfer Fall. Die Sache wurde vertuscht, niemand hatte etwas gesehen. Cesare fühlte keine Reue, er empfand nur eine flüchtige Genugtuung und vergaß bald den Namen des ersten Menschen, den er getötet hatte, vergaß auch sein Gesicht. Doch er erinnerte sich sein Leben lang an das Aufblühen des roten Flecks auf dem gelben Wams seines Gegners und an die köstliche Freude, die seinen ganzen Körper durchrieselte – wie bei der Berührung mit einer nackten Frau –, als der tödlich Getroffene zu Boden sank.

Mit Frauen hatte er es leicht. Cesare war ein vollendeter Kavalier, er hofierte sie alle, verbeugte sich mit spanischer Grandezza, küßte schmale kühle Hände, legte Feuer in seinen Blick, doch selten nur, ganz selten, teilten sie seine Nächte. Damals gehörte sein Herz der jungen Fiam-

metta. Man nannte sie 'die junge', weil ihre Mutter, 'die alte Fiammetta', noch unvergessen war. Einige ihrer Liebhaber waren ihr über viele Jahre – bis jetzt – treu geblieben. Sie genoß große Achtung in Rom, und das Volk verneigte sich vor ihrer Sänfte, als säße eine Herzogin darin. Das Wohlwollen Seiner Heiligkeit, ihres früheren Geliebten, umgab sie wie eine unsichtbare Aura, und Alexander vergaß niemals, daß Fiammettas Tochter ihm die Stimme des alten Patriarchen von Venedig zugeschmeichelt hatte.
Cesare, sein Sohn, lag nun bei der jungen Fiammetta. In ihren Armen fühlte er sich wie Amor, der seine Psyche umfing, in ihren Armen vergaß er, daß er Kardinal und Erzbischof war, und er vergaß es gern.
Niemals aber vergaß Cesare, daß er ein Borgia war. Eine Wand seines Arbeitszimmers bedeckte die große, sorgfältig gezeichnete Karte Italiens mit seinen zahlreichen Fürstentümern. Oft stand er davor und betrachtete sie mit hungrigen Augen, ließ seinen Blick über kleine und große Städte gleiten, und dieser Blick verweilte oft auf den Städten der Romagna – allesamt Kirchenlehen, allesamt von selbstherrlichen Tyrannen beherrscht, die zu vergessen schienen, wem sie ihre Macht eigentlich verdankten.
Forli, Cesena, Rimini, Faenza, Imola, Fano, Pesaro – von irgendwelchen obskuren Familien beherrscht, die sich durch Mord und Unterdrückung zu Stadtherren aufgeschwungen hatten und ihr Lehensverhältnis zum Heiligen Stuhl einfach ignorierten. Diese Sforza, Malatesta, Manfredi und Caetani gebärdeten sich wie absolute Fürsten, saugten das Volk aus, mißtrauten einander und mordeten heftig innerhalb ihrer Familien. Doch sie waren fruchtbar, und immer blieb einer übrig, der sich auf den leergewordenen Thron setzte.
Cesare wurde nicht müde, dies seinem Vater – der es ohnehin wußte – auseinanderzusetzen.
„Solange wir sie gewähren lassen, werden sie weder Tribute entrichten, noch unseren Weisungen gehorchen. Man sollte dieses ganze Gebiet unter eine Herrschaft bringen und in den Städten verläßliche Gouverneure einsetzen."
Alexander nickte lächelnd zu den Worten seines Sohnes.
„Du hast recht, César – wie recht du hast! Was soll ich tun? Sie speisen meine Legaten mit höflichen Worten und schäbigen Geschenken ab, versichern mir ihre Treue, zahlen nichts oder nur wenig und alles bleibt beim alten."

Cesare schlug so hart auf den Tisch, daß die silbernen Konfektschalen klirrten.

„Wir müssen sie zwingen! Gib mit tausend Soldaten, und ich treibe sie aus ihren Löchern wie Ratten." Der Papst legte Cesare beschwichtigend eine Hand auf die Schulter.

„Laß uns Zeit, César. Deine ungestüme Jugend verlangt nach Taten, ich verstehe das und billige es. Doch man soll die Frucht nicht pflücken, ehe sie reif ist. Unreife Früchte verursachen Beschwerden, wir aber wollen klug sein und abwarten."

Damit mußte sich Cesare vorerst begnügen, und so nützte er sein Amt, um Verbindungen zu knüpfen, Geldquellen zu erschließen, seiner Familie zu nützen, wo immer dies möglich war.

Nun stand er da in seinem gefälteten goldgestickten Batisthemd und der enganliegenden schwarzen Seidenhose und mußte sich in einen Kardinal verwandeln, weil die *anticamera* wieder einmal zum Bersten voll war. Der Diener wartete.

„Also los!"

Das Purpurgewand aus schillernder Moiréseide glitt über seinen Kopf, er schlüpfte in die roten Samtschuhe und nahm den breitkrempigen Hut.

„Nein, den setze ich nicht auf – gib mir lieber das Käppchen."

Damit bedeckte er die nur angedeutete Tonsur und blickte in den Spiegel. Wie verkleidet, dachte er, das bin nicht ich, das ist nur eine Theaterrolle, die ich eine Zeitlang spielen muß auf der Bühne des Vatikans.

„Der Sprecher der jüdischen Gilden", flüsterte ihm sein Sekretär zu, und Cesare ärgerte sich, weil er ihm schon hundertmal gesagt hatte, er solle in seiner Gegenwart nicht flüstern.

„Wer? Sprich lauter!"

„Ein Sprecher der Gilden, Eminenz, wegen der Judeneinwanderung."

Damit hätte sich eigentlich ein anderer befassen müssen, aber Seine Heiligkeit neigte mehr und mehr dazu, alles halbwegs Wichtige im Familienverband zu lösen. Der Mann trat ein und verneigte sich tief. Als Jude war er davon befreit, geistlichen Würdenträgern die Hand zu küssen.

„Nun, Signor Marco", eröffnete Cesare das Gespräch, „wie ich höre, wird es etwas eng im Judenviertel. Hält der Zustrom aus Spanien weiterhin an?"

Jakob Marco, der gewählte Gildensprecher der jüdischen Wein-, Spezerei-, Wachs- und Honighändler antwortete: „Zuerst hat er nachgelassen, Eminenz, da die spanischen Majestäten die Ausweisung bis zum

2. August befristet hatten, aber jetzt ist die Achtmonatsfrist in Portugal abgelaufen, und nun schwillt der Zuzug wieder an. Wo sollen sie auch hin? Die meisten Länder haben ihre Grenzen für Juden geschlossen, nur der türkische Sultan nimmt noch welche auf, aber diese Familien, Eminenz, sind Europäer und wollen nicht..."
Mit einer höflichen Handbewegung gebot Cesare Einhalt.
„Das führt uns zu weit vom Thema weg, Don Giacomo. Seine Heiligkeit ist durchaus der Meinung, daß Rom noch einiges an Zuwanderung verträgt, aber wir wollen kein neues Jerusalem werden, nicht wahr? Steht doch in der Schrift, daß ihr zerstreut werdet in alle Länder – oder irre ich mich?"
Jakob nickte.
„Jawohl, Eminenz, schon Moses spricht davon."
„Nun, auch die Kirche hat Probleme. Wir werden – das heißt, Seine Heiligkeit ist dabei, ein großes Heer auszurüsten, um verlorene Kirchenlehen zurückzugewinnen... Warum erzähle ich Euch das überhaupt? Also kurz und gut, die Kirche braucht Geld, viel Geld. Arme Juden bringen uns keinen Nutzen, also werden wir die Gebühren für eine Ansiedlung in Rom verdreifachen. Wer sie zahlen kann, ist willkommen, wer nicht, muß sich anderswo umsehen."
Jakob verschluckte eine ironische Antwort und sagte: „Jawohl, Eminenz. In Trastevere ist übrigens noch genügend Platz, wenn wir das Brachland urbanisieren."
„Tut das, mein Freund, tut das! Der Heilige Vater gibt Euch dazu seinen Segen – äh, aber das gilt ja nicht für euch Juden. Oder doch?"
„Es gibt nur einen Gott, Eminenz."
„Eine gute Antwort, Don Giacomo, kein Wunder, daß sie gerade Euch zum Sprecher gewählt haben. Ihr seid Weinhändler?"
„Jawohl, Eminenz."
„Nun, so ordere ich bei Euch eine Probelieferung. Schickt mir einige Fäßchen Eurer besten Weine. Wenn sie mir zusagen, bestelle ich nach."
„Mit dem größten Vergnügen, Eminenz."
Jakob mußte an den Stierkampf denken, als Cesare Borgia wie ein schwarzer Blitz in die Arena fuhr und den *toro* mit bloßen Händen erwürgte. Jetzt stand er vor ihm, angetan mit dem schimmernden Purpurgewand, doch der kluge Jakob spürte das Unbehagen des jungen Mannes.

„Darf ich offen sprechen, Eminenz?"
„Nun?"
„Ich glaube, ein Feldherrengewand würde besser zu Euch passen, als der Kardinalspurpur, aber das ist meine ganz persönliche Meinung."
Cesare blickte erstaunt auf diesen frechen Juden. Wie konnte dieses Nichts es wagen – und doch war er geschmeichelt, denn der Mann hatte seine geheimsten Wünsche ausgesprochen.
„Ihr seid ein kecker Bursche, Don Giacomo, aber ich will gestehen, daß Ihr der Wahrheit sehr nahe gekommen seid." Er stand auf. „Man muß warten können – ob Jude, Christ oder Muslim, ob jung oder alt: Wer die Geduld des Wartens nicht beherrscht, dem kann es geschehen, daß er zu früh kommt oder zu spät, und beides ist von Übel."
„Weise Worte, Eminenz."
„Geht mit Gott, Don Giacomo! Ich glaube, wir haben uns nicht zum letzten Mal gesehen."

Papst Alexander zeigte sich zufrieden.
„Mir ist jeder Converso recht, ganz gleich, woher er kommt. Eine Armee braucht Geld, viel Geld, und meine Vorgänger haben unsere Truppen sträflich vernachlässigt."
„Dieser Fehler läßt sich korrigieren."
Alexander blickte seinen Erstgeborenen mit furchtsamer Zärtlichkeit an. Mit Juan war kein Staat zu machen, und Jofré war noch viel zu jung. Mit César ließ sich über alles reden, er hatte einen scharfen Verstand, Urteilskraft und blickte weit in die Zukunft.
„Etwas ganz anderes. Wir werden die spanischen Majestäten irgendwie auszeichnen müssen, sie haben schon so viel für uns getan."
„Woran denkt Ihr, Heiliger Vater?"
„Ferdinand und Isabella haben Granada dem Christentum zurückgegeben, haben die Juden vertrieben, rotten die Ketzer aus..." Ein zynisches Lächeln umspielte Alexanders dicklippigen Genießermund. „Ja, diese Herrschaften gebärden sich christlicher als der Papst. Ich werde ihnen den Titel 'die Katholischen Könige' verleihen. Was meinst du?"
Los reyes catolicos – klingt nicht schlecht, Heiliger Vater."
Der Papst lachte.
„Und die Hauptsache: Es kostet nichts!"
Um die leeren Kirchenkassen aufzufüllen, setzte Alexander den schon vorher betriebenen Ämterhandel verstärkt und erweitert fort. Jeder

ernsthafte Interessent bekam eine Aufstellung der verkäuflichen Ämter und Titel mit den jeweiligen Preisen: Ein eigenes Verzeichnis galt den Sündenablässen, die in rund fünfhundert Abstufungen von der einfachen Lüge über Geschwister- und Elternmord bis zur Häresie reichten.
Rodrigo Borgia hatte zwar mit der Erhebung auf den Stuhl Petri seinen Namen geändert und den Gipfel an Macht und Ansehen erreicht, doch seine Gewohnheiten legte er nicht ab. Johannes Burcardus, sein Zeremonienmeister, hatte ihm diskret zu verstehen gegeben, daß Ausflüge in weltlicher Kleidung zu irgendwelchen Kurtisanen für einen Papst nicht denkbar seien. Es mußte also eine andere Lösung gefunden werden. Eine feste Geliebte, die regelmäßig in den Vatikan kam, hätte nur Anlaß zu allerlei Gerede gegeben, und so wurden ihm Woche um Woche namenlose junge Mädchen zugeführt, die man nachts diskret in sein Schlafzimmer brachte, keine von ihnen wußte, wem sie beilag, es hatte nur geheißen, 'ein hoher, sehr spendabler Herr'. Mit zwanzig Dukaten schickte man sie vor Sonnenaufgang wieder hinaus, und so manche gab dieses unglaubliche Ereignis an ihre beste Freundin weiter. So sorgte Mundpropaganda für ständigen Nachwuchs, denn zwanzig Dukaten waren für ein armes Mädchen eine hohe Mitgift, so daß der päpstliche Hurenlohn viele Ehen stiftete.
Natürlich wußte bald ganz Rom davon, doch tat es Alexanders Beliebtheit beim Volk keinen Abbruch. So mancher sechzigjährige Ehemann wurde von seiner Gattin vorwurfsvoll gefragt, warum ihm nur einmal im Monat gelänge, was der Papst offenbar Woche für Woche tue, und nicht selten antwortete der Gatte mit dem Hinweis, daß es beim Heiligen Vater jedesmal eine andere sei – Woche um Woche.
Für die meisten Kardinäle aber gab es ein böses Erwachen. Sie hatten nicht nur einen fröhlichen, aber sonst harmlosen Lebemann zum Papst erkoren, sondern auch einen umsichtigen Familienvater, der alles daransetzte, die Macht seiner Sippe zu erweitern. Mit Cesare hatte eine Reihe Verwandter den Kardinalshut erhalten, und es war deutlich zu erkennen, daß dieser Papst dabei war, sich eine Hausmacht zu schaffen. Die jetzt fast vierzehnjährige Tochter Lucrezia war in diesem Schachspiel der Macht die einzig verfügbare Dame. Schon zweimal war sie verlobt gewesen, doch nun, da sich der Papa in einen Heiligen Vater verwandelt hatte, mußte ein gewichtigerer Bräutigam gefunden werden.
Alexander war kein Innozenz, das sah man bald. Bei ihm gab es kein Zaudern, kein furchtsames Zurückschrecken, kein Sichverstecken hinter

anderen, und was die spanische Inquisition betraf, so stellte er sich jeder neuen Forderung gegenüber taub und wartete erst einmal ab. Alle hatten sie diesen Papst unterschätzt. Zwar konnte ihm niemand den Vorwurf machen, er sei ein schlechter Verwalter der Kirche, und an seinen lockeren Sitten stießen sich nur die Frömmler.
Die Häupter der großen Familien beunruhigte etwas anderes. Der Borgiapapst begann Fäden zu spinnen, von denen die Hellsichtigsten bereits ahnten, daß sie sich in Würgestricke verwandeln könnten.

Im Juni hielt Giovanni Sforza, Fürst von Pesaro, prunkvollen Einzug in Rom. Von der Loggia ihres neben dem Eingang zum Vatikan gelegenen Palastes blickte Lucrezia im Kreis ihrer Hofdamen hinab auf Giovanni, der in edler Haltung zu Pferde saß und sich tief vor ihr verneigte. Lang wallten die dunkelblonden Haare auf sein blaues silbergesticktes Wams, sein gutmütiges, bärtiges Gesicht strahlte vor Zufriedenheit. So sehr er sich anfangs gegen diese Verbindung gesträubt hatte, so froh war er jetzt, dieses wunderhübsche Mädchen mit den goldenen Locken sein eigen nennen zu dürfen. Seine Ohren verschlossen sich vor dem neidischbösen Geschwätz, das ihm gelegentlich zugetragen wurde.
Lockere Sitten warf man ihr vor, launisch, eitel und putzsüchtig sollte sie sein. War sie nicht schon zweimal verlobt gewesen? Ihn, Giovanni Sforza, störte es nicht. War sie nicht auch die Tochter des allseits beliebten Papstes? Giovanni sah seine und die Zukunft der Sforza in goldenem Glanz.
Die prunkvolle Vermählung fand im Vatikan statt. Zwölf Kardinäle, zahlreiche Gesandte und die Spitzen des römischen Adels sanken in die Knie, als Papst Alexander das Brautpaar segnete.
Cesare hatte gegen diese Ehe Bedenken erhoben, er hätte einen Sproß der großen römischen Familien vorgezogen. Nun, man würde sehen. Eine Ehe wieder aufzulösen, war für den Papst nicht schwierig.
Auch der spanische Gesandte war zu dieser Festlichkeit geladen und verfaßte gleich am nächsten Tag – obwohl ihm der Kopf vom vielen Wein brummte – einen ausführlichen Bericht für Kardinal Mendoza. Da hieß es unter anderem:

Es scheint, daß Rodrigo Borgia nach seiner Wahl zum Papst in eine Richtung tendiert, die weder uns noch den Römern besonders gefallen mag. Das zeigte sich auch in dieser Hochzeit, die mit unvorstellbarer

*Pracht im Vatikan gefeiert wurde. Dahinter steckt offenbar das Ziel, alles, was den Namen Borgia trägt, zu erhöhen. Andere Kardinäle lassen die Früchte ihrer sündigen Beziehungen – wenn es sich um Töchter handelt – in entfernten Klöstern verschwinden, während Borgia sie aller Welt stolz vorführt und dazu noch die Räume des Vatikans für eine weltliche Feier mißbraucht. So jedenfalls sieht es ein Teil der Kardinäle, während ein anderer den Papst und seine Brut umschwärmt, an ihrer Spitze Ascanio Sforza, dessen Neffe ja gestern der Bräutigam war. Das Fest dauerte bis in die vierte Stunde nach Mitternacht; es wurde getrunken, getanzt und gelacht, daß man es auf den Petersplatz hinaus hörte. Donna Lucrezia wurde mit Geschenken überhäuft, darunter ein goldenes Trinkgeschirr des Kardinals Sforza, dazu Juwelen, Brokate, Seidenstoffe und vieles andere im Gesamtwert von vielen tausend Dukaten.
Sollte die künftige Herrschaft des Borgia-Papstes weiterhin nur darin bestehen, sich und seine Sippe zu feiern, so wäre es vielleicht angebracht, wenn die spanischen Majestäten ihn gelegentlich diskret daran erinnern würden, daß er ein Spanier ist und wieviel er ihnen zu verdanken hat. Wie Ihr aus dem beiliegenden Dokument ersehen könnt, hat Papst Alexander damit schon ein erstes Zeichen seiner Verbundenheit mit unseren Königen gezeigt. Die wichtigsten europäischen Monarchen hat das päpstliche Sekretariat inzwischen in geziemender Form unterrichtet.*

Ferdinand zeigte sich wenig beeindruckt, als Kardinal Mendoza ihm die mit einem Goldsiegel versehene päpstliche Bulle überreichte. Doch Isabellas Augen leuchteten. *Reina catolica!* Die einzige auf der Welt, die sich so nennen durfte! Katholische Königin! Das hob Spanien weit heraus aus den anderen Nationen, das zeigte, wo Religion und Gottes Wort am ernstesten genommen, am strengsten ausgelegt wurden.
In den Wochen danach mußten es die Priester von den Kanzeln verkünden:

Seine Heiligkeit, Papst Alexander VI., hat sich gnädig bewogen gefunden, Ferdinand und Isabella, König und Königin von Kastilien, Aragon, etc. mit dem Ehrentitel 'Katholisch' auszuzeichnen, der nun in sämtlichen Aufrufen, Appellationen, Verfügungen, Edikten und in allem, was an die Könige geht oder von ihnen kommt, ihrem Namen angefügt werden soll.

Die Granden von Spanien, die hohen Geistlichen, die Stadtverordneten aus allen Landesteilen, die Sprecher der Zünfte und Gilden, Vertreter der Klöster und Stifte und was sonst Rang und Namen in den vereinigten Königreichen besaß, pilgerten nach Barcelona, um dort den *reyes catolicos* zu huldigen und sie zu beglückwünschen.

Nur Tomas de Torquemada erschien nicht. Ferdinand legte keinen Wert darauf, und Isabella war zu stolz, um bei ihm anzufragen.

Der Großinquisitor aber wartete ab, bis sich die Gratulanten verlaufen hatten, wartete zwei, drei, vier Wochen und kam dann in der fünften. Sie empfing ihn allein in ihrer Hauskapelle. Torquemada – jetzt dreiundsiebzig – hatte sich kaum verändert; er war einer jener Menschen, die schon alt zur Welt kamen. Seine schlanke aufrechte Gestalt schien ihr etwas gebeugt, in den dunklen tiefliegenden Augen loderte ein fanatisches Feuer, das den Ketzer schon in Flammen hüllte, noch ehe der Henker es tat. Wie so oft eröffnete er das Gespräch mit bitteren Vorwürfen. „Rom ist einfach nicht imstande, nicht willens und nicht fähig, die Bedeutung meiner Arbeit hier zu erkennen. Wäre es anders, so hätte der Papst Euch nicht diesen anmaßenden und unstimmigen Titel verliehen."

Der Kampf war eröffnet und Isabella wieder einmal in der Lage des kleinen Mädchens, das sich gegen einen zornigen Vater verteidigen muß, und gehorsam nahm sie das alte Spiel wieder auf.

„Das müßt Ihr mir näher erklären, Padre. Was hat Eure Tätigkeit mit unserer päpstlichen Auszeichnung zu tun?"

Torquemada umfaßte das Holzkreuz auf seiner Brust und knetete es so stark, als wolle er dem Gekreuzigten neue Schmerzen zufügen.

„Ihr wart so freundlich, mir eine Abschrift der Bulle zu senden. Habt Ihr vergessen, womit Seine Heiligkeit die Verleihung begründet? Mit der Eroberung Granadas und der Judenaustreibung. Wer aber öffnet weit die Arme und lädt diese unseligen Gottesmörder ein, sich in Rom niederzulassen? Derselbe Papst! Das ist Blasphemie! Alexander handelt, als gäbe es keinen Gott!"

Wie immer blieb Isabella bei Torquemadas Ausbrüchen leise und geduldig.

„Verzeiht Padre, dabei habt Ihr eines übersehen. Ihr seid nur Priester, ich bin nur Fürstin – der Papst aber ist beides: Bischof von Rom und Fürst des Kirchenstaates. Als solcher handelt er, wenn er eine Anzahl von Juden nach Rom holt, um die verödete Stadt neu zu beleben. Im übrigen hat das Tradition, in Rom leben seit der Antike Juden."

„War es in Spanien anders? Und dennoch habt Ihr sie ausgewiesen."
„Ich bin für Kastilien verantwortlich und nicht für den Kirchenstaat. Wenn Alexander sie aufnimmt, muß er es vor Gott verantworten."
Darauf gab es nichts mehr zu entgegnen, und so suchte der Großinquisitor ein neues Schlachtfeld.
„Isabella die Katholische – so lautet Euer neuer Titel. Ist denn Spanien tatsächlich ganz und gar katholisch, von allem Irrglauben gereinigt? Nein! Nein, meine Tochter, du und dein Gemahl, ihr tragt diesen Titel zu Unrecht, solange es in Andalusien noch von Muslimen wimmelt."
Sein Eifer riß ihn hin, die Augen glühten, das hagere Gesicht hatte sich leicht gerötet. Er gab ihr keine Gelegenheit, etwas zu sagen, zog einen Zettel aus der Tasche und redete sofort weiter.
„Da! Ich habe mir die Zahlen kürzlich zusammenstellen lassen. In Kastilien werden die *mudejares* auf fünfundzwanzigtausend geschätzt, in Aragon auf achtzigtausend, das sind etwa zehn Prozent der Gesamtbevölkerung. Jeder zehnte Bürger in Aragon ist ein Heide! Wie gefällt Euch das? Wißt Ihr, daß es in Toledo neben unserer Domkirche noch eine Moschee gibt? Nun erst in Granada, dem früheren Emirat! Zweihunderttausend Muslime gibt es dort, wobei es in diesem Fall kein Wunder ist, herrschte doch vor einem Jahr dort noch ein Sultan. Aber wie lange wollt Ihr sie mitten im christlichen Spanien dulden, Donna Isabella? Wie lange noch soll der Muezzin seine schandbare Aufforderung über die heilige spanische Erde brüllen dürfen: Es gibt nur einen Gott, und Mohammed ist sein einziger Prophet! Wie lange noch, katholische Isabella? Wie lange noch?"
Torquemada war immer lauter geworden, und sein letztes 'Wie lange noch?' stieß er aus wie einen Fanfarenton. Von seinen schmalen farblosen Lippen floß der Speichel, seine Augen loderten wie Höllenfeuer, seine Klauenfinger mißhandelten das Holzkreuz, daß es leise knirschte.
„Mäßigt Euch, Padre", sagte Isabella ruhig, doch ihre Stimme zitterte leicht, und man konnte sehen, welche Anstrengung es sie kostete.
Torquemada sah es nicht, die enge Welt eines gnadenlosen Fanatismus hielt ihn mit stählernen Fesseln gefangen.
„Es gibt kein Maß, wenn es Gott und Seine Heilige Kirche betrifft. Gott ist maßlos. Donna Isabella, er ist maßlos, gnadenlos und rachsüchtig, wenn es um die Wahrheit – um Seine Wahrheit geht." Er schwieg, die Finger lösten sich vom Kreuz, er senkte den Blick und sprach mit leiser, fast demütiger Stimme weiter. „Ich mache Euch keine Vorwürfe, meine

Tochter, ich liebe und verehrte Euch, aber Ihr müßt mir erlauben, falsch zu nennen, was ich für falsch halte. Für falsch halte ich zum Beispiel, daß Ihr Padre Talavera zum Erzbischof von Granada ernannt habt. Seine Priester halten arabische Predigten und bestärken die Muslime eher in ihrem Glauben; denn nach ihrem Verständnis ist ein Christ schon halb zum Islam bekehrt, wenn er die Sprache des sogenannten Propheten spricht. Wie ich höre, liest dieser Narr in Christo schon Teile der heiligen Messe auf arabisch. Und wer sich dennoch bekehren läßt, den hätschelt er wie einen verlorenen Sohn. Weiterhin gibt es dort nach wie vor die *elches*, das sind zum Islam übergetretene Christen – ein unhaltbarer gotteslästerlicher Zustand! Wann darf über der Alhambra endlich das Banner der Inquisition wehen? Es ist Zeit dafür, höchste Zeit!"
Isabella blieb geduldig.
„Wir sind durch Verträge gebunden, Padre, Verträge, die eine kampflose Übergabe Granadas erst ermöglicht haben, und wir werden diese Verträge halten. Muslime und konvertierte Christen bleiben unbehelligt, die Inquisition wird bis auf weiteres nicht zugelassen, die Moscheen bleiben bestehen. Das ist eine politische Frage, Padre, die mit Gewalt und fanatischem Eifer nicht zu lösen ist."
„Aber..."
Sie hob gebieterisch ihre Hand.
„Und wir werden es vor Gott verantworten, Hochwürden. Wir als Souveräne von Kastilien und Aragon haben das zu entscheiden und müssen Uns vor niemandem rechtfertigen. Wir glauben, es ist besser, Ihr zieht Euch jetzt zurück, Padre."
Nun hatte sie als Monarchin gesprochen, als Fürstin zum Untertan, und er schuldete ihr Gehorsam, wie es in der Heiligen Schrift geschrieben stand. So hob er seine dürre Hand zum Segen, und sie kniete nieder als gehorsame Tochter der heiligen, alleinseligmachenden katholischen Kirche.

28

DREI TAGE VOR DER ABFAHRT inspizierte Columbus ein letztes Mal die Schiffe. Daß ihm dabei nicht das kleinste Detail entging, erregte den widerwilligen Respekt der Brüder Pinzon, die ihn – zusammen mit den Schiffseignern – dabei begleiteten. Die Bewaffnung hatte er auf ein Minimum reduziert, denn: „Auf dem Atlantik wird es wohl kaum Piraten geben, und mit den Indern werden wir uns friedlich verständigen."
Auf der 'Santa Maria' gab es drei Bombarden und sechs Falkonetten, das waren leichte kleinkalibrige Geschütze, von denen auch die beiden anderen Schiffe einige mit sich führten. Die Bombarden auf dem Admiralsschiff mußten sehr fest mit den Planken verschraubt sein, denn diese Schiffskanonen hatten einen gewaltigen Rückstoß, wie Columbus aus eigenem Erleben wußte. Er beugte sich nieder, schüttelte den Kopf und winkte Juan de la Cosa herbei.
„Seht Euch das hier an!« Er klopfte mit dem Knöchel auf die dicke eiserne Schraube, die verrostet und locker in ihrer Halterung saß. „Wer diese Kanone abfeuern muß, tut mir jetzt schon leid, denn er wird es kaum überleben."
„Die Dinger wurden nie gebraucht...", entschuldigte sich de la Cosa und grinste verstohlen. Er konnte es noch immer nicht glauben, daß sein braves Handelsschiff nun auf einmal Teil einer Expedition sein sollte, die ins Ungewisse aufbrach, dabei den Erdball umkreisend...
„Das finde ich gar nicht lächerlich!" wies Columbus ihn zurecht, doch de la Cosa beteuerte: „Nein, nein, Don Cristobal, ich war nur in Gedanken und habe über mich selbst gelacht. Es ist alles so schnell gekommen! Vor ein paar Wochen habe ich noch gedacht, in zehn Tagen bist du zu Hause, und jetzt... Auf jeden Fall werdet Ihr in meinen Basken eine tüchtige Mannschaft haben, Don Cristobal."

Columbus nickte, doch Martin Pinzon fuhr gleich dazwischen.
„Bald wird sich weisen, ob sie besser ist als die unsere! Hier ist man schon zur See gefahren, da wußten die Basken noch nicht einmal, daß es Schiffe gibt!"
Juan de la Cosa trat nahe an Pinzon heran.
„Wollt Ihr mich beleidigen, Señor?"
Columbus trat dazwischen.
„Meine Herren – es gibt Wichtigeres! Morgen früh treffen wir uns alle in der Kirche zur letzten Messe an Land. Des weiteren ordne ich an, daß Kapitäne und Mannschaften sich danach auf die Schiffe begeben und bis spätestens eine Stunde vor Mitternacht dort versammelt sind. Noch Fragen?"
„Warum wollt Ihr gerade an einem Freitag die Anker lichten? Das gilt bei den Seefahrern als schlechtes Omen."
„Ich glaube nicht an Omen, Señor Pinzon. Unser Schicksal ist in Gottes Hand, gleich welchen Wochentag wir zur Abfahrt wählen. Wir haben den 3. August festgesetzt, und dabei soll es bleiben."
Was Columbus nicht erwähnte, war eine mündliche Botschaft von Luis de Santangel, die der hebräische Dolmetscher überbracht hatte: „Fragt mich nicht nach dem Sinn meiner Botschaft, Don Cristobal. Sie lautet nur, Ihr sollt bis spätestens eine Stunde vor Mitternacht am Vortag der Abreise Eure Mannschaft auf den Schiffen haben."
Columbus schüttelte den Kopf.
„Dafür muß es doch einen triftigen Grund geben, nicht wahr? Fürchtet er vielleicht, daß sich ein paar Juden als blinde Passagiere auf die Schiffe stehlen? Dafür wäre es ohnehin zu spät, weil die Frist am 31. Juli abläuft."
Der Dolmetscher Luis de Torres sah ihn seltsam an.
„Ah – Ihr wißt es also noch nicht? Die Königin hat den Termin um zwei Tage verlängert – also bis zum 2. August um Mitternacht."
„Das hieße ja dann, daß ich..."
„Ja, Don Cristobal, Eure Mannschaft soll eine Stunde früher zur Stelle sein."
Columbus lachte unsicher.
„Als wären es lauter Juden..."
De Torres hob beide Hände.
„Don Luis wird wissen, was er tut."
Doch darüber machte sich Columbus keine Gedanken, als er am Morgen

des 2. August aus einer Kette wirrer Träume aufschreckte. Die bunten Traumbilder wirbelten noch wie Fetzen in seinem Kopf herum, er konnte sie nicht ordnen und hatte zugleich das seltsame Gefühl, nicht wirklich wach zu sein, sondern in den nächsten Traum zu gleiten, einen Tagtraum, der ihn aufstehen sah, hinaus zum Brunnen führte, sich ankleiden, frühstücken und zuletzt ins Zimmer des Priors gehen ließ. Pater Perez lächelte herzlich und streckte ihm die Hand hin.
„Gott schütze und geleite Euch, mein Freund. Was so lange währte, wird ein gutes Ende finden, dessen bin ich gewiß. Im übrigen werden wir Euch täglich in unser Gebet einschließen und unserer Señora de los Milagros jede Woche eine zweipfündige Kerze stiften. Unter ihrem Schutz kann Euch nichts geschehen."
Columbus hörte diese Worte, doch er nahm sie nicht wahr. Der Traum ging weiter, ließ ihn seinen Sohn Diego umarmen, der mit einer in Mutation befindlichen, halb rauhen, halb quiekenden Stimme ungeschickte Abschiedsworte stammelte, ließ ihn nach Palos reiten, wo vor der Kirche schon die meisten versammelt waren: die Kapitäne Martin und Vicente Pinzon, die Schiffseigner Juan de la Cosa, Francisco Pinzon und Juan Niño, die Steuermänner der drei Schiffe, sein Freund und Quasi-Schwager Diego de Harana, die Schiffsärzte Manuel Bernal und José Marco, der Dolmetscher Luis de Torres und natürlich Don Rodrigo de Escobedo, der königliche Notar. Es waren Traumgestalten, die den kleinen Platz vor der Kirche bevölkerten, lachten, redeten, auf seine Schulter klopften und ihn hoffen ließen, dieser schöne Traum möge niemals enden. Er setzte sich dann auch fort mit einer feierlichen Messe, mit Besuchen bei den Familien der Kapitäne, mit einem letzten Umtrunk an Land im Kreise der engeren Freunde, zu denen José Marco und Diego de Harana zählten, nicht jedoch die Brüder Pinzon. Dann stiegen sie hinab zum Rio Tinto, wo schon die kleinen Boote warteten, die sie zu den Schiffen brachten.
In der schwülen stillen Augustnacht war das leise Klatschen der Ruder weithin zu vernehmen; ein fast feierliches Schweigen herrschte auf den Booten, und wer redete, tat es im Flüsterton.
Vielleicht sind wir alle gestorben, dachte Columbus, und dies sind die Totenschiffe, die uns über den Styx zum jenseitigen Ufer bringen, zu den elysischen Gefilden... Aber das ist ja heidnisch, schalt er sich, ein Christ fährt zum Himmel auf, tritt vor Gottes Antlitz.
Er tauchte seine Hand ins Wasser und klatschte sich die Nässe ins Gesicht, so heftig, daß es brannte und nicht kühlte. Dann kletterte er als er-

ster die Strickleiter der 'Santa Maria' hinauf, sah im Flackerlicht der Fakkeln den Heckaufbau mit seiner kleinen Kajüte, daneben die *bitacora*, das auf dem Deck fest verankerte Kompaßhäuschen, darunter die große hölzerne Ruderpinne. Er ging mit festen Schritten über das gewölbte Deck, öffnete die Tür, sah das Bett, den Kartentisch, seine nautischen Geräte: Die Seekarte mit Zirkel und Lineal, das Astrolabium aus blitzendem Messing, das er nicht besonders schätzte, weil er es vorzog, mit Kompaß und Karte zu arbeiten. Dazu benötigte er auch die *ampolleta*, das Stundenglas, um – wo war es denn? Er ging hinaus, nahm eine der Fackeln und leuchtete in die Kajüte. Da war sie ja, die kleine Sanduhr, und hier lag auch die Kursablesetafel. Er öffnete die kleine Schublade am Tisch und nickte zufrieden. Genügend Papier, das Bordbuch und – sehr wichtig! – der Magneteisenstein, um die träge gewordene Kompaßnadel neu zu aktivieren. Das Tütchen mit den Ersatznadeln lag auch dabei. Er ging hinaus, schloß die Tür und steckte die Fackel in ihre Halterung. Da standen nun seine Leute und blickten ihn erwartungsvoll an. Schließlich meldete der Schiffseigner: „Herr Admiral – neununddreißig Mann Besatzung und Passagiere vollzählig versammelt!"
„Danke, Don Juan. Teilt die Wache ein und legt Euch zur Ruhe. Morgen früh zur ersten Tagesstunde stechen wir in See – im Namen Gottes und seiner Heiligen!"
Er ging in die Kajüte zurück, setzte sich auf das schmale harte Bett, und da spürte er plötzlich, daß er aus seinem Traum erwacht war. Alles um ihn herum – das nautische Besteck, die Karten und Bücher, das leise Murmeln seiner Leute draußen, das vertraute Ächzen des Schiffes, sein sanftes Schaukeln und der Geruch nach Holz, Pech und Brackwasser – all das war greifbare Realität. Don Cristobal Colon, Admiral des Ozeans, Kapitän auf der 'Santa Maria', war in dieser Stunde zur Wirklichkeit erwacht.
Joseph Marco, sein Freund aus Lissabon und jetzt Schiffsarzt auf der Flotte Ihrer spanischen Majestäten war nahe daran, seinen Entschluß zu bereuen. Er hatte sich an das bequeme sorglose Leben eines Hafenarztes gewöhnt, lebte in einer geräumigen Wohnung mit Diener und Köchin, und wenn er am Sonntag in die Kirche ging, dann grüßten die Leute ihn respektvoll als Don José. Jetzt saß er auf diesem schwankenden, überfüllten Schiff und wußte nicht, wohin mit sich und seinem Gepäck. Die drei winzigen Kabinen am Heck hatten der Admiral, sein Steuermann und der Schiffseigner belegt, da war für den Schiffsarzt kein Platz mehr. Da-

bei hatte er darauf bestanden, auf der 'Santa Maria' zu fahren, um seinem Freund näher zu sein, während Magister Bernal, der zweite Arzt, sich drüben auf der 'Niña' vielleicht sogar in einer eigenen Kabine zur Ruhe legte.
Die drei Karavellen hatten ein nach innen gewölbtes Deck, so daß sich die wenigen ebenen Ruheplätze bei der Hauptladeluke mittschiffs befanden. Diese waren von den erfahrenen Matrosen längst belegt, so daß Joseph wie ein nächtlicher Geist zwischen liegenden Leibern herumstolperte, um einen Ruheplatz zu finden. In seiner Not klopfte er an die Kapitänskajüte. Columbus erschien sofort.
„Cristobal? Ich bin's, Joseph Marco. Ich finde auf diesem Kahn einfach keine Schlafstelle..."
„Komm herein!"
Sie setzten sich aufs Bett.
„Daran habe ich in dem ganzen Trubel nicht gedacht, aber mein Schiffsarzt kann schließlich nicht unter der Mannschaft schlafen. Lege dich heute nacht zu mir auf den Boden, und morgen sehen wir weiter. Noch etwas: Wenn wir vor den Leuten miteinander reden, dann sind wir Don José und Don Cristobal. Wenn wir uns duzen, verlieren wir beide den Respekt, verstehst du?"
Joseph, todmüde, nickte nur. Ihm war alles recht, wenn er jetzt nur endlich schlafen konnte.
Wie war das auf den anderen Schiffen – der 'Niña', der 'Pinta'? Fanden die einundfünfzig Männer dort Schlaf in dieser schwülen Augustnacht, die ein fast voller Mond sanft erleuchtete? Den Neulingen jedenfalls ging es wie Joseph Marco; sie suchten auf dem konkav gewölbten Deck vergeblich einen Ruheplatz, bis erfahrene Matrosen ihnen beistanden und zeigten, wie man aus seinem Gepäck und mit Hilfe von Stricken ein halbwegs ebenes Lager zaubern konnte.
Als der Morgen anbrach, hatten nur die alten Seeleute – sie konnte nichts mehr erschüttern – eine ruhige Nacht verbracht, und so mancher dieser Fahrensleute grinste spöttisch, als er sah, wie die Landratten ihre steifen Rücken rieben und beim Aufstehen in der drangvollen Enge übereinanderpurzelten.
Dann erschallten verschiedene Kommandos und brachten Ordnung in das Chaos der hin- und herlaufenden Männer. Die Segel wurden gesetzt, die Leinen losgemacht, die Anker eingeholt. Am Flußufer war es nicht weniger lebendig geworden: Da drängten sich die Freunde und Ver-

wandten der ausfahrenden Seeleute, riefen, winkten, schwenkten Tücher, Hüte und Stöcke, und wer auf den Schiffen Zeit dazu fand, rief und winkte zurück.
Bei Sonnenaufgang ließ Columbus auf der 'Santa Maria' die Admiralsflagge hissen, doch das grüne Kreuz auf weißem Feld mit den Initialen der Könige wurde nicht sichtbar, da eine fast völlige Flaute herrschte. Trotz ihrer schlaffen Segel setzten sich die Schiffe dennoch in Bewegung, wurden von der trägen Drift des Rio Tinto langsam auf das offene Meer hinausgeführt.
Schon tauchten backbord die hellen Mauern des Klosters La Rabida auf, Columbus kniete vor seiner Kajüte nieder und betete still um gutes Gelingen. Wer nichts zu tun hatte, tat es ihm nach, und sie alle blickten zum Kloster hinüber, wo jetzt die Mönche die Prime beteten und wo die Madonna der Seefahrer ihre Ausfahrt überwachte.
Es dauerte zwei Stunden bis die kleine Flotte den Punkt überschritt, wo Flußwasser und Meeresströmung zusammentrafen. Das Graugrün der Pinien hinter dem hellen Gelb der Sandbänke hatte sie bis hierher begleitet; dieses letzte Zeichen von Land und festem Grund blieb nun zurück, verschwamm zu einem dunklen Streifen, der sich bald im Dunst des schwülen Tages auflöste. Auf offener See frischte der Wind auf, die Segel blähten sich, Columbus befahl den Kurs Süd-Südwest in Richtung auf die Kanaren; erst von dort wollte er auf direkten Westkurs gehen.
Er ging zur *bitácora* und blickte auf den Kompaß. Dabei sah er Joseph Marco wie ein Häuflein Elend auf seinem Gepäck sitzen und unglücklich aufs Meer hinausstarren.
„Médico! Was ist los mit Euch? Bereut Ihr schon Euren Entschluß?" Der an seiner Ruderpinne sitzende Steuermann grinste, sagte aber nichts. Joseph straffte sich.
„Bereuen? Nein, aber an vieles muß ich mich erst gewöhnen, und so manche Frage taucht auf. Wenn sich zum Beispiel einer unserer Leute verletzt, wo soll ich ihn behandeln? Etwa hier in diesem Winkel, wo nicht einmal für mich genug Platz ist?"
Columbus sah es ein. Er ließ den Schiffszimmermann holen und der baute in wenigen Stunden an die *toldilla* einen Verschlag an, mit genügend Platz für ein Bett und eine Truhe. Sogar ein kleines Fenster gab es, das bei rauher See mit festen Läden zu verschließen war.
„Zufrieden?" fragte Columbus.
Joseph lächelte.

„Besser jedenfalls als vorher. Aber wenn nun ein Kranker oder Verletzter..."

„Den legt Ihr auf Euer Bett und müßt Euch solange einen anderen Schlafplatz suchen. Das wird Euren Eifer anspornen, ihn schnell wieder gesund zu machen."

Auch diesmal hatte ihn der Admiral nicht geduzt, obwohl niemand zuhörte. Joseph verstand den Wink, und sie verkehrten von da an nur in der Höflichkeitsform. Die lockeren Zeiten in der Lissaboner Buchhandlung waren endgültig vorbei.

Mit den Tagen zeigte sich, daß die Basken eine kerngesunde, kräftige und geschickte Mannschaft waren, denn keiner verletzte sich oder erkrankte. Anders war es mit den Passagieren. Den dicken fröhlichen Diego de Harana befiel als ersten der *mareo* (Seekrankheit) mit einer solchen Wucht, daß es ihn niederwarf und zu einem hilflosen Bündel aus Übelkeit, ständigem Erbrechen, Schwindel und abgrundtiefer Melancholie machte. Obwohl Joseph nie zur See gefahren war, verschonte ihn das gefürchtete Übel, und er bemühte sich nach Kräften, Diego de Harana und weiteren Seekranken, die im Laufe der ersten Wochen dazukamen, zu helfen.

Natürlich hatte er vorgesorgt, und sein Arztkoffer enthielt alles, was die Medizin in solchen Fällen für hilfreich hielt: *meconium* aus dem Milchsaft des Schlafmohns sowie andere einschläfernde und beruhigende Pflanzendestillate aus Melisse, Baldrian und Hopfen. Als ebenso wichtig erwies sich guter Zuspruch, um den manchmal recht massiv auftretenden Lebensüberdruß zu dämpfen. Rodrigo Sanchez etwa versuchte zweimal, sich ins Meer zu stürzen und konnte später, als er genesen war, diese unchristliche Anwandlung nicht mehr verstehen.

Joseph beruhigte den königlichen Inspektor: „Die Seekrankheit ändert das Wesen des Menschen, als sei ein Dämon in ihn gefahren. Wer in einem solchen Zustand unsinnig handelt, ist nicht dafür verantwortlich zu machen."

Von solchen Fällen, die auch nur anfangs auftraten, abgesehen, gab es für Joseph Marco wenig zu tun. Um seine Tage sinnvoll zu gestalten, schrieb er eine Reihe von Briefen an Adriana de Silva. Er hatte das Mädchen im Laufe der Jahre keineswegs vergessen, doch die verzehrende, blinde und unsinnige Leidenschaft hatte die inzwischen wohl längst verheiratete Traumgeliebte zu einer Art Idealgestalt verklärt, und wenn er ihr nun in Briefen von seiner Reise berichtete, so waren sie nicht dazu gedacht, jemals in die Hände der Adressatin zu gelangen. Die meisten davon waren eher kurze Berichte über die jeweilige Situation, manchmal aber drängte es ihn, alles niederzuschreiben, was um ihn geschah und was ihm durch den Kopf ging. Sein dritter Brief war einer der längsten und ausführlichsten.

Freitag, 14. September 1492.
Wie es scheint, steht über unserer Reise kein guter Stern, denn schon am dritten Tag nach unserer Abfahrt begannen die Probleme. Da nämlich signalisierte die vor uns fahrende 'Pinta', daß es Schwierigkeiten mit dem Ruder gebe, doch einige Stunden später schien die Sache wieder behoben. Am nächsten Tag wieder dieselben Rauchsignale, Steuerruder defekt! Admiral Colon ließ sich übersetzen, und wie er mir später erzählte, hielt er das Ganze für eine Manipulation des Schiffseigners Quintero, der diese Reise gegen seinen Willen hatte unternehmen müssen und nun versuchte, sein Schiff durch eine erzwungene Umkehr zu retten. Da kam er allerdings bei Don Cristobal an den Falschen. Der überwachte die notdürftige Reparatur des Ruders und befahl Kurs auf die Kanaren, wo die 'Pinta' – auch ein kleines Leck war vorhanden – gründlich überholt werden sollte. Ich argwöhnte, daß Kapitän Pinzon mit dem Schiffseigner unter einer Decke steckte, doch Don Cristobal wehrte sofort ab. Er halte Martin Pinzon trotz verschiedener Differenzen für einen Ehrenmann, der zu seinem einmal gefaßten Entschluß stehe. Außerdem sei er viel zu geld- und ruhmgierig, um nicht das Ende dieser Reise abzuwarten.
Wie ich meine Adriana kenne, hättest du dem sauertöpfischen und arroganten Pinzon gegenüber Deine Zunge gewiß nicht im Zaum halten können.
Wegen der starken Flaute legten wir erst am 11. August in Gran Canaria an, wo Don Cristobal seine Meinung insofern änderte, als er dem Eigner der 'Pinta' gar nicht mehr traute, und Kapitän Pinzon befahl, sich sofort um ein Ersatzschiff zu bemühen. Pinzon mußte sich damals verzweifelt bemüht haben, den Hafen Las Palmas anzulaufen, was mit seinem defekten Steuerruder eine seemännische Kunst war. Wir fuhren nach Gomera weiter, um möglicherweise dort ein anderes Schiff zu finden, außerdem mußten die Vorräte ergänzt werden. Doch es gab noch einen Grund, den Don Cristobal mir später unter dem Siegel der Verschwiegenheit anvertraute. Er wollte die gobernadora der Insel, Beatriz

de Bobadilla, kennenlernen, denn sie war eine Freundin der Marquesa de Moya, von der man munkelt, sie sei Don Cristobals Geliebte gewesen. Ich kann darüber nichts sagen, weil ich damals in Lissabon und nicht am spanischen Hof lebte. Die junge Gouverneurswitwe wurde von König Ferdinand überaus geschätzt, und er hatte dafür gesorgt, daß sie das Amt ihres verstorbenen Gemahls übernehmen durfte. Nun aber war sie verreist, sollte aber in diesen Tagen zurückkehren, so daß Don Cristobal beschloß, auf sie zu warten. Er mietete sich in der 'Hauptstadt' (ein größeres Dorf) San Sebastian ein Häuschen und überwachte seine Leute beim Verladen von Pökelfleisch, Zwiebeln, Dörrobst und Wasser.

Ich trieb mich viel an Land herum, denn wie es aussah, war dies die letzte Gelegenheit, sich gründlich zu bewegen, ehe das enge Schiff für lange Zeit wieder mein Gefängnis wurde. Hier auf der Insel leben noch viele der Ureinwohner – große kräftige Menschen mit grauen Augen, von distanzierter Freundlichkeit, aber sehr stolz. Sie sollen von den Berbern abstammen und haben sich den Spaniern nur unterworfen, weil diese sie beim Krieg gegen die verhaßte Nachbarinsel unterstützten. Mit den Tagen stieg Don Cristobals Unruhe, und er, der sonst so Ruhige, zeigte sich gereizt und unwirsch, da weder die gobernadora zurückkehrte, noch eine Nachricht von der 'Pinta' eintraf. Am dritten Tag fuhr ein Schiff nach Las Palmas, und der Admiral sandte einen geharnischten Brief an Martin Pinzon. Aus den Tagen wurden Wochen und dann kam der Punkt, da Don Cristobal es nicht mehr aushielt und am 23. August den Aufbruch befahl. Der Zorn stand ihm ins Gesicht geschrieben, und als wir in einer ruhigen Stunde allein waren, sagte er, nur mühsam beherrscht: „José, wenn ich herausfinde, daß diese Herren mich betrügen und verraten wollen, dann mache ich kurzen Prozeß. Als Flottenadmiral bin ich ihr Gerichtsherr, und ich werde sie wegen Hochverrats hängen lassen, denn wer mich hintergeht, verrät auch die spanische Krone. Ich werde mir doch nicht von diesen – von diesen Ratten meine Pläne zunichte machen lassen."

Nie zuvor – und auch später nicht – habe ich Don Cristobal in einer solchen Erregung gesehen, und im stillen gab ich ihm recht. Doch ich wiegelte ab: „Es gibt tausend andere Möglichkeiten. Martin Pinzon will diese Fahrt um jeden Preis machen, er ist der Kapitän, er wird sich durchsetzen."

Während der Nacht segelten wir an der Insel Tenerife vorbei. Ein gei-

sterhaftes rotes Licht zuckte über ihre dunklen bergigen Flächen, wenn der Vulkan in kurzen Abständen glühende Lava auswarf. So etwas gibt es in Spanien nicht, Geliebte – ich wollte, du wärst an meiner Seite und hättest es gesehen. Aber es gibt auf Erden keinen abergläubischeren Stand als die Seeleute, und dazu gehört der Glaube, daß eine Frau auf dem Schiff Unglück bringt. Es gibt noch tausend andere Glücks- und Unglücksbringer, und sollte diese Reise noch ein Jahr dauern, so werde ich auf diesem Gebiet nicht ausgelernt haben.
Am 25. August trafen wir in Las Palmas ein, und was lag da fröhlich schaukelnd im Hafen: Die 'Pinta'! Der Admiral lief rot an, murmelte eine Verwünschung und ließ sich sofort übersetzen.
„Ich sollte mitgehen", schlug ich vor, „denn vielleicht wird ein Arzt benötigt..."
Er zwang sich zu einem Lächeln.
„Keine schlechte Idee; vielleicht werde ich einen Zeugen brauchen."
Doch der ganze Ärger schmolz dahin, als wir erfuhren, daß die 'Pinta' erst am Vortag hier eingetroffen war. Nicht ohne Stolz bemerkte Pinzon: „Nachdem unser Ruder zerbrach und ins Meer fiel, mußte ich zwölf Tage – bei widrigen Winden! – herumkreuzen, um endlich in den Hafen zu gelangen. Es wird nicht viele Kapitäne geben, die ein solches Kunststück fertigbringen."
Dabei sah er den Admiral stolz und nicht ohne Aufsässigkeit an. Doch Don Cristobal hatte sich längst wieder in der Gewalt.
„Das beweist zudem meine Klugheit und Einsicht, daß ich Euch unter einem Dutzend Kapitänen auswählte. Ihr seht also, ich bin ganz und gar Eurer Meinung."
Das nahm dem eitlen Pinzon allen Wind aus den Segeln, denn an Ruhe, Selbstbeherrschung und geschickter Wortwahl kann er unserem Admiral nicht das Wasser reichen.
Mit Geld und guten Worten fanden wir eine Werft, die sich erbot, binnen einer Woche das Steuer zu reparieren, die Lecks abzudichten und neu zu verpichen. Während dieser Woche gelang es dem Admiral, Juan Niño, den Eigner der 'Niña', zu überreden, die dreieckigen Segel seines Schiffes gegen viereckige auszuwechseln, die sich auf hoher See besser bewährt hatten. Am 2. September legten unsere drei Schiffe wieder auf Gomera an, und kurz zuvor war auch die gobernadora eingetroffen. Endlich! Ich sah, wie Don Cristobals immer ernstes Gesicht weich wurde und sich entspannte.

"Das ist nun meine dritte Beatriz", sagte er gutgelaunt und ließ sich vom Barbier ein zweitesmal rasieren. Ich stand dabei, blickte auf sein fast kahles Haupt und den dünnen Kranz weißer Haare. Von hinten wirkte der Admiral wie ein ehrwürdiger Greis, aber sein faltenloses Antlitz sowie die klugen, energischen und sehr lebhaften graublauen Augen geben ein anderes Bild.
Mit der gebotenen Höflichkeit trug ich ihm meine Begleitung an, aber er lächelte nur und schüttelte den Kopf.
"Nein, Don José, diesmal ist kein Arzt vonnöten. Sollte ich dennoch einen brauchen, so werde ich Euch holen lassen."
Soviel, geliebte Adriana, für heute, da wir schon wieder den achten Tag auf hoher See sind.
Wo Du auch bist und was Du auch tust – denke immer daran, daß Dich im Herzen trägt als seinen kostbarsten Schatz
Dein José.

Columbus, nicht ohne Gefühl für Repräsentation und höfische Sitten, ließ sich von den Brüdern Pinzon begleiten, wobei sie feine Galakleidung anzulegen hatten. Drei junge Matrosen spielten Diener und Roßknechte, und sie allein zeigten fröhliche Gesichter über die willkommene Abwechslung. Die beiden Kapitäne blickten recht finster, aber es half nichts – ihrem Admiral waren sie zum Gehorsam verpflichtet.
Die gobernadora residierte auf einer kleinen Festung hoch über der Stadt, und Columbus hatte tags zuvor sein Erscheinen geziemend angekündigt.
Von ihrer äußeren Erscheinung her hätte diese dritte Beatriz eine Schwester der ersten – der Marquesa de Moya – sein können. Höfisch gekleidet, von bestrickender Liebenswürdigkeit, verließ sie den Pfad der Etikette nicht um einen Fingerbreit, trotzdem empfand Columbus so etwas wie eine besondere Zuwendung, ein über das übliche hinausgehendes Interesse für die Umstände seiner Reise. Vom Fenster des kleinen Bankettsaales aus wies er auf seine drei Schiffe, die mit abgeschlagenen Segeln in der Hafenbucht lagen.
„Ihr, Doña Beatriz, werdet als erste von den Ergebnissen unserer Reise erfahren, wenn wir bei unserer Rückkehr hier haltmachen. Noch ehe unsere gnädigen Majestäten überhaupt wissen, daß die Reise erfolgreich verlaufen ist, werde ich Euch – wenn Ihr es mir erlaubt – Bericht erstatten."

Ihr Gesicht hatte sich leicht gerötet, der kleine, feingezeichnete Mund blieb einen Augenblick vor Erstaunen offen, – ganz kurz nur, und keineswegs mit dem Maulaffenfeilhalten des einfachen Volkes zu vergleichen.

„Oh, Don Cristobal, damit zeichnet Ihr mich unwürdigerweise vor unseren Königen aus, wenngleich ich darüber sehr erfreut bin."

Hinter ihrer höfisch-geschraubten Redeweise stand das Wohlgefallen an diesem Mann, der nicht nur ein Don war und seinen Admiralsrang in prächtiger Kleidung an Land spazierenführte, wie so mancher Grande, nein, das war ein richtiger Kerl, der sich aufmachte, Neuland zu erobern mit diesen zerbrechlichen Nußschalen da unten im Hafen.

Und wieder geschah es Columbus, daß eine Frau ihn erwählte, und er verbrachte mit ihr nicht nur den Abend, sondern auch die Nacht.

Die Brüder Pinzon wurden zu ihren Schiffen zurückgeschickt, mit dem Bescheid, der Admiral sei am nächsten Morgen zur Stelle. Er war es nicht. Vom Schloß kam der Bescheid, die – längst überfällige – Abreise werde sich um einen Tag verzögern; danach ein neuer Bescheid, sie sei bis auf weiteres verschoben.

Martin Pinzon tobte, als Diego de Harana ihm das Schreiben vorlas. Er und sein Bruder konnten weder schreiben noch lesen. Pinzon reckte drohend seine Faust hinauf zur kleinen turmbewehrten Festung.

„Was soll das, Herr Admiral?" rief er zornig, „verschoben bis auf weiteres! Die Leute in Las Palmas hat er bekniet und beschworen, die Reparaturen schnell auszuführen, als käme es ihm auf jede Stunde an, und jetzt?"

Er blickte wütend auf de Harana, der sich aber nicht aus der Ruhe bringen ließ. Er feixte.

„Der Admiral wird seine Gründe haben."

Pinzon schlug mit der Faust zornig gegen den Großmast und brüllte: „Gründe? Ja, die kenne ich! Er hat uns vorgestern weggeschickt wie kleine Buben, um mit der da oben allein zu sein, und jetzt wälzt er sich mit ihr im Bett, während wir..."

Diego de Harana besann sich auf sein Amt als Profos der königlichen Flotte und fiel ihm ins Wort.

„Basta, Señor! Mäßigt Euch und denkt daran, von wem Ihr redet! Don Cristobal ist hier Stellvertreter der Majestäten und allein ihnen gegenüber verantwortlich. Wenn er es für richtig hält zu warten, und sei es ein halbes Jahr, dann warten wir eben, verstanden!"

Martin Pinzon wandte sich schroff ab und ging steifbeinig hinüber in seine Kajüte. Pah, dachte er, warum soll ich mich mit denen anlegen? Auf hoher See sind sie auf mich angewiesen, und dann gibt es genügend Gelegenheit zur Revanche. Und diese hochgeborene Doña auf ihrer Burg ist nichts weiter als eine *mujer caliente*, einfach ein geiles Luder wie irgendeine Frau aus dem Volk. Im Bett sind sie alle gleich.
Da hätte Columbus widersprechen müssen. Von seinen drei Beatrizen erwies diese sich als die leidenschaftlichste. Im Bett fiel ihre höfische Geschraubtheit sofort ab, zusammen mit den anderen Gewändern. Sie sog ihn aus wie eine Zitrone, nannte ihn ihr 'geiles Böckchen', ihr 'mutiges Stierchen', ihren 'nimmermüden Reitersmann' und noch vieles mehr.
Sein Abwarten hatte freilich einen triftigen Grund, nämlich das Aufkreuzen mehrerer portugiesischer Karavellen vor Gomera.
„Es wäre besser, du wartest noch ein paar Tage", meinte Beatriz.
Columbus nickte, bezähmte seine Ungeduld und sagte galant: „In deiner Gesellschaft fällt es mir nicht schwer."
Dann lächelte er. Sie richtete sich im Bett auf.
„Warum lachst du – an was denkst du? Manchmal möchte ich dir in den Kopf kriechen! Du erzählst so wenig von dir."
„Ich lache nicht – ich lächle, weil ich mich frage, ob du meine Seeleute auf den Schiffen in Schweine verwandelt hast."
Doña Beatriz, klassisch wenig gebildet, runzelte die schöne Stirn.
„Was soll das? Ist es ein Scherz, den ich nicht verstehe?"
„Nein, es geht um den Seefahrer Odysseus aus der griechischen Sage."
Columbus erzählte ihr die Geschichte, und Beatriz lachte ein paarmal hell und fröhlich.
„Ja, Liebster, meine Ähnlichkeit mit Kirke ist unverkennbar: Da gibt es den Seefahrer und seine Gefährten, auch die Insel und ihre Herrin sind vorhanden. Leider kann ich nicht zaubern! Könnte ich es, so hätte ich deine Leute längst in Schweine – nein, in Schafe verwandelt, dann könnten meine Bauern sie scheren, und sie brächten Nutzen."
„Du bist eine ganz Durchtriebene!"
„Bin ich nicht!"
„Aber meine Leute würdest du in Schafe verwandeln."
„Nur um dich länger festzuhalten."
„Fast glaube ich, du hast die Portugiesen gerufen."
„In der Liebe ist jede List erlaubt, ein Odysseus kommt eben nicht alle Tage."

„Auch eine Kirke werde ich nicht wieder finden. Wenn unsere Geographen recht behalten, werden wir bis Zipangu auf keine Insel mehr treffen."
„Um so besser: keine Insel, keine Kirke. Ich will die einzige bleiben. Wann reist du ab?"
„Ich sagte es ja schon: morgen."
„Bleib noch einen Tag."
„Und eine Nacht."
„Tag und Nacht gehören zusammen wie Mann und Frau, warm und kalt, Himmel und Hölle, trocken und naß..."
„Du zählst lauter Gegensätze auf."
„Ja, aber eines ist ohne das andere nicht denkbar. Ich werde dich vermissen."
„Ich dich auch."

Columbus blieb noch diesen einen Tag, blieb noch während der Nacht und bestieg vor Tagesanbruch die 'Santa Maria'. Von nun wies der Kompaßzeiger genau nach Westen. Bei gutem Wind segelten sie ab, doch bald gerieten sie in eine solche Flaute, daß die Segel herunterhingen wie nasse Säcke. Eine Karavelle dümpelte vorüber, langsam wie eine Schnecke, und gab Rauchzeichen von einer wichtigen Nachricht. Noch ehe Columbus antworten konnte, legte ein Beiboot ab, der Kapitän des fremden Schiffes kam an Bord und fragte nach Don Cristobal Colon. Die anderen scharten sich sofort um die beiden Männer.
„Ihr seid eben zu lange auf den Kanaren gewesen, Don Cristobal. Jedes Kind kennt Euren Namen, aber noch schlimmer: König Johann von Portugal weiß um Eure Absichten. Er hat drei Karavellen ausgeschickt, die Euch abfangen sollen, wir sind ihnen vor der Insel Ferro (jetzt Hierro) begegnet."
Columbus nickte grimmig. „Ich weiß – sie wurden schon vor Gomera gesehen. Dabei hätten sie mich haben können, mit Haut und Haar! Acht Jahre habe ich in Lissabon auf ein Zeichen des Königs gewartet, und als er mich endlich empfing, lehnte er mit Bedauern ab. Nun, da ich für die spanischen Majestäten unterwegs bin, hat er es sich plötzlich anders überlegt. Zu spät! Zu spät! Ich danke Euch für die Warnung, *capitán*, wir werden uns vorsehen."
Glücklicherweise treffen solche Flauten nicht nur das eigene Schiff, und die Portugiesen kamen genausowenig vom Fleck. Am Samstag, kurz

nach Mitternacht, frischte der Wind auf, entwickelte sich zu einem steifen Nordost, füllte die Segel und trieb die kleine Flotte nach Westen. Von den Portugiesen war nichts zu sehen, für sie war es der falsche Wind. Ihr Plan, den Admiral aufzuhalten, mißlang.

29

KÖNIG FERDINAND war wieder einmal an einem politischen Schachspiel beteiligt, dessen Thema sich in einem Satz fassen ließ: Spanien wollte die von Frankreich besetzten Grafschaften Roussillon und Cerdagne zurück und verpflichtete sich dafür, nicht in den Krieg um Neapel einzugreifen.
Ferrante II., König von Neapel, war über den gemeinsamen Großvater mit Ferdinand von Aragon verwandt, und als er starb, erhob plötzlich Karl VIII. von Frankreich Ansprüche auf Neapel – Ansprüche, die er aus einer Zeit vor zweihundert Jahren herleitete, da die Anjou Herren von Neapel und Sizilien gewesen waren. Ferrantes Sohn Alfonso bestieg den Thron von Neapel, und der König von Frankreich rüstete zum Krieg.
Zuerst schwankte König Ferdinand und hatte über dieses Thema endlose Gespräche mit Isabella.
„Ich kann nicht gut die Herrschaft über Neapel für mich beanspruchen, da die Thronfolge durch Alfonso gesichert ist, aber es wäre meine Pflicht, ihm gegen Frankreich beizustehen, denn auch er gehört dem Haus Aragon an."
Isabella schüttelte den Kopf.
„So sehe ich es nicht. Der Schlüssel und somit die Entscheidung liegen beim Papst. Neapel ist – wie Sizilien – von altersher ein Kirchenlehen, und wenn Alexander den Vertrag mit Alfons erneuert, dann hat Karl von Frankreich kein Recht auf diesen Thron."
„Nun, du kennst ja die neuen Nachrichten aus Rom. Karl hat dem Papst mit einem Konzil zu seiner Absetzung gedroht, außerdem paktiert er mit Giuliano della Rovere, der nichts sehnlicher wünscht als den Sturz seines Erzrivalen."
Isabella nickte heftig.

„Alle Welt weiß es. Er kann es dem Borgia einfach nicht verzeihen, daß er im Konklave gesiegt hat."
„Er ist alt und hat keine Zeit mehr. Aber das soll uns nicht kümmern – ich jedenfalls halte meine Truppen zurück, schließlich hat auch der Papst eine Armee und das Geld dazu, Söldner anzuwerben. Wenn Karl die Entscheidung des Stellvertreters Christi auf Erden nicht akzeptiert, dann muß der Papst mit Soldaten nachhelfen, so ist das leider."
Isabella legte eine Hand auf Ferdinands Arm.
„Mir ist es auch lieber so und wenn wir nichts tun, so tun wir es nicht umsonst."
Ferdinand lachte behaglich.
„Ja, so etwas gibt es manchmal, eine Belohnung fürs Nichtstun."

Im Vertrag von Barcelona gab Karl VIII. von Frankreich die Grafschaften Roussillon und Cerdagne an Aragon zurück, während Ferdinand sich verpflichtete, nicht in den Streit um Neapel einzugreifen. Als der Papst zu erkennen gab, daß er Alfonso von Aragon mit Neapel zu belehnen gedenke, rüstete Karl VIII. zum Krieg.
König Ferdinand richtete ein Schreiben an Papst Alexander und übergab es an Kardinal Mendoza, der noch einiges hinzufügte.
„Dazu brauche ich einen ganz unverdächtigen Boten, in dem niemand einen königlichen Kurier vermutet."
Der Schatzmeister Luis de Santangel stand in der Nähe und hörte es.
„Das trifft sich gut! Padre Marco, mein Sekretär, reist mit dem nächsten Schiff nach Rom, als Pilger zu den heiligen Stätten. Was ist unverdächtiger als ein Pilger?"
David Marco, am Hof längst als Muster an Verschwiegenheit und Pflichterfüllung bekannt, wurde sofort mit der Aufgabe betraut. Er, Mendoza, und König Ferdinand sahen zu, wie man das Schreiben in sein härenes Pilgergewand einnähte. David versicherte: „Ich werde es nicht ablegen, bis ich in Rom vor Seiner Heiligkeit stehe."
Das fand Kardinal Mendoza sehr erheiternd.
„Auch da würde ich es nicht ausziehen. Freilich, wenn Ihr ein junges Mädchen wärt..."
Es war eine Herrenrunde und alle lachten.
David Marcos Pilgerreise war nur ein Vorwand für Santangels eigentlichen Pläne.
„Ihr sollt für mich die Situation der Juden und Conversos in Rom erkun-

den. Das wird nicht schwierig sein, da Eure Geschwister in der Judengemeinde leben. Außerdem ist Rom eine sehr geschwätzige Stadt, und Ihr braucht Euch nur beim nächsten *barbiere* erkundigen. Übrigens habe ich noch eine persönliche Nachricht für Seine Heiligkeit von Kardinal Mendoza, die Ihr zusammen mit dem Schreiben des Königs überreichen sollt."

Was David in Rom sofort auffiel, war die Unbefangenheit, die man ihm gegenüber in Trastevere zeigte. In Spanien hätte ein katholischer Priester, der durch eine Juderia spazierte, sofort Aufsehen erregt, weil es nichts Gutes bedeuten konnte. Hier aber begegnete man ihm ganz ohne Scheu und ein Metzger, der vor seinem Laden stand, rief ihm grinsend zu: "Buon giorno, Padre! Wollt Ihr zur Abwechslung nicht einmal kosheres Fleisch probieren? Schwein führe ich allerdings nicht..."

Er lachte schallend über seinen Witz und David – auch nicht auf den Mund gefallen – gab zurück: "Weil ihr nicht wißt, was gut ist!"

Bei dieser Gelegenheit erfuhren seine Geschwister, daß er Priester geworden war, doch es fielen nicht viele Worte darüber. Jakob war froh, daß die Mutter es nicht mehr hatte erleben müssen, im übrigen ließ sein liberaler Sinn jeden nach seiner Art selig werden – und bei seinem Bruder machte er da keine Ausnahme.

"Du wirst schon wissen, was du tust«, sagte er nur, "bist ja sowieso der Erstgeborene, was kann ein jüngerer Bruder schon dazu sagen..."

"Jetzt müßte nur noch Joseph dabeisein – ob wir ihn jemals wiedersehen?"

David nickte eifrig.

"Ich habe diesen Admiral Colon kennengelernt, und ich sage dir, wenn einer seine Schiffe von dieser Reise heil zurückbringt, dann ist es er."

David fühlte sich im Kreis seiner Familie so wohl, als hätte er sie nie verlassen. Er scherzte ungeschickt mit den drei Kindern – das von David und Susanna war noch ganz winzig – und erzählte seinem Bruder von dem königlichen Auftrag.

"Wie komme ich am schnellsten zum Papst?" fragte er, sich dumm stellend.

Doch Jakob nahm die Frage ernst und sagte eifrig: "Kein Problem! Elia Salmone, einer der Leibärzte Seiner Heiligkeit, ist mein Kunde. Außerdem liefere ich gelegentlich an Kardinal Cesare Borgia – du siehst, ich bewege mich in den besten Kreisen."

Warum nicht, dachte David, ehe ich viel herumfragen muß.

„Also gut, Brüderchen, die Sache ist eilig!"

Jakob lud ein Fäßchen seines besten Weines auf ein Maultier, und so zogen sie zu Cesare Borgias Palast.
„Seine Eminenz ist nicht zu Hause", sagte der *portinaio* bedauernd, „aber den Wein könnt ihr gleich dalassen."
Sie erfuhren, daß der junge Kardinal sich im Vatikan aufhalte, und so ritten sie auf ihren Maultieren frohgemut über den Ponte Sant' Angelo hinüber in die Leostadt.
Der gepanzerte Soldat der Guardia Svizzera schmunzelte, als David den Papst zu sprechen verlangte, im Auftrag der spanischen Majestäten. In seinem harten Italienisch meinte er scherzhaft: „Sagt doch gleich, Ihr kommt vom lieben Gott. Nein, so geht es nicht, Padre. Ihr könnt Euch für eine Audienz vormerken lassen, und müßt dann sechs bis acht Wochen warten..."
„Können wir wenigstens den Kardinal Cesare Borgia sprechen?" fragte Jakob.
„Versucht es! Seine Eminenz ist zu Besuch bei Donna Lucrezia."
Auch als frischgebackene Fürstin von Pesaro zog Lucrezia Borgia es vor, in Rom zu wohnen, in ihrem Palazzo Santa Maria in Portico, gleich neben der Peterskirche. Sie hatten Glück. Cesare verabschiedete sich gerade und trat aus der Pforte ins Freie.
„Don Giacomo? Wollt Ihr nun auch Seine Heiligkeit mit Euren Weinen beliefern?"
„Nein, Eminenz, ich bin wegen meines Bruders hier. Er wird es Euch selbst sagen."
Jakob verabschiedete sich schnell, weil er fühlte, daß er hier überflüssig war.
„Ihr seid der Bruder meines Weinjuden?" Der junge Kardinal lachte schallend und setzte hinzu: „In Spanien ist alles möglich, nicht wahr? Und Ihr kommt tatsächlich im Auftrag der Katholischen Majestäten?"
„Ja, Eminenz, und das Schreiben muß ich Seiner Heiligkeit persönlich..."
„Ist schon gut, kommt gleich mit!"
Der Schweizergardist stand stramm und dachte, nun hat es der verrückte Mönch doch noch geschafft!
Sie eilten durch die verwinkelten Gänge, schritten Treppen hinauf und hinab, wobei ihnen nur gebeugte Rücken begegneten.

„Seine Heiligkeit ist dabei, sich ein paar Privaträume ausbauen zu lassen. Maestro Pinturicchio führt den Wand- und Deckenschmuck aus, aber das zieht sich hin, obwohl er ein halbes Dutzend Gehilfen zur Hand hat."

David hatte keine Ahnung, wer dieser Maestro war, aber er murmelte respektvoll: „Oh, der große Pinturicchio!", doch Cesare Borgia achtete nicht darauf.

Die beiden baumlangen Wachen salutierten und traten beiseite.

David blinzelte und blickte verwirrt um sich. Gewohnt an die strenge spanische Glaubenswelt, wo auch die meisten Adels- oder Bürgerhäuser geprägt und durchdrungen waren von christlichen Bildern, Zeichen und Symbolen, irritierte es ihn, daß er hier in den Räumen des Papstes so wenig davon fand. Hier im Vatikan, im Zentrum der katholischen Christenheit, in der Wohnung des Stellvertreters Christi auf Erden feierte das Heidentum seine strahlende Auferstehung unter dem Emblem des Apis-Stieres, der zusammen mit den Göttern Osiris und Isis von der Decke blickte. Und überall prangte das Borgia-Wappen, erweitert um das Symbol einer Doppelkrone als Anspielung auf die – angebliche – Abstammung der Borgias aus königlichem Hause.

Im dritten Raum saß der Papst, neben ihm stand eine junge, kostbar gekleidete Frau, die gerade zu einem Gerüst hinaufblickte und etwas sagte.

„César!" rief Alexander erfreut, „da, schau' hinauf! Maestro Pinturicchio arbeitet gerade an der Madonna."

Der Meister, ein schlanker, vornehm wirkender Mann von etwa vierzig Jahren, trat vorsichtig zurück, während das Gerüst leise schwankte, und gab den Blick auf die Madonna frei, an der er gerade arbeitete. David atmete auf. Endlich ein christliches Bild!

„Wie findest du die Ähnlichkeit?"

Cesare trat an die junge Frau heran, blickte in ihr Gesicht und verglich es mit dem der Madonna.

„Meisterlich! Euch führt ein Gott die Hand, Maestro!"

Pinturicchio lächelte und verneigte sich leicht.

Aha, dachte David, der Meister arbeitet nach einem Modell. Der Papst blickte auf Cesares Begleiter.

„Wen hast du da mitgebracht?"

„Padre Marco, Heiliger Vater, geheimer Kurier der Katholischen Majestäten."

David fiel auf die Knie, um dem Papst die weißseidenen Pantoffel zu küssen, doch Alexander schob ihn sanft zurück und bot ihm die Hand. So drückte er einen Kuß auf den Fischerring, erhob sich und überreichte das Schreiben der spanischen Könige zusammen mit dem von Kardinal Mendoza.
„Ist es wichtig? Muß ich es gleich lesen? Was meint Ihr, Donna Giulia?"
Er blickte die junge Frau verliebt an und tätschelte ihr dabei die Hand. David sah es mit Verwunderung, dann hörte er ihre Stimme.
„Wie lange wart Ihr unterwegs, Padre?"
„Über zwei Wochen..."
Lachend wandte sie sich an den Papst.
„Nun, Heiliger Vater, dann kommt es auf eine Stunde mehr oder weniger auch nicht an."
Alexander klatschte entzückt in seine Hände.
Er wirkt so heiter, so fröhlich, so unbeschwert, dachte David, aber auch so wenig – christlich.
„So jung und schon so gescheit! Wenn ich jemals eine Frau zum Kardinal mache, sollt Ihr die erste sein, Donna Giulia."
David blickte unterdessen auf die gegenüberliegende Wand. Der Papst bemerkte es.
„Die Disputation der heiligen Katharina", erklärte er.
Cesare fügte hinzu: „Das Modell war Donna Lucrezia, meine Schwester. Die drei Jünglinge neben dem Grab des Auferstandenen stellen mich und meine Brüder dar."
Der Papst nickte und lächelte stolz.
„Da findet Ihr alle Borgias versammelt. Wir danken Euch, Padre Marco, und werden Euch Unsere Antwort wissen lassen."
Er zeichnete ein flüchtiges Kreuz in die Luft, und während David zur Türe ging, sah er, wie Papst Alexander aufstand und Donna Giulia auf den Nacken küßte. Cesare begleitete ihn hinaus.
„Eine Verwandte Seiner Heiligkeit?" fragte David arglos.
Cesare lachte hellauf.
„Wißt Ihr nicht, was ganz Rom weiß? Donna Giulia Farnese ist die Geliebte Seiner Heiligkeit."
Das kam so stolz und unbefangen, daß David kaum seinen Ohren traute. Er wußte nicht, was er sagen sollte, errötete leicht und senkte den Kopf.
„Macht Euch nichts draus! In Rom herrscht ein anderer Geist als in

Eurem muffigen Spanien. Aber solange Torquemada dort das Sagen hat..."
Wie im Traum ritt David zum Haus seines Bruders zurück. Auch er mochte Torquemada nicht besonders, aber etwas von seinem Geist, so meinte er, täte diesem unheiligen Treiben ganz gut.

Als Cesare zurückkehrte, hatte sein Vater das Schreiben der Könige schon geöffnet. Sie gingen in den angrenzenden Raum, das Arbeitszimmer des Papstes. Auf der stuckierten Decke prangte mehrmals das vergoldete Relief des Borgiawappens, die Wände waren mit Allegorien der sieben freien Künste bemalt. Sie setzten sich, Alexander reichte das Schreiben an Cesare weiter.
„Lies es mir vor!"
Cesare tat es, und als er geendet hatte, nickte der Papst zufrieden.
„Ich habe es nicht anders erwartet. Auf meine Spanier ist Verlaß – jetzt mag der Franzosenkönig kommen. Ah, das hier ist von Mendoza; ich werde es selbst lesen."
Während Alexander das Schreiben überflog, sah Cesare, wie das Gesicht seines Vaters ernst, dann zornig wurde. Er warf den Brief auf den Tisch, ein Stück des Siegellacks brach ab und fiel zu Boden.
„Mendoza beklagt sich wieder einmal über den Großinquisitor, das heißt, er reicht andere Klagen an mich weiter. Weißt du, daß die Inquisition jeden mit dem Tod bedroht, der an den Papst appelliert? Sie wollen sich nicht in die Karten schauen lassen, diese Herren. Meine Vorgänger sind schuld, daß uns die spanische Kirche allmählich aus der Hand gleitet. Innozenz in seiner ganzen erbärmlichen Unfähigkeit hat immer wieder nachgegeben – immer wieder! So kann ich die Suppe auslöffeln, die dieser Duckmäuser uns eingebrockt hat."
„Ihr müßtet den Zustand vor Torquemada wiederherstellen, mit zwei oder drei von Euch ernannten Generalinquisitoren."
Alexander lachte unfroh.
„Das wäre nur über Isabellas Leiche möglich. Gerade jetzt müssen wir uns das Wohlwollen der Katholischen Könige erhalten. Ich werde Torquemada exkommunizieren und in Ruhe seine Reaktion abwarten."
„Dazu braucht Ihr aber einen Grund..."
Alexander schlug mit der Hand auf Mendozas Schreiben.
„Da haben wir den Grund! Mendoza berichtet über die Verhaftung mehrerer Prälaten – darunter ein Bischof – durch die Inquisition, ohne mich,

den Papst, zu informieren. Das ist Grund genug! Noch etwas: Gestern kam ein Schreiben von unserem Gesandten am französischen Hof, das uns schildert, mit welchen Gegnern wir es zu tun haben. Hör zu!

Seine Majestät König Karl VIII. von Frankreich ist weder in körperlicher noch in geistiger Hinsicht für sein hohes Amt geeignet. Schon äußerlich wirkt er mit seiner kleinen und etwas krummen Gestalt eher abstoßend; diesen Eindruck verstärkt noch sein häßliches Antlitz mit der riesigen Nase und dem ständig offenstehenden Mund. Was Bildung oder Kenntnisse anbetrifft, ist er auf dem Stande eines achtjährigen Knaben; man spricht sogar davon, daß er nicht einmal flüssig schreiben und nur mit Mühe lesen kann. Die Liebedienerei seiner Hofschranzen nimmt er für bare Münze, ist Schmeicheleien sehr zugänglich, zeigt auch eine Neigung zu Ruhmessucht, ohne eine wirkliche Autorität auszuüben. Diese Gier nach Ruhm ist wohl der Hauptgrund dafür, daß ihn das ränkevolle Mailand zum Krieg gegen Neapel überreden konnte. Auf der positiven Seite stehen Großzügigkeit und eine Art von Herzensgüte, die schnell verzeiht und keinem etwas nachträgt; im übrigen ist Seine Majestät naiv, unerfahren und gutgläubig genug, um sich keinerlei Gedanken über den Ausgang des Krieges zu machen.

Alexander blickte auf. „Was sagst du dazu?"
In Cesares schönem ebenmäßigen Gesicht regte sich kein Muskel. Seine harten kalten Augen blickten den Vater an, und immer, wenn er diesen unheimlichen Basiliskenblick aufsetzte, fröstelte es Alexander, und er wandte die Augen ab.
„Wir müssen ihn als Gegner dennoch ernst nehmen, mag unser Gesandter ihn auch noch so harmlos darstellen. Nicht ihn als Person haben wir zu fürchten, sondern die Mächte, die hinter ihm stehen. Sein Vater hat ihm eine wohlgerüstete, intakte Armee hinterlassen, die gut funktionieren wird, auch wenn ihr oberster Herr ein beschränktes unreifes Bübchen ist. Da ist auch noch Mailand als mächtiger Verbündeter, während wir nur das militärisch schwache Florenz als Beistand haben. Spanien hält sich ja klug aus dem Zwist heraus."
Alexander hob die Schultern.
„Bedauerlich, aber ich kann es verstehen. Granada ist geschlagen, Ferdinand löst nun seine Armee auf, ganz davon abgesehen, daß sie der französischen ohnehin unterlegen wäre."
Cesare lächelte ironisch.

„Nicht zu vergessen die beiden Grafschaften – ja, aus seiner Sicht mag Ferdinand sich richtig verhalten haben. König Karl wird aber zuletzt doch den kürzeren ziehen, denn auf die Dauer hat sich noch kein christlicher König gegen den Papst behaupten können. Auch wenn er siegt, so wird er dennoch eines Tages den Gang nach Canossa antreten müssen."
„Das Bürschchen ist kaum zwanzig und redet wie ein rauschebärtiger Historiker."
„Man muß nicht alt sein, um die richtigen Schlüsse zu ziehen. Ihr gebt mir doch recht, Papa?"
Manchmal – und nur unter vier Augen – nannte Cesare ihn Papa, und dagegen war Alexander, der seine Familie anbetete, machtlos, da wurde er weich wie Wachs.
„Was täte ich ohne dich, César? Du bist meine Stütze, mein Ohr im Kardinalskollegium, meine rechte Hand. Juan ist mir leider keine große Hilfe..."
„Ich weiß, Papa, er hat wohl anderes zu tun. Da ich Euch Ohr, Stütze und rechte Hand bin, so laßt mich endlich auch Euer Schwert sein und befreit mich von dem da!"
Cesare zerrte wütend an seinem Purpurgewand, als wäre es das Nesselhemd des Herakles. Alexander erhob sich.
„Laß uns zuerst das Debakel mit den Franzosen durchstehen, dann sehen wir weiter."
Cesare küßte seinem Vater schweigend die Hand.

30

Sie waren nun schon den zwölften Tag unterwegs, seit sie Gomera verlassen hatten. Columbus notierte täglich in seinem Bordbuch die zurückgelegte Strecke und sonstige Ereignisse von Belang. Von Anfang an hatte er sich vorgenommen, die tatsächlich zurückgelegte Entfernung für sich zu behalten und nur eine verkürzte bekanntzugeben. Er wußte genau, daß die Mannschaft Tag um Tag die Strecke addierte, und er fürchtete, mit der immer größeren Entfernung von zu Hause könnte der Mut seiner Leute sinken. Nicht einmal seine engsten Vertrauten ahnten etwas von diesem barmherzigen Betrug.
Am Dienstag, den 25. September, herrschte eine arge Flaute, doch Martin Pinzon glaubte felsenfest, Land gesichtet zu haben.
Columbus ließ ihn bei seiner Meinung, die sich auch auf die jubelnde Mannschaft übertrug. Er selbst war skeptisch, holte sein Bordbuch heraus und überlas die vergangene Woche.

Dienstag, den 18. September 1492
Diesen Tag und die darauffolgende Nacht legten wir mehr als zweihundertzwanzig Seemeilen zurück, doch vermerkte ich nur hundertzweiundneunzig. Die ganze Zeit über blieb die See ganz still und ruhig wie der Fluß von Sevilla.
An diesem Tag fuhr Martin Alonso mit der 'Pinta' vor, die geschwind dahinsegelte, nicht ohne mich vorher von seiner Karavelle aus verständigt zu haben, daß er einen großen Schwarm Vögel gegen Westen habe fliegen sehen und daß er also hoffe, im Laufe der Nacht Land zu sichten, weshalb er seine Karavelle mit vollen Segeln laufen ließ. Gegen Norden zu dehnte sich eine trübe Dunstschicht aus, was das Anzeichen nahen Landes ist.

Mittwoch, den 19. September
Da zumeist Windstille herrschte, durchmaßen wir in Tag- und Nachtfahrt bloß 100 Seemeilen, wovon ich nur 88 einschrieb. Gegen zehn Uhr morgens ließ sich ein Pelikan an Bord der 'Santa Maria' nieder; des Nachts tauchte noch ein zweiter auf. Diese Vögel pflegen sich nie mehr als 80 Seemeilen vom Lande zu entfernen. Einige Regenschauer ohne jeden Wind gingen nieder, was auf Landnähe hindeutet.
Ich wollte mich jedoch nicht mit einem längeren Aufkreuzen aufhalten, um festzustellen, ob dort wirklich Land vorhanden sei, obzwar ich davon überzeugt war, daß sowohl auf der südlichen als auch auf der nördlichen Seite mehrere Inseln liegen mußten, was ja auch den Tatsachen entsprach. Denn mir lag nur daran, bis nach Indien vorzudringen. Das Wetter ist uns günstig; deshalb ist es angezeigter, uns dies alles, wenn es Gott gefallen wird, auf unserer Rückreise anzusehen.
Die Kapitäne machten sich an die Positionsbestimmung; nach der Berechnung jenes der 'Niña' befanden wir uns in einer Entfernung von 1760 Seemeilen von den Kanarischen Inseln, während diese vom Kapitän der 'Pinta' auf bloß 1680 Seemeilen, und von mir auf rund 1600 Seemeilen abgeschätzt wurde.

Donnerstag, den 20. September
Wir fuhren mit Kurs West-zu-Nord. Wegen der unsteten Brisen mußten wir oft kurswechseln, weshalb wir nur 28 oder 32 Seemeilen vorwärts kamen. Zwei Pelikane erreichten das Flaggschiff, später kam noch ein dritter hinzu, was auf Landnähe schließen ließ. Wir sichteten viel grünes Gras, wenngleich wir am Vortage keines gesehen hatten. Meine Leute fingen mit den Händen einen Vogel, der einer Möwe glich und ebensolche Füße hatte; es handelte sich hier um einen auf Flüssen vorkommenden Vogel, nicht aber um einen Seevogel.
Im Morgengrauen ließen sich noch weitere zwei oder drei kleine Landvögel auf das Schiff nieder, die munter zwitscherten und nach Sonnenaufgang verschwanden. Später kam aus West-Nordwest ein Pelikan angeflogen und setzte seinen Flug nach Südosten fort, woraus man entnehmen konnte, daß er von in westnordwestlicher Richtung gelegenem Lande abgeflogen sein mußte, da diese Vögel am Lande schlafen, morgens aber aufs Meer hinausfliegen, um Nahrung zu suchen, wobei sie sich aber niemals weiter als 80 Seemeilen vom Ufer entfernen.

Freitag, den 21. September
Den ganzen Tag über herrschte Windstille, erst später kam etwas Wind auf. Wir legten auf unserer Kursrichtung und zum Teil außerhalb ihrer an die 52 Seemeilen zurück. Im frühen Morgengrauen erblickten wir so große Mengen Grases, das, aus Westen kommend, das Meer so dicht bedeckte, daß es den Anschein erweckte, als wäre das Meer eine einzige, ins Stocken geratene grüne Masse. Ein Pelikan wurde gesichtet. Das Meer war spiegelglatt wie ein ruhiger Strom und die Luft weich und mild. Wir erspähten einen Walfisch, was wieder auf Landnähe hindeutete, denn diese Tiere halten sich stets in der Nähe des Landes auf.

Samstag, den 22. September
Wir hielten Kurs auf West-Nordwest, wobei wir bald mehr nach der einen, bald mehr nach der anderen Seite abwichen. Wir brachten an die 120 Seemeilen hinter uns, fast ohne jenes Gras anzutreffen. Wir sichteten einige Sturmvögel und andere Vogelarten. Diesen Gegenwind habe ich unbedingt nötig gehabt, mußte ich doch meine Mannschaften stets zur Weiterfahrt antreiben, da sie der Ansicht waren, daß in diesen Gewässern keine Winde gingen, die geeignet wären, unsere Schiffe nach Spanien zurückzubringen. Einige Stunden lang war an diesem Tage auf dem Meere weit und breit kein Gras zu sehen, dann aber tauchte es in großer Dichte wieder auf.

Sonntag, den 23. September
Wir hielten weiter Kurs auf Nordwesten, wobei wir manchmal sehr gegen Norden, dann wieder im richtigen Kurs, also nach Westen, fuhren und 88 Seemeilen zurücklegten. Wir sichteten eine Turteltaube, einen Pelikan, einen anderen Flußvogel und mehrere weiße Vögel; das Gras wurde wieder sehr dicht, in ihm fanden wir zahlreiche Krebse.
Da das Meer unbeweglich dalag, begannen meine Leute zu murren; sie äußerten die Ansicht, daß wir keine günstigen Winde zur Heimfahrt nach Spanien haben würden, da wir in diesen Gegenden des Ozeans niemals einen hohen Seegang erlebt hätten.
Späterhin jedoch ging die See hoch, ohne daß sich ein Windhauch erhoben hätte.
So kam mir diese tote See sehr zustatten. Ein derartiges Wunder hat sich nur noch zur Zeit der Juden zugetragen, als sich nämlich die Ägypter zur Verfolgung des Moses aufgemacht hatten, der Israel aus der Sklaverei befreite.

Montag, den 24. September
Die Fahrt ging in westlicher Richtung weiter; in 24 Stunden legten wir 58 Seemeilen zurück, ich verrechnete nur 48 davon. Ein Pelikan kam in Schiffsnähe, und viele Sturmvögel wurden gesichtet.

Bisher war nicht viel geschehen, auch wenn es immer wieder Hoffnungszeichen gab. Er tauchte behutsam die Feder ein, um über den heutigen Tag zu berichten.

Dienstag, den 25. September
Wir hatten viel unter Windstille zu leiden; dann kam Wind auf. Bis zum Einbruch der Nacht fuhren wir mit westlichem Kurs.
Ich hatte mit Martin Alonso Pinzon, dem Kapitän der 'Pinta', eine längere Beratung, deren Gegenstand eine Karte bildete, die ich ihm drei Tage zuvor an Bord geschickt hatte und auf welcher gewisse Inseln jener Gewässer verzeichnet erscheinen, die sich nach dem Dafürhalten Martin Alonsos in dieser Gegend befinden mußten. Ich sagte, dies auch zu glauben. Die Tatsache aber, daß wir bislang noch nicht auf jene Inseln gestoßen sind, muß dem Umstande zugeschrieben werden, daß die Meeresströmungen die Schiffe unausgesetzt in nordöstlicher Richtung abtrieben und sie daher nicht so weit vorwärtsgekommen waren, als die Kapitäne es wahrhaben wollten. Während wir uns darüber unterhielten, ersuchte ich Martin Alonso, mir die genannte Karte herüberzusenden. Als Pinzon sie mir dann an einer Leine zugeworfen hatte, machte ich mich sofort daran, gemeinsam mit dem Kapitän und meinen Matrosen die Karte zu studieren.
Bei Sonnenuntergang erschien Martin Alonso am Heck seines Schiffes, rief mit freudig bewegter Stimme nach mir und forderte eine Belohnung, da er Land entdeckt habe. Als ich vernahm, daß Pinzon hartnäckig bei seiner Behauptung blieb, warf ich mich auf die Knie, um Gott Dank zu sagen, während Martin Alonso mit seiner Mannschaft das 'Gloria in excelsis Deo' zu beten anhub. Ein gleiches tat auch die Mannschaft der 'Santa Maria'. Die Leute der 'Niña' kletterten auf die Masten und Wanten und behaupteten samt und sonders, Land vor sich zu sehen. Auch mir wollte es so vorkommen, als müßte Land da liegen und zwar in einer Entfernung von 100 Seemeilen. Bis in die Nacht hinein wiederholten alle einstimmig, daß dies Land sein müsse.
Da ordnete ich an, von der bisher eingehaltenen westlichen Fahrtrichtung abzuweichen und Kurs nach Südwesten zu nehmen, in welcher

Richtung das Land allem Anschein nach gesichtet worden war. So fuhren wir an jenem Tage 18 Seemeilen nach Westen, während der Nacht aber 68 Seemeilen nach Südwesten, also insgesamt 86 Seemeilen. Meinen Leuten gegenüber sprach ich aber nur von 52 Seemeilen, um ihnen die Reise kürzer erscheinen zu lassen. Auf diese Weise führte ich eine doppelte Rechnung: Die zahlenmäßig geringere war nur eine vorgetäuschte, während die höhere der Wahrheit entsprach. Die See blieb ruhig und glatt, so daß viele Matrosen ins Wasser sprangen und schwammen. Sie sahen viele Dorados (Goldbrassen) und andere Fische.

Columbus hatte es auf dieser Reise als seltsames Phänomen erlebt, daß es weit besser war, irgendein Übereifriger schrie von Zeit zu Zeit „Land!", als das gar nichts geschah. Als gefährlichere Schwester der Monotonie kam dann Hoffnungslosigkeit auf und es galt zu verhindern, daß die dritte und bedrohlichste Gestalt ihr Medusenhaupt erhob – die Meuterei.
Insgeheim war Columbus dem Hitzkopf Martin Pinzon dankbar, als er von seiner 'Pinta' herüberbrüllte: „Land! Land, mein Herr! Achtet auf meinen Fingerzeig!"
Dann wies er nach Südwesten, wo sich tatsächlich so etwas wie ein fahler Streifen abzeichnete. Eine Insel? überlegte Columbus, eine, die noch kein Seefahrer aufgezeichnet hatte, weil sie ja die ersten in diesem Teil des Ozeans waren. Für Zipangu war es noch zu früh, erst recht für die indische Küste.
Am nächsten Tag sahen sie dann, daß es nur ein Nebelschleier gewesen war oder ein tiefliegender Wolkenstreif. Die Enttäuschung war groß, aber es hatte sich die Hoffnung verbreitet, beim nächsten Mal würde es sich tatsächlich um Land handeln – vielleicht auch beim übernächsten Mal.
Columbus, in steter Sorge um die Stimmung der Mannschaft, durfte für diesesmal aufatmen. Die Entspannung machte ihn gesprächig, und so setzte er sich zu Joseph Marco, der vor seiner Kajüte auf einem Tuch am Boden eine Reihe chirurgischer Instrumente ausgebreitet hatte, die er Stück um Stück reinigte und sorgsam nachpolierte.
Über sein ernstes, immer leicht angespanntes Gesicht flog ein Lächeln.
„Laßt mich ein wenig teilhaben an Eurer Kunst, Magister Marco, und erklärt mir, was hier vor uns liegt."

Joseph blickte auf.
„Instrumente der Chirurgie, die man gemeinhin als die dritte und wichtigste Säule der ärztlichen Praxis bezeichnet. Das hat schon Hippokrates gesagt."
„So nennt mir auch die beiden anderen Säulen."
„Diaetetica und Pharmaceutica – also die Lehre von der geregelten und vernünftigen Lebensweise und die Heilmittelkunde. Auch darüber hat Hippokrates sich sehr treffend geäußert: 'Was das Wort nicht heilt, das heilt das Kraut; was Kräuter nicht heilen, heilt das Messer. Was das Messer nicht heilt, heilt der Tod.'"
„Recht sinnig und kaum zu widerlegen. Jetzt aber zur Praxis, mein Lieber. Was ist zum Beispiel dies da?"
Columbus deutete auf ein spachtelförmiges Gerät.
„Das ist ein *ferrum candens*, ein Brenneisen zum Zerstören bösartiger Geschwülste, wird aber auch bei Schlangen- und Hundebissen und zum Blutstillen verwendet. Daneben liegt ein Schablöffel zum Ausräumen großflächiger Wunden, hier haben wir verschiedene Skalpelle, dann Pinzetten, Scheren, Sonden."
„Im Grunde lauter Folterinstrumente, mit denen keiner was zu tun haben will."
Joseph lächelte.
„Ihr müßt das anders sehen, Don Cristobal. Die von der Justiz verordnete Folter zerstört einen gesunden Körper, während meine Geräte hier dazu dienen, kranke Körper zu heilen. Beides ist mit Schmerzen verbunden, aber bei der Chirurgie kann der Kranke sich sagen: Es geschieht zu meinem Nutzen."
Columbus erhob sich und streckte eine Hand in die Höhe.
„Wind kommt auf. Seid bedankt, Magister José, und wir wollen beide hoffen, daß wir von Eurem Instrumentarium verschont bleiben."
Er verschwand in seiner Kajüte. Joseph wickelte jedes seiner Instrumente in ein sauberes Tuch und legte sie in einen Kasten aus Ebenholz – ein Geschenk seines Freundes Cristobal, als er noch kein 'Don' vor dem Namen trug und sie sich duzten, damals in Lissabon im Kreise ihrer Freunde. Was wohl aus Bartolomeo geworden war? Er wartete, bis Columbus aus seiner Kajüte kam und zum Kompaßhäuschen trat.
„Don Cristobal! Eine Frage noch – was ist aus Eurem Bruder geworden?"
„Wie kommt Ihr darauf?" fragte Columbus verwundert.

„Ich habe an die alten Zeiten gedacht, damals in Eurer Buchhandlung in Lissabon, als wir die Nächte durchdiskutierten..."
„Tempi passati! Wir müssen nach vorne blicken! Bartolomeo war zuletzt in Frankreich, aber er wird nach Spanien kommen und sich in meiner Abwesenheit um meine Söhne kümmern."
„Dann treffen wir uns nach der Reise vielleicht alle wieder?"
Ein anderer hätte jetzt vielleicht geantwortet: Möglicherweise oder wenn Gott uns gnädig wieder zurückführt, aber Columbus sagte in felsenfester Gewißheit: „Aber gewiß, Don José, darauf habt Ihr mein Wort."
Joseph bedankte sich, ging in seine winzig kleine Kajüte und holte ein paar Bogen Papier aus der Truhe. Er blickte lange auf die leeren Blätter und legte sie dann seufzend wieder zurück. Was hätte er Adriana schreiben sollen?

Die Tage flossen eintönig dahin, der Wind frischte nur kurz und mäßig auf, die meiste Zeit herrschte eine ziemliche Flaute. Freilich, die großen runden Segel fingen jeden Lufthauch ein, und was die Männer als Windstille empfanden, reichte doch aus, um die Schiffe pro Tag fünfzig bis neunzig Seemeilen voranzubringen.
Am letzten Tag des September holte Joseph die Blätter wieder heraus, um einen weiteren Brief an Adriana de Silva zu schreiben.

Geliebte Adriana,
als ich mich in Palos einschiffte, dachte ich, einem atemberaubenden Abenteuer entgegenzufahren, wo es heißt, sich täglich zu bewähren, aber so wie es bis jetzt aussieht, scheint mir ein Ritt von Avila nach Salamanca viel aufregender. Auf meine Tätigkeit als Hafenarzt in Lissabon traf dies jedenfalls zu, allein wenn ich daran denke, in welch furchtbarem Zustand manche meiner Patienten erschienen. Dem einen hing die Kopfhaut samt Haaren wie ein Lappen über die Stirn, einem anderen steckte ein Messer im Rücken und einen lieferten sie sogar ab, dem war ein langer Dolch durch den Nacken gedrungen, dessen Spitze vorne beim Schlüsselbein herausschaute. Ich brachte den Mann durch, weil die Klinge sehr dünn und haarscharf an der Luftröhre vorbei gegangen war. Hier aber geschieht wenig Aufregendes; die Burschen sind erfahren und geschickt, auch Raufereien kamen kaum vor. Vor ein paar Tagen mußte ein junger Matrose ausgepeitscht werden, weil er tagelang Wein aus den

Vorräten des Kochs gestohlen hatte. Die Anwesenheit eines Arztes ist dabei Vorschrift, aber der kräftige Bursche stand seine fünfundzwanzig Hiebe mit etwas Ächzen und Stöhnen gut durch. Ich salbte ihm nachher den Rücken mit Ringelblumenbalsam und da grinste der freche Kerl schon wieder.
Da wir von einer Flaute in die andere geraten, kommen wir nur sehr wenig voran, und ich habe unseren Admiral schon dabei ertappt, wie er in aller Heimlichkeit unsere Vorräte inspizierte. Das Pökelfleisch und die eingelegten Heringe sind noch halbwegs genießbar, doch der Schiffszwieback beginnt bereits zu schimmeln.
Ach Adriana, was gäbe ich darum, mit Dir jetzt in der 'Goldenen Gans' zu sitzen und zu einem Paar frischer Bratwürste einen kühlen jungen Weißwein zu trinken! Oder schickt es sich für die Tochter eines Stadtverordneten nicht, eine Studentenkneipe aufzusuchen?
Manchmal ist die Luft so still und die See so spiegelglatt, daß einige unserer Leute ins Wasser springen und um das Schiff herumschwimmen. Don Cristobal sieht es nicht gern. Käme ein plötzlicher Wind auf, so könnte es schon geschehen, daß wir einen dieser Schwimmer plötzlich aus den Augen verlieren und nicht wiederfinden. Aber er läßt es dennoch zu, um den Leuten etwas Abwechslung zu verschaffen. Häufig begegnen uns Schwärme von Doradas, und dann gibt es ein großes Wettangeln, weil dieser Fisch zehnmal besser schmeckt als unsere Salzheringe.
Gestern herrschte große Aufregung, als ein Fregattvogel mit trägem Flügelschlag unsere kleine Flotte umkreiste. Jeder Seemann weiß, daß sich dieser große Meeresvogel niemals weiter als 80–100 Seemeilen vom Land entfernt. Kurz darauf segelten zwei Pelikane vorbei – auch dies ein Hinweis auf das nahe Land. Doch es herrscht nach wie vor eine schlimme Flaute, und so müssen wir unsere Neugierde noch etwas zügeln.
Heute früh wiederholte sich dieser Vorgang: Es erschienen zwei Pelikane (vielleicht dieselben?), dazu ließen sich vier kleine Vögel auf dem Takelwerk der 'Santa Maria' nieder. Unsere Basken staunten die Piepmätze an, als seien es Engel. Wir sehnen uns alle nach einem festen Boden unter den Füßen – außerdem nähern wir uns dem vom Admiral gesetzten Zeitlimit von höchstens vier Wochen. So wird jeder Vorbote, der auf Landnähe hinweist, mit Jubel und Begeisterung begrüßt. Und immer wieder zeigt sich Gras auf dem Wasser, manchmal in sehr großen

Mengen. Alle Anzeichen weisen darauf hin, daß Land in irgendwelcher Form – sei es auch nur eine kleine vorgelagerte Insel – sehr nahe sein muß.

Joseph unterbrach seinen Brief, weil er draußen Rufe hörte. Einer der älteren Matrosen – nicht mehr so fest auf den Beinen – war ausgerutscht und durch die gerade offene Ladeluke in den Frachtraum gestürzt. Zum Glück war er auf die Beine gefallen, doch der linke Fußknöchel sah schlimm aus und schwoll von Minute zu Minute stärker an.
Joseph betastete sorgfältig den Fuß, während der alte Seemann grinsend die Zähne zusammenbiß.
„Daß er anschwillt, ist zunächst ein gutes Zeichen. Ein gebrochener Knöchel tut das in der Regel nicht."
Joseph tränkte eine Binde mit Arnikatinktur und legte einen festen Verband an.
„Mindestens drei Tage müßt Ihr den Fuß ruhen lassen", ordnete er an, worauf der Seemann sofort konterte: „Und wenn inzwischen Land auftaucht? Dann sitze ich hier und kann euch anderen zusehen, wie ihr das Gold vom Boden aufklaubt."
Fast die ganze, wegen der Flaute untätige Schiffsbesatzung umringte den Verletzten, dankbar für jede Unterbrechung. Seine harmlos und scherzhaft gemeinte Frage: Und wenn inzwischen Land auftaucht? wirkte wie ein Stöpsel, den man aus dem Spundloch eines übervollen Fasses zieht. Da hatte sich in den letzten Tagen einiges aufgestaut, das nun übermächtig ans Licht drängte, herausschoß wie ein unter mächtigem Druck stehender Wasserstrahl.
Die Fragen, Ausrufe und Klagen wirbelten durcheinander.
„Ja, wann sehen wir endlich Land?"
„Je mehr wir vorwärts fahren, desto weiter ist's zurück!"
„Vielleicht sehen wir nie mehr Land – weder hier noch dort!"
„Man hat uns schließlich gezwungen!"
„Nicht einmal für die doppelte Heuer würde ich es ein zweitesmal machen!"
„Einfach ins Blaue fahren heißt Gott versuchen!"
„Vielleicht bleiben wir bald im Sargassomeer stecken..."
Columbus hatte schweigend zugehört, doch nun erhob er seine Stimme, ruhig und beherrscht sprach er zu seinen Leuten, wie ein Vater zu aufgeregten Kindern.

„Liebe Leute, jetzt hört mir einmal zu! Jeder von euch hat auf seine Weise recht. Wenn ihr nach Land fragt, so kann ich euch nur sagen, daß wir ihm nahe sind. Hätten die Passatwinde länger angehalten, und wären wir nicht in eine Reihe von Flauten geraten, so lägen wir längst an der Küste Indiens. Wer da glaubt, wir seien ins Blaue gefahren, kennt die Gestalt unserer Erde schlecht. Gott hat sie als Kugel erschaffen, und es ist gar nicht möglich, ins Ungewisse zu fahren, weil", er ballte seine Faust und fuhr mit dem Zeigefinger rundherum „jeder, der eine Kugel umkreist, wird am Ende an seinen Ausgangspunkt zurückkehren. Da die Erde aber nur zum Teil mit Wasser bedeckt ist, und wir ihre ungefähre Größe kennen, gibt es keine andere Möglichkeit, als daß in Bälde Land vor uns auftaucht."

„Das habt Ihr schon so oft gesagt, Admiral!" rief es aus der Menge. Columbus erkannte den Rufer an der Stimme, doch die Klugheit gebot ihm, solche von Sorge und Angst bestimmten Äußerungen quasi als Volkes Stimme zu nehmen. Einen einzelnen wegen einer solchen Bemerkung – womit er die allgemeine Stimmung ausdrückte – zu bestrafen wäre falsch und gefährlich gewesen. Columbus zwang sich zu einem Lächeln.

„Mir ergeht es wie euch: auch ich sehne mich danach, endlich wieder Land zu betreten, auch ich bin zeitlebens ein Küstenfahrer gewesen und fast immer auf Schiffen gereist, von denen man das Festland niemals aus den Augen verlor. Diese vielen Tage auf hoher See sind für mich ebenso neu wie für euch, aber in der Geschichte der Menschheit hat es immer wieder Situationen gegeben, die neu sind, und Menschen, die zum erstenmal etwas unternahmen. Diesmal sind wir es, Señores, und ihr werdet euren Kindern und Enkeln erzählen können, daß ihr die ersten wart auf dem Seeweg nach Indien. Die Namen unserer drei Schiffe, wie auch die euren, werden in die Geschichte der Seefahrt eingehen." Columbus schwieg und versuchte, jeden einzelnen der Männer kurz anzublicken. Dann setzte er hinzu: „Und vergeßt eines nicht: Wer als erster Land erblickt, erhält von den spanischen Majestäten eine lebenslange Rente von zehntausend Maravedis. Also – haltet die Augen offen!"

Columbus sah, daß seine Rede gewirkt hatte. Die Männer gingen an ihre Arbeit zurück, soweit etwas zu tun war, einige fischten, andere, die mit der 'Friedhofswache' von drei bis sieben Uhr früh, legten sich aufs Ohr, um etwas vorzuschlafen.

Am Abend dieses Tages schrieb Columbus in sein Bordbuch:

Auf unserer Fahrt nach Westen legten wir weitere 100 Seemeilen zurück; meinen Leuten meldete ich nur 80. Ein großer Regenguß ging nieder. Meinen Berechnungen nach hatten wir von der Insel Hierro bis hierher 2828 Seemeilen zurückgelegt, die ich aber geheimhielt und offiziell eine Strecke von 2336 Seemeilen bekanntgab.

Die heutige Mißstimmung bei der Mannschaft erwähnte er nicht, weil er es überhaupt vermied, Ereignisse festzuhalten, die nicht Wind, Wetter, Strömungen oder Probleme der Navigation betrafen. Auch daß die Brüder Pinzon öfter versucht hatten, ihm einen anderen Kurs aufzuschwatzen, erwähnte er nur in Nebensätzen. Vor allem Martin schien es darauf angelegt zu haben, durch eine leichte Kursänderung zuerst die Insel Zipangu zu erreichen, aber Columbus blieb hart, weil er nach Möglichkeit zuerst das indische Festland erreichen wollte. Hätte es Stürme gegeben, oder wären sie einem der sagenhaften Seeungeheuer begegnet, so hätte er dies getreu aufgezeichnet. Aber nichts davon trat ein, ausgenommen eine manchmal stark bewegte See mit haushohen Wellenkämmen, auf denen winzige Gischtkobolde einen irren Reigen aufführten. Die zwei kleineren Schiffe tanzten auf diesen Wasserbergen herum wie Nußschalen und sanken in abgrundtiefe Wellentäler, als ginge es hinab in den Orkus, während die trägere und schwerere 'Santa Maria' der wild bewegten See besser widerstand.
Joseph Marco fragte den Admiral nach diesem Phänomen.
„Dafür gibt es nur eine Erklärung: Wir spüren hier die Wirkung von gewaltigen Stürmen im Norden des Atlantik. Freilich mutet es schon seltsam an, daß wir hier bei einem leise fächelnden Wind ein derart aufgewühltes Meer erleben. Umgekehrt wäre es schlimmer..."
Später setzte Joseph den unterbrochenen Brief an Adriana fort.

Noch immer ist kein Land aufgetaucht, doch die Zeichen von seinem Vorhandensein mehren sich. Landvögel aller Art umkreisen unsere Schiffe, darunter Möwen und Seeschwalben, deren abendlicher Flug in Richtung Südwest darauf hinweist, daß sie zur Nachtruhe an Land fliegen. Die Pinzonleute haben es sichtlich darauf angelegt, bei der Landentdeckung die ersten zu sein. Natürlich durchschaute der Admiral diese Absicht und befahl, daß am Morgen und am Abend die Schiffe Seite an Seite fahren sollen, weil zu dieser Zeit die beste Sicht herrschte. Damit wolle er den Seeleuten auf allen drei Schiffen die gleiche Chance einräu-

men, derjenige zu sein, der den ersehnten dunklen Streifen am Horizont entdeckte. Don Cristobal ist sehr ehrgeizig, wenn er es auch nicht zu deutlich zeigt. Er ist ein Mensch von ganz natürlicher Autorität, und das hat nichts mit seinem Admiralsrang zu tun. Schon während unserer Zeit in Lissabon nannte ihn jeder Fremde Don Cristobal, weil eine angeborene Vornehmheit ihn auszeichnete und ihm niemand den Sohn eines kleinen Handwerkers angesehen hätte. Ihm als einzigen habe ich den wahren Grund meiner Verhaftung gestanden – so, wie ich ihn jetzt sehe. Meine Liebe zu Dir verbietet mir, deutlicher zu werden; vielleicht hat Pedro Dich inzwischen aufgeklärt. Letztlich habe ich es ihm zu verdanken, daß ich ungeschoren davonkam, denn Dein Bruder hat sich mir gegenüber immer als verläßlicher und treuer Freund erwiesen. Ich hoffe zu Gott, daß ich einmal Gelegenheit finde, mich dafür erkenntlich zu zeigen.
Für heute grüße, küsse und umarme ich Dich!

Joseph faltete den Brief mehrmals und verstaute ihn auf dem Grund seiner Seemannskiste, wo schon die anderen lagen. Er wußte natürlich, daß diese Blätter nichts anderes waren, als eine Art von Tagebuch, aber etwas zwang ihn hartnäckig an der Fiktion einer Verbindung zu Adriana de Silva festzuhalten.
In den Tagen darauf kam es häufiger zu Raufereien unter der Mannschaft, wohl ausgelöst von der erzwungenen Untätigkeit während der anhaltenden Flaute, auch geschürt von der zunehmenden Gereiztheit wegen des lähmenden Wartens auf ein Landzeichen. Die Männer gerieten wegen Kleinigkeiten aneinander. Manchmal genügte schon ein spöttisches Lächeln als Anlaß zu einem blutigen Zweikampf. Schließlich griff der Admiral ein und verhielt sich wie stets zurückhaltend, bedächtig und verständnisvoll.
Zu Marco bemerkte er: „Mein Gott, José, das sind meist junge gesunde Männer, voll Saft und Kraft. Ich würde sie ja gerne die Masten hinauf- und hinunterjagen, wenn es irgendeinen Sinn ergäbe. Sollen sie sich austoben, auch wenn es auf diese Weise geschieht, aber ich werde die Messerkämpfe strengstens verbieten. Wenn sie sich mit ihren Fäusten grün und blau schlagen, erspare ich dem Profos, eine Prügelstrafe zu verhängen. Ich halte nichts von übertriebener Strenge oder von einer mit Peitsche und Stock erzwungenen Disziplin. Es muß aber Grenzen geben und wenn man Euch zu einem Mann mit Messerwunden holt, möchte ich sofort unterrichtet werden."

Am Donnerstag, dem 4. Oktober, frischte der Wind endlich auf, und am Himmel erschienen die wohlbekannten kleinen Passatwölkchen, anzusehen wie eine Reihe locker geschlagener Sahnebällchen. Die Luft war so lau und mild geworden wie an einem Frühlingstag in Sevilla; kreischend zogen die Möwen ihre Kreise um die Schiffe, Schwärme von Seeschwalben jagten wie gefiederte Pfeile im niedrigen Flug dahin, einige von ihnen verfingen sich in den Segeln und fielen aufs Deck.

In der Nacht zum Freitag ließ der Wind etwas nach, aber Columbus errechnete noch immer eine Geschwindigkeit von elf Seemeilen pro Stunde. Am Samstag setzte wieder eine Flaute ein, die See war spiegelglatt, und von der 'Pinta' kamen Martin Pinzons Rauchsignale, er fordere eine dringende Besprechung, wenig später schloß sich sein Bruder Vicente, Kapitän auf der 'Niña', dieser Forderung an.

Columbus stand mit Juan de la Cosa, dem Eigner der 'Santa Maria', an der Reling und blickte den beiden Booten entgegen, die sich schnell näherten.

„Das sieht nach einer Absprache aus", meinte der Admiral, doch de la Cosa, seinem jähen baskischen Naturell entsprechend, stieß zornig hervor: „Eine Absprache nennt Ihr das? Ich nenne es eine Verschwörung, heimtückisch und hinterhältig. Wenn die beiden an Deck sind, würde ich sie sofort in Ketten legen und peinlich befragen lassen."

Columbus blickte den Basken belustigt an.

„Na, na, mein Freund, wir wollen uns doch nicht die Methoden der Inquisition zu eigen machen. Hören wir uns ruhig an, was sie zu sagen haben, dann sehen wir weiter."

Columbus ließ einen Tisch neben den Großmast stellen, befahl Wein und einen kleinen Imbiß aufzutragen. Sie saßen im Schatten des schlaffen Großsegels, das sich nur dann und wann spielerisch im Windhauch bewegte. Columbus hatte nichts dagegen, daß Juan de la Cosa, Steuermann, Profos und der Arzt erwartungsvoll den Tisch umringten.

Die Brüder Pinzon tranken ein paar Schluck Wein, knabberten einige Nüsse und kamen dann schnell zum Thema. Wie immer redete fast nur Martin, der Ältere, während Vicente dann und wann seine Zustimmung brummte.

„Ich sage es Euch geradeheraus, Don Cristobal: Unsere Leute wollen nicht mehr weiter. Jeder einzelne weiß, daß wir schon um etliches über die 2000 Seemeilen hinaus sind, die Ihr am Beginn der Fahrt als weiteste Entfernung genannt habt. Wir sind zwar die Kapitäne, aber wenn sich die Mannschaft uns geschlossen entgegenstellt, müssen wir auf irgendeine Weise reagieren."

Columbus blickte die beiden an, ruhig, ernst und nachdenklich. Er schwieg eine Weile, schaute auf das in einem plötzlichen Windstoß knatternde Achtersegel und verfolgte die Kreise einiger niedrig fliegender Möwen. Martin Pinzon begann schon ungeduldig die Stirn zu runzeln, da sagte Columbus plötzlich: „Und wie habt Ihr reagiert?"

„Das seht Ihr ja! Wir haben Euch um eine Besprechung gebeten."

„Gut, ich weiß nun, was Eure Mannschaft will, aber Eure eigene Meinung kenne ich nicht."

„Wir richten uns nach Euch, Don Cristobal."

Vicente brummte seine Zustimmung und sein Bruder sagte noch: „Ich habe das Gefühl, als seien wir schon an mehreren kleinen Inseln vorbeigefahren, worauf die vielen Vögel hinweisen, die ja alle an Land brüten und schlafen."

Columbus nickte.

„Gut möglich, wenn es nachts geschah. Da können wir drei Inseln passieren und bei Sonnenaufgang sind sie verschwunden. Gleichviel – Inseln sind fast immer irgendeinem Festland vorgelagert und darauf baue ich."

„Vielleicht sollten wir mehr auf Südkurs gehen, Admiral, um Zipangu nicht zu verfehlen."

Columbus ging nicht darauf ein.

„Ich schlage folgendes vor: Wir bleiben noch eine Woche auf Westkurs, beobachten genau die Vögel, die Strömungen und was auf dem Meer so herumschwimmt. Hat sich bis dahin nichts geändert, dann legt mich in Eisen und segelt zurück."

Pinzon schüttelte den Kopf und hob warnend die Hand.

„Nein, Admiral, eine Woche ist zuviel, da werden sie meutern. Drei Tage – das werden sie hinnehmen."

„Gut, dann sagt ihnen wir haben uns auf vier Tage geeinigt. Aber", Columbus zog ein gefaltetes Papier aus der Tasche, „bedenkt auch, daß wir nicht auf eigene Faust unterwegs sind, sondern einen klaren Auftrag unserer Könige zu erfüllen haben. Hier steht es schwarz auf weiß, wurde in der Kirche von Palos verlesen, und ihr alle habt es gehört. Ob ihr mich nun in Eisen legt oder ins Meer werft – man wird euch nach der Rückkehr fragen: Was habt ihr getan, wo seid ihr gewesen? Da müßt ihr euch eine gute Antwort einfallen lassen, aber keine davon wird gut genug

sein, um die Majestäten zu befriedigen. König Ferdinand hat großen Bedarf an Rudersklaven, und das wird euer aller Schicksal sein: Ihr endet als Sträflinge auf den königlichen Galeeren, und ich brauche euch nicht zu sagen, daß es dort mehr Hiebe als Brot gibt." Columbus erhob sich.
„Das, meine Herren, teilt bitte euren Leuten mit, dann mögen sie nach ihrem Gutdünken entscheiden."
Die Brüder Pinzon erwiderten darauf nichts mehr, aber kaum waren sie auf ihren Schiffen angelangt, kam das Signal 'mit allem einverstanden'.
Columbus nickte gleichmütig.
„Das wußte ich schon vorher. Wir sind doch alle in der gleichen Lage: verurteilt zum Erfolg, weil es keine Alternative gibt – nicht für mich und nicht für die anderen."
Juan de la Cosa sprach als erster: „Ihr habt richtig gehandelt, Don Cristobal, was man anfängt, sollte zu Ende geführt werden. Außerdem spüre ich's in den Knochen, daß wir nahe am Land sind – ganz nahe."
„Ich spüre nichts", sagte Diego de Harana trocken, „aber ich glaube Euch."
Columbus blickte seinen Quasi-Schwager voll Zuneigung an.
„Auf dich ist immer Verlaß, Diego, das weiß ich. Aber warum sollen wir den Wein verkommen lassen, wenn er nun schon einmal auf dem Tisch steht?"
Auch bei der Mannschaft der 'Santa Maria' – überwiegend Basken aus Galicien – hatte es im Laufe der letzten Tage einige Unruhe gegeben, doch die meisten dieser Männer standen zu ihrem freiwillig gefaßten Entschluß. Von den wankelmütigeren und mehr ihren Stimmungen unterworfenen Südspaniern aus Palos unterschied sie eine aus Starrsinn und Stolz gemischte Haltung, die sie hegten und pflegten und an der sie gerade jetzt, da die anderen kleinmütig wurden, eisern festhielten.
Am darauffolgenden Sonntag hißte die nur wenig entfernte 'Niña' am Großmast die Flagge, und kurz darauf ertönte das Krachen einer Bombarde.
Der Admiral hatte angeordnet, die drei Schiffe müßten sich von nun an auf gleicher Höhe halten, der besseren Sicht wegen und damit niemand bei der bevorstehenden Landsichtung benachteiligt sei.
Diego de Harana und Joseph Marco traten an die Reling.
„Können die Herren etwas erkennen?" fragte Columbus mit einem Unterton von Ironie. Harana zuckte lächelnd die Schultern.
„Ich sehe nur Dunst..."

Marco tippte sich an die Stirn und meinte: „Das sind die Wunschvisionen des Herrn Pinzon, der wieder einmal der Erste sein möchte."
Als sich auch gegen Abend nichts zeigte außer einer Vogelschar, die nach Südwesten zog, ordnete Columbus an, den Kurs „West-Südwest" beizubehalten.
Die Tage gingen hin, und auch als am 11. Oktober die vom Admiral eingeräumte Frist verstrich, regte sich kein Widerspruch. Alle spürten, daß etwas bevorstand, und das Wetter tat ein übriges, um keine Langeweile aufkommen zu lassen. Ein heftiger Sturm blähte die Segel bis zum Bersten, die Masten knarrten bedenklich, und die See ging so hoch wie nie zuvor. Schwere Brecher schlugen über dem tief eintauchenden Bug zusammen, so daß Joseph Marco manchmal meinte, das Schiff könne sich nicht mehr aufrichten und sause geradewegs in die Tiefe.
Das Meer beruhigte sich bald wieder, doch der steife Wind hielt an.
„Da!" rief ein Matrose und deutete aufs Wasser, „schaut euch das einmal an!"
Joseph beugte sich über die Reling und sah, wie ein grünes Schilfrohr vorbeitrieb, das so frisch aussah, als hätte man es vor kurzem abgeschnitten.
Noch deutlicher waren die Zeichen auf der 'Pinta'. Dort fischte man zwei Stöcke aus dem Wasser, von denen einer ganz deutliche Spuren einer Bearbeitung aufwies. Kapitän Pinzon kannte kein Halten mehr. Er setzte sich mit seinem leichten und schnellen Schiff an die Spitze; der Admiral konnte ihn nicht daran hindern – und wollte es auch nicht.
Schnell wie ein Theatervorhang senkte sich eine warme Tropennacht über die drei Schiffe. Columbus hatte nachmittags ein paar Stunden geschlafen, nun wollte er wenigstens bis um Mitternacht durchwachen. Lange hielt es ihn nicht auf dem Stuhl, er begann, auf dem Schiff herumzuwandern, leise gegrüßt von den fünfzehn Mann der zweiten Nachtwache, die eine Stunde vor Mitternacht begann und von der ungeliebten 'Friedhofswache' vier Stunden später abgelöst wurde.
Langsam ging er vom Achterdeck zur Back, immer die Augen nach Westen gerichtet. Die 'Santa Maria' hob und senkte sich auf dem noch immer wildbewegten Meer, und es war wie der Rhythmus des Liebesaktes, als wollte das Schiff mit der See ein Kind zeugen – ein Kind namens 'Land'.
Columbus blieb auf der Back stehen und hielt sich am Fockmast fest. Dann sah er das Licht. Er sah es deutlich – ein kleines, rotgelbes flackern-

des Licht, das für Sekunden verschwand, um dann wieder aufzuglimmen. Eine Täuschung? Das Glitzern des Mondes auf dem bewegten Wasser? Ein anderes Schiff?
Er zwang sich dazu, die Augen zu schließen, und zählte bis zwanzig – langsam und bedächtig. Das Licht war noch da und hatte sich nicht von der Stelle bewegt.
„Weckt Don Pedro Gutierrez!" befahl er einem Matrosen.
Dieser Vertraute und Kammerherr von König Ferdinand war auf eigenen Wunsch mitgereist, aber alle mutmaßten, daß er die geheime Rolle eines Beobachters der Krone spielte. Er jedenfalls stand dem König am nächsten, und Columbus, als Höfling nicht unerfahren, seinen Rang als künftiger Vizekönig im Auge, rief diesen Mann als ersten Zeugen.
Don Pedro erschien sehr schnell – auch er hatte in dieser Nacht noch nicht geschlafen.
„Ich sehe es auch", bestätigte er, wartete geraume Zeit und wiederholte: „Ja, Don Cristobal, ich sehe es."
Nun gab es auf dem Schiff noch einen ganz offiziellen *veedor* der spanischen Majestäten, Rodrigo Sanchez, den königlichen Inspektor, der vor allem auf den Gewinnanteil der Krone zu achten hatte. Ihn rief Columbus als zweiten Zeugen. Er war ein dicker, etwas träger Mann und hatte bereits geschlafen, so daß es nun einiges länger dauerte, bis er gähnend und schlaftrunken erschien. Mürrisch blinzelte er in die angegebene Richtung.
„Ich sehe nichts – nein, da ist nichts."
Auch Columbus und Don Pedro sahen es nicht mehr. Das Licht war verschwunden. Ohne Gruß machte sich Rodrigo Sanchez auf den Rückweg. Don Pedro lachte leise.
„Das verzeiht er Euch nie – ihn einfach wegen nichts zu wecken."
„Aber da war etwas! Ihr habt es doch auch gesehen."
„Gewiß, Don Cristobal, dazu stehe ich."
„Ich werde es ins Bordbuch eintragen und Euch als Zeugen benennen."
„Tut das, Admiral, tut das!"
Columbus ging zu seiner Kajüte zurück und setzte sich neben das Kompaßhäuschen. Er war hellwach, unfähig zu schlafen oder einen klaren Gedanken zu fassen. Das Licht hatte sich leicht auf- und abbewegt, als winke jemand mit einer Fackel.
Vielleicht waren es Fischer auf ihrem schwankenden Kahn, um mit ein paar brennenden Holzscheiten nächtliche Beute anzulocken? Oder eine

Art Leuchtfeuer, um den Fischern die Richtung zu weisen? Es gab so viele Möglichkeiten, so viele.

Nach Mitternacht nickte Columbus kurz ein, doch dann riß ihn das lange erwartete Zeichen aus dem Schlaf: Von der 'Pinta' erdröhnte dumpf ein Kanonenschuß, und es war als sei die Kugel in einen Bienenkorb gefahren. Land! Sie hatten Land gesehen! Schreie, Rufen, Gebete, Gesang wehten von Schiff zu Schiff; auf der 'Santa Maria' fiel die ganze Mannschaft auf die Knie und betete laut das 'Gloria in excelsis Deo', während sich im Westen der schmale Landstreifen im hellen Mondlicht immer deutlicher abzeichnete.
Sie waren jetzt vielleicht noch acht Seemeilen davon entfernt, doch der lebhafte Wind trieb sie schnell näher. Über dem hellen Uferstreifen waren jetzt etwas verschwommen die dunklen Silhouetten von schlanken Palmen zu erkennen.
„Schlimme Untiefen!" meldete der Steuermann, und so ließ Columbus die Segel streichen und die Anker werfen, was er auch an die beiden anderen Schiffe signalisierte. Vor Sonnenaufgang wollte er nichts unternehmen. Er war am Ziel. Sein Herz schlug ganz ruhig, die Müdigkeit überfiel ihn plötzlich mit aller Macht. Er legte sich aufs Bett und schlief sofort ein.
Ein Name ging in dieser Nacht durch aller Munde – der des Matrosen Rodrigo de Triana, denn er war es, der den Landstreifen zuerst entdeckt hatte, und seine Freunde gratulierten ihm zu der versprochenen lebenslangen Pension von zehntausend Maravedis.

31

DAVID MARCO nahm den Auftrag seines *patrono* sehr ernst und erforschte die Situation der Conversos und Juden in Rom. Er notierte gewissenhaft den Namen von Magister Elia Salmone, der auch nach Rodrigo Borgias Wahl zum Papst sein Leibarzt geblieben war, stellte fest, daß es zwar ein Judenviertel, aber kein Ghetto gab und daß der Verkehr zwischen Christen, Juden und Conversos ein völlig freier und unbefangener war.
Sein Bruder Jakob, der Weinhändler, belieferte Kardinal Cesare Borgia und manchmal sogar den Papst und genoß hohes Ansehen bei der jüdischen Händlergilde. Das nicht sehr beliebte Amt eines Gildensprechers war an ihm hängengeblieben, und niemand dachte im Traum daran, ihn abzuwählen. Seine ruhige, freundliche und fröhliche Art machte ihn überall beliebt, seine unorthodoxe Liberalität schätzten seine christlichen Freunde nicht weniger als die Juden seine furchtlose und uneigennützige Art, sich für ihre Belange einzusetzen.
Im Gespräch mit seinem Bruder fühlte David ein ganz leises Bedauern, daß seine Welt nicht mehr die jüdische war, obwohl er felsenfest an Jesus Christus als Messias und an die alleinseligmachende katholische Kirche glaubte. In diesen römischen Tagen war bei ihnen häufig ein unsichtbarer Dritter zu Gast: Joseph, der jüngste Bruder, dessen Schicksal auf hoher See ganz in die Hand Gottes gegeben war.
„Wenn ich daran denke, vier oder fünf Wochen zusammengedrängt wie Schafe im Pferch auf einem Schiff verbringen zu müssen; ringsherum der Ozean, nur Wasser, Wasser, Wellen, Gischt..."
David schüttelte sich und Jakob lachte.
„Ja, Bruder, wir Marcos hatten mit der Seefahrt bisher wenig im Sinn. Die politischen Ereignisse haben uns und viele andere Juden dazu ge-

zwungen, oder genauer gesagt, deine dreimal verfluchte Königin, die Gott strafen möge nach unserer Schrift: Auge um Auge, Zahn um Zahn! Sie hat soviel Leid, Elend, Tod und Unrecht verschuldet, daß sie zehn mal zehn Leben bräuchte, um ihre Sünden jemals abzubüßen."
Als treuer Untertan hätte David schroff entgegnen müssen – hätte es wohl in Spanien auch getan, aber hier im Kreis seiner Familie, einer betroffenen Familie... Er suchte nach den richtigen Worten.
„Aus dem Blickwinkel eines Juden mag richtig sein, was du sagst, aber der Königin stellt sich das Problem anders dar. Wegen der Juden hat es Unruhen in vielen Städten gegeben."
„Geschürt vom Klerus, gefördert von der Inquisition, geduldet von den Königen! Schluß damit! Du hast jedenfalls gesehen, daß es in Rom anders ist. Präge es dir gut ein, damit du in Spanien den Unterschied siehst."
„Ich sehe ihn, habe schließlich kein Brett vor der Stirn!" sagte David ungehalten.
Dieses Thema führte bei den Brüdern oft zu Auseinandersetzungen, doch ein ernsthafter Streit wurde niemals daraus.

Neun Tage nach seiner Audienz beim Papst erschienen zwei Kuriere und überreichten Padre David Marco ein prachtvoll gesiegeltes Pergament mit seiner Ernennung zum päpstlichen Hauskaplan – gnadenhalber und ausnahmsweise gebührenfrei, wie einer der beiden Boten betonte.
Wenig später kam Magister Salmone vorbei, um eine Bestellung aufzugeben. David berichtete ihm nicht ohne Stolz von seiner Rangerhöhung. Der langbärtige Arzt lächelte bedächtig.
„Nun seid Ihr also ein Mitglied der *famiglia pontifica* – ich gratuliere! Ihr habt jetzt freien Zugang zum Vatikan, dürft pro Woche eine Messe in Sankt Peter lesen und könnt auf Eurem Priestergewand einen Purpurstreifen tragen."
„Ihr wißt ja recht gut Bescheid, Magister Salmone", bemerkte Jakob spöttisch.
„Aber ja! Ich kenne auch die gesamte Gebührenordnung der päpstlichen Ämter. Seine Heiligkeit hat mir ausdrücklich erlaubt, dafür zu werben. Wir Juden, so meinte er, besäßen ja die besondere Gabe, etwas meistbietend zu verhökern, und da machte ich als Arzt wohl keine Ausnahme. Aber ich glaube, er hat es nicht böse gemeint."
David lachte unsicher.

„Das ist wohl ein Scherz..."
Salmone schüttelte belustigt seinen Kopf.
„Aber keineswegs, Padre! Vom Titel eines päpstlichen Notars, Sekretärs oder Kaplans über Abt, Bischof und Erzbischof bis hinauf zum Kardinal ist alles käuflich. Auf der Liste der nächsten Kardinalserhebungen steht der Sohn eines reichen Farbenhändlers. Der Junge hat studiert, kann Latein und Griechisch, und sein Vater bezahlt zwanzigtausend Dukaten. Fertig ist der Kardinal!"
„Über solche Dinge spottet man nicht!" sagte David steif.
Salmone hob beschwichtigend die Hände.
„Aber ich spotte doch nicht. Seine Heiligkeit betont bei jeder Gelegenheit, daß der zu erwartende Krieg mit Frankreich jede Art von Gelderwerb rechtfertigt, da er ja zum Schutz der Kirche dient und somit gottgefällig ist."
David blickte unbehaglich drein.
„Nun ja... Steht der Krieg tatsächlich vor der Tür?"
„Jedenfalls hat der Papst Donna Giulia schon in Sicherheit gebracht – ein Zeichen, daß es gefährlich wird. Offiziell pflegt sie ihren erkrankten Bruder; vielleicht stimmt es sogar."
„Ist sie wirklich – also, ich meine, ich habe sie im Vatikan gesehen, sie stand dem Maler Modell für..."
„Für eine Madonna, ganz Rom weiß es. Ja, der Papst hat sie zu ihrem Mann zurückgeschickt."
„Ah, Donna Giulia ist verheiratet?"
„Ja, sozusagen. Wechseln wir das Thema. Wann kehrt Ihr nach Hause zurück, Padre?"
„Sobald ich das päpstliche Antwortschreiben an die Katholischen Könige erhalten habe."
„Drängt auf Eile, die Meere könnten zu Kriegszeiten unsicher werden."

In Rom herrschte gespannte Erwartung, da man mit dem Einmarsch der französischen Truppen rechnete.
Cesare Borgia war gerade dabei, sich für einen Besuch bei Fiammetta umzukleiden, als sein Sekretär Kardinal Farnese anmeldete. Er zögerte etwas, nickte dann.
„Gut, laß ihn herein."
Cesares in Abneigung verdunkeltes Gesicht glättete sich in höfischer Freundlichkeit, als Kardinal Alessandro Farnese eintrat. Daß Giulia Far-

nese, mit dem einäugigen Orso Orsini verheiratet, seit einigen Jahren die Geliebte des Papstes war, führte zu immer neuen Verwicklungen. Alessandro Farnese war am selben Tag wie Cesare zum Kardinal ernannt worden. Der junge, gescheite und ehrgeizige Wüstling hatte diese Würde seiner Schwester zu verdanken, die als Lucrezias Hofdame häufiger im Bett des Papstes als im Palast ihrer Herrin zu finden war. Das römische Volk zierte Alessandro Farnese sogleich mit dem Titel 'Schürzenkardinal', während es Giulia die 'Braut Christi' nannte.
Kardinal Farnese verneigte sich flüchtig und geiferte sofort los.
„Ich gebe Euch den guten Rat, Herr Kardinal, auf Seine Heiligkeit einzuwirken, da sich nun die Lage gefährlich zuspitzt. Anstatt meine Schwester mit Briefen und Drohungen zu behelligen, sollte sich Seine Heiligkeit, Euer Vater, nun endlich zum Handeln entschließen!"
Cesare beherrschte sich mit aller Kraft.
„Wovon sprecht Ihr eigentlich? Eure Schwester befindet sich soviel ich weiß, in Capodimonte, und wir wollen es doch ihr selbst überlassen, wann sie nach Rom zurückkehrt. Was nun die 'zugespitzte Lage' betrifft, so vermute ich, Ihr sprecht von unseren Feinden, den Franzosen?"
Alessandros Lachen klang laut und frech.
„Ihr vermutet recht, teurer Bruder in Christo. Wißt Ihr eigentlich, daß die Franzosen schon durch die Toskana ziehen? Ist Euch klar, daß Ihr schon bald alleine dasteht? Ist Euch bekannt, daß Euer feiner Schwager, Giovanni Sforza, längst zu seinen mailändischen Verwandten übergelaufen ist, ganz abgesehen von Kardinal della Rovere? Der Siegeszug König Karls von Frankreich wird in Neapel enden, dessen Krone ihm zufallen wird wie eine reife Frucht. Ihr könnt Euch denken, was dann mit den Borgias geschieht."
Cesare blickte dem Kardinal Farnese verachtungsvoll in sein von Schadenfreude und Haß gezeichnetes Gesicht.
„Ihr vergeßt, wer Euch den Purpur verlieh. Ihr vergeßt außerdem, daß auch ein König von Frankreich Seiner Heiligkeit Ehrfurcht und Respekt schuldet. Ehe ich mich aber vergesse, möchte ich Euch höflich ersuchen, mein Haus zu verlassen."
Cesares Stimme war gleichmütig geblieben, doch Kardinal Farnese, der ebenso vorsichtig wie frech war, hatte die Veränderung im Gesicht des Borgia wohl bemerkt. Vor dem eiskalten Blick zuckte er zurück.
„Ihr werdet noch an mich denken", stieß er mit heiserer Stimme hervor und wandte sich zur Tür.

Cesare drehte sich ruckartig um und ging an seinen Schreibtisch. Hastig schrieb er einige Zeilen für Fiammetta und läutete dem Diener.
Er wußte, daß Farneses Drohungen nicht von ungefähr kamen. König Karl VIII. von Frankreich hatte sich mit Ludovico Moro von Mailand verbunden, um seine etwas vagen Ansprüche auf die Krone Neapels durchzusetzen. König Alfons, anstatt im Verein mit den päpstlichen Truppen sein Land zu verteidigen, raffte den Kronschatz zusammen und floh nach Sizilien.
Papst Alexander blieb hart. Er wollte sich den französischen Drohungen nicht beugen, gab auch nicht nach, als König Karl mit der Einnahme und Plünderung Roms drohte.
Cesare eilte in den Vatikan.
„Ihr müßt nachgeben, Heiligster Vater, Ihr müßt! Die Klugheit gebietet es. Was liegt uns daran, auf wessen Haupt die Krone Neapels sitzt? König Alfons ist geflohen, sein Sohn, ein unfähiger Schwächling. Wir können und dürfen mit dem Süden nicht im Streit liegen! Der Franzose hat ganz Italien auf seiner Seite, sogar in Florenz lecken sie ihm den Hintern."
Alexander, gutgelaunt und zuversichtlich wie immer, winkte ab.
„Sie werden es nicht wagen, den Papst anzugreifen! Vergiß nicht, César, Uns allein steht es zu, dem König von Neapel – wer immer er sei – die Investitur zu erteilen. Ich sehe ihn schon zu meinen Füßen, diesen Karl von Frankreich." Wieder in seinen zeremoniellen Ton verfallend, sagte der Papst: „Wir sind Unseres Thrones sicher und warten ab. Wer sich am Papst vergreift, darf sich nicht mehr zu den Herrschern der Christenheit zählen. Gott möge Uns Zuversicht und Festigkeit verleihen."
Cesare verneigte sich in widerwilliger Bewunderung und sagte: „Mögen uns die Heiligen beistehen. Was kann ich für Euch noch tun, mein Vater?"
Alexanders Gesicht verlor plötzlich den Ausdruck des fröhlichen Wohlwollens, es wurde schlaff und alt und bekam einen fast ängstlichen Zug. Seine Stimme klang leise.
„Hole mir Giulia zurück, César. Ich brauche sie. Sie fehlt mir so sehr, ich hätte sie nicht wegschicken dürfen." Mit einer hilflosen Geste hob Alexander seine Hände und blickte sich um. „Diese Räume sind ohne sie und Lucrezia wie ein Totenhaus. Hole mir wenigstens Giulia zurück, da unsere Lucrezia nun wohl bei ihrem Gatten in Pesaro bleiben muß."
„Da haben wir uns ein Kuckucksei ins Nest gesetzt, mein Vater. Wißt

Ihr, daß der Sforza uns verrät? Anstatt als Condottiere des Heiligen Stuhls seine Truppen mit denen Neapels zu vereinigen, ist er heimlich nach Mailand geschlichen, um sich bei seinem Onkel einzuschmeicheln. Die Ratten verlassen das sinkende Schiff."
Cesare hatte mit scharfem Nachdruck gesprochen, doch der Papst ging nicht auf seinen Ton ein.
„Unser Schiff ist keineswegs am Sinken, mein Sohn. Wir werden zu gegebener Zeit noch darüber reden. Hole mir erst einmal Giulia nach Rom."
Cesare überlegte blitzschnell. Giulia besaß großen Einfluß auf den Papst und würde ihn am ehesten zum Nachgeben bewegen können. Er verneigte sich tief.
„Euer Wunsch ist mir Befehl. Bei Tagesanbruch reite ich nach Capodimonte. Es wird allerdings nicht zu umgehen sein, ihren Mann um Erlaubnis zu fragen."
Alexander lachte.
„Orso Orsini! Der ist so lang wie dumm und noch geldgierig dazu. Nimm ein paar Dukaten mit, und er wird dir die Hand lecken."
„Alles wir Ihr befehlt, mein Vater."
Alexanders noch immer männlich schönes Gesicht leuchtete auf.
„Du bist meine Stütze, César, bist ein treuer Sohn."
Dann legte er Cesare, der sofort sein Knie beugte, die Hand aufs Haupt und segnete ihn.

Es war lange nach Mitternacht, als Cesare bei Fiammetta eintraf.
„Seid bedankt für den Brief, ich habe auf Euch gewartet."
Cesare umarmte die zartgliedrige Fiammetta, wickelte ihre langen schwarzen Haare um seine Hände und zog ihren Kopf zurück.
„Bist du mir treu gewesen, mein Herz?" fragte er mit zärtlichem Spott.
„So treu wie du, mein Caesar..."
Cesare küßte sie lange und drängte sie aufs Bett.
„Warum so stürmisch, Lieber, laß uns zuerst einen Schluck Wein trinken, etwas essen..."
Cesare wehrte ab. „Ich muß noch heute nach Capodimonte."
„Um im Bolsenasee zu baden?"
„Du hast es erraten. Der See soll noch im Oktober so warm sein wie das Meer in Sizilien."
Cesare wußte, daß er Fiammetta mit anderen zu teilen hatte, doch sie gab sich ihm mit einer unverhohlenen Leidenschaft hin, daß sie seine oft ge-

stellte Frage, wer nun tatsächlich ihr Geliebter sei, wortlos beantwortete.
Einmal hatte sie ihm zu bedenken gegeben: „Du weißt, daß dein Vater als Kardinal der Geliebte meiner Mutter war. Ich könnte also deine Schwester sein."
Cesare lachte.
„Um so besser! Ich liebe dich ebensosehr wie meine Schwester Lucrezia. Solltest du mir ein Kind gebären, so wäre ich Vater und Onkel zugleich. Ein reizvoller Gedanke! Und Seine Heiligkeit, mein Vater, würde so zum doppelten Großvater!"

Im Morgengrauen brach Cesare nach Capodimonte auf.
Giulia Farnese weilte nicht ohne Grund in der Stammburg ihrer Familie. Angelo Farnese, das Haupt ihres Geschlechts, war erkrankt und hatte seine Schwester rufen lassen. Als sie eintraf, war der Bruder bereits gestorben, und Giulia erkrankte ebenfalls. Papst Alexander sandte seinen eigenen Leibarzt, um sie gesundzupflegen, damit sie nach Rom zurückkehren konnte.
Auch jetzt, nach überstandener schwerer Krankheit, schlug ihre berückende Schönheit Cesare in Bann. Die berühmten, ihr bis an die Füße reichenden Haare lagen zum großen Teil unter der Bettdecke verborgen, doch Cesare sah sie auf dem Kissen in der Goldfarbe reifen Weizens leuchten. Giulias schwarze Hexenaugen standen etwas ungleich, ihr verwirrender Silberblick hatte nicht nur den alten Papst betört. Der gesamte Vatikan, vom kleinen Pagen bis zum greisen Kardinal schmachtete sie an. Dort nannte man sie nur *Giulia bella*.
Cesare küßte ihre beiden Hände und sagte: „Mit dem Segen des Heiligen Vaters überbringe ich Euch seine dringende Bitte, bald nach Rom zurückzukehren. In dieser Stunde der Not bedarf er Eurer Gegenwart."
Giulias große, noch etwas fieberglänzenden Augen blitzten spöttisch.
„Ach, Cesare, Ihr vergeßt, daß ich verheiratet bin. Mein Gemahl sitzt schmollend in Bassanello und verlangt nichts anderes als Seine Heiligkeit. Nun sollt Ihr entscheiden, wem ich gehorchen muß."
Cesare mußte wider Willen lachen.
„Das ist nun fast eine scholastische Frage. Als Erzbischof und Kardinal unserer heiligen Kirche muß ich Euch sagen, daß Ihr zuerst Gott, dessen Vertreter auf Erden der Papst ist, gehorchen müßt. Eurem Gatten gebührt demnach nur der zweite Rang."

Giulia hob ihre Hände.

„Nun gut, das müßt Ihr ihm beibringen."

„Das werde ich auch. Nun aber ganz im Ernst, Donna Giulia. Ihr sollt den Papst zu seinem und unser aller Nutzen davon überzeugen, daß er gegen Frankreich nachgeben muß. Da er nicht gesonnen scheint, auf die Stimme der Vernunft zu hören, werden wir vielleicht über sein Herz zu seinem Ohr finden. Wer aber den Schlüssel zu seinem Herzen hat, wißt Ihr selbst am besten."

In Giulias ungleichen Augen funkelte es belustigt.

„Ihr seid ein Schmeichler und ein kluger Mann dazu. Man hätte mich Euch und nicht dem Holzklotz Orsini zur Frau geben sollen."

„Orso Orsini ist ein braver Mann."

Giulia winkte ab.

„Spart Euch die Worte, Don Cesare, ich weiß längst, was mein Gatte ist oder nicht ist. Ihn jedenfalls müßt Ihr von der staatspolitischen Notwendigkeit meiner Rückkehr überzeugen."

Es war dann gar nicht so schwirig, den zwar körperlich starken, aber geistig nicht sehr regen Orso Orsini zu überzeugen. Daß Cesare und er Jugendfreunde waren, half noch dazu, auch wenn der gehörnte Gatte zuerst aufbegehrte.

„Nach Rom? Ins Bett Seiner Heiligkeit, wie? Und ich dulde es nicht!"

Orso schlug dröhnend auf den Tisch, daß der Weinbecher umfiel und klirrend auf den Steinboden rollte. „Ich dulde es nicht! Diese Hurerei muß ein Ende haben! Schließlich bin ich mit Giulia verheiratet, und du weißt, wer uns getraut hat – Seine Heiligkeit, damals noch als Kardinal, höchstpersönlich. Ich bestehe darauf!"

Cesare unterbrach ihn.

„Lieber Orso, nimm Vernunft an. Ganz Rom sehnt sich nach unserer Giuliabella; sie ist einfach zu schön, um dir allein zu gehören. Der Papst war übrigens äußerst ungehalten, als er erfuhr, daß du hier herumhockst wie eine Kröte, anstatt mit deinen Leuten gegen die Franzosen zu ziehen. Du scheinst vergessen zu haben, daß du ein Condottiere der Kirche bist und gewisse Pflichten hast."

Orsos Wut fiel in sich zusammen.

„Seine Heiligkeit war böse, sagst du?" fragte er kleinlaut, um sich dann gleich zu verteidigen: „Und womit soll ich meine Leute bezahlen? Ich habe aus Rom bis jetzt keinen einzigen Dukaten bekommen. Mit leeren Taschen läßt sich schlecht Krieg führen."

„Wozu du aber offensichtlich auch keine Lust hattest. Nun, wir wollen das vergessen. Du wirst noch heute einen höflichen Entschuldigungsbrief an Seine Heiligkeit schreiben, und deine Frau wird ihn nach Rom mitnehmen. Mit dem rückständigen Sold hast du freilich recht. Genügen zweitausend fürs erste?"
Orsos Auge glitzerte begehrlich, als er den prallen Beutel sah.
„Fürs erste schon. Aber tausend müßt Ihr noch drauflegen, damit ich alles regeln kann."
Cesare nickte gleichmütig.

Auf dem Weg nach Rom lief die schöne Giulia mit ihrer Begleitung einer Vorhut der Franzosen in die Arme. Der französische Hauptmann aber war nicht gesonnen, diesen goldenen Vogel ungerupft ziehen zu lassen. Er sandte einen seiner Leute nach Rom zum Papst und forderte für Giulias Freilassung dreitausend Dukaten. Der hochbeglückte Papst erfuhr dadurch zugleich, daß seine Giulia auf dem Weg zu ihm war und zahlte, ohne zu feilschen.
Bei den Franzosen hatte es sich mit Windeseile herumgesprochen, wer ihnen da ins Netz gegangen war. Alle wollten Giuliabella sehen, und so zog sie schließlich von viertausend fackeltragenden Soldaten begleitet in einer kühlen Novembernacht vor die Mauern Roms, das den Franzosen noch immer den Zutritt verwehrte.
Papst Alexander, aufgeregt wie ein junger Liebhaber, hatte seine geistlichen Gewänder abgelegt und sich zu Giulias Empfang in ein schwarzes Samtgewand mit goldenem Kavaliersdegen gekleidet – zum Entsetzen einiger Kardinäle und zur kopfschüttelnden Verzweiflung seines Zeremonienmeisters Burcardus.
Giulia, die nicht den Papst, sondern das hohe Ansehen liebte, das er ihr verschaffte, war sehr geschmeichelt und zeigte ihr strahlendstes Lächeln.
Als sie sich umwandte, um durch das Stadttor zu treten, leuchtete ihr weizenblondes, bis in die Kniekehlen wallendes Haar im Licht der vielen tausend Fackeln, und viertausendfach wurde Seine Heiligkeit um die strahlendschöne 'Braut Christi' beneidet.
Stolz wie ein Pfau verschwand Alexander mit ihr in seinem Palast. Zuvor hatte er den Dienern strengste Weisung erteilt, ihn nicht vor Anbruch des nächsten Tages zu stören.

Zu dieser Zeit befand sich Padre David Marco, der frischgebackene 'päpstliche Hauskaplan', schon auf hoher See und erreichte Barcelona ohne Zwischenfälle. Er übergab seine Botschaften an die Katholischen Könige, an Mendoza, und lieferte seinem *patrono* Luis de Santangel einen mündlichen Bericht über die Lage der Juden und Conversos in Rom.
Der nickte nur: „Damit bestätigt Ihr, was ich schon aus anderen Quellen weiß." Blieb nur noch das päpstliche *breve* an Tomas de Torquemada. Zuerst hatte David es der Königin vorgelegt, doch sie wehrte fast ängstlich ab.
„Das müßt Ihr ihm schon selbst überbringen. Der hochwürdige Herr ist in seinem Kloster, soviel ich weiß."
So machte David sich auf den Weg ins Kloster Santa Cruz bei Avila, wo der Großinquisitor sich zwischen seinen Inspektionsreisen aufhielt. Doch da wurde ihm gesagt, Bruder Torquemada sei nach Toledo gereist, um dem dortigen Inquisitionstribunal vorzustehen, denn für den St. Paulstag sei ein umfassendes Autodafé vorzubereiten.

Die ganze Stadt bebte vor froher Erwartung. Vor kurzem hatte Torquemada angeordnet, zu warten, bis mindestens ein Dutzend oder mehr Verurteilte zur Verfügung standen, da es zuviel der Ehre sei, für fünf oder acht Ketzer ein eigenes Autodafé zu veranstalten. Dann sei die abschreckende Wirkung weitaus größer und der Aufwand weit geringer. Das leuchtete ein, und so hatten sich in der Casa Santa von Toledo aus den Prozessen der letzten vierzehn Monate vierundfünfzig Ketzer angesammelt, davon waren achtundzwanzig zum Tode verurteilt, auf die übrigen warteten Gefängnis, Galeere, Verbannung und verschiedene Körperstrafen.
Tomas de Torquemada bewohnte in dem am westlichen Stadtrand gelegenen, gerade vollendeten Kloster 'San Juan de los Reyes' eine bescheidene Zelle. Die prachtvolle, von den besten Kunsthandwerkern geschmückte Kirche war zur Grabstätte der Katholischen Könige bestimmt, und auf ihren Befehl errichtet worden. Während der letzten Jahre hatte es mehrere Versuche gegeben, den finsteren Ketzerrichter umzubringen, so daß Torquemada sich gezwungen sah, ausgeklügelte Schutzmaßnahmen zu treffen.
David wurde mehrmals gründlich nach Waffen durchsucht, ja, er mußte sogar ein völlig neues Gewand anlegen, da kürzlich ein Attentäter versucht hatte, dem Großinquisitor ein im Ärmel verstecktes Giftpulver ins

Gesicht zu blasen. Als man daranging, das päpstliche *breve* zu öffnen, protestierte David.
„Dieses von Seiner Heiligkeit *manu propria* unterzeichnete Schreiben lasse ich nicht antasten! Ich werde es nur an Bruder Torquemada persönlich aushändigen!"
Schließlich führte man ihn vor den Großinquisitor. Sein schmales, scharfgeschnittenes Gesicht mit den tiefliegenden Fanatikeraugen – sonst asketische Ruhe und unerschütterliches Selbstvertrauen ausstrahlend – hatte sich verändert, war von Argwohn und Unrast gezeichnet.
„Ein päpstliches *breve*?"
Er nahm den Brief mit spitzen Fingern und reichte ihn an seinen Sekretär weiter. Dabei musterte er David mit einer Mischung aus Mißtrauen und Neugier.
„Vielleicht wieder ein Versuch, mich umzubringen? Euch kenne ich doch, Bruder Marco, Ihr seid der Sekretär von Luis de Santangel. Ein böser Name – ein böser Name! Wie viele von ihnen habe ich auf den Scheiterhaufen gebracht? Zwölf? Vierzehn? Aber über Euren *patrono* hält König Ferdinand seine schützende Hand – noch, noch. Auch ihn wird eines Tages... Nun, Bruder Marco, Ihr seid doch auch Jude, oder irre ich mich?"
„Gewiß, Jude von Geburt und Christ aus Überzeugung. Die *limpieza*, Euer Gnaden, ist ein Wunschtraum, da es doch kaum einen Spanier gibt, der nicht maurische oder jüdische Vorfahren besitzt – wie zum Beispiel Ihr selbst."
Er hatte es eigentlich nicht sagen wollen, aber etwas in ihm trieb ihn dazu, es dennoch zu tun.
Torquemada winkte ab.
„Das sind alte Geschichten! Uns intereressieren jene Juden, die sich taufen ließen, um hierzubleiben, um alle Vorteile der Christen genießen zu können, aber nach wie vor ihrem alten Glauben anhängen. Die Haare noch naß von der Taufe feiern sie ihre alten verfluchten Feste weiter, essen ungesäuertes Brot, meiden Schweinefleisch und tun, als sei nichts geschehen. Ihr werdet sie übermorgen brennen sehen, Bruder Marco, auf der Plaza Mayor, vor dem Angesicht Gottes, achtundzwanzig schwere Sünder, darunter sieben Weiber. Brennen, brennen, brennen! Wie es geschrieben steht! Da wird ein Jubel sein, im Himmel wie auf Erden, und Gott wird – was ist, was willst du?"
Der Sekretär neigte sich tief.

„Der Brief, Euer Gnaden, das *breve* Seiner Heiligkeit – er ist echt."
„Echt? So, dann schauen wir einmal."
Das schwere Siegel mit den Petrischlüsseln hing herab, als Torquemada zum Fenster ging. Er blieb lange dort stehen, drehte sich dann langsam um, ging zum Sessel und setzte sich. Auf seinem Gesicht zeigte sich tiefe Genugtuung und die Andeutung eines zufriedenen Lächelns.
„Da es ohnedies ganz Spanien erfahren wird, sollt ihr beiden es als erste wissen: Seine Heiligkeit, Papst Alexander VI., hat geruht, über mich den kleinen Bann auszusprechen, die *excomunicatio minor*. Der rechte Lohn für einen pflichtbewußten und eifrigen Christen, nicht wahr? Ihr, Bruder Marco, könnt diese Neuigkeit gleich an die Katholischen Majestäten weitergeben: Tomas de Torquemada ist exkommuniziert! Geht mit Gott und sagt Eurem *patrono*, daß ich ihn bald wiederzusehen hoffe, aber nicht am Hof und nicht in seinem Palast zu Valencia! Übrigens – wollt Ihr nicht bis zum St. Paulstag bleiben und die Ketzer brennen sehen? Ich könnte Euch einen Ehrenplatz reservieren."
„Nein, Euer Gnaden, ich werde in Barcelona erwartet."
Ein grausiges Lächeln huschte über das hagere Asketengesicht, ein Lächeln – so stellte David es sich vor –, das der Teufel aufsetzte, wenn er eine Seele gewann.
„Vielleicht seid auch Ihr ein heimlicher Jude, Bruder Marco? Wo läßt sich dies besser verbergen, als unter dem Priestergewand?"
David ging schweigend hinaus und wünschte, der Papst hätte diesen schrecklichen Eiferer abgesetzt und in ein abgelegenes Kloster verbannt. Während er auf seinem Maultier – sie zu benutzen war seit kurzem wieder erlaubt – durch die Stadt nach Westen ritt, sah er eifrige Bürger mit Holzlasten zur Plaza Mayor eilen. Die Inquisition nämlich versprach jedem, der sich freiwillig zur tätigen Hilfe an einem Autodafé bereitfand, himmlischen Lohn, und so schleppten Männer, die es gewohnt waren, sich bedienen zu lassen, mit geröteten Gesichtern schwere Holzbündel zum Errichten des Scheiterhaufens. Um achtundzwanzig Menschen verbrennen zu können, mußte der *brasero* gewaltige Ausmaße haben.
David nahm sich vor, Torquemadas unverhüllte Drohung ihm und seinem *patrono* gegenüber ernst zu nehmen, denn er hielt ihn für durchaus imstande, halb Spanien vor das Inquisitionstribunal zu bringen.
Ihn zu töten, dachte er, wäre geradezu ein Akt der Notwehr. David war keineswegs gegen die Inquisition, aber ihm graute vor jeder Art von Fanatismus, außerdem fühlte er sich persönlich bedroht.

Tomas de Torquemada hatte seinen Sekretär hinausgeschickt. Seine dürren Finger spielten mit dem Holzkreuz auf seiner Brust, drückten und knebelten es, als wolle er ein Geständnis herauspressen.
Ich weiß, dachte er, du bleibst stumm, und wer dich hören will, muß dir sein Herz öffnen und die Ohren verschließen. Er fiel auf die Knie und heftete seinen Blick auf das Kruzifix an der Wand.
„Dein Stellvertreter auf Erden hat mich mit dem Bann belegt und ihm bin ich Gehorsam schuldig. Doch ich bin mir nicht sicher, ob du zu unser aller Seelenprüfung nicht den Antichrist auf den Stuhl Petri gesetzt hast. Man sagt, dieser Papst habe sein Amt gekauft, man sagt, er sei nicht fähig, eine Messe richtig zu lesen, man sagt, er habe den Vatikan zum Hurenhaus gemacht. Kann ein solcher Mensch Dein Stellvertreter sein, o Herr?"
Auch das Kreuz an der Wand blieb stumm, obwohl Torquemada sein Herz weit geöffnet hatte. So gab er sich selbst die Antwort, und sie lautete: Wenn ein solcher Papst dich exkommuniziert, dann fasse es als Kompliment und Ansporn auf. Der Großinquisitor erhob sich und überlegte sorgfältig, wer ihn beim Papst angeschwärzt haben könnte. Der König? Nein, denn der hätte niemals etwas unternommen, ohne es mit Isabella abzusprechen. Kardinal Mendoza? Der war zu klug dazu und vergab sich nichts, hätte wohl auch andere Methoden der Intrige gewählt. Noch einige Namen zogen ihm durch den Kopf, doch er verwarf sie alle – bis auf einen: Luis de Santangel. Nur er konnte es sein, nur ihm war es zuzutrauen, und dafür gab es triftige Gründe.
Es begann mit jenem Tag im September des Jahres 1485, als der Inquisitor Pedro de Arbues in der Kathedrale von Zaragoza erschlagen wurde – unter der Beteiligung von zwei Männern der Familie Santangel, darunter eines Onkels des jetzigen Schatzmeisters von König Ferdinand. Und so ging es weiter. Eine Feuerspur von brennenden Ketzern der weitverzweigten Santangelsippe zog sich durch Spanien, wenn es auch einigen gelungen war, sich hinter hohen Ämtern zu verstecken, um der Verfolgung zu entgehen, wie Pedro Martin de Santangel als Bischof von Mallorca und Luis de Santangel als Contador mayor und enger Vertrauter des Königs. Der Schatzmeister hatte es dem Großinquisitor wohl nie verziehen, daß er vor drei Jahren wegen Verdacht des heimlichen Judentums angeklagt worden war. Für Torquemada war damit die Frage beantwortet, wer ihn – auf welchen Wegen auch immer – beim Papst verleumdet hatte.

„Einmal Jude – immer Jude!"
Haßerfüllt murmelte Torquemada diese Worte und blickte dabei auf das Kreuz an der Wand.
„Einmal Jude – immer Jude!"
Diesmal sprach Christus zu ihm: 'Du vergißt, mein Sohn, daß auch ich als Jude geboren und gestorben bin!', aber Torquemada hörte es nicht, denn sein Herz war wieder verschlossen, und sein Sinn stand nach Rache. Er ließ einen jungen Dominikanermönch kommen, der ihn anbetete und verehrte wie einen Heiligen und ihm nachzueifern trachtete.
„Wir müssen herausfinden, wo und wie dieser Santangel zu fassen ist. Geh' nach Valencia, höre dich um, spare nicht mit Geld, guten Worten und wo nötig mit Drohungen. Ein Mann wie er muß doch irgendwelche Feinde haben, vielleicht Schuldner, die ihn hassen und fürchten. Wir brauchen Zeugen! Zeugen!"
Leuchtenden Auges blickte der junge Mönch auf seinen Herrn und Meister.
„Ich werde welche finden, Euer Gnaden!"

32

Niemand schlief auf den drei Schiffen. Die meisten der Männer starrten auf das ein paar Meilen entfernte Land, das Teil einer nicht allzu großen Insel war. Bei Tagesanbruch – es war ein Freitag – befahl Columbus, die Schiffe mit behutsamen Ruderschlägen näher ans Ufer zu bringen. Dieses Ufer war – als wolle sich die Insel vor einer Begegnung mit den Fremden schützen – von messerscharfen Korallenklippen umgeben. Dazu kamen die rauhe See und ein steifer böiger Wind; hier jedenfalls gab es keine Möglichkeit, an Land zu gehen. Sie hörten das Gezwitscher der Vögel, sahen am Strand Pelikane herumwatscheln, bestaunten die grellbunten Papageien auf den schlanken, turmhohen Palmen.
„Menschen!" rief einer auf dem Schiff und andere nahmen den Ruf sofort auf.
„Da! Nackte Männer!"
Zwei – nein drei – fünf..."
Sie sind unbewaffnet", sagte Columbus.
„Inder!" rief Juan de la Cosa, „wir sehen die ersten Inder!"
„Und da wir sie näher betrachten wollen", sagte Columbus, „müssen wir einen besseren Anlegeplatz suchen."
Er ließ nur die Großsegel setzen, und sie umkreisten langsam die Insel, bis sie gegen Mittag eine ruhige Bucht fanden, wo sie Anker warfen. Columbus hatte inzwischen seine Galakleidung angelegt, mit scharlachrotem Wams, gefältelter Halskrause und dem funkelnden, goldtauschierten Brustpanzer. Zusammen mit den Brüdern Pinzon, dem königlichen Notar, dem Profos, den beiden Ärzten sowie anderen Amts- und Standespersonen betrat Cristobal Colon gegen Mittag, am Freitag, dem 12. Oktober 1492, den ostindischen Boden. In der rechten Hand hielt der Admiral die königliche Standarte, die Linke preßte er auf sein Herz, als

hätte er Angst, es könnte ihm zerspringen. Doch er beruhigte sich schnell.
Sie betraten das Land, Columbus kniete nieder, sprach ein Dankgebet und küßte die helle sandige Erde. Dann wandte er sich an Rodrigo de Escobedo, den königlichen Notar, und bat ihn, seine nun folgenden Worte aufzuzeichnen: „Im Namen Ihrer Majestäten Ferdinand und Isabella, den Katholischen Königen von Kastilien und Aragon, nehme ich diese Insel in Besitz und unterstelle sie der spanischen Krone. Zu Ehren unseres Herrn Jesus Christus soll sie den Namen San Salvador tragen."
Während dieser Zeremonie waren einige der Einheimischen näher gekommen, unbewaffnet, neugierig, zaghaft lächelnd. Als sie sahen, daß die seltsamen Besucher zurücklächelten und keine Drohgebärde machten, wurden sie kühner, traten heran, zupften an den bunten Stoffen der Galakleider, strichen über die funkelnden Brustpanzer, berührten die ihnen seltsam erscheinenden Gesichtshaare der Bartträger.
„Laßt sie gewähren!" befahl Columbus, als er sah, daß einige der Herren zurückwichen.
„Ihr könnt gut reden", scherzte Vicente Pinzon, „denn Ihr tragt keinen Bart."
Es wurden immer mehr. Sie gingen – bis auf einige Schmuckstücke – allesamt nackt, Männer wie Frauen, und man sah ihnen an, daß sie fassungslos waren vor Staunen und Überraschung. Immer wieder deuteten sie auf die drei Schiffe in der Bucht, strichen über die prächtige Kleidung und beklopften mit großen Augen die Brustpanzer. Bald erregten die Waffen ihre Neugierde, und so zog Columbus sein Prunkschwert aus der Scheide und hielt es ihnen zur Betrachtung hin. Noch ehe er eine Warnung aussprechen konnte, hatte einer der Kecksten die Schneide umfaßt, zuckte zurück und betrachtete verblüfft seine blutende Hand. Columbus steckte die Waffe mit einem Ausdruck des Bedauerns sofort zurück. Jetzt mußte er ein Zeichen der Freundschaft setzen.
Er ließ aus den Booten die Säcke mit den Geschenken holen und verteilte an die Eingeborenen Glasperlenketten, rote Kappen, kleine Blechglöckchen, Spiegel und anderen Tand, der sie in helles Entzücken versetzte. Den mit der verletzten Hand beschenkte er besonders reich, und diese Geste wurde sofort verstanden. Alle lachten und redeten durcheinander. Columbus winkte den Dolmetscher Luis de Torres herbei.
„Versucht Euer Glück, Señor!"
Der Dolmetscher mühte sich redlich ab, redete zuerst Hebräisch, dann

Arabisch und Chaldäisch, aber nicht eines seiner Worte wurde verstanden, wie auch er bei den Einwohnern keine vertraute Silbe fand.
„Eine völlig fremde Sprache", meldete er dem Admiral. „Alles, was ich herausfinden konnte, ist der Name dieser Insel: Guanahani."
Plötzlich mußte Columbus an Lucia denken und ihre Widmungszeilen in der 'Odyssee': Denke an mich, Geliebter, wenn du das Land deiner Sehnsucht erreichst...
Ja, Lucia, es ist soweit – ich habe mein Versprechen eingelöst, vor mir, vor dir, vor den Königen, vor Spanien, vor aller Welt! Ich bin kein Phantast, und die mich einen Schwindler und Scharlatan schalten, werden im Dunkel der Geschichte verschwinden wie Rauch. Er lachte und wiederholte laut: „Wie Rauch!"
Marco, der in seiner Nähe stand, trat heran.
„Sagtet Ihr etwas, Don Cristobal?"
„Nein, mein Lieber, ich mußte nur lachen, weil ich recht hatte und die anderen unrecht. Es ist schön, recht zu behalten, nicht wahr?"
Gegen Abend zogen sich die Spanier auf ihre Schiffe zurück, während einige der jüngeren Einwohner die Boote schwimmend und lachend begleiteten.
„Schöne Menschen", bemerkte Joseph Marco, während sie in ihre Kajüten gingen. Columbus nickte.
„Habt Ihr bemerkt, daß die Männer alle bartlos sind?"
„Deshalb ihr Staunen über unsere Bärte. Es scheint auch kein Metall auf der Insel zu geben. Ich sah ein paar Spieße – vermutlich zum Stechen der Fische – mit Spitzen aus Horn oder Stein."
Columbus blickte sich mißtrauisch um, dann zog er etwas aus der Tasche.
„Und ich fand das da."
Auf seiner Handfläche lag ein funkelndes Goldstäbchen. Joseph strich darüber.
„Gold?"
„Gold. Einer trug es als Nasenpflock, und ich gab ihm ein paar Glasperlen dafür."
„Man müßte wissen, wo es herkommt."
„Das wollen wir morgen herausfinden. Schweigt vorläufig über meinen Fund, Don José."
Joseph versprach es, doch in seinem späteren Brief an Adriana kam er darauf zurück.

Geliebte Adriana,
seit etwa zwei Wochen haben wir den asiatischen Teil des Erdballs über den Atlantik auf dem Westweg erreicht. Zwischen dem Admiral und seinen Kapitänen herrscht nach wie vor der Streit, wo genau wir uns befinden. Nur eines ist sicher: Wir haben noch nicht das Festland erreicht, sondern nur kleinere Inseln berührt. Jetzt sind wir auf einer großen gelandet, welche die Eingeborenen als Colba oder Cuba bezeichnen. Don Cristobal ist der festen Überzeugung, daß es sich dabei um Zipangu handelt, und will so schnell wie möglich zum König dieser Insel vordringen. Ich selbst liege zu dieser Stunde in einer hamaca und muß darauf achten, daß mir mein Tintenfaß nicht hinunterfällt. Eine hamaca – ja, das ist eine Art hängende Matte, an Stricken zwischen zwei Palmstämmen aufgehängt und die bequemste Ruhemöglichkeit, die man sich denken kann: eine Mischung aus Bett und Schaukel. Der Admiral war begeistert und will sie auf den Schiffen einführen, weil sie sich jeder Lage anpassen und der Schläfer immer gerade liegt, wie stark das Schiff auch schlingern mag. Nun aber zurück zu unserer ersten Landung. Ich gehörte zu den Auserwählten, die zusammen mit dem Admiral und Beamten der Krone ihren Fuß als erste Europäer auf die fremde Erde setzen durften. Im Nu waren wir von den Einwohnern des kleinen Eilandes umringt, die – du kannst dir unser Staunen ausmalen – allesamt so nackt auftraten, wie Gott den Menschen geschaffen hat, auch die Frauen! Das wirkt hier in dieser tropischen Natur, zwischen Palmen, blühenden Sträuchern, dem goldgelben Strand und dem türkisfarbenen Meer keineswegs unschicklich – ja, es wäre fast lächerlich, sich diese Menschen bekleidet vorzustellen. Sehr schöne Menschen übrigens, mit lackschwarzen glatten Haaren, das lang auf ihre Schultern fällt, und mit schönen, großen, dunklen Augen, die uns so harmlos-kindlich anblickten, als sei dieses Volk nie erwachsen geworden. Ihre Haut ist nicht dunkel, sondern hat den Ton einer natürlichen Sonnenbräune. Auf dem Meer bewegen sich diese Menschen, als sei es ihr natürliches Element. Ihre kleinen Boote bestehen aus gehöhlten Baumstämmen, und sie gleiten damit über das Wasser, als seien Mann, Boot und Ruder zu einem einzigen Wesen verschmolzen. Es erschien mir sehr befremdlich, als gestern der Admiral bemerkte, diese gutwilligen Menschen gäben ideale Sklaven ab, natürlich müsse man sie vorher taufen und in den Schoß der Kirche führen.

Am Tag nach unserer Ankunft gingen wir nicht mehr von Bord, und so kamen die Eingeborenen auf unsere Schiffe, überfielen uns in ganzen Rudeln, schwatzend, lachend, mit Geschenken bepackt, die sie uns wie Opfergaben vor die Füße legten. Es waren dies ganz einfache Dinge: Obst, Nüsse, Papageien, Spieße, geschnitzte Geräte unterschiedlichster Art, von denen nicht immer zu erkennen war, wozu sie dienen. Ich konnte beobachten, wie Don Cristobal unter sie trat und jedem scharf auf Nase und Körper schaute, offenbar auf der Suche nach Gold. Er fand auch einige Stücke, tauschte sie ein und versuchte herauszubekommen, woher sie kamen. Die Angesprochenen fühlten sich ungeheuer wichtig, redeten mit Händen und Füßen, wobei uns schon bald eines klar wurde: Das Gold kam aus dem Süden. Immer wieder wiesen sie in diese Richtung, deuteten auf den Goldschmuck, bliesen die Backen auf und zeigten mit beiden Händen, daß dort ganze Haufen davon vorhanden seien. Der Admiral schien sehr beeindruckt, in seine sonst so ruhige und beherrschte Miene trat die nackte Gier nach Gold – Gold und noch mehr Gold. Für mich ist das die völlig neue Seite eines Menschen, den ich seit vielen Jahren kenne, aber es mag sein, daß er den spanischen Königen goldene Berge verheißen hat und jetzt unter dem Druck steht, sein Versprechen einzulösen.

So verging der Tag im Flug; immer wieder legten neue Boote an, und neue Besucher durchstreiften mit großen staunenden Augen unsere Schiffe. Jedes Stückchen von uns – und sei es noch so nutzlos – erregte ihr lebhaftes Interesse, und so kam es, daß sie sogar Scherben von irdenen Schüsseln und Glasbechern eintauschten und wie große Schätze behandelten. Immer wieder tauchte Baumwolle als Tauschware auf, und sie gaben Ballen von etwa dreißig Pfund für einige Glasperlen oder ein paar geringe Münzen.

Don Cristobal verbot den Handel mit Gold und Baumwolle, denn jede Ware von Wert müsse später geschätzt und mit der Krone geteilt werden. Einen dünnen goldenen Armreif habe ich dennoch heimlich für mich erworben als kleines Geschenk für eine gewisse Señorita, die ich verehre, bewundere, anbete.

Gegen Nachmittag stand ich mit Don Cristobal, unserem Steuermann und Diego de Harana an der Reling, und wir bewunderten die maßlose Geschicklichkeit und Wendigkeit, mit der die Einheimischen sich auf dem Wasser bewegten. Den Admiral schien eine Sorge zu drücken.

„Meine Herren, wir benötigen dringend einen Lotsen! Vielleicht gelingt

es uns mit vereinten Kräften, einen oder zwei dieser Männer zum Mitfahren zu bewegen."
Wir versuchten es bei einem klug und selbstbewußt wirkenden Mann in mittleren Jahren, und schließlich schien er auch zu verstehen, was wir wollten. Mit beiden Händen wehrte er ab und machte uns begreiflich, daß es dort auf den anderen Inseln Feinde gäbe, die seine Insel schon öfter überfallen hätten. Dabei wies er auf Wunden an der Brust und am Oberschenkel.
„Wir könnten ihn zwingen", überlegte Don Cristobal, doch de Harana schüttelte den Kopf.
„Das halte ich nicht für gut. So etwas spricht sich herum und schadet dem Vertrauen. Vorläufig würde ich keinen Zwang anwenden, Don Cristobal."
„Trotzdem – er wäre uns eine große Hilfe."
Dabei blickte der Admiral den nackten Mann an, der – als habe er die Absicht verstanden – mit einem einzigen Satz über die Reling sprang und spöttisch winkend davonschwamm. Der Steuermann lachte schallend.
„Da schwimmt unser Lotse! Aber es wird auch ohne ihn gehen."
Sogar Don Cristobal lächelte.
„Gut, meine Herren. Morgen früh brechen wir auf."
Wie das mit den großen Herren manchmal so ist: Am nächsten Morgen hatte es sich der Admiral anders überlegt. In bester Laune forderte er mich auf, ihn im Boot bei einer Erkundungsfahrt zu begleiten.
„Wißt Ihr, Don José, es würde mir keine Ruhe lassen, wenn ich unsere Insel nicht von allen Seiten gesehen hätte. Aber nur, wenn Ihr Lust dazu habe – es ist kein Befehl."
Ja, liebste Adriana, so ist das, wenn einer auf der Rangleiter ein paar höhere Sprossen erklommen hat: Da muß man dann fein zwischen Befehlen und Bitten unterscheiden – auch als alter Freund. Ich nahm es mit Gleichmut, und so fuhren wir auf drei Ruderbooten die Küste entlang nach Nordosten und wo immer uns die Einwohner vom Ufer aus sahen, begannen sie zu rufen, zu schreien und zu winken. Sobald sie merkten, daß wir nicht anlegen wollten, stürzten einige der jungen Männer sich ins Wasser, umkreisten unsere Boote wie muntere Delphine und deuteten immer wieder mit fragenden Gesichtern zum Himmel. Don Cristobal schloß daraus, diese Menschen nähmen an, wir seien vom Himmel gekommen. Wir passierten eine liebliche grüne Halbinsel mit ein paar

Hütten darauf, und ich wollte gerade bemerken, hier sehe es aus wie im Garten Eden, da begann der Admiral laut zu überlegen, dies sei der rechte Platz, um eine sichere Festung zu errichten; dazu müsse man nur die Halbinsel durch Abgrabung in eine Insel verwandeln. Meinem Einwand, dazu brauche man sehr viele Arbeiter, begegnete er mit der Bemerkung, daß die gutmütigen und waffenlosen Eingeborenen mit etwas Druck leicht dafür zu verwenden seien. Ich gewinne zunehmend den Eindruck, Don Cristobal habe während dieser langen Seereise sein Wesen verändert – oder er kehre jetzt seine wahre Natur heraus. Dauernd redet er von Gold, Unterwerfung, Sklaven und Zwangsarbeit und scheint allen Ernstes vorauszusetzen, daß der König von Zipangu – falls wir ihn jemals hier finden – sich gerne und freiwillig der spanischen Krone unterwirft. Es kann natürlich sein, daß er die Rolle des Bezwingers dem stets anwesenden Kronbeamten vorspielt, damit man später bei Hof nicht sagen kann, er habe die Rechte und Interessen der spanischen Majestäten vernachlässigt.

Inzwischen war es unserem Admiral gelungen, ein halbes Dutzend Einheimischer zur Mitfahrt zu bewegen, unter dem Vorwand, sie bei ihren Landsleuten als Boten für unsere friedlichen Absichten zu verwenden. Man muß sich allerdings fragen, ob sie unsere durch Gesten vermittelten Erklärungen richtig verstanden haben und – wie das bei jungen Männern so ist – nicht nur aus Neugierde und Abenteuerlust mitgekommen sind. Don Cristobal hat einige etwas rätselhafte Bemerkungen fallenlassen, die darauf hinzielen, man könne diese Eingeborenen den spanischen Majestäten als Geschenk übergeben, aber ich weiß nicht, ob er es nur scherzhaft gemeint hat. Daß unsere sieben einheimischen Passagiere mißtrauisch wurden, erwies sich beim Anlaufen der nächsten, von San Salvador etwa zwanzig Seemeilen entfernten Insel. Wir waren gerade dabei, Anker zu werfen, als sich zwei unserer Gäste ins Meer stürzten und ans Ufer schwammen. Der Admiral ließ Jagd auf sie machen, doch vergeblich. Die Bewohner der Insel sahen diesem Treiben friedlich und tatenlos zu, einige lachten gutmütig und hoben ihre Hände, als wollten sie sagen: Dafür können wir nichts.

Bei einem kurzen Gespräch unter vier Augen gab ich Don Cristobal zu bedenken, daß es sehr unklug gewesen sei, die beiden Flüchtlinge wie Verbrecher zu jagen, und daß ein solches Verhalten sich schnell herumsprechen würde. Dann bestehe die Gefahr, daß die bisherige arglose Freundlichkeit der Einheimischen sich in Mißtrauen und Feindschaft

verwandle. „Sie würden Euch dann bei Eurer Suche nach Gold nicht mehr unterstützen, sondern uns falsche Wege weisen."
Ja, liebe Adriana, da hatte ich genau seinen empfindlichen Punkt getroffen. Er wurde sehr nachdenklich und ließ sich einen Fischer vorführen, den man inzwischen – quasi als Ausgleich für die Entflohenen – festgenommen und an Bord gebracht hatte. „Ihr habt recht, Don José", sagte der Admiral kurz, nahm ein paar Geschenke und ging zu dem jungen Mann, den zwei unserer Seeleute festhielten.
„Laßt ihn sofort los!" befahl Don Cristobal mit lauter Stimme, sprach dann beruhigend auf den Mann ein und überreichte ihm eine rote Kappe, ein paar Glasperlen und zwei Blechglöckchen. Du hättest sehen sollen, was im Gesicht dieses Menschen vorging. Trotz, Angst und Mißtrauen schwanden aus seinem Antlitz wie durch Zauber und machten einem glücklichen Lachen Platz. Er kletterte auf sein Boot zurück und wollte als Gegengeschenk einen Ballen Baumwolle heraufreichen, doch der Admiral schüttelte nur den Kopf und wies die Gegengabe freundlich zurück. Wir konnten dann beobachten, wie der Fischer an Land ging, sofort von anderen umringt wurde und wie sie immer wieder zu uns herüberblickten. Don Cristobal betrachtete diese Szene mit Zufriedenheit und Genugtuung.
„Er wird nur Gutes von uns berichten", sagte er und nickte mir zu. Ich muß Dir gestehen, liebste Adriana, daß ich mich bei diesen Worten nicht besonders wohl fühlte, weil hinter ihnen die unschöne Wahrheit lauerte: Wir tun so, als seien wir gut, anständig und gerecht, in Wirklichkeit aber gieren wir nach Land, Gold, Gewürzen und sklavischer Unterwerfung.
Quasi im Vorbeifahren taufte Don Cristobal die zweite Insel 'Santa Maria de la Conception' und hatte schon die dritte im Auge, deren langgestrecktes Ufer etwa dreißig Seemeilen entfernt im Westen aufragte. Unterwegs begegneten wir einem Eingeborenen, der pfeilschnell in seinem schmalen Kanu dahinflog und uns überholte, auf dem Weg zum gleichen Ziel. Er kam bereitwillig an Bord; der Admiral bewirtete ihn mit Brot, Honig und Wasser, beschenkte ihn reich und ließ ihn weiterfahren. Den Zweck dieser Handlungsweise, liebe Adriana, brauche ich Dir nicht zu schildern – siehe oben!
Der Beschenkte war vor uns auf der langgestreckten Insel gelandet – der Admiral taufte sie sogleich 'Fernandina' – und hatte dort unseren Ruhm verbreitet. Man empfing uns wie Himmelsboten, überhäufte uns mit

Wasser, Früchten, Baumwolle, Schnitzereien und anderen Geschenken, die Don Cristobal sofort erwiderte.

Joseph Marco ließ die Feder sinken. Er war müde geworden und wollte später seinen Brief fortsetzen. Dies hier war ein Klima zum Nichtstun, zum Träumen... Die Gänsefeder schwebte wirbelnd in den goldenen Sand, das fast leere Tintenfaß kippte um und tränkte mit seinem schwärzlichen Rest das ohnehin ziemlich schmutzige Hemd des Schläfers.

Um diese Zeit erwachte der Admiral aus seinem Nachmittagsschlaf, gähnte, streckte sich und griff nach dem Bordbuch. Was war in den letzten Tagen alles geschehen! Nur gut, daß er jedes Ereignis noch am selben Abend festhielt. Er blätterte ein paar Seiten zurück.

Dienstag, den 16. Oktober
Von der Insel Santa Maria de la Concepción aus steuerte ich mittags nach der Insel Fernandina, die von Westen aus gesehen sehr groß zu sein scheint. Den ganzen Tag über herrschte Windstille, so daß ich nicht mehr zurechtkam, um den Meeresgrund sehen und den Anker an günstiger Stelle werfen zu können; denn da kann man nicht vorsichtig genug sein, sonst läuft man Gefahr, den Anker einzubüßen. Daher ging ich bedächtig zu Werke und legte die ganze Nacht über bis zum Anbruch des Tages bei. Dann erst fuhr ich an eine Siedlung heran, wo ich landete und jenen Eingeborenen antraf, dem ich gestern auf See in einem Kanu begegnet war. Er hatte soviel Gutes über uns zu berichten gewußt, daß die Eingeborenenkanus die ganze Nacht über mein Schiff umlagerten, um uns Wasser und all ihre Habseligkeiten anzubieten. Ich ließ an jeden von ihnen eine Kleinigkeit verteilen, wie aufgereihte und lose Glasperlen, kleine Glocken aus Bronze, die in Kastilien einen Maravedo kosten, und einige Bänder, was sie alles mit Freude und Genugtuung annahmen, als wären es lauter Dinge von großem Wert. Außerdem ließ ich für sie Melasse zubereiten, um sie ihnen zu reichen, sobald sie an Bord kamen. Gegen Morgen schickte ich mein Boot an Land, um Wasser zu schöpfen, worauf die guten Leute sich beeilten, meinen Männern gutwilligst die Stelle zu zeigen, wo sich dieses befand, und die Fässer an Ort und Stelle zu schaffen, wie sie denn überhaupt ihre Absicht offenbarten, uns in allem zu Gefallen sein zu wollen.
Diese Insel ist sehr ausgedehnt, weshalb ich mich entschloß, sie zu umsegeln, da sich, soweit ich entnehmen konnte, auf ihr oder einer der be-

nachbarten Inseln eine Goldader befinden muß. Sie liegt fast 32 Seemeilen in ostwestlicher Richtung von der Insel Santa Maria entfernt; die Küste, an der ich mich aufhielt, verläuft von Nord-Nordwesten nach Süd-Südwesten. Ich habe diese Küste nicht in ihrer ganzen Ausdehnung, sondern nur auf einer Strecke von fast 80 Seemeilen ausgekundschaftet.

Im Augenblick, da ich diese Zeilen niederschreibe, gehe ich mit Südwind in See, um zu versuchen, die Insel zu umschiffen und nach 'Samaot' zu gelangen, wo die Insel oder der Ort sein soll, an dem sich das Gold vorfindet, wie alle jene behaupten, die mein Schiff zu besichtigen kamen, und was bereits die Bewohner von San Salvador und Santa Maria uns bedeutet hatten.

Die Einwohner der Insel Fernandina ähneln den Bewohnern der vorgenannten Inseln sowohl in der Sprache als in ihren Gebräuchen; doch dünken mir letztere etwas kultivierter, vernünftiger und achtsamer zu sein als die ersteren, da ich feststellte, daß sie sich für die Waren, die sie an Bord brachten, ein besseres Entgelt zu verschaffen verstanden, als die Eingeborenen der anderen Inseln. Hier sah ich auch Baumwollgewebe, die zu Streifen zugeschnitten waren, und aufgeweckte Männer und Frauen, die an der vorderen Körperseite ein Wolltuch tragen, das ihre Nacktheit einigermaßen verhüllte. Diese Insel ist ganz eben, von Grün überzogen und äußerst fruchtbar. Anscheinend betreiben die Bewohner jedes Jahr den Anbau von Hirse, die sie ernten, ebenso wie anderer Bodenfrüchte. Ich bemerkte zahlreiche Bäume, die von den unseren recht verschieden waren, darunter solche, wo auf ein und demselben Stamm verschiedenartige Zweige wuchsen, was ganz eigenartig anmutet. Zum Beispiel: ein Zweig trug die Blätter des Zuckerrohres, während ein anderer wie der Zweig eines Mastixbaumes aussah, so daß auf ein und demselben Baume fünf oder sechs vollkommen verschiedene Arten zusammentreffen. Keineswegs könnte dies auf eine Aufpfropfung zurückzuführen sein, denn davon ist keine Spur zu merken; auch kümmern sich die Eingeborenen nicht darum.

Was die Religion anbelangt, so dünkt es mich, daß sie gar keine eigene Religion besitzen, und da es wohlmeinende Leute sind, so dürfte es nicht zu schwierig sein, aus ihnen Christen zu machen.

Die Fische sind hierzulande derartig von unseren heimatlichen Arten verschieden, daß man baß erstaunt ist; einige gleichen Hähnen und glitzern in den leuchtendsten Farben wie himmelblau, gelb, rot und in vielen anderen Farben, die alle bunt durcheinanderschimmern und so zarte Tönungen haben, daß jeder sie mit Entzücken und Bewunderung betrachtet. Es gibt auch Walfische. An Land traf ich gar keine Tiere an, bis auf Papageien und Eidechsen, doch berichtete mir ein Schiffsjunge, eine große Natter oder Schlange gesehen zu haben. Ziegen, Schafe oder andere Tiergattungen kamen mir nicht zu Gesicht, wie ich bereits erwähnt habe. Allerdings habe ich mich ganz kurze Zeit, nur einen halben Tag lang, dort aufgehalten, doch hätte mir immerhin ihr Vorhandensein nicht entgehen können. Sobald ich die Rundfahrt um die Insel gemacht habe, werde ich darüber Näheres berichten.

Mittwoch, den 17. Oktober
Gegen Mittag brach ich von der Siedlung auf, wo ich gelandet war, um Wasservorräte zu machen, und schickte mich an, um die ganze Insel Fernandina herumzusegeln. Ich beabsichtigte, süd-südöstlichen Kurs zu halten, da nach Aussage der Indianer, die ich an Bord hatte, und auch anderer, die von ihnen 'Samoet' benannte Insel, wo Gold vorkommen soll, in diesen südlichen Gegenden liegen mußte. Allein Martin Alonso Pinzon, der Kapitän der Karavelle 'Niña', an deren Bord ich drei dieser Indianer geschickt hatte, kam zu mir herüber, um mir zu sagen, daß einer jener Indianer ihm unmißverständlich zu verstehen gegeben habe, es sei wesentlich leichter, die Insel von Nord-Nordwesten her zu umsegeln. Da nun der Wind in der bisher eingeschlagenen Richtung nachließ, in der angegebenen aber sehr günstig war, segelte ich nach Nord-Nordwest. Ungefähr 8 Seemeilen vom äußersten Ende der Insel entfernt stieß ich auf eine wunderbar gelegene Bucht, die, getrennt durch eine dazwischenliegende Insel, zwei ungemein schmale Einfahrten hat. Im Innern aber ist das Wasserbecken so geräumig, daß hundert Schiffe bequem Platz hätten, wenn die Tiefe größer und weniger Klippen vorhanden wären; auch die Einfahrt müßte eine größere Wassertiefe haben. Ich hielt es für angezeigt, diesen Hafenplatz genauestens zu durchloten, weshalb ich außerhalb seiner Anker warf und mit allen Schiffsbooten einfuhr; hier stellten wir fest, daß er nicht ausreichend tief war.
Da ich, als ich seiner ansichtig wurde, der Meinung war, dieses Wasserbecken sei die Mündung eines Flusses, hatte ich den Matrosen angeordnet, Fässer mitzubringen, um Wasservorrat zu nehmen. Als ich mit ihnen an Land ging, kamen uns alsbald an die acht oder zehn Männer entgegen, die uns auf die nicht weit davon entfernte Siedlung aufmerksam

machten. Dahin entsandte ich die teils bewaffneten, teils Fässer tragenden Leute, um Wasser zu holen, was sie auch vollkommen ungestört tun konnten. Da die Quelle ziemlich weit ab lag, wartete ich an die zwei Stunden auf ihre Rückkehr. In der Zwischenzeit streifte ich umher, zwischen Bäumen hindurch, die zum Schönsten gehörten, was ich je erblickt.
Ihr Blätterwerk prangte in so frischem, dichtem Grün wie in Andalusien zur Maienzeit; dabei waren die Bäume so grundverschieden von jenen unserer Heimat wie Tag und Nacht. Das gleiche gilt von den Früchten, den Gräsern, den Steinen und von allen Dingen. Allerdings gab es auch Pflanzen, die zu jenen Gattungen gehörten, die bei uns in Kastilien gedeihen; dessenungeachtet aber sahen sie ganz anders aus. Jene Bäume der mannigfaltigsten Gattungen, die sich in Kastilien nicht vorfinden, waren in so großer Zahl vorhanden, daß man sie nicht aufzählen könnte.
Die Bewohner glichen den Eingeborenen der obenerwähnten Inseln in ihrer ganzen Art und in ihrem Wuchs. Sie waren auch ganz unbekleidet und gaben ihr ganzes Hab und Gut willig für irgendeinen nichtssagenden Gegenstand, den wir ihnen boten. Ich gewahrte, wie einige unserer Schiffsjungen für Glasscherben oder Scherben zerbrochener Schüsseln Spieße eintauschten. Die Matrosen, die das Wasser herbeigeschafft hatten, berichteten mir, daß sie die Behausungen der Eingeborenen sich angesehen und in peinlich sauberem Zustand angetroffen hätten; Betten und Decken, auf denen jene Leute schliefen, sind eine Art Wollnetze. Ihre Behausungen sind zeltartig gebaut und haben hohe und gute Schornsteine, doch unter den Siedlungen, die ich gesehen, war keine einzige, die mehr als zwölf oder fünfzehn Behausungen gehabt hätte. Wir konnten hier feststellen, daß die verheirateten Frauen Wollhosen trugen im Gegensatz zu den Mädchen, mit Ausnahme von einigen unter ihnen, die an die 18 Jahre alt waren.
Auf dieser Insel sah ich Schäferhunde und kleine Spürhunde. Meine Leute begegneten einem Eingeborenen, der an seiner Nase ein Goldstück von der Größe eines halben 'Castellano' befestigt hatte, auf dem einige Schriftzeichen eingeprägt waren. Ich warf ihnen vor, dieses Geldstück nicht im Tauschwege erstanden zu haben, um jeden Preis, den der Besitzer gefordert hätte, da ich gern gewußt hätte, was dieses Geldstück für eine Bewandtnis hatte. Allein die Matrosen antworteten, nicht gewagt zu haben, ihm diesen Tauschhandel vorzuschlagen.

Nachdem wir genug Wasser geholt hatten, kehrte ich zu meinem Schiff zurück und segelte nach Nordwesten längs der ganzen Inselseite bis zur entgegengesetzten Küste, die von Osten nach Westen verläuft. Wiederum erklärten meine Indianer, daß diese Insel weitaus kleiner sei als die Insel Samoet und daß wir gut daran täten, umzukehren, um rascher zu ihr zu gelangen. Hier ließ der Wind nach, um dann von Westen zu kommen, also gerade umgekehrt zu unserer Fahrtrichtung, weshalb ich beidrehte und die ganze vergangene Nacht hindurch bald nach Ost-Südost, bald nach Osten oder nach Südosten fuhr. Ich tat dies deshalb, um nicht in Landnähe zu kommen, da dichter Nebel einsetzte und das Wetter auf Sturm war.
Von Mitternacht bis fast zum Morgengrauen gingen Regengüsse nieder. Noch jetzt ist der Himmel mit Wolken verhangen, die weitere Niederschläge zu bringen drohen. Wir sind zur südöstlichsten Spitze der Insel zurückgekehrt, wo ich gut zu ankern hoffe, bis es hell genug wird, um zu den anderen Inseln vorzudringen, wie ich es mir vorgenommen hatte. Seitdem ich mich hier in Indien befinde, hat es mehr oder weniger stark Tag um Tag geregnet, Eure Hoheiten können gewiß sein, daß dieses Land zu den fruchtbarsten und in klimatischer Hinsicht gemäßigtsten Ländern der Erde gehört.

Zum erstenmal auf dieser Reise entschloß Columbus sich, die drei Schiffe getrennte Wege gehen zu lassen. Er tat es nicht gern, weil er den Brüdern Pinzon nach wie vor mißtraute, besonders Martin, dem Kapitän der 'Pinta'. So lange er quasi unter Aufsicht stand, mochte es noch hingehen, aber sobald die 'Santa Maria' außer Sicht geraten war, würde er auf eigene Faust hinter dem Gold herjagen. Daß die Matrosen es nicht gewagt hatten, den goldenen Nasenpflock einzutauschen, war ein Beweis für die ungebrochene Autorität des Admirals, aber sie galt eben nur so lange die gesamte Flotte unter seiner Aufsicht stand. Nun aber war die 'Pinta' nach Osten gezogen, während die 'Niña' Kurs Süd-Südwest nahm. Columbus fuhr mit dem Admiralsschiff nach Süden und schwenkte dann in Richtung Osten ab. Gegen Mittag sollte die Flotte sich wieder vereinigen, was dann an der Westspitze einer Insel geschah, die plötzlich aus dem silbrigen Dunst tauchte und nun von den drei Schiffen angesteuert wurde.
Columbus taufte das Eiland 'Isabella', was nach der zuletzt mit 'Fernandina' benannten Insel unumgänglich war. Stumm vor Entzücken stand

der Admiral mit einigen seiner Herren auf der Back, während 'Isabella' wie ein Smaragd aus dem Meer ragte: üppig, grün und mit einer niedrigen, anmutig geschwungenen Bergkette im Hintergrund. Columbus ließ am Nordkap Anker werfen und gab seiner Begeisterung dadurch Ausdruck, daß er es 'Capo Bella' nannte. Ein süßer, würziger Duft wehte vom Land herüber – roch es da nicht deutlich nach Gewürzen? Tief zog er den Atem ein. Zimt? Nelken? Oder der süßlich-scharfe Geruch von Kardamon?

Die fünf an Bord verbliebenen Einheimischen hatten längst gemerkt, worauf es diesen hellhäutigen Fremden vor allem ankam – auf Gold, Gold und nochmals Gold. Um eine gute Stimmung zu schaffen, redeten sie den Weißen nach dem Munde und erklärten mit Händen, Füßen und den paar erlernten spanischen Brocken, daß im Innern dieser Insel ein König wohne, der sei ganz in Gold gekleidet, auch seine Frauen, und sie äßen von goldenen Tellern und tränken aus goldenen Bechern, und die Kinder spielten mit goldenem Spielzeug – Gold, Gold, Gold!

Das war so dick aufgetragen, daß Columbus mißtrauisch wurde, sich aber dennoch vornahm, die Insel zu erkunden. Dafür, daß es nicht ganz so gründlich geschah, rechtfertigte er sich in seinem Bordbuch.

Allein, es war nicht meine Absicht, alles genau zu erforschen, denn dazu würden nicht einmal fünfzig Jahre ausreichen, sondern so viel als möglich neue Länder zu entdecken, um, wenn es Gott gefiel, im kommenden April wieder vor das Angesicht Eurer Hoheiten treten zu können. Dem muß ich aber hinzufügen, daß ich, falls wir auf Gegenden stoßen sollten, wo Gold und Gewürze reichlich vorhanden sind, mich dort so lange aufhalten werde, bis ich so viel als nur irgend möglich davon verladen habe.

Punkt! Ihm sollte man kein Versäumnis vorwerfen können – ihm nicht!

Die Insel nach Nordosten zu umsegeln erwies sich der Winde und zahlreichen Untiefen wegen als unmöglich. So kreuzte die Flotte nach Süden, ankerte bei einem kleinen Kap und ließ die Beiboote zu Wasser. Zusammen mit den Brüdern Pinzon, Joseph Marco, einem der indischen Dolmetscher und – sicherheitshalber – drei Bewaffneten ging Columbus an Land. Sie schritten durch ein Paradies aus üppigen Bäumen und Sträuchern, die blühten oder Frucht trugen – manchmal beides zugleich –, blausilbernen Lagunen, unterbrochen von kleinen, grasbewachsenen Feldern. Dieses Bild belebten zahllose zwitschernde Vögel, grellbunte

Papageien und wie leuchtende Edelsteine durch die Luft schwirrende Kolibris, die mit ihren dünnen langen Schnäbeln aus Blütenkelchen tranken. Plötzlich tauchte eine Siedlung vor ihnen auf, und sie sahen gerade noch, wie einige der Bewohner zwischen den Bäumen davonhuschten. Doch es dauerte nicht lange, dann kamen ein paar Mutige wieder hervor. Columbus lächelte, verneigte sich leicht und breitete die Arme aus, um zu zeigen, daß er unbewaffnet war. Bald fanden sich auch die anderen ein, er ließ Geschenke verteilen, und damit verloren diese Menschen jede Scheu, drängten sich lachend und schwatzend um die Spanier, zupften an der Kleidung, strichen über Bärte – es war wie am Tag ihrer ersten Landung. Der indische Dolmetscher versuchte, seinen Landsleuten begreiflich zu machen, daß sie auf der Suche nach dem Herrn der Insel seien. Der Mann redete lange auf sie ein, und es schien fast, als gäbe es bei diesen noch gar nicht so weit entfernten Nachbarn sprachliche Verschiedenheiten. Columbus verstand, er solle auf seinem Schiff warten, der 'König' würde im Laufe der nächsten Tage erscheinen.
„Sie sind wie Kinder", sagte er, „versprechen viel, halten wenig und verdrehen die Wahrheit nach Lust und Laune. Ich bezweifle, daß es hier überhaupt so etwas wie einen König gibt."
Martin Pinzon blickte recht mürrisch drein, denn ihn hatte vor allem Beutegier zu dieser Fahrt veranlaßt, und die nackten Wilden mit ihren Holzspießen und Baumwollballen enttäuschten ihn tief.
„Wir wollen trotzdem warten; vielleicht gibt es den König doch, und es wäre schlimm, wenn er mit seinen Geschenken ankäme und wir befänden uns dann auf hoher See. Oder wollt Ihr mit leeren Händen zurückkommen?"
Er schaute dabei den Admiral herausfordernd an, aber der – wie immer beim Gespräch mit Pinzon – zeigte eine Engelsgeduld.
„Wir stehen erst am Anfang unserer Expedition und haben bis jetzt noch kein Festland betreten. Ihr müßt Euch noch ein wenig gedulden, Kapitän Pinzon."
Nun mischte sich Rodrigo Sanchez ein, der sonst wenig sprach.
„Als Vertreter unserer gnädigen Majestäten möchte ich Euch, Kapitän Pinzon, daran erinnern, daß Ihr dem Admiral untergeben seid – zur See und an Land. Was Ihr sagt, klingt bisweilen wie Aufruhr, und ich ersuche Euch, niemals zu vergessen, daß Don Cristobal Euch in Eisen legen, ja sogar hängen lassen kann, wenn er es für richtig hält, denn auf See ist er als Admiral Euer Herr und an Land als Vizekönig."

Ganz trocken und nüchtern hatte der Kronbeamte gesprochen in dem belehrenden Ton eines Juristen, der einem Laien komplizierte Zusammenhänge erläutert. Pinzon beherrschte sich nur mühsam und blickte Sanchez haßerfüllt an. Der hob kurz die Hand.
„Sagt jetzt nichts, Señor Pinzon, was Ihr später bereuen könntet. Eure Verdienste als tüchtiger und vielerfahrener Kapitän sind unumstritten, und ich werde sie bei unserer Rückkehr vor den Majestäten zu würdigen wissen."
Pinzon schluckte mehrmals und ging wortlos davon.
„Ich weiß nicht, ob das nötig war, Don Rodrigo", sagte Columbus leise.
Sanchez blieb ungerührt.
„Doch", sagte er, „es war nötig."
Sie warteten den ganzen nächsten Tag, doch statt eines Königs erschienen die Einwohner der Insel in hellen Scharen und belagerten das Schiff. Wie immer bestand ihre Tauschware aus Baumwolle und Spießen, einige gaben bereitwillig ihre goldenen Nasenpflöcke her für wertlosen Tand.
Joseph Marco hatte Columbus schon früher darauf hingewiesen, daß hier der Aloestrauch in prächtiger Fülle gedieh und wie hoch sein Saft in Europa geschätzt wurde.
„Der Extrakt aus den Aloeblättern wird zwar nicht gerade mit Gold aufgewogen, aber das Pfund kostet in Lissabon zwei bis drei Dukaten."
Columbus horchte auf.
„Wozu braucht man es?"
„Der Saft enthält starke Bitterstoffe, die vielfach medizinisch verwendet werden, zum Beispiel als Abführmittel. Man könnte mit Kaiser Vespasian sagen: *Non olet*, weil die daraus erlösten Dukaten nichts von ihrer Herkunft verraten."
Columbus lachte.
„Ihr habt natürlich recht. Geld stinkt nicht, auch wenn es von einem Abführmittel kommt. Da wir keinen goldenen König gefunden haben, nehmen wir die Aloe als Ersatz."
So wurden die Matrosen an Land geschickt und mußten unter Josephs Aufsicht die Blätter des Aloestrauches schneiden und bündeln.
Am nächsten Tag brach die Flotte nach Cuba auf, das nach einmütiger Darstellung der fünf Eingeborenen aus San Salvador in Richtung West-Südwest lag. Zwei von den Fünfen erwiesen sich als besonders lernfähig und sprachen schon kurze Sätze auf Spanisch; vor allem ein Wort war

ihnen vertraut, weil sie es wieder und wieder hörten: Gold – Gold – Gold.
Der Admiral war fester denn je davon überzeugt, daß Colba, Culba oder Cuba – auf jeder der Inseln sprach man es anders aus – identisch war mit dem auf der Toscanelli-Karte als Zipangu bezeichneten riesigen Eiland. Ihr bisheriger Fahrtverlauf gab ihm darin recht, denn Toscanelli hatte eine ganze Reihe kleinerer Inseln im Norden von Zipangu eingezeichnet.

An einem Sonntag, es war der 28. Oktober, ankerten sie in einer Flußmündung vor der Insel Cuba. Wieder war Columbus von der Anmut dieser Landschaft hingerissen, und schrieb am Abend in sein Bordbuch:

Ich habe keinen schöneren Ort je gesehen. Die beiden Flußufer waren von blühenden, grünumrankten Bäumen eingesäumt, die ganz anders aussahen, als unsere heimatlichen Bäume. Sie trugen Blumen und Früchte der verschiedensten Art, zwischen denen zahllose, meist sehr kleine Vögel ihr süßes Gezwitscher vernehmen ließen. Dann gab es eine Unmenge Palmen, die einer anderen Gattung angehörten, als jene in Afrika und Spanien; sie waren mittelgroß, hatten am Stamm keine Zellfasern und sehr breite Blätter, mit denen die Eingeborenen die Dächer ihrer Behausungen deckten...

Columbus legte die Feder hin, sie war ohnedies verbraucht, und er hätte sich längst ein paar neue zurechtschneiden müssen. Ja, sein Herz war voll von den Eindrücken dieses Tages, und er schrieb hin, was er empfand, auch wenn König Ferdinand eher etwas von Gold und kostbaren Gewürzen hören wollte und vermutlich recht spöttisch lächelte, wenn er vom 'süßen Gezwitscher der Vögel' las oder von 'blühenden und fruchttragenden Bäumen'. Wenn er überhaupt jemals soviel Interesse aufbrachte, das Bordbuch durchzublättern. Die Königin würde an die vielen zu rettenden Seelen denken, an Taufen, Kirchengründungen und Religionsunterricht und sich vielleicht Vorwürfe machen, daß sie nicht für die Mitnahme eines Priesters gesorgt hatte. Eigentlich müßte er enttäuscht sein. Hatte er nicht schimmernde Städte mit hohen Häusern und breite Straßen mit prächtig gekleideten Menschen erwartet? Dazu eine festliche Empfangskommission, die ihn, den Vertreter der spanischen Könige, feierlich zum Landesfürsten geleitete. Dieser hörte lächelnd und wohlwollend das Begehren des Gastes an und ließ die drei Schiffe insge-

heim bis zum Rand mit Gold füllen. Statt dessen zwei armselige Fischerhütten, eine zwar bezaubernde, doch menschenleere und unkultivierte Natur. Ob dies tatsächlich Zipangu war? Andererseits: Hätte sich zum Beispiel eine indische Flotte aufgemacht, um das als reich und mächtig geschilderte Europa zu erforschen und die Schiffe wären zufällig am langen menschenleeren Strand der Doñana gelandet, dann hätten die Inder nur ein paar ärmliche Fischerhütten gefunden und eine viele Meilen lange unbesiedelte wilde Küste mit Sanddünen, Krüppelkiefern und Strandhafer. Die befragten Fischer hätten nach Norden gedeutet und gesagt, da gäbe es große Städte, einen mächtigen König...
Seufzend klappte er das Bordbuch zu. Seine Gedanken schweiften zum heutigen Morgen zurück, als das Boot anlegte und er – zum wievielten Mal? – wieder einmal Land – Neuland – betrat. Und wieder erlebte er, daß die Eingeborenen die Flucht ergriffen, als er sich den beiden Fischerhütten näherte. Nur ein kleiner Hund blieb beim Haus, der leicht mit dem Schwanz wedelte und die Fremden zaghaft beschnupperte. Alles wiederholte sich. Columbus gab den strengen Befehl, nichts anzurühren, und dann setzten sie ihre Fahrt flußaufwärts fort. Wieder ergriff ihn die fast gewalttätige Schönheit dieser Landschaft, die ihm wie ein von Gott geschaffenes Gemälde erschien, bei dem der Allmächtige nochmals zum Pinsel griff, um Farben und Konturen zu verstärken und zu vertiefen. Dieser wahrhaftige Garten Eden war von dunkel bewaldeten Bergen eingefaßt, und Columbus fühlte sich spontan an Sizilien erinnert.
Dann tauchten zwei Kanus auf, die sofort kehrtmachten, als sie das Boot der Fremden bemerkten. Die beiden Dolmetscher lachten laut und riefen den Fliehenden etwas Spöttisches hinterher. Und wieder behaupteten sie, hier und nirgends anders herrsche ein großer König, der über reiche Goldminen und Perlmuschelbänke gebiete.
Vor seinen Leuten gab Columbus sich zuversichtlich, aber als er allein in seiner Kajüte saß, auf die Karten starrte und sich den Kopf zerquälte, kamen wieder die Zweifel. Und wenn es nun doch nicht Zipangu war, sondern ein Zipfel des Festlandes von Kathai? Dann waren sie zu weit nach Norden geraten und müßten die Küste in östlicher Richtung verfolgen, bis der Weg nach Süden frei war. Möglicherweise war auch die Toscanelli-Karte ungenau, denn der berühmte Kartograph hatte sie ja nur auf Grund fremder Berichte und Hinweise gezeichnet. Niemand zweifelte daran, daß es Zipangu, Kathai und eine indische Ostküste gab, aber vielleicht waren sämtliche Dimensionen falsch?

Columbus mahnte sich zur Geduld und versuchte, seine Gedanken zu ordnen. Also erstens: Inseln ohne dazugehöriges Festland gibt es nicht. Sollte dies schon Festland sein, dann werden wir bald den Sitz des Herrschers ausfindig machen. Ist es eine Insel, müssen wir weitersuchen. Du bist am Ziel, Cristobal, tröstete er sich, aber vergiß nicht, daß dieses Ziel keinen festen Punkt darstellt, sondern ungeheuer weite Landstriche, die es sorgsam zu registrieren und aufzuzeichnen gilt.

Den ganzen nächsten Tag nutzte der Admiral zur Erforschung der Küste nach beiden Richtungen. Sie fuhren bis in die Nacht hinein und entdeckten eine Flußmündung von nie gesehener Größe. Columbus taufte ihn 'Rio de Mares', den 'Fluß der Meere'. Hier lagen größere Siedlungen, aber die Einwohner flohen sofort Hals über Kopf, als die Boote der Fremden sich näherten. Die Hütten erwiesen sich als wohlgebaut und peinlich sauber. Wieder erging der Befehl: Nichts mitnehmen, nichts anrühren!
„Schaut, Don Cristobal!"
Luis de Torres stand vor einer Hütte und winkte aufgeregt mit beiden Armen. Zum erstenmal sahen sie von den Einheimischen gefertigte Kunstwerke: Statuen in verschiedenen Größen und bunte, ornamentreich geschnitzte Gesichtsmasken.
„Vielleicht hat es mit ihrer Religion zu tun?"
Columbus zuckte die Schultern, es interessierte ihn wenig.
„Vielleicht."
Er nahm es als Hinweis auf die Nähe einer größeren Stadt, denn so geräumige und gut ausgestattete Häuser hatten sie bislang nicht gefunden. Wo sollten diese Fischer ihren Fang verkaufen, wenn nicht auf großen Märkten? Später fanden sie Kontakt zu einigen der Indios, und da war plötzlich die Rede davon, daß man Cuba auf einer Flußfahrt von vier bis fünf Tagen erreichen könne.
„Aber wir sind doch auf Cuba!" sagte Columbus verzweifelt und blickte den Einheimischen zornig an. Der beriet sich mit seinen Landsleuten, sie schnatterten eifrig durcheinander und deuteten auf den Fluß.
„Cuba! Cuba!"
Columbus befahl die Kapitäne zu sich.
Mit Cuba, so meinte Martin Pinzon, könne auch eine Stadt gemeint sein, die flußaufwärts liege, und seiner Ansicht nach befänden wir uns nicht auf einer Insel, sondern auf einem Kontinent.

Columbus dachte nach.

„Ich bin zu einem ähnlichen Schluß gekommen, weil unsere Indios den Fürsten des Landes 'Cami' nennen und das kann nur 'Khan' bedeuten. So nennt man in Kathai einen Landesfürsten, wie Marco Polo berichtet."

„Marco Polo!" Pinzon spuckte den Namen aus, als ekle ihn davor, und verzog dabei sein Gesicht.

Columbus fuhr auf.

„Wollt Ihr damit sagen, daß Polo ein Lügner ist – ein Phantast?"

„Marco Polo war eine Landratte, und wir sind Seeleute. Da stellen sich andere Probleme."

Columbus wollte keinen Streit, nicht mit Pinzon und nicht in dieser unsicheren Lage. Er kam zu einem Entschluß.

„Demnach befinden wir uns im Norden von Kathai in der Nähe einer großen Stadt. Ich werde also eine Gesandtschaft zusammenstellen, die dem Khan ein Schreiben unserer Könige überreicht und ihn auf unseren Besuch vorbereitet."

Den nicht sehr begeisterten Dolmetscher Luis de Torres ernannte der Admiral zum Führer der Gesandtschaft und gab ihm eine bewaffnete Eskorte und zwei der Indios mit. Er wurde mit genauen Instruktionen ausgestattet, sollte nach Gold und Gewürzen fragen, sich nach anderen Städten, Häfen und Flüssen erkundigen und den Khan zu einer Antwort an die Katholischen Könige ermuntern.

Luis de Torres, ein nüchterner Mensch, hegte wenig Hoffnung, sich dem fremden Herrscher verständlich machen zu können, aber mit Unterstützung der beiden hilfsbereiten Eingeborenen mochte es vielleicht gehen.

Die beiden jungen Männer genossen ihre wichtige Rolle. Sie hatten ihre Heimatinsel Guanahani noch niemals verlassen und standen, seit sie an Bord der fremden Schiffe gegangen waren, im Mittelpunkt eines lebhaften Interesses. Ständig befragte man sie, deutete auf Pflanzen, Blumen, Bäume, Früchte, wollte die Namen von Inseln wissen und mühte sich ab, ihnen die Sprache der Weißen beizubringen. Ja, sie genossen ihre Rolle und taten alles, um die Fremden nicht zu enttäuschen. Wußten sie keine Antwort, so erfanden sie eine und freuten sich immer wieder an den gespannten und erwartungsvollen Gesichtern, wenn die Rede auf *nucay* kam, das gelbe Metall, das für die Fremden offenbar eine große Zauberkraft besaß. Sie nutzten es nur zu Schmuckzwecken, fanden die herrlichen transparenten Farbsteine viel schöner und wunderten sich immer wieder, daß die Weißen sich so leicht davon trennten.

Zuerst hatten sie die seltsam gekleideten Männer auf ihren großen, mit Tüchern bespannten Schiffen für Götter gehalten. Seit sie aber eng mit ihnen zusammenlebten und sahen, daß die Fremden aßen, tranken, stritten, lachten, ins Wasser pißten und bluteten, wenn sie sich verletzten – kurzum, seit sie merkten, daß nur Sprache und Sitte sie von ihnen unterschieden, zweifelten sie an deren Göttlichkeit, nicht aber daran, daß sie Zauberer mit überirdischen Kräften waren. Das hatten sie zuletzt vor zwei Tagen erlebt, als der beste Scharfschütze der Flotte – ein Baske – bei einem Landgang auf eine hoch am Baum hängende, vielleicht zwanzig Schritt entfernte Frucht deutete. Dann legte er seine Arkebuse an, es donnerte gewaltig, und die Frucht zersprang in tausend Stücke. Die Indios warfen sich auf den Boden und hoben erst wieder ihre Köpfe, als die Spanier herzlich lachten und so taten, als sei dies nichts Ungewöhnliches.
Sie waren stolz und glücklich, den übers Meer gekommenen Zauberern dienen zu dürfen, und freuten sich schon auf den Tag, da sie wieder zu Hause waren, um ihren Freunden und Verwandten über all das Wunderbare zu berichten.
Columbus hatte Luis de Torres befohlen, in jedem Fall innerhalb einer Woche zurückzukehren, ob er die Stadt nun fand oder nicht.
Während der Wartezeit erforschte er die Tier- und Pflanzenwelt, erlegte einige Vögel, kostete – von den Einheimischen beraten – verschiedene Früchte und fragte immer wieder nach Gold.
Ja, *nucay* gab es schon, da müsse man nach Bohio fahren, das sei eine große Insel im Südosten, dort gebe es Gold und Perlen in Hülle und Fülle. Die Einwohner dort trügen es am ganzen Leib – an Beinen, Armen und Ohren, um den Hals und auf dem Kopf, jawohl – *nucay*! Mochte das auch übertrieben sein, so schöpfte Columbus neue Hoffnung. War hier weder eine Stadt noch der Landesfürst zu finden, von Perlen und Gold gar nicht zu reden, dann auf nach Südost! Irgendwo mußte der Khan ja residieren.
Joseph Marco fragte den Admiral um Erlaubnis, bei den Eingeborenen nach medizinischen Kenntnissen forschen zu dürfen.
Columbus hob erstaunt die Brauen.
„Wenn Ihr glaubt, daß es hier so etwas gibt... Ich jedenfalls habe bisher weder Ärzte noch Kranke gesehen. Aber entfernt Euch nicht zu weit vom Fluß, hört Ihr?"
Joseph versprach es, aber es dauerte einen halben Tag, bis es ihm gelang,

sich verständlich zu machen. Er zeigte den Einheimischen einen Matrosen, dem beim Abschneiden der Aloeblätter das Messer ausgeglitten war und dessen tiefe Oberschenkelwunde er verarztet hatte. Zur Demonstration holte er seinen Arztkoffer, wies auf die verschiedenen Tinkturen und Pulver, mimte Schmerzen, rieb seinen Bauch, nahm eines der Fläschchen und tat, als wolle er trinken. Dazwischen zeigte er immer wieder aufs Dorf, was schließlich so gedeutet wurde, daß man ihm zwei Kranke ans Flußufer brachte, wo eine Art Hafen entstanden war und wo sich die neugierigen Indios gerne herumtrieben. Der eine litt an hohem Fieber, ohne daß eine Verletzung oder eine sichtbare Krankheit zu erkennen war, den zweiten – ein älterer Mann – quälte eine faustgroße Geschwulst im Nacken. Im Nu hatten sich mehrere Dutzend Seeleute und Einheimische um Joseph versammelt, der sich entschloß, zunächst einmal die beiden Kranken zu behandeln. Dem einen reichte er ein beruhigendes fiebersenkendes Mittel und gebot ihm, sich hinzulegen, beim anderen schien es ihm angebracht, das Furunkel sofort zu öffnen.
Während Joseph das Skalpell für den Kreuzschnitt herausnahm, entstand Unruhe unter den Zuschauern. Er blickte auf und sah, wie ein seltsamer Mensch nach vorne trat. Die Einheimischen machten ihm bereitwillig Platz, aber offenbar wollte keiner mit ihm in Berührung kommen. Der alterslose, zerzaust und verwahrlost aussehende Mann trug eine seltsame Kopfbedeckung aus mit Vogelbälgen, kleinen Muscheln und Fellstücken besetztem Leder; dazu einen Gürtel aus Schlangenhaut, an dem kleine Knochen hingen, die leise klapperten, wenn er sich bewegte. In seiner rechten Hand hielt er einen langen geschnitzten Stab, behängt mit farbigen Baumwollbändern, Vogelfedern und Affenzähnen.
„Vielleicht will Euch der Bursche assistieren?" scherzte einer der Seeleute und ein anderer meinte: „Den habe ich schon gestern von weitem gesehen, ich glaube, der ist hier so eine Art Priester."
Joseph wollte dem 'Hexer', wie er ihn bei sich nannte, keine besondere Aufmerksamkeit schenken und befaßte sich weiter mit dem Kranken, gebot ihm, sich niederzuknien und nach vorne zu beugen. Dann winkte er zwei der Seeleute herbei.
„Besser, ihr haltet ihn fest."
Da wurde der Mann zornig, wehrte die beiden ab, wollte keine Hilfe. Joseph öffnete mit zwei schnellen tiefen Einschnitten das Geschwür, worauf im hohen Bogen ein Eiterstrahl herausspritzte. Mit einem Leinenlappen drückte er das Furunkel sorgsam aus, strich eine Paste aus

Leinsamen darauf und legte einen Verband an. Der Mann hatte nicht die kleinste Reaktion gezeigt, obwohl Joseph aus Erfahrung wußte, daß das Auspressen solcher Geschwüre starke Schmerzen verursachte. Er fühlte sich an der Schulter berührt und blickte auf. Es war der Hexer, der gebieterisch auf das Skalpell deutete und dann auf sich.
„Er will es haben", bemerkte einer der Zuschauer, und Joseph wußte nun, daß der Hexer hier auch ärztliche Funktionen erfüllte. Er schüttelte den Kopf.
„Nein...", sagte er und suchte nach einer Erklärung. Er schloß den Koffer und deutete aufs Schiff.
„Gehört nicht mir! Gehört dem Schiff, dem Kapitän, uns allen."
Der Hexer gab nicht zu erkennen, ob er die Erklärung verstanden hatte. Er wandte sich brüsk um und ging weg.
„Halt!" rief Joseph, „halt!"
Er gab den Koffer einem Matrosen und lief hinter dem Medizinmann her. Der tat, als bemerke er es nicht, und so kam Joseph bis vor seine Hütte am Rande des Dorfes, nahe dem grünen Uferdickicht. Vor dem Eingang erhoben sich zwei hohe bemalte Stelen mit Schnitzereien von Masken, Tieren und Symbolen. Dort blieb Joseph stehen, weil er nicht unaufgefordert die Hütte betreten wollte. Ein kleiner Hund kam heraus, knurrte, beschnüffelte den Fremden und verschwand wieder. In diesem Augenblick beschlich Joseph zum erstenmal das Gefühl einer absoluten Fremdheit.
Was suche ich hier? Warum lassen wir diese Menschen nicht in Frieden? Er wird von mir nichts lernen und ich nichts von ihm. Uns trennt nicht nur der Ozean – uns trennen Welten. Da kam der Hexer schon wieder heraus, hatte seinen Kopfputz abgelegt und grinste Joseph selbstbewußt an. Er trug einen Korb, den er jetzt vor Joseph hinstellte. Der setzte sich auf den Boden, der andere ließ sich in die hier typische Kauerstellung nieder. Dann holte er Stück um Stück hervor und legte sie nebeneinander auf die Erde, wie um zu zeigen, welche Schätze er, der Medizinmann, dem weißen Arzt mit seinem lächerlichen Skalpell entgegenzusetzen hatte. Zu jedem Stück gab er eine längere oder kürzere Erklärung ab, und Joseph nickte dazu, auch wenn er kein Wort verstand. Da kamen Vogelbälge ans Licht, eine Hasen- oder Hundepfote, ein mumifizierter Affenschädel, getrocknete Kräuterbüschel, geheimnisvolle Schnitzereien, Scheiben aus poliertem grünlichen Stein mit rätselhaften schriftähnlichen Gravierungen; auch eine dünne, handtellergroße Goldplatte – viel-

leicht ein Sonnensymbol. Joseph überlegte, ob er sie nicht gegen sein Skalpell eintauschen könnte, doch schnell verwarf er den Gedanken. Als er die Schätze des Medizinmannes genug bewundert hatte, räumte er sie wieder in den Korb, verschwand und kam mit einem großen irdenen Topf wieder. Er grinste freundlich, hob den Deckel und holte eine Handvoll getrocknetes Kraut heraus. Es schienen Teile größerer Blätter zu sein, die einen herben, sehr würzigen Geruch ausströmten. Der Hexer rief etwas in die Hütte hinein und nach einiger Zeit erschien eine schüchtern wirkende junge Frau, die mit gesenktem Kopf eine flache Schale voll glimmender Holzkohlen auf den Boden stellte und schnell wieder verschwand. Der Hexer streute eine Handvoll von den Blättern auf die Glut und sogleich stieg ein dichter grauweißer Rauch empor. Der Indio beugte sich darüber und atmete in tiefen Zügen den Qualm ein, hüstelte, spuckte aus und nahm noch einmal einen kräftigen Zug. Sein Gesicht wirkte wie verklärt, als er seinen Gast mit einer Handbewegung dazu einlud, es ihm nachzutun, dabei sagte er mehrmals „Tabacos! Tabacos!"
Es wird mich nicht umbringen, dachte Joseph, schloß die Augen und sog den Rauch tief in die Lungen. Ah, was war das? Durch seinen Kopf zuckten Blitze, ein wundervolles Gefühl von heiterer Leichtigkeit stellte sich ein – so, als hätte er mit einem Zug einen ganzen Krug Wein geleert. Benommen lehnte er sich zurück. Der Hexer klopfte ihm beruhigend auf den Rücken und grinste freundlich. Gerne nahm Joseph kurz darauf einen zweiten Zug, doch da wurde ihm schlecht, und er mußte sich übergeben. Der Hexer lachte, stand auf und ging in die Hütte. Joseph wischte sich den Mund, dachte, der zweite Zug sei wohl zuviel gewesen, und war noch immer sehr benommen. Da drückte der Medizinmann ihm ein paar zu fingerdicken Rohren gerollte Blätter in die Hand. Er nahm eine davon, steckte sie am Ende in die Glut, begann am anderen zu saugen, und siehe da, der weißliche Rauch strömte in seinen Mund, und er blies ihn geräuschvoll wieder aus. Joseph, der wie fast alle Spanier immer ein paar Glasperlen in der Tasche trug, holte zwei heraus und legte sie dem anderen in die ausgestreckte Hand. Die bunten Glaskugeln funkelten wie kostbare Edelsteine in der späten Nachmittagssonne, und das Gesicht des Beschenkten strahlte mit ihnen um die Wette.
Später gab Joseph dem Admiral zwei von den Blattröhren und erklärte ihre Bedeutung.
„Die Eingeborenen nennen es *tabascos* oder so ähnlich."

Columbus schüttelte zweifelnd den Kopf.

„Damit wird sich bei uns niemand anfreunden können. Wer atmet schon freiwillig Rauch ein? Ich werde es den spanischen Majestäten als Kuriosum verehren...", auch wenn es das nicht ist, was sie erhoffen, denn alle Welt erwartet Gold, Perlen, Elfenbein und kostbare Gewürze, dachte er im stillen.

Zwei Tage später kehrten die 'Gesandten' zurück, und sie hatten nichts weiter gefunden als ein größeres Dorf mit einem Häuptling, der sie sehr ehrenvoll empfing. Von einer Stadt schien er nichts zu wissen. Am Montag, dem 12. November, ließ Columbus die Anker lichten und ging auf Ostkurs, um jene Insel zu finden, die hier von den Einwohnern 'Bohio' genannt wurde. Nebel kam auf, von Sturm getriebene Regenschauer jagten über das aufgewühlte Meer dahin, als seien es Geister, die den Zugang zum Goldparadies bewachten.

Über eine Woche kreuzten sie ziellos herum, fanden eine Bucht, ankerten, brachen schnell wieder auf, ein Sturm trieb sie in eine andere Bucht, und niemand wußte, war dies noch die Ostspitze von Cuba oder passierten sie schon kleinere Inselgruppen. Das Verhältnis zu Martin Pinzon war sehr schlecht geworden, er verhielt sich mürrisch und abweisend, sagte etwas von einem festen Ziel, das jeder haben müsse. Am siebten Tag war die 'Pinta' verschwunden, als hätte sie sich aufgelöst in Nebel, Regen und Sturm.

„Sie kann auf irgendwelchen Klippen zerschellt sein", vermutete Juan de la Cosa, Besitzer der 'Santa Maria', aber Don Cristobal schüttelte nur grimmig den Kopf.

„Ein von Pinzon geführtes Schiff gerät nicht in die Klippen, außerdem hätten wir davon etwas merken müssen. Nein, Pinzon ist ein Opfer seiner Habgier und will vor uns die Goldinsel erreichen. Ich werde ihn wegen Verrat und Desertion zur Verantwortung ziehen!"

Doch Martin Pinzon, Kapitän der 'Pinta', blieb verschwunden und wenn er noch lebte, schien er nicht gewillt, sich dem Admiral zu stellen.

33

Mitte Dezember 1492
Liebste Adriana,
vor zehn oder elf Tagen sind wir auf Bohio, der so lange gesuchten 'Goldinsel' angelangt. Zur Zeit bin ich eher Matrose als Arzt, denn die Mannschaft ist von einer geradezu erschreckenden Gesundheit, während es Arbeit mehr als genug gibt. Seit wir unseren festen Ankerplatz am Rio de Mares verlassen hatten, kreuzten wir bei schlechtem Wetter mehr oder weniger ziellos herum, ankerten da und dort und erforschten die breiten Flüsse ein paar Meilen landeinwärts. Der Admiral ist besessen davon, die Goldquelle dieses Gebietes zu finden, doch allmählich fühlt er sich von den Eingeborenen in die Irre geführt. Die einen deuten nach Süden, andere nach West, Ost oder Nord, wo es Berge von Gold geben soll, aber sicher scheint mir nur eines: Keiner weiß etwas Genaues, und die etwas wissen, halten den Mund. Einige der hier lebenden, sonst grundgutmütigen Menschen spüren, daß Don Cristobal in ihnen nicht nur Freunde und willkommene Helfer sieht, sondern vor allem darauf erpicht ist, die Quelle des Goldes herauszufinden. Wenn einer zögert oder nachdenkt, kann er gleich unwirsch werden, und es geschieht immer häufiger, daß er die Leute verstört oder abschreckt, ja, manchmal in ihnen sogar feindselige Regungen erweckt. Es kam schon vor, daß sie drohend ihre Spieße erhoben – ein Pulverfaß, in das ein Unbesonnener nur eine Lunte zu werfen braucht.
Don Cristobal hat sich in den letzten Wochen völlig gewandelt. Anfangs war er hingerissen von der Schönheit dieser Landschaft und von der fast kindlichen Gutartigkeit ihrer Bewohner, die er jetzt mehr und mehr als 'Menschenmaterial' sieht, das leicht und ohne viel Aufwand in die Sklaverei zu führen ist. Dazu kommt, daß sie ihn tief enttäuscht haben, weil

Gold in ihrer Welt nicht die bedeutsame Rolle spielt wie in der unseren. Tragen sie welches bei sich, so geben sie es, ohne zu zögern, für irgendwelchen Tand hin – es liegt ihnen nichts daran.
Ich hatte hier ein aufregendes Erlebnis mit einem Hexer, Priester oder Arzt der Eingeborenen, der mich vor seine Hütte führte und mir die Ingredienzien seiner Zauberkunst vorführte – Dir hätte es dabei gegraust, liebe Adriana. Zuletzt ließ er mich an einem brennenden Kraut schnuppern, das sie hier 'tabacos' nennen und das der Zauberer wohl zu medizinischen Zwecken benutzt. Mir wurde dabei schlecht und ich mußte mich übergeben, als hätte ich zuviel getrunken – und so war mir auch zumute.
Zur schlechten Laune des Admirals trägt weiterhin bei, daß die 'Pinta' nach wie vor verschwunden bleibt und er Kapitän Pinzon nicht zur Verantwortung ziehen kann. Ich glaube fast, er würde ihn hängen lassen, doch er spricht nicht davon und tut, als sei nichts geschehen.
Über eine Woche kreuzten wir im äußersten Osten von Cuba herum (der Admiral ist nun doch wieder zu der Meinung gelangt, daß wir uns auf einer großen Insel namens Colba oder Cuba befinden) und verbreiteten unter den Einwohnern einen solchen Schrecken, daß wir nur noch leere Dörfer und Felder vorfanden, wenn wir anlegten. Da halfen auch die Beschwichtigungsrufe unserer Indios nichts, die – wie mir scheint – ihrerseits immer mißtrauischer werden und wohl fürchten, daß wir sie als Gefangene in unser Land mitnehmen, was der Admiral übrigens mir gegenüber ganz offen ausgesprochen hat. Er will die fünf den spanischen Majestäten präsentieren, zusammen mit Affen, Papageien und was er sonst noch an Curiosa hier gefunden hat. Ich fürchte nur, mit dem Gold wird es hapern...
Die Tage gingen hin und noch immer wehte ein steifer Ostwind, mit dem wir nichts anfangen konnten. Am 1. Dezember begann es zu regnen und zwar auf eine Weise, die wir in Spanien nicht kennen. Da sind keine Tropfen mehr wahrzunehmen, die Fluten strömen vom Himmel als stünde man unter einem Wasserfall. Unsere schon etwas ramponierten Schiffe liefen voll wie Zisternen, und die ganze Mannschaft – auch die jüngeren Nichtmatrosen, z. B. ich – mußten eine Eimerkette bilden, um das Wasser aus dem Stauraum heraufzuholen. Die Stimmung auf der 'Santa Maria' ist trotzdem gut, denn alle vertrauen darauf, daß der Admiral den 'Goldkönig' noch finden wird und sie alle als reiche Leute heimkehren werden. Wenn die Basken einmal zu jemand Vertrauen ge-

faßt haben, dann ist es nicht zu erschüttern. Auf der 'Niña' dagegen herrscht ziemlicher Mißmut, wie mein sonst nicht sehr redseliger Kollege Manuel Bernal mir unter vier Augen gestand. Sie werfen ihrem Kapitän vor, daß er nicht seinem Bruder gefolgt ist, um gemeinsam dem Admiral auf der Goldinsel zuvorzukommen. Nun aber sitzen sie fest wie wir und müssen rund um die Uhr Wasser schöpfen.

Da der Gegenwind die nächsten Tage anhielt – der Regen hatte zum Glück aufgehört –, wollte der Admiral noch ein prachtvoll gelegenes Kap erkunden und forderte mich nach langer Zeit wieder einmal auf, ihn zu begleiten. Ich freute mich wie ein Schuljunge, der endlich hinausdarf. Wir fuhren mit zwei Schaluppen flußaufwärts, entdeckten einen Anlegeplatz mit fünf großen Kanus und gingen an Land. Der Admiral wollte das auf einem flachen Hügel gelegene Dorf in Augenschein nehmen, doch die Einwohner liefen davon, sobald sie uns entdeckten. Unser einheimischer Dolmetscher rief ihnen nach, daß wir gute und harmlose Leute seien, aber nur ein paar ganz Mutige wagten sich zurück und wurden reich beschenkt. Als wir zu unserer Anlegestelle kamen, hatten sich dort einige Dutzend Männer versammelt, die aufgeregt herumliefen und drohend ihre Speere schwangen. Unser Dolmetscher begann zu zittern. Er spricht schon recht gut spanisch und stieß hervor: „Gesichter rot, Körper rot – das bedeutet Krieg! Böse Männer! Wollen Krieg mit uns!"

Dabei versteckte er sich hinter dem breiten Rücken des Admirals, und ich hörte deutlich seine Zähne klappern.

Daß auch mir nicht ganz wohl war, kannst Du Dir denken, aber ich suchte Haltung zu bewahren und vertraute Don Cristobals Geschick. Doch unser zu Tode verängstigter Dolmetscher kam ihm zuvor. Er riß einem der Spanier eine Pistole aus der Hand, hob sie hoch und brüllte den Angreifern etwas entgegen – wohl eine Erklärung, daß diese Waffe aus der Ferne töten könne. Dann zog er das Schwert des Admirals aus der Scheide, schwang es durch die Luft und stieß dabei Drohungen aus. Daraufhin ergriffen die rotbemalten Krieger die Flucht, und unser Indio – vom eigenen Mut erschreckt – stand wachsbleich und zitternd da, während ihm Don Cristobal behutsam Schwert und Pistole aus der Hand nahm. Der Admiral konnte sich ihre Feindseligkeit nicht erklären und wollte der Sache auf den Grund gehen. Die Krieger hatten sich etwa eine Viertelmeile flußaufwärts wieder versammelt, und dorthin fuhren wir nun – obwohl unser Dolmetscher laute Warnungen ausstieß. Und

siehe da, die wilden Kämpfer waren zahm geworden wie Lämmer. Sie tauschten bereitwillig ganze Bündel von Speeren gegen Brot, Glasperlen und Glöckchen ein, lachten, schwatzten und taten, als sei nichts geschehen. Warum ihre Stimmung so schnell umschlug, kann ich mir nicht erklären. Während wir zu unseren Schiffen zurückfuhren, sagte der Admiral: „Es darf keinen Streit geben! Wir müssen – wo auch immer – die Menschen hier in friedlicher und vertrauensvoller Stimmung hinterlassen, denn wir wollen wiederkommen, besser bewaffnet und in großer Zahl. Erst dann können wir es uns leisten, ihnen eine Lektion zu erteilen."
Ich wagte nicht zu fragen, wie Don Cristobal sich diese Lektion dachte.
Irgendwann in den ersten Dezembertagen begann der Wind sich zu drehen, kam zuerst aus Nordost, blies dann aus Nord, wechselte auf Südost, sprang mutwillig hin und her, aber es genügte, um unsere Schiffe – wenn auch im Zickzackkurs – in die gewünschte Südostrichtung zu treiben. Die schnelle und leichte 'Niña' setzte sich gleich an die Spitze, und Don Cristobal signalisierte dem Kapitän, in Bohio einen guten Ankerplatz zu suchen. Am Abend des 6. Dezember legten wir in einem prachtvollen, geschützten Naturhafen an. Das Wasser war auch am grasbewachsenen Ufer so tief, daß wir ganz nahe heranfahren und auf schnell gezimmerten Laufstegen an Land gehen konnten. Schon am nächsten Morgen trieb den Admiral die Unrast wieder fort.
„Wenn dies Bohio, die Goldinsel ist, dann treibt Pinzon sich hier herum. Ich muß ihn finden!"
Am Abend ankerten wir in einer Bucht, die unser frommer (?) Admiral sogleich 'Puerto de la Concepcion' benannte, doch er hatte – wie sich schnell erwies – den falschen Namen gewählt. Kaum waren wir an Land, so fielen ganze Schwärme von Stechfliegen über uns her, als hätten sie tagelang nur auf uns gewartet. So gaben unsere Seeleute dieser Bucht schnell einen anderen Namen: 'Bahia de los Mosquitos'. Ein Wetterumschlag hielt uns tagelang hier fest, es wurde empfindlich kalt und unsere Quälgeister verkrochen sich.
Jenseits dieser großen Insel – so erzählten unsere Dolmetscher – beginne das Festland, wo an der Küste das Volk der 'Cariben' lebe, die sehr gefürchtet seien und sich von Menschenfleisch ernährten. Don Cristobal deutete es so: Bei diesem Festland müsse es sich um Indien handeln, und die 'Menschenfresser' seien in Wirklichkeit Piraten aus dem benachbarten Kathai.

*Langsam wagten sich auch die Eingeborenen aus ihren Verstecken, ich kann Dir sagen, liebste Adriana, ich hatte nie zuvor so schöne Menschen gesehen – Dich, Geliebte, natürlich ausgenommen.
Jenseits unserer Bucht liegt eine Insel mit dem Aussehen einer riesigen Schildkröte, worauf wir sie alle 'Tortuga' nannten. Der Admiral versuchte mehrmals hinüberzufahren, mußte aber immer wieder umkehren.
Inzwischen hatten wir die Mosquitobucht mit einer anderen weiter östlich gelegenen vertauscht, die so anmutig am Ende eines Tals lag, daß der Admiral sie 'Val Paraiso' nannte. Dort liefen die Eingeborenen in Scharen zusammen, und bald erschien auch ihr junger König, der sehr hoheitsvoll auftrat und nur wenig sprach. Dies besorgte sein älterer Ratgeber. Ihm versuchte Don Cristobal zu erklären, daß wir vor allem auf der Suche nach Gold seien. Davon gebe es genug, doch nicht hier, sondern auf einer nahegelegenen Insel namens 'Baneque'. Es war immer dasselbe: Gold gibt es genug, aber immer woanders. Das erinnerte mich an die Qualen des Tantalos, der hungrig inmitten fruchtbeladener Bäume steht, aber wenn er danach greifen will, weichen die Äste zurück.
Am 18. Dezember, dem Tag der Verkündigung Mariens, wollte Don Cristobal zu Ehren der Gottesmutter ein großes Fest feiern und ließ den jungen Würdenträger dazu einladen. Der Fürst – hier sagt man 'cacico' – erschien tatsächlich mit großem Gefolge. Seine Leute trugen ihn auf einer Liegesänfte, und er gab sich sehr hoheitsvoll, was bei seiner völligen Nacktheit auf uns recht seltsam wirkte. Von den angebotenen Speisen aß er so gut wie nichts, forderte aber seine Begleiter mehrmals auf, zuzugreifen. Wieder sprach er nicht selbst, sondern durch den Mund zweier Begleiter, denen er von Zeit zu Zeit etwas ins Ohr flüsterte. Ich saß mit am Tisch und hörte, wie Don Cristobal dem Fürsten begreiflich zu machen versuchte, woher und in wessen Auftrag wir kamen. Er zeigte ihm eine Medaille mit den Katholischen Majestäten, aber ich kann mir nicht vorstellen, daß der cacico die Zusammenhänge verstanden hat. Als er wieder an Land ging, ließ Don Cristobal ihm zu Ehren eine Kanonensalve abfeuern. Der junge Fürst blieb einen Augenblick stehen, drehte sich aber nicht um. An Würde und natürlicher Anmut übertraf dieser nackte König bei weitem die meisten unserer spanischen Würdenträger – das behältst Du aber besser für Dich, liebste Adriana. Damit möchte ich diesen Brief schließen. Ich grüße und küsse Dich aus*

der Ferne und kann die Hoffnung nicht lassen, Dich eines Tages wiederzusehen.

Das schrieb Joseph Marco hin, aber es fiel ihm zunehmend schwerer, daran zu glauben – ja, manchmal beschlich ihn die düstere Ahnung, er würde von dieser Reise nicht mehr zurückkehren. Dann schalt er sich einen Feigling, Schwarzseher und Pessimisten und nahm sich ein Beispiel an der unerschütterlichen Zuversicht Don Cristobal Colons.
Und wieder ging es weiter nach Osten und wieder fanden sie einen traumhaft schönen Naturhafen, der – wie Columbus euphorisch feststellte – alle Schiffe dieser Welt aufnehmen könne. Unter den Eingeborenen gab es den üblichen Aufruhr: Die Spanier wurden mit Geschenken aller Art überhäuft, und es dauerte nicht lange, dann erschien eine Art Empfangskommission, um den Admiral zu dem hiesigen *cacico* zu geleiten. Dort wurden sie empfangen wie Götter, aber es haperte mit der Verständigung, weil sich die Sprache der indischen Dolmetscher aus San Salvador von der auf Bohio gebrauchten doch wesentlich unterschied. Die Eingeborenen schleppten Nüsse und Früchte aller Art in solchen Mengen herbei, daß sie beim Verladen fast die Schiffe zum Kentern gebracht hätten.
Doch eines verstand der *cacico* genau: Die weißen Herren gierten so sehr nach Gold, daß er den Dolmetscher fragte, ob die Fremden sich davon ernährten. Nein, meinte der, das gerade nicht, aber es scheint auf sie eine ähnliche Wirkung zu haben wie unser *Tabacos*-Kraut. Es macht sie munter und regsam, gesprächig und tatendurstig, während sein Mangel sie zornig, unduldsam und gewalttätig werden läßt.
Der *cacico* blickte Columbus nachdenklich an. Sind es Menschen, überlegte er, sind es Götter? Sie verbergen ihre bleichen Leiber unter bunten Stoffen, tragen seltsame Gebilde auf dem Kopf wie unsere Medizinmänner, sind aber – die Männer von der Insel Guanahani versichern es unentwegt – in friedlicher Absicht gekommen. Sollte sie nur das Gold hergelockt haben? Immer wieder fragen sie danach, und dabei glänzen ihre Augen wie die von verliebten jungen Leuten. Er selbst wußte ja auch nicht genau, wo das *nucay* herkam; die Händler kamen aus der Gegend von Cibao im Zentrum der Insel. Das versuchte der *cacico* dem Admiral mitzuteilen.
Columbus zuckte zusammen, als hätte dieses Wort ihm einen Schlag versetzt.

„Cibao? Cibao?" wiederholte er begeistert. Er blickte seine Begleiter an. „Endlich die Bestätigung, daß wir uns auf Zipangu befinden – endlich! Wir sind auf dem richtigen Weg, meine Herren! Gleich morgen werden wir aufbrechen!"
Der *cacico* – er hieß Guacanagari – wollte dem weißen Häuptling eine Freude machen und sandte ihm zum Abschied eine goldene Maske. Der sonst so zurückhaltende Columbus wurde schier verrückt vor Freude. Er hielt die primitive Goldmaske hoch.
„Hier haben wir den Beweis! Wir sind im Goldland angekommen! Jetzt müssen wir nur noch das kulturelle Zentrum des Landes finden."

Die Abreise verzögerte sich wegen der völligen Windstille um einen Tag, doch am 24. Dezember, noch vor Sonnenaufgang ließ Columbus die Anker lichten. Am Tag der Geburt Christi – wenn das nicht ein gutes Omen war! Ein Vorgebirge mußte umschifft werden, doch sie kamen kaum voran, denn der Wind war wieder eingeschlafen. Die Schiffe traten quasi auf der Stelle, es war nichts zu tun, als abzuwarten.
Eine Stunde vor Mitternacht rief der Admiral dem Steuermann zu: „Ich lege mich jetzt schlafen, Señor Niño! Morgen sehen wir weiter..."
Der Steuermann dachte, ob ich nun hier sitze und Löcher in die Finsternis starre oder mich ein Stündchen hinlege, ist einerlei. Das Meer ist glatt wie Öl, die Flaute hält an, Klippen sind keine zu sehen – also gute Nacht! Er rief den Schiffsjungen und drückte ihm das Ruder in die Hand.
„Beim geringsten Anzeichen einer Brise weckst du mich, verstanden!"
Der Schiffsjunge nickte ängstlich und stolz zugleich, denn der Admiral hatte es kategorisch verboten, das Steuerruder ohne Notwendigkeit einem anderen zu überlassen.
Es war eine schwüle, träge Nacht, die dünne Mondsichel stand knapp über dem Horizont und würde bald verschwinden. Die Dunkelheit ballte sich über der 'Santa Maria' zusammen wie eine drohende Faust, aber keiner spürte diese Drohung, sie waren so müde, daß auch die unter Juan de la Cosas Befehl stehende Wachmannschaft einnickte. Er selbst versuchte, die Silhouette des Schiffsjungen am Ruder auszumachen, und dabei fielen ihm die Augen zu.
So wachte um die Mitternachtsstunde nur noch der kleine Schiffsjunge, klammerte sich ängstlich an sein Steuerruder und starrte mit großen Augen in die warme stille Nacht.

Unterdessen hatte sich die 'Santa Maria' unmerklich in Bewegung gesetzt, nicht vom Wind bewegt, sondern von einer leichten Meeresströmung, die das Schiff langsam zum Ufer trieb. Der Schiffsjunge spürte nichts davon, die Mondsichel war verschwunden, das schwarze Tuch der Nacht deckte alles zu; das Windlicht am Großmast war mangels Ölzufuhr erloschen. Der Junge dachte an das kleine Dorf bei San Sebastian im spanischen Baskenland, wo er geboren war und wo seine Eltern lebten. Er dachte an den kleinen Bruder, der noch ein Wickelkind war, als er wegfuhr, dachte an die ältere Schwester, das freche Luder, das sich immer so aufspielte und ihn häufig an den Ohren zog.
Ein heftiger Stoß des Ruders riß ihn aus seinen Gedanken.
Um Gottes willen! Santa Maria – hilf! Was war das? Das Ruder flog ihm aus der Hand, als rüttle eine Riesenfaust daran. Er begann zu schreien.
Der Admiral erwachte zuerst, sprang aus dem Bett und lief zur Ruderbank. Dann erschien Juan de la Cosa mit einer Laterne, gefolgt vom Steuermann. Stimmen wurden laut, man hörte Flüche und das Getrappel nackter Füße.
In einer solchen Situation fragte Columbus nicht nach Schuld und Verantwortung, sondern tat das dringend Notwendige, befahl den am Heck hängenden Anker loszumachen. De la Cosa sprang mit einigen anderen in die am Schlepptau hängende Schaluppe, und – als hätte er den Befehl nicht gehört – ruderte eilig davon, in Richtung auf die zwei Seemeilen entfernte 'Niña'. Der Admiral tat im stillen einen langen, lästerlichen Fluch, brüllte neue Befehle, ließ den Großmast umlegen und Ballast über Bord werfen, doch es half nichts mehr. Das Wasser war so seicht geworden, daß die 'Santa Maria' sich zur Seite neigte, während die hier sehr lebhafte Rollbrandung den Vorsteven wieder und wieder auf die scharfkantigen Klippen schleuderte und ihn so langsam in Stücke schlug. Die Planken lösten sich, das Wasser drang durch immer neue Lecks ein; Columbus gab das Schiff verloren.
Inzwischen war Juan de la Cosa mit einem zweiten Boot von der 'Niña' zurückgekehrt.
„Habe schnell Hilfe geholt!" rief er schon von weitem. Da die 'Santa Maria' sein Besitz war, klang dies glaubwürdig, aber der Admiral blieb mißtrauisch. Doch jetzt war keine Zeit für Schuldzuweisungen, jetzt galt es vor allem, möglichst viel von der Ladung zu retten. Columbus ließ die Männer an Land bringen, wo im ersten Morgenlicht eine Gruppe vom Lärm aufgeschreckter Eingeborener stand und durcheinanderredete. Sie

wurden beauftragt, dem *cacico* Bescheid zu sagen. Der schickte sofort eine Hilfsmannschaft, und die ersten Sonnenstrahlen beschienen schwitzende, hin- und herrennende Männer – nackte und bekleidete, helle und dunkle, gemeinsam bemüht, die schrägliegende und schon halb auseinandergebrochene 'Santa Maria' zu entladen. Diese mühselige und zeitraubende Arbeit dauerte bis in die Abendstunden. Noch ehe die Sonne unterging, ließ Columbus sich hinausrudern, um Abschied von dem Schiff zu nehmen, das ihn mit seiner Besatzung sicher und zuverlässig über den weiten Ozean hierher nach Asien gebracht hatte. Er betrachtete das traurige Holzgerippe, denn sie hatten alles halbwegs Brauchbare von der 'Santa Maria' entfernt. Plötzlich schossen ihm Tränen in die Augen, und er schöpfte mit der hohlen Hand Wasser aus der Brandung und benetzte sein Gesicht, als wollte er sich erfrischen. Niemand sollte seine Tränen sehen; das Meerwasser tilgte ihre Spuren, und Columbus winkte den Ruderern, ihn zurückzubringen. Mit drei Schiffen war er ausgezogen und nun war ihm nur noch eines geblieben, das kleinste, die 'Niña', die zu ihren vierundzwanzig Mann Besatzung nicht weitere vierzig aufnehmen konnte.

Er trug seine Bedenken den Schiffsoffizieren vor.

„Auch wenn die 'Pinta' zurückkommen sollte, ist der Platz zu knapp. Wir müssen schließlich noch Vorräte laden, dazu kommen die fünf Indios, die Affen und Papageien, die Baumwolle, die Aloe und alles andere, was den Majestäten zugedacht ist. Ich sehe nur eine Möglichkeit: Etwa die Hälfte der Mannschaft muß hierbleiben. Das hat durchaus praktische Aspekte, denn unsere Leute können in Ruhe die Insel erkunden, Verbindungen knüpfen und vor allem versuchen, die Quelle des Goldes zu finden. Der *cacico* Guacanagari ist uns freundschaftlich gesinnt, und wir haben gesehen, daß er alles tut, um uns zu helfen. Sogar die Hütten des Dorfes hat er uns zur Verfügung gestellt, aber wir sollten uns dort nur als Gäste betrachten. Ich möchte, daß die 'Santa Maria' im Lauf der nächsten Tage gründlich abgewrackt wird, und davon sollen die Zurückbleibenden Häuser und eine kleine Festung errichten. Im kommenden Jahr werden wir die Männer abholen – vorausgesetzt, daß sie dann noch zurückwollen. Denn hier – hier ist das Paradies."

Den letzten Satz hatte Columbus so leise gesagt, daß ihn nur der neben ihm sitzende Juan de la Cosa verstand. Sie hatten sich nach einer gründlichen Aussprache wieder versöhnt, weil Columbus einsah, daß der Besitzer der 'Santa Maria' tatsächlich nur schnell hatte Hilfe holen wollen.

Keiner sagte etwas, bis Diego de Harana, der Freund und Quasi-Schwager des Admirals das Wort ergriff. Er war der einzige, mit dem Columbus sich duzte, weil er durch Beatriz und ihren gemeinsamen Sohn sozusagen zur Familie gehörte.
„Wie willst du es halten, Cristobal? Sollen sich Freiwillige dazu melden, oder wirst du bestimmen, wer hierzubleiben hat?"
Columbus nickte ernst.
„Darüber habe ich mir schon Gedanken gemacht. Einerseits möchte ich keinen dazu zwingen, andererseits bleibt mir nichts übrig, als rund vierzig Männer hierzulassen. Ich werde meinen Entschluß heute mittag bekanntgeben, und jeder, der von sich aus hierbleiben will, soll sich bis zum Abend melden. Sind es zu wenige, werde ich versuchen, ein paar noch Unentschlossene zu überreden, ansonsten..."
Er hob wie abwägend die Hände und schwieg. Hätte er sagen sollen: ansonsten muß ich Zwang anwenden? Nein, das hielt Columbus für wenig klug, besonders den eigenwilligen Basken gegenüber. Doch am Abend dieses Tages kam die Überraschung. Der Admiral hatte sich vor einer der Hütten unter einem Schilfdach niedergelassen, neben ihm saß der königliche Notar Rodrigo de Escobedo, die Schreibfeder in der Hand, vor sich auf einem Fäßchen, das als Schreibtisch diente, ein Blatt Papier.
Nach einer Stunde wußte der Admiral, daß er seine Befehlsgewalt eher gegen jene richten mußte, die unbedingt hierbleiben wollten, denn von dreiundsechzig Männern hatten siebenundvierzig beteuert, sie faßten den Wunsch des Admirals als Befehl auf und erklärten sich bereit, hier auszuharren, bis sie abgelöst würden. Columbus aber wollte höchstens vierzig der Männer zurücklassen, und damit begannen die Probleme. Bei den einfachen Seeleuten machte es keinen Unterschied, wer blieb oder nicht, aber er konnte nur einen Steuermann entbehren, doch beide wollten sie bleiben. Bei den Ärzten war es umgekehrt: Sowohl Joseph Marco als auch Magister Bernal zogen eine Rückreise vor. Das war nun der schwierigste Fall, denn alle wußten um seine Freundschaft mit Marco, und er wollte sich nicht dem Verdacht der Parteilichkeit aussetzen.
„Also, meine Herren Magistri, da auch die Zurückbleibenden Anspruch auf ärztlichen Beistand haben, soll das Los entscheiden. Ich werfe einen Real in die Luft – zeigt das Kreuz nach oben, wird Magister Bernal hierbleiben, zeigt sich der Kopf des Königs, dann trifft es Magister Marco.
Joseph stand daneben und empfand nichts, weil er plötzlich spürte, daß ihm die Entscheidung gleichgültig war. Was erwartete ihn schon in Spa-

nien? Eine mißtrauische Inquisition, die vielleicht den von der Krone verfügten Straferlaß nicht ohne weiteres hinnahm und eine längst verheiratete Adriana, deren Familie jeden Versuch einer Annäherung mit Nachdruck verhindern würde. Zusammen mit den Briefen an sie, dachte er nüchtern, kann ich auch alle anderen Hoffnungen über Bord werfen. Es ist besser, ich bleibe hier.
Als hätte sein Wunsch den Fall der Münze beeinflußt, zeigte sich der Kopf des Königs. Columbus hob bedauernd die Hände, doch Joseph sagte sofort: „Bedauert mich nicht, Don Cristobal. Magister Bernal hat eine Familie, die ihn zurücksehnt, mich jedoch erwartet nichts und niemand. Nichts und niemand. Es ist gut so."
Der Admiral blickte ihn kurz an und dachte, wie hast du dich verändert, alter Freund, wenn ich an Lissabon zurückdenke, wie wir uns in langen Nächten die Köpfe heißgeredet hatten. Doch etwas hielt ihn zurück, den Freund nach seinen Gründen zu fragen.
Bei den Steuermännern traf Niño das Los der Rückreise, und er murmelte einen ellenlangen Fluch, denn zu Hause erwartete ihn eine böse zänkische Frau, während hier Gold, Freiheit und eine indische Geliebte lockten. Damit war es nun vorbei. Er betrank sich fürchterlich und redete bis zur Abreise kein Wort.
Bei einigen der Freiwilligen war Columbus froh, daß er sie los hatte. Da war etwa der arrogante und mürrische Pedro Gutierrez, der Kammerherr des Königs. Er weigerte sich, irgendwelche Arbeiten zu leisten, hatte weder eine Funktion noch eine Aufgabe. Als Columbus ihn einmal fragte, warum er eigentlich mitgereist sei, antwortete er frech: „Weil es mir so gefällt!"
Nun, er besaß eine Empfehlung des Königs, da war nichts zu machen, aber daß er hierblieb, empfand Columbus als Glücksfall. Ähnlich erging es ihm mit Rodrigo de Escobedo, dem königlichen Notar. Das war ein Viel- und Schönredner, ein Wichtigtuer und Aufschneider, der keinen Zweifel daran ließ, wie sehr die Könige ihm vertrauten und welche Bedeutung sein Amt und damit er selbst besaß. Dabei war er geizig, habgierig und hinterhältig. Columbus hatte ihn zweimal dabei beobachtet, wie er heimlich Gold eintauschte, aber nichts gesagt, weil er den Kronbeamten nicht unnötig verärgern wollte.
Mit de Harana sprach er unter vier Augen.
„Wie steht's mit dir, Diego? Willst du mit zurück?"
Der dicke und immer fröhliche Mann lachte.

„Wenn du gestattest, dann bleibe ich hier. In Cordoba werde ich doch wieder in die alten Unsitten verfallen – das Geld verprassen und meinen Eltern Kummer bereiten. Grüße deine Beatriz recht herzlich von ihrem Cousin und sage meinen Eltern, es kann noch eine Weile dauern, bis wir uns wiedersehen."
Columbus nickte.
„Gut, Diego! Einesteils bedauere ich deinen Entschluß, zugleich aber tust du mir einen großen Gefallen, weil ich für die Zurückbleibenden einen verantwortlichen Führer bestimmen muß. Dem Rang nach müßte es Rodrigo de Escobedo sein, doch der genießt bei den Leuten weder Vertrauen noch Autorität. Pedro Gutierrez wiederum fordert geradezu dieses Amt, denn er sei ein Freund und Vertrauter der Könige und somit – nach mir – dessen verlängerter Arm. Ich halte diesen Menschen für arrogant und vielleicht auch gewalttätig. So habe ich mich dazu entschlossen, dich zum Sprecher, Führer und notfalls auch Richter der Gruppe zu machen – mit Gutierrez und de Escobedo als deine gleichberechtigten Stellvertreter. Was hältst du davon?"
Diego de Harana blickte unbehaglich drein.
„Das kann etwas schwierig werden", meinte er zögernd.
„Sie müssen dir gehorchen, denn ich als Vizekönig habe dich zum Hauptmann der Gruppe bestimmt. Das ist, als hätten die Könige selbst dich ernannt. Im übrigen wird sich jeder verantworten müssen, wenn ich im nächsten Jahr zurückkehre."
De Harana hatte sich schnell gefangen und lachte schon wieder in seiner fröhlichen, unbekümmerten Art.
„Na – es wird schon gutgehen! Mit Gottes und seiner Heiligen Hilfe. Aber du mußt mir ein paar Fäßchen Wein hierlassen."
Columbus lächelte.
„Soviel ich entbehren kann. Wende dich an den *cacico* Guacanagari, wenn es Schwierigkeiten gibt. Ich halte diesen Menschen für treu und verläßlich und traue ihm mehr als gewissen Herren, deren Namen schon gefallen sind."
Am Ende waren es neununddreißig Männer, die sich bereiterklärten, hier eine Siedlung zu errichten, bis zur Wiederkehr der spanischen Schiffe auszuharren und inzwischen nach Kräften Nachforschungen anzustellen, woher das Gold kam, ob es größere Siedlungen gab und wer die Insel regierte. Der Admiral machte eine Pause und hob die Stimme:
„Dies alles, meine Herren, soll absolut friedlich und ohne Gewalt ge-

schehen. Ich hinterlasse den *cacico* Guacanagari als meinen Freund und einen wohlgesinnten Helfer, und genauso möchte ich ihn im nächsten Jahr wiederfinden. Wer Haß und Feindschaft sät – wie auch immer –, den werde ich persönlich zur Verantwortung ziehen."
Da die neue Siedlung um die Weihnachtszeit gegründet wurde, gab Columbus ihr den Namen 'Navidad'. Am Tag vor der Abreise berichteten Eingeborene von einem 'schwimmenden Hause', das zwei Tagesreisen von hier gesichtet worden sei.
„Das kann nur die 'Pinta' sein!" rief der Admiral und sandte einen Boten mit der dringenden Aufforderung an Martin Pinzon, sich der bevorstehenden Rückreise anzuschließen und vermied klugerweise jeden Vorwurf. Er brauchte Pinzon und durfte ihn nicht verschrecken; in Spanien würde er Rechenschaft ablegen müssen.

Vier Tage später kehrte der Bote ohne Antwort zurück. Er hatte die 'Pinta' nicht gefunden, sie mußte ihren Standort gewechselt haben. Columbus wartete noch einmal vier Tage, lichtete am 4. Januar 1493 die Anker und segelte nach Osten. Die neununddreißig Zurückbleibenden standen am Ufer, die meisten winkten, einige riefen Abschiedsworte. Etwas abseits wartete der *cacico*, umgeben von seinen Amtsträgern. Er und seine Leute winkten weder, noch riefen sie etwas, sie standen nur da und gingen als erste weg.
Guacanagari dachte besorgt: Ohne den weißen *cacico*, den sie Admiral nennen, kann es Schwierigkeiten geben. Als ihm die drei Führer vorgestellt wurden, brauchte er nicht lange, um zu erkennen, daß nur auf Diego de Harana Verlaß war, während er den beiden anderen nicht traute. Der *cacico* war noch jung, doch er entstammte einem alten Herrschergeschlecht und hatte früh gelernt, Menschen zu beurteilen. Eines jedoch war ihm schon lange klargeworden: nicht Götter waren hierher über das große Wasser gekommen, sondern Männer aus Fleisch und Blut, die aßen, tranken, pißten und sich entleerten, und was herauskam, war Kot und kein Gold, wie es die Legende von den Göttern berichtete. Die Priester auf dem Festland, so hatte Guacanagari erfahren, kannten für Gold noch ein anderes Wort: *teohuitlatl* und das bedeutete Götterscheiße.

34

AM DREIKÖNIGSTAG KREUZTEN SIE – immer in Küstennähe – nach Osten auf der Suche nach der 'Pinta'. Columbus mußte sich erst daran gewöhnen, seine Freunde und Gesprächspartner nicht gleich bei der Hand zu haben: Diego de Harana und Joseph Marco. Ihnen allein traute er ganz, und nur sie hatte er manchmal in seine Absichten und Pläne eingeweiht. Die beiden waren nun zurückgeblieben in der Siedlung Navidad, und der Admiral war allein mit seinem Grimm auf Martin Pinzon, von dem er nun wußte, daß er nicht mit seinem Schiff gestrandet oder in der Weite des Ozeans verschollen war, sondern sich verräterisch und anmaßend, nur seiner Habgier gehorchend, davongestohlen und auf die Suche nach dem Goldland gemacht hatte. Immer wieder versuchte Columbus eine Entschuldigung für Martin Pinzon zu finden, doch es fiel ihm keine ein. Verrat war es, schnöder eigensüchtiger Verrat, und er mußte bestraft werden.
An diesem Tag kamen sie kaum voran. Der Küstenstreifen war gespickt mit Felsen und sandigen Untiefen, dazu blies ein kräftiger Ostwind, der sich ihnen entgegenstellte. Columbus wollte gerade die Segel streichen lassen, als der Marsgast mit lauter Stimme rief: „Die 'Pinta'! Ich sehe die 'Pinta'! Sie kommt uns entgegen!"
Da trat Vicente Pinzon, Kapitän auf der 'Niña', an Columbus heran.
„Don Cristobal – hm, also – ich würde – ich möchte Euch bitten, meinen Bruder erst anzuhören, ehe Ihr ihn verurteilt. Ich glaube nicht, daß er desertiert ist... Vielleicht wollte er in seinem Übereifer die Insel erkunden, ist abgetrieben worden, konnte nicht zurückkehren, weil die Winde hier – nun, Ihr seht es ja selbst, auch uns hinderte der Ostwind am Vorankommen..."
Columbus hob die Hand.

„Daß Ihr Euch für Euren Bruder einsetzt, ist zu verstehen, aber was Ihr da faselt, von Winden und abgetrieben werden, macht Euch als Seemann keine Ehre. Im übrigen solltet Ihr mich gut genug kennen, daß ich keinen – ob Kapitän oder Schiffsjunge – verurteile, ohne die Umstände bedacht und ihn selbst gehört zu haben."
„Ich hielt es für meine Pflicht..."
„Und ich kenne meine Pflichten, Kapitän!"
Die 'Pinta' näherte sich, und man tauschte Signale aus, als habe man sich erst gestern getrennt. Beide Schiffe gingen vor Anker und Martin Pinzon erschien an Bord. Columbus hatte sich für diese Begegnung gewappnet, seinen Zorn und seine Empörung niedergekämpft und beschlossen, diesen Menschen erst nach einer sicheren Rückkehr zur Verantwortung zu ziehen.
Pinzon trat keineswegs schuldbewußt auf, sondern voll Trotz und Hochmut. Columbus war ganz ruhig. Du wirst mich nicht aus meiner Reserve locken, dachte er, du nicht!
Pinzon schob seine lange Abwesenheit auf eine Reihe ungünstiger Umstände. Zuerst habe er sich im Nebel verirrt, dann sei er abgetrieben worden, habe sich immer wieder auf die Suche nach den anderen gemacht, aber widrige Winde hätten dies stets verhindert.
Columbus hörte sich diese sicher und selbstbewußt vorgetragene Tirade an, nahm sie höflich zur Kenntnis, zeigte Einsicht und Verständnis. Über dieses Gespräch schrieb er in das Bordtagebuch:

*Bald darauf erschien Martin Alonso Pinzon an Bord der 'Niña', wo ich ihn erwartete. Er entschuldigte sich mit der Behauptung, ohne sein Wollen von mir getrennt worden zu sein, indem er Gründe anführte, um seinen Worten Beweiskraft zu geben. Allein ich durchschaute sie als Scheingründe, da Pinzon in jener Nacht, da er sich von mir trennte, nur aus Hochmut und Habgier so gehandelt hat. Ich konnte mir die überhebliche und gemeine Handlungsweise, die sich mein Untergebener während dieser Fahrt mir gegenüber hatte zuschulden kommen lassen, in keiner Weise erklären. Trotzdem aber wollte ich auch diesmal meine Verstimmung hintansetzen, wie ich es bereits einmal getan, um die Machenschaften des Teufels, der das Unternehmen zum Mißlingen bringen wollte, zu vereiteln.
Später erfuhr ich, daß Martin Pinzon sich die Angaben eines jener Indianer zunutze machen wollte, die an Bord der 'Pinta' geschickt worden*

waren und der ausgesagt hatte, daß auf der 'Baneque' genannten Insel viel Gold zu finden sei. Er gedachte daher, sich den Vorteil seines schnelleren Schiffes nicht entgehen zu lassen, und wollte jene Insel auf eigene Faust ansteuern, indem er mich im Stiche ließ, während ich noch längs der Insel Juana auf der Spanischen Insel aufzukreuzen plante, da beide auf der östlichen Fahrtrichtung lagen. Als er auf der Insel Baneque anlegte und dort kein Gold zu finden war, segelte er nach den Küsten der Spanischen Insel, von der ihm andere Indianer, die sie Bohio nannten, Kunde gebracht und behauptet hatten, daß dort Gold und Goldminen in Überfülle vorhanden seien. Zu diesem Zwecke war er, ungefähr zwanzig Tage zuvor, bis auf 60 Seemeilen an den Ort Navidad herangefahren. Daraus folgt, daß die von den Indianern überbrachte Nachricht über das Wiederauftauchen der 'Pinta' durchaus zutreffend war, daß aber die Karavelle schon wieder abgefahren sein mußte, als das vom cacico Guacanagari entsandte Kanu den angegebenen Ort erreichte. Die 'Pinta' hat auf dem Tauschwege reichlich viel Gold gesammelt. Für ein kurzes Bändchen gaben die Indianer Goldstücke von der Größe zweier Finger, ja manchmal auch von der Größe einer Hand. Die Hälfte davon behielt Pinzon für sich zurück, den Rest verteilte er unter der Mannschaft.*

Davon erfuhr Columbus erst später, doch Pinzon beteuerte von Anfang an, sie hätten kein Krümelchen Gold gefunden, sondern immer nur Hinweise erhalten, wo welches zu finden sei.
Gemeinsam erkundeten sie noch zehn Tage lang die Küsten von Hispaniola – so hatte Columbus die Insel Bohio getauft – und machten sich am 16. Januar 1493 bei gutem Westwind auf den Heimweg. Tags zuvor hatten sie vier junge Indios festgehalten, die wegen eines Tauschhandels arglos an Bord gekommen waren. Die vier fanden sich bald in ihr Schicksal, vor allem, als sie hörten, daß bereits fünf ihrer Landsleute auf dem anderen Schiff mitreisten. Sie kamen schnell voran – die Luft war mild, das Meer verhielt sich ruhig, an Bord der beiden Schiffe herrschte eine ausgezeichnete Stimmung, denn endlich ging es heimwärts – endlich!
Alle auf der Herfahrt gehegten Befürchtungen, die Rückreise sei wegen widriger Winde und Meeresströmungen in Frage gestellt, wurden zunichte. Zwar schwankte der Wind, und es mußte von Nordost nach Südost gekreuzt werden, doch mit einer Geschwindigkeit von acht bis zehn Meilen pro Stunde kamen sie gut voran. Die Indios nützten jede kleine Flaute zu einem Bad im Meer, schwammen, tauchten, bespritzten sich

und trieben allerlei Scherze. Sie schienen sich mit ihrem Los abgefunden zu haben und waren meist guter Dinge.

Am letzten Januartag tat der Wind ein übriges sie schnell nach Hause zu bringen und blies stetig von West. Die Kapitäne brauchten nicht mehr zu kreuzen und legten so Tag für Tag mehr als hundert Meilen zurück. Der Steuermann schüttelte den Kopf.

„Es ist einfach zu schön, um wahr zu sein..."

Es schien dennoch wahr zu sein. Mit kleinen Unterbrechungen blieb der günstige Wind erhalten, und Geschwindigkeiten von zwölf Seemeilen in der Stunde waren keine Seltenheit. So blieb es zwölf Tage, und die Leute rechneten sich schon aus, daß bald die spanische Küste, das Heimatland, in Sicht kommen würde. Diese heiteren hoffnungsfrohen Gedanken wurden im Morgengrauen des 12. Februar zunichte gemacht.

Über den Schiffen, hoch in der Luft, fand ein Kampf statt, von dem die paar Dutzend Menschen auf ihren unruhig herumtanzenden Nußschalen nichts ahnen konnten. Dort oben stießen nämlich gewaltige, von der Arktis kommende Kaltluftmassen auf riesige Schwaden feuchtwarmer Luft, die aus den Tropen nach Norden drängten. Das war, als träfen zwei gigantische Heeresmassen aufeinander, wovon keine gesonnen war, auch nur einen Zollbreit nachzugeben. Der Zusammenprall war so heftig, daß die Funken stoben, und das zeigte sich in einem Bündel von Blitzen, die aus den düsteren, tiefliegenden Wolkenmassen hervorstießen wie feurige Pfeile. Dem folgten Donner und Sturm mit einer solchen Gewalt, daß der Admiral schon in den ersten Stunden fürchtete, dies könnte das Ende der weiten Reise sein. Columbus ließ die Segel ganz tief setzen, um dem Wind nicht zuviel Angriffsfläche zu bieten und als Schutz gegen die hoch heranrollenden Wogenberge. Er rechnete nicht damit, daß diese Wetterkatastrophe sich noch steigern könnte, aber sie tat es. Die 'Pinta' verschwand aus dem Sichtbereich, der Admiral ließ jedes nautische Bemühen einstellen und übergab sein Schiff dem Willen Gottes. Er ließ unter der Mannschaft auslosen, welcher von ihnen – falls sie gerettet wurden – nach Santa Maria de Guadalupe pilgern mußte, um der Jungfrau eine fünfpfündige Kerze zu stiften. Als erster griff Columbus in die Mütze mit den Kichererbsen und siehe da – er zog die mit einem Kreuz versehene Erbse heraus. Zwei Stunden später schrieb er ins Bordbuch:

So war das Los auf mich gefallen, worauf ich mich von nun an als Pilger betrachtete, der sein Gelübde einzulösen hat.

Die Jungfrau von Guadalupe blieb taub oder war mit anderen Dingen befaßt, denn der Sturm ließ nicht nach, sondern legte noch einiges zu, und sein Heulen klang, als käme er aus den Tiefen der Hölle. Da entschloß man sich zu einem zweiten Gelübde an die Heilige Maria von Loreto in der Mark Ancona. Es traf den Seemann Pedro de Villa, und Columbus versprach ihm die Erstattung der Reisekosten. Doch auch die ferne Madonna in Loreto tat, als höre sie nichts, und so wandte man sich an eine näherliegende Heilige – an Santa Clara in Moguer, eine knappe Reitstunde von Palos entfernt. Wieder traf das Los auf den Admiral – ein kleines Wunder vor dem zu erhoffenden größeren, nämlich der Rettung aus Seenot. Die Rettung kam nach drei Tagen, und es war wie eine Auferstehung aus langer lebensgefährlicher Nacht.
Jeder von den Männern war durch seine ganz eigene Hölle gegangen: Der eine fürchtete für seine – ungebeichteten – Sünden bestraft zu werden, ein anderer dachte an die Verlobte und daß er sie nun jungfräulich hinterlassen mußte, während ein ganz Hartgesottener das Säckchen mit dem heimlich eingetauschten Gold umklammerte und sich auch nicht davon trennen wollte, wenn das Schiff unterging, denn an diesem Gold hingen so viele Wünsche und Hoffnungen auf ein besseres Leben, daß sogar der Tod davor klein und unwichtig wurde.
Columbus dachte an seine beiden Söhne, an Beatriz und wie sie alle zurücksinken mußten in ein ärmliches, bedeutungsloses Leben, wenn er nicht als erfolgreicher Entdecker an den Hof der Katholischen Könige zurückkehrte. Doch über allem stand sein Vertrauen in Gott, der ihn auserwählt hatte, diese Länder mit ungetauften, nach dem Licht der Wahrheit dürstenden Menschen zu entdecken, was sinnlos wäre, wenn er ihn dann kurz vor Erreichen der Heimat zugrunde gehen ließe. Doch ein Zweifel blieb, denn Gottes Wege sind unerforschlich, und wie um seinen kühnen Gedanken, er könne von Gott auserwählt sein, zu relativieren, schrieb er ins Bordbuch:

Obzwar mich einerseits der Glaube aufrechterhielt, daß unser Herrgott es niemals zulassen könne, daß ein Unternehmen, welches zur Ehre seiner Kirche gereiche und das ich nach so viel überstandenen Mühen und Widerwärtigkeiten zu gutem Ende geführt hatte, unvollkommen bleiben und ich selbst dabei zugrunde gehen sollte, so glaubte ich doch annehmen zu müssen, daß der Allmächtige wegen meines Unverdienstes oder in der Absicht, mir auf Erden nicht einen so großen Ruhm zuteil werden zu lassen, mein Unternehmen an diesem Punkte abbrechen wollte. Und so gedachte ich in meiner Bestürzung Eurer Hoheiten, die, falls ich umkommen sollte und die Schiffe untergingen, dennoch der Erlebnisse dieses siegreichen Unternehmens nicht verlustig gehen sollten. Es mußte einen Weg geben, Euren Hoheiten Nachricht über den erfolgreichen Ausgang meiner Reise zukommen zu lassen.

In dieser Absicht schrieb ich auf Pergamentblätter in der Kürze der mir zu Gebote stehenden Zeit alles nieder, was sich auf die Entdeckung jener Länder bezog, die ich zu vollführen versprochen hatte. Ich gab darin die benötigte Zeit, die Wege, die ich eingeschlagen, die Güte der entdeckten Länder und die Eigenschaften ihrer Bewohner an, die innerhalb all dessen, wovon ich im Namen Eurer Hoheiten Besitz ergriffen hatte, zu Ihren ergebenen Untertanen geworden waren. Dieses wohlversiegelte Schreiben richtete ich an Eure Hoheiten und versprach demjenigen, der es verschlossen und unversehrt überbringen würde, tausend Dukaten, damit, falls es in fremde Hände fallen sollte, jene Belohnung den Finder davon abhalte, sich seinen Inhalt zunutze zu machen. Dann ließ ich mir ein großes Faß bringen. Ich wickelte das Schreiben in ein Stück Wachsleinwand ein, steckte es in einen Wachskuchen und legte alles zusammen in das Faß, das ich dann, dicht abgeschlossen, ins Meer warf. Alle hielten dies für eine fromme Handlung. In weiser Voraussicht, daß jenes Faß seinen Bestimmungsort nicht erreichen könnte, die Schiffe aber immerhin noch gegen Kastilien fuhren, verfertigte ich noch eine zweite, in gleicher Weise verwahrte Botschaft und verstaute sie am Hinterschiff, damit, falls das Schiff untergehen sollte, das Faß an der Oberfläche auf gut Glück weiterschwimme.

Einige der einfältigen und abergläubischen Matrosen hielten es für eine magische Handlung, als Columbus das Fäßchen mit seiner Botschaft dem Meer übergab, und als wenig später der Sturm nachließ und der Himmel sich lichtete, bekreuzigte sich so mancher verstohlen und hielt den Admiral für einen Zauberer. Daß am nächsten Morgen Land in Sicht kam, bestärkte sie nur in ihrer Meinung.

„Das könnte Madeira sein", vermutete Kapitän Vicente Pinzon, während andere es in ihrer Freude über die Rettung schon für portugiesisches Festland hielten. Columbus errechnete mit seinem nautischen Besteck, daß sie in Höhe der Azoren seien, und er hatte recht: Als sie nach tagelangen schwierigen Manövern – der Sturm war vorbei, aber das Meer schlug um sich wie ein wilder Stier – endlich ankern konnten, erfuhren sie, daß sie auf Santa Maria gelandet waren, der südlichsten Azoreninsel.

Die 'Pinta' aber schien verloren. So straft Gott die Verräter, dachte Columbus, aber er sprach es nicht aus. Oder war Martin Pinzon wieder einmal eigene Wege gegangen, hatte sich im Sturm davongestohlen, um als erster in Spanien zu landen und um dann den Majestäten faustdicke Lügen aufzutischen? Zuzutrauen wäre es ihm.

Santa Maria gehörte zu Portugal, und Columbus beschlich ein unbehagliches Gefühl. Vielleicht hatte es sich herumgesprochen, daß Cristobal Colon am portugiesischen Hof *persona non grata* war? Ein Teil der Matrosen drängte darauf, eines ihrer Gelübde einzulösen, das darin bestand, nach ihrer Rettung zur ersten verfügbaren Marienkirche im bloßen Hemd zu pilgern. Columbus ließ die Männer an Land, wo sie von portugiesischen Truppen sofort verhaftet wurden. Der Gouverneur kam mit einer Schaluppe auf Rufweite an die 'Niña' heran, teilte dies in kurzen Worten mit und fügte hinzu: „Im übrigen wäre es besser, Ihr würdet Euch mit dem Rest der Mannschaft ergeben, denn es muß noch einiges geklärt werden."

Columbus spielte den Nachgiebigen.

»Aber gewiß, *gobernador*, das halte ich für durchaus vernünftig. Ich bitte Euch, an Bord zu kommen, damit wir in Ruhe verhandeln können." Er wandte sich an den neben ihm stehenden Kapitän. „Sobald der Mann an Bord ist, nehmen wir ihn fest."

Der Gouverneur schien die böse Absicht zu ahnen und schüttelte den Kopf.

Columbus rief zurück: „Also gut! Wie Ihr wollt, aber ich muß Euch warnen. Ich besitze ein Empfehlungsschreiben der spanischen Majestäten, das auch an Euren König gerichtet ist, und in dem es heißt, daß mir Hilfe und Unterstützung zu gewähren ist, wo immer ich in einer Notlage darum bitten muß. Und was tut Ihr? Ihr laßt meine Männer verhaften, die als gute und fromme Christen nur ihr Gelübde einlösen wollten. Wie gedenkt Ihr eine solche Handlungsweise zu verantworten? Wißt Ihr

überhaupt, wer ich bin? Vor Euch steht der Admiral des Ozeans und der Vizekönig von Westindien!"
Da lachte der Gouverneur und rief zurück: „Dazu paßt Eure wackelige Nußschale! Im übrigen sind wir hier in Portugal, und die Empfehlungen Eurer Könige scheren mich einen Dreck! Ich fordere Euch zum letztenmal auf, in den Hafen einzufahren und Euch zu ergeben."
Columbus spürte siedenden Zorn in sich aufsteigen, Zorn auch über die eigene Hilflosigkeit, und beschloß spontan, die Insel zu verlassen. Vielleicht fand er auf der Nachbarinsel San Michele mehr Verständnis. Aber das war leichter gedacht als getan, denn der größte Teil seiner seetüchtigen Mannschaft war gefangen, und es war äußerst riskant, bei dem nach wie vor hohen Seegang die 'Niña' ohne richtige Führung aufs Meer hinaus zu lassen. Im Laufe des Tages klang sein Zorn ab, und die Vernunft kam wieder.
Columbus kehrte um und ankerte an der gleichen Stelle wie tags zuvor. Und siehe da – es dauerte kaum eine Stunde, dann legte ein Boot an, und ein Notar kam mit zwei Priestern an Bord. Sie zeigten sich sehr vernünftig, sprachen vom Gouverneur als einem wohl zu eifrigen und pflichtbewußten Beamten und ließen sich die Dokumente zeigen. Der Notar nickte zufrieden.
"Es ist alles in Ordnung, Herr Admiral, und wir bitten Euch wegen der Ungelegenheiten um Entschuldigung. Die Gefangenen werden sofort freigelassen."

Am nächsten Tag setzten sie ihren Weg in die Heimat fort; es war ein Sonntag, und Columbus nahm Kurs auf Cap Sao Vicente. Von den Azoren nach Palos waren noch achthundert Seemeilen zurückzulegen, also eine Reise von sieben oder acht Tagen. Jedenfalls wollte er vermeiden, noch einmal portugiesischen Boden zu betreten, denn daß König Johann den Entdecker Westindiens freudig willkommen hieß, war kaum zu erwarten. Und doch geschah, was der Admiral hatte vermeiden wollen.
Sie hatten etwa zweihundert Meilen zurückgelegt, da geriet die 'Niña' in einen starken Gegenwind, der sich zu einem Wirbelsturm steigerte und mit heftigen Stößen aus allen Richtungen zuerst sämtliche Segel von den Masten fetzte, um dann das hilflose Schiff nach Lust und Laune auf dem Meer herumzutreiben.
Das ist der Preis, dachte Columbus, der Preis für meinen großen Erfolg. Um mich nicht hochmütig werden zu lassen, schickt Gott mir diese neue

Prüfung. O Herr, ich weiß, du willst mich nicht auslöschen, sondern nur daran erinnern, daß ich ein schwacher Mensch bin und Du der Allmächtige, Allwissende, Schöpfer von Himmel und Erde.
Columbus zweifelte keinen Augenblick daran, daß sie den Sturm heil überstehen würden, obwohl die Lage auf dem ziellos herumirrenden Schiff wenig Hoffnung versprach. Am Abend des 4. März schrieb er mit fester ruhiger Hand in sein Bordbuch:

In der verflossenen Nacht hatten wir einen derart schauerlichen Sturm zu überstehen, daß wir uns einen Augenblick lang verloren wähnten. Die wild übereinanderstürzenden Wogenmassen und alles aufwirbelnden Windhosen schienen die gebrechliche Karavelle gegen den Himmel schleudern zu wollen, während ein Sturzregen niederging und überall Blitze aufzuckten. Allein Gottes Ratschluß wollte mich nicht zugrunde gehen lassen. Ich fuhr so bis um die Stunde der ersten Nachtwache, als die Matrosen endlich Land sichteten.
Um die Küste nicht blindlings anzusteuern und ermitteln zu können, ob sich dort ein Hafen oder eine Bucht befände, die sichere Zuflucht gewähren könnte, ließ ich das Leesegel des Fockmastes setzen, da ich mich nur so noch ein wenig auf offener See halten konnte, obzwar dies nicht ganz gefahrlos war. Gott bewahrte uns bis zum Tagesanbruch, trotzdem wir alle unter dem Eindruck eines bevorstehenden Schiffbruches vor Entsetzen wie gelähmt waren.
Bei Tageslicht erkannte ich, daß es der Fels von Cintra war, nächst dem Fluße von Lissabon gelegen, in den ich einzufahren gedachte, da mir keine andere Wahl blieb. In Cascaes, der Stadt, die an der Mündung dieses Flusses liegt, konnte ich wegen des dort anhaltenden Sturmes nicht anlegen. Die Ortsbewohner verbrachten den ganzen Morgen damit, in tiefer Andacht um die Errettung der in Seenot befindlichen Seeleute zu beten. Als sie uns wohlbehalten und unversehrt den Tajo herauffahren sahen, kamen sie alle herangelaufen, um uns zu begrüßen und sich in Worten des Erstaunens über unsere Rettung von sicherem Tode zu ergehen.
Auf diese Weise gelangte ich nach Rastello, den Fluß von Lissabon stromaufwärts, wo mir Seeleute berichteten, seit Jahr und Tag keine an Stürmen so reiche Winterszeit erlebt zu haben; allein an der flandrischen Küste seien 25 Schiffe mit Mann und Maus untergegangen, während zahlreiche Schiffe seit vier Monaten vor Lissabon vor Anker lägen, ohne in See gehen zu können.

Sofort machte ich mich daran, an den König von Portugal einen Brief zu richten, worin ich ihm meine Ankunft ankündigte und ihn wissen ließ, daß ich 9 Seemeilen von ihm entfernt gelandet war. Ferner teilte ich ihm mit, von den Beherrschern Kastiliens die Weisung erhalten zu haben, es nicht zu unterlassen, die Häfen des Königs von Portugal anzulaufen, um dort gegen Bezahlung sich alles Nötige zu beschaffen. Schließlich ersuchte ich ihn, mir die Erlaubnis zu erteilen, mit meiner Karavelle bis vor Lissabon fahren zu dürfen, damit kein Übeltäter in Anbetracht des an Bord befindlichen Goldes und des Umstandes, daß die Karavelle in einer unbewohnten Gegend angelegt hatte, auf den Gedanken verfallen könnte, irgendeinen Schurkenstreich zu unternehmen. Ich tat dies auch in der Absicht, den König von Portugal zu unterrichten, daß ich auf meiner Rückreise aus Indien und nicht aus Guinea in Portugal eingetroffen sei.

Auf diese Weise versuchte der Admiral sich abzusichern, denn König Johann von Portugal genoß den Ruf eines rücksichtslosen Machtmenschen, und Columbus traute es ihm durchaus zu, daß er ihn unter einem Vorwand einkerkern ließ, um ihn dann für seine Zwecke einzusetzen. In jedem Fall war er den Portugiesen ausgeliefert, denn die schwer havarierte 'Niña' hätte kaum noch einige Seemeilen überstanden.
Am nächsten Tag erschien Bartolomea Dias, den Columbus aus seiner Lissaboner Zeit flüchtig kannte. Er hatte als erster das Kap der Guten Hoffnung umsegelt, genoß in Seefahrerkreisen höchste Achtung und war von seinem König mit Ehren überhäuft worden. Sie waren etwa gleich alt und Menschen vom selben Schlag – das heißt, in manchen Situationen starrsinnig, rechthaberisch und manchmal auch jähzornig. Mit diesen Eigenschaften hatte Columbus sich bei den Katholischen Königen durchsetzen können, während Dias am portugiesischen Hof in Ungnade gefallen war und zur Zeit nur erster Offizier auf einem großen hier vor Anker liegenden Kriegsschiff war. Doch nun kehrte er seine Macht heraus und rief von seiner Schaluppe mit lauter Stimme: „Dom Cristobal Colon – ich fordere Euch auf, in mein Boot zu kommen und meinem Kapitän Bericht zu erstatten!"
Columbus straffte sich und brüllte zurück: „Als Admiral der Katholischen Könige bin ich Euch und Eurem Kapitän keine Rechenschaft schuldig. Ich denke nicht daran, mein Schiff zu verlassen, es sei denn, man zwinge mich mit Waffengewalt dazu."

„Dann schickt wenigstens den Kapitän Eures Schiffes!"
„Nein, *senhor*, keiner meiner Leute verläßt dieses Schiff, ehe ich nicht Antwort auf mein Schreiben an Euren König erhalte."
Dias zuckte die Schultern und rief: „Tut, was Ihr wollt, aber laßt mich wenigstens das Empfehlungsschreiben Eurer Könige sehen."
Columbus ließ es an einer Schnur hinab, und Dias fuhr zu seinem Schiff zurück. Es dauerte keine Stunde, da erschien der Kapitän der portugiesischen Kriegskaravelle in Galakleidung und von Trompetenstößen begleitet. Es gab einen großen feierlichen Empfang mit steifen Komplimenten und geschickten Fragen nach den entdeckten Gebieten.
Lissabon war eine Seefahrerstadt, und das Ereignis sprach sich schnell herum. In den Tagen darauf war die 'Niña' umlagert wie eine wunderbare Erscheinung. Generäle, Minister und Adelige baten darum, empfangen zu werden, ließen sich die Indios, die Affen und die Papageien vorführen. Das Gold hielt Columbus verwahrt, und wenn man ihn danach fragte, antwortete er ausweichend.

Am vierten Tag nach seiner Ankunft wurde Don Cristobal Colon in die königliche Residenz eingeladen, die wegen der zur Zeit herrschenden Pest in einem Kloster zehn Meilen außerhalb von Lissabon eingerichtet worden war. Columbus wurde von einigen seiner Schiffsoffiziere begleitet und hatte zwei der schönsten und kräftigsten Indios mitgenommen.
Es regnete in Strömen, und als sie ankamen, läuteten schon die Vesperglocken. Die Audienz war für den nächsten Morgen angesetzt.
Columbus trat ganz furchtlos auf, denn er fühlte den Schutz der Katholischen Könige über sich wie einen ehernen Schild. Der Empfang war betont herzlich, höchst ehrenvoll und feierlich. Prunkvoll gekleidete Höflinge geleiteten den Admiral in den Audienzsaal, und Columbus wurde zuteil, worauf nur die ersten Granden des Reiches Anspruch hatten: Er durfte in Gegenwart des Königs sitzen und seinen Hut aufbehalten.
Seine letzte Begegnung mit Johann II. lag nun zehn Jahre zurück, und der König hatte sich sehr verändert. Noch nicht einmal vierzig, wirkte der Monarch wie ein Fünfzigjähriger. Scharfe Falten durchzogen das schlaff gewordene bleiche Gesicht; die harten mißtrauischen Augen waren noch kälter, noch durchdringender geworden und erinnerten Columbus an Seziermesser, die ihn aufschneiden und in sein Inneres schauen wollten. König Johann hatte zahlreiche Verschwörungen überstanden, und wer von seinen Gegnern noch lebte, hatte sich irgendwo

verkrochen. Die Fragen des Monarchen waren präzis und kenntnisreich – sie verrieten den erfahrenen Nautiker. Columbus gab ebenso präzise Antworten, doch er vermied es, verwertbare Daten preiszugeben.

Was nun den spanischen Königen zuteil wird, hättet Ihr auch haben können, mein König, dachte Columbus, als ich damals wie ein demütiger Bittsteller vor Euch stand. Daß auch Johann daran dachte, war anzunehmen, doch er verlor kein Wort über Vergangenes. Als seine erste Neugier befriedigt war, lehnte er sich zurück und richtete seine kalten Augen auf den Admiral.

„Nun, Dom Cristobal, was Ihr für die spanischen Könige getan habt, gilt im Grunde genauso mir, denn im Vertrag von Alcaçovas steht, daß jedes westlich von Portugal entdeckte Land Uns zugeschlagen wird."

Columbus blieb ganz ruhig.

„Diesen Vertrag kenne ich nicht, Majestät. Ich weiß nur, daß es spanischen Seeleuten untersagt ist, die Portugal unterstellten Gebiete in Afrika aufzusuchen. Und mit Verlaub zu sagen: Hättet Ihr vor zehn Jahren meine Dienste angenommen, so bedürfte es keines Vertrages, um Westindien für Portugal zu sichern. Jetzt ist die Lage anders, doch daran fühle ich mich schuldlos."

Nach diesen anmaßenden Worten ging ein leises Raunen durch den Empfangssaal, gefolgt von atemloser Stille Alles blickte auf den König, und nicht wenige erwarteten einen Blitz, der den Frevler erschlug.

In den kalten Augen des Königs entzündete sich ein Feuer, das aber schnell wieder erlosch. Wäre Columbus ein politischer Gegner gewesen, so hätte man ihn vernichtet wie ein schädliches Insekt, aber nun lächelte der König und nahm den Vorwurf hin wie das Geschwätz eines Hofnarren.

„Ja, Dom Cristobal, dann wäre die Lage anders, aber auch ein König ist kein Prophet. Nun, mein Freund, wir hören die Philosophen sagen, alles wandle sich: Wir, unsere Umgebung, die ganze Welt und – vergeßt es nie – auch Fürstengunst kann sich wandeln. Wer weiß, vielleicht werdet Ihr eines Tages auf englischen, französischen, vielleicht sogar portugiesischen Schiffen hinausfahren, als Admiral einer gewaltigen Flotte und nicht mit drei großen Schaluppen, von denen, wie ich hörte, zwei verlorengingen."

„Ich hätte keinen Grund, den spanischen Dienst zu verlassen", sagte er steif.

„Aber warum auch? Die Katholischen Könige wissen treue Diener zu belohnen, doch wir sind alle in Gottes Hand, und niemand weiß, ob der Kronprinz Eure Pläne weiterverfolgt. In diesem Fall wißt Ihr, wohin Ihr Euch wenden müßt, nicht wahr?"

Der König war die Liebenswürdigkeit selbst, erkundigte sich im Laufe der nächsten Tage immer wieder nach etwaigen Wünschen seines Gastes und verabschiedete ihn mit einer solchen Herzlichkeit, daß Columbus nicht umhin konnte, sein unverhülltes Angebot zu durchdenken.

Auch Könige sind Menschen und sterben oft schnell. Konnte er wissen, ob seine Gönner in diesem Augenblick noch lebten? Ein hitziges Fieber, eine verdorbene Mahlzeit, Dolch oder Gift von Verschwörern? Ob Kronprinz Juan als König die Interessen seiner Eltern weiterverfolgte, konnte niemand wissen, und dann stand er da, ein Admiral ohne Flotte, ein Vizekönig ohne Land, abgespeist mit leeren Titeln und einer jämmerlichen Rente. Dann war es wichtig, zu wissen, wohin er sich wenden konnte. Schließlich hatte er eine Familie zu versorgen, und dazu taugen leere Titel wenig.

Die 'Niña' fand er generalüberholt mit neuen Segeln und allen nötigen Vorräten ausgestattet. Ein Geschenk seiner Majestät, teilte Dias ihm kurz und steif mit. Daß Columbus in des Königs Gnade stand, sprach sich schnell herum, und das mochte ihn, den nicht weniger verdienstvollen Afrikaumsegler, schon etwas kränken.

Nun galt die Sorge des Admirals der 'Pinta', und so nahm er Kurs auf Palos. Sollte sie den Sturm überdauert haben, so konnte er Kapitän Pinzon nur dort und nirgends anders finden.

Columbus täuschte sich. Als er von Lissabon abfuhr, befand sich die 'Pinta' irgendwo im Norden von Portugal. Der erfahrene Martin Pinzon hatte das einzig Richtige getan, um dem Sturm zu entkommen: Er war nach Norden ausgewichen, um sich aus dem Zyklon zu lösen, und als er dann endlich in eine ruhigere Zone geriet, mußte das Schiff wegen seiner Schäden dringend an Land. Das tagelange Ausweichmanöver hatte sie bis in den Golf von Biscaya getrieben, und als nächster Hafen bot sich Bayonne an.

In Martin Pinzon hatte sich der Gedanke festgefressen, daß Don Cristobal ihn nur als Werkzeug benutzt habe und daß ihm, dem tüchtigen und weithin bekannten Seemann und Kapitän, das Hauptverdienst an dieser Reise zukomme. Ohne seine Erfahrungen und Fähigkeiten hätte der Admiral niemals diese lange Fahrt durchgestanden, und nun, da sie glücklich vorbei war, mußte er, Kapitän Pinzon, noch eine Anklage wegen Ungehorsams erwarten. Der Eigner des Schiffes hieß Cristobal Quintero, Pinzons Freund und weitschichtiger Verwandter aus Palos. Mit ihm konnte er über alles sprechen.

„Wer sagt uns überhaupt, daß es die 'Niña' noch gibt? Überall spricht man von diesem Sturm, und jeder hält es für ein Wunder, daß wir ihn überstanden haben. Die Möglichkeit steht eins zu zehn, daß wir die einzigen Überlebenden dieser Indienfahrt sind. Ich sollte es riskieren – ja, ich werde es riskieren!"

Er schlug mit der Faust auf den Kartentisch und blickte seinen Freund zornig an. Der duckte sich etwas.

„Ich kann ja nun wirklich nichts dafür! Jetzt drück dich einmal deutlicher aus: Was willst du riskieren?"

„Ich schicke von hier einen Brief auf dem Landweg nach Barcelona und bitte die Majestäten, ihnen persönlich einen Bericht über die Expedition abstatten zu dürfen. Darauf eben kommt es an, Cristo, ich muß der erste sein, darf nicht abwarten, bis der Admiral – falls er noch lebt, seine Lügenmärchen verbreitet."

Quintero nickte.

„Das leuchtet mir ein – ja, das halte ich für eine ausgezeichnete Idee."

Nach zwei Wochen kam die Antwort, geschrieben von einem der königlichen Sekretäre:

Ihre Katholischen Majestäten geben Euch, Martin Alonso Pinzon, kund und zu wissen, daß inzwischen Nachricht von der glücklichen Heimkehr des Admirals Don Cristobal Colon eingetroffen ist. Die Majestäten ziehen es vor, aus seinem Mund den Bericht vom Verlauf der Expedition zu erfahren.

Von da an sprach Martin Pinzon kein überflüssiges Wort mehr. Er steuerte Palos an und traf dort einen Tag nach Columbus ein. Es war gegen Abend, der glutrote Sonnenball zeichnete einen feurigen Streifen auf das kaum bewegte Meer. Pinzon wartete die kommende Flut nicht ab, um auf dem Fluß nach Palos zu kommen, sondern ließ sich von einer Schaluppe an Land bringen. Von weitem sah er die 'Niña' mit gestrichenen Segeln im Hafen liegen, und da wurde sein Herz zu Stein und lag ihm so schwer in der Brust, daß es seinen Körper niederbeugte.

Gebeugt ging er an Land, gestützt von seinem Freund Quintero, betrat sein Haus und legte sich zu Bett, ohne den Admiral, ohne sogar seinen

Bruder Vicente zu benachrichtigen. Sein steinernes Herz schien zu wachsen, nahm ihm den Atem, sprengte die Brust. Er aß nichts, trank nur ein wenig Wasser, redete nichts und starb fünf Tage nach seiner Ankunft – starr, verstockt, verbittert, wortlos.
Columbus erfuhr in La Rabida von seinem Tod. Plötzlich tat ihm dieser Mensch leid. Auch er hatte Wünsche, Hoffnungen und Traumbilder gehabt, auch er war beteiligt am Gelingen der Expedition.
„Er hat seine Schuld gebüßt, Gott möge ihm gnädig sein", sagte Columbus zu Juan Perez, dem Prior des Klosters.

Inzwischen war Palos zum Pilgerziel von Neugierigen geworden, die aus einem Umkreis von fünfzig Meilen herbeiströmten. Immer wieder mußten die Indios vorgeführt, die fremdartigen Vögel gezeigt, die Schnitzereien, die Spieße, die Baumwolle, die seltenen Kräuter präsentiert werden.
„Ihr könntet inzwischen einen Jahrmarkt eröffnen und zehn Maravedis Eintritt verlangen", schlug Pater Perez vor.
Columbus schüttelte den Kopf.
„Mir wird es allmählich lästig. Ich werde übermorgen nach Sevilla aufbrechen, um dort die Antwort der Majestäten abzuwarten. Vielleicht liegt sie schon vor."
„Da kommt Ihr gerade zur *Semana Santa* zurecht und könnt am Palmsonntag – wie damals unser Herr und Heiland – in die Stadt einziehen. Man wird Euch mindestens ebenso freudig empfangen."
Columbus freute sich über den Vergleich und führte den Gedanken weiter: „Auch ich habe schließlich eine Botschaft zu verkünden – eine von fremden Völkern unter tropischer Sonne, vom Nutzen der Seefahrt und von der Klugheit unserer Kartographen, deren Berechnungen sich als richtig erwiesen."
Sein Ruf war ihm vorausgeeilt. Sevilla empfing ihn wie einen Fürsten, Adel, Geistlichkeit und die Stadtväter geleiteten ihn feierlich zur Ostermesse in ihrer gewaltigen, noch immer nicht fertiggestellten Kathedrale.
Hier erreichte ihn das Schreiben der Könige und seine hellen Augen leuchteten, als er die Anrede las: „An Don Cristobal Colon, Unseren Admiral des Ozeanischen Meeres, Vizekönig und Gouverneur der von ihm in Indien entdeckten Inseln..."
In freundlicher Ungeduld trieben ihn die Majestäten zur Eile an. Der

große Empfang sollte öffentlich vor dem Königspalast in Barcelona stattfinden.

So zog Columbus sofort weiter nach Cordoba, wo ihn Beatriz mit seinen Söhnen erwartete. Sie und der dreizehnjährige Diego hielten den fünfjährigen Fernando an den Händen. Ihre Augen blitzten vor Freude, ihr anmutiges Gesicht drückte aus, was sie dachte und empfand. Er berührte sie nicht in jener Nacht; sie lag nur in seinen Armen, und er ließ sie teilhaben an der großen Reise, schilderte die Traumschönheit der westindischen Inseln, ihre berauschende Buntheit, die Klarheit der Flüsse, die milde Luft und die kindliche Freundlichkeit und Neugier ihrer Bewohner – erzählte, bis sie eingeschlafen war.

Dem fünfzehnjährigen Diego sagte er zum Abschied: „In mir siehst du den Beweis, daß man sein einmal gestecktes Lebensziel nie aufgeben darf. Als du zur Welt kamst, war mir schon klar, was ich wollte, aber es dauerte weitere zwölf Jahre, bis ich es wahrmachen konnte. Ich habe also rund zwanzig Jahre auf die Erfüllung meines Lebenswunsches gewartet, doch jetzt, wo er mir erfüllt ist, schrumpft diese Wartezeit zu einem Nichts, und ich weiß nun, daß ich auch weitere zehn Jahre ausgeharrt hätte. Du wirst bewahren, was ich erreicht habe, und wirst eines Tages mit mir oder als mein Erbe die große Fahrt nach Westen antreten. Denke immer daran, Diego, du wirst meine Titel tragen, meinen Besitz übernehmen, meine Ansprüche vertreten."

Im Morgengrauen zogen sie weiter, entlang der bewaldeten Vorberge der Sierra Morena, durch die früheren Königreiche Jaén, Murcia und Valencia, dann der Küste folgend bis Barcelona, der Hauptstadt von Katalonien und derzeitigen Residenz der Katholischen Könige.

Die Zeremonienmeister hatten gut vorgearbeitet: Alles war zum großen Empfang bereit, als sich die Prozession des Admirals der Stadt näherte. Eine Abordnung des Hofs empfing ihn vor den Toren der uralten Stadt – von den Phokern in grauer Vorzeit gegründet, von Phöniziern, Römern, Westgoten und Mauren erobert, besiedelt und erweitert.

Die Straßen waren beflaggt, Fenster und Türen der Häuser mit Blumen und frischem Grün geschmückt. In den engen Gassen der Altstadt gab es kaum noch ein Durchkommen, die Menschen drängten sich in dichten Haufen um das Pferd des Admirals und Vizekönigs, versuchten einen Blick auf die halbnackten Indios mit ihren hohen bunten Federkronen zu erhaschen, die sich verstört und furchtsam aneinanderdrängten – auch sie, auf ihre Weise dabei, eine neue Welt zu entdecken.

An Kathedrale und Bischofspalast vorbei wälzte sich der Zug im Schnekkentempo – immer wieder gezwungen, stehenzubleiben – auf den alten Grafen- und jetzigen Königspalast zu, wo vor der Pfalzkapelle eine Tribüne errichtet war, auf der das Königspaar, der Thronfolger und hohe Würdenträger sie erwarteten.

Ja, dachte Columbus, nun sind sie es, die mich erwarten, weil ich es bin, der ihren Ruhm erhöht. Vor kurzem lief das noch andersherum: Ich mußte warten, Jahr um Jahr, und sie erhoben mich zum Admiral und Vizekönig.

Er genoß jede Sekunde seines Triumphes, in diesem Augenblick fühlte er weder Demut noch Dankbarkeit vor Gott und den Königen, nur Stolz, Freude und Lust am Dasein. Ein Raunen ging durch die dichtgedrängte Menge am Palasthof, als das Königspaar sich zur Begrüßung erhob. Eine solch unerhörte Ehrung hatte es noch nie gegeben. Hochrufe erklangen auf das Königspaar und den erfolgreichen Admiral, doch sie klangen eher zurückhaltend, denn die Katalonen bejubeln nicht so leicht einen Fremden, und fremd war in den Augen dieses eigenwilligen Volkes jeder, der nicht hier das Licht der Welt erblickt hatte.

Columbus lächelte, stieg die Treppe hinauf und beugte das Knie. Er küßte die Hände der Majestäten, sah Isabellas Augen in einer Art mütterlicher Zuneigung auf sich gerichtet, als wollte sie sagen: Ich habe dich in die Ferne gesandt, mein Sohn, damit du dich bewährst und nun bist du siegreich zurückgekehrt, und ich bin stolz auf dich. König Ferdinand blickte etwas verkniffen drein, aber auch er lächelte und tat sehr huldvoll. Columbus wies mit einer umfassenden Geste auf die wie betäubt dahockenden Indios, auf die Bündel mit Baumwolle und Aloe, auf die geflochtenen Käfige mit den Papageien, auf die angeketteten und ängstlich keckernden Affen und mit besonderem Stolz auf die Tabletts mit den goldenen Schmuckstücken, von denen sich im Laufe der Expedition eine ganze Menge angesammelt hatten.

Es wurden kaum Worte gewechselt, denn dieser Empfang galt der Öffentlichkeit und dauerte nicht sehr lange. Danach gingen sie ins Innere des Palastes; die Könige nahmen auf ihren Thronsesseln Platz und hatten für den Admiral einen Stuhl dazwischengestellt – eigentlich nur einen Hocker ohne Lehne, doch auch dies war außergewöhnlich und höchst ehrenvoll. Nur hohe Würdenträger waren zugegen: der Kronprinz Juan, Kardinal Mendoza, Pater Talavera, jetzt Bischof von Granada, Luis de Santangel, Schatzmeister des Königs und Geldgeber der

Expedition, dazu einige Granden der vereinigten Länder von Kastilien und Aragon.

Der König stellte nur wenige, mehr von Höflichkeit diktierte Fragen, während Isabella alles ganz genau wissen wollte, und es war ihr dabei anzusehen, daß sie die Reise im Geiste miterlebte, die Gewürze roch, die hohen schlanken Palmen sah, die milde Luft spürte und mit den Seefahrern litt, als der Sturm die Segel zerfetzte und sie nur noch auf die Gnade Gottes und der Jungfrau hoffen konnten.

„Da werdet Ihr eine ganze Menge von Gelübden einzulösen haben, Don Cristobal", bemerkte Pater Talavera und Columbus entgegnete: „Wir werden sie alle wortgetreu erfüllen, Hochwürden."

Dieser große und für Columbus so ehrenvolle Tag fand seinen Abschluß in einem prunkvollen Gastmahl, bei dem der König die Speisen des Admirals vorkostete – ein ganz besonderes, als *salva* bezeichnetes Ritual, das nur wenigen zuteil wurde.

Am Abend gab Kardinal Mendoza im Bischofspalast ein Bankett, an dem die Majestäten und die Spitzen des Hofstaates teilnahmen.

Pater Talavera saß Columbus gegenüber und flüsterte ihm zwischen zwei Gängen zu: „Werdet nur nicht hochmütig, Admiral. Heute fühlt Ihr Euch wie ein Gott, aber unser himmlischer Vater duldet solche Gefühle nicht lange, denn Ihr seid ein sündiger Mensch, sterblich und Gottes Wille untertan. Schon die alten Römer erkannten dies, und wenn ein Feldherr im Triumph durch Rom zog, dann stand hinter ihm ein Sklave, der ihm von Zeit zu Zeit ins Ohr flüstern mußte: Gedenke, daß du ein Mensch bist! Gedenke, daß du ein Mensch bist!"

Columbus verneigte sich leicht und sagte: „Ich danke Euch, Padre, aber glaubt mir, wer eine Seereise von fast zweitausend Meilen hinter sich hat, wurde wieder und wieder an seine Sterblichkeit erinnert. Wie kann ich da vergessen, daß ich ein Mensch bin?"

35

Es dauerte keine zwei Monate, dann wußte man in ganz Europa über die von Cristobal Colon gemachten Entdeckungen Bescheid. Gelehrte in Paris und Florenz, in Salamanca und Prag, in Salerno und Straßburg, in Oxford und Köln, in Coimbra und Uppsala, in Cambridge und Tübingen diskutierten eifrig die neuen Erkenntnisse, und jene, die noch den alten Lehren von einer Erdscheibe anhingen, wurden verlacht wie Analphabeten. Man spürte das Heraufkommen eines neuen Zeitalters, in den Universitäten Italiens regten sich die ersten Formen eines rein philosophischen, durch Religion unbeeinflußten Denkens, und da und dort knüpften kühne Gelehrte an das heliozentrische Weltbild der alten griechischen Denker an. Der italienische Schriftsteller und Humanist Pietro Martire d'Anghiera bezeichnete die von Columbus entdeckten Länder als 'orbis novus' und bald wußte jeder Staatsmann, Gelehrte oder Geistliche was mit der 'Neuen Welt' gemeint war.
Als einer der ersten war seine Heiligkeit, Papst Alexander VI., in Rom über die neuen Entdeckungen informiert worden, verbunden mit dem Wunsch, die überseeischen Einflußbereiche von Spanien und Portugal quasi als überparteiischer Schiedsrichter festzusetzen. So lautete die Bitte aus Spanien, ausgesprochen von Kardinal Mendoza, abgesprochen mit den Katholischen Königen. Diesen Wunsch hegte auch König Johann von Portugal, doch über die Neutralität Seiner Heiligkeit machte er sich keine Illusionen. Zu einem Vertrauten sagte er: „Der Papst ist ein Spanier, und seine Entscheidung wird Spanien begünstigen. Aber als katholischer Monarch muß ich Alexanders Schiedsspruch akzeptieren, und wenn ich Euch sage, daß ich diesen Borgia für nicht weniger durchtrieben halte, als seinen erlauchten Landsmann, meinen lieben Vetter Ferdinand von Aragon, dann drücke ich mich noch sehr gewählt aus."

Der Ratgeber schmunzelte.

„Eure Einschätzung, Majestät, wird in ganz Europa geteilt, und wenn wir Alexanders Entscheidung auch in schicklicher Demut – wie sie dem Stellvertreter Christi auf Erden zukommt – zur Kenntnis nehmen, so müssen wir sie noch lange nicht gutheißen. Die Angelegenheit wird uns noch eine Menge Papier und viel Siegellack kosten."

Papst Alexander, von den Katholischen Königen zu einer schnellen Entscheidung gedrängt, sah sich zunächst überfordert. Er verstand etwas von Kirchenrecht, war ein abgebrühter Machtpolitiker und konnte zur Not eine Messe auf lateinisch lesen – wenn auch stockend und mit spanischen Brocken vermischt –, aber die 'Neue Welt' war für ihn im Sinne des Wortes eine *terra incognita*, mit der er nicht das geringste anzufangen wußte. Nur eines war ihm klar: Sein Urteil mußte zugunsten Spaniens ausfallen.

Die in Rom ansässigen Gelehrten waren ihm dabei keine große Hilfe. Natürlich glaubten sie an die Kugelgestalt der Erde – man war ja nicht von gestern!, natürlich erklärten sie Seiner Heiligkeit detailgetreu die Reise des Admirals Columbus und wie er dabei zwangsläufig auf den östlichen und unbekannten Teil Asiens stoßen mußte, wobei die Meinungen auseinandergingen, ob es sich bei den entdeckten Inseln um Zipangu, Kathai oder Indien handelte. Doch man übernahm den von Columbus geprägten Sammelbegriff 'Westindien' oder nannte es ganz einfach die 'Neue Welt'. So weit, so gut, aber das reichte nicht für eine Bulle, die ein für allemal quasi die südliche Erdhälfte zwischen Spanien und Portugal aufteilte.

Um zu einer plausiblen Lösung zu kommen, empfahl der Papst seinen Ratgebern, sich mit dem *nauticus* Christoforus Columbus in Verbindung zu setzen. Der besprach sich mit Mendoza, mit den Königen und zog seine eigenen Erfahrungen zu Rate, ehe er die Fragen beantwortete. Das Schreiben war kurz und bündig und gründete sich im wesentlichen auf seine Erfahrungen mit den Passatwinden. Er wählte ihre Front als Trennungslinie und machte damit eine meteorologische Grenze zu einer politischen.

Der Papst folgte seinem Rat und inszenierte das Ziehen der *raya*, der Trennungslinie als feierlichen, fast religiösen Akt. Dazu waren die Kardinäle, die Botschafter und einige Gelehrte geladen. Alexander thronte im Audienzsaal auf dem goldstrotzenden Stuhle Petri, in schwere brokatene Pontifikalgewänder gekleidet. Da er sich jetzt kaum noch bewegte – für jeden Schritt standen die Sänftenträger bereit, war er dick geworden, doch das tat dem Zauber seiner persönlichen Erscheinung keinen Abbruch. Sein offenes, herzliches Wesen, seine gewinnende Liebenswürdigkeit, seine stets zur Schau getragene optimistische Fröhlichkeit verfehlten selten ihre Wirkung und führten so manchen in die Irre, der dem Borgia vertraute und sich plötzlich in den Verliesen der Engelsburg wiederfand.

Burcardus, der deutsche Zeremonienmeister, blickte schnell in die Runde. Ja, jeder saß auf seinem Platz, die Karte hing an der Wand, die schwarze Kreide lag auf einem silbernen Teller bereit. Unauffällig gab er ein Zeichen, Alexander hob die Hand und begann zu sprechen: „Magistri, Exzellenzen, liebe Brüder in Christo – Ihre Majestäten, die Katholischen Könige von Spanien, haben an Uns die Bitte um eine Entscheidung gerichtet, die Wir gerne treffen, nicht ohne vorher Gott um Einsicht angefleht und verschiedene Gelehrte befragt zu haben. Durch die Erkundungsreisen der portugiesischen Könige und neuerdings durch die Expedition des spanischen Admirals Christoforus Columbus hat sich das Gesicht der Erde verändert und Uns veranlaßt, sie aufzugliedern in die Begriffe 'Alte' und 'Neue Welt'. Die gebotene Christenpflicht verlangt von Uns, etwaige Zwiste und Streitigkeiten im Keim zu ersticken, und die Neue Welt zwischen Spanien und Portugal aufzuteilen, mit der dringenden Ermahnung, vor allem anderen darauf zu achten, die Völker der 'Neuen Welt' dem katholischen Glauben zuzuführen."

Alexander erhob sich, die Kardinäle standen auf und verneigten sich, die Botschafter und Gelehrten sanken in die Knie. Langsam und feierlich schritt der Papst zu der großen Landkarte, nahm die Kreide vom Tablett und wandte sich zu den Gästen.

„Somit ziehen Wir eine *raya* vom arktischen zum antarktischen Pol, also von Norden nach Süden, und diese Linie soll hundert Meilen westlich der Azoren- und Kapverdeninseln nach Süden verlaufen. Alle westlich dieser Linie gelegenen Länder und Inseln, ob schon entdeckt oder noch zu entdecken, sollen den Katholischen Königen von Spanien zufallen, über den östlichen Teil mag Portugal verfügen, das sein Augenmerk schon seit einigen Jahrzehnten auf Afrika gerichtet und dies auch in Verträgen mit Spanien abgesichert hat. Im übrigen wünschen Wir um der Gerechtigkeit willen, daß durch diese Unsere Entscheidung keinem christlichen Fürsten, der die genannten Inseln und Länder schon vorher in Besitz hatte, ein erworbenes Recht entzogen wird. Außerdem gebieten Wir kraft Unseres heiligen Amtes, daß die christlichen Fürsten rechtschaffene, gottesfürchtige, gelehrte und erfahrene Männer in die Neue Welt senden, um deren Bewohner im katholischen Glauben und in den guten Sitten zu unterweisen."

Die Kardinäle intonierten ein halblautes „Amen!"

Der Papst wandte sich der Karte zu, setzte hoch im Norden die Kreide an und zog eine kräftige schwarze Linie nach Süden. Er begann in Grönland, glitt an Island, England, der Iberischen Halbinsel und in weitem Abstand an Afrika vorbei. In den noch zu entdeckenden Weiten des tiefen Südens brach die Kreide mit einem leisen Knacken ab. Der Papst lachte und wischte sich die Finger an einem dargebotenen Tuch.

„Ein Zeichen Gottes! Nach der Südspitze von Afrika ist die bewohnbare Welt ohnehin zu Ende."

Er segnete die Versammlung mit einem flüchtigen Kreuzeszeichen und zog sich zurück. Der portugiesische Botschafter ging mit schnellen zornigen Schritten auf seinen spanischen Kollegen zu und flüsterte erregt: „Das habt Ihr Euch fein ausgedacht! Der Heilige Vater hat heute nicht als Papst, sondern als spanischer Untertan entschieden. Demnach gehört Euch ganz Indien und für uns bleiben ein paar Atlantikinseln."

Der Spanier entgegnete spöttisch: „Eine Kleinigkeit habt Ihr vergessen, Exzellenz, nämlich ganz Afrika."

Die Unterschrift unter der Bulle 'Inter caetera divinae' vom Juli 1493 war noch nicht trocken, da hagelte es schon Proteste von allen Seiten, vor allem König Johann von Portugal fühlte sich ungerecht behandelt. In einem Protestbrief an den Papst ging es vor allem um das südlich vom Äquator gelegene Gebiet. Zwischen der *raya* und dem südlichen Teil Afrikas sei nicht mehr viel zu erwarten, aber im westlichen, Spanien zugesprochenen Teil, vermute er reiche und gewinnbringende Länder, und er sehe nicht ein, warum man diese allein Spanien überlassen solle.

Nun trat ein, was König Johann vor kurzem prophezeit hatte: Es wurden Stapel von Papier und Mengen von Siegellack verbraucht. Unentwegt gingen Briefe zwischen Rom, Spanien und Portugal hin und her. Der gewalttätige Johann ging so weit, dem Nachbarland mit einem Krieg zu drohen, und berührte damit einen wunden Punkt. Während er Armee und Flotte unentwegt aufgerüstet hatte, war in Spanien nach dem Maurenkrieg das Gegenteil geschehen.

Ferdinand und Isabella besprachen sich untereinander, beraten von

Mendoza und dem Feldherrn Gonzalo de Cordoba; wandten sich schließlich an Columbus. Der fühlte sich für solch hochpolitische Fragen nicht zuständig und gab den Rat, die *raya* des Papstes nur als Diskussionsgrundlage anzusehen und alles übrige mit Portugal direkt auszuhandeln. Dankbar folgten die Könige diesem Rat, und im Vertrag zu Tordesillas kam es schnell zur Einigung. Die *raya* wurde um 270 Meilen weiter nach Westen verlegt und machte damit den Südatlantik quasi zu einem portugiesischen Gewässer. Die Spanier waren zufrieden, denn – Columbus hatte es immer wieder versichert – alles von wirklichem Interesse sei nördlich des Äquators zu finden.

Papst Alexander atmete auf und unterzeichnete ohne jeden Einwand eine zweite Bulle nach den Ergebnissen von Tordesillas. Er war dieses Streits längst überdrüssig geworden; ihn interessierten keine noch nicht entdeckten Ländereien irgendwo im Atlantik. Als praktisch veranlagter Machtmensch lag ihm seine Umgebung näher, und die Reihenfolge seiner Interessen und Sorgen hieß Borgia, Borgia, Borgia, Rom, Italien, Frankreich und selbstverständlich Frauen und Mädchen, deren bunter nächtlicher Reigen in anmutiger Folge durch den Vatikan zog. Giulia Farnese blieb die Favoritin, ihr gehörnter Gatte wurde mit päpstlichen Gunstbeweisen still gehalten, und so bekam jeder, was er wollte. Die Hauptsorge des Papstes galt in dieser Zeit den Franzosen, deren Truppen seit einigen Tagen vor den Toren Roms standen.

Der Papst saß brütend und mit gerunzelter Stirn an seinem Arbeitstisch. Im Sturm der letzten Ereignisse hatte ihn alle Zuversicht verlassen. Seine Klugheit gebot ihm nachzugeben, doch das wollte er bis zum letzten Augenblick aufschieben. Man sollte ihm nicht vorwerfen können, er habe das heilige Banner der Kirche allzu früh mutlos sinken lassen. So wenig der Papst im Privatleben auf sein heiliges Amt Rücksicht nahm, so streng hütete er die Rechte und Ansprüche der Kirche.

Ein leises Pochen an der Tür schreckte ihn auf. Alexander ging schnell zu seinem Betschemel und kniete sich vor das Elfenbeinkruzifix. In dieser Stunde der Not wollte er sich mit Frömmigkeit wappnen, um diesen Franzosen möglichst wenig Anlaß zur Kritik an seiner Person zu bieten. Schweren Herzens hatte er Giulia Farnese aus dem Vatikan verbannt. Gerade jetzt durften sie keine Schwäche an ihm finden. Noch hatte er ihre letzten Worte im Ohr: 'Gebt nach, mein Freund und gehorcht der Vernunft. Sie werden es nicht wagen, Euch anzutasten, und sie werden auch nicht ewig in Rom bleiben.'

Das Pochen an der Tür wiederholte sich. Ein Sekretär trat ein und beugte das Knie.

„Eure Heiligkeit geruhen die Störung zu entschuldigen", flüsterte ehrfürchtig der noch junge Mann.

Alexander hob langsam den gebeugten Kopf, als fiele es ihm schwer, aus der Zwiesprache mit Gott in die Gegenwart zurückzufinden.

„Ein Brief der römischen Bürgerschaft und einer der ehrwürdigen Kardinäle."

Alexander deutete auf den Tisch.

„Leg sie hin und laß Kardinal César rufen."

Der Sekretär verschwand.

Alexander wußte, was die beiden Schreiben enthielten. Er hatte lange genug widerstanden, und niemand würde es ihm verübeln, wenn er jetzt nachgab. So sollte also dieser König Karl seinen Triumph haben und in Rom einziehen.

Karl VIII. von Frankreich hatte schon vor Wochen in einem eigenhändigen Schreiben versichert, daß seine Soldaten die strengste Anweisung hätten, in der heiligen Stadt 'nicht ein einziges Ei zu entwenden'.

Als Cesare eintrat, wies der Papst auf die Briefe.

„Du brauchst sie mir nicht vorzulesen. Ich möchte nur wissen, ob sie etwas Neues enthalten."

Cesare überflog die Schreiben. Die Bürgerschaft erbat demütig vom Papst die Öffnung der Stadt 'um unser aller Wohlfahrt willen'.

Die meisten Kardinäle, an der Spitze natürlich der aufsässige Gianbattista Orsini und die Häupter der römischen Adelsfamilien, waren ohnehin schon seit Tagen in Bracciano, wo die Franzosen ungeduldig auf das Nachgeben des Papstes warteten. Dem von den Kardinälen übersandten Schreiben lagen einige Zeilen des französischen Königs bei.

Cesare las sie vor: „Wir möchten Eure Heiligkeit mit Nachdruck daran erinnern, daß Uns nach menschlichem und göttlichem Recht die Herrschaft über Neapel zusteht. Solltet Ihr uns die Investitur verweigern, so mißbraucht Ihr Euer heiliges Amt, und das Kollegium der Kardinäle wird sich mit Eurer Nachfolge befassen.

Eurer Heiligkeit untertäniger Diener Karl von Frankreich."

Papst Alexander hatte plötzlich seine gute Laune wiedergefunden. Lächelnd rieb er sich die Hände.

„Das war deutlich, César, was meinst du? Dieses Knäblein glaubt allen Ernstes, es habe schon halb Europa in der Tasche."

„Und Ihr könnt dabei noch lachen", meinte Cesare vorwurfsvoll.
„Ich lache, weil nun das Warten ein Ende hat. Jetzt weichen wir der äußersten Gewalt und niemand kann uns daraus einen Vorwurf machen. César, glaube mir, der König von Frankreich wird sich seinen Schädel an den Mauern der Kirche einrennen."

Entgegen dieser frommen Prophezeiung zog König Karl im Triumph nach Rom und brach sofort sein gegebenes Wort. Mordend und plündernd fielen seine Soldaten in die Stadt ein, und Karl ließ sie ungestraft einige Tage wüten.
Die Söldner überschwemmten wie eine Sturzflut die Stadtviertel auf der Suche nach schneller leichter Beute, denn die Zeit drängte. Das alte Söldnerrecht auf Plünderung war auf maximal drei Tage beschränkt, danach setzte es harte Strafen. Wer sein Haus verbarrikadiert und seine Diener bewaffnet hatte, blieb meist verschont, Läden und Geschäfte wurden ausgeräumt, wer sich entgegenstellte, erschlagen, Frauen und Mädchen vergewaltigt.
Am ersten Tag fielen die Franzosen von Südwesten her ein, hielten sich zuerst rechts des Tibers, plünderten die Viertel Ripa, Campitelli und Pigna, steckten einiges in Brand und verschonten manchmal auch die Kirchen nicht. Sie hatten es besonders auf die Häuser und Wohnungen reicher Prälaten abgesehen, und da etliche dieser Herren auf der Flucht waren, bedienten sich die Söldner und schleppten die Beute davon. Die einbrechende Nacht unterbrach den Raubzug, denn nach Sonnenuntergang mußte sich jeder Soldat im Lager vor der Stadt einfinden.
König Karl hielt unterdessen im Palazzo di San Marco prächtig hof und wartete ungeduldig auf das Nachgeben des Papstes.
Alexander hatte sich mit seiner Familie und den treuesten Anhängern in der Engelsburg eingeschlossen, die ein fest gemauerter Verbindungsgang mit dem Vatikan verband. Dort saß er nun und wartete ab, während der vor Zorn und Ungeduld zitternde König Karl zur Strafe einen weiteren Tag der Plünderung zuließ. Diesmal drangen die Söldner weiter nach Norden vor, brachen in das Viertel um das Teatro di Marcello ein und schickten sich an, den Ponte Palatino nach Trastevere zu überqueren. Da und dort hatten sie Rufe vernommen wie: 'Nehmt doch endlich einmal die jüdischen Geldsäcke aus! Drüben in Trastevere hocken die reichen Juden beieinander – denen kann ein kleiner Aderlaß nicht schaden!'

Der Weinhändler Jakob Marco hatte sich in aller Eile auf den räuberischen Besuch vorbereitet. Er hielt nichts davon, sich im Haus einzuschließen und zitternd darauf zu warten, daß eine beutehungrige Soldateska die Türen einschlug.

Mit Hilfe seiner Familie stellte er im Garten Tische und Stühle auf, besorgte reichlich Proviant und rollte zwei Weinfässer heran. Den Eingang zum Weinkeller hatte er mit Gerümpel und Unrat so verbarrikadiert, daß man den Ort eher für eine Abfallgrube hielt. Als Sprecher der jüdischen Händler genoß Jakob einiges Ansehen, und so hatte sich ihm keiner verweigert, als er bei den Nachbarn Geld einsammelte. Er erklärte das so: „Ich werde möglichst viele in meinen Garten locken, sie festlich bewirten und ihnen Geld dafür bieten, daß sie unser Viertel verschonen."

Am frühen Vormittag erschienen zwei Reiter und etwa ein Dutzend Fußsoldaten. Wie ein freundlicher Wirt, der seine Gäste willkommen heißt, stellte sich Jakob mit seiner Frau Judith und den Kindern Ruth und Simone vors Haus. Neben ihm stand sein Schwager Daniel schützend vor seiner Gattin Susanna, die den Säugling im Arm trug.

„Lacht!" zischte Jakob, „lacht, lächelt, winkt, seid harmlos und friedfertig! Lacht! Winkt!"

Der vierjährige Simone folgte der väterlichen Aufforderung ganz unbefangen, die zweijährige Ruth ahmte – wie stets – den größeren Bruder nach.

Die Reiter stutzten. Einer fragte in gebrochenem Italienisch drohend: „Lacht ihr uns aus oder freut ihr euch aufs Plündern? Los – weg da, wir sind in Eile!"

Jakob machte eine einladende Geste.

„Aber doch nicht so eilig, daß Ihr nicht Zeit habt, einen kleinen Imbiß zu nehmen, *mon capitain*."

Der mit 'Hauptmann' angeredete war keiner und fühlte sich geschmeichelt. Jakob nützte sein Zögern und öffnete das Tor zum Garten.

„Zwei Fässer Wein vom Besten, frisches Brot, Geflügel, Käse, Obst – es ist alles da."

Der andere Reiter knurrte etwas, das wohl heißen sollte: Wir wollten Geld und nicht Brot. Grinsend rieb er Daumen und Zeigefinger gegeneinander und rief: „Danaro! Soldi! Moneta!"

„Aber gewiß, mein Herr, auch Geld ist da", versuchte Jakob ihn zu beruhigen.

Der andere stieg ab und betrat den Garten.

„Hungrig bin ich ja schon, und ein Krug Wein ist auch nicht zu verachten. Also, Jean, jetzt zier dich nicht und komm! Ausnehmen können wir die Vögel immer noch."

Die anderen drängten nach, und es dauerte keine zehn Minuten, dann saßen die Männer schmausend und trinkend im kleinen sonnenbeschienenen Garten des jüdischen Weinhändlers Giacomo Marco. Die Kinder tollten herum, kletterten den verlegen dreinblickenden Kriegern auf den Schoß, und bald sah Jakob den Zeitpunkt für Verhandlungen gekommen. Er stand auf und zählte die Männer.

„Ihr seid ja dreizehn!" rief er. „Deshalb habt ihr auch so viel Glück."
Er hob den Beutel und schüttelte ihn.

„Da sind vierzig Dukaten drin, für Euch hier im Viertel gesammelt als Kriegskontribution. Die Gegend hier ist eng und unübersichtlich; viele sind mit ihrem Geld über alle Berge, und ihr würdet Tage brauchen, bis ihr ein paar Dukaten gesammelt habt. Macht es Euch leichter, leert in Ruhe ein Fäßchen Wein und bleibt den Tag über unsere Gäste. Am Abend zieht Ihr dann mit Eurem Geld friedlich ab."

Der italienisch Sprechende übersetzte das Angebot, und da die meisten sich schon festgetrunken hatten, ging es ganz leicht. Drei Stunden später waren nur noch drei von den Leuten wach. Zwei würfelten und einer trank still und selig lächelnd vor sich hin.

Es waren keine neuen Plünderer erschienen, da die Horden nun Trastevere heimsuchten und während des Raubzugs die Synagoge in Brand steckten.

Am Abend zogen die 'Gäste' noch halb betrunken wieder ab und der 'Hauptmann' salutierte sogar vor Jakob und rief: „Merci beaucoup, Monsieur – et bonne chance."

Am nächsten Tag ließ König Karl das Plündern verbieten und einen weithin sichtbaren großen Galgen am Campo dei Fiori aufrichten, und es gab nicht wenige, die an diesem Tag mit Seilers Tochter Hochzeit hielten.

Wieder forderte der König die Übergabe des Castel Sant' Angelo, doch der Papst blieb hart und drohte bei einem Angriff, sich mit den heiligsten Reliquien auf die Mauern der Burg zu stellen. Zweimal ließ der König Kanonen auf die Burg richten, doch er wagte es einfach nicht, dem Stellvertreter Christi ans Leben zu gehen.

Mit dem Papst war auch der dicke Prinz Djem in die Sicherheit der En-

gelsburg geflohen. Er weilte noch immer als hochbezahlte Geisel im Vatikan und wurde von den Römern Granturco genannt. Alexander erhielt von Djems Bruder, dem Sultan Bajazet, noch immer Jahr für Jahr vierzigtausend Dukaten, und so war der dicke Djem ein gerngesehener Gast.
Während nun der Papst in der Engelsburg fast wie ein Gefangener lebte, hatten die Franzosen einen Brief des Sultans abgefangen, in dem er Alexander höflich aufforderte: ›Erlöse Djem von den Leiden dieser Welt und öffne ihm den Weg ins himmlische Reich.‹ Dafür bot Bajazet, der sich endlich diesen Dorn aus dem Fleisch ziehen wollte, dem Papst dreihunderttausend Dukaten.
Alexander erhielt zwar nicht den Brief, doch sein Inhalt wurde ihm zugetragen. Sogleich sandte er seinen vertrautesten Boten mit einer Antwort zum Sultan.
„Unser dicker Türke beginnt sich als nützlich zu erweisen", sagte der Papst zu Cesare, ohne seine weiteren Pläne zu enthüllen.
Papst Alexander war fest entschlossen, nicht eher mit König Karl zu verhandeln, bis dieser sich als demütiger Sohn der Kirche erwiesen hatte. König Karl aber ließ sich Zeit. Er besichtigte in Begleitung seiner Herren die Stadt und wich dem Papst geflissentlich aus, bis es in den vatikanischen Gärten zu einer ersten Begegnung kam. Karl beugte gehorsam dreimal das Knie, bis er vom Papst wie ein reuiger Sünder geküßt wurde. Des Königs Wunsch, einen Begleiter, den Bischof von St. Malo, zum Kardinal zu erheben, gab Alexander sofort nach. An solchen Kleinigkeiten sollten die Verhandlungen nicht scheitern.
Bei dem feierlichen, für die französischen Gäste gelesenen Pontifikalamt ließ Karl den Papst eine Viertelstunde warten, bequemte sich aber dann sogar, ihm während der Messe Wasser und Wein zu reichen, wie das für christliche Herrscher in Rom der Brauch war.
Am Nachmittag wurde der hohe Gast durch die kürzlich vollendeten Borgia-Gemächer geführt.
Pinturicchios wundervolle Fresken leuchteten auf Decken und Wänden. Papst Alexander, Cesare, einige Kardinäle und der deutsche Zeremonienmeister Burcardus geleiteten den hohen Gast.
König Karl hielt mit seiner Bewunderung nicht zurück.
„In allen mir bekannten Schlössern und Palästen habe ich dergleichen nicht gesehen."
Sein Befremden über die seltsame Mischung aus Heiligenlegenden und

heidnisch-mythologischen Szenen äußerte er nicht, hob jedoch erstaunt den Kopf, als Cesare ihm erklärte, daß die heilige Katharina ein Porträt seiner Schwester Lucrezia sei und daß die drei Jünglinge neben dem leeren Grab des Auferstandenen die Borgiasöhne darstellten. Daß die leibliche Madonna oben in der Lünette Giulia Farneses Züge trug, verschwieg man dem König geflissentlich. Hoch über den christlichen Szenen thronte Gott Osiris mit seiner Gemahlin Isis und feierte Auferstehung als Apis-Stier.
Cesare erläuterte dem König die ägyptische Mythologie und fügte noch stolz hinzu: „Ihr wißt wohl, Majestät, daß wir den Stier im Wappen tragen."
Karl wußte es und beschloß, auf der Hut zu sein. Die Verhandlungen zogen sich über Tage hin, doch der Papst blieb fest, was die Investitur für Neapel betraf.
„Wir haben König Alfons durch unseren Legaten die Krone aufs Haupt gesetzt und können diesen heiligen Akt nicht einfach ungeschehen machen. Ehe Wir Unserer heiligen Kirche einen solchen Schimpf antun, wollen wir lieber den Tod erleiden."
König Karl merkte wohl, daß Papst Alexander, den man ihm als weichen Lüstling geschildert hatte, im vollen Ernst sprach. Dieser alte Borgia begann, ihm Respekt abzunötigen. Wie geschickt der alte Fuchs seine Familieninteressen in den Mantel der Kirche wickelt, dachte Karl und warf einen schnellen Blick auf Cesare, der mit steinerner Miene neben seinem Vater stand.
Ihm mißtraute der König am meisten. Hinter dem feinen glatten Gesicht und den vollendeten Manieren spürte Karl den eisernen Willen, die listenreiche Schlauheit. Diesen Cesare mußte man im Auge behalten! Darauf baute Karl seinen, wie er glaubte, hieb- und stichfesten Plan.
König und Papst einigten sich darauf, daß Kardinal Cesare Borgia und Prinz Djem bis auf weiteres als französische Geiseln zu gelten hatten. Dafür zog Karl seine Truppen aus Rom ab und wandte sich Ende Januar nach Neapel, wo die Krone Süditaliens noch immer ihres Eroberers harrte. Mit solchen Faustpfändern glaubte der König, den Papst ganz in der Hand zu haben. Mit Djem verband sich die Drohung, ihn seinem Bruder auszuliefern und ein Bündnis mit den Türken einzugehen, doch Cesare, an dem der Papst mit allen Fasern hing, war das wertvollste Pfand. Solange dieser nicht heil und gesund zurück war, würde Alexander sich ruhig verhalten.

Cesare Boriga führte neunzehn schwerbeladene Maultiere mit sich und stellte eine trübe Miene zur Schau. Karl lenkte sein Pferd neben ihn.
„Ich sehe, Ihr habt Euch auf ein längeres Exil eingerichtet, Herr Kardinal. Das nenne ich klug, doch liegt es ganz an Seiner Heiligkeit, es beträchtlich abzukürzen."
Cesare nickte ergeben.
„Wir hatten Euch unterschätzt, Majestät, ich will es offen eingestehen. Ich hoffe, daß Seine Heiligkeit mich in Neapel zum Legaten ernennt, so daß ich Euch die Krone übertragen kann. Es wäre mir eine Ehre."
Wider Willen von solcher Einsicht und Nachgiebigkeit gerührt, meinte Karl: „Frankreich wird sich als treuer und dankbarer Verbündeter erweisen, darauf habt Ihr mein Wort."
Euer Wort, Herr König, habt Ihr schon einmal gebrochen, dachte Cesare und erinnerte sich plötzlich an die Bemerkung des Papstes: 'König Karl wird sich an den Mauern der Kirche den Schädel einrennen'. Davon war nun auch Cesare überzeugt.

Der französische Heerzug mit seinen etwa dreißigtausend Mann kam nur langsam voran. Das kalte unfreundliche Wetter mit häufigen Regengüssen und eisigen Winden aus den Albaner Bergen begann auf die Stimmung der Leute zu drücken.
Am zweiten Abend wurde in Velletri haltgemacht. Fast unbemerkt wechselte Cesare einige Worte mit dem spanischen Botschafter Alonso Fonsecca, der sich gleich darauf bei König Karl melden ließ.
Der jetzt fünfundzwanzigjährige Herrscher Frankreichs besaß keine kräftige Natur und war von dem langen Ritt zu Tode erschöpft. Er wollte sich gerade auskleiden lassen, als ihm Fonsecca gemeldet wurde.
Das kann nichts Gutes bedeuten, schoß es dem König durch den Kopf, denn er wußte, wie unsicher die Ansprüche der Anjou auf den Thron Neapels waren und wie wenig der mit Spanien geschlossene Freundschaftsvertrag im Grunde wert war. Ferdinand von Aragon besaß weitaus begründetere Rechte auf diesen Thron, doch er hielt sich vorerst zurück, wie es vertraglich ausgehandelt war.
Alonso Fonsecca, ein düsterer, immer schwarz gekleideter Mann, verneigte sich steif.
„Ich bitte Eure Majestät um Vergebung, doch scheint es mir angemessen, im Namen Seiner Majestät, des Königs von Aragon, Navarra und Kastilien einige Feststellungen zu treffen."

Karl forderte ihn mit einer Handbewegung zum Sprechen auf.
„Ich bitte bemerken zu dürfen, daß diese Unterredung offiziellen Charakter hat."
Der König verstand und ließ einige seiner Räte und Militärbefehlshaber kommen, allen voran seine Verwandten, die Herzöge von Bresse, Montpensier und Foix.
„Eure Majestät, meine Herren", begann Fonseca und blickte düster in das erschöpfte bleiche Gesicht des Königs.
„Hat es meinem Herrn, der spanischen Majestät, schon wenig gefallen, mit welcher Mißachtung Ihr Seiner Heiligkeit begegnet seid und wie unchristlich Eure Soldaten – ohne von Euch gehindert zu werden – in Rom gehaust haben, so zeigt sich mein Herr jetzt um so ungehaltener, als Ihr auch noch droht, Euch mit den Türken, den Erbfeinden des Christentums, zu verbinden. Daß Ihr Herrn Cesare Borgia, einen Kardinal der heiligen Kirche, als Geisel mit Euch herumschleppt, findet mein Herr ebenso ungehörig." Fonseca machte eine Pause, zog eine Papierrolle mit baumelndem Siegel aus dem Wams und fuhr fort: „Unter den erwähnten Umständen betrachtet mein königlicher Herr den mit Euch in Barcelona geschlossenen Freundschaftsvertrag als nichtig."
Nicht ohne Mühe, doch mit zeremonieller Heftigkeit zerriß Fonseca die Pergamentrolle und warf die Stücke in das hell lodernde Kaminfeuer.
König Karl war noch bleicher geworden und hatte sich auf einen Stuhl sinken lassen. Er konnte sich natürlich denken, wer hinter diesem Vertragsbruch steckte, nämlich die Königin. Dieses Weib ist so bigott, dachte er verbittert, daß der für ein paar Tage eingesperrte Papst ihr sonst gar nicht so weiches Herz rührt. Diese Gedanken schossen ihm durch den Kopf, doch er war zu erschöpft, um sich eine bündige Erwiderung auszudenken. Wortlos entließ er seine Räte und ließ sich nun endlich auskleiden. Allmählich begann ihn das italienische Abenteuer zu reuen. Immerhin, er hatte noch alle Trümpfe in der Hand – Cesare Borgia und den türkischen Prinzen. Halbwegs beruhigt sank der König in tiefen Schlaf.
Cesare Borgia aber schlief nicht. Während der König mit seinem Hofstaat um den spanischen Botschafter versammelt war und die Soldaten, soweit sie nicht schliefen, ihre römischen Beutestücke austauschten oder um sie würfelten, hatte Cesare das unauffällige Gewand eines Stallknechts angelegt und war auf seinem schnellsten Pferd unbehelligt davongeritten.

Am nächsten Morgen wurde dies kaum bemerkt, da sich Cesares Maultiere samt ihrer Last noch im Lager befanden und jeder sich dachte, wo das Gepäck ist, muß auch der Kardinal sein. Als dieser verschwunden blieb, befahl der König, das Gepäck zu untersuchen. Was da zum Vorschein kam, waren nicht Silbergeschirr und kostbare Brokate, sondern Steine, Sand und Holzstücke.
Vor Wut und Enttäuschung ließ Karl zwei von Cesares Bewachern hängen und vier weitere auspeitschen, doch das brachte den Kardinal nicht zurück.
„Immerhin haben wir noch den Türken", sagte Karl zu Philippe de Bresse, der nur grimmig nickte. Djem war viel zu träge, um an Flucht zu denken. Da keines der Pferde seiner Leibesfülle gewachsen war, wurde er in einer Sänfte getragen, wo er zufrieden seiner nächsten Mahlzeit entgegendöste, denn seinen Leibkoch hatte man ihm gelassen. Djem vertraute ihm seit Jahren und nahm aus Angst vor Vergiftung nur die von ihm zubereiteten Speisen.

Am nächsten Morgen zog König Karl mit seinen Truppen in Neapel ein, das keinen Widerstand leistete. Am Abend wurde dem König gemeldet, daß Prinz Djem eines plötzlichen Todes gestorben sei, 'mit blutigem Schaum vor dem Mund'.
Der mit der Untersuchung beauftragte königliche Leibarzt meldete seinem Herrn: „Bei dem Leibesumfang des Prinzen ist ein natürlicher Tod wahrscheinlich. Die bröckelig zersetzte Leber spricht allerdings dagegen."
„Wie auch immer – er ist tot!", sagte Karl tonlos und entließ den Arzt.
Der französische König fühlte seinen Mut sinken. Auch die schnelle und fast reibungslose Besetzung des gesamten Königreichs konnte ihn nicht beruhigen. Was er längst ahnte, wurde ihm bald durch einen Kurier bestätigt.
Während er mit seiner Armee tief im Süden festsaß, hatte der Papst Venedig, Spanien und Kaiser Maximilian zu einer 'Heiligen Liga' gewinnen können, der sich unter dem Druck der Ereignisse sogar noch das verräterische Mailand anschloß. Man fürchtete ein Anwachsen der französischen Macht und sah sich zur Einigkeit gezwungen.

36

Joseph Marco hatte, ehe er an Land ging, das Päckchen mit den Briefen an Adriana de Silva in ein Tuch eingeschlagen und fest verschnürt. Seinen Plan, sie dem Admiral anzuvertrauen, gab er auf. Es war, als hätte ihm der feste Boden seinen kritischen und nüchternen Verstand zurückgegeben, und der sagte ihm, daß er diese Briefe für sich und nicht für eine vermutlich längst verheiratete und mit einem Dutzend Kinder gesegnete Señora geschrieben hatte. Die Adriana von damals gab es nur noch in seiner Erinnerung, ewig jung, mit den fröhlichen, furchtlosen Augen, der spitzen Zunge und dem frischen anmutigen Jungmädchengesicht.
Er verstaute das Päckchen in seiner Hütte und wollte es verbrennen, ehe er im nächsten Jahr zurückkreiste. Wenn überhaupt... Was erwartete ihn schon in Spanien? Ein längst der Familie entfremdeter Bruder, dessen knochentrockenes Gemüt ihm nie besonders behagt hatte und der ganz im Hofdienst aufging. Der fröhliche Jakob war nach Italien gegangen, Mutter und Susanna mit ihm. Außerdem gab es hier viel zu lernen, auch als Arzt. Später sprach er mit Diego de Harana darüber.
„Ich weiß selbst nicht mehr, warum ich zurückwollte, und danke Gott, daß er das Los auf mich fallen ließ. Wenn Don Cristobal wiederkehrt, wissen wir mehr über dieses Land als jeder andere Europäer."
Der sonst immer gut aufgelegte de Harana blickte besorgt drein.
„Leider kann ich Euren Optimismus nicht teilen. Zwar hat Don Cristobal mich quasi zum *alcalden* unserer jungen Siedlung ernannt, doch meine beiden Stellvertreter scheinen das mehr und mehr zu vergessen. Besonders Pedro Gutierrez geht seine eigenen Wege, für die er – wie er ständig betont – die volle Verantwortung übernimmt. Ein paar der Männer halten eisern zu ihm, und ich würde ja nichts sagen, wenn es nur um das verfluchte Gold ginge."

Da er schwieg, fragte Joseph: „Um was geht es noch?"
„Um die Weiber der Indios! Der *cacico* Guacanagari hat mich wissen lassen, daß gewisse Herren sich ungebührlich aufführen, und bat mich dringend, darauf zu achten, daß der Frieden gewahrt bleibt. Ich stellte Gutierrez zur Rede, und alles, was er zu sagen wußte, war, ich möge mich um meine eigenen Angelegenheiten kümmern. Escobedo, unser wackerer Notar, tut zwar, als ginge ihn das alles nichts an, aber insgeheim bewundert und beneidet er den tatenlustigen Gutierrez, und eines nicht mehr fernen Tages werden sie unter einer Decke stecken. Ich mache mir Sorgen, Marco, ernsthafte Sorgen!"
Joseph fiel aus allen Wolken. Er hatte freilich bemerkt, daß es leise schwelende Zwiste unter den Spaniern in Navedad gab, aber er dachte, wo vierzig Männer zusammenleben, umgeben von einer verlockenden Welt von verborgenen Goldschätzen, nackten anmutigen Frauen, deren gutmütige und gutwillige Männer zu jedem Dienst bereit sind... in einer solchen Situation muß es zu Reibereien kommen.
Er faßte de Harana freundschaftlich am Arm.
„Wenn ich Euch irgendwie helfen kann, Don Diego – auf mich könnt Ihr jedenfalls zählen. Gutierrez und Escobedo gefallen mir genausowenig wie Euch, und ich werde ein Auge auf sie haben."
Harana lächelte schwach.
„Danke, Marco, danke. Euer Angebot freut mich um so mehr, als ich schon vermutete, Ihr wollt Euch aus allem heraushalten. Verstehen könnte ich es."
„Das werde ich nicht tun! Es ist eine Schande, wenn ein paar von Habgier verblendete Spanier sich hier aufführen wie Straßenräuber. Da könnte alles zunichte gemacht werden, was Don Cristobal so behutsam aufgebaut hat."
Harana nickte.
„Und nicht nur das: Das Verhalten dieser Männer gefährdet die ganze Siedlung, man wird uns an diesen Kerlen messen und uns – Gott möge es verhüten – ihre Schandtaten büßen lassen. Ich jedenfalls nehme die Warnung von Guacanagari sehr ernst."
Daß junge gesunde Männer unter solchen Umständen Lust auf Frauen bekamen, war verständlich. Sie lebten jetzt schon über drei Monate hier, und täglich erschienen nackte Indios beiderlei Geschlechts, standen müßig herum, betrachteten mit verhaltener Neugier das Leben und Treiben der weißhäutigen Fremden, machten Tauschgeschäfte, luden diesen und

jenen zu einer Mahlzeit ins Dorf, und da blieb es nicht aus, daß so manche Indiofrau sich von einem der Spanier in seine Hütte locken ließ. Offenbar gab es hier keine besonders strengen Sitten, und wer von den Frauen und Mädchen nicht fest gebunden war, konnte sich nach Lust und Laune vergnügen. Diesen Eindruck hatte Joseph während der vergangenen Zeit gewonnen, auch durch eigene Erlebnisse.
Dem Medizinmann des Dorfes hatte er sich behutsam genähert, zeigte Verständnis, Neugierde und Bewunderung und gab dem noch jungen Mann zu verstehen, er wolle ihn weder stören, noch ihm irgendwelche Geheimnisse entlocken, sondern nur etwas dazulernen. Joseph hatte sich einiges von der Indiosprache angeeignet, und so konnte er dem Medizinmann begreiflich machen, daß er in seiner Heimat über dem großen Wasser einen ähnlichen Beruf ausübe. So entstand allmählich eine Art Freundschaft, und sie nannten einander beim Namen. Gleich nach dem ersten Kennenlernen hatte der Mann auf seine Brust gedeutet: „Tanacocó! Tanacocó!"
Joseph nickte, wiederholte mehrmals den Namen, dann wies er auf sich und sagte: „Marco! Marco!"
Die Aussprache schien Tanacocó Schwierigkeiten zu bereiten, denn er sagte immer wieder: „Maliko! Maliko!" und dabei blieb es.

Joseph hatte bald die Feststellung gemacht, daß sich die Indios von den Spaniern leicht einen Schnupfen holten, der sie todkrank aufs Bett warf. Er hatte es zuerst nicht glauben wollen, doch die Symptome waren eindeutig: Fieber, Schwellung der Nasenschleimhäute, Halsweh, Kopfschmerzen, Husten, Heiserkeit, Nasenfluß – es war alles da, nur viel viel schlimmer. Für den Medizinmann war dies eine fremde Krankheit, er beriet sich mit Joseph und gab ihm zu verstehen, daß die von Fremden eingeschleppte Krankheit besser von einem weißen Medizinmann behandelt werde. Joseph wandte die üblichen Mittel an: Kalte Wadenwickel und heißen Tee aus Holunderblüten und Lungenkraut. Seine Vorräte gingen allmählich zu Ende und er wußte keinen Weg, sie hier mit ähnlich wirksamen Kräutern zu ergänzen. Jedenfalls schien keines der klassischen Heilmittel gegen Schnupfen oder Erkältung hier zu gedeihen – weder Kamille noch Königskerze, Lungenkraut, Huflattich oder Bibernelle.
Zu seinen Patienten gehörten die drei Kinder einer alleinlebenden, noch ziemlich jungen Frau, und als er Tanacocó nach dem Ehemann fragte,

machte er ein betrübtes Gesicht und fuhr mit dem Finger über seine Kehle und sagte: „Caribo!"
Eigentlich klang es wie *canibo*, aber der fragliche Konsonant war ein Laut zwischen R und N, und alle Spanier nannten dieses räuberische Volk Caribos. Die drei Kinder dieser Kriegerwitwe – sie hieß Huanica – lagen schwerkrank am Schnupfen darnieder, und Joseph tat alles, um ihnen die Krankheit zu erleichtern. Tat er es nur für die Kinder oder auch für die wunderhübsche Indiofrau, deren schräge dunkle Augen ihn so flehentlich ansahen?
Die Kinder, zwei Mädchen und ein Junge, mochten etwa zwischen drei und acht Jahre alt sein. Das kleinste Mädchen, ein ohnehin sehr zartes Ding, war am schlimmsten dran, und alle Tees und Wadenwickel halfen nichts – am vierten Tag streckte sich der schmale kleine Körper, und sie starb mit einem hohen leisen Seufzer, der klang, als fiepe ein Hundewelpe. Die anderen beiden brachte er durch, und die Mutter erkannte genau, daß nicht der Medizinmann mit seinen gemurmelten Beschwörungen und dem beizenden Rauch glimmender Kräuter die Kinder geheilt hatte, sondern Maliko, der sie immer wieder mit Wickeln von der eiskalten Quelle und mit starken Kräuterauszügen behandelte. Im Dorf starben auch zwei Erwachsene am Schnupfen, dann verschwand die Krankheit fürs erste.
Ein paar Tage später hockte Huanica vor Josephs Hütte, als er am Morgen hinausgehen wollte, um sich zu waschen. Die Siedler hatten sich aus einem gehöhlten Baumstamm einen Waschtrog gebaut, den eine nahegelegenen Quelle speiste. Die Frau sagte nichts, schaute ihn nur an und deutete auf einen Korb mit hochgetürmten Früchten, Nüssen und Cazabi-Fladen. Joseph verneigte sich leicht, murmelte einen Dank und schon stand sie auf und trug den Korb in die Hütte. Er ging ihr nach, sie stellte den Korb ab und setzte sich auf sein niedriges, von Alonso Morales, dem Schiffszimmermann gefertigtes Bett. Er blieb unschlüssig stehen, doch da legte sie sich schon zurück und machte eine einladende Geste. Er fühlte, wie ihm das Blut in die Lenden schoß und wie sehr es ihn verlangte, mit dieser Frau zu schlafen. Wie lange es her war, daß er es getan hatte! Auf dem Schiff lebte man in ständiger Anspannung und notfalls behalf man sich selbst. Aber jetzt... Huanica lächelte ihn an, öffnete verlockend ihre Schenkel, aber als er sich ihr nähern wollte, wich sie kichernd zurück, drehte sich um und streckte ihm ihr Hinterteil entgegen, das sie langsam und einladend kreisen ließ. Joseph war nicht überrascht,

denn es hatte sich bei den Spaniern längst herumgesprochen, daß die Indiofrauen nur von hinten geliebt werden wollten. Joseph umfaßte zart ihre Brüste, drang langsam in sie ein, spürte die samtene Haut ihres Gesäßes an seinen Schenkeln, was ihn noch stärker erregte, seinen Rhythmus schneller werden ließ und ihm einen kurzen, viel zu schnellen Orgasmus brachte.
„Entschuldigt, Señora", murmelte er auf spanisch, „aber wenn man lange keine Frau gehabt hat..."
Huanica drehte sich auf den Rücken, doch ihr Gesicht verriet nichts. War sie enttäuscht oder unzufrieden? Verglich sie ihn mit ihrem eigenen Mann, der es vielleicht viel besser verstanden hatte, sie zu befriedigen? Was wußte man schon von diesem Volk, von seinen Liebes- und Ehebräuchen, von dem, was hier Herkommen, Brauch und Sitte war? Joseph beschloß, seine Geliebte so zu behandeln, als läge er mit einer Spanierin im Bett. Er küßte ihren Mund, ihren Hals, ihre glatten Schultern und ihre Brüste, kitzelte ihren Nabel mit seiner Zunge und hörte ihr leises, etwas atemloses Lachen. Sie lag ganz entspannt da, ließ ihn gewähren, tat aber nichts, um ihn zu liebkosen oder von neuem zu erregen. Das war auch nicht nötig, denn seine kaum gestillte Lust flammte gleich wieder auf, aber diesmal gestattete er nicht, daß sie sich umdrehte. Er nahm sie von vorne; ließ sich dann viel Zeit, spürte, wie sie langsam dem Gipfel ihrer Lust entgegentrieb, fühlte sich wie ein Steuermann, der fest und sicher sein Ruder handhabte und dann sausten sie gemeinsam auf den Kamm der Woge, wo sie länger verweilte, während er sich verströmte und schnell hinabglitt in die wohlige Ruhe gestillten Verlangens.
„Warum hat Gott uns nur so verschieden erschaffen?" fragte Joseph und blickte seiner Geliebten zärtlich in die weit geöffneten, feucht glänzenden Augen, aber er meinte nicht den Unterschied der Rassen, sondern den zwischen Mann und Frau.

Von den neununddreißig spanischen Siedlern hatten sich etwa zwanzig ganz offen den Unterführern Gutierrez und Escobedo angeschlossen. Die anderen hielten zu Diego de Harana oder taten wenigstens so. Rodrigo de Escobedo, der einstige Notar der Flotte, glänzte als Viel- und Schönredner, war eher einfältig, dabei aber geizig, habgierig und hinterhältig. Er hatte lange gewartet, bis er offen die Partei von Pedro Gutierrez ergriff, aber nun, da sie in der Mehrheit waren, tat er damit groß und lästerte über Diego de Harana – natürlich hinter dessen Rücken.

Joseph Marco, so war es mit Harana abgesprochen, gab sich weiterhin betont neutral, weil sie hofften, dadurch einiges über die Pläne der beiden Unterführer herauszufinden. Das Spiel ging auf, den eines Abends klopfte Gutierrez an Josephs Hütte.
„Wünsche einen schönen Abend, Magister! Hättet Ihr etwas Zeit für mich?"
Joseph gab sich betont freundlich.
„Aber selbstverständlich, Don Pedro, für einen Mann Eures Ranges habe ich immer Zeit."
Die stets mürrische Miene des früheren Kammerherrn hellte sich auf, doch er fragte mißtrauisch: „So sah es bisher aber nicht aus. Wir hatten gehofft, Ihr fändet den Weg zu uns."
Joseph stellte sich dumm.
„Ich bin nur ein einfacher Arzt, der hier sein Wissen zu erweitern sucht. Was meint Ihr mit 'uns'?"
„Damit meine ich, Don Rodrigo des Escobedo, und jene, die nicht gesonnen sind, hier untätig herumzuhocken, bis der Admiral zurückkehrt. Wir alle sind freiwillig hiergeblieben, und dies geschah nicht ohne Grund. Wir wollen hier reich werden, Magister Marco, und zwar so schnell wie möglich. Die Indios wissen inzwischen alle, wonach unser Sinn steht, und Ihr findet kaum noch einen, der freiwillig Gold gegen ein paar Glasperlen tauscht. Da muß man schon nachhelfen..."
Er grinste schlau und blickte Joseph beifallheischend an. Der tat, als denke er nach, und sagte schließlich: „Eure Argumente – nun, sie sind – sie haben Hand und Fuß. Könnt Ihr mir ein wenig mehr von Euren Plänen erzählen?"
Der sonst so mißtrauische Gutierrez deckte – um Joseph auf seine Seite zu ziehen – einen Teil seiner Karten auf.
„Wir sind inzwischen zu der Ansicht gelangt, daß im Bereich der Herrschaft des *cacico* Guacanagari nicht die eigentlichen Goldschätze liegen. Die Indios hier nennen immer wieder den Namen des *cacico* Caonabó, der viel reicher sein soll. Er scheint über weite Teile des Südostens zu herrschen, und dorthin sollen unsere nächsten Erkundigungen gehen. Wir brauchen jeden Mann, Don José, weil nicht auszuschließen ist, daß Caonabó – nun, etwas gegen uns hat." Ein häßliches Lachen glitt über das mürrische Gesicht, und er fügte hinzu: „Das wird ihm aber nichts helfen, und wenn er auch wie eine Gans auf seinen goldenen Eiern hockt, wir werden sie unter seinem Hintern hervorziehen!"

Joseph meldete Zweifel an.

„Aber diese Geschichte haben wir von den Indios doch schon so oft gehört. Immer ist es der Nachbar, der die Goldschätze hütet – ich kann nicht mehr recht daran glauben."

„Das dachte ich auch!" rief Gutierrez, stand auf und spähte aus dem Fenster. Dann zog er etwas aus der Tasche, wickelte es aus und hob es hoch.

„Seht Euch das an – nehmt es in die Hand!"

Das massive goldene Figürchen wog über ein Pfund.

„Das hat einer von Guacanagaris Kriegern bei einem Scharmützel erbeutet. Ich habe es gegen ein Messer eingetauscht und dabei erfahren, daß es diese – nun, Talismane, dort zu Tausenden gibt. Vier von unseren Leuten haben ähnliche Erfahrungen gemacht."

„Gut", sagte Joseph kurzentschlossen, „ich bin dabei! Aber ich bestehe darauf, mich bei Don Diego de Harana abzumelden."

Gutierrez grinste höhnisch und etwas herablassend.

„Wenn Ihr es für nötig haltet... Wer kümmert sich schon noch um diesen Wichtigtuer? Er ist doch nicht fähig, die Siedlung verantwortlich zu leiten; man müßte ihn absetzen und dafür einen anderen wählen."

„An wen denkt Ihr dabei?"

„Da fragt Ihr besser meine Leute", sagte Gutierrez in falscher Bescheidenheit.

Joseph wußte genug und erstattete Harana Bericht. Der nickte.

„Gut, Marco, Ihr zieht mit und schaut es Euch genau an. Wenn der Admiral zurückkommt, brauche ich einen zuverlässigen Zeugen für meine Anklage. Die Herren Gutierrez und Escobedo werden sich dann verantworten müssen."

Sie brachen in zwei Gruppen auf zu je zwölf Mann, geführt von Rodrigo de Escobedo und Pedro Gutierrez. Der Form halber hatten sie Harana informiert, und der beschwor sie, den Indios keine Gewalt anzutun, denn dies müsse eines Tages auf sie alle zurückfallen.

„Selbstverständlich, Don Diego, wir sind doch christliche Spanier – was denkt Ihr nur von uns?"

Es war der pure Hohn, und Harana, dem nur etwa zehn Leute blieben, auf die er sich völlig verlassen konnte, machte eine hilflose Geste und wandte sich ab. Gutierrez und Escobedo wechselten einen Blick, der sagen wollte: Den Kerl haben wir in der Tasche, der bedeutet keine Gefahr mehr für uns.

Am nächsten Tag brachen sie auf, wohlgerüstet mit Säbeln, Dolchen, Pistolen und zwei Arkebusen, bei denen die Männer sich im Tragen abwechselten; sogar Gutierrez tat mit, um sich nicht unbeliebt zu machen. Die meisten akzeptierten ihn als 'Hauptmann', aber einige wüste und rauhbeinige Gesellen ließen ihn spüren, daß sie nicht gesonnen waren, sich unterzuordnen, und ihre Raubzüge lieber allein gemacht hätten. Da ihnen dies jedoch zu riskant schien, zogen sie mit der Gruppe hinaus, bereit, sich gemeinsam mit anderen zu verteidigen, nicht aber, die Beute zu teilen oder anderen brauchbare Hinweise zu geben.
Diesmal sollten die Kreise weiter gezogen werden. Escobedo wollte über das Bergland nach Süden gehen, während Gutierrez plante, die weiten Täler im Südosten zu erkunden und tiefer in das Gebiet des *cacico* Caonabó einzudringen.
Joseph hatte sich Gutierrez angeschlossen, trug ein langes Schwert an der Seite und schleppte im Stundentakt eine der schweren Arkebusen.
Zuerst zogen sie flußaufwärts in südliche Richtung und kamen gut voran, da die Gegend ziemlich dicht besiedelt war und es überall ausgetretene Pfade gab. Ihr schlechter Ruf war den Spaniern vorausgeeilt – überfall fanden sie verlassene Dörfer, wo vielleicht noch ein in der Eile vergessener Säugling wimmerte oder eine stocktaube alte Frau am noch glimmenden Herdfeuer saß. Die Männer durchwühlten die verlassenen Häuser, ohne etwas Brauchbares zu finden.
Gutierrez fluchte.
„Es ist immer dasselbe! Sie tragen ihr bißchen Gold am Körper und sind verschwunden, noch ehe wir auftauchen. Na ja, hier ist ohnehin nichts mehr zu holen, schauen wir, daß wir weiterkommen."
Nach zwei Tagesmärschen erreichten sie die dichtbewaldeten Vorberge, an deren Saum sie jetzt nach Osten zogen. In den hitzeschwülen Dschungelwäldern lebten kaum Menschen, doch Joseph konnte sich des Gefühls nicht erwehren, daß man jeden ihrer Schritte beobachtete.
Das Vorankommen wurde immer beschwerlicher; bei jedem Schritt griffen irgendwelche Dschungelgewächse mit tausend Schlingen nach Armen und Beinen, ließen sie stolpern und straucheln, krallten sich mit Widerhaken an die viel zu schwere und schweißfeuchte Kleidung, umschnürten Arme und Beine wie Fesseln. Dazu umtanzten Millionen blutgieriger Moskitos ihre Köpfe, und bald gewöhnte man es sich ab, nach ihnen zu schlagen, weil es zuviel Energie kostete und doch nichts nützte. Mit verschwitzten, verschwollenen und hochroten Gesichtern

kämpften sich die Spanier durch den Dschungel, schlugen mit ihren schweren Haumessern gangbare Pfade, fluchten, schwitzten, kratzten sich blutig, schwitzten, fluchten – und dennoch dachte keiner daran, umzukehren. Das Gold lockte, stand als funkelnder Lohn vor ihren Augen wie eine Fata Morgana. Dafür nahmen sie jede Plage auf sich, kämpften sich mühselig voran, während die in der feuchten Hitze allmählich verrottende Kleidung wie stinkende Fetzen an ihren Körpern hing.
Am Abend des vierten Tages tat sich eine Lichtung auf, die ringförmig angeordneten Häuser umschlossen in dichten Reihen eine Art Festplatz. Dort tanzten bemalte und mit hohen bunten Federkronen geschmückte Männer nach einem langsamen, feierlich klingenden Trommelrhythmus. Sie schwangen lange Speere und stampften mit solcher Gewalt auf den Boden, als gälte es, einen Feind zu zertreten.
Die Zuschauer saßen – nach Geschlechtern getrennt – am Boden, vorne die Männer, dahinter die Frauen mit den Kindern.
"Sie haben uns wegen des Festes nicht bemerkt«, stellte Gutierrez zufrieden fest. "Holt Juan!"
Juan, der Späher, hatte unglaublich scharfe Augen, und er schaute nur lange auf das Dorf mit seinen ahnungslos feiernden Menschen hinab.
"Siehst du etwas?" fragte einer im Flüsterton.
Juan nickte.
"Sie tragen Gold am Körper, ich sehe es ganz deutlich."
Nun glaubten auch einige der anderen, an den vom Abendlicht angestrahlten Körpern etwas glitzern zu sehen.
Joseph bemerkte nichts.
"Vielleicht sollten wir sie ihr Fest zu Ende feiern lassen..."
Gutierrez tippte sich heftig an die Stirn.
"Etwas Dümmeres könnten wir nicht tun! Sobald sie uns bemerken, werden sie im Dschungel verschwunden sein, und dann können wir dem Gold adios sagen. Es ist jetzt noch zwei Stunden hell – das reicht für einen Überraschungsbesuch."
Die anderen lachten zustimmend und begannen, die Arkebusen und Pistolen zu laden.
"Zieht Euer Schwert, Magister, denn es könnte sein, daß Ihr dort unten keine Gelegenheit mehr dazu habt."
"Sollten wir nicht lieber auf friedlichem Weg versuchen..."
Doch Gutierrez hatte sich schon abgewandt, prüfte die Waffen, hob die Hand.

„Los!"
Wie eine Herde wilder Stiere brachen sie aus dem Unterholz, fielen ins Dorf ein, umzingelten die Indios auf dem Festplatz. Die Trommeltöne brachen ab, die Tänzer erstarrten, einige der sitzenden Männer sprangen auf, eine Frau schrie gellend.
Zwei der Spanier konnten sich schon leidlich verständigen und redeten drohend auf die verschreckten Menschen ein.
„Tuob!" sagten sie immer wieder. *„Tuob! Tuob!"*
Das waren nun keine Tauschgeschäfte mehr, wie man sie früher betrieben hatte, das war nackter Raub. Die beiden Dolmetscher gingen herum und rissen den Indios vom Körper, was nach Gold aussah. Die Tänzer blickten finster, und als man einem von ihnen den goldenen Brustschmuck wegnehmen wollte, hob er blitzschnell einen Speer und durchbohrte den Hals des Räubers. Der Spanier schrie auf, taumelte zurück, preßte beide Hände auf die klaffende Wunde, doch er konnte den Blutstrom nicht aufhalten, es quoll durch seine Finger, überströmte Hände und Arme. Mit einem Ächzen sank er zu Boden.
Gutierrez sprang über ihn hinweg und schlug mit einem gewaltigen Schwerthieb den Kopf des Angreifers ab, hob ihn hoch und zeigte ihn den anderen.
„Da schaut her! So geht es jedem, der sich gegen uns stellt!"
Er ließ den Kopf fallen, packte einen der Tänzer am Arm und zerrte ihn von den anderen weg.
„Jetzt werden wir ihnen die Arkebuse vorführen!"
Er wartete, bis der Schütze angelegt und die Lunte entzündet hatte, dann trat er zurück. Der Schuß krachte, Pulverdampf wölkte auf, und der Tänzer sank mit einem faustgroßen Loch in der Brust zu Boden. Gutierrez deutete auf ihn.
„Seht ihr euch alle an! Los, kommt näher! Und jetzt *tuob*! Hier auf einen Haufen! *Tuob! Tuob!"*
Die Indios verstanden, marschierten in Reih und Glied vorbei, und wer Gold an sich trug, legte es zu Boden: Armreife, Brustschmuck, Ringe, Halsketten, Nasenpflöcke. Nur etwa jeder dritte trug Gold am Körper, doch das Dorf war groß, und das blitzende Häuflein wuchs zu einem Haufen.
Dann rief Gutierrez fünf Namen, darunter den von Joseph.
„Und jetzt die Häuser untersuchen – aber gründlich!"
Joseph betrat eine der niedrigen Hütten. Es roch nach Honig, Dung und

faulenden Früchten. Er blickte sich um, sah zwei Schlafstellen an beiden Wänden, von der Decke hing ein Korb, neben dem Eingang standen zwei große Tonkrüge. Er fand es absurd, hier nach Gold zu suchen, durfte sich aber bei Gutierrez nicht verdächtig machen. Mit seinem Schwert durchwühlte er die Schlafstätten, warf einen Tonkrug um und stocherte in den Wänden. Auch in den nächsten Häusern fand er nichts, beim fünften oder sechsten stieß er auf einen Säugling, der in einem Korb lag und ihn großäugig anlächelte. Um seinen Hals hing ein kleiner goldener Talisman, den Joseph behutsam abnahm. Das Kind lachte noch immer. Er durfte kein Risiko eingehen, mußte etwas vorweisen. Es stellte sich heraus, daß die vier anderen auch nicht erfolgreicher gewesen waren. Die Ausbeute war sehr gering, nur im Haus des Medizinmannes war einiges zutage gekommen. Der alte Mann hatte protestiert, wurde mit einer Pistole erschossen und den entsetzten Dorfbewohnern vor die Füße geworfen – zur Einschüchterung.

„Viel ist's nicht", sagte Gutierrez, „aber es hätte weniger sein können. Schließlich sind wir erst am Anfang. Jetzt wollen wir uns einmal die Dorfschönen betrachten!"

„Nicht nur betrachten, Don Pedro, nicht nur betrachten..."

Während die Körper der Toten – von Fliegen umschwirrt – in ihrem Blut am Boden lagen, suchten sich die Spanier die hübschesten Mädchen aus der kauernden Menge; keine wehrte sich, jede ging ohne Gegenwehr mit, denn die Angst vor diesen schrecklichen Fremden war zu groß.

Joseph verbarg mit Mühe sein Entsetzen. Was diese Männer durch ihr rohes und grausames Verhalten zerstörten, war nie wieder gutzumachen. In diesem Augenblick schwor er, keines dieser grausigen Details zu vergessen, um Diego de Harana als unbestechlicher Augenzeuge bei der späteren Anklage unterstützen zu können.

Aus den Hütten kamen erstickte Schreie, einer brüllte: „Stell dich nicht so an!", ein anderer stöhnte so laut, daß die Aufpasser draußen grinsten. Einer sagte: „Der hat's aber bitter nötig!"

Die Nacht verbrachten sie im Dorf: Jeweils fünf Männer übernahmen die Wache, aber die völlig verstörten Indios hätten der Wächter nicht bedurft. Sie waren wie gelähmt und sehnten den Augenblick herbei, da dieser Alptraum zu Ende ging.

Gutierrez war mißtrauisch geworden. Als sie am Morgen weiterzogen, fragte er Joseph: „Die Weiber waren wohl nicht nach Eurem Geschmack, Herr Magister?"

„Die Art, wie Eure Männer mit ihnen umgingen, war nicht nach meinem Geschmack. Ich habe keinen Spaß am Vergewaltigen."
„Ihr seid ein Spielverderber, Don José. Im übrigen wird Euch nicht entgangen sein, daß keine Gewalt nötig war. Diese Mädchen sind richtig neugierig auf weiße Schwänze, kann ich Euch verraten."
„Mag sein", sagte Joseph versöhnlich, weil er sich mit Gutierrez keinen Streit leisten konnte.
Die Schreckenskunde von dem Überfall hatte sich schnell verbreitet, und wieder fanden sie nur verlassene Dörfer vor. Dann kam jener Tag, den Joseph nie vergessen sollte. Der Dschungel hatte sich gelichtet, und wie es schien, waren sie in ein dichter besiedeltes Gebiet gelangt. Oft hörten sie Stimmen, vernahmen Rufe, bekamen aber keinen Menschen zu Gesicht. Juan, der scharfsichtige Späher, bestieg einen Baum und rief: „Ich sehe eine Stadt! Ja, eine richtige Stadt mit hohen Häusern, Straßen..."
Als er wieder auf dem Boden stand, schränkte er ein: „Na ja, vielleicht keine Stadt, wie wir sie kennen, aber manche der Häuser hatten mehrere Stockwerke; die Bäume verdeckten das meiste..."
Gutierrez dachte nach.
„Ein größeres Dorf also. Wir sind zu wenige, um es zu umstellen; ich würde vorschlagen, wir gehen zuerst einmal näher heran."
Schon nach wenigen Schritten stießen sie überraschend auf eine kleine Siedlung, wo man offenbar nicht mit ihrem Kommen gerechnet hatte. Die Menschen liefen schreiend davon; vor den Hütten brannten noch die Kochfeuer, magere Hunde stellten sich bellend in den Weg, kleine Kinder verschwanden in den Türöffnungen.
Gutierrez ließ auf dem Dorfplatz zusammentreiben, wem die eilige Flucht nicht gelungen war: Schwangere Frauen, Kinder, alte Leute – ein gutes Dutzend. Er frohlockte.
„So, jetzt haben wir endlich etwas in der Hand, und mit denen da werden wir sie schon hervorlocken."
Der Dolmetscher mußte den zitternden Frauen erklären, daß sie nacheinander – begonnen mit den Kindern – zu sterben hätten, sollten die anderen nicht zurückkommen und alles *tuob* abliefern. Der Dolmetscher zeigte ihnen einen goldenen Nasenpflock.
„Tuob! Tuob!"
Eine der Frauen zeigte sich ruhig und gefaßt und schien alles verstanden zu haben, wiederholte sogar den Auftrag.
Gutierrez nickte.

„Gut, sie soll in den Wald laufen und die anderen zur Rückkehr auffordern."
Er zeigte auf die Sonne und machte eine Bewegung nach unten.
„Höchstens eine Stunde geben wir euch Zeit – höchstens!"
„Wie soll ich der Frau erklären, was eine Stunde ist", fragte der Dolmetscher.
„Das kümmert mich einen Dreck! Wenn ich dem ersten Balg hier den Hals durchschneide, dann sehen die schon, wie's gemeint ist."
Die Frau verschwand hinter den Bäumen und Sträuchern; die Spanier durchsuchten die Hütten. Auf manchen Feuern kochte noch der Maniokbrei, und frische Brotfladen warteten darauf, in den Ofen geschoben zu werden.
Joseph schämte sich, und er war nicht der einzige. Alonso Morales, der Schiffszimmermann, flüsterte ihm zu: „Diesmal geht er zu weit! Kleine Kinder umbringen – nein, da mache ich nicht mehr mit!"
„Wie wollt Ihr ihn hindern?"
Der große kräftige Kerl zuckte die Schultern.
„Weiß nicht – mal sehen..."
Dann waren sie durch und hatten – wie immer – kaum etwas gefunden. Gutierrez zog seine Taschensonnenuhr heraus, klappte sie auf und hielt sie ans Licht.
„Die Stunde ist um!"
Aus dem grünen Dickicht hinter dem Dorf kamen nur die gewohnten Tierlaute, sonst rührte und regte sich nichts. Gutierrez griff nach einem etwa zweijährigen Mädchen und hob das vor Schrecken stumme Kind mit beiden Händen in die Höhe.
„Ich würde es nicht tun", sagte Joseph in die Stille, und Morales sprang ihm sofort bei: „Der Magister hat recht! Warten wir noch etwas."
„Warten!" rief Gutierrez. „Warten, bis der Tag vergeht, warten, bis wir auf eine Übermacht stoßen und alle umgebracht werden?"
Von den andern kam zustimmendes Murren. Gutierrez stellte das Kind auf den Boden, packte es an den Haaren und schnitt ihm blitzschnell die Kehle durch. Die Indios schrien auf vor Entsetzen, einige riefen laute Sätze, zwei der Frauen schlugen weinend die Hände vors Gesicht.
Gutierrez stand da, sein hartes kantiges Gesicht zu einer zornigen Maske erstarrt. Diese Kraftprobe durfte er nicht verlieren! Er griff sich das nächste Kind, einen kleinen Buben, der gerade laufen konnte und nichts von alledem verstand. Ihm gefiel es recht gut, daß der große weiße Mann

ihn hochhob. Er kreischte vor Vergnügen und zappelte mit den Beinen. Als Gutierrez ihn wieder auf den Boden stellte, streckte der Kleine seine Ärmchen aus. Noch mal! Er wollte wieder hoch in die Luft gehoben werden. Gutierrez zögerte vor der Arglosigkeit dieses Kindes, und da rief Juan, der Späher: "Sie kommen! Ich sehe die ersten herankommen!"
Doch nicht Dorfbewohner waren es, sondern wild bemalte Krieger, die laut brüllend lange Speere schwangen und Pfeile auf ihre Bogen legten. Gutierrez starrte ihnen mit offenem Mund entgegen. Dann kreischte er mit sich überschlagender Stimme: "Arkebusen anlegen, Pistolen laden, Schwerter heraus! Schnell! Schnell!"
Das Häuflein Spanier postierte sich hinter einer Hütte.
"Herankommen lassen! Nahe herankommen lassen!"
Doch der Arkebusier hatte vor Angst und Aufregung bereits die Lunte angelegt. Der Schuß krachte, das Echo brach sich in den Bergen. Beizender Pulverdampf stieg auf. Die Krieger blieben stehen, doch keiner schien getroffen. Dann setzten sie sich wieder in Bewegung.
"Das sind ja Hunderte!" flüsterte Alonso Morales und ein anderer sagte: "Es wäre besser, wir hauen ab."
Gutierrez nickte.
"Wir schießen zuvor noch die zweite Arkebuse und alle Pistolen ab, dann schwärmen wir nach Westen aus."
Der zweite Arkebusenschuß warf gleich drei der Krieger zu Boden. Die Waffe war mit gehacktem Blei geladen und streute weit. Dem folgten vier oder fünf Pistolenschüsse, dann verschwanden die Spanier zwischen den Bäumen. Joseph hörte das Schwirren von Pfeilen, lief geduckt weiter – lief, lief, bis fast seine Lungen barsten und sein Herz so laut schlug wie eine Söldnertrommel. Er kauerte sich hinter einen mächtigen Baum, wartete, bis er zu Atem kam und das Ohrenrauschen verschwand.
Es dauerte viele Stunden, bis die Gruppe durch Rufen zusammenfand, doch zwei der Männer fehlten, und einem stak ein Pfeil in der Schulter. Joseph schnitt ihn mühsam heraus und verband die Wunde notdürftig. Anscheinend war ihnen niemand gefolgt, aber keiner wollte einen zweiten Angriff abwarten.
In einem Gewaltmarsch von sechs Tagen kehrten sie nach Navidad zurück; drei Mann hatten sie verloren, und den Verletzten plagte ein hohes Wundfieber.
Joseph erstattete an Diego de Harana Bericht. Der schrieb alles auf, ließ es von ihm gegenzeichnen und legte es in ein Versteck.

„Sollte mir etwas zustoßen, dann nehmt bitte das Schriftstück an Euch, Magister Marco. Menschen wie Gutierrez dürfen nicht ungestraft davonkommen."

In der Nacht kam Huanica in seine Hütte und Joseph versuchte, in ihren Armen die erlebten Schrecken zu vergessen, wußte aber zugleich, daß er es nicht konnte. Die Bilder von den ermordeten Indios, die Schreckensrufe der geschändeten Frauen, der kleine ahnungslose Bub, der so gerne noch einmal hochgehoben werden wollte – sie brannten sich in sein Gedächtnis ein und würden ihn begleiten, so lange er lebte.

37

Seit Tagen war Königin Isabella reisefertig, doch immer wieder fand Ferdinand einen Vorwand, um in Barcelona zu bleiben, und sie ahnte, warum. Hier in seinem Reich Aragon war er der unbestrittene König und sie nur ein Anhängsel, das man respektierte und – als Gattin des Landesfürsten – mit ausgesuchter Höflichkeit behandelte. Doch niemand fragte um ihren Rat, niemand wollte ihre Meinung hören und wenn, dann nach ihm, dem König. Nicht, daß es sie besonders störte – die Eigenwilligkeit und Dickköpfigkeit der Katalonen war ihr wohlbekannt, aber aus Kastilien kamen immer dringendere Aufforderungen der Cortes, sie möge endlich in ihre Heimat zurückkehren.
Nun hatte Ferdinand wieder um einen Aufschub gebeten, zum einen, weil er eine dringende Nachricht aus Rom erwartete, zum anderen, weil eine geistliche Abordnung aus Zaragoza unterwegs war, die sich über ihren Erzbischof beklagen wollte – so mindestens hatte dieser ihn vorher durch einen Eilkurier informiert. Der König mischte sich höchst ungern in solchen Pfaffenstreit, aber bei dem Erzbischof Alfonso von Zaragoza handelte es sich um seinen eigenen, noch vor der Ehe mit Isabella geborenen Sohn – eine stetig fließende Quelle für kleine harmlose Sticheleien der Königin. Diesen, wenn auch illegitimen Erstgeborenen, hatte Ferdinand gegen alle Widerstände als Neunjährigen zum Erzbischof weihen lassen, wofür er dem zuerst widerstrebenden Papst Sixtus IV. allerlei Zugeständnisse machen mußte.
„Hat sich das Söhnchen wieder einmal daneben benommen? Du solltest ihm von Zeit zu Zeit die Hosen stramm ziehen."
Doch diesmal verstand Ferdinand keinen Spaß.
„Es ist das alte Lied: Für meine Aragonen bleibt Alfonso immer und ewig 'der Fremde', und sie vergessen ganz, daß er mein Sohn ist..."

Isabella lächelte spöttisch: „Hättest ihn halt nicht mit einer Katalonin zeugen sollen."
„Jedenfalls muß ich noch bleiben!"
Das klang sehr trotzig und bestimmt, und Ferdinand befand sich wieder einmal in einer Situation, da er seine Gemahlin über alle Berge wünschte. Sie stand auf, schwerfällig und langsam, ihre Leibesfülle hatte in den letzten Jahren noch zugenommen.
„Ich reise ab, mein Lieber, mir bleibt nichts anderes übrig. Mein Inspektor für die 'Indischen Angelegenheiten' ruft mich dringend nach Sevilla, ganz abgesehen von den Cortes, die schon seit dem Winter meine Rückkehr anmahnen. Wenn du hier fertig bist..."
„Komme ich gleich nach, meine Liebe, das versteht sich von selbst!"
Es entging ihr nicht, wie erleichtert das klang, doch sie kannte ihn zu gut, um enttäuscht oder beleidigt zu sein. Nach Catalinas Geburt hatte er ihr Bett immer häufiger gemieden, und seit über einem Jahr lebte sie keusch, aber es machte ihr nichts aus, denn die Fleischeslust war ihr immer etwas anrüchig erschienen, auch mit dem Segen der Kirche, und sie spürte, daß ihre Lust an der Macht größer war, niemals schal wurde, niemals enden würde.
Sie drohte ihm scherzhaft mit dem Finger.
„Daß du mir nicht in fremde Betten hüpfst, wenn ich dir den Rücken kehre! Versprich es mir!"
„Ich bin dir nie wirklich untreu gewesen, das weißt du doch."
Sie küßte ihn auf die Wange.
„Natürlich weiß ich es – gebe Gott, daß es so bleibt."
Sie hatte ganz im Ernst gesprochen, weil sie wußte, daß die im ganzen Land verstreuten Liebchen nicht zählten und ihre eheliche Gemeinschaft zu fest gefügt war, um dadurch in Gefahr zu geraten.

Ihre Idee war es gewesen, für die Planung der nächsten Reise des Admirals Cristobal Colon eine eigene 'Kommission für indische Angelegenheiten' zu bilden, geführt von Don Juan de Fonseca, einem in weltlichen Angelegenheiten überaus tüchtigen Priester.
Columbus mochte ihn gleich zu Anfang nicht, und seine Abneigung verstärkte sich bei jeder Begegnung. Fonseca war ein penibler Knauser, ein Federfuchser, dessen höchster Gott *economia* (Sparsamkeit) hieß, und er war eifrig bestrebt, alle Welt zu diesem Gott zu bekehren.
Die zweite Expedition sollte mit einer Flotte von etwa zwanzig Schiffen

ausgestattet werden und ungefähr zwölfhundert Männer als Siedler, Handwerker und natürlich Goldsucher nach Indien bringen. Fonseca wollte dies mit möglichst geringen Kosten ins Werk setzen, verstand aber nicht das geringste von der Seefahrt, und so kam es jedesmal zum Streit.

„Ihr könnt nicht auf eigene Faust Gelder ausgeben, die von mir nicht genehmigt sind, Don Cristobal! Jede, aber auch jede Ausgabe muß vorher abgesprochen werden, und ich möchte Euch dringend bitten, diesen Amtsweg einzuhalten."

Nun verlor Columbus die Beherrschung, seine Stimme wurde laut.

„Ihr vergeßt wohl, mit wem Ihr redet, Señor? Ich bin Admiral der spanischen Krone und Vizekönig von Indien! Muß ich mir von einem Pfaffen, der sich hier als Beamter aufspielt, jeden Maravedi einzeln vorrechnen lassen? Wenn die Königin das wüßte, würde sie Euch davonjagen – Señor!"

„Ihr vergreift Euch im Ton" entgegnete Fonseca kalt. „Übrigens handle ich im Auftrag der Königin, und Ihr wißt das genau."

„In ihrem Auftrag vielleicht, aber nicht in ihrem Sinn. Ich bin dabei, jenseits des Ozeans ganze Ländereien für die spanische Krone zu gewinnen, und Ihr werft mir vor, daß ich an Bord zu viel Essig brauche, zählt jedes Weizenkorn nach und laßt Euch Schindmähren liefern, anstatt der versprochenen Zuchtrösser. Einerseits knausert ihr um jede *blanca* wie ein maurischer Lumpenhändler, andererseits laßt Ihr Euch von jedem Roßtäuscher betrügen. Diese elenden Klepper nehme ich nicht mit nach Cadiz! Im übrigen werde ich mich bei der Königin beschweren!"

Columbus wartete die Antwort nicht ab, sondern stürmte hinaus. Seit Wochen sollte er in Cadiz sein, um die Ausrüstung der Schiffe zu überwachen, aber Fonseca hielt ihn mit seinen Nichtigkeiten immer wieder zurück. Manchmal ging es um mehr als Nichtigkeiten. So hielt Fonseca die Zahl der Schiffe für übertrieben und meinte, man müsse mit fünfzehn oder sechzehn auskommen. Dabei drängte die Zeit, denn Columbus wollte – wie bei der ersten Reise – im August die Anker lichten.

Auf dem Weg von Barcelona zur Küste hatte er sich schon in Cordoba länger als geplant aufgehalten. Seine Gedanken schweiften zurück. Noch vor dem Haus war ihm Beatriz mit seinen Söhnen entgegengekommen. Der fünfjährige Fernando sprang ihn an wie ein Hund, der seinen Herrn wiedergefunden hat, hing an seinem Hals wie eine Klette und mußte von Beatriz mehrmals scharf ermahnt werden. Der dreizehn-

jährige Diego zeigte sich zurückhaltender, wenn auch seine hellen Columbus-Augen vor Stolz über den hochberühmten Papa strahlten.
Beatriz aber war eine andere geworden. Sie gab sich spröde und zurückhaltend, auch wenn sie allein waren – und nachts verschloß sie ihr Zimmer. Am nächsten Morgen, Diego brachte seinen Bruder in die Klosterschule, versuchte Columbus, ihr Verhalten behutsam zu ergründen.
„Ich werde nicht klug aus dir, Beatriz. Meinen Heiratsantrag hast du mehrmals abgelehnt, doch vor Gott sind wir ein Paar, leben wie Mann und Frau, haben einen wohlgeratenen Sohn..."
„Ach Cristobal, du willst ja nur wissen, warum ich heute nacht mein Zimmer verschloß, und so wird es – ich muß es dir leider sagen – künftig auch bleiben. Ich habe ein Gelübde abgelegt, das mit uns allen zu tun hat, ein Gelübde vor dem Bildnis der Jungfrau in der *mezquita* – mehr kann ich dir nicht sagen, mehr will ich nicht sagen."
Was sollte er tun? Ein Gelübde war heilig und niemand konnte oder durfte einen Menschen zwingen, es zu offenbaren, weil es nur Gott und den Betreffenden anging.
Letztlich war es dann der kleine Fernando, der ihn hier festhielt. Er mußte die Padres in der Klosterschule besuchen, mußte vor einer hingebungsvoll lauschenden Klasse mit fünf- bis zehnjährigen Buben seine Expedition erläutern und tausend Fragen beantworten, mußte mit beiden Söhnen zur Messe gehen, wurde auf Schritt und Tritt erkannt und besaß plötzlich mehr 'Freunde', als ihm lieb war.
Dann war er mit Diego nach Sevilla gegangen, denn hier sollte der fast Vierzehnjährige seinen Hofdienst als Page bei der Königin antreten. Auf sie, die Königin, mußte er nun warten, weil er mit Fonseca nicht zurechtkam. Schon der Name dieses dürren Knausers sprach Bände: Fonseca, das sich von *fontana seca*, also von trockenem Brunnen oder versiegter Quelle herleitete. Und genauso war dieser Mensch, aus dem man jeden Tropfen herauspressen mußte.

Zum Glück traf die Königin schon Mitte Juli in Sevilla ein, und Don Cristobal Colon, Admiral des Ozeans und Vizekönig von Indien, gehörte nicht mehr zu jenen, die unbestimmte Zeit auf eine Audienz zu warten hatten. Isabella empfing ihn am Tag nach ihrer Ankunft. Zuvor hatte sie Fonsecas Klagen angehört – Klagen, die allein Columbus betrafen, den er einen heillosen Verschwender und Aufschneider nannte und ihn mangelnder Loyalität der Krone gegenüber bezichtigte. Die Königin hörte

sich alles mit ernster Miene an, sagte aber nicht viel. Sie wollte mit dem Admiral sprechen, ehe sie eine Entscheidung traf. Inzwischen wußte sie, daß man diesem Menschen vieles verzeihen mußte, weil sein Sendungsbewußtsein alle anderen Regungen überlagerte, weil der Seefahrer und Entdecker Vorrang hatte vor dem Admiral und Vizekönig.
Als er dann vor ihr stand mit seiner festen stämmigen Gestalt, dem spärlichen grauen Haar über einem alterslosen Gesicht und der Blick seiner graublauen Augen den ihren standhielt, als seien sie gleichrangig, da regte sich in ihr ein leiser Unmut.
„Ihr werdet wohl nie ein rechter Hofmann, Don Cristobal – oder? Was Fonseca mir heute morgen berichtete, ist..."
Sie hob beide Hände, als fehlten ihr die Worte.
„Majestät, ich bitte Euch, nicht vorschnell zu urteilen. Don Juan de Fonseca..."
„Den Ihr beharrlich Señor nanntet...", warf die Königin ein.
„Ich ließ mich hinreißen, Majestät, das gebe ich zu. Also, Don Juan mag auf seine Weise ein tüchtiger Beamter sein, aber ihm fehlen die Erfahrung und der Blick für nautische Notwendigkeiten. Er läßt sich von Lieferanten schadhafte Fässer und schlechten Wein aufschwatzen, prüft beim Getreide nicht die unteren, schimmeligen Schichten, kauft Schindmähren anstatt edler Zuchtpferde und ist bei all dem noch so knauserig, daß es hinten und vorne nicht reichen wird. Ich bin für das Leben von zwölfhundert Menschen verantwortlich und wenn mitten auf dem Atlantik wegen schadhafter Fässer die Wasservorräte zur Neige gehen, hilft es uns nichts, wenn ich sage, ein gewisser Juan de Fonseca ist daran schuld. Versteht Ihr, was ich meine, Majestät?"
Isabella mußte wider Willen lächeln.
„Ihr hättet Jurist werden sollen, Don Cristobal, so beredt vertretet Ihr Eure Sache. Natürlich verstehe ich Euch, aber versucht auch, Fonseca zu verstehen. Fünfzehn Schiffe..."
„Verzeiht, Majestät, ich benötige zwanzig, aber wenigstens achtzehn."
„Einen Monarchen zu unterbrechen, wird anderwärts als Hochverrat angesehen."
„Verzeiht, Majestät, aber mit dem, was wir heute klären, brauche ich Euch später nicht mehr zu behelligen."
„Also, was erwartet Ihr von mir?"
„Nur eines Majestät: Fonseca muß sich nach meinen fundierten und von langer Erfahrung geprägten Ratschlägen richten. Die wichtigsten

Punkte: Mindestens achtzehn Schiffe mit der von mir angegebenen Tonnage, Warenvorräte von erster Qualität in einwandfreien Gefäßen, absolut gesunde Tiere, ob es sich nun um Hühner, Schweine, Ziegen, Schafe oder Pferde handelt, denn von ihrer Zucht hängt für die Siedler sehr viel ab. Majestät – Spanien wird künftig unter den europäischen Ländern eine Vormachtstellung gewinnen, weil die überseeischen Ländereien es innerhalb von wenigen Jahren reich und mächtig machen. Ich habe mit Gottes Hilfe und der Unterstützung Eurer Majestäten diese Entwicklung eingeleitet und bin nicht gewillt, mich von einer Kreatur – verzeiht, von einem Menschen wie Fonseca daran hindern zu lassen. Seine Aufgabe ist es nicht, Steine ins Mahlwerk zu werfen, sondern es zu schmieren, nach besten Kräften."
Die Königin seufzte.
„Wir werden einen Weg finden, Don Cristobal. Habt Ihr Euren Sohn mitgebracht?"
„Er wartet in der *antecámara* Eurer Majestät vorgestellt zu werden."
„Also – herein mit dem Burschen! Und Ihr stattet der Marquesa de Moya einen Besuch ab, sie brennt darauf, Euch vor der Abreise noch einmal zu sehen."
Er wandte sich zum Gehen, doch Isabella hielt ihn mit einer Geste zurück.
„Da ist noch etwas. Ein gewisser Rodrigo de Triana hat sich an die Kronverwaltung gewandt, um eine Rente von zehntausend Maravedis einzufordern, denn er sei es, der auf Eurer Fahrt zuerst das Land entdeckt habe. Ihr jedoch habt mir gesagt..."
Sie hob die Hände, schwieg und sah ihn erwartungsvoll an.
Columbus nickte – ruhig, ernst, überzeugend.
„Dieser Matrose hat als erster Land gesehen, gewiß, aber bei Tag, während ich einige Stunden zuvor dort längere Zeit ein Licht habe leuchten sehen. Der Kammerherr Eures Gemahls, Pedro Gutierrez, kann es bestätigen, er ist mein Zeuge."
Die Königin lächelt.
„Mir genügt Euer Wort, Don Cristobal."
Als Rodrigo de Triana den ablehnenden Bescheid erhielt, ging er zum Hafen, schlich sich auf ein Schiff, kletterte zum Mastkorb und erhängte sich.

Im Gegensatz zu ihrer königlichen Freundin hatte Beatriz de Moya sich kaum verändert. Schlank, gepflegt und noch immer sehr reizvoll, empfing sie ihn mit einem aus Zuneigung, Freude und etwas Spott gemischten Lächeln.
„Habt Ihr Euch mit der Königin einigen können?"
„Mit Ihrer Majestät komme ich immer zurecht, weil sie zu den wenigen gehört, die genau verstehen, was ich will und worum es geht. Leider kann ich das von ihren Beamten nicht immer sagen, aber Schluß damit, das soll zwischen uns kein Thema sein. Ich habe es sehr bedauert, daß ich Euch in Barcelona nicht antraf."
„Auch mein Gemahl hat gewisse Rechte, Don Cristobal. Seit die Majestäten uns Segovia zum Lehen gaben, müssen wir uns dort mehrere Monate im Jahr aufhalten. Nun, da ich hier bin, geht Ihr wieder fort."
„Dann laßt uns die Zeit nutzen, meine Liebe!"
Und sie nützten die Zeit auf die altgewohnte vergnügliche und kurzweilige Art, und wieder erkannte Columbus, daß er sich mit dieser Frau körperlich am besten verstand. Wie keine beherrschte sie das raffinierte Spiel der Verlockung, der Steigerung des Verlangens, dem sie sich erst öffnete, wenn es übermächtig geworden war; doch dann verstand sie es, das Spiel lustvoll hinauszuzögern, denn – wie sie einmal sagte – vom Kaninchengerammel des guten Cabrera habe sie ein für allemal genug.
Später tranken sie ein Glas Wein, und sie erzählte ihm ein wenig Hofklatsch. In irgendeinem Zusammenhang fiel der Name des Schatzmeisters Luis de Santangel. Columbus schlug sich an den Kopf.
„Fast hätte ich es vergessen! Magister Marco hat mir einen Brief an seinen Bruder David mitgegeben. Wißt Ihr, wo er zu finden ist?"
„Genaues weiß ich nicht – er soll sich mit Tomas de Torquemada auf dem Weg nach Rom befinden, in irgendeiner geheimen Angelegenheit. Fragt doch Rodrigo Sanchez, den Ihr ja von Eurer ersten Reise her kennt. Er ist mit Santangel verwandt und hält sich zur Zeit hier auf."
Columbus hatte den ruhigen verständigen Mann immer sehr geschätzt und hätte lieber ihn statt Gutierrez in Navidad zurückgelassen, doch Sanchez mußte den Königen über sämtliche Einnahmen Bericht erstatten.

Bei Hof wußte jeder von jedem alles, und so war Sanchez bald gefunden. Columbus lud ihn zu einem Abendtrunk in eine der kleinen verschwiegenen Schenken am Guadalquivir, wo am Abend nach der Hitze des Julitages ein erquickender kühler Hauch vom Fluß aufstieg.

Rodrigo Sanchez, ein unauffälliger Mann um die fünfzig, vermutete, der Admiral wolle mit ihm ein wenig von den 'alten Zeiten' reden, aber Columbus steuerte gleich aufs Ziel los.

„Ihr kennt doch sicher David Marco, den Sekretär Eures Vetters?"
Sanchez lächelte.

„Lang, dürr, rothaarig und ein wandelnder Aktenschrank? Die rechte Hand von Don Luis – natürlich kenne ich ihn."

„Ich muß ihm etwas übergeben, wißt Ihr, wo er sich aufhält?"
Sanchez blickte etwas unbehaglich drein.

„Ich weiß es, aber mir will scheinen, ich rede besser nicht davon. Wartet, bis er zurück ist."

„Er soll mit Don Tomas de Torquemada in Rom sein?"
Sanchez nickte.

„Vermutlich gerade auf dem Weg dorthin."

„Im Auftrag der Majestäten?"

„Also gut, da Ihr ja sowieso keine Ruhe gebt und ich Euch als verschwiegenen Mann kenne. Trotzdem muß ich Euer Ehrenwort als *noble* verlangen, daß Ihr gleich wieder vergeßt, was ich Euch jetzt sage."

Columbus reichte ihm schweigend die Hand und Sanchez begann im Flüsterton zu erzählen.

„Alle Welt weiß, daß Torquemada wie der Teufel hinter den Conversos her ist und daß mein Vetter längst in die Mühlen der Inquisition geraten wäre, hielte nicht der König seine Hand über ihn. Man rechnet, daß etwa acht- bis neuntausend Menschen dank der frommen Bemühungen von Bruder Tomas auf dem Scheiterhaufen gestorben sind – und es werden von Woche zu Woche mehr. Der Papst hat ihn schon dreimal mit der *excommunicatio minor* belegt, was aber seinen Eifer nicht dämpfen konnte. Nun kam im Frühjahr die Aufforderung, der Großinquisitor müsse sich in Rom persönlich vor dem Papst rechtfertigen, unter Androhung des Anathema, also des Großen Bannes. Da hat sich sogar Bruder Tomas an seine kirchliche Gehorsamspflicht erinnert und ist im Juni unter größter Geheimhaltung nach Rom gereist."

„Aber daß ihn ausgerechnet Padro Marco begleitet, ein Converso, dazu Freund und Sekretär von Luis de Santangel – das scheint mir nicht recht zusammenzupassen."

Der ernste Rodrigo Sanchez kicherte leise wie ein Junge, der seinen Lehrer gefoppt hat.

„Da habt Ihr wohl recht. Torquemada konnte nicht umhin, die Könige über seine, nennen wir sie Pilgerreise, zu informieren. Tief beleidigt und in frommer Maßlosigkeit wollte er sich sogleich allein als einfacher Rompilger auf den Weg machen. Doch der König bestand darauf, daß ein neutraler Geistlicher ihn begleitete und hat nicht ohne boshaften Hintersinn Padre David Marco dazu bestellt. Ich weiß nicht, was die Königin dazu sagte oder darüber dachte – recht wird es ihr nicht gewesen sein, aber auch sie mußte sich den Wünschen des Papstes beugen. Mehr weiß ich nicht, und ich hoffe, daß Ihr schon vergessen habt, was Ihr eben hörtet."

„Danke, Don Rodrigo – schon vergessen. Ich bedaure es übrigens sehr, daß Ihr auf der zweiten Reise nicht mehr dabei seid. Ich fürchte, von den zwölfhundert Männern haben elfhundertneunzig nur das Gold und schnellen Reichtum im Sinn, auch wenn die meisten so tun, als ginge es ihnen um ganz etwas anderes."

„Ja, es ist schwer, die *sed de oro* (Goldgier) aus den Herzen zu reißen. Trotzdem – fahrt mit Gottes Segen!"

Zwei Tage später ritt Columbus nach Cadiz, doch an eine Abreise im August glaubte er nicht mehr. Wieder verfluchte er den Erzknauser Fonseca und wünschte sich einen anderen an seine Stelle. Dann mußte er plötzlich an das Gespräch mit Sanchez denken und an den Papst, der auf seine Anregung hin den Ozean zwischen Spanien und Portugal geteilt hatte. In seinem kleinen, sorgfältig gehüteten Bücherpaket steckte als kostbarer Besitz ein Gebetbuch, das ihm Seine Heiligkeit im Herbst des so bedeutsamen Jahres 1492 übersenden hatte lassen, zusammen mit dem päpstlichen Segen, schön auf Pergament geschrieben, unterzeichnet und gesiegelt. Sollte ich jemals nach Rom kommen, dachte er, so werde ich Seine Heiligkeit aufsuchen und ihm die Seelen der Menschen in den neuen Ländern zu Füßen legen. Dieses Treffen stellte er sich großartig und weltbewegend vor, quasi als historisches Ereignis.

Der Großinquisitor Tomas de Torquemada malte sich die Begegnung mit dem Papst etwas anders aus. Er, der in Spanien so furchtbare Macht besaß und als böser Schatten hinter der Königin das Land mit Kerker, Folter und Feuer tyrannisierte, er wollte vor den Papst hintreten als einfacher Dominikanermönch, als einer der vielen 'Domini canes', Hunde Gottes, treuer Diener des Herrn, dazu bestellt, den Glauben rein zu erhalten. Um des Herrn willen nahm er diese Pilgerfahrt demütig hin, wie

auch Padre Marcos Begleitung, der hinter seinem geistlichen Gewand vermutlich den heimlichen Juden verbarg. Sie redeten nur wenig miteinander, David Marco, Priester und Sekretär des Schatzmeisters Luis de Santangel, und Tomas de Torquemada, Großinquisitor von Kastilien und Aragon, der sorgfältig Buch führte über jene, deren schändliches Treiben er mit Gottes und der Heiligen Hilfe in den bisher zwölf Jahren seiner Amtszeit aufdecken durfte. Bis zu seiner Abreise mußten achttausendeinhundertzweiundvierzig Menschen ihre häretischen Schandtaten im Feuer büßen, fast vierzigtausend wurden leider nur im Bildnis verbrannt und etwa siebzigtausend mit anderen Strafen belegt. Eine schöne Strecke, o Herr, welche die 'Hunde Gottes' Dir demütig zu Füßen legen. Und da mag dieser irregeleitete Papst von Gewalt, Übermaß und Ungerechtigkeit reden. Deine Kraft, o Herr, wird mich stärken, wenn ich vor Deinem Stellvertreter auf Erden stehe, um mich zu verantworten.
Solche Gedanken bewegten den Großinquisitor während dieser langen Pilgerreise, und er fühlte keine Schuld vor Gott und den Menschen, sah sich als einen gerechten Streiter für eine gute und gerechte Sache. David Marco hielt zu seinem Begleiter höflichen Abstand, aber immer bereit, jeden Wunsch des Älteren zu erfüllen.
Torquemada hatte in den letzten Jahren seinen aufrechten Gang verloren. Sein Rücken hatte sich unter der Last seines Amtes gebeugt, sein schmales scharfgeschnittenes Gesicht mit den tiefliegenden Augen glich einer Totenmaske, an seinem hageren Körper schlotterte die abgetragene und geflickte Kutte wie ein loser Sack über einem Gerippe.
Die Menschen auf dem Pilgerschiff hielten Torquemada für ein armes Mönchlein, das sich am Ende seines Lebens den Traum von einer Wallfahrt zum Grabe Petri erfüllte.

Doch nicht er, der Dominikanermönch aus Spanien, war es, der dem Papst zur Zeit einige Sorgen bereitete, sondern ein anderer, der sich nicht der Ketzerjagd, sondern der Bekehrung einer ganzen Stadt verschrieben hatte: Girolamo Savonarola, seit einigen Jahren Prior des Dominikanerklosters San Marco in Florenz. Als ein gewaltiger Bußprediger wollte er die Seelen der Menschen wandeln, und wenn vom Feuer die Rede war, dann betraf es ihn selbst, und so hatte er eines Tages von der Kanzel auf die geduckten Köpfe herabgerufen: „Das Feuer Gottes brennt in mir, und wenn ich ihm nicht Raum gebe, so verbrennt es mir Mark und Bein."

Seine Absicht war es, nach dem Tod des Stadtbeherrschers Lorenzo de Medici, den man schon zu Lebzeiten 'den Prächtigen' nannte, einen Gottesstaat in Florenz zu errichten, eine geistliche Signorie unter seiner Führung. Im Zentrum seiner Predigten standen die Laster dieser Welt: Habsucht, Ruhmsucht, Gottlosigkeit, Unzucht und Völlerei, und er scheute sich nicht, Papst Alexander VI. vor aller Welt dieser Sünden zu bezichtigen.

Der Papst, in geistlichen Dingen weitherzig und tolerant, überhörte zuerst die Stimme des Predigers aus Florenz, auch als Cesare einmal bemerkte: „Dieses Mönchlein wird allmählich lästig! Sein Gegeifer dringt über Florenz hinaus, und so mancher fragt sich schon, warum Eure Heiligkeit nicht gegen ihn vorgeht."

„Weil es den Baum nicht kümmert, wenn sich ein Esel an ihm scheuert."

„Tut er es zu oft, kann die Rinde abgehen."

Alexander blickte seinem Sohn in die harten dunklen Augen. Kriegeraugen, die kein Erbarmen kannten.

„Wir werden ihn nochmals väterlich ermahnen, und sollte das nichts fruchten..."

Es fruchtete nichts, Frater Girolamo predigte weiter auf eine ganz unerhörte Weise. Er prangerte die Art der Reichen an, sich auf Kosten der arbeitenden Menschen zu mästen und ihr Geld in immer gewagtere Spekulationen zu stecken. Den Spruch 'Reichtum ist Macht' verurteilte er als zutiefst unchristlich, und er warnte vor einem schrecklichen Gericht Gottes. Rom nannte er eine Sumpf- und Lasterhöhle, den Vatikan eine Wechselbank, den Papst einen schlechten Hirten.

Dies allein hätte Alexander nicht aus seiner olympischen Ruhe aufgestört, aber der letzte Bericht des vatikanischen Gesandten aus Florenz gab ihm zu denken. Da war die Rede von reichen Bürgern, die freiwillig Bilder, Statuen, kostbare Stoffe, wertvolle Möbel und andere Luxusgüter auf die Straße schleppten, zu einem Berg türmten, um ihn dann unter Bußgesängen in Brand zu stecken.

„Das geht zu weit! Das geht entschieden zu weit!"

Der Papst dachte an die erlesene Einrichtung seiner privaten Gemächer, an Pinturicchios Bilder, an die Tische aus Zitronenholz, eingelegt mit Elfenbeinschnitzereien, an die kostbaren Teppiche und Gobelins, an das Tafelgeschirr aus Gold und Silber... Dies alles auf einen Haufen und anzünden? Nein und nochmals nein!

Alexander sandte einen scharfen, diesmal mit Drohungen gespickten Mahnbrief an Savonarola und ärgerte sich noch tagelang über diesen aufsässigen und fanatischen Mönch. Doch dann kam Donna Lucrezia nach Rom, und seine Stimmung besserte sich sofort. Diese Tochter des Papstes hatte Lebenslust, Temperament und ein fröhliches Wesen vom Vater geerbt, und so wurde ihr bald der winzige Hof in Pesaro zu klein. Das Leben an der Seite des dreizehn Jahre älteren ungeliebten Mannes machte der jungen Frau wenig Spaß, und man sah sie weit häufiger in Rom als in Pesaro.

Gerade um diese Zeit klopfte Tomas de Torquemada an die Pforten des Vatikans.

„Hier ist kein Eingang für Bettelmönche", belehrte ihn gutmütig die Palastwache. David stand daneben und trotz seiner Humorlosigkeit kam ihn ein Lächeln an.

„Vor Euch steht Don Tomas de Torquemada, der Großinquisitor von Kastilien und Aragon, und ich bin Monsignore Marco, der seine Hochwürden hierherbegleitet hat. Hier ist die Einladung Seiner Heiligkeit."

Der verblüffte Mann holte seinen Offizier und dann ging es recht schnell.

Alexanders Stirn verfinsterte sich: „Wieder einer dieser lästigen Dominikaner! Der in Florenz verbrennt Möbel und Bilder, der in Spanien Häretiker und Hexen. Da ich ihn nun einmal gerufen habe, muß ich ihn auch empfangen. Messer Burcardus soll heute abend ein weiteres Gedeck auflegen lassen."

Alexanders Plan war, den Großinquisitor mit einer persönlichen Einladung zu ehren, um bei einem lockeren intimen Gespräch einen gangbaren Weg zu finden.

Johannes Burcardus, der päpstliche Zeremonienmeister, bemühte sich selbst zur Pforte.

„Don Tomas! Seine Heiligkeit zeigte sich hocherfreut und bittet Euch, heute abend am Nachtmahl teilzunehmen. Ihr könnt Euch unterdessen umkleiden, frischmachen..."

Torquemadas tiefliegende Augen blitzten angriffslustig.

„Umkleiden? Ich trage diese Kutte seit vielen Jahren im Amt und vor den Katholischen Königen. Sie wird auch Seiner Heiligkeit genügen müssen."

„Nun – also – Seine Heiligkeit legt größten Wert auf – auf würdige Kleidung, und das Dominikanerkloster von Santa Sabina hat gewiß ein

neues Habit für Euch. Es ist ja nur für diesen einen Besuch, dann könnt Ihr wieder Eure gewohnte Kleidung…"
„Ich werde darüber nachdenken."
Er wandte sich schroff ab und ging hinaus. David versuchte eine Erklärung: „Für Hochwürden sind alle irdischen Dinge eitel. In Spanien kennt man seine Eigenheiten, aber hier…"
„Muß er sich nach der Etikette richten und sollte nie vergessen, daß Seine Heiligkeit neben dem geistlichen auch ein weltliches Amt zu versehen hat. Das Patrimonium Petri reicht immerhin von Neapel bis Florenz. Daran solltet Ihr den Großinquisitor erinnern."
David versuchte es auf dem Weg zurück ins Kloster, aber Torquemada schwieg verbissen. Vor der Klosterpforte sagte er knapp: „Ich brauche Euch jetzt nicht mehr, Padre. Ihr könnt Euch um Eure Familie kümmern. Gott mit Euch!"
David fühlte sich von einer Last befreit, als der hagere gebeugte Asket im Kloster verschwand. Dann fiel ihm ein, daß er zwei Neffen und eine Nichte besaß und als ein rechter Onkel nicht ohne Geschenk erscheinen durfte. Ganz gegen seine Art pfiff er fröhlich vor sich hin und ritt den Tiber entlang nach Norden, wo er in den Läden auf und um den Ponte Palatino etwas Geeignetes zu finden hoffte.

Johannes Burcardus stellte die Gästeliste für diesen Abend zusammen. Außer Donna Lucrezia würden von den Kindern des Papstes noch Don Cesare und Don Juan, der Herzog von Gandia, erscheinen. Die schöne Giulia Farnese würde sozusagen die Herrin des Hauses spielen, und um dem ganzen einen halboffiziellen Anstrich zu geben, sollten noch vier oder fünf Kardinäle geladen werden, darunter natürlich Alexanders Freund Ascanio Sforza, der das Amt des Vizekanzlers von ihm übernommen hatte, und Giulias Bruder Alessandro Farnese, der 'Schürzenkardinal'.
Burcardus kannte seinen hohen Herrn in- und auswendig, und er wußte recht gut, daß die Einladung für Torquemada nicht nur als Ehrung gedacht war, sondern auch ein Granum Bosheit enthielt. Dem starrsinnigen Asketen sollte gezeigt werden, daß man in Rom anders über Ketzer, Conversos und Juden dachte als in Spanien, aber auch daß die Geduld des Papstes erschöpft war. Mit anderen Worten: Dieses familiär angehauchte Nachtmahl diente – unter anderem – dazu, den Großinquisitor Tomas de Torquemada zurechtzuweisen, zu warnen und letztlich auch zu demütigen.

Da nur etwa ein Dutzend Gäste erwartet wurde, ließ Burcardus die Tafel in der 'Sala dei misteria della fede' decken, wo – im Gegensatz zu den anderen Räumen – die Wände nur mit biblischen Szenen geschmückt waren. Wenigstens darüber wird sich unser Gast nicht ärgern müssen, dachte der Zeremonienmeister.

Die Borgiafamilie traf sich kurz nach Sonnenuntergang; Torquemada war eine Stunde später geladen. Der Papst trug – wie meist im privaten Kreis – die höfische Kleidung eines römischen Edelmannes, auch Cesare erschien ohne seinen Kardinalsmantel, während der eitle Juan von Gandia sich stutzerhaft aufgeputzt hatte, als ginge es zu einem Ball.
Der Papst blickte zärtlich auf seine geliebte Tochter Lucrezia, die erst fünfzehnjährige Fürstin von Pesaro. Sie hatte wenig Ähnlichkeit mit dem Vater, war eher ein Abbild ihrer Mutter, deren ovales Gesicht, graublaue Augen, goldblondes Haar und langen schlanken Hals sie geerbt hatte. Der Papst küßte sie auf beide Wangen.
„Die Ehe scheint dir zu bekommen, Töchterlein, du siehst bezaubernd aus. Die Hofleute von Pesaro werden dich anschmachten, nicht wahr?"
Lucrezia lächelte, und es war, dachte Alexander entzückt, als ginge die Sonne auf.
„Da ich so selten dort bin, haben sie dazu kaum Gelegenheit."
Dann trat Giulia Farnese ein, 'Giuliabella', die Geliebte des Papstes und Mutter der gemeinsamen Tochter Laura.
"Giulia!" Alexander küßte ihr galant beide Hände. „Ein Tag ohne dich ist finster und traurig; täglich danke ich Gott, daß es dich gibt."
Auch die neunzehnjährige Giulia war eine blonde Schönheit, aber von anderer Art als Lucrezia. Mit ihren großen dunklen Augen und der schmalen, leicht gebogenen Nase sah sie aus wie eine Römerin auf antiken Malereien. Mit Lucrezia war sie eng befreundet, und beide besaßen großen Einfluß auf den zweiundsechzigjährigen Papst.
In dieses fröhliche Familientreffen mischten sich einige Kardinäle, man nahm am Tisch Platz, und dann erschien Tomas de Torquemada, gebeugt, hager, und seine tiefliegenden Fanatikeraugen weiteten sich vor Erstaunen. In der neuen ungewohnten Kutte stand er steif da wie eine hölzerne Puppe. Ein Nachtmahl in Gegenwart Seiner Heiligkeit hatte er sich anders vorgestellt. Wo war denn der Papst? Er suchte nach einer Gestalt in weißer Soutane, doch nur die geladenen Kardinäle trugen ihre Purpurroben.

Burcardus flüsterte dem Papst ins Ohr: „Ihr wolltet Euch beim Erscheinen von Don Tomas doch umkleiden..."
Alexander lachte fröhlich.
„Das habe ich vergessen, aber dafür ist noch Zeit."
Er verschwand im Nebenzimmer und schlüpfte in das weiße Gewand.
Burcardus ging voraus und rief: „Seine Heiligkeit, Papst Alexander VI.!"
Torquemada trat vor und kniete nieder. Alexander, schon dabei, ihm die Hand mit dem Fischerring zu reichen, überlegte es sich anders, nahm Platz und streckte ihm den weißen Seidenschuh mit dem goldgestickten Kreuz hin. Nicht ohne Mühe beugte sich Torquemada nieder und küßte den Pantoffel des Papstes. Burcardus half ihm wieder auf die Beine, führte ihn zu seinem Stuhl und verkündete den Gästen: „Don Tomas de Torquemada erweist uns die Ehre seines Besuches."
Die Bezeichnung 'Großinquisitor' ließ er auf Weisung des Papstes weg. Dann nannte er die Namen der Anwesenden und zog sich zurück.
Kurz darauf wurden die Speisen aufgetragen. Die päpstliche Küche genoß keinen besonderen Ruf – im Hause so manchen Kardinals aß man erlesener –, aber von allem gab es reichlich, wenn auch in etwas phantasieloser Folge. Einer Silberplatte mit gebratenen Hühnern folgte eine Fischsuppe, dann gebratene und sauer eingelegte Aale, zuletzt Mandelkuchen, den man in einen Becher Süßwein tunkte.
Torquemada aß aus Protest nur ein wenig Fischsuppe und eine Scheibe Brot; verlangte dazu Wasser, doch die Diener brachten immer nur Wein. Er wandte sich an den neben ihm sitzenden Kardinal Ascanio Sforza. Das verlebte Genießergesicht des Vizekanzlers verzog sich zu einem Grinsen.
„Wasser? Das braucht man doch nur bei der Messe, um den Wein zu verdünnen – eine kanonische Vorschrift sozusagen. Aber hier, am Tisch Seiner Heiligkeit, trinken wir den Wein pur wie Bacchus!" Lachend hob er den goldenen Becher und leerte ihn auf einen Zug. „Trinkt mit mir, Bruder, trinkt unbesorgt. Ihr seid an der Quelle des Heils, hier könnt Ihr gar nicht sündigen. Habt Ihr ein Gelübde getan? Der Papst entbindet Euch davon. Ergebt Ihr Euch der Völlerei? Der Papst spricht Euch los. Kennt Ihr den lateinischen Spruch: *praesente medico nihil nocet*? Ersetzt das Wort 'Arzt' durch 'Papst', dann heißt es: In Gegenwart des Papstes ist alles erlaubt – natürlich frei übersetzt. Jetzt seid nicht so sauertöpfisch, Bruder Tomas, und stoßt mit mir an!"

Wider Willen hob Torquemada seinen Becher.
Sforza lachte trunken.
„Auf die Liebe!"
„Ja, auf die Liebe Gottes!"
Der gegenübersitzende Kardinal Francesco Borgia, ein Verwandter des Papstes, hatte es gehört und verschluckte sich vor Lachen.
„Zum ersten Mal höre ich in diesen Räumen das Wort 'Gott', und Euch, Torquemada, kommt dieses Verdienst zu. Auch darauf wollen wir trinken."
Ein halber Becher Wein genügte, um den asketischen Großinquisitor trunken zu machen. Sein bleiches Antlitz rötete sich, und er spülte seinen Zorn über die blasphemischen Worte mit dem restlichen Wein hinunter. Sofort schenkte ein Diener nach.
Der Papst hatte einen Arm um Giulia Farnese gelegt und flüsterte ihr etwas ins Ohr, worauf sie ein perlendes Lachen hören ließ.
Vielleicht speise ich nicht wirklich am Tisch Seiner Heiligkeit, vielleicht ist es nur ein teuflischer Traum? Torquemada hob seinen Becher und trank. So schmeckt Wein, gewiß, aber der Höllenfürst ist bekanntlich ein Meister der Täuschung.
„Wie gefällt es Euch in Rom, Hochwürden?" hörte er die helle Stimme der Fürstin von Pesaro.
„Hatte noch keine Zeit – bin noch nicht viel herumgekommen, muß noch die Pilgerstätten aufsuchen – die Katakomben – San Paolo fuori le mura..."
„Seht Euch nur gut vor und blickt auf Euren Wegen weder nach rechts noch nach links – es könnten Euch Ketzer begegnen."
Sein Geist verwirrte sich. Wer hatte eben etwas von Ketzern gesagt? Der Papst lachte auf seine fröhliche unbekümmerte Art.
„Wir haben unsere ganz eigenen Methoden, mit Ketzern, Zauberern und Hexen fertigzuwerden. Wir bitten sie zur Kasse! Warum eine Kuh schlachten, wenn sie reichlich Milch gibt? Unsere Ketzer müssen so lange Bußgelder bezahlen, bis sie wieder brav sind. Ha-ha-ha, bis sie zu Kreuze kriechen! So solltet Ihr es auch in Spanien halten, Don Tomas, dann kämen nicht dauernd Klagen."
„Klagen? Ich verstehe nicht..."
Seine Stimme lallte, seine Fanatikeraugen hatten ihren Glanz verloren und blickten stier auf den Papst. Der dachte an seinen Ärger mit Savonarola, dem anderen störrischen Dominikanermönch, doch der war leider

nicht verfügbar, und so goß Alexander seinen Spott über Torquemada aus. Die fröhliche Tischrunde war verstimmt, denn dieser dürre Fanatiker paßte nicht hierher, doch man war neugierig, wie es weiterging.
„Ja, mein Lieber – Klagen, Beschwerden, Bittbriefe, verzweifelte Appelle. Ihr werdet doch nicht im Ernst glauben, daß Euer Verbot, sich an Uns zu wenden, einen in Todesgefahr schwebenden Menschen davon abhält? Wir sind der Vater aller Christen und haben nicht nur das Recht, sondern die Pflicht, verfolgten Brüdern und Schwestern beizustehen. Verdächtigen, anklagen, foltern, verbrennen – haltet Ihr das für den richtigen Weg, Sünder auf den Pfad der Tugend zurückzuführen? Solchermaßen treibt Ihr die Conversos gerade wieder zurück in den alten Glauben! Was ist schon dabei, wenn ein getaufter Jude ein paar Jahre lang weiterhin den Sabbat feiert? Sein Sohn wird es nicht mehr tun, und seine Enkel sind ebenso gute Christen wie Ihr und wir."
Der Papst war etwas heiser geworden und nahm einen langen Schluck. Cesare schmunzelte in sich hinein und dachte, an dir ist ein Schauspieler verlorengegangen, verehrter Papa. Keiner hier am Tisch wird dir ein Wort glauben, ausgenommen vielleicht dieses dürre bigotte Gespenst. Torquemada war wie betäubt. Da der Papst trank, tat er dasselbe. Ein Diener schenkte nach. Die Tischrunde nahm ihre Gespräche wieder auf, aber die Worte erreichten sein Ohr nur als an- und abschwellendes Gesumm. Giulia Farnese sagte etwas. Er verstand es nicht und beugte sich vor.
„Ich wollte Euch nur fragen, ob es mehr Ketzerinnen als Ketzer gibt, und ob man auch junge Frauen verbrennt?"
Eine ernsthafte Frage verdient ernsthafte Antwort, doch die Zunge gehorchte ihm nicht mehr. So sprach Torquemada ganz langsam, froh, daß diese Dame sein Streben würdigte.
„Also, Doña Julia, natürlich gibt es auch Frauen – Frauen, die – die in Irrtum verfallen – will sagen – rückfällig werden – oder anfällig für falsche Lehren – und da kann man – da muß das Heilige Offizium – muß – muß mit gleicher Strenge und Härte – und – und..."
Lucrezia klatschte in die Hände.
„Schluß jetzt mit diesen Ketzergeschichten! Das kann Seine Heiligkeit ein anderes Mal mit Don Tomas erörtern – nicht wahr?"
Der Papst nickte eifrig zu den Worten seines Augensterns. Sie hatte ja recht – so recht. Er hätte diesen Menschen nicht einladen sollen, weil er allen die Laune verdarb.

„Ein guter Gedanke, Lucrezia! Besser ihr beiden singt uns jetzt etwas vor."
„Gerne!" sagten die jungen Frauen wie aus einem Mund und sofort reichte ein Diener Lucrezia die Laute. Spielerisch griff sie in die Saiten.
„Es werden bald zwei Jahre, daß Lorenzo de Medici diese Welt verlassen hat. Er war nicht nur ein großer Staatsmann, auch als Dichter konnte er sich mit den besten messen."
Sie blickte ihre Freundin an, nickte und begann eine einfach Melodie. Giulias schöne geübte Stimme füllte den Raum.

> *Bacchus hier sein Liebchen findet,*
> *Beide schön, in Liebesflammen.*
> *Ob die Zeit voll Trug entschwindet,*
> *Bleiben sie beglückt beisammen...*

Dieser Gesang von Liebeslust und schnell verrinnender Zeit setzte sich in mehreren Versen fort, und jeder davon war eine Aufforderung zum Lebensgenuß. Das Lied endete:

> *Jeder spiele, singe, tanze!*
> *Daß vor Freude brennen Herzen!*
> *Keine Mühe, keine Schmerzen.*
> *Das was sein muß, soll geschehen...*

Torquemada nahm den Sinn des dionysischen Liedes nicht mehr auf. Die Gesichter der Menschen verschwammen vor seinen Augen, die süßen Töne der Laute klangen grell und schmerzhaft in seinen Ohren.
„Aufhören – aufhören!" schrie er, aber es war nur ein heiseres Flüstern. Ihm wurde plötzlich übel, der Tisch begann sich zu drehen wie ein Schicksalsrad, die Menschen mit ihm, und es wirbelte sie hinauf zur vergoldeten Kassettendecke, und sie stürzten wieder hinab, und auch er stürzte – stürzte ins Dunkel.
Kardinal Farnese, der trinken konnte wie ein Faun und auch so aussah, bemerkte trocken: „Der Großinquisitor ist unter den Tisch gefallen."
„Schafft ihn hinaus!" befahl Cesare knapp.
Der Papst blickte schmunzelnd den Dienern nach, die ein stöhnendes und vor sich hinlallendes Bündel in der schwarz-weißen Dominikanerkutte hinausschleppten.

„Bringt ihn in ein abgelegenes Gästezimmer! Dort werde ich ihn einige Tage schmoren lassen und ihn mir dann vornehmen."
Wenige Minuten später war der Großinquisitor von Kastilien und Aragon vergessen.

38

Joseph Marco hatte allmählich das Zeitgefühl verloren. Hier gab es keinen Wechsel der Jahreszeiten, nichts in der Natur wies darauf hin, daß sich etwas veränderte. Tag um Tag schien die Sonne, fielen kurze heftige Regenschauer, die vorübergehend etwas Kühlung brachten, aber es gab keine starken Temperaturschwankungen. Er hatte sich einen primitiven Kalender zurechtgemacht und vergaß während der ersten Wochen kein einziges Mal, den neuen Tag anzustreichen, dann kam die Schnupfenepidemie, er hatte viel mit den Kranken zu tun, vergaß einen Tag, dann den nächsten, holte es nach und plötzlich kam er durcheinander. Wie viele Tage waren nachzutragen? Vier, fünf oder gar sechs! Auch Diego de Harana führte einen Kalender, und ihm ging es genauso. Sie wußten zwar noch, welcher Monat angebrochen war, aber nicht mehr genau den Tag.
Als Joseph ihn eines Morgens fragte, meinte Harana, es müsse der zwölfte oder dreizehnte Juli sein, während es nach seiner Rechnung etwa der zehnte war.

Zwei Tage später ließ Harana ihn mitten in der Nacht holen. Huanica schlief an seiner Seite und blickte verstört auf den Boten. Der zuckte die Schultern.
„Ich kann Euch nicht sagen, um was es geht, aber es ist außerordentlich dringend."
Er beruhigte Huanica mit dem Hinweis, es könne sich nur um eine plötzliche Erkrankung handeln.
„Ich begleite dich!"
„Nein, Huanica, bleib liegen und hüte mein Haus."
Diego de Harana empfing ihn mit bleichem Gesicht.

„Ihr wißt, daß ich neuerdings unsere Schatztruhe Tag und Nacht bewachen lasse und Jacomo Rico dafür die Verantwortung übertragen habe. Er ist Genuese wie Don Cristobal und unbedingt vertrauenswürdig. Gestern abend übernahm er die Aufsicht und sollte gegen Mitternacht abgelöst werden. Er wunderte sich noch, daß gleich zwei Männer erschienen und beide ihre Hüte tief ins Gesicht gezogen hatten. Da sah er schon einen Dolch blitzen, doch Rico war schneller und schoß den einen nieder. Der andere sprang durchs Fenster ins Freie und verschwand in der Nacht. Der Verletzte liegt nebenan – er ist einer von Escobedos Leuten, kann aber nicht mehr sprechen. Rico bewacht ihn."
Die Kugel hatte den Mann oberhalb des Herzens getroffen und vermutlich wichtige Gefäße verletzt. Er atmete schwer und unregelmäßig mit offenem Mund und verdrehten, halbgeschlossenen Augen.
Joseph erhob sich.
„Da ist nichts mehr zu machen – ich gebe ihm höchstens noch eine Viertelstunde."
„Und es gibt keine Möglichkeit, ihn für kurze Zeit zum Sprechen zu bringen?"
„Ich kann's versuchen..."
Er lief zu seiner Hütte, holte das Salmiakfläschchen und bat Harana, dem Verletzten mehrmals laut seinen Namen ins Ohr zu rufen. Sie richteten den Mann auf, und Joseph hielt ihm die geöffnete Phiole dicht unter die Nase. Da verzog sich sein Gesicht, und als er immer wieder seinen Namen hörte, schlug er die Augen auf.
„Wer hat dich geschickt? Wer? Wer?"
Er öffnete den Mund, holte tief Atem und flüsterte etwas. Harana beugte sich nieder.
„Noch mal! Wiederhole es!"
„Wir sollten ihn jetzt in Ruhe lassen", meinte Joseph.
Harana richtete sich auf.
„Diesmal war es sehr deutlich: Don Rodrigo!"
Jacomo Rico nickte, als hätte er nichts anderes erwartet.
„Also Escobedo. Ihr müßt ihn sofort festnehmen lassen. Der Überfall war ein Anschlag auf königlichen Besitz. In der Schatztruhe wird der Kronanteil aufbewahrt, der Fall ist eindeutig."
„Das weiß ich selbst!" sagte Harana ärgerlich, „aber wir sind nicht in Spanien, wo man nur die Stadtmiliz zu rufen braucht. Ich könnte Escobedo noch heute hängen lassen und wäre dabei völlig im Recht. Aber wie

werden die anderen reagieren? Gutierrez und Escobedos Leute? Sie werden versuchen, ihren Kopf aus der Schlinge zu ziehen, und alle Zeugen umbringen. Mich, Euch, Rico und jeden, der zu uns hält. Da heißt es sorgsam abzuwägen, mein Lieber. Escobedos Todesurteil könnte leicht zu unserem eigenen werden."

„Was wollt Ihr tun?" fragten Joseph und Rico wie aus einem Mund.

„Den Fall im Protokoll festhalten, mit Euch und Jacomo Rico als Zeugen. Ansonsten stillschweigen! Der Angreifer war sofort tot, der andere ist unerkannt entkommen. Keine Verdächtigungen, keine Vermutungen, keine Namen. Wenn wir Don Cristobals Ankunft noch erleben wollen, bleibt uns kein anderer Weg."

Bei Tagesanbruch ließ Harana die kleine Glocke auf dem hölzernen Festungsturm läuten. Von den neununddreißig Männern waren inzwischen zwei an Fieber gestorben und fünf bei räuberischen Streifzügen umgekommen.

Harana trat auf die Balustrade.

„Meine Herren, ich möchte Euch allen Kenntnis geben von einem nächtlichen Überfall auf den Kronschatz. Dem Bewacher Jacomo Rico ist es gelungen, einen der Angreifer zu töten, der andere entkam unerkannt. Wer von Euch ähnliche Pläne hegt oder vorbereitet, dem sei gesagt, daß der Schatz künftig von zwei Männern bewacht wird – Tag und Nacht."

Harana wandte sich ab, doch eine Stimme rief: „Den Namen! Nennt den Namen des Räubers!"

„Seht ihn Euch selbst an! Ich lasse ihn herausbringen und falls er Freunde hat, können sie ihn irgendwo verscharren. In Spanien landen Menschen seiner Art am Schindanger."

Rodrigo de Escobedo grinste einfältig. Ein Glück, daß der Tölpel sofort tot war und nicht mehr reden konnte. Man würde es eben nochmals versuchen müssen – auf andere Weise. Vielleicht ließ sich eine der Wachen bestechen? Gutierrez wollte von solchen Dingen leider nichts wissen, er versuchte sein Glück lieber draußen bei den Indios, auch wenn es von Mal zu Mal schwieriger wurde.

Recht besehen gab es inzwischen schon vier Parteien unter den verbliebenen zweiunddreißig Siedlern von Navidad. Zehn Männer hielten fest zu Diego de Harana, darunter der Dolmetscher Luis de Torres, der Zimmermann Alonso Morales, Jacomo Rico und seine drei Wächter und natürlich der Arzt Joseph Marco. Eine zweite kleine Gruppe hielt sich aus allem heraus, der Rest bekannte sich zu Escobedo oder Gutierrez, die nun auch getrennte Wege gingen, aber nach den Ereignissen dieser Nacht wieder Fühlung aufnahmen.

Gutierrez machte den Anfang.

„Kann ich ein paar Worte mit Euch sprechen, Don Rodrigo?"

„Gut, kommt in mein Haus."

Er mußte zuerst zwei Indiofrauen hinausscheuchen, doch die lachten nur frech und ließen sich Zeit. Gutierrez grinste anzüglich, worauf Escobedo eifrig versicherte: „Das wird sich ändern, sobald wir hier das Heft in der Hand haben. Dann werden wir diesem Volk schon Beine machen!"

„Noch ist es nicht so weit, und jetzt zu dem, was heute nacht geschah. Ihr dürft Harana nicht unterschätzen, Don Rodrigo. Auch wenn Euer Mann zum Glück nicht mehr reden konnte!"

„Was sagt Ihr da? Woher wollt Ihr wissen, daß ich etwas damit zu tun habe?«

Gutierrez blieb ungerührt.

„Es ist ein Fehler, andere für dümmer zu halten, als man selbst ist. Harana weiß natürlich, daß Ihr dahintersteckt, und ich möchte Euch dringend davor warnen, es ein zweitesmal zu riskieren. Er kann Euch dann sofort hängen lassen oder warten, bis der Admiral zurückkommt, und dann sieht es auch nicht besser aus. Wenn wir an den Goldschatz heranwollen, dann gemeinsam und auf andere Weise."

Ein schlaues Lächeln trat in sein mürrisches Gesicht. Escobedo, der sich seiner eigenen Unterlegenheit bewußt war, versuchte aufzutrumpfen.

„Da bin ich aber neugierig!"

„Kann uns hier jemand belauschen?"

„Nicht so lange meine Indioweiber vor der Tür hocken."

Gutierrez nickte.

„Gut, also hört jetzt zu. Auch wenn Harana nichts Greifbares gegen uns in der Hand hat, so müssen wir mit Unannehmlichkeiten rechnen. Er wird von unseren Streifzügen berichten, von den Klagen der Indios, von unserer Absicht, auf eigene Faust an das Gold heranzukommen, und der *cacico* Guacanagari wird alles bezeugen. Es heißt, daß dieser Indiohäuptling immer wieder fragt, wann sein lieber Freund, der Admiral, endlich zurückkehrt, um Ordnung zu schaffen. Ich sehe da nur einen Weg, um unseren Hals und unser Gold zu retten, zugleich aber an Haranas Schatz zu gelangen: Wir müssen *cacico* Caonabó dazu aufreizen, Harana und seine Leute umzubringen. Dann sind wir die lästigen Zeugen los, sichern uns den Schatz und können uns in Ruhe eine Geschichte für Don Cristobal ausdenken, die uns als Helden und die Toten als Märtyrer darstellt. Ich habe es schon so ungefähr im Kopf. Wir werden sagen, daß Caonabó unseren Tauschhandel mit Guacanagaris Leuten zu unterbinden suchte, weil er Angst hatte, zu kurz zu kommen. Als ihm dies nicht gelang, beschloß er, Navidad anzugreifen, um sich die begehrten Dinge mit Gewalt anzueignen. Ihr und ich waren unterdessen – natürlich mit Haranas Erlaubnis – auf einer Exkursion und fanden bei unserer Rückkehr die Kameraden hingemordet und beraubt. Guacanagari wird sich heraushalten, weil sein feindlicher Nachbar mächtiger ist, aber er wird sich mit Freude einer Strafexpedition anschließen, die der Admiral zweifelsohne gegen Caonabó veranstalten und die diesen *cacico* den Kopf kosten wird. Dann hat jeder seinen Teil und wir, der Admiral sowie Guacanagari können zufrieden sein."

Escobedo hatte aufmerksam zugehört.

„Die Geschichte klingt gut, aber eines habt Ihr nicht erwähnt: Wie kommen wir an Haranas Tag und Nacht bewachten Schatz heran?"

„Verzeiht, das habe ich vergessen. Wir werden natürlich nicht – wie wir es dem Admiral erzählen – auf einer Exkursion sein, sondern hier in Navidad, während Caonabós Überfall erfolgt. Daß wir mit ihm verbündet sind, wird Harana zwar bemerken, aber dann ist es zu spät."

In seiner Habgier und Einfalt sah Escobedo nicht die vielen Fragezeichen hinter diesem Plan. Würde Caonabó, der mit Gutierrez und ihm die schlimmsten Erfahrungen gemacht hatte, auf diesen Vorschlag eingehen? Wenn ja, bestünde dann nicht die Gefahr, daß er zuerst gemeinsame Sache machte, zuletzt aber alle Spanier tötete? Hatte nicht der schlaue, brutale und habgierige Gutierrez auch Escobedos Vernichtung im Sinn, weil er dann das Gold nur noch mit wenigen teilen mußte? Rodrigo de Escobedo stellte sich diese Fragen nicht. Er hielt den Plan für klug, stichhaltig und durchführbar, und es gelang ihm, auch seine Leute dafür zu begeistern. Sie alle wußten um ihre Gefährdung, solange Harana und seine Parteigänger lebten, und es schien ihnen weit sicherer, sie aus dem Weg zu haben.

Jeder in Navidad spürte, daß Unheil in der Luft lag, und aus den vier Gruppierungen wurden in wenigen Tagen zwei. Escobedo und Gutierrez taten sich wieder zusammen, und wer bisher neutral gewesen war, sah sich nun genötigt, Partei zu ergreifen. Von den vier Neutralen schlossen sich zwei Diego de Harana an, die beiden anderen schwenkten zu seinen Gegnern über.

„Ich bin ganz froh darüber", sagte Harana, als er mit Joseph vor dessen Hütte saß. Huanica köchelte irgend etwas Wohlriechendes zusammen, ihre zwei Kinder spielten am Flußufer.
„Froh worüber?"
„Daß die Fronten klar sind. Zwar sind wir in der Minderheit, aber bei den anderen gibt es einige Sauf- und Raufbolde, auf die kein Verlaß ist. Bald werden sie sich wieder entzweien, und ich werde diese Entwicklung insgeheim fördern."
Joseph zuckte die Schultern.
„Pack schlägt sich, Pack verträgt sich. Wie Ihr schon sagtet: Für uns kommt es darauf an, die Zeit bis zu Don Cristobals Rückkehr zu überstehen. Bis dahin dürfen wir uns nicht die geringste Nachlässigkeit erlauben."
Harana nickte.
„Ich bin zuversichtlich und hege noch eine Hoffnung."
„Heraus damit!"
„Daß Ihr mich heute zum Abendbrot einladet..."
„Ist mir eine Ehre, Don Diego."
Pedro Gutierrez war klug genug, um zu wissen, daß er für den einfältigen Escobedo mitdenken mußte. Um ja nichts falsch zu machen, überlegte er tagelang, auf welche Weise er mit dem *cacico* Caonabó in Verbindung treten könnte. Von seinen Leuten beherrschte nur ein einziger halbwegs die Indiosprache, die er so schnell erlernt hatte wie ein Kind, das er leider auch im Geiste war. Ihn allein verhandeln zu lassen, war undenkbar, und so dachte Gutierrez sich folgendes aus. Der Dolmetscher sollte sich zusammen mit zwei kräftigen jungen Männern auf dem schnellsten Weg in das Gebiet des *cacico* Caonabó begeben, möglichst unbewaffnet, und bei jeder Begegnung mit Indios die friedliche Absicht betonen. Mit dem *cacico* sollte dann ein Treffpunkt vereinbart werden, wo er und Escobedo in Ruhe mit ihm verhandeln konnten. Escobedo? Nein, lieber doch nicht. Der Dummkopf konnte mehr schaden als nützen, und am Ende war es besser, er wußte so wenig wie möglich. Nein, nur er und der Dolmetscher würden die Verhandlung führen. Escobedo konnte notfalls später ausgeschaltet werden. Dio mio – das viele Gold! Gold! Gold! Zwar wußte Gutierrez nicht genau, wieviel Harana schon gesammelt hatte, aber einige *arrobas* (arroba = 11,5 kg) konnten es schon sein. Und die mußte er nur durch zehn teilen, wenn es gelang, Escobedo und seine Leute...

Freilich, wenn der Admiral ankam, durften sie nicht mit leeren Händen dastehen. Die Krone würde ihren Anteil bekommen, sie mußten nur dafür sorgen, daß dieser nicht zu groß war. In Spanien konnte er sich dann Land kaufen und das Leben eines Hidalgo führen, vielleicht würde der König seinem getreuen Kammerherrn noch etwas zuschießen. Dann hatte sich das Abenteuer gelohnt. Nur die Klugen überleben. Einfaltspinsel wie dieser Escobedo sind zum Scheitern verurteilt. Natürlich müßte er später seine Untaten beichten, damit ihm die Hölle erspart blieb. Zum Glück gab es ein Beichtgeheimnis, und eine saftige Spende würde auch den Pfarrer milder stimmen. Mit Gold läßt sich alles regeln, und am Ende war es sogar der Schlüssel zum Paradies: Gold! Gold!

Der Dolmetscher kehrte schon einen Tag eher zurück, als vorausberechnet. Der *cacico* Caonabó hatte ihn sehr ehrenvoll empfangen und war sofort zu einem Treffen mit Gutierrez bereit, den er bitte, alle seine Anhänger mitzubringen, um dann gemeinsam einen Plan zu entwerfen. Gutierrez triumphierte und aus seinem Gesicht wich für Stunden der mürrische Zug.

Zu Escobedo sagte er: „Der *cacico* hat mich zu einer Besprechung geladen! Das ist der erste Schritt, Don Rodrigo, es geht alles nach unseren Wünschen. Es dürfte nicht schwer sein, diesen kriegerischen Fürsten zu einem Überfall auf Navidad zu überreden. Vielleicht genügt es schon, wenn ich ihm sage, daß hier ein Sack mit bunten Glasperlen liegt. Wir müssen nur rechtzeitig den Schatz in Sicherheit bringen."

Escobedo schöpfte nicht den geringsten Verdacht, schien sogar froh, daß Gutierrez die schwierigen Verhandlungen auf sich nahm. Als er daran dachte, daß diese Pläne Diego de Harana und seine Männer in den sicheren Tod trieben, beruhigte er sich mit der Vorstellung, nur aus Notwehr zu handeln. Entweder die oder wir!

Gutierrez brach mit seinen zwölf Mann in den Dschungel auf, geführt von einigen Kriegern des *cacico* Caonabó. Drei Tage später betraten sie jene Siedlung, die Juan der Späher als 'Stadt' bezeichnet hatte. Hier gab es tatsächlich Holzhäuser mit mehreren Stockwerken, einige gerade verlaufende Straßen, dazwischen große Marktplätze. Am südlichen Stadtrand erhob sich der 'Palast' des *cacico*. Auch er war ganz aus Holz erbaut, aber an seiner Größe und den kunstvollen Schnitzereien über Türen und Fenstern war zu erkennen, daß hier der Herrscher residierte.

Caonabó begrüßte seine Gäste sehr feierlich, umgeben von gebeugten

Würdenträgern, die darauf achteten, niemals ihr Haupt über das des Herrschers zu erheben. Der große schlanke *cacico* wirkte weder jung noch alt. Sein schöngeschnittenes Gesicht war faltenlos, das Haar trug er straff zurückgekämmt, seinen Stirn schmückte ein schmales Band aus kleinen bunten Perlen, über seinen Schultern trug er einen kurzen Mantel aus gewebten Federn. Auf seiner nackten Brust glänzte ein faustgroßer, goldener Talisman, und Gutierrez mußte sich dazu zwingen, nicht dauernd den Blick darauf zu richten.

Als er zu einer Erklärung ansetzte, hob Caonabó die Hand, und der Dolmetscher übersetzte seine Worte: „Geduld, liebe Freunde, Geduld! Zuerst wollen wir uns zu einem Festmahl niederlassen. Danach haben wir genügend Zeit für unsere Verhandlungen."

Die Spanier wurden höflich gebeten, ihre Waffen abzulegen, denn bei einem Freundschaftsmahl sei dies hier üblich. Einige zögerten, doch Gutierrez beruhigte sie.

„Wir müssen diese Leute um jeden Preis für uns gewinnen und dürfen nichts tun, was sie kränkt oder ihren Gebräuchen widerspricht."

Dann wurden sie in den Festsaal geführt, wo sie sich auf Schilfmatten niederließen. Kaum hatten sie Platz genommen, erschien der *cacico* an der Tür, doch sein Aussehen hatte sich verändert. Gesicht und Oberkörper waren mit roten und weißen Streifen bemalt, auf dem Kopf trug er einen hohen martialischen Federschmuck, in der Hand schwang er drohend eine Streitaxt. Mit heller schneidender Stimme sagte er einige Worte, die der Dolmetscher stockend übersetzte.

„Ihr seid meine Gefangenen! Es gibt kein Mahl, denn wir speisen nur mit Freunden. Ihr seid des heimtückischen Mordes und der Vergewaltigung von Frauen angeklagt und werdet für Eure Verbrechen büßen."

Gutierrez sprang auf, doch nun füllte sich der Raum mit bewaffneten Kriegern, und wer nicht sitzen blieb, dem versetzten sie einen Schlag mit der Hartholzkeule. Im Nu waren sie alle gefesselt und warteten verschnürt wie Bündel auf ihr Schicksal. Gutierrez, von dem Keulenschlag noch halb betäubt, erschien es wie ein böser Traum. Das mußte doch ein Irrtum sein! Der *cacico* wußte ja gar nicht, was sie planten!

Er versuchte, sich aufzurichten, aber er war an Armen und Beinen gefesselt und konnte nur mühsam den Kopf heben. Vor der Tür saßen fünf Krieger mit Lanzen und Äxten, neben den drei Fenstern standen sechs weitere und ließen die Gefangenen nicht aus den Augen. Ein leises Weinen war zu hören, manchmal ertönte ein unterdrückter Fluch.

Pepito, einer der Schiffsjungen und noch fast ein Kind, hatte sich in letzter Minute der Gruppe um Gutierrez angeschlossen, weniger aus Goldgier, eher aus Neugierde und Erlebnishunger. Nun, da es so böse geendet hatte, mußte er weinen und konnte es nicht abstellen, so sehr er sich auch bemühte. Er hatte doch keinen Anteil an den grausamen Taten, die der *cacico* ihnen vorwarf, war nie bei den Streifzügen dabeigewesen, und jetzt... Immer wieder vom Schluchzen unterbrochen, begann er zu beten: Ave Maria, Paternoster, Credo, Bitt-, Ablaß- und Sterbegebete, was ihm gerade einfiel, und wo er nicht weiter wußte, fing er ein neues an.
Einer der Indios an der Türe rief etwas.
„Du sollst still sein", übersetzte der Dolmetscher.
„Jawohl", sagte Pepito gehorsam, „jawohl, jawohl."
Nach Sonnenuntergang kamen einige Indiofrauen und verteilten warme Brotfladen, die sie den Gefangenen stückweise in den Mund stopften. Danach erhielt jeder einen Becher Wasser an die Lippen gesetzt.
„Heute bringen sie uns jedenfalls nicht mehr um", sagte Gutierrez halblaut.
„Ein paar Stunden hin oder her", tönte eine Stimme aus dem Dunkeln.
„Das haben wir alles dem Señor Gutierrez zu verdanken! Und wenn der *cacico* das nicht weiß, muß man es ihm erklären."
„Mitgefangen – mitgehangen!" meinte ein anderer.
So mancher tat in dieser Nacht kein Auge zu, andere wieder schliefen, als wäre nichts geschehen und erwachten nur, wenn die Fesseln ihnen Schmerzen bereiteten.
Am Morgen gab es nur einen Becher Wasser, dann nahm man ihnen die Fußfesseln ab, und sie durften aufstehen.
Von je zwei Wachen eskortiert, geleitete man sie ins Freie, und was sie draußen sahen, nahm ihnen jede Hoffnung. Die ganze Stadt schien auf den Beinen, in dichten Reihen säumten die Menschen den Platz vor dem Palast und ließen nur ein kleines Geviert frei, auf dem elf Pfähle in den Boden gerammt waren. Der in der Mitte ragte über die anderen hinaus, um ihn waren mehrere Holzbündel geschichtet.
Pedro Gutierrez begann sich zu wehren, versuchte seine Wachen abzuschütteln und schrie: „Was soll das? Wo ist der *cacico*? Ich wollte mich doch mit euch verbinden gegen Harana, ihr könntet auch schöne Beute machen!"
Ein Keulenhieb traf seinen Kopf, und er sank zusammen.
Aus dem Palasttor kam jetzt der *cacico*, begleitet von einigen Würden-

trägern. Ein Diener stellte einen geschnitzten, mit Fellen bedeckten Sessel auf. Der *cacico* nahm Platz, sein Hofstaat setzte sich auf den Boden zu seinen Füßen. Ein Wink und die Wachen schleppten den halbbetäubten Gutierrez herbei, der stöhnte und schwankte wie ein Betrunkener. Sie mußten zwei Krüge Wasser über seinen Kopf gießen, bis er wieder fähig war, zu sprechen.

„Wolltest du mir etwas sagen? Sage es schnell, du hast nicht mehr viel Zeit!"

Gutierrez nickte eifrig und bat den Dolmetscher um eine wortgetreue Übersetzung, denn es ginge ja um ihrer aller Leben.

„Hoheit, ich bin nicht mit feindlichen Absichten gekommen, sondern weil man uns in der Siedlung nach dem Leben trachtet. Ich wollte Euch um Hilfe bitten, dort ist viel Beute zu machen: bunte Perlen, edle Stoffe, Waffen... Dies alles würde Euch gehören..."

Der *cacico* hob die Hand, der Dolmetscher übersetzte.

Caonabó verzog keine Miene, sagte einige Worte und wandte sich ab, als ginge ihn das alles nichts mehr an.

„Es gehört mir auch so", übersetzte der Dolmetscher.

Die Krieger hatten unterdessen zehn der Männer nackt an die Pfähle gebunden. Ihre Kleider, Waffen und sonstigen Habseligkeiten lagen auf einen Haufen geschichtet am Boden. Sie nahmen sich seltsam aus, diese zehn weißen Körper unter den schönen bronzefarbigen Leibern der Indios – wie bleiche Maden, eben aus der Erde gekrochen und zur Schau gestellt wie Ungeziefer.

Sie rissen Gutierrez die Kleider vom Leibe, zerrten ihn hinauf auf den Holzstoß, wo er – festgebunden – seine Genossen um Manneslänge überragte.

Den Dolmetscher und Pepito, den Schiffsjungen, hatten sie verschont. Die beiden standen da, schauten auf ihre Gefährten, waren hin- und hergerissen zwischen Freude und Entsetzen.

„Ihr beiden", sagte der *cacico*, „seid ausersehen, euren Landsleuten Bericht zu erstatten. Und sagt dem weißen *cacico* in eurer Siedlung, daß es nicht mehr lange dauern wird, bis wir auch dort wieder Ordnung schaffen. Wenn manche von uns meinten, ihr seid weiße Götter, vom Himmel herabgestiegen, so wurden wir bald eines Besseren belehrt. Ihr seid schlimmer als das schlimmste Ungeziefer, ihr nährt euch von Gold, träumt von Gold, mordet für Gold. Das ist wahrlich nicht die Art der Götter, denn ihnen bedeutet Gold nur so viel wie Unrat, wie Kot."

Als der Dolmetscher übersetzen wollte – er hatte ohnehin nur die Hälfte verstanden – gebot der *cacico* Einhalt.

„Diese Botschaft ist für die Lebenden bestimmt. Diesen da sage, daß sie nun von denen gerichtet werden, deren Kinder sie mordeten, deren Frauen sie schändeten, deren Häuser sie ausplünderten und in Brand steckten."

Er übersetzte es, und dann lösten sich Gruppen von Menschen aus der schweigenden Menge – Männer und Frauen. Einige hielten kurze scharfe Steinmesser in der Hand, andere Pfeil und Bogen oder lange Speere. Alles ging ganz ruhig und ohne ein Wort vor sich. Niemand zeigte Haß oder irgendwelche Gefühle – ruhig und schweigend machten sie sich ans Werk. Der Vater des von Gutierrez getöteten kleinen Mädchens band dessen rechte Hand los und schnitt sie langsam mit seinem Obsidianmesser ab, bedächtig wie ein Fleischer, der ein Tier zerteilt. Gutierrez riß entsetzt die Augen auf, stöhnte, schrie und wurde bald von anderen überbrüllt, denen man – ebenfalls langsam und bedächtig – die Geschlechtsteile abschnitt.

Pepito, der Schiffsjunge, sank schluchzend zu Boden, und als auch der Dolmetscher sich abwenden wollte, packte ihn ein Krieger am Haar und zwang seinen Blick in die Richtung des Entsetzlichen. Die bleichen Leiber wanden sich hilflos an den Pfählen, über ihre Schenkel strömte das Blut, sammelte sich in Lachen auf dem dürren staubigen Boden, wo es in der sengenden Tropensonne schnell eintrocknete. Als das Werk getan war, nahm sich jeder der Rächer etwas von den Waffen und Kleidern und verschwand damit in der Menge. Dann stellten sich die Krieger vor den heulenden und ächzenden Männern auf, warfen Speere und schossen Pfeile auf die blutenden Leiber. Nur einen nahmen sie davon aus: Pedro Gutierrez. Er durfte die anderen um einige Minuten überleben, denn erst, als sich keiner der Gerichteten mehr regte, zündete ein Krieger den Holzstoß unter seinen Füßen an.

Gutierrez, schon halb irr vor Angst und Schmerzen, brüllte: „Aber ich bin doch kein Ketzer! Ihr könnt mich doch nicht verbrennen wie – wie – wie..."

Seine Stimme erstarb in einem würgenden Husten.

Während die Flammen seine nackten Beine umzüngelten, kletterte ein Krieger von hinten auf den Holzstoß und hielt ihm eine Handvoll Gold vor die Augen. Nasenpflöcke, Ohrgehänge, Armreifen.

„Tuob!" brüllte er ihm ins Ohr, *„tuob!"*, und als Gutierrez, von den

Flammen versengt, den Mund zu einem Schrei öffnete, stopfte ihm der Mann das Gold so heftig hinein, daß es ihm Lippen und Wangen zerschnitt. Gutierrez rang nach Luft, spie das Gold wieder aus, brüllte, als das Feuer seine Waden und Schenkel erfaßte, brüllte, spie Gold, brüllte und erstickte an einem goldenen Nasenpflock, der in seinen Hals geriet, als er Luft holte.

Drei Tage später kamen der Dolmetscher und Pepito zurück nach Navidad und berichteten Diego de Harana von ihren Erlebnissen. Auch Rodrigo de Escobedo und einige seiner Leute waren zugegen.
Harana hatte seinem Widersacher schon öfter den Untergang gewünscht, doch nicht auf diese Weise. Er war bleich geworden und mußte sich setzen. Dabei blickte er Escobedo an.
„Nun, Don Rodrigo, wie gefällt Euch das? Eigentlich müßte ich Euch und Eure Spießgesellen an den *cacico* Caonabó ausliefern, denn Ihr verdient kein besseres Los. Vielleicht könnte ich die Indios damit versöhnlicher stimmen – was meint Ihr?"
Der faßte es als ernstgemeinte Drohung auf.
„Ihr könnt es ja versuchen – aber seht Euch gut vor! Es wäre klüger, wir würden in einer solchen Lage zusammenhalten."
„Ah, höre ich recht? Warum kam Euer Angebot nicht schon früher? Da haben meine flehentlichen Bitten nicht vermocht, Euch von Euren Streifzügen abzuhalten. Ihr stelltet Euch taub, und Gutierrez mußte nun mit seinen Männern die Suppe auslöffeln. Aber damit ist der Fall leider nicht erledigt, von der Suppe bleibt auch für uns noch genügend übrig, denn Caonabó ließ uns ausrichten, er wolle auch hier Ordnung schaffen. Das heißt, wir müssen Tag für Tag mit einem Überfall rechnen, und wenn wir den ersten und zweiten abwehren, wird es einen dritten geben, und sie werden nicht ruhen, bis sie ihr Ziel erreicht haben. Ihr, Escobedo, habt zusammen mit Gutierrez unsere Pulvervorräte so reduziert, daß sie bald aufgebraucht sein werden. Und was dann? Uns bleiben nur noch Dolche und Schwerter und ein paar Steinschleudern, mit denen kaum einer umgehen kann. Dann stehen wir zwanzig Spanier Hunderten von Indios gegenüber, und jeder von uns kann froh sein, wenn er im Kampf schnell stirbt und nicht enden muß wie Gutierrez und seine Männer. Das ist die Lage, sie läßt sich leider nicht besser darstellen."
Escobedo spürte den Vorwurf.
„Es gefällt mir nicht, daß Ihr Gutierrez und mir alle Schuld zuschiebt.

Schaut Euch doch im Lager um! Kaum ein Mann, der nicht eine Indiofrau in seiner Hütte hat. Und woher kommt der von Euch gehütete Schatz? Doch auch von den Indios, denen Ihr das Gold auf irgendeine Weise abgeluchst habt. Ihr und Eure Leute sind um nichts besser als wir anderen. Da ließe sich der Spieß auch umdrehen! Wir waren es, die den Auftrag des Admirals erfüllten, die Insel Bohito so genau wie möglich zu erkunden. Ihr habt Euch nur im Gebiet des *cacico* Guacanagari herumgetrieben, während wir..."
Harana unterbrach ihn zornig und rief: „Ich weiß, was Ihr tatet – jeder hier weiß es! Ihr habt gefoltert, gemordet, geraubt und vergewaltigt! Und glaubt ja nicht, daß Ihr so billig davonkommt. Sollten wir mit Gottes Hilfe die Zeit bis zur Ankunft des Admirals überleben, dann werdet Ihr und Eure Spießgesellen euch vor einem ordentlichen Gericht verantworten müssen. Und noch eines: Als von Don Cristobal Colon bestellter *capitán* dieser Siedlung befehle ich Euch, Navidad nicht mehr zu verlassen, es sei denn, ich erteile die Genehmigung dazu. Noch Fragen?"
Es gab keine. Escobedo wandte sich schroff ab und ging zu seiner Hütte, gefolgt von seinen Getreuen. Er winkte sie ins Haus.
„Ihr habt Diego de Haranas Ausführungen vernommen und keiner von euch wird so dumm oder sorglos sein, sie nicht ernst zu nehmen. Wie schon Gutierrez es kürzlich gesagt hat: Unser aller Hals steckt in der Schlinge. Wenn wir hierbleiben, schlachtet uns Caonabó ab, und sollte – was sehr unwahrscheinlich ist – der Admiral noch vorher ankommen, dann blüht uns der Galgen oder bestenfalls die Galeere, und das ist nur ein verlängertes Todesurteil. Wir haben also nur die Wahl zwischen alles oder nichts. Darum schlage ich folgendes vor: Jeder von uns kennt eine oder mehrere Indiofrauen aus der Umgebung. Wir überfallen bei nächster Gelegenheit Haranas Wache und nehmen uns den Schatz. Wir teilen die Beute schnell auf und jeder versteckt sich bei seiner Indiofrau. Denen müßt ihr weismachen, daß der große weiße *cacico* sie alle für ihren Mut belohnen wird, wenn er mit vielen schwimmenden Häusern wiederkommt. Harana und seine zehn Mann werden früher oder später von Caonabó getötet werden, und wenn der Admiral hier erscheint, sind nur noch wir da: tapfere Spanier, die bis zuletzt ausgehalten und den Kronschatz gehütet haben. Einen Teil davon müssen wir dann herausrücken, aber als Preis fürs Leben ist das nicht zu hoch."
Dieser einfältige Plan schien allen wie der rettende Strohhalm, nach dem sie sofort griffen.

Escobedo spielte während der nächsten Tage den einsichtigen und gehorsamen Gefolgsmann des *capitán* Diego de Harana und tat doch nichts anderes, als herauszufinden, nach welchem System die Wache für den Schatz eingeteilt wurde. Er befahl seinen Männern, sich mustergültig aufzuführen und, sobald Haranas Mißtrauen sich gelegt hatte, ihre Beteiligung an der Bewachung anzubieten.
Der im Grunde gutmütige und großherzige Harana fiel darauf herein. Escobedo fand versöhnliche Worte, sprach von der gemeinsamen Verantwortung, schob alle Schuld auf Gutierrez, der ihn erpreßt, gedemütigt und verhöhnt habe, und bat Harana um Verzeihung für seinen Ungehorsam. Jetzt müßten sie alle zusammenhalten, meinte er, um der Gefahr wie ein Mann die Stirn zu bieten, und um es dem *cacico* Caonabó nicht allzu leicht zu machen. Als Escobedo eine Beteiligung am Wachdienst anbot, spürte er sofort Haranas Argwohn.
„Ich kann ja verstehen, Don Diego, daß Ihr jetzt mißtrauisch seid, würde auch niemals verlangen, daß Ihr mich dazu einteilt, aber meine Leute würden sich freuen, wenn Ihr sie dadurch wieder in die Gemeinschaft aufnehmt. Ich sage es noch einmal: Wir müssen jetzt fest zusammenhalten, wenn wir überleben wollen."
Harana sah keinen Grund mehr, die Bitte abzulehnen, um so mehr, als er seinen Hauptwidersacher immer in Gutierrez gesehen hatte. Und es ging gut, eine Woche, auch die zweite, mit der – nach Marcos Berechnungen – der Monat Oktober beginnen sollte. Harana hatte es aufgegeben, einen Kalender zu führen, er wurde in jeder Beziehung nachlässig, weil er Tag um Tag damit rechnete, Caonabós bemalte Krieger jenseits des Flusses auftauchen zu sehen. Dann gelang es Escobedo eines Nachts, zwei von seinen Leuten zur Wache einteilen zu lassen, wobei Jacomo Rico, der Genuese, die Oberaufsicht hatte. Seine letzte Inspektion fand zwei Stunden nach Mitternacht statt, dann ging er zur Ruhe, weil kurz darauf die Ablösung eintraf.
Escobedo pirschte sich mit sieben seiner Anhänger an die Festung heran, während Jacomo Rico den beiden Wachen seinen Rücken zukehrte, um hinauszugehen. Einer warf ihm von hinten eine Schlinge über den Kopf und zog sie fest um den Hals, der zweite sprang ihn von vorne an und stieß ihm einen Dolch in die Brust. Rico gab nur ein leises Ächzen von sich, als er sterbend zu Boden sank. Wenig später erschien Escobedo mit seinen Leuten und noch in der Schatzkammer teilten sie beim Schein einer Fackel das Häuflein Gold unter sich auf. Keiner maulte, als Escobedo

sich einen größeren Anteil nahm; noch immer sahen sie in ihm den königlichen Notar und ihren Anführer.

Als sie die Siedlung auf Schleichwegen verließen, kündigte sich über den dicht bewaldeten Hügeln im Osten der Tag an. Das Flöten, Keckern und Heulen der nachtjagenden Tiere verstummte und machte einer Stille Platz, die um die erste, noch kühle Morgenstunde über dem Land lag.

Beim Wachwechsel entdeckte man den toten Jacomo Rico, doch da waren Escobedo und seine Spießgesellen schon längst in ihren Verstecken, und es wäre sinnlos gewesen, sie aufspüren zu wollen.

Diego de Harana saß nun mit seinen zehn Getreuen in Navidad und flehte Tag um Tag die Ankunft des Admirals herbei.

39

MEHRMALS IM JAHR erstattete der päpstliche Legat in Spanien einen Bericht nach Rom über religiöse und politische Ereignisse in Kastilien und Aragon. Diese Berichte waren sehr persönlich gehalten und gingen direkt an den Papst. Einige Monate nach Torquemadas Rückkehr schrieb der Legat:

Der Großinquisitor hat sich in sein Kloster Santa Cruz zurückgezogen und ist für niemand zu sprechen. Die Ermahnungen Eurer Heiligkeit und die Drohung, bei Ungehorsam die excommunicatio minor *aufrechtzuerhalten, haben offenbar nichts gefruchtet. Von meinen Gewährsmännern habe ich erfahren, daß Torquemadas Inquisitoren überall in Spanien in seinem Sinn weiterwirken, doch dürfte es schwer sein, ihm eine unmittelbare Beteiligung nachzuweisen. Noch immer hält die Königin ihre Hand über ihn, und ich sehe im Augenblick keine Möglichkeit, dies zu ändern. Torquemada ist alt und gebrechlich geworden und die Reise nach Rom hat ihm, wie man hört, ziemlich zugesetzt. Wir können nur hoffen, daß Gott sich dem Urteil Eurer Heiligkeit anschließt und den Geist dieses starrsinnigen Fanatikers beugt oder – noch besser – seinen gewiß gutgemeinten, aber schädlichen Übereifer bald mit der Aufnahme in die himmlische Herrlichkeit belohnt.*
Kastilien steht derzeit ganz im Zeichen der neuen Reise unseres Columbus, von der die Königin (der König verhält sich nach wie vor reserviert) sich viel erhofft und die von großer Bedeutung für die gesamte Christenheit werden kann. Eure Heiligkeit haben vor kurzem den spanischen Königen das Herrscheramt über alle künftigen, neu zu entdeckenden Länder zuerkannt, und ich habe dafür Sorge getragen, daß Columbus eine Abschrift dieser Bulle mit auf die Reise nimmt.

Alexander hob die Hand und sofort unterbrach sein Sekretär die Lesung.
„Wieviel ist es noch?"
„Noch dreieinhalb Seiten, Eure Heiligkeit."
„Wir möchten jetzt etwas ruhen und den Rest später hören."
Papst Alexander lehnte sich in seinem Sessel bequem zurück. Er spürte, wie der Name Columbus seinen Geist anregte und beflügelte. Das war ein Mann nach seinem Herzen: zielbewußt, unbeirrbar, starrsinnig und hochmütig, wo es angebracht war, aber auch wendig und kompromißbereit, wenn es seiner Sache diente. Da war schon eine gewisse Ähnlichkeit mit César, der auch nicht ruhen und rasten würde, bis er den Kardinalspurpur ablegen und sich mit dem Harnisch des Feldherrn wappnen durfte.
Das wird geschehen, Söhnchen, dachte der Papst, aber noch nicht jetzt. Nimm dir ein Beispiel an Columbus, der hat ein halbes Leben darauf warten müssen, seine Pläne zu verwirklichen.
Aber es gibt auch Ungeduldige, die nicht warten können und wollen, die Fanatiker, auch sie unbeirrbar, aber keineswegs zu Kompromissen bereit. Diese beiden Dominikaner etwa, Savonarola und Torquemada. Der eine predigt einer ansonsten in Luxus und Wohlleben schwelgenden Stadt Buße und Einkehr und scheut sich nicht, die römische Kurie aller denkbaren Laster anzuklagen. Der andere predigt nicht, sondern ist dabei, Spanien auf eine Weise zu säubern, die man mit dem besten Willen nicht mehr christlich nennen kann. Und er beugt sich nicht, ist unbestechlich und unbelehrbar.
Alexander mußte über sich selbst lächeln, als er an seine Versuche dachte, den Starrsinn des Großinquisitors zu brechen. Eine volle Woche hatte er ihn warten lassen, eingeschlossen in das gerade noch für Franziskaner geeignete kleinste und bescheidenste Gästezimmer im Vatikan, bewacht von zwei Gardesoldaten wie ein Verbrecher. César hatte vorgeschlagen, etwas von dem schon öfter bewährten Mittel in Torquemadas Wasserkrug zu mischen, aber das lehnte Alexander ab. Eine solche Ehre erwies man nur wirklichen Gegnern, die Namen wie Sforza, Conti oder Orsini trugen, denn da hieß es – die oder wir. Aber Menschen wie Savonarola oder Torquemada standen haushoch unter ihm, dem Pontifex Maximus, dem Stellvertreter Christi auf Erden. Und dennoch kostete es viel Kraft und Aufwand, sie zu besiegen. Eine Bestechung hatte er versucht, war aber in beiden Fällen gescheitert. Savonarola hatte er ein Bi-

schofsamt angeboten, Torquemada einen Kardinalshut, und das auch nur auf Césars dringendes Anraten, denn er, Alexander, hatte ein Scheitern vorausgeahnt. Diese beiden Dominikaner waren nicht zu kaufen, nicht zu beeinflussen, nicht zu biegen – sie mußten gebrochen werden. Im Fall des Florentiners konnte man sich notfalls Torquemadas Methoden bedienen und dem eifrigen Bußprediger einen Ketzerprozeß anhängen, denn wer den Stellvertreter Christi lästert, handelt ketzerisch. Auf dem Weg zum Scheiterhaufen würde ihm keiner mehr beistehen, am wenigsten die Florentiner. Der Fall Torquemada war schwerer zu lösen, weil hinter dem finsteren Asketen die Macht der Katholischen Könige stand. Aber auch er würde besiegbar sein, wie jeder, der den Papst zum Gegner hatte.

Dieser Gedanke machte Alexander wieder fröhlich, und er griff nach der Glocke. Ein Diener öffnete die Tür.

„Laß bei Donna Giulia anfragen, ob sie Uns beim Mittagsmahl Gesellschaft leisten will."

Dann rief er den Sekretär und diktierte ein Schreiben an Columbus.

Euch, dem Vizekönig und Admiral, Don Cristobal Colon, wünschen Wir für Eure Expedition Gottes und Seiner Heiligen Beistand und erteilen Euch dazu Unseren apostolischen Segen.
Alexander ppa.

Columbus erhielt das päpstliche Schreiben vier Tage vor seiner Abreise, und es machte ihn stolz und glücklich, ließ ihn die Widrigkeiten der letzten Monate vergessen.

Das 'Amt für Indische Angelegenheiten', an dessen Spitze der Geizkragen Juan de Fonseca stand, hatte ihm Stein um Stein in den Weg gelegt, und es kostete ihn, trotz der Unterstützung der Königin, viel Kraft, sie wegzuräumen. Isabella wußte recht gut, daß ein Mann wie Columbus eine Institution brauchte, die sein Ungestüm zügelte. Ohne den knausrigen Fonseca hätte die Expedition das Fünffache gekostet, und darum griff die Königin nur in den schlimmsten Fällen korrigierend ein. Man hatte sich nun auf siebzehn Schiffe geeinigt, die rund zwölfhundert Mann nach Hispaniola bringen sollten. Darunter waren Bauern, Handwerker, Experten für Brückenbau und Bewässerungsanlagen sowie zwei Priester und einige Laienmönche, dazu eingesetzt, heidnische Indios in spanische Christen zu verwandeln.

Auf seiner Reise nach Cadiz machte Columbus im Kloster La Rabida halt, um seinem Freund und Gönner Juan Perez einen Besuch abzustatten. Der Prior wirkte mit seiner stämmigen mittelgroßen Gestalt, dem fast kahlen Schädel mit den hellen Augen im faltenlosen Gesicht wie ein etwas älterer Bruder des Admirals. Sie umarmten sich schweigend, dann sagte Columbus: „Zuerst muß ich in die Kirche, um unserer 'Señora de los Milagros' mein Geschenk zu überreichen."
Columbus kniete vor dem Altar nieder, sprach ein kurzes Dankgebet und legte der kleinen Alabasterstatue einen prachtvollen indianischen Goldschmuck zu Füßen.
Angeregt plaudernd gingen sie ins Kloster zurück, setzten sich im kühlen Kreuzgang auf eine Bank.
„Wollt Ihr auch diesmal in Palos Leute anheuern?"
„Warum nicht?"
„Ihr seid dort nicht überall gerne gesehen. Die Pinzon-Sippe hat dafür gesorgt, daß Euer Name – nun, etwas anrüchig geworden ist. Der verstorbene Kapitän Marin Pinzon steht nun als Märtyrer da, als Opfer Eurer Willkür und auch als der einzig fähige nautische Führer der Expedition. Ich weiß, daß nichts davon stimmt, aber so reden die Leute eben."
Columbus blieb gleichmütig.
„Es war Martin Pinzons und seiner Familie Glück, daß er kurz nach der Ankunft starb. Ich hätte ihn sonst wegen Meuterei und Hochverrat vor ein königliches Gericht stellen müssen."

Dennoch ritt Columbus am nächsten Tag nach Palos und sah bald, daß sich nicht alle Türen vor ihm verschlossen. Juan Niño, Eigentümer der ruhmreichen Karavelle 'Niña' zog ihn sofort in sein Haus und küßte ihm die Hand.
„Don Cristobal, verfügt über mich, mein Schiff und alle seetüchtigen Träger unseres Namens!"
Das sprach sich schnell herum, und viele Seeleute wollten auf einem der Schiffe anheuern. Columbus überließ Juan Niño die Auswahl und ritt weiter nach Cadiz, der wunderschönen Stadt, die auf ihrer schmalen Halbinsel einem schlanken Schiff glich, das mit seinem Bug kühn in die Fluten des Ozeans stach.
Vierzehn Schiffe der Expeditionsflotte lagen schon im Hafen, die restlichen drei wurden bis Anfang September erwartet. Das Admiralsschiff hieß 'Santa Maria', wie schon auf der ersten Reise, doch es war um

einiges größer und trug hohe Aufbauten mit mehreren Kajüten.
Seine Ankunft hatte sich schnell herumgesprochen, und viel Volk strömte am Hafen zusammen. Da und dort ertönten Hochrufe: *„Viva el almirante! Viva! Viva!"*, aber es mischte sich auch gutmütiger Spott darunter. „Bring uns ein paar hübsche Indiofrauen mit! Die Säcke mit Gold kannst du in Cadiz lassen!"
„Wie Ihr seht, seid Ihr sehr populär, Don Cristobal", sagte Antonio de Torres, Eigentümer der 'Santa Maria'. Doch die abergläubischen Seeleute wehrten sich gegen diesen Namen. Der Steuermann trug ihre Bedenken vor: „Sie sehen es als schlechtes Omen, weil die erste 'Santa Maria' drüben gestrandet ist. Viele meinen, die Gottesmutter habe damit ein Zeichen geben wollen..."
Columbus nahm solche Bedenken ernst und sagte spontan: „Nun, gut, Steuermann, sagt der Mannschaft, unser Admiralsschiff heißt von nun an 'Mariagalante' – die *virgen* wird uns diese kleine Namensänderung verzeihen und sie bedeutet ja auch, daß wir auf ihre gnädige Hilfe hoffen."
Die Abreise wurde endgültig auf den 25. September festgelegt, was Columbus auf der letzten Kapitänsversammlung bekanntgab.
„Und keinen Tag später, meine Herren! Die Siedler in Navidad erwarten uns schon ungeduldig, und ich möchte unbedingt noch in diesem Jahr dort ankommen."

Als Columbus in Cadiz diese Rede hielt, hatten die Siedler in Navidad ihre Hoffnung auf Rettung bereits aufgegeben.
Der Arzt Joseph Marco hielt noch immer an dem Brauch fest, den jeweiligen Tag im Kalender abzustreichen, wußte aber, daß sich ein Unsicherheitsfaktor von mindestens fünf Tagen eingeschlichen hatte.
Diego de Harana zuckte nur die Schultern.
„Was bedeutet das jetzt noch? Ob wir den 15. Oktober schreiben oder den 20. ist ohne Belang. Draußen lauern die Krieger des *cacico* Caonabó, und wir dürfen raten, wann sie uns abschlachten werden – heute, morgen oder erst in zehn Tagen?"
Daß sie ohne Lebensgefahr ihre Siedlung nicht mehr verlassen konnten, hatten sie vorgestern gesehen. Alonso Morales, der Zimmermann, war im Morgengrauen hinausgeschlichen, um für dringende Ausbesserungsarbeiten einen Baum zu fällen. Eine Stunde später flog ein in Palmenblätter eingewickeltes Paket über den hölzernen Festungszaun: Es war der abgeschnittene Kopf des armen Morales.

Freilich, sie waren gerüstet. Sämtliche fünf Arkebusen lagen geladen bereit, die kleine Bombarde stand auf ihrem hölzernen Podest, und wer eine Pistole besaß, trug sie ständig bei sich. Harana hatte angeordnet, daß jede Indiofrau aus dem Lager verschwinden müsse, und Joseph kostete es viel Mühe, dies Huanica begreiflich zu machen – ihr und ihren Kindern, die sich häufig in Navidad herumgetrieben hatten und ihn schon als eine Art Vater ansahen.
„Es ist ja nicht für immer", hatte er zu erklären versucht. „Sobald der Admiral mit vielen schwimmenden Häusern eingetroffen ist, haben wir Caonabó nicht mehr zu fürchten und dann kannst du wieder zu mir."
Es war nicht die Art der Indios, in Tränen auszubrechen oder laut mit dem Schicksal zu hadern. Beim Abschied fragte Huanica: „Und wenn euer Admiral weiße Frauen mitbringt? Willst du mich dann noch haben?"
„Du bist meine Frau, ich brauche keine andere."
Sie nickte zufrieden und ging langsam und würdevoll zum Tor, drehte sich um, winkte einmal kurz und verschwand.
Harana versuchte diese Maßnahme zu erklären: „Ich habe das getan, um Guacanagari zu zeigen, daß wir seine Wünsche respektieren. Er hat es nie gerne gesehen, wenn die Frauen seines Volkes hier mit den Spaniern lebten."
Einige Tage später zeigte sich schon die Wirkung. Der *cacico* erschien in Navidad, und Joseph spielte den Dolmetscher.
„Caonabó kann täglich hier erscheinen, und er ist mein Feind genauso wie der eure. Vor kurzem hat es bei euch noch Männer gegeben, die waren jedermanns Feind. Ein Teil davon ist tot, ein anderer versteckt sich irgendwo. Wenn Caonabós Krieger erscheinen, werde ich euch helfen, aber mein Volk ist klein und fürchtet die Rache unseres mächtigen Nachbarn. Erwartet also nicht zuviel von uns."
Harana bedankte sich überschwenglich und versicherte dem *cacico*, daß jede noch so geringe Hilfe später vom Admiral hundertfach belohnt werden würde.
Dann kam jener Tag, da Alonso Morales von einem Feind getötet wurde, der quasi schon vor der Türe stand. Harana schärfte den Männern ein, kein Stäubchen Pulver zu verschwenden, nur um denen da draußen Angst zu machen.
„Nicht einmal, wenn ihr sie seht, dürft ihr schießen! Laßt sie ganz nahe herankommen – so nahe, daß ihr sicher sein könnt, sie zu treffen."

Zuerst versuchte Caonabó es mit einer Zermürbungstaktik, ließ nachts Brandpfeile auf die Festung schießen oder versuchte, den hölzernen Festungszaun anzuzünden. Manchmal gelang das auch, und sie mußten das kostbare Wasser zum Löschen verwenden. Da die feindlichen Krieger ihre Wasserzufuhr unterbrochen hatten, mußten sie untertags, von zwei Arkebusen gedeckt, mit Kübeln zum Fluß hinuntergehen. Dabei erfolgte dann auch der erste Angriff. Mit Spießen und Äxten stürmten die Indios auf die drei mit dem Wasserholen Beschäftigten ein. Die mit Blei- und Eisenstücken geladenen Arkebusen donnerten los und mähten ein halbes Dutzend der Angreifer nieder. Die drei Männer ließen ihre Eimer fallen und liefen zurück, während Pfeile und Spieße hinter ihnen herschwirrten. Zwei wurden getroffen, einer starb, als Joseph ihm den Pfeil aus dem Rücken schneiden wollte.

Aber sie brauchten dringend Wasser, und so versuchten sie es auf Josephs Anraten nach Einbruch der Dämmerung ein zweitesmal. Huanica hatte ihm einmal erzählt, daß ihr Volk die Nacht fürchte und nur ein Medizinmann fähig sei, mit den Dämonen der Finsternis fertigzuwerden.

Tatsächlich rührte und regte sich nichts, und sie konnten einen großen Wasservorrat anlegen, doch der rachsüchtige Caonabó gönnte ihnen nicht die Zeit, ihn aufzubrauchen. Im Morgengrauen ging ein Regen von Brandpfeilen auf Navidad nieder, und das Feuer erfaßte schnell die aus Holz gebaute Festung und einige der Hütten, breitete sich im Morgenwind aus und trieb die Spanier aus ihrer Siedlung. Diego de Harana fiel mit dem Schwert in der Hand, durchbohrt von zwei Pfeilen und einem Speer. Einem gelang es noch, die Bombarde auf die eindringenden Indios abzufeuern, doch sie war schlecht verankert, sprang heftig zurück und erschlug den Schützen. Drei der Männer gelang die Flucht zur Küste, sie stürzten sich ins Meer und schwammen sinnlos vor Angst, einfach ins Weite. Zwei von ihnen waren durch Wunden geschwächt und ertranken, der dritte ging irgendwo an Land und kam im Dschungel um.

Joseph Marco konnte durch ein Loch im Festungszaun nach draußen entweichen und lief geduckt zur etwa eine viertel Meile entfernten Hütte seiner Freundin Huanica. Doch sie war leer, wie auch alle anderen des verstreut am Flußufer liegenden Dorfes. Keiner wollte Caonabós Kriegern in die Hände fallen. Joseph kroch in den kleinen Verschlag an der Nordseite des Hauses, wo Huanica ihre bescheidenen Vorräte – Mehl, Nüsse, Dörrobst, Trockenfisch – aufbewahrte. Er wickelte sich in eine

Bastmatte und barg sein Haupt unter einem schadhaften, umgestürzten Korb. Wer sich hier flüchtig umblickte, mochte ihn übersehen, so hoffte er.

Langsam fiel die Angst von ihm ab, und er konnte wieder klar denken. Warum machst du das alles, fragte er sich, wo du doch weißt, daß es keine Rettung gibt. Wenn sie dich hier nicht entdecken, werden sie dich anderswo aufgreifen – es ist nur ein Aufschub. Aber gerade das kann die Rettung bedeuten! Wer weiß, vielleicht sucht der Admiral gerade in diesem Augenblick an der Küste einen Ankerplatz. Hilf dir selbst, dann hilft dir Gott! So lange man lebt, ist Hoffnung, auch wenn es heißt: Hoffen und Harren macht manchen zum Narren, und sogar Cicero ausgerufen hatte: *O fallacem hominum spem!* – Wie trügerisch ist der Menschen Hoffnung.

Dann kam wieder die Angst. Du bist doch ein getaufter Christ, Joseph Marco, warum hältst du dich nicht an die Tröstungen der heiligen Religion, anstatt heidnische Dichter zu zitieren? Da hörst du genau das Gegenteil – etwa im Brief des Paulus an die Römer: 'Geduld aber bringt Erfahrung, Erfahrung aber bringt Hoffnung: Hoffnung aber läßt uns nicht zu Schanden werden.'

Daran erinnerte sich Joseph, weil er bei einem religiösen Disput an der Universität die Stelle zitiert hatte. Hoffnung, ja, oft war darüber in den Evangelien die Rede, aber meist im Zusammenhang mit dem ewigen Leben. An das er nicht glaubte. An das er als Christ glauben mußte. Aber er war als Jude aufgewachsen und erzogen worden, und die mosaische Religion war eher diesseitig. Wer von den alten Propheten spricht vom ewigen Leben? Wo steht etwas darüber im Talmud? Er erinnerte sich noch gut an die Stellen über Tod und Begräbnis. Da war viel vom rituellen Verhalten die Rede und vor allem davon, daß der Tote unrein macht. 'Drei werden unrein durch einen Toten: Zwei werden unrein für sieben Tage und einer bis zum Abend. Vier werden unrein durch einen Toten: drei für sieben Tage und einer bis zum Abend...'

Rechenspiele, weiter nichts. Warum denke ich jetzt daran? Solange ich lebe, ist Hoffnung. Worauf? Worauf? Über den Tod hinaus müßte man hoffen können, allein das zählt, aber...

Joseph vernahm ein Geräusch, hörte leise Schritte, Stimmen. Plötzlich hielt er es nicht mehr in seinem Versteck aus, wollte nicht abgeschlachtet werden mit dem Kopf unter einem Korb wie ein verschrecktes Hündchen. Wenn Adriana ihn so sähe! Ihr Bild erschien vor seinen Augen, er sah ihr frisches Jungmädchengesicht mit den fröhlichen furchtlosen Augen, hörte ihre helle spöttische Stimme.

Er richtete sich auf, warf den Korb beiseite, riß die Schilfmatte vom Leib. Harana hatte ihm aus der Waffenkammer einen schweren Degen aus Toledostahl überlassen und den zog er nun behutsam aus der Scheide. Die Stimmen kamen näher, Joseph stand leise auf. Da flog die Matte an der Tür zur Seite und ein Indio in voller Kriegsbemalung stand vor ihm, in der Hand die mit scharfen Steinsplittern gespickte Hartholzkeule, in der anderen den langen Spieß. Joseph nützte die Verblüffung des anderen und rannte ihm den Degen in die Brust. Der Indio versuchte noch, die Keule zu erheben, doch seine Bewegung erstarrte, Keule und Spieß fielen ihm aus den Händen, und er sank mit einem Schmerzenslaut vornüber, fiel mitten hinein in die Nüsse und getrockneten Fische.

Joseph war es, als sehe er sich von außerhalb zu. Der zweite Indio kam aus dem Haus, hielt in der einen Hand einen angebissenen Brotfladen, die andere stützte den Speer auf den Boden. Ein ganz friedliches Bild, das Joseph mit einem einzigen Hieb in den Hals des Gegners zerstörte. Das Blut schoß im hohen Bogen aus der Schlagader, doch der Mann blieb stehen, riß erstaunt die Augen auf, ließ den Spieß fallen und preßte seine Hand auf die Wunde. Den Brotfladen hielt er weiterhin fest.

Joseph rannte an ihm vorbei und stieß vor dem Haus mit einem dritten Indio zusammen, der schnell und kaltblütig reagierte und Joseph mit einem schnellen scharfen Hieb den Schädel einschlug.

Die Briefe! Das war Joseph Marcos letzter Gedanke – wer wird die Briefe an Adriana lesen?

Der *cacico* Caonabó ließ, was von der Siedlung La Navidad noch übrig war, zerstören, die verkohlten Holzbalken auseinanderreißen und in den Fluß werfen. Er war nicht eher zufrieden, bis die Stelle ausgetilgt war und nur noch eine Ascheschicht und einige geschwärzte Tonscherben an sie erinnerten.

Danach begann die Jagd auf Escobedo und seine Leute, die sich in den umliegenden Häusern versteckt hatten. Im Laufe weniger Tage wurden sie aufgestöbert, die meisten, auch Escobedo, fielen im Kampf, zwei konnten lebendig und unversehrt gefangen werden. Caonabó ließ sie nackt Rücken an Rücken zusammenbinden und an einen Pfahl fesseln, den sie am Rand des Dschungels in einen Ameisenhaufen steckten. Die kleinen, fleischfressenden Räuber fielen in ganzen Kolonnen über die Störenfriede her, krochen den Männern in Nase, Mund, Augen und Oh-

ren, spritzten Gift auf die sich windenden Körper und ließen sich vom Schreien und Stöhnen der Gequälten nicht abschrecken, denn sie waren taub.
Die Indios sahen dem langsamen Todeskampf mit großem Vergnügen zu und zogen am nächsten Morgen weiter. Da regte sich keiner der Gefesselten mehr, und die Ameisen begannen emsig, die beiden Leiber zu skelettieren. Zwei Tage später fiel der nachlässig eingerammte Pfahl bei einem kurzen Regensturm um und rollte mit den beiden angefressenen, schon in Verwesung übergehenden Körpern einige Schritte beiseite. Die Ameisen zogen ab, denn sie waren keine Aasfresser; dann und wann hackten Vögel auf den von Fliegen umschwirrten Kadavern herum.
Am 23. November 1493 entdeckte sie eine Gruppe wassersuchender Matrosen, die am Vortag mit der Flotte des Admirals Cristobal Colon gelandet waren. Es bestand kein Zweifel darüber, daß es sich bei den Leichen um Spanier handelte, denn einer der Männer trug einen von Ameisen und Verwesung verschonten dichten Bart. Sie meldeten ihren traurigen Fund sofort dem Admiral. Columbus erschrak.
„Seid ihr ganz sicher?"
Die Matrosen nickten.
„Die Indios sind bartlos, es müssen also Siedler von Navidad gewesen sein."
Dorthin segelte die Flotte sofort weiter, doch es brach die Nacht herein, ehe sie anlangten. Columbus ließ in der Bucht Anker werfen und fünf Salutschüsse abfeuern. An Land blieb es stumm, kein Laut, kein Lichtzeichen kam von dort. Am Morgen betraten sie das Land und fanden von der Siedlung La Navidad kaum noch Spuren.
Juan Niño schüttelte traurig den Kopf.
„Weder bei der ersten, noch bei dieser Reise haben wir einen einzigen Mann verloren – und nun das!"

Ja – auch die zweite Reise war zu Anfang unter einem Glücksstern gestanden. Weder gab es eine ernsthafte Flaute, noch tückische Strömungen, sie segelten bei stetigem guten Wind nach Westen und legten schon nach sieben Tagen auf Gomera an, um dort die Vorräte zu ergänzen.
War es nur das, oder zog es den Admiral in die lieblichen Arme der schönen Beatriz de Bobadilla? Der Empfang war pompös und dem Ereignis angemessen. Ein Feuerwerk und zahllose Kanonensalven begrüßten den großen Seehelden. Die *gobernadora* wußte, was sich gehörte, und Co-

lumbus wünschte sich für einige Augenblicke den Knauser Juan de Fonseca herbei, um ihm zu zeigen, wie man anderswo Don Cristobal Colon, den Admiral und Vizekönig, empfing und feierte. Da geizte man nicht um jede *blanca*, wenn sich am Abend beim Festmahl die Tische bogen, und niemand fand es übertrieben, wenn die Statthalterin ihm zu Ehren ihr Glas hob und ihn als 'Helden der Seefahrt' und 'stolzen Stern von Spanien' pries.

So unablässig Columbus in Cadiz zum Aufbruch gedrängt hatte, so wenig Eile zeigte er hier. Auf Gomera sollte das Zuchtvieh für die künftigen Siedler eingeladen werden, und Columbus wies seine Leute darauf hin, sich nicht gleich die erstbesten Tiere andrehen zu lassen. Einige Bauern mußten die ganze Insel durchstreifen, um acht der besten und gesündesten Mutterschweine aufzutreiben, um zwei der schönsten und kräftigsten Eber zu finden.

Columbus ritt unterdessen an der Seite der *gobernadora* über Land und ließ sich vom Volk anstaunen. Abend für Abend gab es die verschiedensten Tischgäste: Honoratioren aus Gomera, Geistliche, die Kapitäne und Kronbeamten der spanischen Flotte.

Später lag Columbus dann in den Armen der schönen Beatriz – seiner dritten Geliebten dieses Namens – und wenn sie ihn mit ihren samthäutigen Schenkeln süß umklammerte und spürte, daß er sich dem Höhepunkt der Lust näherte, pflegte sie ihm ins Ohr zu flüstern: „Bleibe noch einen Tag, Liebster! Einen Tag noch!"

Und Columbus blieb – blieb so lange, daß ihn seine Vertrauten respektvoll nach dem Grund fragten, obwohl sie alle gut Bescheid wußten. Columbus antwortete dann mit einem kleinen Lächeln: „Ich bin eben ein Perfektionist und will für meine Siedler nur das Allerbeste. Erst gestern mußte ich drei Zuchtwidder zurückschicken, weil unser Schafhirt an ihnen Mängel entdeckt hatte."

In der zwölften Nacht antwortete er auf ihre übliche Frage: „Ich komme wieder, mi cara Bea, ich verspreche es dir."

Da wußte die *gobernadora*, daß ihr Geliebter nicht mehr bleiben konnte, und als er am 13. Oktober die Anker lichtete, begleiteten Jubelrufe und Kanonenschüsse seine Ausfahrt.

Von hier dauerte die Reise einundzwanzig Tage, bis am Sonntag, den 3. November, Land in Sicht kam. Columbus nannte die Insel 'Dominica' (Sonntag), und er entdeckte und taufte weitere sechsundvierzig Inseln,

bis sie drei Wochen später auf Hispaniola landeten, wo sie die völlig zerstörte Siedlung vorfanden.
Sie suchten systematisch die Umgebung ab und fanden im Umkreis von einigen Meilen noch etwa ein Dutzend halbverwester und unkenntlich gewordener Leichen. Unter einem Busch sah Columbus etwas Weißes leuchten und ließ einen Matrosen die Blätter aufsammeln. Das Papier war angekohlt, verdreckt und zerrissen, aber auf einem der Blätter stand: 'Geliebte Adriana...' und Columbus wußte sofort, wer es geschrieben hatte.
"Verbrenne das!" befahl er dem Matrosen. "Verbrenne es vor meinen Augen!"
Gegen Mittag kamen Boten vom *cacico* Guacanagari, die Begrüßungsgeschenke und Worte der Trauer überbrachten. Er sei leider verletzt, ließ er ausrichten, und könne sein Lager nicht verlassen. Seine Verwundungen rührten vom Kampf mit Caonabós Männern her, bei dem er und seine Krieger die Spanier unterstützt hätten, und er lade den Admiral ein, ihn bald zu besuchen.
Columbus ließ Alvarez Chanca, den Schiffsarzt, kommen.
"Ich bitte Euch, mich zum *cacico* zu begleiten, vielleicht braucht er ärztliche Hilfe."
Als Dolmetscher fungierte einer der Indios, die im Vorjahr mit nach Spanien gereist waren, außerdem begleiteten ihn ein Franziskanerpater und einige bewaffnete Matrosen. Der Dolmetscher hatte hier seine europäische Kleidung wieder abgelegt, wenn er auch jetzt seine Scham mit einem Lendenschurz bedeckte. Er war inzwischen Christ geworden und wußte, was sich gehörte.
Guacanagari lag mit verbundenem Bein in einer Hängematte und zeigte große Freude über die Rückkehr des Admirals. Allerdings verhehlte er nicht seinen Unwillen über das Verhalten der Siedler und sagte, sie hätten selbst Schuld an ihrem Untergang, in den sie zuletzt auch anständige Leute wie Harana, Marco und Rico hineingezogen hätten.
Columbus nahm es zur Kenntnis, aber ein leises Mißtrauen blieb.
"Don Alvarez ist Arzt und wird sich jetzt Euer Bein ansehen, Hoheit."
Das sei aber nicht nötig, wehrte der *cacico* ab, doch der Arzt ließ sich nicht hindern und entfernte den Verband. Es fand sich nicht die Spur einer Wunde. Columbus blickte den Häuptling fragend an. Der *cacico* blieb gleichmütig. Die Verletzung sei mehr innerlich und bereite ihm nach wie vor große Schmerzen.

„Eine Verstauchung oder Verrenkung vielleicht", meinte der Arzt.
„Wir dürfen ihn nicht in Verlegenheit bringen", flüsterte Columbus so leise, daß es der Dolmetscher nicht verstand. Columbus bedankte sich bei Guacanagari für die Hilfe und versicherte ihn seiner unveränderten Freundschaft.
Auf dem Rückweg sagte der Pater: „Ihr solltet den Mann hinrichten lassen, Don Cristobal, den anderen zum warnenden Beispiel."
„Kein guter Rat und recht seltsam aus dem Mund eines Priesters", sagte Columbus. Er hatte längst beschlossen, die Vergangenheit ruhen zu lassen und einen neuen Anfang nicht mit der Hinrichtung eines von den Einheimischen hochverehrten Häuptlings zu belasten.

Es war, als sei mit der Katastrophe von La Navidad ein Unstern über dem ganzen Unternehmen aufgegangen. Der für die neue Siedlung 'Isabela' vorgesehene Platz erwies sich später als schlimme Fehlplanung. Jenseits des Flusses lag ein Sumpfgebiet, und es dauerte nicht lange, dann litten einige Hundert der neuen Siedler an einer ruhrartigen Seuche. Abend für Abend fielen die Stechmücken in ganzen Wolken ein, dazu kamen ständige heftige Regenfälle. Die Vorräte verdarben schnell, und die Männer mußten sich von Fisch und Fladenbrot ernähren, das aus Maniokmehl gebacken war. Die wenigsten vertrugen jedoch das fade leimige Backwerk und verdarben sich damit die Mägen.
Columbus nahm es gleichmütig hin, ihn bewegten andere Probleme. Wo war das Festland, wo die goldenen Zinnen, die strahlenden Bastionen, die reichen Städte von Indien – wo Zipangu, wo der große Khan? Woher kam das Gold? Wie konnte er jemals wieder vor die Könige treten, ohne den sicheren Beweis, das indische Festland entdeckt zu haben. Immer nur Inseln, Inseln, Inseln!
Während die Siedler der neugegründeten Stadt 'Isabela' wie Fliegen an Fieber, Ruhr und anderen, den Ärzten nicht bekannten Krankheiten starben, beschloß der Admiral, mit drei Schiffen aufzubrechen, um nachzuprüfen, ob Bohito eine Insel oder Teil des Festlandes war.
Da ließen sich die Sprecher der Siedler melden, um ihm mitzuteilen, daß etwa ein Drittel von ihnen nach Spanien zurückzukehren wünschte. Nichts von dem, was man ihnen versprochen habe, sei eingetroffen. Anstatt eines Paradieses hätten sie hier nur Krankheit, ein schwer verträgliches Klima, ungewohnte Arbeit und schwere Mühsal vorgefunden, jedoch kein Gold! Kein Gold! Keine Spur von Gold!

Columbus winkte müde ab.
„Sollen sie zurückfahren! Mit Memmen und arbeitsscheuem Gesindel können wir hier nichts anfangen."
So kehrten zwölf Segelschiffe nach Spanien zurück, und Columbus bat die Königin, ihm Medikamente, Lebensmittel, Schuhe, Kleiderstoffe und hundert erfahrene Bergleute zu senden. Das Gold sei da, man müsse es nur den Bergen entreißen!

Die Schiffe fuhren ab und einige Wochen später machte sich Columbus mit seinen drei Karavellen – darunter die 'Niña' – auf, den Weg nach Westen, um die Südküste von Colba oder Cuba, wie die Spanier es inzwischen nannten, zu erkunden. Columbus glaubte noch immer nicht recht an die Inselgestalt von Cuba, und diese Expedition sollte endgültig Aufschluß bringen.
Am 3. Mai ankerten sie bei einem Kap, und hier liefen die Indios wie arglose Kinder herbei. Sie wußten nichts von den Ereignissen auf Bohio, und als man sie nach Gold fragte, deuteten sie nach Süden und nannten eine Insel: Jameque. Dort gebe es Gold! *Tuob! Tuob!*
Gold! Columbus bog nach Süden ab, erreichte nach einer Tagesfahrt Jameque und ging an Land. Scheue, splitternackte Indios hielten auf Abstand und verschwanden, sobald sich ein Weißer auf zwanzig Schritt näherte. Keiner von ihnen trug eine Spur Gold am Körper. Also zurück nach Cuba und weiter der Südküste entlang. Eine Unzahl winziger Inseln war dem Festland vorgelagert, üppig bewachsen, anscheinend meist unbewohnt. Columbus gab es auf, jede einzelne zu benennen, er taufte die ganze Gruppe 'Jardines de la reina' – Gärten der Königin.
Die Fahrt zog sich hin, und es wurde zusehends schwieriger, die drei Schiffe zwischen Untiefen, engen Passagen, Schlammbänken und tückischen Strömungen hindurchzumanövrieren. Die Mannschaft wurde unruhig und drängte zur Umkehr, sie waren ja immerhin schon gut anderthalb Monate unterwegs, außerdem wurden die Lebensmittelvorräte knapp.
Die Küste nahm kein Ende und eines Morgens, es war der 12. Juni, kam Columbus zu dem Entschluß, dieses Land sei ein Kontinent und keine Insel. Er ließ Fernando Perez de Luna kommen, den Sekretär und königlichen Notar.
„Don Fernando, ich beauftrage Euch hiermit, Offiziere und Mannschaften unserer drei Schiffe zu befragen – jeden einzeln! –, ob dieses Land das

indische Festland sei oder ob darüber Zweifel bestünden. Wer die Frage bejaht, muß auf die Bibel schwören, daß er persönlich und bei freiem Willen festgestellt habe, sich auf dem indischen Kontinent zu befinden. Jeder muß unterschreiben, und Ihr setzt Euer Siegel darunter – verstanden?"
Der Notar hatte Columbus nie so herrisch und wie besessen erlebt. Er wollte schon fragen, ob er an Fieber leide, doch der entrückte, fast prophetische Ausdruck im Gesicht des Admirals ließ ihn verstummen, und er machte sich an die Arbeit.
Alle – Offiziere, Steuermänner, Matrosen und Schiffsjungen – unterschrieben oder malten ihr Kreuz, teils weil sie wirklich daran glaubten, teils weil sie wußten, daß dies die Rückfahrt bedeutete.

Am 29. September kehrten die drei Schiffe nach 'Isabela' zurück; sie waren fünf Monate unterwegs gewesen.
Columbus war an einem rheumatischen Fieber schwer erkrankt, litt Schmerzen an allen Gliedern und mußte an Land getragen werden. Dort empfing ihn sein Bruder Bartolomeo, der vor kurzem mit drei Karavellen eingetroffen war.
„Bartolino! Ein Glück, daß du da bist! Brüderchen! Ich habe auf dieser Fahrt etwas sehr Wichtiges festgestellt: Cuba ist keine Insel, sondern ein Teil von Indien. Die Aufgabe ist gelöst und erfüllt, Bartolino, wir haben Indien auf dem Westweg erreicht. Ich bin der Vizekönig von Indien! Der Vizekönig! Und das Gold – das Gold werden wir auch noch finden – ja, das Gold..."
Sein Kopf sank zurück und Cristobal Colon versank in einen euphorischen, goldgleißenden Fiebertraum von Ruhm, Reichtum und Ehren.

Epilog

DER TRAUM DES COLUMBUS erfüllte sich nicht. Der kranke, fast bewegungsunfähige Admiral mußte wochenlang das Bett hüten, während die erst vor kurzem gegründete Stadt 'Isabela' dahinsiechte. Hunderte der Siedler waren gestorben, Hunderte enttäuscht nach Spanien zurückgekehrt.
Bartolomeo wich nicht vom Bett seines Bruders und suchte ihn mit Erzählungen über seine Erlebnisse bei Laune zu halten.
„Du hättest es in Spanien nicht besser treffen können, Cristobal, auch wenn es jetzt einige Schwierigkeiten gibt. In Frankreich war mit dem besten Willen nichts zu erreichen, weil König Karl alles in seinen Italienfeldzug steckte, der dann – wie ich kurz vor meiner Abreise hörte – dennoch jämmerlich gescheitert ist. Dem alten Borgia war dieser unreife Knabe nicht gewachsen."
Columbus lächelte trotz seiner ständigen Schmerzen.
„Seine Heiligkeit hat viel für Spanien getan..."
„Du auch!" sagte Bartolomeo eifrig, „du doch auch, Cristobal!"
Von Tag zu Tag verschlimmerte sich die Lage. Die in den Bergen hoch über Isabela gebaute Festung San Tomas war unter der Leitung ihres jähzornigen Kommandanten Pedro Margarit in einen ständigen Kleinkrieg mit dem *cacico* Caonabó verwickelt. Als die Klagen sich häuften, beorderte Columbus ihn zurück, doch der gewalttätige und stolze Margarit sammelte eine Horde Meuterer um sich, besetzte kurzentschlossen drei der Karavellen und segelte nach Spanien.
Mit Beginn des neuen Jahres kam der langerwartete Nachschub aus der Heimat mit Nahrung, Kleidung und Waffen. Das besserte zwar die Lage in der Siedlung, aber ein Teil der Männer – jetzt neubewaffnet – hatte sich auf Raubzüge verlegt und Caonabó ließ jeden Weißen, der ihm in

die Hand fiel, grausam töten. Der Frieden war endgültig dahin, der Traum der Indios von den weißen Göttern und der des Admirals von den sanften und gutwilligen Eingeborenen war ausgeträumt.
Im März sammelte Columbus alle waffenfähigen Männer um sich und brach zu einer Strafexpedition auf. Jenseits der Berge kam es zur Schlacht, und die Indios fielen zu Hunderten unter den Feuerwaffen der Spanier, denen sie nichts entgegenzusetzen hatten. Doch die Schlacht brachte keine Entscheidung. Erst als Caonabó gefangengenommen werden konnte, trat ein gespannter Friede ein.
Columbus tat nun, was er schon lange vorhatte. Anstatt des nach wie vor fehlenden Goldes, packte er die heimreisenden Schiffe mit fünfhundert Indiosklaven voll. Die übrige Einwohnerschaft wurde mit einer Steuer belegt, und zwar mußte jeder männliche Indio über vierzehn Jahre alle drei Monate ein Fläschchen mit Gold abliefern. Wer das nicht konnte oder wollte, verfiel der Sklaverei. Unter diesem Druck floh ein großer Teil der Einwohner in unzugängliche Bergregionen, bei den anderen stieg der Haß auf die Spanier von Tag zu Tag.
Manchmal wünschte sich Columbus insgeheim, er hätte – anstatt eine Siedlung zu gründen – sich weiter auf die Suche nach dem Goldland gemacht. Ein paar Schiffe zu führen, schien ihm nun weitaus einfacher, als eine Provinz zu verwalten.
Als im Sommer ein königlicher Kommissar aus Spanien eintraf und Columbus sein Beglaubigungsschreiben vorlegte, war das Maß voll. Er lief rot an, warf das Schreiben zu Boden und rief: „Tut nur Eure Pflicht, Señor! Bespitzelt mich und meinen Bruder, befragt die Siedler, aber rechnet nicht mit meiner Unterstützung!"
Doch das Mißtrauen der Könige enttäuschte ihn tief, und er beschloß, nach Spanien zurückzukehren, um die Dinge wieder ins Lot zu bringen. Es war eine traurige Rückreise, auf zwei mit fast lauter Kranken vollgestopften Schiffen, dazu die dreißig gefangenen Indios, unter ihnen der grimmige *cacico* Caonabó.
Als die zwei Schiffe nach einer stürmischen Überfahrt am 11. Juni 1496 in Cadiz anlegten, gab es weder eine ehrenvolle Begrüßung noch einen offiziellen Empfang. Im Hafen lagen drei Karavellen, gerade dabei, nach Hispaniola auszulaufen. Als die Auswanderer die kranken, ausgelaugten, mit Hautkrankheiten bedeckten Rückkehrer sahen, wie sie – ein Teil von ihnen mußte gestützt werden – an Land wankten, machte sich so mancher der Neusiedler aus dem Staub.

Columbus wartete auf eine Audienz, Woche um Woche, Monat um Monat, doch Isabella war mit den Hochzeitsvorbereitungen ihrer drei Kinder beschäftigt, und Ferdinand lag im Kampf mit den Franzosen.
Ende Oktober wurde der Admiral in Burgos von den Königen sehr ehrenvoll empfangen, doch der Hof – von Pedro Margarit, dem früheren Kommandanten von San Tomas, aufgehetzt – stellte sich gegen ihn. Hinter vorgehaltener Hand nannte man ihn einen Lügner, Betrüger und Leuteschinder, unfähig, sein Amt als Vizekönig und Admiral auszufüllen. Gnädig, aber nicht ohne Kritik verabschiedete ihn die Königin.
„Seid darauf bedacht, Don Cristobal, bei Eurer dritten Reise endlich die wahre Quelle des Goldes aufzuspüren und einen ertragreichen Gewürzhandel in Gang zu setzen. Viel ist in dieser Hinsicht noch nicht geschehen..."
Sie sagte es lächelnd, aber er hörte deutlich die Ungeduld heraus. Wegen der Indiosklaven machte sie ihm Vorhaltungen und gab zu bedenken, daß dies auf die Dauer nicht der richtige Weg sei, ein Land zu kolonisieren. Nur der König gab sich gelassen und meinte, solange Gold und Gewürze ausblieben, müsse man eben die enormen Kosten auf andere Weise decken.
Seine Titel und Ansprüche wurden ihm von neuem bestätigt, doch als es darum ging, Mannschaften anzuheuern, spürte er überall Hemmnisse. Einige Male sagte man ihm ins Gesicht, daß es – nach allem was man hörte – besser sei, hier in Armut zu leben, als drüben von Indios massakriert zu werden. Es hatte sich also herumgesprochen, auch in Cordoba, wo er der Familie de Harana von Diegos traurigem Ende berichten mußte.
Beatriz teilte ihm mit, sie wolle sich nach Fernandos Volljährigkeit in ein Kloster zurückziehen. Columbus nahm es zur Kenntnis und versuchte nicht, sie davon abzuhalten. Er hatte andere Sorgen. Als ihm die Krone nach langem Zögern sechs Schiffe zur Verfügung stellte, mußte er sie überwiegend mit großen und kleinen Gaunern bemannen, deren Strafe man ausgesetzt hatte.
Am 30. Mai 1498 segelte die Flotte in Sanlucar ab. Wie geplant, fuhren drei Schiffe nach Hispaniola, mit den anderen erforschte Columbus den Südwestkurs. Er geriet dabei in eine solche Flaute, daß die Vorräte fast erschöpft waren, als sie endlich wieder Wind in die Segel bekamen. Von ferne sah er gewaltige Bergspitzen – ja, das mußte wohl ein Kontinent sein, doch damit wollte er sich später befassen; vorerst gab er dem Gebiet

einen Namen: Trinidad. Die neugegründete Siedlung hieß nach dem Vater des Columbus Santo Domingo, und dort traf er Ende August ein. Es war eine hübsche kleine Stadt mit bunten Holzhäusern, und Bartolomeo berichtete von ihrer Gründung und den damit verbundenen Schwierigkeiten. Das Beste hob er sich bis zuletzt auf.

„Aber es gibt noch eine besonders gute Nachricht – wir haben sehr reiche Goldfelder entdeckt, wo man sich manchmal nur bücken braucht und man findet Klumpen in der Größe von Hühnereiern."

Gold! Gold! Endlich – endlich! Gold! Aber bald rächte es sich, daß Columbus seine Mannschaft aus Verbrechern rekrutiert hatte. Sie mißachteten alle Verbote, jagten die Indios mit Bluthunden, und immer wieder gab es Aufstände und Unruhen. Der in Spanien angeforderte Oberrichter traf ein, gab Columbus alle Schuld, ließ ihn und seine Brüder – auch der jüngste, Fernando, lebte inzwischen hier – in Ketten legen und nach Spanien bringen. Auf hoher See bot ihnen der Kapitän an, die Ketten abzunehmen, doch der Admiral schüttelte nur störrisch den Kopf.

„Ich bin auf Befehl der Herrscher in Ketten gelegt worden und werde sie tragen, bis meine Fürsten befehlen, sie mir abzunehmen."

Die Könige reagierten sofort und gaben sein bereits beschlagnahmtes Vermögen wieder frei. Isabella war sehr zornig, und wollte den Oberrichter Bobadilla sofort zur Verantwortung ziehen. Ferdinand blieb gleichmütig.

„Columbus hat seine Befugnisse eben zu weit ausgelegt, das ist seine Natur, und wir werden ihn nicht ändern. Er wird es wieder und wieder tun und die Folgen tragen müssen."

Als Columbus aber dann bei einer Audienz in Granada maßlos erregt und mit rotflammendem Gesicht Bobadillos Kopf verlangte, wichen die Könige aus. Später bemerkte der König zu Isabella, ihm scheine, Bobadillo habe gar keine andere Möglichkeit gehabt, als solch einen Menschen in Ketten zu legen.

Von einer vierten Reise hatte man nicht gesprochen, und Columbus wartete, schrieb Eingaben, verfaßte aus Langeweile ein dem König gewidmetes, etwas wirres 'Buch der Weissagungen', in dem er verschiedene Stellen des Alten Testaments auf seine Entdeckungen bezog.

Während der Admiral am Hof antichambrierte, machten sich andere auf den Weg. Peralonso Niño etwa, früher Steuermann auf der 'Santa Maria', entdeckte die Mündung des Amazonas, andere – auch Engländer und Portugiesen – erkundeten nie befahrene Wege in Nord und Süd.

Wieder andere blieben zu Hause und intrigierten so erfolgreich gegen den Admiral, daß ihm die Könige in einer Verfügung vom 3. September 1501 den Rang eines Vizekönigs aberkannten und Nicolas de Ovando zum '*gobernador* und Obersten Richter der Inseln und des Festlandes von Indien' ernannten. Columbus aber legte man nahe, sich mit einem Herzogstitel und einer reichlichen Pension zur Ruhe zu setzen. Er sei nun fünfzig Jahre alt, nicht mehr sehr gesund und kaum geeignet, weitere Strapazen auf sich zu nehmen. Die wenigen verbliebenen Freunde rieten ihm zu, er aber lehnte ab, tödlich beleidigt und voll Zorn über das ihm angetane Unrecht. Seine Eingaben blieben unerwidert, doch ließ man ihn wissen, daß er jederzeit reisen könne – ohne königlichen Auftrag und auf eigene Kosten, überwies ihm dann aber doch zehntausend Dukaten mit der Bedingung, er dürfe Hispaniola nicht anlaufen. Er tat es trotzdem, doch in Santo Domingo verschloß man ihm den Hafen.

Wie Ahasverus, der Ewige Jude, zog er weiter, rastlos, ruhelos, von Gicht gepeinigt, entdeckte nur Inseln, segelte dem Festland entlang nach Westen, dann nach Süden. Mehrmals gingen sie an Land und erlebten eine andere Welt. Die Menschen hier standen auf einer viel höheren Kulturstufe als die Indios auf Hispaniola, trugen bunte, feingewebte Kleidung, verwendeten Kupfer für Waffen und Geräte, trugen reichen, schöngearbeiteten Goldschmuck. Befragt, woher das Gold käme, deuteten sie nach Osten, nannten das Gebiet Veragua und machten klar, daß man es dort mit einfachen Schaufeln aus dem Boden hole.

Columbus war begeistert, vergaß seine Schmerzen, beruhigte die schon unwillig gewordene Mannschaft und machte sich auf den Weg. An der Mündung des Veragua-Flusses ankerten sie, erbauten eine primitive Siedlung und drangen ins Landesinnere vor. Das Klima war mörderisch: feuchtheiß mit heftigen Regenfällen und einer ständigen Mückenplage. Die Männer murrten, man fand Gold, aber nicht sehr viel. Dann fiel plötzlich der Spiegel des Flusses, und die Schiffe lagen fest. Die Eingeborenen nutzten dies zu einem Überfall und wollten die vier Schiffe zerstören. Zwei Tage lang gab es erbitterte Kämpfe, Mann gegen Mann, dann stieg das Wasser wieder, und die Schiffe kamen frei. Eines davon gab man auf und floh mit den übrigen hinaus aufs offene Meer. Die Schiffe waren in einem erbärmlichen Zustand und Columbus' Bruder Fernando schrieb später darüber: „Der ganzen Besatzung gelang es nicht, mit Pumpen, Töpfen und anderen Gefäßen des Wassers Herr zu werden, das durch zahlreiche Lecks eindrang."

Die Rückreise mit einer dezimierten, kranken und kurz vor der Meuterei stehenden Mannschaft war ein Wettlauf mit der Zeit. Ende Juni erreichten sie gerade noch Jameque (Jamaika) und mußten die sinkenden Schiffe an Land ziehen. So endete die vierte Reise des Admirals und abgesetzten Vizekönigs. Don Cristobal Colon, der zuletzt mit zwei gemieteten Schiffen – die der neue Statthalter unwillig zur Verfügung stellte – die Heimreise antrat.

Als sie am 7. November 1504 in Sanlucar anlegten, war Columbus so krank, daß er an Land getragen werden mußte. Während er sich langsam erholte, lag seine Gönnerin, Isabella von Kastilien, auf dem Sterbebett. Das Jahr neigte sich dem Ende zu, und mit ihm schwanden die Kräfte der schwergeprüften Königin von Spanien, an der sich der Fluch des Juden Jakob Marco teilweise erfüllt hatte: Sie hatte erleben müssen, wie zwei ihrer Kinder starben. Zuerst der Kronprinz mit neunzehn Jahren, gerade verheiratet mit der Kaisertochter Margarethe, dann Isabella, die älteste Tochter, bereits Königin von Portugal. Die Erbin Spaniens war nun die fünfundzwanzigjährige Johanna, deren Geisteszustand aber zunehmend Anlaß zu schwerer Sorge gab. Sie war mit dem Habsburger Philipp dem Schönen verheiratet und klammerte sich mit maßloser Eifersucht und krankhafter Affenliebe an den Gatten. Im Schloß von Medina del Campo ging man auf Zehenspitzen, Mönche und Nonnen knieten in Kirchen und Kapellen im Dauergebet, und Francisco Ximenes, der Kardinal und Erzbischof von Toledo, wachte an ihrem Bett.
„Habe ich alles richtig gemacht, Hochwürden?"
„Wir sind alle Sünder, Doña Isabella, aber Ihr habt das Euch von Gott verliehene Amt getreulich, unerschütterlich und als standhafte Christin verwaltet."
Ein Lächeln flog über das bleiche, aufgedunsene Gesicht.
„Torquemada – Gott habe ihn selig – wäre wohl anderer Meinung gewesen. Immerhin – ich habe für meine Sünden bezahlt, habe Juan und Isabellita in Gottes Hand – in Gottes Hand..." Sie verstummte und fragte dann leise: „Ist der König...?"
Ximenes nickte.
„Auf eiligem Wege hierher, Majestät."
Sie hörte es nicht mehr, schloß die Augen, versank in einen Strom von Gedanken. Hatte ihr Traum sich erfüllt, war Spanien durch die Eroberung Granadas, die Ausweisung der Juden und das Wirken der Inquisi-

tion tatsächlich zum reinen Kristall geworden, den sie Gott, wenn sie vor sein Angesicht trat, mit Stolz überreichen konnte? Torquemada war vor sechs Jahren gestorben, ein zahnloser, fast tauber, schief und krumm gewordener Greis, dem die Macht aus den Händen geglitten war. Pater Diego Deza, Freund und Fürsprecher des Columbus, war ihm nachgefolgt, auf ihr Betreiben hin, weil sie seine nüchterne und milde Art schätzte und keinen zweiten Torquemada in diesem Amt sehen wollte. Columbus – ja, dieser störrische Mensch, dieser kühne Seefahrer und Entdecker, vielleicht wollte sie vor Gott auf ihn verweisen? Sieh ihn Dir an, mein Herr und Gott, er wird Dir und Deiner Kirche mehr Seelen gewinnen als der von heiligem Zorn erfüllte Torquemada. Wir dürfen diese Menschen nicht zu Sklaven machen – das war falsch, lieber Don Cristobal, falsch war es, und ich hab's sogleich verboten. Was wird Ferdinand ohne mich tun? Ihm fehlt die Konsequenz – er ist manchmal zu hart, manchmal zu nachsichtig. Werde ich dir fehlen, Fernando, Geliebter? Werde ich überhaupt jemandem fehlen? Geht es ohne mich weiter, als wäre nichts geschehen? Dagegen bäumte sich ihr Geist auf und zugleich wußte sie: Jeder ist zu ersetzen – der Papst, die Könige, Fürsten, Bürger und Bettler. Sie gehen dahin, andere folgen nach; und wir werden bestenfalls ein Blatt in der Geschichte sein. Sie werden mich preisen oder verfluchen, je nachdem, aber so ist es nun einmal, keiner kann es jedem recht machen, ob Papst oder König, ob Bürger oder Bettler. Aber Gott kann die Könige nicht mit der Bürgerelle messen, nein, Herr, das kannst Du nicht. Es muß doch ein Unterschied sein, wenn ein Fürst seinen Namen unter ein Todesurteil setzt oder wenn ein Kaufmann seinen Konkurrenten erschlägt. Wie komme ich darauf? Blut, Blut – ja, viel Blut habe ich vergossen, vergießen müssen in Deinem Namen, denn die Obrigkeit kommt von Gott. Von Gott? Vielleicht...
Ihr Geist verwirrte sich, und plötzlich hatte sie das Bedürfnis, zu beichten, nochmals zu beichten, Vergessenes zu beichten – zu bereuen. Sie bewegte die Lippen, doch Ximenes, der an ihrem Bett kniete und ihrem Todesröcheln lauschte, hörte keinen Laut. Königin Isabella starb am 26. November 1504 gegen Mittag, von Priestern und Höflingen umgeben. Weder König Ferdinand noch eine ihrer drei überlebenden Töchter waren zugegen.

Der Traum Papst Alexanders von einem unter den Borgias geeinten Italien schien sich zuerst zu erfüllen. Der König von Frankreich hatte auf-

gegeben, Cesare Borgia, nun Bannerträger und Feldherr der Kirche, eroberte Stück um Stück der alten Kirchenlehen an der Adria zurück. Die zum Teil von blutrünstigen Tyrannen beherrschten Städte Imola, Forli, Faenza, Cesena und Rimini ergaben sich schnell oder öffneten Cesare bereitwillig ihre Tore. Sein Name als Befreier hatte einen guten Klang, was in Rom geschah, kümmerte hier niemand. Dort hatte er seinen Bruder Juan ermorden lassen und sein Kardinalsgewand dem Papst vor die Füße geworfen. Alexander legte das Schicksal seiner Familie in die Hände dieses schrecklichen Sohnes. Um dessen Feldzüge zu finanzieren, erfand er neue Steuern, verkaufte kirchliche Würden im Dutzend und ließ ein paar der reichsten Kardinäle vergiften. Die Kirche erbte, neue Söldner wurden angeworben. Doch Cesare stellte immer neue Forderungen, und Alexander gab nach – immer wieder. Rom duckte sich unter der gepanzerten Faust Cesares, niemand von den Großen wußte, auf wen als nächstes sein mörderischer Blick fallen würde. Diesmal war es der steinreiche Kardinal Adriano Castellesi, doch der hatte seine Zuträger und war gewarnt. Wollte er überleben, so mußte er zuschlagen, als erster.
Am Nachmittag hatte sich der Kardinal mit einigen Dienern in sein Landhaus am Gianicolo begeben, das anmutig im Grün ausgedehnter Weingärten lag. Von hier hatte man sonst einen schönen Blick auf Rom, doch heute hatten Staub und Hitze ein graues Gespinst über die Heilige Stadt gewoben. Finster blickte der Kardinal hinab auf die graue verschwommene Masse.
„Ersticken sollt ihr alle da unten!" murmelte er böse. Er seufzte tief und ging ins Haus zurück. Gegen abend schärfte er seinem Mundschenk ein letztes Mal ein: „In meinen Becher gießt du nur einige Tropfen, verstanden! Er steht zu zwei Dritteln mit Wasser gefüllt an meinem Platz, und du gießt ganz langsam nicht mehr als einen Schluck Wein dazu. Es soll so aussehen, als hättest du den Becher gefüllt. Ich will heute abend nüchtern bleiben, hörst du!"
Der Mundschenk verneigte sich.
„Jawohl, Euer Gnaden, es geschieht alles nach Eurem Befehl."
Nach Sonnenuntergang trafen die Gäste ein. Der Papst saß in einer Sänfte, umgeben von Soldaten der Leibwache, Cesare und der Geheimkämmerer Carafa ritten auf Pferden.
Kardinal Castellesi küßte den Fischerring des Papstes, umarmte Carafa flüchtig und verneigte sich leicht vor Cesare. Die Herren ergingen sich auf der Terrasse des Landhauses.

„Die Luft aus Euren Weinbergen, Don Adriano, ah«, der Papst atmete tief ein und fügte hinzu: „Messer Dante hat in seiner Hölle vergessen, Rom im August zu erwähnen."
„Ihr solltet bald an die Küste oder in die Berge, Heiliger Vater. Warum mutwillig die Gesundheit aufs Spiel setzen?"
Der Papst seufzte.
„Die Pflichten, mein Freund, die Pflichten. Doch auch das wird vorbeigehen. Jetzt wollen wir einen frischen Trunk aus Eurem Weinberg genießen."
Sie gingen ins Haus und nahmen an einer langen Tafel Platz.
Der Papst winkte seinem Diener.
„Ein kleines Geschenk für Euch."
Der Diener stellte ein glasiertes irdenes Töpfchen vor den Kardinal. Es war mit Castellesis Wappen bemalt.
„Gefällt es Euch?"
Kardinal Adriano lächelte zurück.
„Ein reizendes Geschenk." Er hob den Deckel ab und schnupperte: „Ah, kandierte Früchte!"
„Von Unserem Leibkoch in Honig und Wein gesotten. Unsere Lieblingsspeise. Kostet nur, Don Adriano, geniert Euch nicht. Auch Wir werden zugreifen."
Inzwischen hatten die Diener auch allen anderen von den Früchten serviert. Der Papst und Carafa begannen sofort zu essen, Cesare wartete noch, blickte hinüber zum Gastgeber.
„Nun, Herr Kardinal, wollt Ihr unser Geschenk verschmähen?"
Er spürte das Mißtrauen des Kardinals und genoß es. Mein lieber Freund, dachte er, du wirst doch nicht glauben, daß die Borgia ihre Feinde persönlich umbringen. Für die Schmutzarbeit sind andere da.
Castellesi blickte ruhig auf. Sein Herz war kühl und hart wie Granit. Jetzt durfte er keinen Fehler begehen. Sie waren gekommen, um ihn zu töten.
„Verzeiht, doch meine Kehle ist so trocken, daß ich keinen Bissen hinunterkriege. Ich möchte zuerst auf das Wohl Seiner Heiligkeit einen Schluck Wein trinken."
Er gab dem Mundschenk einen Wink und sagte: „Sechs Jahre alt und von der besten Lage."
Der Schenk füllte zuerst den goldenen Pokal des Papstes und dann die Silberbecher der anderen. Mißtrauisch beobachtete Cesare, wie Castelle-

sis Becher gefüllt wurde. Der Mundschenk goß langsam und geschickt nur ganz wenig Wein auf das Wasser im Becher seines Herrn.
Der Papst hob den Pokal.
„Auf Euer Wohl, Don Adriano."
Er nahm einen tiefen Schluck und dachte: César hat schon recht, mein eigener Wein ist wirklich nicht der beste. Er genoß die samtige Würze des milden Roten und leerte den Pokal zur Hälfte. Cesare kostete, nickte anerkennend und goß den ganzen Becher hinunter.
Kardinal Castellesi schien lange zu trinken, doch er hatte von dem stark verdünnten Wein nur genippt. Er saß wie im Traum. Dies alles ist nicht wirklich, dachte er verwirrt, bald werde ich in meinem Bett erwachen und dann in den Vatikan gehen, um Seiner Heiligkeit meine Aufwartung zu machen. Da hörte er ein lautes Stöhnen und sah, wie der Papst sich zusammenkrümmte.
„Ich glaube", sagte Alexander stockend, „ich glaube, mir wird schlecht."
Mit zitternden Händen griff er nach dem Weinpokal und stieß ihn dabei um.
Es war totenstill im Saal geworden. Man hörte deutlich, wie der vom Tisch rinnende Wein auf den gefliesten Boden tropfte. Alle blickten auf den Papst, der noch mehrmals zum Reden ansetzte, doch es wurde nur ein Ächzen daraus. Plötzlich fiel sein Kopf vornüber auf den Tisch.
Cesare wollte sich von seinem Stuhl erheben, als ihn eine ungeheure Hitzewallung überfiel, als hätte man ihm kochendes Wasser über den Kopf gegossen.
Der Wachhauptmann am Ende der Tafel sprang erschrocken auf.
„Die Sänfte, mein Pferd – weg – schnell", rief Cesare stöhnend und mit brechender Stimme.
Auf Kardinal Castellesis aschfahlem Gesicht stand ein entrücktes, maskenhaftes Lächeln, auf seiner Stirn sammelten sich dicke Schweißtropfen. Dann sank der Kardinal plötzlich lautlos von seinem Stuhl.
Cesare, von Schmerz und Hitze fast aufgelöst, bemerkte es dennoch. Was war das? Auch der Kardinal? Dann haben wir vielleicht alle – weg von hier – hinaus – zum Vatikan – Wache – mein Pferd.
Die beiden Wachsoldaten hörten nur ein heiseres Murmeln, als sie Cesare auf sein Pferd hoben, ihre eigenen Tiere bestiegen und ihren Herrn von beiden Seiten stützend davontrabten. Die Sänftenträger des Papstes hasteten hinterher.

Eilig wurden Giovanni Torella und Elia Salmone, die Leibärzte der Borgia, aus den Betten geholt. Sie reichten den Patienten schwere Brechmittel und ließen sie zur Ader. Der Papst fiel daraufhin in einen unruhigen Schlaf, während Cesare sich mit bohrenden Magenschmerzen in seinem Bett wälzte. Neben ihm saß schwarz und bleich sein treuer Schatten Michelotto und lauschte aufmerksam den etwas wirren Reden seines Herrn.
„Nichts Falsches – hörst du! – jetzt nichts Falsches tun – Seine Heiligkeit auch krank – ein Irrtum, weißt du – die Früchte oder der Wein – ist jetzt einerlei – wie steht's? Was hört man vom Papst?"
„Seine Heiligkeit hat sich gut erholt und schläft, doch..."
Cesare ließ sich zurücksinken und winkte ab.
„Ich möchte jetzt schlafen – später – später."
Doch die Besserung war nur vorübergehend; weder Arzneien noch Aderlässe konnten dem dreiundsiebzigjährigen Pontifex helfen, und er starb sechs Tage später.
Elia Salmone informierte noch am selben Tag seinen Freund, den jüdischen Weinhändler Jakob, oder wie man ihn hier nannte Giacomo Marco. Der erschrak und fragte stockend: „Müssen wir Juden nun wieder schlechtere Zeiten erwarten? Wird der nächste Papst uns aus dem Land jagen? Wie denkt Ihr darüber?"
Salmone wiegte seinen Kopf.
„Alles ist möglich... Aber da zu erwarten ist, daß Giuliano della Rovere die Tiara gewinnt, kann ich Euch beruhigen. Dieser Mann ist hart, aber gerecht. Er wird die Freiheit der Juden nicht antasten, schon weil sie hier eine so lange Tradition hat. Ihr dürft Euch sicher fühlen, Don Giacomo, schon aus Haß gegen die Spanier wird kein Papst – welcher auch immer – ihre Methode hier einführen wollen."
„Das walte Gott!" sagte Jakob Marco.
Unterdessen mühten sich die Ärzte weiter um Cesare Borgia. Sie tauchten den Schwerkranken in ein Faß mit Eiswasser, seine Haut schälte sich, doch er überstand die barbarische Prozedur und wurde gesund. Er konnte sich im Schutz seiner Truppen noch einige Zeit in Rom halten, mußte aber fliehen, als nach dem nur dreiwöchigen Pontifikat des greisen Pius III. der alte Erzfeind der Borgias die Tiara gewann: Giuliano della Rovere, jetzt sechzig Jahre alt, bestieg den Stuhl Petri, nannte sich Julius II., täuschte Cesare Borgia mit falscher Herzlichkeit und ließ ihn bald darauf festnehmen. Er konnte nach Neapel fliehen, wurde dort wie-

der gefangengenommen und später nach Spanien ausgeliefert, wo die Witwe seines ermordeten Bruders Juan auf den Tag ihrer Rache wartete. König Ferdinand aber hatte mit ihm andere Pläne; er wollte den Borgia als Faustpfand für Verhandlungen mit dem Vatikan benutzen.

Doch Cesare kam ihm zuvor, floh aus Medina del Campo und schlug sich zu König Johann von Navarra durch, mit dessen Schwester Charlotte er seit einigen Jahren verheiratet war. Nicht im Traum dachte er daran, aufzugeben oder auf etwas zu verzichten, mochte auch jetzt die ganze Welt gegen ihn sein.

König Johann empfing den berühmten Schwager überrascht und erfreut. Er betraute ihn sofort mit der Aufgabe, seinen aufsässigen Lehensmann, den Grafen von Beaumont zu bekriegen. In einem lächerlichen Scharmützel am Rande Europas fiel Cesare Borgia, Herzog von Valence und der Romagna, Feldherr und Bannerträger der Kirche im Alter von zweiunddreißig Jahren.

Für König Ferdinand war er nur eine Episode, eine unwichtige Schachfigur weniger auf dem Brett. Er war dabei, sich dem Einfluß der Habsburger durch seinen Schwiegersohn Philipp entgegenzustellen und heiratete die achtzehnjährige Germaine de Foix, die Nichte des französischen Königs. Ein Jahr vor Isabellas Tod war es ihm gelungen, das Königreich Neapel an sich zu bringen und als 1506 sein Schwiegersohn starb, hatte er auch die Sorgen mit den Habsburgern los und durfte sich endlich als Alleinherrscher von Aragon und Kastilien betrachten.

Da kniete er dann an Isabellas Grab im Franziskanerkloster auf der Alhambra und flüsterte ihr zu: „Siehst du, Geliebte, am Ende habe ich dich doch besiegt und bin, was ich an deiner Seite niemals sein durfte: König von Kastilien! Die arme Johanna ist nicht regierungsfähig, und sie schleppt den Leichnam ihres Gatten von Schloß zu Schloß. Wenn ich mich an deine Seite lege, dann sind wir endlich gleich – König und Königin." Er stand auf, etwas mühsam schon, schlug ein Kreuzzeichen, lächelte und wiederholte leise und etwas einfältig: „Ja, auch König von Kastilien." Er verharrte in Gedanken, wandte sich noch einmal zum Grab und sagte: „Übrigens, meine Frau, die Französin, bedeutet mir nichts. Sie kann dir nicht das Wasser reichen, sie zählt nicht..."

Danach ritt er hinab zum Dom, um den Fortgang der Bauarbeiten an der Capilla Real zu überprüfen, wo sie einst Seite an Seite ruhen sollten in alle Ewigkeit.

Vieles hatte für Ferdinand an Bedeutung verloren seit Isabellas Tod,

auch Columbus, der ihn dauernd mit Eingaben, Anfragen und Forderungen belästigte.
So auch jetzt im Frühling des Jahres 1506, wo dieser störrische Admiral in Valladolid auf eine Entscheidung des königlichen Gerichts wartete. Unter anderem forderte Columbus Titel und Amt eines Vizekönigs zurück, doch der König ließ ihn wissen, daß Ämter, Würden und Pfründen nach kastilischem Recht von der Krone nach Belieben erteilt und zurückgenommen werden können.
An Pater Deza, jetzt Großinquisitor und sein unerschütterlicher Freund, schrieb Columbus:

Da es den Anschein hat, daß Seine Majestät nicht beabsichtigt, das zu halten, was er bei Seiner Ehre und mit Seiner Unterschrift zusammen mit der Königin – Gott habe sie selig – versprochen hat, glaube ich, daß gegen ihn anzukämpfen für mich, der ich nur eine Krätzmilbe bin, ebenso aussichtslos ist, als wenn ich gegen den Wind peitschen wollte.

Der Admiral hatte den Winter in Sevilla verbracht – einen sehr kalten Winter, der seine Beine lähmte, der seinen Körper in ein fast unbewegliches Bündel von Schmerzen verwandelte. Mit den ersten warmen Tagen besserte sich sein Zustand, und im Mai konnte er nach Segovia reisen, wo Ferdinand residierte und wo sein Sohn Diego – früher Page bei der Königin – ein Hofamt versah. Er bereitete mit Umsicht die Audienz seines Vaters beim König vor.
Ferdinand, der dem Admiral seit jeher mißtraut, ihn zeitweise sogar verachtet und gehaßt hatte, spielte den Umgänglichen und Verständnisvollen, aber in seinen Augen saß der Argwohn, seine knappen Fragen und Antworten verrieten, daß ihm dieses Treffen lästig war.
Columbus wich keinen Zollbreit von seinen Forderungen ab, der König verwies auf seine Anwälte, die alles in Ruhe prüfen sollten. Zum Schlichter war Pater Deza bestellt, der zu den wenigen Menschen gehörte, denen Columbus noch traute.
Der Fall zog sich hin, man schlug ihm vor, auf alle Forderungen zu verzichten gegen eine üppige, ertragreiche Pfründe. Er lehnte ab, traurig, zornig, empört.
Mit seiner Gesundheit ging es rapide bergab als der Winter kam. Ende April brachten ihn seine Brüder in das wärmere und gesündere Valladolid, wo sie ein Haus besaßen. Dort lag er halbgelähmt im Bett mit gichtverkrümmten Gliedern und wenn er Kraft zum Sprechen fühlte, dann

ließ er seinen Sohn Diego kommen und redete vom Undank der Könige, von der Borniertheit der Gelehrten, von der Goldgier derer, die jetzt frech und anmaßend auf seinen Spuren wandelten und die Früchte seiner Mühen genossen. Am Tag vor seinem Tod winkte er Diego ganz nahe heran und flüsterte.
„Wir sind nicht arm, auch wenn viele das glauben. Da drüben steht die Truhe mit den Doblas, wir besitzen Häuser, Felder und Weinberge. Aber das ist nichts – nichts, verglichen mit dem, was uns der König vorenthält. Kämpfe darum, Diego, kämpfe weiter, laß dich nicht irremachen! Du bist mein Erbe! Leiste keinen Verzicht! Fordere, was dir zusteht!"
Mühevoll hob er den rechten Arm und deutete zum Himmel. „Gott weiß, daß mir Unrecht geschah und eines Tages – eines Tages..."
Cristobal Colon, den alle Welt Columbus nannte, starb am 20. Mai 1506 in Valladolid, umgeben von seinen Söhnen Diego und Fernando, seinen Brüdern und einigen Freunden.
König Ferdinand residierte in diesen Tagen nur wenige Meilen entfernt im Schloß von Villafuerte, doch weder sein Hofchronist noch der Stadtschreiber von Valladolid nahmen das Ereignis zur Kenntnis. Columbus war vergessen, und seinen Rechtsstreit mit der Krone von Kastilien führten Söhne, Ekel und Urenkel weiter.
Schon zu Lebzeiten des Columbus wurde die Vermutung geäußert, er habe nicht einen Teil von Indien entdeckt, sondern einen bisher unbekannten Kontinent. Columbus erfuhr davon nichts oder ignorierte es. Die Ironie der Geschichte wollte es, daß der neue Erdteil nicht als 'Columbia' in die Geschichte einging, sondern nach Amerigo Vespucci benannt wurde, einem Florentiner Bankangestellten, der aus Abenteuerlust – noch zu Lebzeiten des Columbus – mit Kapitän Alonso de Hojeda auf den Spuren des Admirals kreuzte und später darüber einen vielgelesenen Bericht schrieb, in dem es hieß:

Unsere Vorfahren glaubten, daß es südlich von Europa keinen Kontinent gäbe, sondern nur das von ihnen Atlantik genannte Meer. Meine Reise hat deutlich gemacht, daß diese Meinung falsch ist und der Wahrheit völlig widerspricht. Denn in jenen Gegenden habe ich einen Kontinent gefunden, der dichter besiedelt und von mehr Tieren bewohnt ist als unser Europa, als Asien oder Afrika. Wir können ihn mit gutem Recht 'Neue Welt' nennen.

Der deutsche Buchdrucker Martin Waldseemüller war von Vespuccis Bericht so begeistert, daß er vorschlug, den neuen Kontinent nach dessen Vornamen 'America' zu benennen, und dabei blieb es für alle Zeiten.

**Siegfried Obermeier
Caligula**

Roman
680 Seiten · Geb.

**edition
meyster**

**Dolch, Gift und das Schwert des Henkers sind die Werkzeuge Caligulas auf dem Weg zur Kaiserwürde und zur Sicherung der Macht. Mit ihm erreicht die später sprichwörtliche Verkommenheit Roms einen ersten Höhepunkt.
Ein Roman, der einführt in das pralle, lasterhafte Leben des Römischen Weltreichs und zeigt, daß die Faszination des Bösen zu allen Zeiten lebendig war.**

Historische Romane

Dorothy Dunnett
Die Farben des Reichtums Der Aufstieg des Hauses Niccolò
Roman
(rororo 12855)
«Dieser rasante Roman aus der Renaissance ist ein kunstvoll aufgebauter, abenteuerreicher Schmöker über den Aufsteig eines armen Färberlehrlings aus Brügge zum international anerkannten Handelsherrn – einer der schönsten historischen Romane seit langem.» Brigitte

Josef Nyáry
Ich, Aras, habe erlebt... *Ein Roman aus archaischer Zeit*
(rororo 5420)
Aus historischen Tatsachen und alten Legenden erzählt dieser Roman das abenteuerliche Schicksal des Diomedes, König von Argos und Held vor Trojas Mauern.

Pauline Gedge
Pharao *Roman*
(rororo 12335)
«Das heiße Klima, der allgegenwärtige Nil und die faszinierend fremdartigen Rituale prägen die Atmosphäre diese farbenfrohen Romans der Autorin des Welterfolgs ‹Die Herrin vom Nil›.» The New York Times

Pierre Montlaur
Imhotep. Arzt der Pharaonen
Roman
(rororo 12792)
Ägypten, 2600 Jahre vor Beginn unserer Zeitrechnung. Die Zeit der Sphinx und der Pharaonen. Und die Zeit des legendären Arztes und Baumeisters Imhotep. Ein prachtvolles Zeit- und Sittengemälde der frühen Hochkultur des Niltals.

rororo Unterhaltung

T. Coraghessan Boyle
Wassermusik *Roman*
(rororo 12580)
Ein wüster, unverschämter, barocker Kultroman über die Entdeckungsreisen des Schotten Mungo Park nach Afrika um 1800. «Eine Scheherazade, in der auch schon mal ein Krokodil Harfe spielt, weil ihm nach Verspeisen des Harfinisten das Instrument in den Zähnen klemmt, oder ein ärgerlich gewordener Kumpan fein verschnürt wie ein Kapaun den Menschenfressern geschenkt wird. Eine unendliche Schnurre.» Fritz J. Raddatz in «Die Zeit»

John Hooker
Wind und Sterne *Roman*
(rororo 12725)
Der abenteuerliche Roman über den großen Seefahrer und Entdecker James Cook.

Abenteuer

Josef Martin Bauer
So weit die Füße tragen
(rororo 1667)
Ein Kriegsgefangener auf der Flucht von Sibirien durch den Ural und Kaukasus bis nach Persien. «Diese Odyssee durch Steppe und Eis, durch die Maschen der Wächter und Häscher dauerte volle drei Jahre – wohl einer der aufregendsten und zugleich einsamsten Alleingänge, die die Geschichte des individuellen Abenteuers kennt.» Saarländischer Rundfunk

Rudolf Braunburg
Hongkong International *Roman*
(rororo 12820)
Ein aufregender Roman aus der Welt der Flieger und Passagiere vom Bestsellerautor und früheren Flugkapitän Rudolf Braunburg.
Heinz-Joachim Fischer
Das Lachen der Wölfin *Roman*
(rororo 13718)
«Das Lachen der Wölfin» spielt dort, wo die unglaublichsten Geschichten möglich sind: in Rom. Mit intimer Kenntnis der Verhältnisse erzählt der Autor von Verbrechen und Passionen, von Korruption und Skandalen, von Macht und Liebe und dringt ein in die streng gehüteten Geheimnisse der römischen Gesellschaft und des Vatikan.

Mario Puzo
Der Pate *Roman*
(rororo 1442)
Ein atemberaubender Gangsterroman aus der New Yorker Unterwelt, der zum aufsehenerregenden Bestseller wurde.

rororo Unterhaltung

Jean-François Vilar
Affenpassage *Roman*
(rororo 13616)
Victor Blainville ist Fotograf in Paris. Nur widerstrebend übernimmt er den Auftrag, eine Story zu schreiben über Kiki, die Witwe des ermordeten Avantgarde-Künstlers Dennis Locke. Kiki ist noch keine halbe Stunde in der Stadt, da ist man ihr auf den Fersen: ein Schlägertrupp erwischt sie und Victor in einer Tiefgarage. Blainville gerät in einen Strudel von immer neuen, rätselhaften Ereignissen, die in einen mörderischen Showdown münden... Lakonisch schildert der Roman die Szenerie, die bevölkert wird von Groupies, Künstlerinnen, muskelstrotzenden weiblichen Bodyguards, Alt-68ern sowie Alt- und Neonazis.

Fantasy

Robert Shea/
Robert A. Wilson
Illuminatus!
Band 1:
Das Auge in der Pyramide
(rororo 4577)
In einer visionären Vermischung von Erzähltechniken des Science-fiction-Romans, des Polit-Thrillers und des modernen Märchens jagen die Autoren den staunenden, erschrockenen und lachenden Leser durch die jahrhundertelange Geschichte von Verschwörungen, Sekten, Schwarzen Messen, Sex und Drogen. «Ein Rock'n'Roll-Thriller» (Basler Zeitung) und Geheimtip für die Freunde der literarischen Phantasie.
Band 2:
Der goldenen Apfel
(rororo 4696)
Band 3:
Leviathan
(rororo 4772)

Robert A. Wilson
Cosmic Trigger *Die letzten Geheimnisse der Illuminaten oder An den Grenzen des erweiterten Bewußtseins*
(rororo 5649)
Die Illuminati- Papiere
(rororo 5191)
Schrödingers Katze. Das Universum nebenan *Eine spektakuläre Unwirklichkeit und ganz anders als jene, die Alice (im Wunderland) sah*
(rororo 5287)
Schrödingers Katze. Der Zauberhut *Ein abenteuerlicher Okkult- Thriller nicht ganz ohne Sex und voller phantastischer Visionen*
(rororo 5382)

Schrödingers Katze. Die Brieftauben *Und überhaupt hält die Vergangenheit gegenwärtig nicht das, was die Zukunft versprochen hat.*
(rororo 5476)
Und die Erde wird beben *Die Illuminaten- Chroniken. Band I*
(rororo 5994)
Der Sohn der Witwe *Die Illuminaten- Chroniken. Band II*
(rororo 12976)

rororo Unterhaltung

Ein Gesamtverzeichnis aller lieferbaren Titel finden Sie in der *Rowohlt Revue*. Jedes Vierteljahr neu. Kostenlos in Ihrer Buchhandlung.

Lebensläufe

Ulrike Leonhardt
Prinz von Baden genannt Kaspar Hauser
(rororo 13039)
«Ulrike Leonhardt scheint das Geheimnis um Kaspar Hauser endgültig gelüftet zu haben.»
Süddeutsche Zeitung

Rüdiger Safranski
Schopenhauer und Die wilden Jahre der Philosophie
(rororo 12530)
«Über Schopenhauer hat Safranski ein sehr schönes Buch geschrieben, das tatsächlich so etwas wie ‹eine Liebeserklärung an die Philosophie› ist. Wer sie nicht hören will, dem ist nicht (mehr) zu helfen.» *Die Zeit*

Werner Fuld
Walter Benjamin
(rororo 12675)
«Ein Versuch, der angesichts der Bedeutung Benjamins wohl längst überfällig war.» *Die Presse, Wien*

Bernard Gavoty
Chopin
(rororo 12706)
«Ich selbst bin immer noch Pole genug, um gegen Chopin den Rest der Musik hinzugeben.» *Friedrich Nietzsche*

Donald A. Prater
Ein klingendes Glas. Das Leben Rainer Maria Rilkes
(rororo 12497)
In diesem Buch wird «ein Mosaik zusammengetragen, das als die genaueste Biographie gelten kann, die heute über Rilke zu schreiben möglich ist». *Neue Zürcher Zeitung*

Klaus Harpprecht
Georg Forster oder Die Liebe zur Welt
(rororo 12634)
«Ein exakt dokumentiertes und lebendig geschriebenes Buch, das in einem exemplarischen Sinne eine deutsche Bio-graphie genannt zu werden verdient.» *Frankfurter Allgemeine Zeitung*

rororo Biographie

**«Das Leben eines jeden Menschen ist ein von Gotteshand geschriebenes Märchen.»
Hans Christian Andersen**

Rabenschwarz

Roald Dahl
Roald Dahl's Buch der Schauergeschichten
(rororo 12629)
Die Zimmertemperatur sinkt? Nach Meinung des Experten Harry Price («Spukhäuser in England») ist das ein sicheres Anzeichen dafür, daß ein Gespenst im Raum ist. - Wer aber könnte ein besserer Führer durch die schaurige Welt der Geister sein als Roald Dahl, dessen literarische «Wechselbäder zwischen Gruseln und Schmunzeln» (Hessischer Rundfunk) bereits Millionen Lesern wohlige Schauer über den Rücken laufen ließen?

John Collier
Mitternachtsblaue Geschichten
(rororo 1559)
Diese fünfzehn merkwürdigen Geschichten sind Glanzstücke durchtriebenen Einfallsreichtums, funkelnden Witzes und teuflischer Pointen.
«Mit den mitternachtsblauen Geschichten versüßt Collier die Lesestunden im fahlen Schein der Nachttischlampe... Zwischen Henry Slezar und Roald Dahl hat auch John Collier mit seinen doppelbödigen Geschichten einen festen Platz im Bücherregal.»
Berliner Morgenpost

Denk nichts Böses *Dreizehn neue mitternachtsblaue Geschichten*
(rororo 5751)
«Es gehört zu Colliers Talent, den Leser am Schluß seiner unterhaltsamen Kurzgeschichten jedesmal zu verblüffen.»
Hessische Allgemeine

Harry Kressing
Der Koch *Roman*
(rororo 12300)
Wer Kochrezepte sucht, der wird sie in diesem Buch nicht finden. Was jene Gestalt, die sich in dem Städtchen Cobb als Koch verdingt, unter den Mitgliedern zweier Familien mit ihren Künsten anrichtet, das darf mit Fug als Satanswerk bezeichnet werden. Dabei beginnt alles ganz harmlos...
«Ein Musterstück schwarzer Unterhaltung!»
Die Zeit

rororo Unterhaltung